연세국학총서 **51**

고서해제 4

연세대학교 중앙도서관 소장

고서해제

IV

연세대학교 국학연구원 편

평민사

An Annotated Bibliography of Old Books

in Yonsei University Central Library

IV

본 연구는 2004년도 교육인적자원부 학술연구조성비의 지원에 의한 것임

『셔원녹』

李義鳳(1733~1801) 著.
寫本. 11册(總目 1册, 本篇 10卷 10册, 卷7 缺):32.5×21.5cm. 11行 16字 內外.
本文:한글. 表題:西轅錄.

守闕錄　尹仁敎所著

己巳四月二十四日　上特下備忘記命廢黜
宮而促考　先王朝廢　妃實錄李　淳不勝驚
慨卽徃惠民署首倡多士將陳疏、頭以成揆寙定之
二十五日搢紳疏先八儒疏以日昏不得呈
二十六日昨夜朴學士泰輔吳尚書斗寅李監司世
華　拿入　殿庭受慘刑自　上仍下陳疏者論以逆
律之　教成揆寙果惶懅失措力避疏頭疏廳乃
推頭於韓永徵任敝韓則托以辭老毋任則托以
辭家廟皆走去仍不來疏廳諸人更請揆寙而或
脅或誘揆寙曰若改疏辭則我當作疏頭疏廳以

429072

『守闕錄』

尹仁敎(1662~1717) 著.
親筆本. 1册(8張) : 28×19cm. 10行 19字.

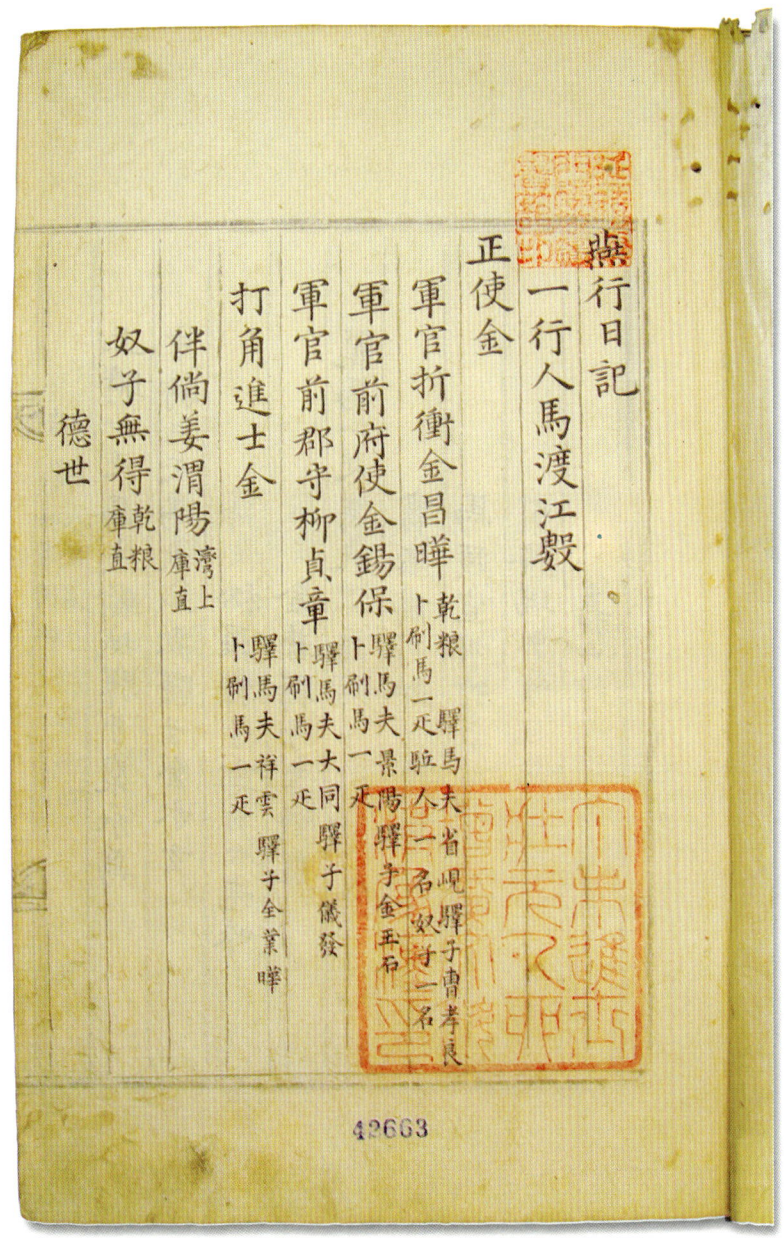

『燕行日記』

金昌業(1658~1721) 著.

寫本. 5冊 : 29.5×19.5cm. 10行 20字. 印記：丁未進士壯元乙卯增廣文科洪象漢印.

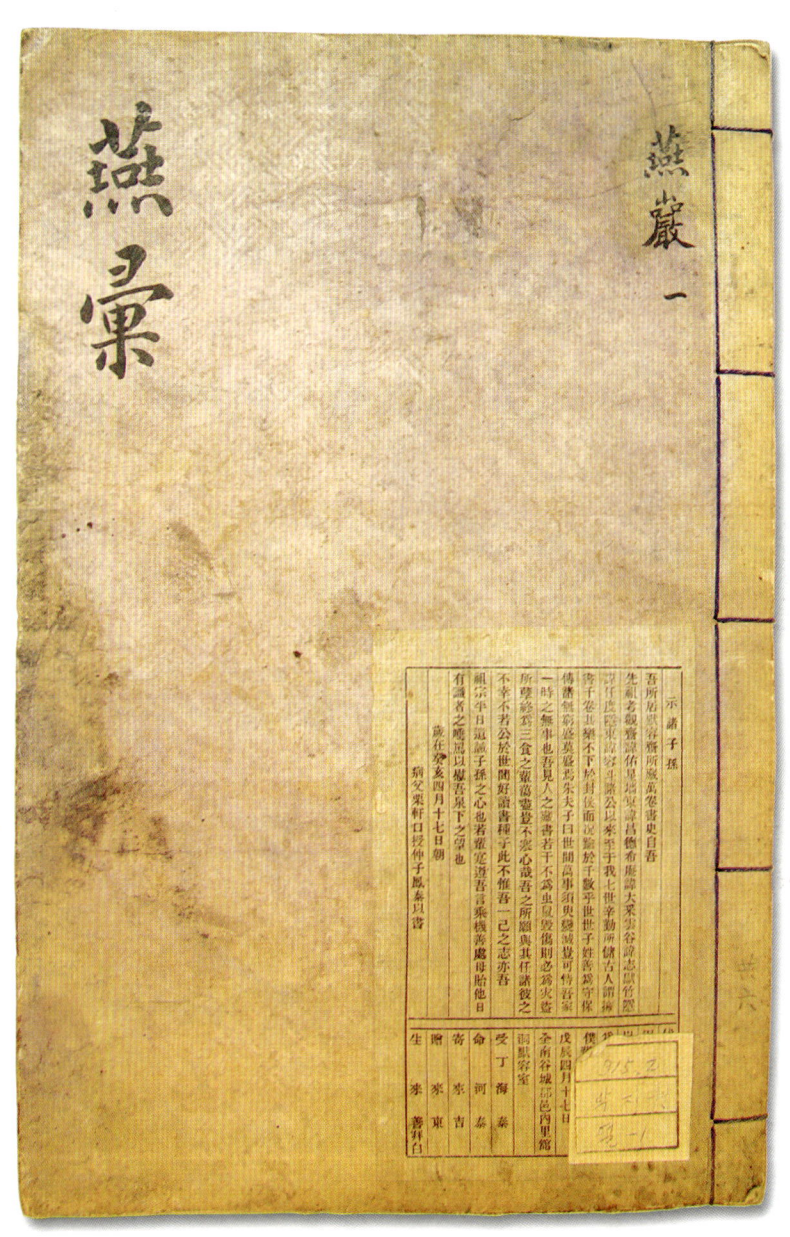

『熱河日記』

朴趾源(1737~1805) 著.
寫本. 26卷 4冊：32×21cm. 12行 30字. 表題：燕彙 燕巖, 卷首題：熱河日記.

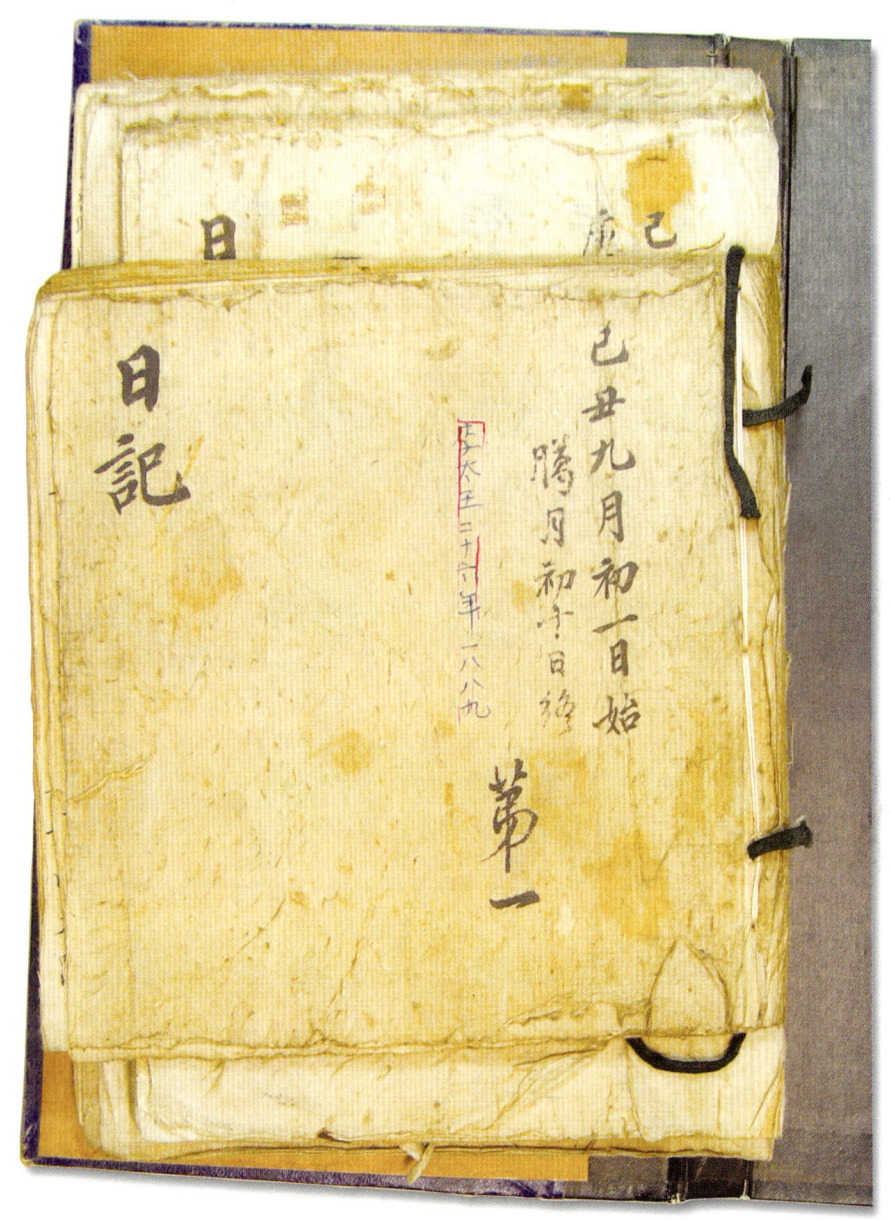

『日記』

李復榮(1868~1943) 著.

寫本. 40册 : 책 크기 不定. 12行 16字 內外.

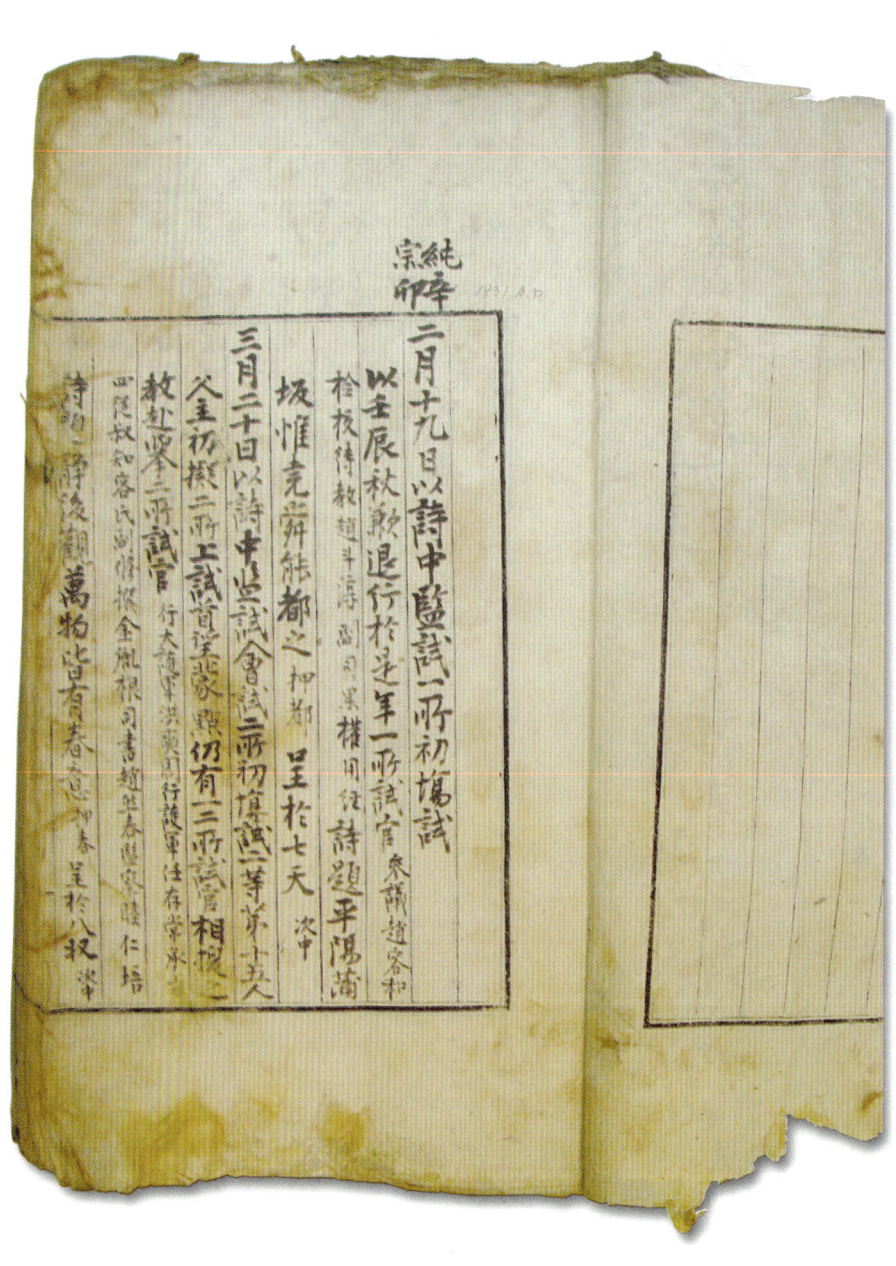

『日錄』

鄭基世(1814~1884) 著.

草稿本. 15卷 15册：책 크기 不定. 10行 22字 內外. 本文：草書(그 중 册 2, 3, 9, 12는 楷書).

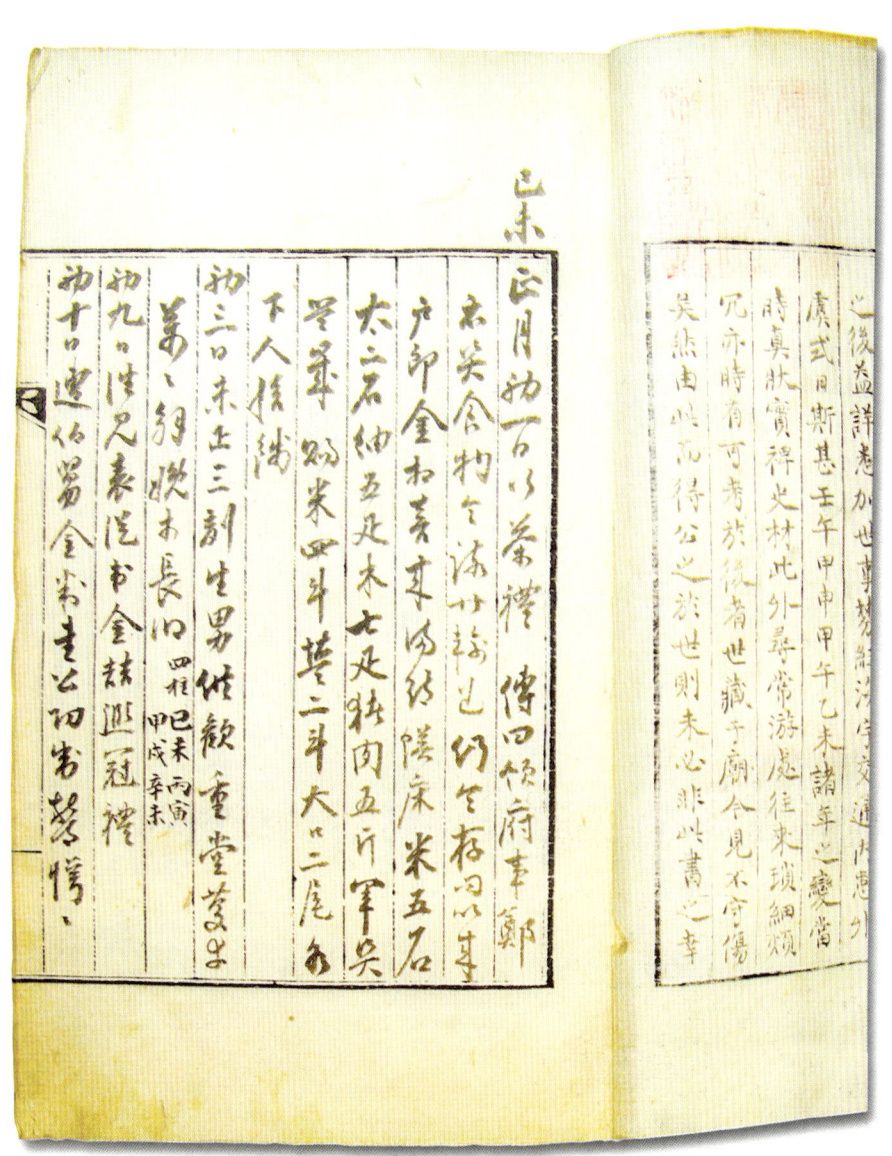

『日錄』

鄭範朝(1833~1897) 著.
草稿本. 17冊(全19冊中 冊15, 16 缺) : 32×20cm. 10行 15字 內外. 本文 : 草書.

『倉可樓外史』

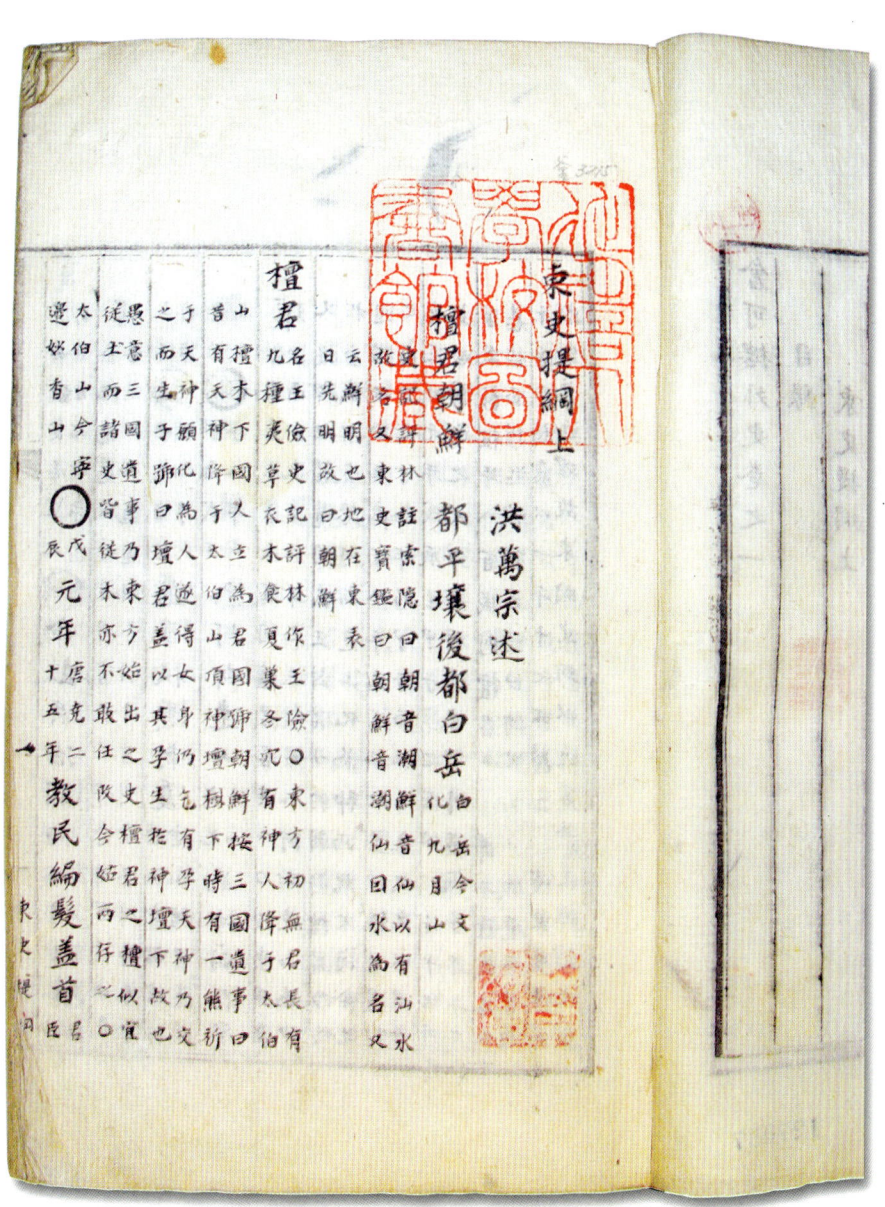

『倉可樓外史』

金鑢(1766~1821) 著.
原稿本. 61册 (全74册中 册2-12, 43, 45缺) : 26×15.5cm. 10行 20字. 印記 : 金鑢印.

『叢話』

李玄綺(1796~1846) 編.
寫本. 1册(73張) : 27.5×17cm. 10行 21~23字. 表題 : 叢話.

刊 行 辭

우리 국학연구원에서는 교육인적자원부 및 한국학중앙연구원의 지원과 연세대학교 중앙도서관의 협조로 2003년부터 향후 6년간 국학자료 해제 및 정리사업을 진행하고 있다. 이에 따라 우리 국학연구원에서는 ① 미공개 자료의 공개 ② 이미 발굴되고 소개된 자료에 대한 이해의 심화 ③ 조선시대 학술활동의 형성과정에 대한 이해라는 세 가지 필요성에 따라서, ① 국학연구 자료의 제공 ② 국학연구의 심화 ③ 未完의 자료에 대한 기초 연구 확립 ④ 고문서 연구에 대한 기초 환경 제공 ⑤ 국학연구에 대한 학문적 관심 고취 등을 목표로 하여 본 사업을 추진 중이다.

지난해 1차년도 『고서해제』 1·2에 이어서 올해 새로 발간되는 『고서해제』 3·4는 2004년 2차년도에 이루어진 연구의 성과물로서 연세대학교 도서관 소장 희귀본 자료 가운데 記事類, 使臣錄類, 日記類 등을 주요 대상으로 하여 사업을 수행하였다.

우선 記事類들을 살펴보면, 연세대본 『東史綱目』은 조선후기 실학자인 安鼎福이 직접 부분 부분 가필해놓고 자신의 인장을 찍은 手澤本으로 현존하는 몇 종의 필사본 가운데 가장 오래된 것이다. 또한 연세대본 『堂后日記』는 『承政院日記』를 편찬하기 위한 기초자료로 이루어진 것으로 화재로 소실된 인조조의 『承政院日記』를 보충하는 데 귀중한 史料로서 정묘호란으로 강화도로 피난했을 때 대략 5개월 동안 政務에 대한 것을 주로 적은 것이다. 다만 초서로 되어 있어서 시급한 탈초 작업이 필요하다. 『平澤縣三正士實記』는 정조조에 일어났던 이른바 三正士의 신유년 通諭 사건의 전모를 알 수 있는 유일한 사료이자, 당시 천주교에 대한 儒林들의 조직적인 대응과 천주교 傳敎 활동, 신앙생활의 일단을 파악하는 데도 중요한 자료로 파악된다.

使臣錄類 가운데 李義鳳의 『北轅錄』과 『셔원녹』은 각기 한문본과 한글본으로 쓰인 연행일기로 18세기 연행록 연구와 국어사 연구에 큰 도움을 주는 자료이다. 그밖에 洪象漢의 인장이 찍혀 있는 金昌業의 『燕行日記』, '燕彙' 라는 시리즈 안에 들어가 있는 朴趾源의 『熱河日記』, 洪大容의 『湛軒說叢』, 지금까지 저자가 알려져 있지 않던 尹致定의 『北槎錄』, 역시 한문본과 한글본이 모두 있는 姜浩溥의 『桑蓬錄』과 『상봉녹』 역시 새로운 이본의 발굴과 소개라는 점에서 가치를 부여할 수 있을 것 같다.

日記類의 경우는 상당히 주목을 해야 할 자료들이 이번에 많이 소개되었다. 우선 鄭元容과 鄭基世, 鄭範朝의 日錄들은 유일본으로 三代에 걸쳐 쓰여진 방대한 일기로서 조선

철종 무렵부터 고종 때에 이르는 舊韓末까지 조선 후기 한 가문의 흐름을 심도 있게 이해하는 데 아주 유용한 자료로 활용될 수 있다. 특히 『曬史東征日記』는 지금까지 저자가 밝혀져 있지 않았는데, 이번 해제 작업을 통해 오대산에 曝曬使로 갔던 정원용의 관련 업무와 주변 명승지를 돌아본 일을 기록한 것으로 밝혀졌다.

특히 趙泰壽・趙龜命의 『家乘』, 李觀徵의 『庚申錄』, 柳道昇의 『東史證說』, 盧命欽 編의 『東稗洛誦』, 洪龜燮의 『嵋巖登科後日記』, 李崟夏의 『北遊日記』, 閔百順의 『宣廟中興誌』, 林墰의 『嶺南日記』, 金宗植의 『日記』, 金曾鉉의 『立朝錄』, 李玄綺 編의 『叢話』, 吳命峻의 『海西監營日記』, 李復榮 『日記』등은 모두 이번 해제 작업을 통해 새롭게 그 저자들이 밝혀진 경우이다. 그 가운데 李復榮의 『日記』는 구한말에서 일제 강점기중인 1936년까지 충청남도 지역에 거주했던 양반가의 후손이자 호구지책도 어려웠던 자신의 궁핍한 삶과 묘역의 관리, 벌목, 재산권 분쟁 등 일제 강점기의 지역 경제사나 지역 사회사를 들여다볼 수 있는 좋은 사료라고 할 수 있다.

덧붙여 이번 해제 작업을 진행하면서 해제 대상으로 삼은 자료와 기존에 발간된 자료들을 비교・고찰함으로써 이후 새로운 善本 작업이 가능하도록 하였다. 이런 점에서 본 해제집은 기존의 연구 결과에 대한 자료적 보충이라는 부수적 성과도 있다고 하겠다.

아무쪼록 이번 해제집의 발간으로 많은 자료들이 새롭게 소개되면서 우리의 국학 발전에 더 많은 도움을 주었으면 한다. 더구나 지금까지 간단한 서지사항만으로 자신의 얼굴을 내비쳤던 많은 자료들이 이번 해제집의 발간으로 학계나 해당 연구자들에게 좀더 가까이 다가가게 된다면, 後生들을 위해 기록을 남겨 놓으신 先賢들도 흔쾌히 기뻐하시리라 믿는다. 옛 先賢들이 이르기를 한 가마솥 속의 고기 한 점으로도 그 가마솥 속의 모든 국 맛을 알 수 있고, 뛰어난 구슬은 땅속에 묻혀 있어도 스스로 그 빛을 감출 수가 없다고 했다. 이에 이번 해제집의 발간이 그러한 기회를 조금 앞당겨 주는 역할을 한다면 더 바랄 나위가 없다고 하겠다.

많은 어려움 속에서도 잦은 원고 독촉을 마다하지 않고 정해진 날짜 안에 玉稿를 보내 주신 연구자들과 사업진행에 차질이 없도록 열심히 뛰어준 관련자 분들에게 이 자리를 빌어 그동안의 勞苦를 다시 한번 치하하며, 국학 사업의 발전을 위해 지원을 아끼지 않은 교육인적자원부와 한국학중앙연구원에도 깊은 감사의 말씀을 드린다.

2005년 11월

국학연구원장 설 성 경

일 러 두 기

1. 본 解題集은 국학 진흥 사업의 일환으로 연세대학교 중앙도서관 소장 국학자료 가운데 일부를 우선 해제한 것이다.

2. 제2차년도(2004년도) 解題集은 연세대학교 중앙도서관 소장 귀중본 가운데 記事類, 使臣錄類, 日記類 등을 주요 대상으로 선별하여 해제하였다.

3. 각 항목의 제목은 해제 대상 책의 卷首題를 취하되, 이에 관련된 특기 사항은 '서지'에 기록하였다.

4. 항목의 차례는 가나다순으로, 동일한 제목일 경우에는 저자의 생몰년대의 선후를 따져 배열하였다.

5. 해제는 객관적 상황을 서술하는 것을 기본 원칙으로 하고, 아울러 책의 특징이나 가치 등을 밝혀 후속 연구가 진행될 수 있도록 하였다.

6. 解題의 끝마다 解題者의 姓名을 밝혔다.

차　례

經山集 ― 鄭元容 著. 未定草稿本. 6冊(附錄).
果庵散稿 ― 申益均 著. 寫本. 20卷(卷1, 2, 3, 10 缺) 7冊.
觀復齋遺稿 ― 金構 著. 未刊原稿本. 10卷 6冊.
橘下遺稿 ― 崔植民 著. 未刊原稿本. 4卷 1冊(61張).
錦帆全集 ― 尹致羲 著. 初稿本. 63卷(권12, 24, 30, 43은 내용 없이 공란) 31冊.
錦涯草稿 ― 鄭赫逵 著. 寫本. 1冊.
記言本抄 ― 許穆 著. 自筆稿本. 1冊(42張).
聾雲集 ― 蘇秉澤 著. 寫本. 2冊.
淡圃漫錄 ― 李碩載 著. 草稿本. 1冊(72張) 落帙本.
大溪利用 ― 黃在英 著. 草稿本. 不分卷 2冊.
臺山遺集 ― 金邁淳 著. 初稿本. 9冊(臺山初藁 9권 5책, 臺山集公移 4冊).
漫語 ― 朴致文 著. 草稿本. 2卷 2冊.
茗山集 ― 成祐曾 著. 未刊原稿本. 8卷 3冊.
蒙齋稿 ― 李晃宇 著. 寫本. 4卷 4冊(卷1(1冊) 缺).
無聞齋集 ― 沈坑 著. 寫本. 14卷 9冊.
無何堂遺稿 ― 洪柱元 著. 原稿本. 6冊.
放言 ― 黃德吉 著. 原稿本. 34卷 11冊.
白雲筆 ― 李鈺 著. 寫本. 2冊.
三當齋遺稿 ― 姜俒 著. 原稿本. 4卷 4冊.
石萊堂草稿 ― 李憲球 著. 草稿本. 零本 3冊(卷3, 4, 8).
碩齋別稿 ― 尹行恁 著. 未刊稿本. 23卷 11冊.
先考新齋府君遺稿 ― 張錫愚 著. 草稿本. 21卷 11冊.
雪艇初集 ― 徐翔龍 著. 寫本. 2卷 2冊.
成齋集 ― 趙秉鉉 著. 草稿本. 零本 3冊(冊 2, 3, 4) 落帙本.
少雲先生未定稿 ― 韓星履 著. 寫本. 2冊.
松磵遺稿 ― [著者未詳]. 寫本. 4冊.
松棲公文集 ― 崔性全 著. 寫本. 1冊.
松棲公事實 ― 崔性全 著. 寫本. 1冊.
松棲公詩集 ― 崔性全 著. 寫本. 2冊.
松塢謾稿 ― 朴宗永 著. 草稿本. 16冊.
松坡集 ― 李瑞雨 著. 原稿本. 20卷 10冊.
邃堂遺稿 ― 白樂奎 著. 寫本. 5冊.
孰遂念 ― 洪吉周 編著. 草稿本. 16觀[卷] 5冊.
新齋集 ― 洪樂命 著. 草稿本. 7冊.
新齋集 ― 李度中 著. 寫本. 12冊.

尋芳齋遺稿 ― 鄭履偘 著. 寫本. 1冊(95張).

藥山錄 ― 鄭元容 著. 未定草稿本. 不分卷 4冊.

御製祭文 ― 肅宗 著. 寫本. 1冊(19張).

餘窩先生文集 ― 睦萬中 著. 原稿本. 24卷 12冊.

念齋雜考 ― 尹光濩 著. 原稿本. 7冊.

愚潭集 ― 丁時翰 著. 寫本. 不分卷 13冊.

月塘遺稿 ― 姜碩期 著. 原稿本. 原集 4冊, 別集 1冊, 合5冊.

遺稿 ― 韓聖佑·韓配義·韓師范·韓顯謩·韓後裕·韓用鼎·韓元履 著. 寫本. 5冊

自攷 ― 韓元震 著. 初稿本. 1冊(67張).

周溪集 ― 鄭基世 著. 未定草稿本. 5冊.

竹石叢函 ― 徐榮輔 編著. 原稿本. 內集 3冊, 外集 7冊, 合10冊.

竹僋謾錄 ― 韓星履 著. 草稿本. 10卷 1冊.

芝溪姜公遺事 ― 姜世忠 著. 寫本. 2卷 1冊(64張).

稷下遺稿 ― 金相福 著. 草稿本. 不分卷 2冊.

初稿 ― 鄭範朝 著. 未定草稿本. 不分卷 5冊.

秋堂褹稿 ― 申獻求 著. 草稿本. 2卷 2冊.

楸軒遺稿 ― 洪萬愚 著. 寫本. 3卷 3冊.

贅言 ― 姜浩溥 著. 草稿本. 本集 30卷 16冊, 別集 2冊, 合18冊.

芭棲私藁 ― 金鋼 著. 草稿本. 5卷 5冊.

縹礱乙懺 ― 洪吉周 著. 草稿本, 16卷 7冊.

霞石謾稿 ― 李學洙 著. 寫本. 13冊.

霞石遺稿 ― 韓弼敎 著. 寫本. 6卷 3冊.

閒中隨筆 ― 沈大允 著. 寫本. 2冊.

沆瀣內函 ― 洪吉周 著. 草稿本. 10卷 7冊(3冊 缺).

海陽詩鈔 ― 羅烈 著. 寫本. 2卷 1冊(83張).

峴首甲藁 ― 洪吉周 著. 草稿本. 8卷 4冊(卷9, 10 缺).

湖東西洛記 ― 錦園堂 著. 寫本. 1冊(33張).

洪厓文集 ― 李箕元 著. 手稿本. 6卷 3冊(落帙本).

洪厓詩集 ― 李箕元 著. 手稿本. 5冊(落帙本).

洪厓自編 ― 李箕元 著. 手稿本. 2卷 1冊.

孝田散稿 ― 沈魯崇 著. 草稿本. 不分卷 38冊.

▣ 연세대학교 중앙도서관 소장 고서해제 Ⅲ

家乘 − 趙泰壽· 趙龜命 共著. 草稿本. 5冊.
江北日記 − 崔宗範·金泰興·林碩根 共著. 寫本. 1冊(46張).
江上問答 外 − 編者 未詳. 寫本. 不分卷 1冊(88張).
遣閑雜錄 − 沈守慶 編. 寫本. 1卷 1冊(56張).
經山日錄− 鄭元容 著. 草稿本. 不分卷 17冊.
庚申錄 − 李觀徵 著. 寫本. 1冊.
溪西野譚 − 編者 未詳. 寫本. 5卷 5冊(金卷은 逸失).
恭嬪崔氏事畧 − 著者 未詳. 寫本. 1冊(27張).
紀聞叢話 − 編者 未詳. 寫本. 4卷 4冊.
爛餘 − 金在魯 編. 寫本. 26卷(冊).
南漢日記 外 − 編者 未詳. 寫本. 不分卷 1冊(52張).
湛軒說叢 − 洪大容 著. 寫本. 2冊.
黨議通略 − 李建昌 著. 原稿本. 2卷 2冊(卷2 缺, 1冊 83張存).
堂后日記 − 承政院 注書·假注書 編. 原稿本. 12冊.
大事編年− 編者 未詳. 寫本. 不分卷 30冊(全34冊中 1, 2, 3, 6缺).
東史 − 著者 未詳. 寫本. 2卷 1冊.
東史綱目 − 安鼎福 著. 原稿本. 20卷 20冊.
東史證說 − 柳道昇 著. 寫本. 6卷 1冊.
東稗洛誦 − 盧命欽 編. 寫本. 2卷 1冊(79張).
潦霽錄 − 李敬一 著. 草稿本. 7冊.
漫筆三錄 − 編者 未詳. 寫本. 9卷 8冊.
文貞公耳目所及 − 申欽 著. 寫本. 1冊(22張).
嵋巖登科後日記− 洪龜燮 著. 寫本. 1冊(53張).
碧城消暑錄 − 著者 未詳. 寫本. 1冊(105張).
北槎錄 − 尹致定 著. 寫本. 1冊(61張).
北轅錄− 李義鳳 著. 草稿本. 5卷 5冊.
北遊日記 − 李嵩夏 著. 寫本. 1冊(32張).
四養齋外集桑蓬錄 − 姜浩溥 著. 原稿本. 12卷 6冊.
山家菊露 − 著者 未詳. 草稿本. 2冊.
山房錄燕行裁簡 − 權魯郁 著. 寫本. 2卷 1冊.
상봉녹 − 姜浩溥 著. 寫本. 2卷 2冊.
敍任錄 − 著者 未詳. 寫本 1冊(147張).
石潭野史 − 李珥 著. 原稿本. 1冊(73張)
宣廟中興誌 − 閔百順 著. 寫本. 2卷 2冊.

先朝御製校準閣日記抄

著者 未詳.
　寫本. 1冊(12張) : 30×17.5cm. 10行 19字.

辛酉八月初吉

提學李　春日　宙合樓丽奉　先朝御製曾已

繕寫未及昔託而傅止矣自今當為繼書故敢

此仰達矣　上曰依此為之

辛酉八月十日

本閣　啓曰　先朝御製　宙合樓奉安件繕

寫日子令月官池景泌推擇則令八月十九日

辰時辛日卯時俱吉云以何日時舉行乎敢

稟　傳曰以二十日為之○御製準役時住閣臣

輪回為之事院中傅當

1. 저자

著者 未詳.

2. 구성

이 책은 1801년(순조 1)에 쓴 것으로 正祖의 御製인 『弘齋全書』100冊을 繕寫하게 된 始終을 일기 형식으로 기록한 것이다. 원래 이 일은 1799년(정조 23) 규장각 직제학 徐浩修가 주가 되어 御製會粹法을 정하고 義例를 세워 편집하다가 도중에 서호수가 죽자 徐榮輔에게 續編하게 하여 당시까지의 어제를 4집 30목으로 나누어 모두 190편으로 편찬했던 것이다.(『正祖實錄』卷52, 正祖 23年 12月 21日 甲辰 47책 24쪽) 하지만 이 작업은 미완성인 채로 끝나고 말았던 것인데, 이것을 순조가 즉위한 후 이 때에 이르러 다시 시작하게 된 것이다. 그러나 이때는 어제의 繕寫와 校準이 완료된 것이고 『弘齋全書』가 활자본으로 간행된 것은 1814년(순조 14)에 이르러서였다.(『純祖實錄』卷17, 純祖 14年 3月 22日 癸丑(48책 60쪽)

이 책은 총 12張으로 이루어져 있다. 책의 표제는 『先朝御製校準閣日記抄』라고 되어 있고 또 그 오른쪽에 '起辛酉八月初十日, 十二月十二日'이라고 하여 일기가 쓰인 기간을 표시하였다. 본문의 글씨는 깨끗하게 필사되어 있다. 5張의 절반까지가 일기이고 나머지는「先朝御製校準閣臣別單」·「檢書官別單」·「寫字官別單」·「唱準別單」·「畫員別單」·「該色書吏別單」·「書吏別單」·「貟役別單」·「匠手別單」이라고 하여 御製의 校準에 참여한 자들의 이름과 관직명 그리고 이 일에 참여한 각자의 날 수, 寫字官들의 각자 筆寫한 분량, 왕이 下賜한 品目 등을 기록했다. 일기는 8월 초10일, 11일, 20일, 9월 26일, 29일, 10월 초4일, 초6일, 19일, 12월 초9일, 11일, 12일의 내용만을 抄錄하였다.

3. 내용

일기는 繕寫가 시작된 1801년 8월 10일부터 이를 완성하여 奉安한 同年 12월 12일까지 약 4개월간에 걸쳐 쓴 것이다. 하지만 抄錄이어서 그 내용은 매우 간략하다. 그 대략적인 내용만을 날짜별로 소개하고 아울러 이 일에 참여한 자들을 기록한 別單 또한 간략히 소개한다.

(8월 10일) 提學 李晩秀(1752~1820)가 순조에게 宙合樓에 奉安되어 있는 正祖의 御製가 일찍이 이미 繕寫되기는 하였지만 미완성인 채로 그쳤기에 지금 마땅히 그것을 이어서 써야 한다고 아뢰니 그렇게 하라고 하였다.

(8월 11일) 本閣에서 정조의 어제를 繕寫할 날짜를 日官인 池景泌에게 택하게 하니 8월 19일 辰時와 20일 卯時가 다 吉하다고 하는데, 어느 날에 거행할 것인지를 아뢰니 20일로 하라고 하였다.

(8월 20일) 正祖 御製를 繕寫하는 일을 시작하였다. 差備待令寫字官 11명, 本廳寫字官 21명을 뽑았다.

(9월 10일) 御製를 繕寫하는 寫字官들에게 점심으로 쌀 10石을 하사하였다.

(9월 26일) 勸講하러 入侍한 提學 李晩秀가 檢書官 柳本學이 身病으로 직임을 감당할 수가 없으니 다른 사람으로 대신하게 하는 것이 어떻겠느냐고 啓하니 왕이 그렇게 하라고 하였다.

(9월 29일) 왕이 御製를 繕寫하는 일이 매우 힘드니 檢校待敎 徐有榘(1764~1845)를 불러 그에게 專管考校토록 하라고 傳敎하였다. 本閣에서 檢校待敎 徐有榘가 私情이 있어서 들어오지 못한다고 하는데, 御製를 考校하는 일은 막중한 일이니 그를 推考하고 申飭하여 命을 받게 하심이 어떻겠느냐고 啓하니 왕이 허락하였다. 또 檢校待敎 徐有榘가 推考 申飭하였는데도 끝내 명을 받지 아니하니 그 죄의 輕重을 따라 推考케 하여 속히 명을 받게 하는 것이 어떻겠느냐고 啓하니 그렇게 하라고 하였다.

(10월 4일) 御製를 繕寫하는 寫字官 31명에게 各燒木 3丹과 炭1石을 하사하였다.

(10월 5일) 校役은 막중한 것이다. 그런데 檢校待敎 徐有榘가 專管토록 하게 되었다면 낮에만 일하고 나간다는 것이 말이 되지 않으니 내일은 省記토록 하라고 下敎하였다.

(10월 19일) 勸講하러 入侍한 提學 李晩秀가 지금 御製의 準役이 한창인데 檢書官의 수를 채우지 않으면 안 된다고 하면서 前檢書官 鄭㮨을 임명하고 前檢書官 徐理修와 元有鎭을 지난 年例에 따라 兼檢書官으로 임명하여 그들이 별도로 省記를 거행하는 것이 좋을 것 같다고 啓하니 왕이 그렇게 하라고 하였다.

(12월 9일) 本閣에서 正祖의 御製를 進書하는 날짜를 日官에게 택하게 한 즉 11일 午時가 吉하다고 하니 이 날에 거행함이 어떻겠느냐고 啓하니 그렇게 하라고 하였다.

(12월 11일) 御製를 6匣에 나누어 담았다. 匣은 오동나무로 하고 紫色으로 물을 들였으며 안에는 옻칠을 하였다. 匣의 표면에는 '正宗大王御製集, 第幾函, 共幾冊'이라고 하여 八分體로 새기고 泥金을 입혔다. 이 날 原任 閣臣들이 모여 御製의 각 函들을 奉審하고 院庭에 陪進하였다. 그리고 函을 彩轝에 신고 儀仗을 갖추고 연주를 하면서 閣外에 이르러 봉안하였다. (12월 12일) 왕이 繕寫에 참여한 閣臣들의 수고에 대한 보답으로 提學 李晩秀·金祖淳·檢校直提學 鄭大容·直提學 南公轍·檢校直閣 李始源·金近淳에게 각각 虎皮 1令을 하사했으며, 原任直閣 沈象奎·檢校待敎 李存秀에게는 鹿皮 1令을 하사했다. 그리고 檢校待敎 徐有榘는 加資했으며, 檢

書官 金基晋는 調用에 復職되었고, 檢書官 成海應은 맡았던 관직의 임기가 다 되었기 때문에 察訪으로 差送하였다. 또 檢書官 李功懋에게는 熟馬 1匹을 하사했고, 檢書官 鄭梡, 兼檢書官 徐理修·元有鎭, 前檢書官 李蓋模·李旭秀·柳得恭·柳本學에게는 각각 上弦弓 1張씩을 하사했으며, 寫字官 이하는 해당 관서에 명하여 施賞토록 하였다.(『純祖實錄』卷1, 純祖 1年 12月 11日 癸丑(47책 416쪽)

「先朝御製校準閣臣別單」提學 李晩秀 외 閣臣 8명의 명단, 관직명, 하사품 내역
「檢書官別單」檢書官 金基晋 외 9명의 명단, 참여한 날 수, 하사품 내역
「寫字官別單」差備待令寫字官 李東憲 외 12명, 承文院寫字官 洪允翁 외 28명의 명단 및 하사품 내역
「唱準別單」唱準 姜宗厚 외 9명의 명단 및 하사품 내역
「畵員別單」差備待令畵員 朴仁秀 외 1명의 명단 및 하사품 내역
「該色書吏別單」御製色書吏 金義鉉 외 3명의 명단 및 하사품 내역
「書吏別單」書吏 朴興修 외 10명, 書寫 李宗愚 외 4명의 명단 및 하사품 내역
「員役別單」大廳 朴致興 외 2명, 使令 朴周采 외 22명, 檢書廳使令 姜致福 외 5명, 기타 17명의 명단 및 하사품 내역
「匠手別單」冊匠 徐弼良 외 2명, 助役冊匠 李國寬 외 4명, 印出匠 韓仁得 외 1명, 小木匠 邊首 朴三孫, 助役小木匠 金萬才 외 1명, 刻手匠 朴亨蕃, 漆匠 孔翼周 외 1명, 多繪匠 孫老味 등의 명단 및 하사품 내역

4. 가치

이 책은 正祖의 御製인 『弘齋全書』184卷 100冊을 완전하게 繕寫 및 校準하기까지의 전 과정을 일기 형식으로 기록한 유일본이라는 데에 매우 큰 가치가 있다. 비록 抄錄한 것이어서 아주 구체적인 기록은 아니지만 약 4개월에 걸친 이 작업의 중요한 면모는 모두 파악할 수 있다. 특히 別單에서는 이 일의 각 분야에 참여한 전문가 약 160여명의 명단과 역할, 하사품 내역 등을 모두 빠짐없이 자세하게 기록한 점이 주목된다.

【전송열】

셔원녹

李義鳳(1733~1801) 著.
寫本. 11冊(總目 1冊, 本篇 10卷 10冊, 卷7 缺) :
32.5×21.5cm. 11行 16字 內外. 本文 : 한글.
表題 : 西轅錄

1. 저자

李義鳳(1733~1801)[1]의 本貫은 全州, 字는 伯祥, 號는 懶隱이다. 세종의 5남인 광평대군의 후손으로, 대사헌을 지낸 李徽中(1715~1786)과 달성서씨(1714~1781, 徐宗玉의 딸) 사이에 3남 1녀의 장남으로 태어났다. 1759년(27세)에 생원시에 합격하고, 翊贊 등을 지내다가 1773년(41세) 3월 增廣覆試(文科)에 동생 義駿과 함께 합격하였다. 직후 경기암행어사 (1773.11), 은산현감(1774 겨울~1775), 부수찬(1776.9), 부사과 등을 지내다가 정조의 즉위 와 함께 터진, 사도세자의 죽음에 문제를 제기한 李德師(1721~1776) 사건에 연루되어 감옥 에 갇혔다가 1776년 12월 풀려났다. 校理를 지내다가 信川郡守(1788.10~1789.6)로 강등. 修撰(1790.9), 회양부사(1792.1~6), 대사간(1799.10 및 1800.12), 좌승지(1800.4), 공조참판 (1800.4) 등을 지냈다.[2] 編·著로는 『懶隱囈語』(일실), 『古今釋林』(40권 20책), 『東國山川志』(연 세대 소장, 7권 5책)[3], 『殷山誌』, 『淮陽誌』 등이 있다. 이의봉은 初娶 海州崔氏(1732~1756, 崔景興의 딸) 및 再娶 청주한씨(1736~1762) 사이에 모두 자녀를 두지 못하고 동생 의준의 아 들인 泌淵을 入系했다.

이의봉의 생애와 저작에 대해서는 일찍이 정인보 선생의 간략한 소개가 있었지만,[4] 그 이 름이 학계에 비교적 널리 알려지게 된 것은 어록·어휘 사전인 『古今釋林』(40권 20책)이 영인 소개되면서부터다.[5] 보다 상세한 생애 및 가계는 『北轅錄』 해제를 참조하기 바람.

2. 구성

이 책은 總目 1冊, 本篇 10卷 10冊(卷7 缺) 合 11책[6]으로 구성되어있다. 이 책의 한문본

---

1) 李義鳳의 初名은 商鳳인데, 1774~76년 사이에 義鳳으로 개명했다. 같은 때에 동생 商駿도 義駿으로 개명 했다. 본 해제에서는 학계에 더 많이 알려진 이름인 義鳳으로 통일하여 쓴다.
2) 참고로 동생 이의준 역시 1763년 생원이 된 뒤 1773년 형과 同榜 급제하였다. 1777년 7월 향리방축되 었다가, 1784년 8월의 대사면령에 의해 사면되었다. 이후 서산군수(1790.10~1792.윤4월), 종성부사 (1793.5~1795.윤2월), 황해도관찰사(1797.4~1798.12) 등을 역임했다.
3) 정조는 방대한 규모의 『해동읍지』 편찬을 지시하여 여러 명의 실무진을 꾸렸다. 이의봉은 各道 山川 부분 을 맡았는데 이 책은 이 때 지어 올린 것이다. 『해동읍지』와 관련해서는 이광규 찬, 「선고적성현감부군연 보下」 기유년(1789)조 참조.(『청장관전서』 부록)
4) 『국학산고』(『담원정인보전집』2, 연세대출판부, 1983) 참조.
5) 전4책, 아세아문화사, 1977년 刊. 이 책은 규장각본(규 12253)을 저본으로 영인한 것이다. 규장각에는 이 외에 한 부가 더 있으나 두 본 모두 일제시대에 필사된 後寫本들이다. 연세대소장본은 이의봉 집안에서 나온 이의봉의 수택본으로 보이기에 훨씬 善本에 해당한다.
6) 한문본과 비교해서 권7 1책 외엔 빠진 것이 없으나 『셔원녹』의 표지 우측 하단에는 '共十二'라고 되어 있 어 의문이다.

『北轅錄』이 따로 전한다(연세대도서관 소장, 필사본 5책). 『셔원녹』은 바로 이 책의 국문번역본으로 한문본이 나온 직후에 이루어진 것(1765년 5월 번역 및 필사를 시작하여 1769년 4월에 마침)이다. 필사기는 다음과 같다. "을유(1765)오월십칠일번역ᄒᆞ기시작ᄒᆞ여칠월이필역ᄒᆞ고정셔도오월익시작ᄒᆞ여긔튝(1769)ᄉᆞ월십오일창동셔필셔ᄒᆞ다"[7]

번역은 저자인 이의봉이 직접 했을 가능성이 높으나 친필 여부는 확정할 수 없다. 필체는 두 가지가 구사되어 있는데 모두 동일인의 것으로 추정된다. 저자 및 가족의 이름이 부전지로 가려진 것으로 보아 본서는 이의봉가의 家藏本 있었음을 알 수 있다.

'北轅', '西轅'이란 말의 '轅'은 수레의 끌채를 뜻한다. 그것이 '北' 또는 '西'로 향했다는 것은 우리나라의 위치에서는 중국쪽 방향을 의미한다. 이 때문에 연행록 가운데 이 이름을 붙인 것이 종종 있다. 굳이 이름을 두 가지로 달리 단 것은 한문본과 한글본을 구별하고자 한 듯하다.

『셔원녹』은 연행록의 가장 일반적인 형태인 날짜별 기록을 취하였다. 해당 날짜의 날씨와 출발지, 점심, 도착지(숙박)를 한 두 줄로 제시하고 이어 그날의 일정을 상세히 서술하는 방식을 취하였다.

『셔원녹』의 구성은 다음과 같다.

> 1책 총목: 「일ᄒᆡᆼ인마입칙수(一行人馬入柵數)」・「방믈셰폐수목(方物歲幣數目)」・「노졍비참(路程排站)」・「입칙보단(入柵報單)」・「연노각쳐예단(沿路各處禮單)」・「듕노연향(中路宴享)」・「입경(入京)」・「입경하졍(入京下程)」・「표ᄌᆞ문졍납(表咨文呈納)」・「홍노시연의(鴻臚寺演儀)」・「됴참(朝參)」・「방물셰폐졍납(方物歲幣呈納)」・「녕샹(領賞)」・「져회수목(賫回數目)」・「고시방(告示)」・「하마연(下馬宴)」・「샹마연(上馬宴)」・「ᄉᆞ됴(辭朝)」・「산쳔풍속총녹(山川風俗總論)」[8]・「왕ᄂᆡ총녹(往來總錄)」[9](괄호안의 한자는 한문본의 것을 해제자가 이해를 돕기 위해 임의로 넣은 것임)
>
> 2책 권지일: 1760년 7월12일 졍(政), (11월)초이일~이십구일긔ᄉᆞ(宿柵門)
>
> 3책 권지이: (11월)삼십일경오~(12월)십이일임오(宿小黑山)
>
> 4책 권지삼: 십삼일계미(宿中安堡)~이십일일신묘
>
> 5책 권지사: 이십이일임진(宿沙河驛)~이십구일긔희(留北京)
>
> 6책 권지오: 삼십일경자~(1761년 1월)초오일을사
>
> 7책 권지육: 초뉵일병오~이십일일신유(留北京)
>
> 8책 권지칠: 缺
>
> 9책 권지팔: (2월)초ᄉᆞ일갑슐(留北京)~십일일신ᄉᆞ(宿薊州)

---

7) 여기 나오는 '을유' 및 '기튝'이 1765년, 1769년임은 이 책 역시 『北轅錄』과 마찬가지로 후대에 '逆'으로 처리된 인물(홍계희, 홍찬해, 이봉환)의 이름을 모두 附箋紙로 가리거나 먹으로 지웠다는 점에서 확정할 수 있다. 즉 이들이 '逆'으로 규정되기 전에 필사가 되었음을 알 수 있는 것이다.

8) 이 부분은 중국 여행 도중에 보고 듣고 느낀 점을 기록한 것으로 총 118칙으로 되어 있다.

9) 여기에는 중국 여행 도중 본 것을 '第一壯觀', '第一奇觀', '異觀', '古蹟' 등으로 나누어 제시하고 있다.

10책 권지구: 십이일임오(宿玉田縣)~(3월)초이일신축(宿新遼東)
11책 권지십: 초삼일임인(宿狼子山)~(4월)초뉵일을회(入漢陽)

참고로 한문본『北轅錄』은 다음과 같은 구성으로 되어 있다.

제1책(권1): 총목으로「一行人馬入柵數」부터「往來總錄」까지 기술. 이어 7월12일 都政에서 家君 서장관에 임명된 사실. 경진년(1760) 11월 2일 출발일로부터 본격적인 날짜별 기록이 시작되어 11월 29일 柵門 도착으로 끝남.
제2책(권2): 11월 30일 봉황성~12월 20일 楡關.
제3책(권3): 11월 21일 영평부~신사년(1761) 1월 4일 북경 체류.
제4책(권4): 1월 5일에서 2월 5일까지 북경 체류.
제5책(권5): 2월 6일 북경 체류에서 2월 9일 回程. 4월 6일 한양에 들어옴.

이 사행은 삼절연공사로써, 三使는 정사 洪啓禧(1703~1771)[10], 부사 趙榮進(1703~1775)[11], 서장관 李徽中(1715~1786)이었다. 이의봉은 이휘중의 자제군관으로 수행한 것이다.
연행 기간은 영조 36년(1760) 11월 2일 서울을 출발하여 영조 37년(1761) 4월 6일 서울에 되돌아왔다.
참가 人馬 수는 인원 총 301명, 말 198필이었다.
路程은 다음과 같다.

高陽(1760/11/2)→坡州(11/3)→長湍府→金陵→松都(11/4, 留 11/5)→新金川→平山(11/6)→葱秀站→瑞興(11/7)→劍水站→鳳山→黃州(11/8, 留 11/9)→中和→平壤(11/10, 留 11/11)→順安(11/12)→肅川(11/13)→安州(11/14)→嘉山(11/15)→納淸亭→定州(11/16)→郭山→宣川(11/17)→鐵山→龍川 良策館(11/18)→所串→義州(11/19, 留 11/20~26) **自京至義州 1,050리** 九連城(11/27)→金石山→葱秀山(11/28)→柵門(11/29) **自義州至柵門 120리** 鳳凰城(11/30)→松站(12/1)→八渡河→通遠堡(12/2)→草河口→連山關(12/3)→憩水站→狼子山(12/4)→冷井→太子河 **自柵至此稱東八站** 新遼東(12/5)→爛泥堡→十里舖堡(12/6)→白塔舖→瀋陽(12/7, 留 12/8) **自柵門至瀋陽 445리** 永安橋→邊城(12/9)→黍粘子(西店子)(12/10)→大黃旗堡→大白旗堡(12/11)→二道井→小黑山(12/12)→中安堡→新廣寧(12/13)→閭陽驛→禿老舖店(12/14)→小凌河站→高橋堡(12/15)→連山驛→寧遠衛(12/16)→沙河所→東關驛(12/17)→中後所→兩水河站(12/18)→中前

---

10) 본관 남양. 자는 純甫, 호는 淡窩. 1748년 일본 통신사행에 正使로 다녀오고, 다음해 충청도 관찰사로 있다가 병조판서로 발탁되어 영의정 趙顯命과 함께 均役法 시행을 주도하였다. 아들 홍찬해가 1777년 역적으로 사사됨으로써 이미 죽은 홍계희 역시 逆으로 규정되었다.
11) 본관 양주. 자는 汝揖. 40대에 들어서야 뒤늦게 벼슬길에 나선 인물인데 성품이 너그러웠다고 한다. 만년에 형조판서까지 오름.

所→山海關(12/19, 自瀋陽至山海關 787리)→范家庄→楡關(12/20)→背陰堡→永平府(12/21)→范家庄→沙河驛(12/22)→榛子店→豊潤縣(12/23)→沙流河→玉田縣(12/24)→蜂山店→薊州(12/25)→邦均店→三河縣(12/26)→夏店→通州(12/27)→大王庄→北京(12/28) **북경에서 1761년 2월8일까지 체류. 自山海關至皇城 667리, 共3,069리**

歸路: 北京→通州(2/9)→烟郊堡→三河縣(2/10)→邦均店→盤山 感化寺→薊州(2/11)→宋家庄→蜂山店→玉田縣(2/12)→沙流河→豊潤縣(2/13)→榛子店→沙河驛(2/14)→夷齊廟→永平府(2/15)→背陰堡→楡關(2/16)→范家庄→角山→山海關(2/17)→老鷄屯→兩水河站(2/18)→中後所→東關驛(2/19)→沙河所→寧遠衛(2/20)→連山驛→高橋堡(2/21)→杏山堡→小凌河店(2/22)→秃老舖店→閭陽驛(2/23)→新廣寧(2/24)→中安堡→小黑山(2/25)→二道井→白旗堡(2/26)→大黃旗堡→周流河站(2/27)→高家子→邊城(2/28)→永安橋→瀋陽(2/29)→白塔堡→十里舖(3/1)→三道把→新遼東(3/2)→冷井→狼子山(3/3)→憇水站(3/4)→連關→通遠堡(3/5)→八渡河站→松站(3/6)→餘溫者介→柵內(3/7, 留 3/8~3/11)→柵外(3/12, 留 3/13~3/18)→溫井坪(3/19)→九連城→義州(3/20, 留 3/21~3/23)→所串→良策館(3/24)→鐵山→宣川(3/25)→郭山→定州(3/26)→納淸亭→嘉山(3/27)→安州(3/28)→肅川→順安(3/29)→平壤(3/30)→中和→黃州(4/1)→鳳山→劒水站→瑞興(4/2)→葱水站→金郊驛(4/3)→平山→金川→松都(4/4)→長淵→坡州→高陽(4/5)→弘濟院→서울(4/6)

往返 6개월 총 154일, 去來路程 총 6,222리 연경에서 출입한 것과 길을 우회한 것이 또 460리 총 6,782리

이제 이 책의 제반 특징을 살펴본다.

우선 필체를 보면, 이 책에는 宮書 正字體와 일반 흘림체의 두 체가 쓰이고 있는데 모두 동일인 필치로 보인다. 1책 총목의 「일힝인마입칙수」 부분, 싯귀 인용[12], 주석 등은 궁서 정자체로 쓰고 있다.

번역은 逐字譯에 가깝지만[13] 한문본에는 없는 주석이 간간이 追記되어 있다. 독자가 사대부가의 여성인 점을 고려해서 충실한 설명이 가해진 것으로 생각된다. 예를 몇 가지 들면 다음과 같다.

　　입칙보단: 칙문 드러갈 적 단자 보ㅎ는 규식
　　입경: 북경 드러가는 졀ᄎ

---

12) 송도에서의 어제 사적비 부분(쏘 훈 비는 당져 어졔비니 젼면의 어졔 훈 귀롤 사겨시니 그 글의 ㅎ여시되 **도덕졍통궁만고 도덕과 졍퉁이 만고의 버쳐시니 태산고졀포은공 태산ᄀ튼 놉흔 졀은 포은공이로다**), 평양 부벽루 기둥의 고려 김황원의 싯귀(**댱셩일면용용슈요 긴셩 훈 면의 용용ᄒ 믈이오 대야동두졈졈산이라 큰 들 동편머리의 졈졈ᄒ 산이라**), 본 해제에 인용한 季文蘭의 싯귀 등이 여기 해당한다.

13) 간혹 한문본에 없는 구절이 일부 추기되는 경우도 극히 일부이긴하나 없지 않다. 이의봉이 출발 때에 어머니와 헤어지는 부분에서 "…괴싴이 쳐연ㅎ오시거늘" 같은 경우가 그것이다.

표ᄌ문경납: 표ᄌ문을 녜부의 정ᄒᄂ 졀ᄎ라

홍노시연의: 홍노시ᄂ 우리나라 통녜원ᄀᄐᆫ 마을이오 연의ᄂ 습녜ᄒᄃᆫ 말이라

명찬: 우리나라 인의ᄀᄐᆫ 벼술이라

규의어ᄉ: 우리나라 압반감찰ᄀᄐᆫ 관원이라

황뎨: 대명 황뎨ᄅᆯ 니ᄅᆞ미니 이 아리도 씌온디ᄂ 다 대명 황뎨라

간챠지: 수리 모ᄂ 사람

수수: 한어의 아ᄌ비ᄅᆯ 수수라ᄒᄂ니라

(띄어쓰기는 해제자가 한 것임. 이하 同)

이 책에는 '됴션', '가군', 'ᄌ위', '외왕고', '당져', '어졔', '황뎨(明 황제의 경우)' 등의 앞에 는 한 칸의 空格을 두어 공경의 의미를 두었다. 한편 저자 가족의 이름 및 훗날 '逆'으로 규 정된 인물의 이름, 字 등은 附箋紙로 가리거나 먹으로 지웠다. 전자는 이상봉, 쥰졔, 샹귀 등 이 그것이고, 후자는 洪啓禧와 그 아들 洪纘海(자 幼能), 홍계희의 수행원 李鳳煥(자 聖章)[14] 이 그런 경우에 해당한다.

이 책의 번역 양상을 다음 두 단을 예시하여 보인다. 아래는 『노가재연행일기』에도 나오는 기사로, 강우여자 季文蘭이 오랑캐에게 팔려 심양으로 갈 때 이곳을 들러 벽에 쓰고 갔다는 시를 적은 것이다.

경진 칠월 십이일 졍의 가군이 동지셔장관을 ᄒ오시니 가군이 져년봄 참쳑 보오신 후로 일비 쇠삭ᄒ오시니 우리 형뎨둥 ᄒ나히 맛당이 ᄯᅡ라감ᄌᆨᄒ되 쥰뎨ᄂ 병약ᄒ고 샹귀ᄂ 어린디 라 내 ᄯᅩ 본디 노계ᄅᆯ ᄒ번 넓고져ᄒ난 ᄯᅳᆺ이 이시믈 뫼시고 가믈 쳥ᄒ오니 가군이 집의쥬관 ᄒ리업다 ᄒ오시고 어려이 넉이오시다가 여러번 쳥ᄒ온 후 허락ᄒ오시고 원역둘 문안홀 졔 군관으로 달하ᄒ라ᄒ여 겨오시더니 샹ᄉ와 부ᄉ 됴영진이 거월 도졍의 졔비ᄒ야 다 ᄌ계군관 을 ᄃ려가ᄂ 고로 뉴ᄉ신이란 말이 낙하의 셩히 ᄃᆞ니고 친구들이 말니ᄂ니 만혼디라 아직 ᄭᅮ 지람을 피홀 계규로 문하인 뎡낭좌 일홈을 몬져 달하ᄒ엿다가 십월 이십칠일의 비로소 초긔 ᄒ야 긔부 표ᄒ고 가기 미처 일하구문 ᄒᆫ 권을 쵸ᄒ야 힝탁의 너흐니 댱ᄎ츠 이ᄅᆯ 안험ᄒ야 연 도ᄅᆯ 편남ᄒ려ᄒ미라(제1책)

퇴계공년셕일장/졍균환딘월나샹/아양싱ᄉ지하쳐/통쇄츈풍샹심양

머리ᄅᆯ 뒤ᄒ로 ᄶᅧ시니 헛도이 녯날 단장을 에엿비넉이고

길가ᄂ 오손 월나라깁으로 ᄒᆫ 치마ᄅᆯ 밧고아 딘ᄒ엿도다

---

14) 이 시기 서얼 시인으로 이름 높았던 이봉환은 홍계희를 따라 1748년 일본통신사행, 1760년 중국사행을 다녀오기도 하였다. 이봉환은 1770년 세손에게 사도세자의 제사를 올릴 수 있도록 해달라는 상소를 올렸 다가 영조에게 죽임을 당하였다. 시문집 『雨念齋詩抄』(9권 4책)가 있다.

> 아비와 어미 죽고 살기는 알과라 어느 곳고
> 셟다 봄ㅂ람의 심양으로 올나가미로다(제4책)

3. 내용

이 책의 주된 내용은『北轅錄』해제를 참조하기 바란다. 상기 해제에서 ①『古今圖書集成』書目 열람, ② 중국 및 기타 나라 사람들과의 교유 학술 토론, ③ 북경 천주당을 방문, 루마니아 선교사 할레슈타인(A.von Halerstein, 劉松齡, 1703~1774)과 대담, ④ 이의봉이 기록한 중국「기록, 山川風俗總論」, ⑤ 이의봉이 꼽은 중국 여행의 '壯觀', '奇觀', '異觀' 및 '古蹟', ⑥ 중국 書冊 관련 ⑦ 기타 등으로 소개하였다.

4. 가치

이상봉의 이 연행록은 김창업의『노가재연행록』의 영향을 크게 받았으며, 또 홍대용의『湛軒燕記』보다는 5년이 앞서 기록된 것이다. 이 점에서 적어도 홍대용, 박지원 연행록만이 부각되어 있는 18세기 연행록 연구에 상당히 중요한 또 하나의 자료로 의미를 갖는다.

이 연행록은 여타 연행록에 비하면 분량에서 매우 방대함을 볼 수 있다. 연행 내내 병으로 고생한 부친 이휘중을 대신하여 이의봉이 기록을 담당하는 서장관의 역할을 일부 담당하지 않았나 생각된다. 그만큼 자세하고 공식적인 문투가 짙게 배어 있는 연행록이다. 그러므로 이 연행록은 공식적인 燕行事를 알아보는 데에도 중요한 자료 가치를 가지고 있다고 하겠다. 단, 문학 작품으로의 개성이나 재미는 덜한 편이다.

지명, 지리, 고적에 대한 철저한 고증은 이 책의 가장 두드러진 특성이다. 이와 관련하여 중국의『一統志』가 특히 많이 인용되고 있고, 우리나라 자료로는『노가재연행일기』가 많이 인용되고 있다. 그 외 인용되고 있는 책들로는『朝鮮賦』(董越)·『輿地勝覽』·『三國史記』·『高麗史』·『平壤存誌』·『水經注』·『豊潤縣志』·『燕山叢錄』·『元史』·『長安客話』·『仙傳拾遺』·『方輿紀要』·『五雜組』(明 陳留)·『中山紀畧』(張學禮)·『日下舊聞』·『帝京景物畧』·『廣輿記』·『東史』 등이 있다.

이의봉의 이 연행록은 한글본과 한문본이 모두 존재함으로써 국어사를 비롯해 여러 방면에서의 연구의 여지가 있다. 한문, 한글본이 동시에 남아 있는 자료는 김창업과 홍대용의 것 외에는 희소하기에 자료 가치가 매우 높다.

이의봉은 조선후기 학술사에서 비중있는 가문의 인물이라 학술적 성향이 녹아 있는 이 연행록에서의 그런 요소를 추출하는 것도 큰 의의가 있다. 이휘중 이의봉 父子의 燕行을 전후하여 인척인 서명응 서호수 부자의 연행이 있었다. 對淸觀 및 중국의 학술·문물에 대한 관심과 수용의 측면에서 인척인 달성서씨가 및 파평윤씨가 등과의 영향 관계 역시 考究해야 할 중요한 사안이다.

【김영진】

曬史東征日記

鄭元容(1783~1873) 著.
寫本. 1册(31張) : 26×21.5cm. 10行 20字.
表題 : 東征日記.

曬史
東征日記

歓上在位八年戊辰盃夏初七日以

列聖實錄曝曬.

正宗大王誌狀奉安事江原道江陵五臺山史閣出去

初七日 百癸晴平邱里四十 中火奉安舘里三十 留宿 舘從吏者

李膺熀倍隸全鎮秀廳眉金宗興

庫直黃孟得家僮崔長得鄭貴同

是日下直後敬奉彩轝儀仗及皷吹皆如例至東門

外落後與楊州前排旗幟交替京畿監司金在昌楊

州牧使宋見戴祗送堂弟始容允容舍第乙運来別

門外到平邱舘午餉因與楊州牧少話到奉安舘留

1. 저자

鄭元容(1783~1873)[1]의 本貫은 東萊, 字는 善之, 號는 經山이다.
『고서해제』Ⅰ, 「경산집」해제 참조.

2. 구성

『曬史東征日記』는 전1책, 31장이다. 이 책은 저자 정원용이 列聖 實錄을 曬曬하고 정종대왕의 誌狀을 봉안하기 위하여 25일동안 京城부터 오대산 史庫를 거쳐서 高城郡까지 다녀온 과정을 기록한 일기이다. 일기의 권수제는 '曬史東征日記'로서 그 내용은 "聖上在位八年 戊辰 孟夏 初7月 列聖 實錄을 曬曬하고 正宗大王의 誌狀을 奉安하기 위하여 강원도 오대산 史閣에 갔다."로 되어 있다. 이러한 내용을 적은 3行은 모두 한 자씩 올려 적고 있다. 이러한 사례는 일기의 내용부분에서도 나타나는데 이것은 왕에 관한 글자를 한 자씩 올려 쓰는 擡頭法을 사용했음을 알수 있다. 그 다음 부분부터 마지막까지 모두 일기의 내용에 속한다.

일기는 날짜별로 하루하루 경과한 곳과 만났던 사람, 일어났던 일들을 서술체로 기록하고 있다. 當日의 내용구성을 살펴보면 첫 부분은 일기의 날짜, 날씨상황, 當日에 경과한 지점, 경과한 거리 등의 사항을 기록하고 있다. 그 다음 부분은 일기의 구체적인 내용을 기록하고 있는데, 주로 만났던 사람과 일어났던 사연을 오전과 오후로 나누어서 기록하고 있다. 그리고 마지막 부분은 저녁 식사 후에 활동한 내용을 기록하고 있다.

3. 내용

『曬史東征日記』는 鄭元容이 五臺山 史庫로 가서 實錄을 曬曬하라는 純祖의 명을 받고 경성을 떠나는 날부터 기록하였다.

---

1) 연세대학교 소장 『曬史東征日記』는 그 동안 저자미상으로 남겨져 있었다. 일기의 맨 앞장에 저자가 江原道 五臺山으로 떠날 때 당시의 京畿道 監司 金在昌 · 楊州牧使 宋冕載 · 堂弟 始容允容, 舍弟 乙運 등과 헤어지는 과정을 기록하고 있다. 왕조실록에 金在昌은 1808년 1월 25일부터 1810년 10년 19일까지 경기도 관찰사로 있었고, 宋冕載는 1808년에 楊州牧使로 있었다고 기록되어 있다. 그리고 韓國文集叢刊 300 『經山集』(民族文化推進會, 2002)에 鄭始容, 鄭允容은 鄭元容의 사촌 동생이고, 乙運(憲容)은 鄭元容의 친동생이라 기록되어 있다. 때문에 본 일기의 저자는 鄭元容으로 추정된다.

戊辰年(1808년) 4월 7일. 저자는 경성에서 수행자 館吏 李膺煥·倍隷 金鎭秀·廳直 金宗興·庫直 黃孟得·家僕 崔長得, 鄭貴同 등을 거느리고 떠났는데, 京畿道 監司 金在昌·楊州牧使 宋冕載는 동문까지 바래다 주고 堂弟 始容·允容, 舍弟 乙運은 동문 밖까지 나와 바래다 주었다. 平邱館까지 와서 점심 식사를 하고 安奉館까지 가서 留宿하였다. 廣州判官 洪大衡, 丞曹 錫鯤 등이 來見하였고, 저녁 식사 후에는 廣州 判余 城主를 往拜하였다.

4월 8일. 아침 일찍 출발하여 斗尾月溪를 순회하고 楊根 龍門館까지 갔다. 그 곳에는 郡守 李敎源이 境上에 마중 나와 있었다. 점심 식사 후 龍門山을 바라보니 무성한 숲이 성대하여 장관을 이루고 하늘은 꽃구름으로 장식되어 있었다. 砥平館에 도착하여 저녁 식사를 하고 東軒 즉 賞雪軒을 참관하였다. 그리고 客館에 돌아와 留宿하였다.

4월 9일. 아침 일찍 출발하여 原州境의 安昌에 도착하였다. 이곳에서 점식 식사를 하고 다시 원주의 拱北門을 지나 5리를 걸었다. 이때 巡使 鄭尙愚가 영접 나왔는데, 그와 함께 우선 원주의 鶴城館에 들어갔다. 저녁 식사 후 堂後의 小門으로 들어가 보았는데, 그곳에는 네모난 못이 있었다. 수면에는 亭閣이 떠 있었다. 작은 정각은 '蓬萊'라 하고 큰 정각은 '觀風'이라 하는데, 무지개를 방불케 할 만한 채색다리가 있었다. 날이 저문 뒤 시원한 비가 물을 퍼붓듯이 쏟아져, 못의 물이 이내 넘쳐나기 시작하였다. 못 가운데는 작은 섬이 있었는데 섬에는 초막으로 된 정자가 있었고 또 작은 배도 있어서 뱃놀이를 할 수 있었다. 그러나 밤이 깊어 客館에 돌아와 留宿하였다.

4월 10일. 이날은 학성관을 출발하여 鎭南門을 나와 5리까지 巡使가 祗送하였다. 그 후 加波嶺을 넘어 神林館에 도착하였다. 점심 식사 후 杻峴과 松峴 두 개의 큰 嶺을 넘었다. 고갯길이 매우 가파르고 위태로워서 어깨를 서로 부추기면서 고개를 넘어 酒泉館에 도착하였다. 酒泉은 옛날 赫居世 시기의 舊 縣治이다. 술이 바위틈에서 흘러나온다고 하여 酒泉이라고 부르게 되었다. 지금의 원주 北倉에 淸虛樓가 있는 정원에는 한 조각의 돌이 있는데 이 돌이 바로 傳하는 酒泉의 古石인 것이다. 古石 옆에는 한 그루의 龍鐘이 있었다. 청허루의 편액은 樂軒 金載瓚(字, 國寶)과 嘯皐 尹師國(字, 賓卿)이 쓴 것이다.

4월 11일. 아침 일찍 출발하여 峨嵯峙과 擧瑟峙를 넘어 藥水驛을 거쳐서 平昌郡에 도착하였다. 지금까지 原州 境地에 들어선 이후로 길도 매우 험하고 산도 검푸른데, 平昌界에 들어서자 鷄巒이 明麗하고 村落들도 精麗하며 골짜기에 심은 곡식밭의 경계는 마치 그림과 같았다. 그리고 擧瑟峙로부터 藥水驛까지 한 줄기의 강물이 도도히 흘러내리는데 兩岸의 절벽은 마치 병풍처럼 거연히 서 있었다. 강에서 배를 타는 사람이 말하기를, 이 강은 오대산에서 발원한다고 한다. 강은 읍을 지나 흐르는데, 강 양안에는 백양나무가 무성하게 자라있었다. 평창읍에서 점심 식사를 한 후 다시 출발하여 梨峙를 지나서 芳林을 거쳐 大和館에 도착하였다. 이곳에는 江陵府使 朴宗正이 와서 기다리고 있었는데 그와 만난 후 대화관에서 留宿하였다.

4월 12일. 아침 일찍 출발하여 毛老峙를 넘었다. 그러나 길이 너무나 험악하여 십여리를 서로 어깨를 부추기며 걸었다. 그 후 30여리를 더 지나 바라보니 길옆에 푸른 절벽이 거연히 우뚝 서 있었는데, 이 절벽을 淸心臺라고 한다. 암석은 매우 奇古하고 높이가 數十 丈이나 되었다. 암석 위에는 또 怪石이 있었는데 높이가 數 丈이나 되었다. 그 아래는 淸谿가 있는데, 굽어보면 사람을 驚愕케 할 만하다. 이곳을 지나 古介峙를 넘어 珍富館에 도착하였다. 旌善郡守가 나와 마중하였다. 점심 식사 후 月精寺로 향했는데, 길가에 큰 檜樹가 빼곡히 심어져 있다. 모두 서로를 부추기며 4, 5리를 걸어서야 월정사에 도착할 수 있었다. 월정사는 新羅의 두 왕자가 淨神孝明하기 위하여 지은 것이다. 월정사의 정원에는 석탑이 있는데 십여 층이나 되었다. 저녁 식사 후 朴府使와 월정사의 金剛淵 근처로 갔다. 연못가에는 평평한 암석이 있어서 앉을 수 있으며 강물이 반석 아래로 소용돌이치면서 흐르고 있었다. 그곳에서 잠깐 앉아 있다가 월정사로 돌아와 穩宿하였다.

4월 13일. 아침에 史閣으로 가는 石路에 올라 스님과 같이 서로 부추기며 걸었다. 푸른 절벽은 서로 대칭으로 서 있고 그 가운데에는 큰 강이 흐르고 있으며 소나무와 전나무는 하늘을 찌를 듯하고, 나무 잎이 새파랗다. 이곳에서 몇 리를 더 가니 盤石이 있어 앉을 수 있었다. 여기에 獐項淵이라는 못이 있는데, 그 옆에서 조금 쉬다가 또 다시 걸어 史閣에 도착하였다. 史閣 앞에서 四拜禮를 올리고 史庫를 열어 御命을 받고 史書를 審査하였다. 그 후 사각 아래의 小館에 내려갔다. 이 館은 史官들이 거주하는 곳인 常時齋 즉 直所이다. 館 아래에는 작은 庵이 있는데 守直僧이 거주하는 곳이었다. 이곳까지 바래다준 박부사가 이날 官衙로 돌아갔다. 저자는 이곳을 돌아보고는 "五臺, 海東은 大地로서 우리나라 동쪽의 萬萬之地이다"라고 감탄하였다.

4월 14일. 실록을 햇볕에 말리면서 또 하루를 史閣에서 留宿하였다.

4월 15일. 실록을 모두 말리고 史閣內를 奉安・修掃한 후 史庫의 문을 봉하였다. 점심 식사 후 中臺路를 향하여 30리를 가서 金剛庵을 둘러보고 또 20리를 가서 上元寺에 도착하였다. 上元寺 승려에게서 世祖에 대한 이야기를 들으며 관람하였다. 그리고 月精寺에 도착한 후 그곳에서 留宿하였다.

4월 16일. 아침 식사 후 月精寺를 떠나 橫溪에 도착한 후 다시 大關嶺까지 간 후 그곳에서 휴식하였다. 그 후 다시 5리를 가니 人家가 있어서 휴식을 하고 다시 평탄한 길로 갔다. 大關嶺의 길이 首尾가 약 30리 되는데 간혹 평탄한 길도 있었지만 대부분은 가파른 길이었다. 고개 아래로 내려와서 다시 3리를 더 가니 강이 있었는데 강 옆에는 작은 亭閣이 있었다. 그 정각으로 올라가 보니 이름이 天淵이라고 쓰여져 있었다. 그리고 다시 길을 걸어 瀛館에 도착하였다. 이곳이 바로 雄州였다. 웅주는 원주보다 형편이 조금 낫다. 저녁 식사 후 東軒과 書室을 참관하고 나니 朴星壽와 尹承烈이 왔다. 그들과 같이 이야기를 나누며 留宿하였다.

4월 17일. 아침에 박성수, 윤승렬과 동반하여 鏡浦臺로 향하였다. 도중에 진사 金學斌을 방문하고 10리를 가서 한 정각에 도착하였다. 정각과 호수를 살펴보고 이곳에서 점심 식사를 하였다. 그 후 호수에서 배를 타고 즐겼다. 그리고 나서 다시 말을 타고 蓮谷까지 가서 말을 바꾸어 타고 桐山驛에 와 留宿하였다.

4월 18일. 아침 식사 후 10리를 가서 和尙巖에 도착하였다. 또 10리를 더 가자 襄陽府使 權行彥이 마중 나와 있었다. 그와 같이 점심 식사를 하고 길을 다그쳐 雪嶽外山과 鼎足山에 도착하였다. 여기서 배를 타고 漢水를 건너서 祥雲驛에 도착하였다. 이곳에는 世祖가 東巡할 때 지은 절이 있었다. 그 절에 들어가니 梨花亭이 있었고 그 옆에 梨樹가 있었다. 佛殿, 洛伽 등의 건물도 있었다. 승려에게서 이 절에 관련된 많은 이야기를 들으면서 留宿하였다.

4월 19일. 아침에 梨花亭을 나와 峴南門을 거쳐 10여리를 갔다. 그리고 차를 타고 산길 40여리를 가서 公管이라는 작은 집에 도착하였다. 이곳에 注書 盧重慶이 왔기에 그와 같이 留宿하였다.

4월 20일. 아침 일찍 일어나 집을 나와 相賀泉에 도착하여 점심 식사를 하였다. 오후에는 相賀泉 주위 산천의 美景을 흠상하고 이곳에서 留宿하였다.

4월 21일. 이날 오전 역시 相賀泉 주위를 돌아보았다. 그리고 점심 식사 후 40리를 가서 太平樓에 도착하였다. 태평루의 주인 등이 나와서 영접하여 東軒에 들어가 저녁 식사를 하고 洛山寺로 가서 賓日樓에서 留宿하였다.

4월 22일. 아침 일찍 일어나 梨花亭에 나가 日出을 구경하였는데, 이날 아침에는 바다 안개가 자욱했다. 구경을 다 한후 賓日樓에 돌아와서 아침 식사를 하고 淸澗亭으로 갔다. 淸澗亭의 머리 부분에는 萬景樓가 있었는데 누각이 높을수록 물이 더욱 친근해 보였다. 점심 식사후 鳳凰峙, 駕鶴亭 등을 관람하고 10리를 가서 杆城郡에 도착하였다. 이곳의 水城館은 쓰지 않은 채 버려져 있어서 水城館에서 留宿하였다.

4월 23일. 아침 식사 후 乾鳳寺를 찾아 10리를 갔는데, 石橋가 있어서 그곳에서 휴식을 하고 다시 길을 재촉해 乾鳳寺에 도착하였다. 寺門밖에는 西虹橋가 있는데 그 옆에 누각이 있었다. 樓軒은 수십 칸이었다. 이 절은 梁 天鑑年間에 창건하였는데 新羅 法興王 때 이 절에서 萬日會가 발족하였다. 지금도 매년 이 절에서 만일회 행사를 진행한다고 한다. 이 절을 나와 10리를 가서 津浦에 도착하여 말에서 내려 호수를 관람하였다. 그 후 大津에 가서 점식 식사를 하고 또 10리를 가서 懸鐘巖에 도착하여 주위의 산천을 관람하였다. 그 다음 길을 재촉해 高城邑에 도착하여 館舍에서 저녁 식사를 하였다. 이곳에서 主倅 朴尙榮이 와서 회견하였는데 그가 말하기를, 高城郡의 基址는 정말로 嶺東의 名州라고 하였다.

4월 24일. 아침 식사 후 30리를 가서 八新溪에 도착하였다. 이곳의 절 앞에는 懶雲大師碑가 있었다. 이 절은 新羅 法興王 때 창건하고 敬順王의 願堂이 되었다. 그후 慶州 淸輝大師가 석탑을 세웠다. 이곳에서 휴식을 하고 길을 가다 어느 시냇물 옆의 암석에 도착하였는데, 그

암석에는 古今의 사람들이 題名한 것이 많았다. 이곳에서 시냇물을 건너 산길을 재촉했다. 산길이 미끄러워 조심스러웠다. 길옆에는 瀑布가 있었는데, 산꼭대기에서 떨어져 내리는 그 폭포수는 퍽 장관이었다. 여러 봉우리를 지나 石洞으로 들어갔더니 洞窟 안에는 각양각색으로 된 암석들이 많았다. 이곳을 상세히 관람한 후 10리를 가서 玉流洞에 이르러 점심 식사를 하였다. 그리고 이곳을 관람하고 新溪洞口에서 말을 타고 高城郡으로 가서 留宿하였다.

4월 25일. 아침 식사 후 해변으로 갔는데 舟人이 벌써 와서 小艇을 艤待하고 있기에 小艇을 탔다. 아침에 배를 타고 바다를 바라보니 기분이 상쾌하였다. 沿邊을 5, 6리 가서 海金剛을 관람하였다. 海金剛이라는 이름은 옛날에는 없었는데 戊寅年間 南宅夏의 아들 道揆 형제가 산수를 몹시 좋아하여 境內의 바다와 산 등 여러 명승지를 줄기차게 찾아다녔는데, 七星峰 북쪽에 이르러 山麓을 통하여 바다에 들어가 石峰들 사이에 있는 蒼松을 보고 마치 금강면과 같다고 하여 海金剛이라 하였다. 이곳을 관람한 후 高城邑으로 가서 아침 식사를 하고 海山亭에 올라갔다. 여기서 36개의 산봉우리를 바라볼 수 있었는데, 그 美景이 절정에 달하였다. 그리고 獅巖, 夢泉巖과 호수를 관람하고 楡帖寺에 도착하여 점심 식사를 하였다. 식사 후 10리를 가서 百川橋를 건넜다. 그리고 10를 가서 墇巇巖에 이르러 다시 狗獐二嶺을 지나 龍川橋를 건너서 楡寺에 도착하였다. 이곳에서 간략한 기록을 보충하고 留宿하였다.

4월 26일. 아침 식사를 한 후 이 절 승려의 舊寶 전시를 구경하였다. 그리고 烏啄井, 無煙閣, 萬景臺 등을 관람하고 10여리를 가서 隱仙臺를 돌아보았다. 그리고 다시 10여리를 가서 楡嶺三曲에 도착하였는데 이때 淮陽侯 등이 영접 나왔다. 여기서 5리를 가서 百喧洞을 지나서, 다시 5리를 가서 나무다리를 건넜다. 또 다시 1리가량 가서 摩訶衍菴에 도착하여 점심 식사를 하였다. 오후에는 火龍潭·龜潭·眞珠潭·噴雪潭·碧波潭·琵琶潭·黑龍潭·自火潭 등 八潭과 白龍潭·萬瀑洞·正陽寺·九淵嶺·靑鶴臺·黃華兩山·表訓寺·神林寺 등의 명승지를 관람하고 저녁에는 凌波樓를 관람하였다.

4월 27일. 아침 식사를 한 후 文殊菴·龍曲潭·龍湫 등을 지나 獐項峰을 넘어 萬杆洞·慈雲潭·太上洞·羽化洞을 지나 赤龍潭 위의 降仙臺에 올라가 주위의 경치를 감상하였다. 그리고 계속 길을 재촉하여 須彌塔에 이르러 表訓洞·白華菴·鳴韻潭·明鏡臺 등을 관람하였다. 그 다음 이곳을 떠나 長安寺를 살펴보고 이곳에서 점심 식사를 하였다. 오후에는 鐵伊嶺을 넘어서 新院에 도착하여 留宿하였다.

4월 28일. 이날은 오전에 斷髮嶺에 올라서니 金城郡의 관리가 나와 영접하였다. 단발령은 新羅의 어느 太子가 이 고개에 올라서자 머리카락이 떨어져서 단발령이라 한다고 한다. 고개 위에는 土壇이 있었는데 이곳은 光廟가 東幸할 때 여기에 駐蹕한 적이 있어서 名壇이 되었다. 이곳을 떠나 通溝에 도착하여 점심 식사를 하고 昌道館에서 휴식을 한 후 金城邑에 도착하여 직접 官衙로 들어갔다. 관아에는 主僕 李元默과 그의 아들 李敎俊이 나와서 영접하였다. 이날은 이곳에서 유숙하였다.

4월 29일. 아침 식사 후 官衙를 나와 5리가량을 가자 한 칸의 丹亭이 있었다. 金華館까지 가자 主僕 金履實이 마중 나왔다. 점심 식사 후 鐵原邑과 30리 떨어진 豊田에 가서 留宿하엿다.

5월 1일. 아침 식사 후 永平境의 金水亭에 도착하여 참관하였다. 亭額에는 楊蓬萊라고 쓰여져 있었다. 亭閣에 올라서니 불시에 白鷺洲의 시구가 생각나서 읊었다. 이곳에서 강을 따라 올라가면 朴思庵書院(玉屛書院)이 있었다. 楊門에 도착하여 점심 식사를 하고 松隅店으로 가서 留宿하였다.

5월 2일. 오전에는 松隅店에서 시간을 보내고 오후에는 小金剛을 지나 경성으로 돌아 왔다.

4. 가치

『曬史東征日記』는 鄭元容이 1808년 五臺山 史庫에 實錄을 포쇄하러 다녀온 사실을 적은 역사적인 기록이다. 이것은 조선왕조시기 조정에서 실록의 포쇄를 중시하였다는 구체적인 기록이기도 하다. 그리고 일기는 저자가 오대산을 다녀오면서 구경한 명승지와 만났던 사람들을 상세히 적고 있다. 그가 만났던 인물들은 모두 당시의 관료로서 구체적인 관직까지 상세히 적고 있다. 그리고 淵源이 깊은 지명이나 산천지명과 그 지명의 由來를 상세히 적고 있어서 후세에 이 지역에 대한 지식을 전하는데 구체적인 근거를 제공해주고 있다. 아울러 그의 세련된 문필을 여실히 반영하고 있어 기행문으로서의 문학적 가치가 돋보인다.

【이종수】

瑣語

編者 未詳.

寫本. 1冊(77張) ; 33×22cm. 13行 32字 內外.

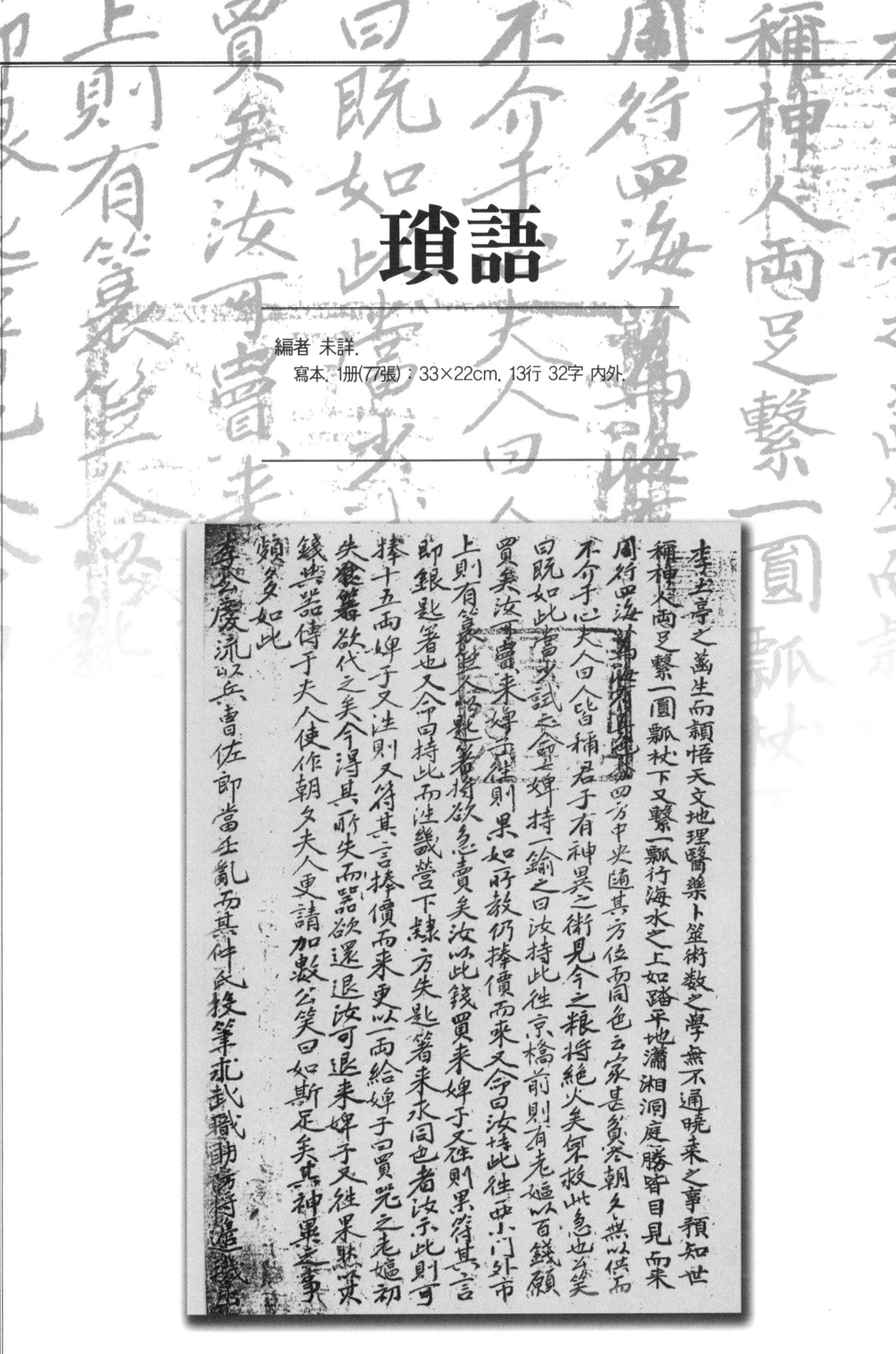

1. 편자

編者 未詳.

이 책의 편자가 누구인지는 알 수 없다. 다만 이 책이『紀聞叢話』방계 야담집이라는 점에서 작품의 편찬 시기가『기문총화』가 편찬된 1833~1869년 이후라는 것만 확인될 뿐이다.

2. 구성

이 책은 1책으로 구성되어 있다. 표제는 '瑣語'로 되어 있다. 여기에 수록된 이야기는 총 109편이다. 1~55화까지는『기문총화』3권에 해당하는 이야기를, 56~109화까지는『溪西雜錄』2권에 해당하는 이야기를 순차적으로 적고 있다. 이 책에 수록된 이야기의 중심인물을 소개하면 다음과 같다.

李之菡, 李慶流, 李秉泰, 李秉泰, 李台重·朴文秀, 李台重, 李秉晋, 李德重, 朴文秀, 朴文秀, 尹游, 金若魯, 尹弼秉, 李㴶, 張朋翊, 張朋翊, 申汝哲, 趙顯命, 金鋐, 李遇芳, 尹汲, 李源·南延年, 趙重晦, 李鼎輔, 柳鎭恒, 禹六不, 湖中 士人, 楊士彦之父, 鄭孝俊, 沈喜壽·一朶紅, 洪宇遠, 屠牛坦之女, 李長坤, 湖中士人之妻, 金緻, 鄭蘊, 禹夏亨, 金仁伯, 柳成龍之癡叔, 許弘, 李如松, 金千鎰之妻, 盧禛, 李光庭, 安東 權進士 某, 玉簫仙, 李浣, 李浣, 明朝遺民, 鄭姓人, 許積·廉喜道, 權ネ商, 黃仁儉, 趙顯命, 高裕, 一宰相, 一新婦, 一武弁, 成宗, 一老士人, 李石, 徐起, 鄭磏 , 鄭磏, 郭再祐, 金德齡, 李廷龜, 李廷龜夫人, 李慶全, 鄭百昌, 徐敬德, 朴燁, 朴燁, 朴燁, 朴燁, 朴燁, 鄭忠信, 李起築, 鄭命壽, 李恒福·鄭忠信, 宋翼弼, 鄭忠信, 李恒福, 李廷龜, 申翊聖, 東陽尉, 洪命夏, 臺官 尹某, 鄭太和, 孝宗, 孝宗·宋時烈, 尹絳, 柳常, 一儒生, 金進士 某, 趙持謙, 金壽恒之妻 羅氏, 趙泰采, 兪拓基, 金昌翕·李德載, 金鎭圭, 閔鼎重, 一武弁, 申銋, 陜川守之子, 柳生 某, 洪東錫, 金銖, 四大臣, 張鵬翼, 崔奎瑞.

3. 내용

『쇄어』는『기문총화』3권과『계서잡록』2권을 거의 그대로 전사한 야담집이다. 특히『쇄어』에는 5화 李台重과 朴文秀의 논쟁 이야기와 16화 張朋翊 이야기가 들어 있는데, 이는『기문총화』의 善本으로 알려진 연세대본에서는 볼 수 없다. 이 이야기는 오히려 동양문고본『기문총화』에는 수록되어 있다. 이 점에서『쇄어』는 연세대본보다 동양문고본에 더 가깝다고 볼 수 있다.

또한『쇄어』에는『계서잡록』이나『기문총화』에서 볼 수 없던 이야기가 수록되기도 한다. 「屠牛坦의 딸 이야기」가 그러하다. 이 이야기는 屠牛坦, 즉 백정의 딸이 꾀를 써서 양반집 도령과 결연을 맺는다는 내용인데,『쇄어』와 이를 발췌한『選諺篇』, 그리고 淵民 李家源선생이 소장했던『醒睡叢話』에서만 볼 수 있다. 그리고 1907~1919년에 찬집된『揚隱闡微』에 실린 「金英娘用智嫁貴門」은 이 이야기에서 상당히 소설적으로 변모된 작품이라 할 수 있다.

『쇄어』에는 이처럼 다른 야담집에서 볼 수 없던 독특한 이야기가 존재하고 있다는 점 외에 38화「鄭溫 이야기」의 후반부가 상당히 축소되어 있다는 점도 다른『계서잡록』이나『기문총화』와 일정한 차이를 보인다. 「정온 이야기」는 정온이 동료들과 과거 시험을 보러 가는 도중에 길가에서 우연히 만난 계집종을 따라가서, 계집종의 부탁을 받고 주인을 죽인 중을 죽이고, 그 계집종과 잘 살았다는 내용이 주된 골격이다. 그러나『쇄어』에는 끝 부분에 심각한 변이를 일으킨다. 정온이 중을 죽이고 다시 姦婦를 죽이려 하자, 종이 奴主之分을 들면서 죽이지 말라고 부탁하는 대목에 이르러,『쇄어』에는 "'저 간부도 비록 죽어야 하겠지만 제게 上典의 명분이 있사오니 그만 두심이 옳습니다.'라고 하고 인하여 문을 나서서 같이 말을 타고 가더라.(彼可殺, 有吾上典之名分, 置之可矣. 仍出門竝馬而去.)"라고 간략하게 기술한다. 반면『쇄어』를 대본으로 한『선언편』에는 이 이야기와 전혀 관련이 없는 내용을 써넣는다. 이는 일차적으로『쇄어』가 후반부가 파손된 본을 저본으로 하여 전사하였기 때문에 굳이 간략하게 축약한 것으로 보이기는 하지만, 다른 본과 다른 방식으로 향유되었다는 점은 흥미롭다.

그 외 나머지 이야기는『계서잡록』과『기문총화』에 실린 이야기와 큰 차이를 보이지 않는다.

4. 가치

『쇄어』는 기문총화계 야담집의 존재 양상을 설명하는 데에 중요한 역할을 맡고 있다. 왜냐하면『쇄어』에는『기문총화』와『계서잡록』이 혼효된 양상으로 존재하기 때문이다. 지금까지 확인된 숱한 이본들 중에『기문총화』와『계서잡록』이 혼효된 형태로 존재하는 야담집은『쇄어』와『성수총화』뿐이다. 이는『기문총화』계열과『계서잡록』계열은 독자적으로 향유되어 왔지만, 어느 순간에 두 본이 서로 혼효된 채 향유되기도 했음을 입증한다. 따라서『기문총화』와『계서잡록』의 향유 양상을 설명하기 위해서도『쇄어』에 대한 정밀한 고찰이 따라야 할 것으로 보인다. 상당히 후대에 편찬된 것으로 보이는『계서야담』역시『기문총화』와『계서잡록』이 혼효된 양상으로 존재하는데,『계서야담』의 형성 과정에『쇄어』와 같은 야담집의 역할도 무시할 수 없지 않은가 한다. 실제로 규장각과 장서각에 소장된『선언편』은『쇄어』를 '選

謬한 것으로 보인다. 물론 규장각본 『선언편』은 장서각본 『선언편』을 옮겨 적는 과정에서 무의식적으로 한 줄을 빼고 쓰는 경우가 자주 발견된다는 점에서 규장각본은 장서각본을 전사한 본이라 하겠다. 하지만 이 역시 『쇄어』가 형성된 후 다른 야담집에 일정한 영향을 미쳤다는 점을 부정하는 것은 아니다.

　이처럼 『쇄어』는 야담집이 어떻게 형성되고, 또한 어떠한 형태로 전대의 야담집에서 벗어나 독자적인 자신의 색채를 지니면서 존재할 수 있는가를 설명하는 데에 일정한 의미를 갖는다는 점에서 그 가치를 엿볼 수 있다.

【김준형】

守闕錄

尹仁教(1662~1717) 著.
親筆本. 1册(8張) ; 28×19cm. 10行 19字.

守闕錄　尹仁教所著

己巳四月二十四日　上特下備忘記命廢黜

先王朝廢　妃實錄　李　淳　不勝驚

慨卽往惠民署首倡多士將陳疏﹕頭以成擈軆定之

二十五日措紳疏先八儒疏以日昏不得呈

二十六日昨夜朴學士泰輔吳尚書斗寅李監司世

華　拿入　殿庭受慘刑自　上仍下陳疏者論以逆

律之　教成擈軆果惶惱失措力避疏頭疏軆乃

推頭於韓永徽任彼韓則托以辭老毋任則托以

辭家廟皆走去仍不來疏軆諸人更請擈軆而或

脅或誘擈軆日若改疏辭則我當作疏頭疏軆以

1. 저자

尹仁敎(1662~1717)의 本貫은 坡平, 字는 季克이다. 현재 윤인교의 생애에 대해서는 거의 알려진 바가 없다. 그의 生沒年과 간단한 약력만이 『坡平尹氏魯宗派譜』에 나와 있을 뿐이다. 그의 조부는 童士 尹舜擧(1596~1668)로 靈光 龍溪書院에 從享되었으며, 아버지는 尹晢(1625~1662)로 弘文館 副修撰을 지냈다. 尹仁敎는 坡平尹氏魯宗派 중 雪峯公 尹燉의 26대손으로 鴻山 縣監을 지낸 바 있다. 한편 『肅宗實錄』(32년 3월 1일)에는 備局에서 大臣·六卿·三司 장관으로 하여금 각각 두 사람씩을 천거할 것을 청하였는데, 이때 영의정 崔錫鼎이 윤인교를 才識이 뛰어난 자로 천거하고 있음을 보게 된다. 1717년(숙종 43) 3월 21일에 54세로 卒하였다. 후에 吏曹參判으로 贈職되었다.

2. 구성

序·跋文 없이 1冊 8張으로 이루어져 있다. 표제는 '守闕錄'이라고 되어 있고, 표제 다음 장에는 '李淳 忠定公 延平府院君 玄孫'이라고 썼으며, 卷首題 아래에는 '尹仁敎所著'라고 되어 있다. 글씨는 깨끗하게 필사되었다. 1689년(숙종 15) 4월 24일부터 5월 5일까지 11일 동안 있었던 일들을 일기 형식으로 기록하였다. 고서목록에는 윤인교의 친필본이라고 되어 있지만 실제 내용에서는 그 여부를 파악할 길은 없다.

3. 내용

이 책은 숙종 15년 4월 仁顯王后(1667~1701)를 폐비시키는 일에 대해 극력 반대하며 목숨을 걸고 守闕하였던 李淳과 그 아우 李澳, 그리고 저자인 尹仁敎 등의 활동을 기록한 책이다. 李淳은 책머리에 인조반정 때 1등 공신이었던 忠定公 延平府院君 李貴(1557~1632)의 玄孫이라고 소개되어 있지만 실제 그에 대해서는 현재 전혀 알려진 바가 없는 무명인이다. 이 점에 있어서는 저자인 윤인교 또한 마찬가지이다. 이 책에는 몇몇의 등장인물들이 나온다. 하지만 사실상의 주인공은 李淳이다. 말하자면 이 책은 당시 폐비 문제에 대해 극언하기를 피하고 자신들의 안위만 지키려 했던 당시 책임 있는 관리들을 질책하면서 衷心과 義憤으로 大義를 세우고자 했던 한 무명 처사인 李淳의 言行에 대한 기록이라고 볼 수 있다. 비록 8장 정도밖에 되지 않는 매우 짧은 기록이기는 하지만 생사를 내건 극한 상황 속에서도 초지일관하는 한 선비의 고결한 정신을 엿보게 하는 책이다. 날짜 별로 그 내용을 대략 제시해 보면 다음과 같다.

1689년 (4월 24일) 임금이 특별히 備忘記를 내리고 中宮의 廢黜을 命하면서 성종 때에 尹氏를 폐비시킨 일에 대해 實錄을 상고토록 하였다. 李淳이 놀라움과 슬픔을 이기지 못하고 곧 바로 惠民署로 가서 여러 선비들과 함께 陳疏키로 하고 疏頭는 成揆憲(1647~1741)으로 정하였다.

(4월 25일) 搢紳들의 疏는 먼저 들어가게 하고 儒疏는 날이 어두워 올리지를 못하였다.

(4월 26일) 어제 밤에 朴泰輔·吳斗寅·李世華가 殿庭에 잡혀 와서 慘刑을 받았다. 임금이 陳疏하는 자는 逆律로 논하겠다고 하자 성규헌이 겁에 질려 疏頭가 되지 않으려고 힘써 피하였다. 그래서 韓永徽와 任敞을 疏頭로 추대하자 각각 老母와 家廟를 핑계대고는 다 달아나 버렸다. 疏廳의 여러 사람들이 다시 성규헌을 疏頭가 되도록 위협하기도 하고 회유하기도 하였다. 그러자 성규헌은 疏辭를 고친다면 하겠다고 하여 疏辭에서 중요한 말들은 다 없애버리고는 승정원에 올렸다. 그러나 승정원에서 받지 아니하자 한 마디도 다투지도 못한 채 다 흩어져 돌아가 버리고 말았다. 이정은 疏事를 아니 하려면 하지 말 일이요, 하려면 마땅히 말을 忌諱하지 말고 다하여야 할 것이요, 임금이 듣지를 않는다면 守闕하면서 號哭하는 것이 옳을 것이라고 하였다.

(5월 1일) 이정이 疏廳에서 塞責이 不實함을 痛斥하면서 聲色을 거칠게 하였지만 아무도 응해주지 않았다.

(5월 2일) 대궐로 갔으나 여러 선비들이 다 집으로 돌아가기를 재촉하여 闕下에는 한 사람도 보이질 않았다. 이정이 친구인 沈若水에게 士風이 이처럼 한심하다고 말하고 마침내 대궐문 밖에서 심약수와 함께 마주하고 앉았다. 조금 후에 尹仁敎가 와서 이정에게 '형은 어찌 혼자 앉았는가'라고 물으니, 이정이 여러 直房을 가리키면서 지금 中宮殿이 出宮하려고 하는데도 多士들이 다 들어가서는 나오려고 하지 않아서 혼자 앉았노라고 하였다. 또 '형의 오른쪽에 있는 사람이 누구냐'고 물으니 자기 동생인 李澳라고 하였다. 윤인교가 '형은 형제가 둘밖에 없는데 부모님은 생각지도 않고 이렇게 같이 앉았느냐'고 하니 이정은 '형제가 마음을 같이 하여 나라를 위해 성심을 다하는 것이 옳은 일'이라고 하면서 '만일 지금 물러난다면 내 마음을 저버리는 일이요, 또한 대대로 나라의 녹을 먹은 자로서의 의리가 아니라'고 하였다. 조금 후에 중전이 출궁한다고 한 하인을 시켜서 크게 소리치게 하였다. 하지만 한 사람도 出頭하는 자가 없었다. 마침내 이정이 윤인교와 함께 放聲大哭을 하자 여러 선비들이 비로소 3隊로 뒷줄에 앉아 따라 곡하였는데, 곡소리가 진동하였다. 오후에 승정원의 書吏가 곡을 중단하라고 傳言하였다. 그러자 이정이 승정원도 우리와 같이는 못할망정 도리어 곡하는 것을 막고 임금을 壅蔽하는 죄를 짓느냐고 서리들을 꾸짖었다. 李澳가 이처럼 곡만 하는 것은 무익

하니 대궐로 돌입하자고 하였다. 그러나 이정은 그렇게 하는 것은 임금을 범하는 것이 되니 그렇게 하지는 말자고 하였다. 任敞이 혼자 중전의 가마 뒤를 따라가며 곡을 하자, 李澳가 어떠하냐고 윤인교에게 물었다. 이정은 오늘은 신하의 도리로서 국가를 위해 모여서 곡하는 것은 옳지만 중전을 위한 私哭은 옳지 않다고 하였다. 오후 4시 경에 성규헌이 와서 자신은 喪中이라 혼자 남대문 밖에서 자리를 깔고 앉아 望哭할 것이라고 하자 識者들이 다 웃지 않는 이가 없었다. 이정은 성규헌이 밖에서만 큰소리를 치는 內實이 없는 자라고 하였다.

(5월 3일) 연이어 守闕하던 여러 선비들이 끝내 한 사람도 남지 않았다. 여러 선비들이 평일에는 바람을 일으키고 기염을 토할 듯하였지만 정작 危難顚沛의 때를 만나서는 두려워하여 뒷걸음치며 책임을 지려고 하지 않으니 참으로 한심한 자들이다. 윤인교가 이정에게 '우리와 다른 동지들의 성명을 기록하여 훗날 잊어버리지 않을 자료로 삼자'고 하자 이정은 '오늘의 일은 의리상 그만 둘 수가 없기에 하는 것이지 억지로 하는 일은 아니니 어찌 이름을 다른 사람에게 알릴 필요가 있겠는가'라고 하였다. 李澳와 尹仁敎가 李淳의 말을 옳게 여겼다. 이정이 朝家에서 우리에게 죄를 묻지 않으니 이 일을 그만두자고 하면서 소매에서 辭草를 꺼내 윤인교에게 주며 '만일 임금이 下獄하라는 命이 있으면 獄中上書의 규례에 따라 首末을 첨가하거나 고쳐서 올리라'고 하였다. '옛부터 闕下에서 號哭하면 벌을 주기 마련인데 유독 우리만이 요행케도 면하였으니 심히 부끄럽게 되었다. 비록 그렇지만 이 글에는 과격한 곳이 많으니, 만일 임금에게 올려지게 된다면 거의 그 화를 헤아리지 못하게 될 것'이라고 하였다.

(5월 5일) 이정은 母后가 私家로 돌아가매 冠과 신발을 거꾸로 신었다. 이후 세상에 뜻이 없어 그 아우 李澳를 이끌고 礪山으로 들어가 살았다. 母后가 復位되고 난 후에 임금이 崇陵 參奉으로 불렀으나 나아가지 않고 죽었다.

4. 가치

이 책은 그 실제 내용이 8장 정도밖에는 안되지만 숙종 당시 인현왕후의 폐비에 대해 반대하면서 올곧은 大義를 지키려는 한 선비의 모습이 잘 나타나 있다. 특히 인현왕후의 폐비에 반대하기 위해 11일 간에 걸쳐 진행되던 守闕의 현장을 자세하게 묘사한 점이 특징적이다. 따라서 正史에서는 찾아볼 수 없는 인현왕후 폐비의 이면을 보다 생생하게 보여주고 있다는 점이 주목된다. 한편 이 책은 인현왕후의 폐비 문제를 놓고 쓰인 것이기는 하지만 인현왕후 개인에 대한 동정적인 감정은 거의 없으며 오직 不義에 맞서는 한 선비의 강직한 모습만이 나타나 있다는 점에서 李淳이라는 한 인물의 傳記와 같은 느낌을 주기도 한다.

【전송열】

隨槎錄

韓弼敎(1807~1878) 著.
未刊印 草稿本. 6卷 3冊(全) : 26.3 × 19.8cm. 10行
25字 內外. 雙行夾註.

隨槎錄卷之一
北行摠要
人負座目
正使行判中樞府事洪秉周 甲午生 豊山人
打角幼學韓弼敎 丁卯 淸州人生
伴倘幼學姜憲明 德潛 丁巳
軍官僉知梁鍾友 兢之 壬辰
即廳洪羲晉 士益 丙午
即廳卞持華 士裕 丁酉
副使戶曹參判杞陽君兪應煥 癸未生 杞溪人生

1. 저자

韓弼教(1807~1878)의 本貫은 淸州, 字는 輔卿, 號는 霞石이다. 부친은 韓元履이고, 모친은 朴俊欽의 따님이다. 1831년(순조 31)에 사은정사 洪奭周의 자제 군관으로 연행에 나섰다. 그는 홍석주의 사위이다.

한필교의 관로 역정은 『宿踐諸衙圖』에 자세히 나와 있다. 『숙천제아도』에는 그가 역임한 관직마다 관청 모습을 그려 놓았고, 그 옆에 재임 과정을 기술해 놓았다.[1] 1834년(순조 34)에 진사시에 급제했다. 1837년(헌종 3)에 穆陵參奉이 되고, 이듬해 濟用監副奉事가 되었다. 1839(헌종 5)에 進賀使의 서장관이 되어 다시 한번 북경에 다녀왔다. 연행 후에 尙書院副直長과 禮賓寺主簿에 제수되었으나 모두 부임하지 않았고, 곧바로 戶曹佐郎으로 자리를 옮겼고, 얼마 후에 宗廟署令으로 다시 옮겼다가, 1840년(헌종 6)에 永柔縣令, 1843년(헌종 9)에 司僕寺判官, 1845년(헌종 11)에 載寧郡守, 1849년(헌종 15)에 瑞興府使를 지냈다.

1850년(철종 1)에 황해도 암행어사 申錫禧의 감찰을 받아 재령군수 시절의 사단으로 파면되고 文義縣으로 유배 갔다. 1855년(철종 6)에 司僕寺僉正에 기용되었고, 1856년(철종 7)에 長城府使, 1861년(철종 12)에 宣惠廳郎廳에 제수되었다. 이듬해 星州牧使에 제수되었으나, 부임하지 않았다. 1865년(고종 2)에 宗親府典簿가 되었다가, 이듬해 宗親府典籤으로 승진하였다. 1867년(고종 4)에 金浦郡守로 부임했다가, 곧이어 信川郡守로 자리를 옮겼다. 얼마 후 이곳에서 사단이 발생되어 盆山으로 유배 갔다. 1876년(고종 13)에 다시 曹司衛將에 기용되었다가, 곧이어 戶曹參議, 敦寧府都正을 거쳐 都摠府副護軍으로 자리를 옮겼다. 1878년(고종 15)에 都摠府副摠管에 제수되었다가, 곧이어 工曹參判으로 자리를 옮겼다. 이 해 향년 72세로 졸했다. 아들로 韓章錫이 있다. 편저서로는 『霞石遺稿』·『隨槎錄』·『宿踐諸衙圖』·『百拙齋年譜』·『淸州韓氏世譜』 등이 있다.

2. 구성

『隨槎錄』은 연세대 중앙도서관에 유일 고본으로 남아 있다. 청구번호는 貴 419이고, 등록번호는 47332~34이다. 이 책의 필사년은 1831년(순조 31)~1832년(순조 32)으로, 1937년 6월에 韓相億이 연세대에 기증한 집안 世傳本 중의 하나이다. 이듬해 3월 11일 연세대에서 찍은 「韓氏文庫」 인장이 보인다.

---

1) 허경진, 「관청 그림으로 기록한 이력서 『宿踐諸衙圖』」, 『하버드대학 옌칭 도서관의 한국고서들』, 웅진북스, 서울, 2003.3, 289~345쪽.

서수에는 <隨槎錄總目>이 있고, 서말에는 1862년(철종 13) 9월에 한필교가 쓴 「題隨槎錄後」가 있다. 「題隨槎錄後」에는 한필교가 연행 이후 근 30년 후에 『수사록』을 펼쳐 보고 지난 일을 회상하며 느낀 감상을 남겨 놓았다. 옛날 司馬遷이 20살에 명산대천을 유력했고, 蘇轍(潁濱)이 19살에 기이한 장관을 구했는데, 그 자신도 25살이라는 젊은 나이에 사신의 수레를 따라 압록강을 건너 요동과 심양을 지나 북경에 이르기까지 중국 대륙을 답파했다. 그는 연행의 오가는 길목에서 醫巫閭山의 높다람과 발해의 넓다람을 쳐다보았고, 북경 궁궐의 장려함과 도시의 번화함을 바라보았는데, 이 연후에야 비로소 천하의 大觀을 알고 가슴이 벅차올랐다. 그는 연행 기간에 지나가며 보고 들었던 사항을 연행 책자에 자세히 기록해 놓았으나, 조물주의 얄궂은 운명으로 연행 책자가 고국이 눈앞에 보이는 곳에서 소실되어 진적을 전할 수가 없게 되었다고 아쉬움을 토로했다. 그는 지난 유력이 이목을 넓히고 심지를 뚫어서 자신의 기운을 도와 좋은 문장을 창출해 낼 수 있었는데, 이제 늙음이 찾아오는 이 시점에서도 자신의 필적이 조금도 나아짐이 없다면서 깊은 회의 속으로 빠져 들어갔다고 했다.

한필교는 우여곡절 끝에 『隨槎錄』을 편찬할 수 있었다. 그는 애당초 연행에 나설 때부터 자세한 연행 기록 책자를 작성코자 보고 들었던 제반 사항들을 일일이 기술해 놓았다. 산천 풍경, 지역 연혁, 도시 홍폐, 누정 모습은 말할 것도 없고, 비석 각문이나 편액 글씨까지도 적지 않은 것이 없을 정도로 기록 작성에 힘을 쏟았다. 그는 연행 기록 책자를 수행 마부의 등짐 속에 맡겨 두고 필요할 때마다 꺼내 쓰곤 했다.

그런데, 한필교가 애써 기록해 놓은 연행 기록 책자가 한줌의 재로 변해 버렸다. 1831년(순조 31) 11월 23일(신미)에 연행 사절단은 귀로에서 압록강을 눈앞에 두고 있는 溫井坪이라는 지역에서 노숙했다. 한필교를 수행하고 있던 마부가 날씨가 추워지자 모닥불 쪽으로 등을 대고 나른하게 잠이 들었는데, 공교롭게도 모닥불 속에 등짐이 빠져 연행 책자를 태워 버리는 일이 발생했다. 홍석주는 한필교의 연행 기록 책자가 마치 연행 지역을 손바닥을 들여다 보듯이 매우 상세하여 기존 연행록의 미비점을 보완할 수 있었는데, 불의에 이 책자가 소진되었던 것에 대해 몹시 안타까워했다.(**권1 <日月紀畧>, 11월 23일(신미)조**)

한필교는 귀국한 이후에 이곳 저곳에 남아 있던 자료와 타인 기록들을 모으고, 옛 기억을 더듬어서 책자를 새로이 편찬했다. 이 책자가 바로 『수사록』이다. 따라서 이 책자의 필사 완성년은 그가 연행 일정을 마친 순조 31년 12월말 또는 그 이듬해로 추정된다. 이밖에 그가 연행 기간에 읊은 시편는 154수가 있다.(**권1 <日月紀畧>, 12월 11일(기축)조**) 『수사록』에는 그가 지은 연행 시가가 몇 수 수록되어 있고, 한필교의 문집인 『霞石遺稿』 권1에 연행 시가 48수가 수록되어 있다.[2]

다음으로 『수사록』의 구성에 대해 살펴보자. 이 책자는 전 3책(天, 地, 人)이다. 매 1책 당 2권씩 나뉘어져 있다. 권1은 <北行摠要>·<日月紀畧>, 권2는 <遊賞隨筆>上, 권3은 <遊賞隨

---

2) 연세대 소장 『霞石遺稿』(귀268본) 참조.

筆>下, 권4는 <風俗通攷>·<聞見雜識>, 권5는 <班荊叢話>上, 권6은 <班荊叢話>下이다.

<북행총요>에는 인적 구성, 연행 노선과 거리, 접반 관원, 청조 약사와 역대 황제 등 이번 연행 사절에 관련된 기본 사항을 기술해 놓았다. <일월기략>은 연행 138일 동안에 발생한 중요 사항을 날짜 별로 기술해 놓은 일종의 연행 일지이다. <유상수필>은 저자가 연행 동안 의 각종 도읍이나 명승 고적을 유람한 후에 수필 형식으로 감상문을 적은 일종의 유람 기행 문이다. 총 206조목이다. <풍속통고>는 저자가 연행 기간에 느낀 중국 풍속과 제도에 대해 정리해 놓은 자료집이다. 총 30조목이다. <문견잡지>는 연행 동반자들이 연행 기간 동안에 일어났던 각종 신변 잡기나 에피소드를 기술해 놓은 잡문으로 총 58조이다. <반형총화>는 한필교·홍석주가 중국 문사들과 교유하면서 나누었던 필담록이다. 총 30조목이다.

제1권부터 제6권까지의 각 권별 세부적 목록은 다음과 같다. ( ) 안은 필자가 내용에 따라 첨가한 사항이다.

권1 <北行摠要>
「人員座目」·「兩國道里」·「淸朝年系」·「沿路官案」
　　<日月紀畧> : 총 138일(1831년 7월 22일　12월 11일)

권2 <遊賞隨筆>上　: 총 112조
「臨津江」·「開城府」·「靑石洞」·「猪灘」·「葱秀」·「洞仙嶺」·「黃州」·「大同江」·「練光亭」·「浮碧樓」·「牧丹峯」·「永明寺」·「麒麟窟」·「文武井」·「巡營」·「閑似亭」·「井田」·「箕營舊墟」·「仁賢書院」·「武烈祠」·「箕子墓」·「順安縣」·「百祥樓」·「七佛寺」·「望京樓」·「淸川江」·「大定江」·「曉星嶺」·「納淸亭」·「定州北將臺」·「兩聖紀蹟碑」·「倚劒亭」·「東林山城」·「車輦舘」·「良策舘」·「所串舘」·「箭門嶺」·「義州」·「聚勝堂」·「統軍亭」·「觀魚亭」·「九龍秋」·「龍灣舊妓善紅」·「百一院」·「鴨綠江」·「九連城」·「溫井坪」·「葱秀」·「柵門」·「安市城」·「乘太平車」·「鳳凰山」·「鳳凰城」·「乾子浦」·「黃家庄」·「通遠堡」·「連山關」·「會寧嶺」·「靑石嶺」·「狼子山」·「王寶臺」·「舊遼東城」·「關帝廟」·「廣祐寺白塔」·「太子河」·「迎水寺」·「爛尼堡」·「十里河堡」·「白塔堡」·「渾河」·「瀋陽城」·「瀋陽太學」·「文昌閣」·「三官廟」·「將軍府」·「行宮(瀋陽)」·「萬壽寺」·「實勝寺」·「永安橋」·「孤家子」·「巨流河」·「新民屯」·「柳河溝」·「二道井」·「月峯」·「小黑山」·「廣寧店」·「廣寧城」·「北鎭廟」·「行宮(北鎭廟)」·「桃花洞」·「昌盛店」·「閭陽驛」·「十三山」·「大凌河」·「四同碑」·「雙陽店」·「松山堡」·「高橋堡」·「塔山觀日出」·「三義廟」·「連山驛」·「嘔血臺」·「寧遠衛」·「中右所」·「望海寺」·「中後所」·「關帝廟」·「亮水河」·「中前所」·「姜女廟」·「關外將臺」

권3 <遊賞隨筆>下　: 총 94조
「山海關」·「澄海樓」·「紅花店」·「深河驛」·「撫寧縣」·「龍王廟」·「雙星堡」·「二聖廟」·「永平府」·「夷齊廟」·「行宮(夷齊廟)」·「沙河驛」·「三皇廟」·「榛子鎭」·「豐潤縣」·「文昌閣」·「太學(豐潤)」·「望海寺石塔」·「大天宮寺」·「高麗鋪」·「沙流河」·「玉田縣」·「縣衙」·「采亭橋」·「螺山店」·「鼈山店」·「薊州」·「獨樂寺」·「弄熊」·「盤山」·

「邦均店」·「白澗店」·「段家嶺」·「三河縣」·「燕郊堡」·「潞河」·「通州」·「永通橋」·「大王庄」·「東嶽廟」·「玉河館」·「京城」·「覺生寺」·「圓明園」·「虎圜」·「西山」·「正覺寺」·「極樂寺」·「萬佛寺」·「琉璃廠」·「太學」·「石鼓」·「辟雍」·「文山廟」·「隆福寺」·「慶春園場戱」·「金鰲玉蝀橋」·「闡福寺」·「極樂世界」·「五龍亭」·「象房」·「雍和宮」·「栢林寺」·「鍾鼓樓」·「鄂囉斯館」·「花草舖」·「法藏寺白塔」·「萬柳堂」·「夕照寺」·「蟠桃宮」·「大通橋」·「三忠祠」·「神木廠」·「天主堂」·「護國萬壽寺」·「幻戱」·「薊邱」·「積水潭」·「盧溝橋」·「白雲觀」·「天寧寺」·「鳥舖」·「報國大慈仁寺」·「琉璃廠肆」·「橐駝」·「斗姥宮」·「天壇」·「金魚池」·「蕫朋的村」·「精忠廟」·「藥王廟」·「天慶寺」·「弄猿」·「歷代帝王廟」

권4 <風俗通攷> : 총 30조
「衣冠」·「言語」·「飮食」·「宮室」·「山川」·「城郭」·「道路」·「橋梁」·「烽燧」·「店舍」·「市肆」·「商賈」·「財貨」·「車輻」·「器玩」·「婚娶」·「喪葬」·「墳墓」·「寺廟」·「舟楫」·「樂器」·「農穀」·「畜牧」·「講貫」·「書畵」·「科試」·「官制」·「避禁」·「醫藥」·「謠俗」
<聞見雜識> : 총 58조

권5 <班荊叢話>上 : 총 19조
「柵內何家庄學究張文化筆談」(8월 21일)·「鳳城書記康姓人筆談」(8월 22일)·「瀋陽店裕昌過話」(8월 28일)·「瀋陽太學李汝雯筆談」(8월 28일)·「瀋陽太學敎授李廷輔筆談」(8월 28일)·「孤家子程家庄馬紹祖筆談」(8월 30일)·「雙陽店劉中興·張輝斗筆談」(9월 7일)·「中前所王秀才遠亭筆談」(9월 11일)·「撫寧縣徐姓人筆談」(9월 13일)·「撫寧縣店鳳眼將軍祥祐筆談」(9월 13일)·「上使與永平知府阮常生往復書」(9월 14일)·「耽羅漂人過話」(9월 15일)·「豊潤縣名宦祠訓導趙姓人敎諭劉突華筆談」(9월 16일)·「豊潤知縣歐知白子聲振筆談」(9월 16일)·「玉田縣太學敎諭陳華訓導張光霱筆談」(9월 17일)·「段家嶺店主王姓人筆談」(9월 20일)·「潞河與楊州船主王姓人杭州船主張姓人筆談」(9월 20일)·「韓季卿韻海筆談」(9월 26일, 27일, 10월 22일, 10월 24일, 10월 25일)·「主事李月汀璋煜筆談」(9월 29일, 10월 2일, 10월 4일, 10월 6일, 10월 8일, 10월 10일, 10월 12일, 10월 13일, 10월 19일, 10월 20일, 10월 22일, 10월 23일, 10월 24일)

권6 <班荊叢話>下 : 총 11조
「玉河舘大通官吉勒通阿筆談」(10월 1일)·「玉河舘徐德謙筆談」(10월 3일)·「鄂囉斯舘高國禮筆談」(10월 5일)·「戶部郎中劉燕庭筆談」(10월 5일, 10월 21일, 10월 22일, 10월 24일)·「萬柳堂毛士驥筆談」(10월 8일)·「萬壽寺淸巖竹園兩禪師筆談」(10월 10일)·「玉河舘高芝軒玉堂筆談」(10월 12일)·「帝王廟穆齊賢筆談」(10월 23일)·「豊潤知縣知白子歐聲振筆談」(10월 30일, 10월 30일 밤)·「沙河所店舍楊子江筆談」(11월 7일)·「小黑山馬恩殊筆談」(11월 12일)

『수사록』의 편장 체재는 후기 연행록에서 보이는 제반 사항을 두루 갖추고 있고, 그 기술 방식도 후기 연행록과 유사한 편이다. 따라서 『수사록』은 후기 연행록의 전형적인 특징을 띠고 있다고 할 수 있다. 그렇지만 이것만이 『수사록』의 편찬 특징을 다 말했다고는 할 수 없다. 특이한 점은 한 책자 안에 편찬 인물의 초점이 두 사람이라는 복수 방식을 채택하고 있다는 것이다. 『수사록』에는 저자 한필교 외에 또 한 명의 인물이 저자 입장에 서서 기술한 내용이 수록되어 있다. 그 인물이 바로 홍석주이다. 홍석주는 이번 연행 사절의 정사이자 저자 한필교의 장인이다. 그 구체적인 실례를 들어보자. 권5 <班荊叢話>上, 韓季卿韻海筆談은 9월 26일(을해), 27일(병자), 10월 22일(경자), 24일(임인), 25일(계묘)에 한필교·홍석주가 韓韻海하고 교유했던 필담록이다. 이 중 9월 26일(을해), 27일(병자)의 필담은 홍석주가 한운해와 교유했던 내용만 담고 있다. 한필교는 10월 22일(경자)이 되어서야 비로소 한운해와 처음 대면하고 교유 활동에 참석할 수 있었다. 또 권5 <班荊叢話>上, 瀋陽太學敎授李廷輔筆談은 홍석주와 李廷輔 사이에 오갔던 필담 내용만 기술해 놓고 있고, 권5 <班荊叢話>上, 上使與永平知府阮常生往復書는 홍석주와 阮常生 사이에 오갔던 서찰 내용이 주축을 이루고 있다. 이처럼 <반형총화>에는 제2 저자라고 볼 수 있는 홍석주가 직접 나서 중국 문사들과 나누었던 필담 내용을 곳곳에서 찾아볼 수 있다. 이것은 아마도 한필교와 홍석주는 혼척 관계이고, 한필교가 원본 사행록을 잃어버려 훗날 홍석주로부터 관련 자료를 모아 새롭게 편찬한 데에서 나오지 않았나 추정된다.

『수사록』에는 宣廟, 孝廟, 正宗, 我國, 皇明, 大明, 烈皇帝 등 조선과 명나라를 상징하는 글자에는 글자 한 칸을 띄우는 擡頭法을 사용했으나, 청나라 묘호나 국명 글자에는 대두법을 사용하지 않았다. 이것은 당시 조선 사대부들의 尊明反淸에서 나온 의식의 말미였다. 또 『수사록』에는 청조 피휘법을 지키지 않고 있으나, 청조 문사와 나눈 필담록에서만 이를 지키고 있다.

3. 내용

『수사록』은 한필교가 사은정사이자 장인인 홍석주를 모시고 연행 사절에 참석하면서 보고 들었던 내용들을 기록한 연행록이다. 연행 사절의 목적은 순조의 王世孫 冊封에 관해 청나라 조정에게 감사를 표하기 위한 외교 행차이다. 사은정사는 洪奭周이고, 부사는 俞應煥이며, 서장관은 李元翊이다. 연행 사절의 총 인원수가 205명이다. 삼사 이하 제관원은 26명이고, 三房兼從 이하가 179명이다. 정사 막료에는 李憲明, 梁鍾友, 洪義晉, 卞持華가 있다. 한필교는 정사 打角, 즉 자제 군관의 신분으로 사절단에 참석했다. 연행 기간은 총 138일간이다. 1831년 7월 22일(임신)에 한양을 출발하여 9월 21일(경오)에 연경 玉河館에 도착했다. 북경에서 34일 동안 머물다가 귀국길에 올랐다. 10월 26일(갑진)에 연경을 떠나 12월 11일(기축)에 서울에 도착했다. 연행 노선은 당시 오랫동안 정해져 있는 연행 육로인 漢陽(서울), 義州, 瀋

陽, 山海關, 燕京(北京)이라는 노선을 고수하고 있다. 한양에서 연경까지는 총 82站이 있고, 거리는 3,138리이다.

한필교는 이번 연행에 참석한 것에 대해 마치 천재일우의 기회를 얻은 듯 모든 사항에 매우 적극적인 태도를 보였다. 이때 그의 나이가 25살 청년 시기여서 지식욕과 호기심이 불타고 있었고, 당시로서는 기회를 얻기 힘든 외국 여행을 할 수 있다는 점에서 연행에 임하는 태도가 남달랐다. 또한 그의 신분이 정사의 자제 군관이라 연행 삼사나 관원들과 달리 비교적 자유로운 입장에서 돌아다니며 이국 풍물이나 청조 인사들을 접촉할 수 있었다. 그래서인지 『수사록』에는 기존의 일반 연행록에서 한 걸음 더 나아가 새로운 연행록을 편찬할 수 있도록 가능한 보다 폭넓은 견문과 접촉을 통해 제반 사항을 모두 담아 놓으려는 노력의 흔적이 역력하게 나타나고 있다.

『수사록』에는 연행 과정에서 일어났던 여러 가지 내용들을 담아 놓았다. 이들 내용 중 중요한 몇 가지 사안을 정리하여 기술해 보자.

1) 필담 방식과 담초 귀속

이번 연행 사절도 어느 연행 사절과 마찬가지로 많은 청조 인사들과 필담을 나누었다. 필담 방식은 설관(통역관)을 통하지 않고 교유자의 마음을 직접 이어주고 있어 조선과 청조 문사들 사이에 자주 활용되고 있었다. 한필교의 한어 구사 능력은 인사말 정도로 극히 초보적 수준이라, 그 이상의 말들은 필담에 의지할 수밖에 없었다.

청조 인사들은 때로 필담 종이의 귀속 문제에 대해 조심성을 띠고 있다. 大凌河 雙陽店에서 한필교 · 변지화는 청 劉中興 · 張輝斗를 우연히 만나 필담을 나누게 되었다. 이때 雲南知縣인 유중흥은 직접 필담에 나서지 않고 拔貢 장휘두로 하여금 대필케 했다. 장휘두는 매번 필담에 앞서 유중흥과 상의를 했다. 또 필담이 끝날 무렵에 변지화가 談草(필담 종이)를 가져가기를 원하자, 장휘두는 한참 실랑이를 벌이다가 끝내 담초 상단을 찢어버렸다. 그 결과, 이들의 만남은 언쟁이 오가며 기분 언짢게 막을 내렸다.(**권5 <班荊叢話>上,「雙陽店劉中興張輝斗筆談」**)

또 中前所에서 한필교와 청 문사 王遠亭 · 李文魁과의 필담은 전반적으로 유쾌하게 전개되었다. 다만 한필교가 皇子의 사망과 출생 소문을 묻는 대목에 이르자, 이문괴는 한참 동안 침묵을 지키다가 그 손등에 붓으로 사건 진상을 확인해 주고 곧바로 이를 지워버렸다.(**권5 <班荊叢話>上,「中前所王秀才遠亭筆談」**) 청조 문사들의 이러한 행동은 한마디로 조심성에서 나왔다고 하겠다. 당시 청나라에는 크고 작은 문자옥이 자주 발생했고, 특히 이국인과의 교유는 자칫 잘못하면 큰 문제로 발전할 소지가 더욱 컸다. 만약 문제가 발생하면 담초는 결정적인 증거물로 남을 것이다.

이에 반해 홍석주와 李璋煜의 필담에서는 담초 귀속 문제가 하등에 문제가 없었다. 필담이 끝날 무렵에 홍석주가 이장욱에게 담초를 가져가겠다고 하자, 이장욱은 고개를 끄떡이며 허락했다. 아마도 이장욱은 많은 조선 우인을 두고 있었고, 또 이전에도 조선 우인과 필담을 자주 했기 때문일 것이다.(권5 <班荊叢話>上,「主事李月汀璋煜筆談」)

2) 교유 접대의 양극화

이번 연행 사절에서 이루어진 청조 인사들과의 교유 활동을 분석해보면 아이러니하게 적극적인 만남과 소극적인 대처라는 양극화 현상이 나타나 있어 흥미롭다.

豊潤知縣 歐聲振이 바로 적극적인 만남의 대표적 인물이다. 마치 이것을 증명이라도 하듯이 『수사록』<반형총화>에는 구성진과의 필담 내용이 유일하게 두 조목으로 나누어져 있다.[3] 한필교와 구성진의 만남은 豊潤 한 객점에서 우연히 이루어졌지만, 이들은 마치 오랜 친우를 대하듯 즐겁게 필담을 나누었다. 훗날 귀국 길 모임에는 조선 홍석주·변지화와 청 막료 삼인(許秀明·賓繪·陳衍慶)도 가세하여 양국 인사들의 우정을 더욱 다졌다. 이날 이들의 모임이 얼마나 성심껏 이루어졌던 가를 필담 시간에서 찾아볼 수 있다. 이들은 저녁 무렵에 풍윤 관아에서 만나 필담을 나누기 시작하여 다음날 새벽이 다가올 때까지 오랜 시간 동안 필담을 나누었다. 홍석주와 한필교는 구성진과 작별을 한 후에 새벽이 되어서야 객점으로 돌아와 자리에 누우려고 했다. 이때 구성진은 홍석주·한필교와의 이별의 아쉬움을 이기지 못하고, 홀연히 홍석주·한필교가 묵고 있는 풍윤 객점까지 찾아왔다. 이들은 다시 교유의 시간을 연장하며 정담을 나누었다. 구성진이 한필교에게 내년에 다시 만날 수 있느냐고 묻자, 한필교는 포의라서 다시 기약하기 힘들다고 했다. 그 후 8년이 지난 1839년(헌종 5)에 한필교는 서장관이 되어 다시 연경으로 나갔다. 이때 한필교가 남긴 연행록이 전해오지 않아, 구성진과의 재회가 있었는지 알 수 없어 몹시 궁금하다.

한편 撫寧縣 객점에서 한필교와 청 祥佑의 만남은 매우 어색했다. 상우는 二品 반열 鳳眼將軍에 올라 있는 皇親이나, 학문 부족으로 필담을 시종으로 하여금 대필케 했다. 상우는 이미 약조한 대로 한필교의 처소에 도달했으나 한동안 들어오기를 주저했고, 또 한필교가 조선 포의라는 신분을 알았을 때 교만하고 홀대하는 태도를 취하였다. 한필교는 조선이 문명 국가라 설령 종친일지라도 학문 없이는 벼슬을 얻지 못한다고 역공을 취했다. 또 상우가 가지고 있던 보배 장식 시계와 담배통을 차례로 꺼내 조선에도 이런 것이 있느냐며 우쭐대자, 역졸들이 조선에도 이런 물품은 많다고 말하며 그 자신이 가지고 있는 담배통을 꺼내 보여주었

---

3) <班荊叢話>의 기술 방식은 전기체처럼 매 개인별로 교유 내용을 통괄해서 한 조목으로 정리하고 있는데, 유독 豊潤知縣 歐聲振에만 필담 내용을 두 군데 나누어 기술해 놓았다. 즉, 권5 <班荊叢話>上 중에 豊潤知縣歐白子聲振筆談, 또 권6 <班荊叢話>下 중에 「豊潤知縣知白子歐聲振筆談」이라는 조목을 두었다.

다. 상우는 무안해져서 자리를 떴다.(권5 <班荊叢話>上,「撫寧縣店鳳眼將軍祥佑筆談」) 이들의 만남은 하나의 에피소드로 남을 수는 있으나, 대화 자체가 무의미했다.

이와 경우는 좀 다르지만 홍석주와 완상생의 교유는 상당히 소극적으로 이루어졌다. 완상 생은 청대 대학자 阮元의 아들이다. 홍석주는 연행 길목에서 永平府를 두 차례나 지나치면서 마침 이곳에 知府로 있던 완상생과의 직접 대면을 원했으나, 끝내 서찰을 통한 간접 교류만 이룰 수 있었다. 때마침 발생한 조선 중인의 관물 도난 사건이 이들의 교유에 장애가 되었지 만, 그 무엇보다도 완씨 부자가 외국 사신에게 대하는 태도가 더 큰 원인으로 작용했다. 완씨 부자는 외국 사신들과의 교유 사실에 극도로 조심하였다. 일전에 완씨 부자가 북경에 머물고 있을 때에도 결코 외국 사신의 처소를 방문하거나 외국 사신을 자기 집으로 초청한 적이 전 혀 없었다.(권5 <班荊叢話>上,「上使與永平知府阮常生往復書」)

가끔 조선 사신들과 친분이 깊은 중국 관인들도 남들의 이목을 고려해서 조용하고 은밀한 대면 장소를 택하는 경우가 있었다. 예를 들면 이장욱은 한필교와 차후 만남 장소를 정하면 서, 객관은 우리들이 출입하기가 심히 어렵고, 자기 집안도 번잡하니 인적이 조용한 下街 長 春寺가 좋겠다는 의견을 제시했다.(권5 <班荊叢話>上,「主事李月汀璋煜筆談」)

3) 학술 교류와 문헌 구득

홍석주는 이번 연행에서 다수의 청조 학자들과 만나 학술을 토론하고 자료를 주고받았는 데, 특히 북경에서 한운해, 이장욱, 유희해와의 만남은 심도 있는 학문의 장으로 이끌어 갈 수 있었다. 한운해, 이장욱, 유희해는 이들 만남을 주선한 역관 이상적을 비롯해 많은 조선 우인을 둔 친조선 학자들이다.

홍석주는 이번 연행에서 청조 학자들에게 증정할 목적으로 일말의 해동 자료를 준비해 갔 다.『尙書補傳』·『訂老』·『豊山世稿』·『永嘉三怡集』은 홍석주가 저술하거나 편찬한 책자이다. 이때 홍석주는 학문적으로 상당한 경지에 올라있어 자신의 학문 수준을 청조학자들에게 검정 내지 과시하고 싶었을 것이다. 청조 학자들은 홍석주의 편저물을 보고 나서 전반적으로 고증이 명 쾌하고 문사가 빼어났으며, 과연 문인 집안답게 뛰어난 인물이 많다고 했다.

당시 청조 학자들은 해동 금석문에 대해 높은 관심을 가지고 있었다. 이장욱은 일찍이 金 正喜, 金命喜, 趙寅永으로부터 구득한 해동 탁본을 정리하여『東國金石文』10권을 편찬했다. (권5 <班荊叢話>上,「主事李月汀璋煜筆談」) 또 유희해도 일찍이 조선 문사들로부터 구한 해 동 탁본을 근거로『海東金石苑』8권을 편찬했다.(권5 <班荊叢話>上,「主事李月汀璋煜筆談」과 권6 <班荊叢話>下,「戶部郎中劉燕庭筆談」) 한편 연행 길목에서 간접 교유한 阮常生도 홍석주 에게 보낸 서찰에서 일전에 유희해 집안에서 해동 탁본들을 보았다며, 혹 휴대하고 온 해동 탁본이 있으면 기증해 주기를 바란다고 말했다.(권5 <班荊叢話>上,「上使與永平知府阮常生往

復書」) 홍석주는 이들의 관심에 부합하기 위해 「陜州東海碑」・「新羅僧神行帖」・「孤雲雙塔寺碑」・「新羅金生碑(白蓮社大字額)」・「高麗崔仁滾碑(石南山寺朗空大師白月棲雲塔碑銘」 등을 가지고 갔다.

한편 홍석주는 중국 문헌 구입에 각별한 관심을 두고 있었다. 그는 북경 琉璃廠 서사를 통해 그 나름대로 중국 문헌들을 구입하기도 했지만, 문헌 정보에 밝은 청조 학자들에게 위탁구매를 요청했다. 물론 조선 연행 사신이라면 어느 누구라도 중국 문헌에 관심을 두고 있었지만, 홍석주만큼 적극적으로 문헌을 구입하고자 하는 이는 드물었다. 이 점은 한운해, 이장욱, 유희해와의 필담록을 보면 잘 알 수 있다. 여기에 기술된 구매 의뢰 문헌 종수만 하더라도 수십 종에 달하고 있다.4) 또 홍석주는 청조 학자들에게 그 자신이 열독한 서적을 제시하면서 다른 좋은 참고 서적이 없느냐고 묻곤 했다. 이에 청조 학자들은 적극적으로 그가 원하는 문헌을 서사에서 구해 주거나 정보를 주었고, 심지어는 자기 집안에 소장된 장서 중에서 증정해 주기도 했다.

4) 이색 인물과의 만남

한필교는 이번 연행 과정에서 표류민과 외국인을 만나는 이색적인 체험을 했다. 그는 永平府 野鷄坨에서 중국 대륙으로 표류되었다가 귀국하고 있는 제주도민 9명을 만나 지초지정을 들었다. 이들은 이 해 1월 22일에 제주도 해역에서 풍랑을 만나 표류하다가, 2월 12일에 福建省 해안가에 도착했다. 그 후 청 관아의 도움을 받아 복건에서 북경, 다시 북경에서 조선으로 귀국하는 중이었다. 아쉽게도 이들은 무식한 자들이라, 자신들이 보았던 남방 사정을 제대로 설명할 수가 없었다.**(권5 <班荊叢話>上, 「耽羅漂人過話」 및 권1 <日月紀畧>, 9월 14일(갑자)조)** 또 한필교는 귀국행 책문 인근에서 한반도로 표류해온 琉球人 6명이 중국으로 호송되고 있는 것을 보았다. 이들은 조선에서 제공했던 의복을 입고 있었다. 그는 유구의 의관 제도에 대해 알고 싶었으나, 일정상 이것을 알아보지 못했다고 아쉬움을 토로했다.**(권1 <日月紀畧>, 11월 21일(을사)조)**

또 한필교는 북경에 있을 때에 홍석주를 모시고 雍和宮을 돌아보고 나서 玉河橋 북쪽에 위치한 러시아관을 방문했다. 당시 러시아관에는 高國禮(한자음)를 포함한 러시아인 7명이 머물고 있었다. 고국례는 나이가 25세이고, 이곳에서 만주어와 한어를 배우는 번역관이었다. 한필

---

4) 홍석주가 구입 의뢰한 문헌을 대략 정리해 보면 徐乾學의 『資治通鑑後編』, 청 건륭제 편의 『續通志』, 吳訥의 『文章辨體』, 黃宗羲의 『明文案』과 『明文海』, 程敏政의 『明文衡』, 秦觀의 『淮海集』, 張耒의 『宛邱集』, 晁補之의 『雞肋集』, 呂祖謙의 『東萊集』, 周必大의 『文忠集』, 陶望齡의 『水天閣集』, 劉宗周의 『劉蕺山集』, 黃道周의 『黃石齋集』, 顧炎武의 『亭林集』, 尤侗의 『西堂集』, 王士禎의 시문 평론집(『居易錄』・『古夫于亭雜錄』, 『分甘餘話』), 서양인의 『記法』, 張伯行의 『理學全書』(『正誼堂全書』), 葉適의 『水心集』, 林光朝의 『艾軒集』, 李光地의 『榕村全集』, 孫奇逢의 『孫夏峯全集』, 黃淳曜의 『陶庵集』 등등이 있다.

교는 만주인을 통해 고국례와 필담을 나누었다. 이 필담에서 러시아에서 청나라까지 오는 경로와 거리, 시간을 물었다. 마침 날이 저물어 필담을 더 이상 나누지 못했다. 한필교는 러시아인과 만주인에게 청심환 몇 알을 주었으나 받지 않아, 그 진의가 무엇인지 의아해 했다.**(권1 <日月紀畧>, 10월 5일(계미)조, 권3 <遊賞隨筆>下, 鄂囉斯館, 권6 <班荊叢話>下, 「鄂囉斯館高國禮筆談」)** 그는 아마도 러시아인과 만주인이 청심환의 효능에 대해 잘 모르고 있었지 않았나 생각했다.

청나라에서는 조선과의 외교 수행에 있어 조선 通官을 두었다. 조선 통관은 청 사절단의 일원으로 한반도로 나가거나 조선 연행 사절이 북경에 올 때에 나가서 통역 역할을 담당했다. 『수사록』에는 한필교가 옥하관에서 청 통관과 나눈 필담 내용이 수록되어 있다. 청 大通官 吉勒通阿는 본성은 徐이고, 直隸 保定 사람이다. 그의 종조부 徐太平保는 홍석주가 1803년(순조 3)에 서장관으로 올 때에 만났던 통관이었다. 그는 조선어 수역으로 몇 차례나 청 사신 일행으로 조선을 다녀왔고, 1830년(순조 30)에 사은정사 徐俊輔 등 조선 연행 사절의 접대하는 일을 맡아 했다. 한필교가 마침 그의 수중에 있는 언문 책자를 묻자, 그는 한필교에게 너희 나라 언문을 모르는 가라고 반문하면서 자주 조선에 갔는데, 그 때 이 책을 얻었다고 했다. 얼마 후에 한필교는 이 연분으로 인하여 길륵통아의 조카 徐德謙과 교유했다. 이들은 시가를 수창하고 우정을 나누었다.

5) 저자 한필교의 대중국 의식

『수사록』에 보이는 저자 한필교의 대중국 의식은 어떠한가? 앞서 논했듯이 이 책자에는 명 국호나 황제명이 나오면 대두법을 사용하고 있다. 또 한필교는 연행 도중에 명과 관련된 유적이나 고사를 견문하면 옛 일을 회상하며 종종 깊은 사념 속으로 빠져 들어갔다. 당시 조선 조야에서는 崇明 의식이 널리 펴져 있었는데, 한필교도 예외가 아니었다.

그렇다고 그는 청나라에 대해 절대 부정이라는 편향적인 시각을 보이지 않는다. 아니 어쩌면 오히려 한 걸음 더 나아가 청나라 황실의 실체를 인정하려는 생각을 가졌었는지도 모르겠다. 당시 조선 사대부들은 병자호란으로부터 근 이백년이라는 세월이 지나 정복 왕조 청나라에 대한 적개심이 점차적으로 엷어지고 있었다. 또한 지난 연행 사절을 통해 청나라의 실체와 신문화를 접하고 차츰 청나라를 탐구하는 분위기로 전환되고 있었다. 한필교도 이번 연행 동안에 청나라에 대한 전반적인 사항을 탐색하고 있었다. 청 문물의 선진 모습과 도읍의 발전상은 그에게 커다란 충격을 주었다. 예를 들면 그는 귀국 행에서 압록강을 건너 의주 산천을 바라보고 성곽과 여항이 극히 스산하고 황량하여 중원의 한 조그만 성보다도 못하다며 한심하다고 말했다.**(권4 <聞見雜識>)**

하루는 연행 삼사가 청 도광제를 만나고자 圓明園으로 나서자, 한필교는 비록 자신이 관원이 아니고 또한 어명을 받든 것은 아니지만, 중국까지 와서 황제 용안을 보지 않을 수가 있느냐고 말하며 따라 나섰다. 그는 연행 삼사와 함께 도광제를 먼발치에서 보고 나서 그의 용모에 대해 논평했다. 도광제의 나이가 50살인데, 모발이 일찍 허옇고 심히 말랐으나, 코가 오뚝하고 턱이 길쭉하여 풍채가 좋다고 했다. 또 그는 황제 행차가 시위자나 배종자가 많지 않지만, 행차 소리에 온 길이 숙연하고 떠드는 소리 없이 기강의 엄함이 이와 같다고 했다.(**권1 <日月紀畧>, 9월 24일(계유)조 및 권4 <聞見雜識>**) 또 그는 청나라가 조선에 대해 세폐를 감해주고 사신을 돌봐 주어 曠古의 은전을 베풀어주고 있다고 했다.(**권4 <聞見雜識>**)

6) 중국 속의 조선 관련 기록

한필교는 연행 과정에서 조선과 관련된 곳에 대해 관심을 가졌다. 그는 심양을 비롯한 동북 지명을 논하면서 이곳이 옛 조선 땅이라고 했다.(**권2 <遊賞隨筆>上, 「瀋陽城」**) 또 요동 靑石嶺에서 1637년(인종 15) 효종이 대군 시절에 청나라에 볼모로 잡혀갈 때 이 재를 넘으면서 고국을 바라보고 노래를 불렀는데, 지금까지도 그 노래가 전송되고 있다고 했다.(**권2 <遊賞隨筆>上, 「靑石嶺」**) 또 심양 朝鮮舘은 소현세자와 효종이 볼모로 잡혀 있던 곳이다. 홍석주와 한필교가 이곳을 방문해 보니, 담장이 허물어지고 지붕이 뚫어져 있고, 방안에 매연이 잔뜩 끼여 있었다.(**권1 <日月紀畧>, 11월 16일(갑자)조**) 또 豊潤縣 인근에 高麗舖는 병자호란 때에 잡혀간 조선인이 집단 거주한 촌락이었다. 예전에 사신들이 이곳을 지나가면 음식 값도 받지 않고 후한 대접을 받았으나, 훗날 연행 역졸들이 이 점을 이용하여 이익을 취하거나 물건을 강요하는 바람에 이곳 사람들은 연행 사절을 보면 회피하고 원수같이 여긴다고 했다. 혹자는 청나라에서 이를 의심하여 이들을 타지로 옮겼다고 했다.(**권3 <遊賞隨筆>下, 「高麗舖」**)

한필교는 지난 연행 사절에서 일어났던 몇 가지 사건이나 기록들을 정리해 놓았다. 1682년(숙종 8)에 사은사 金錫胄가 榛子鎭 객점에서 보았던 여성 季文蘭의 고사(**권4 <聞見雜識>**),[5] 1776년(정조 즉위년)에 告訃使 金致仁이 高橋堡에서 은자를 도난 맞아 청 건륭제가 보상해 준 사건 등이 있다.(**권4 <聞見雜識>**) 또 연행 사절단들이 명승지와 사찰을 유람하면서 제명을 해 놓은 곳이 있다. 醫巫閭山 桃花洞 동굴 벽에는 조선 연행 사절 백 여명이 제명한 기록이 있는데, 金昌業의 제명이 가장 오래되었다고 했다. 한필교와 홍석주도 가장 높은 곳에 제명을 했다.(**권2 <遊賞隨筆>上, 「桃花洞」**) 또 북경 法藏寺 白塔의 최상층에는 강희 연간에 김창업과 金昌翕이 쓴 제명이 있다고 했다.(**권2 <遊賞隨筆>上, 「法藏寺白塔」**) 이러한 자료는 그가

---

5) 金錫胄가 季文蘭 고사를 기술한 시기는 숙종 8년(1682) 겨울이다. 그는 사은정사가 되어 북경으로 향하다가 榛子店 객점 벽에 적힌 계문란의 시를 보았다. 김석주의 『息庵先生遺稿』권6 <榛子店主人壁上, 有江右女子季文蘭手書一絶, 覽之悽然, 爲步其韻> 참조. 그 후 이 고사는 후대 연행 사신에게 널리 전파되었다. 한필교는 계문란 고사가 발생한 시기를 숙종 9년(1683)으로 적고 있는데, 이는 숙종 8년(1682)으로 수정해야 한다.

기존 연행록을 참고하거나 연행 길목에서 견문한 내용을 기술한 것이다.[6)

　　그 외에도 다른 연행록에서 찾아보기 힘든 내용이 있다. 연행 사신들이 머물고 있던 북경
玉河館 부근에는 高麗店이라는 가게가 있는데, 홍석주와 한운경이 이곳을 만남의 장소로 활
용했다.**(권5 <班荊叢話>上, 「韓季卿韻海筆談」)** 아마도 이 고려점은 연행 물품 교역이나 상인
들을 접대하는 장소로서 왕왕 연행 사신과 청조 문사들의 만남 장소로 활용되었던 것으로 보
인다. 또 夷齊廟 동쪽에 소재한 行宮의 창문에는 조선 종이가 발라져 있었다.**(권3 <遊賞隨
筆>下, 「行宮夷齊廟」)** 이제묘는 조선 문사들이 숭앙하고 있는 伯夷 叔齊를 제향하고 있는 사
당이다. 연행 사신들은 연행 길목에 필히 이곳을 들리는데, 이때 조선 종이가 인근 행궁으로
흘려 들어갔던 것으로 추정된다.

7) 연행 사절의 관습과 금기

　　연행 사절에는 예로부터 전해오는 관습과 금기가 있었다. 연행 사절이 의주에 머물면서 연
행 준비를 할 때 예로부터 統軍亭을 오르지 않는 금기가 있었다. 통군정은 의주성 남쪽에 소
재한 누정으로 멀리 압록강과 요동 산천을 내다볼 수 있어 문인들 사이에 널리 알려진 명승
지이다. 이번 사행에서도 귀로에서야 통군정에 올라 경치를 감상했다.**(권2 <遊賞隨筆>上, 「統
軍亭義州」)** 또 연행 사절이 의주를 떠나 연경으로 향할 때에 예로부터 압록강과 가까운 西北
門을 지나지 않는 금기가 있었다. 이번 연행 사절도 의주성 서북문을 통과하지 않고 남문을
지나 4, 5리나 돌아서 압록강에 도착했다.**(권2 <遊賞隨筆>上, 「鴨綠江義州」)** 또 연행 사절과
지방 관원 사이에 사이가 좋지 않은 때에는 해당 관아를 들르지 않았다. 黃州에서 정사 홍석
주는 목사 趙敏永과 관계가 좋지 않아 관아에서 머물지 않고, 兵馬營에서 숙박했다.**(권2 <遊
賞隨筆上>, 「黃州」)**

　　연행 사절은 중국 대륙에 들어서도 여러 가지 관습과 금기가 있었다. 연행 사절이 大凌河
를 건널 때면 맑은 날씨라도 반드시 폭풍우가 인다고 했다. 이번 연행에도 계속 좋은 날씨가
유지되다가 대릉하를 건널 때 갑자기 바람이 서풍에서 동풍으로 바뀌고 큰비가 내렸다. 대릉
하에는 명말 方大壽 장수가 청 군대의 침략을 막지 못한 데에서 원한이 생겨 비가 내린다고
했다.**(권2 <遊賞隨筆>上, 「大凌河」)**[7)] 또 연행 사신이 楡關站을 들르지 않고 그냥 지나치는
금기가 있다. 1829년(순조 29)에 사은 부사 呂東植이 귀국 길에 유관참에서 병들어 죽었다.
이 이후로 연행 사절들은 이곳에 머무는 것을 기피하고 그냥 지나치는 관습이 생겼다.**(권3
<遊賞隨筆>下, 「撫寧縣」)** 또 연행 사절이 山海關을 지나 紅花店에 이르자, 연행 관례에 따라

---

6) 『수사록』권4 <聞見雜識> 등에서 朴趾源의 『熱河日記』를 인용한 대목을 찾아볼 수 있고, 또 권3 <遊賞隨
　筆>下, 京城에서 朱彝尊 등의 『欽定日下舊聞考』를 인용했다는 주석이 보인다.
7) 洪奭周 『淵泉集』, <度大凌河記>(景仁文化社, 1997.7, 서울, 쪽319) 참조.

書者 1명을 미리 보내어 북경 옥화관을 수리하고 기다리도록 했다.(권3 <遊賞隨筆>下, 「紅花店」)

　　연행 사절들은 夷齊廟를 필히 들려 제사를 지냈다. 각종 연행록에서 거의 빠짐없이 등장되는 이제묘는 조선 사대부가 숭상하고 있는 伯夷 叔齊를 모시는 사당이다. 이제묘 주방에서는 조선에서 가져온 마른 고사리로 국을 만들어 공양한다는 관습이 있었다.(권3 <遊賞隨筆>下, 「行宮夷齊廟」 및 권4 <聞見雜識>) 건륭 연간에 한 연행 사절의 乾糧官이 조선에서 연행을 떠날 때에 고사리 사오는 것을 잊어버려 공양하지 못했던 일이 발생했다. 건량관은 이 일로 곤장을 심히 맞고 백이 숙제를 원망했다. 이때 그가 내뱉은 말의 전문을 살펴보자. "백이 숙제여. 고사리는 사람을 죽이는 독나물이다. 그런고로 형제들이 수양산에서 채집하여 먹다가 굶어 죽었다. 소인의 생각으로 물고기와 고기만 못하다오. 또 나와 무슨 원수를 졌다고 고사리를 먹는 규정을 만들어, 천년 후에 나로 하여금 벌을 받게 하느냐."(권4 <聞見雜識>) 역사 반어적인 표현이 참으로 흥미롭다.

8)역졸들의 연행 모습과 무역

　　『수사록』에는 연행 사절을 수행하는 역졸에 관한 많은 얘기를 남기고 있다. 의주 노비 蔡允貴는 지금까지 연행사의 마부로서 40여 차례나 중국을 드나들었으며, 중국어를 매우 잘하여 중국 사람과 대화함에 있어 전혀 조선 사람인 줄 몰랐다고 했다.(권4 <聞見雜識>) 그는 비록 당시 신분 제약과 학문 수준으로 인하여 관리로 임용되지는 못했지만, 이번 연행에 上判事馬頭가 되어 정사 수레를 몰고 중국 마부들을 통솔했다. 이때 그의 나이는 50여세인데, 연행 횟수로 보아 거의 매년 1차례씩 연행에 참가했던 것으로 보인다. 그의 연행 총수는 이번 연행 사절의 역관으로 나간 이상적이 생전에 연행 사절로 나간 총수 12번보다 훨씬 많다.

　　한편 연행 사절은 압록강 건너 책문에서 많은 중국 마부들을 고용했다. 고용은 건량관과 상판사마두가 맡아 했다. 당시 마부 고용비는 왕복 白銀 60량이고, 음식을 따로 제공했다.(권2 <遊賞隨筆>上, 「乘太平車」) 당시 중국 마부들은 접경 지역에 거처하면서 연행 사절을 수행하며 연경을 오갔다. 이들은 때로 연행 사절의 손발이 되거나 말벗이 되어 연행의 무료함을 떨치곤 했다. 그 실례로 鳳城에 거주한 마부 徐澈婁가 있다. 그는 이번 연행에서 한필교의 말을 몰면서 여러 가지 에피소드를 남겼다. 그는 거친 조선어를 구사하거나 조선 민가 '梧桐秋夜月'을 부르기도 했고,(권4 <聞見雜識>)8) 또 한필교 몰래 다과를 훔쳐먹다가 혼이 나기도 했다.(권4 <聞見雜識>)그러나 역졸들이 일으킨 폐단도 적지 않았다. 이들은 물품 대금을 미지급하거나 물품 절도를 일삼았다. 연행 삼사들은 이러한 폐단을 금지시키려고 엄한 명을 내리

---

8) 여기의 '梧桐秋夜月'은 조선 시대에 여러 고장에서 널리 유행된 민가 '오동추야 달은 밝고' 구절 중에 하나로 추정된다.

기도 하였으나 별반 소용이 없었다. 그 실례로 예전에 한 마부가 萬佛寺에 들어가 순금 소불상을 훔친 일이 발생했다. 그 후로 만불사에는 역졸 출입이 금지되었다.(권4 <聞見雜識>) 또 심양 實勝寺에서도 이와 유사한 사건이 발생했다.(권2 <遊賞隨筆>上, 「實勝寺瀋陽」) 또 연경 저자에서 역졸이 연경 상인과 거래를 하면서 물품만 받은 후 대금을 지불하지 않고 줄행랑치는 일이 발생했다. 그 후로 연경 저자에서 물품 구매 시에는 그 자리에서 대금 지불을 요구하는 거래 형태로 바뀌었다.(권4 <聞見雜識>)

이번 연행 사절에서도 이와 같은 폐단이 일어났다. 한 中人이 永平府 政堂에 들어가 기물을 바꿔치기 하다가 발각된 사건이 발생했다. 이 일로 인하여 홍석주와 永平知府 阮常生과의 교유 활동에 지장을 주었다.(권5 <班荊叢話>上, 「上使與永平知府阮常生往復書」) 또 연행 사절이 북경을 떠나 通州에 왔을 때에 북경 상인이 쫓아와 마부에게 물품의 미결재 대금을 요구하는 소요가 발생했다.(권1 <日月紀畧>, 10월 27일(을사)조)

당시 역관들이 중국에서 구매한 물품의 질은 그다지 좋지 않았다. 비록 차나 약 같은 작은 물품이라도 질이 좋고 나쁨을 따지기 보다는 오로지 가격이 저렴한 것을 택했다고 한다. 혹 좋은 물품을 가져가더라도 좋은 값을 받을 수 없어 손해보는 일이 잦았기 때문이다. 그래서 한필교는 조선에 가져간 물품들의 질이 극히 나빠서 볼품이 없다고 했다.(권4 <聞見雜識>)

물론 역졸들의 구매에 전부 문제가 있는 것만은 아니었다. 이들은 정상적인 거래를 하면서 양국 교역을 이끌어 갔다. 당시 조선에서 수입한 양모 모자는 中後所에서 만들어진 것이다. 이곳은 양모 모자점이 30여 집이 있고, 종사자가 수백 명이나 된다. 역졸들은 사신이 북경으로 나아갈 때 각각 점포를 택하여 예약금을 지불하고, 나중에 북경에서 돌아올 때 대금을 치르고 물품을 가져갔다.(권2 <遊賞隨筆>上, 「中後所」)

9) 연행 경비와 화폐 환율

조선 연행 사절이 중국 대륙에서 사용하는 금전 단위는 은이다. 당시 조선 은과 중국 돈의 환율을 정리해 보면 다음과 같다. 조선 은 1兩은 唐錢 7鈔이다. 1鈔는 10佰이고, 1佰은 16文이다. 또 東錢 1文은 당전 4文에 해당한다.(권2 <日月紀畧>, 11월 11일(기미)조 및 권4 <風俗通攷>, 「財貨」)

연행 사절이 압록강을 건널 때에 조선 동전을 가지고 가는 것을 금하고 있다. 청나라와 맺은 丁丑조약에 해동 동전 휴대 금지라는 조항도 없고, 또 중국 조정에서 해동 동전을 금지 품목으로 정한 규칙도 아니지만, 일종의 관례처럼 내려져 온 것이다. 그러나 왕왕 해동 동전이 중국 대륙으로 흘러 들어가 중국 소장가로부터 좋은 호평을 받고 있었다. 그 실례로 한필교는 朴趾源의 『熱河日記』에 보이는 중국인 소장 朝鮮通寶와 관련된 고사를 인용했다.(권4 <聞見雜識>)

연행 기간에 소요되는 비용은 막대했다. 연행 사절이 연경으로 나갈 때 막대한 양의 은을 가지고 가는 데에도 불구하고, 왕왕 경비가 부족할 때가 많았다. 만약 연행 사절이 가지고 간 경비가 부족할 때에는 어떤 방도로 해결했을까? 이들은 연행 길목에 소재한 객점에서 신용으로 금전을 빌리고, 다음 번에 오는 연행 사절을 통해 지불하는 방식을 활용했다. 이와 같은 사태는 해마다 발생되는데, 지난 연행 사절이 빌린 금전을 이번 연행에서 갚았다고 했다. 이번 연행의 귀로에서도 경비가 떨어지는 사태가 발생하게 되자 일단 하사금으로 충당하는 임시 편법을 활용했다. 그래도 금전이 계속 부족하게 되자, 白旗堡로 보이는 한 객점에 역관들이 나서 은 8백량을 빌려 근근히 사용할 수 있었다.

당시 연경의 물가는 나날이 급등하였고, 숙박비가 상당히 비쌌다. 이번 연행에서 숙박비로 지불한 구체적인 숫자를 열거해 보자. 중국 변방 지역인 책문 객점에서 지불한 이틀 숙박비가 은 25량이나 되고,(**권1 <日月紀畧>, 9월 21일(경자)조**) 북경 圓明園 앞 객점에서 지불한 하루 숙박비가 무려 백금 30량이나 달했다. 이번 연행 기간 중에 원명원 숙박비가 가장 비쌌는데, 이는 아마도 원명원이 황제 별궁인 관계로 조정 신하들이 이곳에서 머무른 경우가 많았던 것으로 추정된다.(**권1 <日月紀畧>, 9월 23일(임신)조**)

10) 신품종 농산물 도입과 재배

이번 연행에서 홍석주는 쌀 종자 도입에 힘을 쏟았다. 당시 조선에는 자주 가뭄과 홍수가 들어 쌀 생산에 많은 지장을 초래했다. 그는 청조 학자들과 교유하면서 쌀 종자에 관한 얘기를 자주 했다. 그는 한운해에게 江浙 지역에서 나오는 쌀이 가뭄에 강하다고 하는데, 이를 구할 수 없는가를 물었다. 한운해는 강절 지역에서 나오는 香稻米를 설명하면서 북경에선 구하기 힘들다고 했다.(**권5 <班荊叢話>上,「韓季卿韻海筆談」**) 또 그는 유희해에게 淸州 지역에 나는 海稻米가 척박한 땅에서도 1畝에 4, 5斛을 수확할 수 있다는 말이 사실인가에 대해 물었다. 유희해는 이런 사실이 없다고 했다.(**권6 <班荊叢話>下,「戶部郞中劉燕庭筆談」**) 또 그는 이장욱으로부터 산동 琅耶稻 한 줌을 얻었다.(**권1 <日月紀畧>, 10월 23일(신축)조**) 귀국 후에 이 종자가 한반도에 심어졌는지는 모르겠으나, 홍석주는 조금이라도 조선의 식량 문제를 해결하기 위해 신품종 도입에 적극성을 띠었다.

『수사록』에는 한반도에 사과나무 도입과 관련된 흥미 있는 기록이 보인다. 한필교는 蘋果가 오늘날 沙果라고 불리는데, 우리나라에는 예전에 이 이름이 없었다고 했다. 또 그는 효종 부마 東平尉 鄭載崙이 중국에 사신으로 갔다가 사과나무를 얻어 와서, 이로부터 온 나라에 크게 퍼졌다고 했다.(**권4 <聞見雜識>**) 하지만 이 기록은 조금 수정할 필요가 있다. 사과의 재래종인 능금은 한반도에 오래 전부터 자생하고 있었고, 또 정재륜 이전에 이미 중국에서 사과나무를 도입했던 기록이 남아 있었다. 조선 중종 연간에 崔世珍이 편찬한 『朴通事諺解』와

『訓蒙字會』에는 사과라는 명칭이 보인다. 또 순조 연간에 兪初煥이 편찬한 『南岡漫錄』에는 1665년(효종 6)에 麟坪大君이 중국 사신으로 갔을 때에 査果(일명 氷果)를 가져와서 한반도에 심었다고 했다.[9] 그렇다면 鄭載崙이 중국에 사신으로 갔다가 가져온 사과나무는 어떤 것인가? 아마도 그가 가져온 사과나무는 새로운 품종으로 추정된다. 우리는 여기에서 이 이후로 한반도에 사과나무가 널리 재배되었다는 새로운 사실을 알 수 있다.

11) 유람 편력과 고적 고증

이번 연행 사절도 여느 연행 사절과 마찬가지로 연행 길목이나 북경의 많은 지역을 유람했다. 『수사록』에는 한필교와 홍석주가 연행 길목에서 경치가 수려한 醫巫閭山 桃花洞, 薊州 盤山 등을 유력하며 적은 유람기가 수록되어 있고, 또 북경에서 太學, 文山廟, 闡福寺, 天主堂 등 문물 유적지나 琉璃廠, 花草舖, 鳥舖 등 거리 점포를 돌아다니며 적은 감상문이 수록되어 있다. 그리고 연행 기간에 때때로 관람했던 곰과 원숭이 공연, 마술, 희곡 등 구경거리에 대해서도 함께 기술해 놓았다.

이번 연행 기간에 사찰이나 문물을 구경하는 데 있어 일종의 사례금을 지불해야 했다. 때로는 해당 관리소에서 지나칠 정도로 많은 금전을 요구했지만, 한필교를 비롯한 연행 사절들은 평생에 다시 찾아보기 힘든 구경인지라 기꺼이 그 비용을 지불했다. 한번은 한필교와 비장들이 북경 歷代帝王廟에 들어가 관람하고자 했으나 문 입구에서 거절당했다. 마침 이곳에서 敎學을 맡고 있는 穆齊賢을 만나 필담을 하며 사당 구경을 청했으나, 이 또한 거절을 당했다. 봄·가을 제례를 제외한 다른 시기에는 사당에 출입할 수 없었다. 그러나 한필교는 구경해 보아야겠다는 심정에서 편법을 동원했다. 그는 수행 마부로 하여금 문지기에게 약간의 선물을 주고 사당 문을 열게 했다.(**권6 <班荊叢話>下,「帝王廟穆齊賢筆談」**)

홍석주는 북경 문물 고적을 유람하면서 새로운 사실들을 고증해 놓은 것에 주목을 했다. 薊門烟樹는 북경 팔경 중에 하나이다. 이 풍경의 소재지가 어디인가? 이전의 연행 사절들은 모두 薊門을 북경 인근 지역인 薊州로 잘못 알고 있었는데, 홍석주는 이곳이 바로 북경 德勝門에서 8리 바깥에 위치한 원나라 시대의 土城關(鍵德門), 즉 薊邱로 수정해야 한다고 말했다. 그는 옛 지방지의 기록을 근거로 삼아 조선 연행 사신으로는 처음으로 이곳을 실사했다. 이곳에는 원나라 때 세운 성곽지가 있는데, 그 위에 청 건륭이 쓴 '薊門烟樹'라는 御碑가 세워져 있었다. 또 홍석주는 이곳에서 황성 쪽을 바라보니 황성 궁궐이 마치 안개 낀 나무 위에 떠 있는 듯하여 薊門烟樹라는 정확한 이유를 깨달았다.(**권3 <遊賞隨筆>下,「薊邱」**) 지금도

---

9) 『南岡漫錄』: "査果, 形如林禽, 而大則數倍, 且其味淡甘, 不帶酸澁氣. 孝廟甲午乙未年間, 燐坪大君使燕, 得其樹, 載車以還. 將待其實而進之九重. 戊戌大君卒, 己亥孝廟賓天. 至庚子始結實, 燐坪大君諸子獻之. 顯廟命薦于魂殿茶禮, 始此果之來也. 人皆思欲一嘗, 而不可得. 今則幾遍國中矣. 査果, 一名氷果."

이곳에는 원나라 성곽과 薊門烟樹를 알리는 표지판이 있다.

연행 노선과 북경에서 어느 경치가 가장 뛰어난가? 이 질문에 대해 연행 사절들은 각자 느끼는 감정이 조금씩 다르다. 연행 사절들은 遼野千里(요녕의 천리니 되는 넓은 들), 長城萬里(만리장성), 沿路市舖(연행 도읍지의 시전), 薊門烟樹, 通州舟楫(통주 운하에 집합해 있는 배), 西山樓臺(頤和園 西山의 누각), 田東岳廟(田東의 岳飛 사당), 琉璃廠 등을 얘기하고 있는데, 한필교는 關外將臺를 꼽았다. 將臺는 산해관 바깥 3리 성곽의 깊고 높은 곳에 위치하고 있다. 그는 장대에 올라 보면 사방의 빼어나고 거대한 풍경을 접할 수 있어 천하의 커다란 볼거리라고 했다. 동쪽으로 천리나 되는 들이 펼쳐져 있고, 서쪽으로 만 길이나 되는 장성을 제압하며, 남쪽으로 광활한 渤海灣 바다를 바라보며, 북쪽으로 의무려산의 높은 봉우리가 쳐다보인다. 또 산해관의 도읍 모습이 마치 궤석 안에 은폐할 수 없는 듯이 역력하게 바라보인다.(권3 <遊賞隨筆>上, 「關外將臺」 및 권5 <聞見雜識>)

12) 연행에서의 기녀 만남

이번 연행에서 홍석주는 의주 기녀 善弘과 맺어진 지난 연분을 되살리는 일화가 있었다. 1803년(순조 3) 가을에 홍석주가 사은사의 서장관이 되어 의주에 도착했다. 義州府尹 徐有榘가 기녀 선홍에게 홍석주의 수청을 들게 하나, 홍석주가 이를 거절했다. 밤이 되어 홍석주가 잠을 청하고자 할 때 선홍이 홀연히 나타난다. 선홍은 홍석주에게 부윤이 자신에게 수청을 들면 상을 주고, 들지 못하면 벌을 준다고 했다며 자초지종을 얘기했다. 홍석주는 선홍에게 시 한 수를 써 주고 그것을 징표로 삼게 했다. 선홍이 이 시를 부윤에게 바치자, 부윤은 선홍에게 중상을 내렸다. 근 삼십 년이 지나서 홍석주가 다시 사은정사가 되어 의주에 도착하여 옛 생각이 떠올라 선홍을 찾아오게 했다. 선홍은 이미 늙고 초라했으나, 그때 준 시를 읊으면서 마음속으로 간직하고 있었다. 홍석주는 다시 선홍에게 시를 지어주면서 자신과의 지난 연분을 회포했다. 또한 선홍도 생전에 홍석주를 다시 모실 수 있으나, 피아 간에 늙은 모습을 보고 지난 일들이 허무함과 세월의 유수함을 깨닫고 눈물을 흘렸다.(권2 <遊賞隨筆>上, 「龍灣舊妓善紅」)

연행 사절들은 우연히 중국 기방을 지나치다가 흥미 삼아 들어가 보는 경우가 많은데, 이번에도 이와 같은 일이 발생했다. 하루는 한필교가 북경을 유력하다가 天壇 북쪽 金魚池 옆에는 妓房村을 우연히 지나쳤다. 이곳에는 기방이 5, 6십채가 있는데, 문 앞마다 기녀들이 있었다. 기녀들은 얼굴에 분칠을 하고 머리에 假花를 꼽았으며, 또 비단 옷과 자수 신발을 신고 입에 담배를 물고 자리에 앉아 요염한 자태로 손님을 기다리고 있었다.(권3 <遊賞隨筆>下, 「養閒的村」) 기방촌 규모가 상당한 점으로 보아 당시 북경에는 화류 산업이 상당히 발달했던 것으로 보인다.

한필교는 비록 이곳은 아니지만, 실제로 중국 기방에 들어가 본 적이 있었다. 연행 길목인 段家嶺에서 그와 일행 몇몇은 중국 사대부들이 찻집이나 기방 출입이 자유롭다는 평계와 중국 기녀는 어떨까라는 호기심이 생겨 마부들을 앞세우고 기방으로 향했다. 그는 상견례 화대로 唐錢 2백문을 주고 먼저 들어서 기녀의 용모에 대해 이리 저리 훑어보고 있었다. 곧이어 일행이 따라 들어오자, 기녀가 갑자기 화를 내며 집안으로 들어가 버렸다. 이들 일행은 무안하여 물러갔다. 기녀는 사람은 많은데 화대가 너무 적다는 이유였다.(**권4 <聞見雜識>**) 한 때의 해프닝으로 끝났다.

13) 청 민간 풍속과 거리 모습

청나라 민간 풍속이나 거리 모습에 대해 몇 가지만 적어보자. 한족 여인들이 오른팔에 금은이나 백철 팔찌를 차고 있었는데, 남자들도 간혹 똑같이 하고 있었다. 또 남녀를 막론하고 양치를 하지 않아 이빨이 누르스름하고, 입 냄새를 없애기 위해 마늘을 많이 먹었다. 또 기다란 버드나무 기구를 대들보에 매어두고 유아를 그 속에 담아 놓고 흔들어 울음을 달래고 있었다. 오늘날 나뭇가지 사이에 그물망을 매어놓고 낮잠을 청하는 방식과 비슷하다.

점포마다 각자 특징 있는 장식 모습을 하고 있었다. 전당포는 문에 황금색으로 '當'자를 쓴 간판을 달아놓고, 그 옆에 '오직 무기만 저장 받지 않는다(惟軍器不當)'이라고 적어 놓았다. 주점은 층간에 푸른 酒旗를 걸어놓고 있는데, '이름을 듣고 응당 말을 멈추고, 향을 찾아 또한 수레를 멈춘다(聞名應駐馬, 尋香且停車)'나 '신선이 옥 패물을 남기고, 공경이 황금 담비를 벗는다(神仙留玉佩, 公卿解金貂)'라고 적어 놓았다. 면옥은 문에 '서리를 속이고 눈과 비교한다(欺霜賽雪)'라는 종이를 붙여 놓았고, 부녀 장식점은 문미에 '닭이 울면 머리 단장한다(鷄鳴副珈)'라는 종이를 붙여 놓았다. 각 점포마다 재물신을 모셔 놓았는데, 關羽像이 가장 많았다. 상인들은 재물신에게 조석으로 향을 올리고 절을 하며 극진히 모시고 있었다. 약방에서 낙태약을 팔고 있는데, 관아에서 이것을 금지하지 않았다. 홍석주는 유희해와 필담하면서 이 사실을 의아하게 생각했다.

거리 이발사는 멜대에 삼층으로 된 백철갑을 지고 있는데, 위층은 이발 기구, 중간층은 물 기구, 아래층은 화로였다. 또 발 마사지사는 멜대에 층갑을 지고 있는데, 온수로 발을 씻어주었다. 또 환경 미화원은 왼쪽 어깨에 버드나무 기구를 메고, 오른손에 큰못을 박은 막대를 가지고 북경의 크고 작은 거리를 돌아다니며 청소를 하고 있었다. 또 연행 도중에 돌아다니는 거지는 보이지 않고, 간혹 장애인들이 돈을 구걸하고 있었으나, 또한 그 수가 그리 많지 않다고 했다.

4. 가치

　『隨槎錄』은 1831년(순조 31)에 韓弼敎가 사은정사 洪奭周의 자제 군관으로 중국 연경을 다녀오면서 보고 들었던 제반사를 정리한 연행록이다. 이 책자는 현재 연세대 중앙도서관에 유일 고본으로 소장되어 있는데, 연세대 소장 한필교 문집 『霞石遺稿』와 함께 한필교 연구 기초 자료가 될 것으로 믿어진다.

　한필교는 홍석주의 사위이다. 그는 연행 참가 시점부터 후인들이 방향으로 삼을 연행 기록물을 편찬코자 연행 기간 내내 기록 정리에 정성을 쏟았으나, 아쉽게도 연행 귀로 중 압록강을 눈앞에 두고 있는 지점에서 수행자의 실수로 그간 초록해 두었던 원본이 소실되었다. 『수사록』은 그가 귀국 후에 다시 여러 사람이 적어 놓은 각종 자료들을 모아 새롭게 편찬한 것이다. 이것이 이 책자의 최대한 특징이다.

　『수사록』의 수록 내용은 새로운 연행 기록물을 추구하는 저자 한필교의 당초 의도처럼 가능한 많은 견문 사항을 자세히 담아 놓았다. 서두 부분에는 인적 구성, 사행 노정, 접반 관리, 일정 기록 등 사행에 수반되는 제반 사항을 수록해 놓았고, 다음 부분에는 연행 노선에 위치한 각종 도읍지와 유적지를 돌아보고 난 후 감상 수필, 청나라 문물 제도와 풍속을 탐구한 내용, 기타 각종 견문 잡문 등 연행 과정에서 일어났던 제반 내용을 기술해 놓았다. 마지막 부분에는 한필교와 홍석주가 청인들과 교유하면서 남긴 필담 모듬집을 정리해 놓았다.

　『수사록』의 수록 문장은 한 책자 속에 저자 외에 제삼자가 초점이 되는 특이한 방식을 병행하고 있는데, 다른 연행록에서 찾아보기 힘든 방식이다. 달리 말하자면 이 책자의 대부분은 저자 한필교가 주인공이 되고 있으나, 때로 정사이자 장인인 홍석주가 주인공이 되는 필담 내용이 뒤섞여 있다. 이것은 한필교가 추후에 여러 자료를 모아 『수사록』을 새롭게 편찬했기 때문이다. 그리고 앞으로 홍석주 연구자는 이 책자 곳곳에 수록되어 있는 홍석주 관련 자료를 참고할 필요가 있다.

【박현규】

승사록

黃仁點(1740~1802) 著.
　寫本. 3冊 : 24×16.5cm. 9行 18字. 本文 : 한글.
　表題 : 乘槎錄

1. 저자

黃仁點(1740~1802)의 本貫은 昌原, 字는 景樂, 號는 恬窩이다. 호조참판을 지낸 梓[1](1689~1756, 호는 畢依)의 아들이다. 황자는 전부인으로 權尙夏(1641~1721)의 손녀이자 權煜의 따님과, 후부인으로 李荇(1478~1534) 의 후손이자 李性鎭의 따님(1707~1770)을 아내로 맞았는데, 후부인 이성진의 따님이 황인점의 모친이다. 열두 살이 되던 1751년(영조 27) 영조의 제10녀 和柔翁主(1740~1777)와 혼인하여 昌城尉가 되었다. 겸직으로 부총관, 도총관, 각 관청의 제조, 특히 太常은 文宰가 아니면 할 수 없는 것이나 특별히 제수 받았다.

正祖 대에 여섯 차례의 연행에 정사로 참가하여 외교 업무를 수행하였다. 1779년(정조 3) 冬至 兼 謝恩 正使로 부사 洪檢, 書狀官 洪明浩 등과 함께 첫 연행을 다녀왔다. 이어 1781년(정조 5) 冬至 正使로 副使 洪秀輔, 書狀官 林錫喆과 함께 하였다. 1783년(정조 7) 冬至 兼 謝恩 正使 朴明源이 병 때문에 면직을 상소하자, 黃仁點이 대신 직책을 맡아 副使 柳義養, 서장관 李東郁 등과 함께 하였다. 1786년(정조 10) 冬至 兼 謝恩 正使로 부사 尹尙東, 서장관 李勉兢 등과 연행하고, 1790년에는 聖節 兼 謝恩 正使로 부사 徐浩修, 서장관 李百亨 등과 함께 乾隆帝(1711~1799, 재위 1736~1795)의 八旬 萬壽節에 참가, 열하와 연경을 다녀왔다. 이때의 견문과 사적을 기록한 책이 『승사록』이다. 이후 1793(정조 17), 동지 겸 사은 정사로 부사 李在學, 서장관 鄭東觀과 함께 마지막 연행을 하였다.

1801년(순조 1) 신유사옥이 일어나자, 앞서 1784년(정조 8) 동지 겸 사은정사로 연경에 갔을 때 함께 했던 서장관 이동욱의 아들 李承薰이 『天主實義』 등 천주교 관계 서적을 가져온 것이 드러나 당시 정사였던 황인점이 不察의 죄를 입어 削職 당하였다.

그는 朞三百註疏와 璿璣玉衡制度(『書經』의 「堯典」과 「舜典」나오는 것으로 천문, 역법 관련된 내용)에 대해 잘 알았으며, 특히 『周易』과 『禮記』 공부에 전력하였다 한다. 國乘, 稗史, 華人 관련 家譜 등에 밝았으며, 지리, 의술과 점술 등은 물론, 奇文, 僻字, 중국어의 叶音 등의 문자, 음운학 관련 지식도 갖추고 있었다 한다.[2] 필법은 송설체가 신묘한 경지에 이르렀으며, 전서와 팔분체 역시 잘 썼다. 중년 이후로 주희의 글을 좋아하였다 한다.

정조가 "집안은 내려오는 청백리요, 학문도 연원이 있다"고 하고, 경서의 문의에 의심나는 곳을 어찰로 묻고, 호피를 하사하였다 한다.

---

1) 『畢依齋遺稿』(사본 3책, 일본 동양문고 所藏)에 「甲寅燕行錄」(1734)과 「庚午燕行錄」(1750)이 실려 있다.

2) 삼종제 황인기(1747~1831)가 황인점의 행장을 찬했는데(「三從兄都尉公行論」, 『一水然語』 권16, 국립중앙도서관 소장. 필사본 20권 10책), 이를 언해한 글이 여러 가장과 함께 『永世寶藏』(黃鍾林 諺解, 정양완 역주, 태학사, 1998)에 실려 있다. 다만 황인점의 역사, 지리, 점술, 문자, 음운학 등에 해박했다는 기록이 언해본에서는 누락되었다.

2. 구성

　『승사록』은 1790년(정조 14, 乾隆 55) 8월 13일, 건륭제의 팔순 만수절을 축하하기 위해 정사로 참여한 황인점의 한글 연행록이다.[3] 이때 부사 서호수(1736~1799), 서장관 이백형, 그리고 洪命福(首譯), 李喜經, 柳得恭, 朴齊家, 寫字官 彭得大 등이 함께 동행 하였다. 표제는 '乘槎錄'으로 되어 있으며, 각 권 1책으로 되어 있다. 한문본이 존재 가능성이 있지만, 현전 미상이다. 書腦 하단에 '共四'라고 되어 있어 전 4책이었던 것이 零本 3책으로 남아 있음을 알 수 있다. 5월 27일 임금을 하직하고, 열하와 연경을 거쳐 팔순 만수절에 참가한 다음날인 8월 14일 까지만 확인된다. 결국 14일 이후 연경에 머물던 기록은 물론, 산해관-심양-책문-의주-서울에 이르러 10월 22일에 복명할 때 까지의 정황은 확인되지 않는다. 『승사록』1권에서는 권수제 다음행에 "아경으로브터 열하의 니른 일긔"라 하고, 雙行 小註로 "경셩으로브터 의쥬의 니른히 일쳔 오십 리 칙문으로브터 심양의 니른히 스빅오십삼 리 심양으로브터 신뎜의 니른히 이빅오십 리 신뎜으로브터 열하의 니른히 구빅오십오 리 열하로브터 황셩의 니른히 스빅이십뉵 리"라 하여 道里를 간략히 소개한 이후 본문을 시작하고 있다. 5월 27일에 길을 떠나, 6월 10일에 의주 내선각에 이르렀으며, 22일에 압록강을 건너, 6월 25일에 통원보, 7월 1일에 거류하보를 지나 6일 의주 성내에 이르는 여정을 기록하고 있다. 『승사록 』2권은 7월 7일부터 시작하여 15일에 承德府의 熱河에 이르고, 20일 문묘 배알까지를 다루고 있다. 宴班에 참여하여 각국 사신과 연희 등을 자세히 기록하고 있다.

　『승사록』3권은 권수제 다음에 "열하로브터 황셩에 니르고 황셩으로브터 아경의 니르니라 황셩으로브터 산흐관의 니르미 뉵빅팔십 리 산희관으로브터 심양의 니르미 빅팔십스 리 심양로브터 칙문의 니르미 스빅오십삼 리 칙문으로브터 의쥬의 니르미 일빅이십 리"라고 제하여 1권처럼 간략한 도리를 기록하고 있다. 이어 7월 21일 열하를 떠나는 날부터 25일에 燕京에 도착, 8월 1일 부터 연일 연반에 참석(8, 9일에는 건륭제의 齋戒로 연석이 없었음), 13일에는 팔순 만수절 행사를 치루고, 그 다음날까지 기록을 담고 있다.

　노정과 간략한 내용은 다음과 같다.

　『승사록』(一)

　3월: 進賀正使에 제수됨.

---

3) 고운기, 「한글본 연행록의 제작 양상-새 발굴 자료 桑蓬錄과 乘槎錄을 중심으로」, 『열상고전연구』 20집, 2004.

5월

27일: 慕華館-고양 동관 (40리). 서호수와 이백형과 함께 궐하에서 사례하니 임금이 誠正閣에서 引見. 사행 출발.

28일: 파주-장단-송도(120리).

29일 금천-제탄-평산(100리).

6월

1일: 총수-서흥(80리).

2일: 검수-산수원-봉산-동선령-황주(120리).

3일: 중화(사대를 행함, 査對官은 문화현령 심후지와 금교찰방 홍하준). 평양 연광정의 풍광을 구경(100리).

4일: 평양 감영에서 査對를 행함. 사대관은 서윤 조진명과 대동찰방 김희섭.

5일: 順安(50리)

6일: 숙천-안주(120리).

7일: 博川-嘉山(60리). 사대를 행함. 사대관에 주수 이민채와 魚川察訪 曹亨壽. 乾粮官 변복치가 더위에 병이 중해 落後함.

8일: 納淸亭-定州(60리). 처음으로 유삼을 입음. 열흘 동안 비가 없음. 판서 金履素(17351798)의 적소에 가보다.

9일: 郭山-宣川 倚劍亭(70리). 別齎咨官 張濂의 수본을 봄. 皇子 永璿(皇六子, 質親王)이 藿亂病으로 죽었는데도 황제가 悲慽한 뜻이 없고 聖節 演戲 등을 중지하지 않으니 一身의 설움으로 萬國의 동경을 막지 않는다고 여김.

10일: 鐵山館-龍川館(良策 聽流堂)(80리).

11일: 義州 所串站-義州 來宣閣(80리).

12일: 낮에 비오다. 사대를 행함(사대관에 부윤 이이상과 어천찰방 조형수) 건량관 변복치 병이 나아 追來하고 別齎咨官 張濂이 還渡江. 내선각에 머물다.

13-17일: 종일 비오다. 내선각에 머물다.

18-20일: 맑음. 내선각에 머물다.

21일: 내선각에 머물다. 이날 禮部의 飭行 咨文 1통과 盛京 將軍의 飭行 公文 1통이 鳳凰城으로부터 전해져 왔는데, 내용은 진하사 일행을 7월 10일 전에 熱河에 닿도록 하라는 것이다. 칙행 공문 부기.

22일: 비가 많이 옴. 압록강을 건넘- 溫井坪(70리). 풀과 습기, 모기에 물려 잠을 잘 이루지 못함.

23일: 柵門-吳家庄에서 유숙(50리). 瀋陽將軍 公文 一度를 받아봄. 公文 부기. 灣府(의주) 府尹이 6월 18일 元子(純祖)의 탄강을 알려옴.

24일: 鳳凰城-三臺子-雪裡站-大長嶺-小長嶺-瓮北河- 劉家河- 黃家莊(105리).

25일: 通遠堡-連山關(80리). 연산관에 대한 역사적 사적을 기록. 서호수의 『연행기』에도 동일한 내용이 적혀 있다.

26일: 會寧嶺(정상에 關帝廟가 있음)-恬水站-靑石嶺-狼子山-冷井(110리). 장마 이후 고개 길에 山石이 犖确하여 부사와 서장관 등이 도보로 감.

27일: 石門嶺-遼東 廣祐寺 白塔- 迎水寺- 十里河鋪(80리). 요동의 경관을 보고 감회를 적음. 遼陽에서 皇城까지 버들을 심은 내력, 경관, 효용. 매미소리를 듣지 못해 이상하나 열하 에서 황성까지는 매미소리를 들어 기이하다함. 草蟲에 대한 객수와 풍습.

28일: 白塔鋪- 渾河-瀋陽 德盛門을 거쳐 최가성 사람의 집에 留宿(60리). 비가 종일 내리 는 가운데 사행단이 이동.

29일: 塔院(10리). 부사 서호수와 사행이 예정대로 되지 않아 의논하여 雙轎를 버리고 경 차를 타서 가기로 함.

7월

1일: 永安橋-老邊城-巨流河-巨流河堡. 15리 사이에 물을 세번 건넘.

2일 : 巨流河堡- 新民屯- 白旗堡(70리). 의주에 머물렀던 譯官 李光烈이 咨文 2통과 別諭 와 어찰을 가져옴. 자문과 별유 부기.

3일: 一板門-二道井(60리). 사행이 지체되어 서호수가 수백 리를 가는 新車를 구할 뜻으로 삯을 내라고 권유. 이를 반박하고, 서양국에 스스로 가는 수레가 있어 바람을 만나면 더욱 빨 리 가는 수레가 있다하나 황당하다하고, 마두에게 은자 30냥을 내어 수레를 대차하여 이동.

4일: 新店-正安堡(80리). 배 세 척을 빌려 한 배는 표자문과 행구를 싣고 한 배는 서호수 와 함께 타고, 한 배는 서장관과 비장들이 타서 30리 이동. 이어 뭍으로 30리 이동. 남은 車 馬와 人卒 등은 土臺로 따라옴. 사행의 지체로 통상의 사행과는 다른 여정을 택하여 가다.4) 醫巫閭山의 경개. 박제가가 '우리 길히 임의 의무려산의 뒤흐로 나온 고로 산셰 이러ᄒ다'고 하자 『一統志』를 인용하여 廣寧山도 의무려산의 줄기라고 반박함.

5일: 四堡子- 花兒樓- 細河- 關帝廟(80리).

6일: 高臺子- 大凌河- 義州 城內(50리). 의주 성내의 광경와 細河의 경개. 지난달 28일에 서이번달 3일까지 온 장마 상황을 마을 사람에게 전해들음.

『승사록』(二)

---

4) "히질 쩌의 뎡안보(正安堡)에 드러가 자니 신뎜(新店)으로브터 이 광령(廣寧) 디경(地境)이니 임의 산히관 (山海關) 길흘 버리고 바로 구【82】관디 변문(九關臺邊門) 길로 조차 드러가니 젼후 ᄉ힝(使行)이 일즉 ᄒ 사롬도 경력(經歷)ᄒ니 업고 비록 듕원(中原) 사롬이라도 ᄯ혼 여긔 니르니 드므더 내 동국(東國) 사 롬으로셔 두로 구외(口外) 산쳔을 볼부니 봉시의 원이 이에 일우니 엇디 이샹티 아니리오"(【 】은 면 수, 이하 같음. 괄호 안 한자는 필자 부기임)

7일: 頭渡河子-조양사5)(60리). 조양사의 라마승에게 음식 대접을 받아 청심환을 주다. 蠻子(북변 한인이 스스로 이르는 말)의 유래, 纏足 풍속으로 蠻女는 발을 동이지 않고 漢女는 발을 동인다. 顧炎武(1613~1682)과 朱彝尊(1629~1709)도 자세히 분별치 못했다함.

8일: 수천참-蟒牛營子에서 留宿(60리).6) 이때 서호수는 福寧寺에서 유숙. 복령사의 풍광을 비장으로부터 전해 듣고 기록함.

9일: 大凌河 上流-朝陽縣의 關帝廟(40리). 공문 부기7), 조양현의 읍내 풍경과 관왕묘의 풍광.

10일: 大營子-三家兒- 喇嘛溝(90리). 장마에 수레바퀴가 빠지고 날이 어두워 길을 가려니 고생이 매우 심함.

11일: 擔杖溝-夜不收(80리). 군관 이희경과 건량관 변복치가 밤에 韃子를 만난 이야기.

12일: 張鬍子-建昌縣(80리). 건창현원이 三使臣을 대접함.

13일: 宋家莊-雙墓-北官-대묘(낮에 90리, 밤에 60리).

14일: 鳳凰嶺-平泉州-七溝-西六溝(140리).

15일: 黃土梁子-紅石嶺-關帝廟-承德府 熱河 寓官(90리). 통관 徐啓文이 禮部 侍郞 鐵保의 말을 전하여 직접 표문을 내일 올리라 함. 열하에 대한 경개를 묘사함. 경자사행(1680년)에 사신이 견문한 黃金屋에 사는 班禪(판첸 라마)의 신이한 이야기를 기록8).

16일: 열하. 避暑山莊의 경개. 만수절 축하 표자문을 건륭제에게 올리다. 이달에 일곱번 잔치를 하니 9일, 11일, 13일은 이미 지나서 네 번째 잔치부터 참여함. 安南王 阮光平(초명은 惠)의 왕위 찬탈9)과 공물 이야기, 南掌, 緬甸, 臺灣 등에 대한 이야기.

17일: 열하. 宴班에 참여함. 전날과 동일.

18일: 열하. 宴班에 참여함. 연반을 마친 후에 건륭제가 "노롬을 못촌 후에 딤이 맛당이

---

5) 황인점의 기록에는 "초칠일 을유에 청ᄒ다 미명에 ᄯ나 삼십 리를 힝ᄒ야 듕화ᄒ고 ᄯ 삼십 리를 힝ᄒ야 됴양ᄉ에 니ᄅ니 날이 오히려 일으되 압참이 ᄉ오십 리 안에 슛막이 업고 부시 ᄯ한 자고져 ᄒ는 고로 인ᄒ야 졀의셔 머므다"라고 하였으나, 서호수의 기록에는 "炊飯于頭渡河子, 出六臺邊墻渡柳河, 止宿于石人溝之地藏寺. 是日行六十里 "라고 한 기록이 보인다.

6) 황인점의 기록에 노정은 "초팔일 병술에 청ᄒ다 미명에 발힝ᄒ야 오십 리를 가 슈쳔참에 니ᄅ러 듕화ᄒ다…져녁 ᄢ에 망우영ᄌ에 니ᄅ니 부시 몬져 녕ᄉ로 드러가거늘 사름을 브려 탐문ᄒ 즉 인ᄒ야 졀에셔 머믈어 자고져 ᄒ거늘 내 ᄯ한 뎐방의 드러가 자니 시일에 힝ᄒ이 뉵십리오 돈 길히 수십리러라"이라 하였다. 서호수는 "晴. 炊飯于水邨子, 止宿于蟒牛營之福寧寺. 是日, 行七十里"라고 하고 있다.

7) 황인점: "이윽고 통관이 와 공문 일도를 뵈니 이 쳥셰(淸書 l)라 가히 알 길히 업ᄂ【11】고로 쳥역(淸譯) 니혜젹(李惠迪)으로 ᄒ여곰 번역ᄒ여 닑으라 ᄒ니 ᄯ한 아디 못ᄒᄂᆫ디라 즉시 슈역(首譯)으로 ᄒ여곰 한ᄌ로 번역ᄒ여 오라 ᄒ니 그 글에 ᄀᆞᆯ오디…" 서호수 : "是日薄暮. 護送通官來示滿洲字公文, 使淸譯李惠迪翻出". 아주 드물지만, 상황이 차이가 나는 경우가 보인다.

8) 건륭제의 경자사행에 참석했던 박지원이 『熱河日記』에 반선과 관련하여 「黃敎問答」·「班禪始末」·「札什倫布」 등에 자세히 기록이 있으나 황인점의 기록 내용은 보이지 않는다.

9) 이때 완광평은 직접 신하와 騶從 184인을 데리고 열하에 왔다. 서호수의 기록에는 완광평과 그의 從臣 潘輝益과 함께 李睟光과 馮克寬의 수창, 李徽中이 안남 사신과의 수창 등에 대해 문답한 내용이 있다.

회란(回鑾)홀 거시니 너희들은 가히 몬져 경도(京都)로 가 등디(等待)ᄒ라"고 함

19일: 열하. 宴班에 참여함.

20일: 예부의 지시에 따라 安南 국왕 및 각국 사신들과 함께 文廟를 배알.

『승사록』(三)

21일: (열하를 떠나) 廣仁嶺- 灤河- 灤平縣- 王家營- 常山谷(100리). 광인령에 대한 경개

22일: 황왕령(서호수의 기록에는 黃土嶺으로 나옴)-兩間房-古北口(80리). 白露에 가까운 절기이나 일기가 매우 더웠다. 이때 이질이 발생하였으나 덧나지 않음. 이곳의 지명을 설명.

23일: 火石嶺-潮河-密雲縣 (110리)-화석령과 고북구의 南天門 등의 경개를 묘사. 밀운현 연혁 소개.

24일: 白河-懷柔縣-南石槽(70리). 백하의 다리 이야기

25일: 淸河站-皇京에 도달해서 南館(70리) 안남과 면전 사신은 황성에 들어오지 못하고 바로 원명원으로 향함. 서호수는 圓明園으로 향하고 황인점은 燕京 성문이 잠겨 남관에서 잠.

26일: 원명원. 綵棚이 궐문에서 원명원까지 이어져 장관을 이룬다 함. 서호수를 원명원에서 만남. 원명원의 外城으로 오다 길을 잃어 돌아서 오고, 利瑪竇의 무덤을 보고 오느라 늦음.

27일: 원명원. 원명원의 상세한 내력과 「皇上御製記」를 소개. 西山에 대한 경개와 張鳴鳳의 記文, 蔣一葵의 『長安客話』의 서산 관련 내용, 皇上의 御製 萬壽山昆明湖記를 소개함.

28일: 원명원.

29일: 원명원. 光祿寺에서 빈과, 포도, 배, 林檎, 蜜棗 등 5종의 과일을 보내옴.

30일: 원명원. 황제가 환궁한다는 소식을 듣고 公服을 갖추어 祇迎所에서 황제를 맞이함..

8월

1일: 원명원. 慶豊圖 연회에 참가. 戲殿 西序에서 『西遊記』 연출 구경.

2일: 원명원. 연회 참가. 戲殿 西序에서 『서유기』 연출 구경.

3일: 원명원.

4일: 원명원. 연회 참가. 戲殿 西序에서 『서유기』 연출 구경. 阿桂, 和珅, 福康安, 福長安 등 신하들에 대한 평.

5일: 원명원. 戲殿 西序에서 『서유기』 연출과 黃門戲 구경. 연희가 끝나고 각국 사신과 함께 福海 유람.

6일: 원명원. 戲殿 西序에서 『서유기』, 安南樂 구경.

7일: 원명원. 10일이 건륭제가 太祖 皇帝의 忌辰이므로 齋戒하고, 연희를 設行하지 않음.

8일: 원명원. 재계로 인해 연희 설행치 않음

9일: 건륭제가 萬壽山에 행차하게 되므로 서쪽 禁苑 대궐 밖에서 맞이하고, 황제를 따라 昆明池 유람. 延壽寺와 西山의 안팎 전각 구경.

10일: 원명원. 九九大慶宴 설행에 참가, 戲殿에서 연희 구경

11일: 원명원. 건륭제가 근정전에서 文武 月選官을 召見하는데 참가.

12일: 辰時에 건륭제가 還宮하니 전송하고, 京師의 南館에 머뭄.

13일: 南館. 건륭제의 八旬 萬壽聖節 행사에 참가, 戲閣 西序에서 연희 구경하고 남관에 돌아오다. 잔치의 전개와 건물을 상세히 기록함.

14일: 남관. 禮部에서 皇旨로 御膳을 보내옴.

3. 내용

1) 노정의 辛苦와 客愁

황인점 일행의 사행길은 더위와 장마 그리고, 연행사에 유래없는 초행길을 택해 사행한 구간이 있어 열하까지의 기록은 그 고초와 감회에 대한 기록이 자세히 기록되어 있다. 정사로서 예정일에 도착해야하는 책임감과 긴박감이 생생하게 드러나 있다. 장마로 인해 육로가 물로 덮혀 배를 타고 이동하는 장면은 흡사 '水路朝天'을 연상케 하는데, 그 노정의 고초에도 불구하고 기이한 경관이라 아니할 수 없으며, 묘사 또한 일품이다.

(1)초이일 경진에 잠간 그늘지고 잠간 빗나다 막 붉게야 거류ᄒᆞ보(巨流河堡)에 드러 조반(朝飯)을 식여 먹고 써나려 ᄒᆞ더니 부ᄉᆞ(副使ㅣ) 홀연이 표ᄌᆞ문궤(表咨文櫃)를 몰게 싯고 몰을 ᄐᆞ고 졸연이 문에 나거늘 내 ᄯᅩᄒᆞᆫ 챠(車)의 ᄂᆞ려 몰을 ᄐᆞ고 압ᄒᆞ여 나아가려 ᄒᆞ더니 ᄆᆞ춤 부방군관(副房軍官) 박졔가(朴齊家)를 【68】 보고 닐러 ᄀᆞᆯ오디 부ᄉᆞ의 일이 밧비 가려 ᄒᆞᄂᆞᆫ 일이나 내 임의 ᄉᆞ신지녈(使臣之列)의 텸지(添罪)ᄒᆞᆫ 즉 부ᄉᆞ의 스ᄉᆞ로 표ᄌᆞ문을 가지고 혼자 가미 그 득톄(得體)ᄒᆞᆫ 줄을 모롤로다 ᄌᆞ너들이 임의 문ᄉᆞ로 조차 온죽 그 돕ᄂᆞᆫ 도리 과연 어디 잇ᄂᆞ뇨 ᄒᆞ고 즉시 몰을 ᄐᆞ고 ᄯᅡᆯ와 가니 일이 창황(蒼皇)ᄒᆞ야 일ᄒᆡᆼ(一行)이 다 밋디 못ᄒᆞ고 ᄯᅩ 어제 밤의 져녁밥을 먹디 못ᄒᆞ고 오늘 조반을 ᄯᅩ 먹디 못ᄒᆞ고 써나니 주리믈 이긔디 못ᄒᆞ야 인매(人馬ㅣ) 다 곤픲ᄒᆞ고 길히 슐헝의 깁품과 웅덩이 믈이 갈ᄉᆞ록 더욱 심ᄒᆞ더라 낫이 되매 겨유 신민둔(新民屯)에 니ᄅᆞ니 【69】 일ᄒᆡᆼ이 비로소 ᄯᅡ라오ᄂᆞᆫ디라 됴반 후에 ᄯᅩ 발ᄒᆡᆼ(發行)ᄒᆞ니 부ᄉᆞ는 도로 챠롤 ᄐᆞ고 나는 몰을 ᄐᆞ고 십여 리룰 ᄒᆡᆼᄒᆞ여 이에 챠롤 ᄐᆞ니 뎌개 내 몰게 본디 닉디 못ᄒᆞ야 반일(半日)이 디나면 곤븨(困憊)ᄒᆞ야 견디디 못ᄒᆞ고 슐헝인죽 믈이 ᄯᅡ흔 가디 못ᄒᆞ니 뎌녀 물이고 수리고 다 ᄒᆞᆯ 일 업더라 (1책)

(2)초ᄼ일 임오에 쳥ᄒ고 일긔 심히 덥더라 ……년일(連日) 즌 길히 간고(艱苦)를 이긔디 못ᄒ더니 이제 홀연이 비를 튼니 신긔 져기 싀훤ᄒ고 ᄯ 보니 큰 들 가온대 믈싴(物色)이 변ᄒ여 강호(江湖)의 승경(勝景)이 되여시니 길ᄀᆞ의 나모들은 완연이 이 슈져(水渚)에 유슈와 하변(河邊)의 셩목(成木)이오 숫막과 마을 집은 완연이 이 게 잡는 인가(人家)와 고기 잡는 쟝호오 ᄂᆞ는 가마귀와 지져괴는 가치는 완연이 갈막이와 빅로와 게유와 올이요 가는 쇼와 오는 양은 완영이 이 골이와 어별(魚鼈)이오 밧 이랑 ᄉᆞ이에 기장과 【81】 피와 쑹나모와 숨ᄯᅳ는 완연이 이 빅빈(白蘋)과 슈죠(水藻)와 능화(菱花)와 감엽이라 내 부ᄉᆞ드려 닐러 ᄀᆞ로디 뉵로(陸路) 샹의 삼십 리를 비를 튼니 ᄀᆞ장 이번 길히 긔이ᄒᆞᆫ 일이라 사롭으로 ᄒᆞ여곰 표연이 댱건(張騫)의 ᄇᆡ가 은하슈(銀河水)를 범ᄒᆞᆯ 뜻이 이시니 우리 맛당이 오놀날 광경을 가져 닛디 아니ᄒᆞᆯ 일을 삼으미 됴홀ᄃᆞᆺ 시브다 ᄒᆞ니 부시 ᄯᅩᆫ 그러히 너기더라 "(1책)

2) 산천 경개와 풍속 소개

대부분의 연행록에 노정과 산천경개 묘사는 일반적으로 나타나는 것으로 특기할 것은 아니나, 촉박한 사행 일정에 속에서도 놓치지 않는 경관에 대한 묘사와 감회, 풍속 기술은 여타 팔순 만수절 사행과 관련된 자료에서 쉽게 찾을 수 없는 부분이 있다. 저자의 예리한 관찰과 묘사가 개성을 보여주고 있다.

이십칠일 병ᄌᆞ에 쳥ᄒ다 …… 뇨양(遼陽)으로브터 황셩(皇城)의 니르기 갈 좌우에 버들을 심거 수플을 일워시니 크기가 아롭을 연ᄒ고 우히 슈굴ᄒ고 것가지 업ᄂᆞᆫ더라 드르니 옹뎡년간(雍正年間)의 됴셔(詔書)를 노리워 각 희 디방관으로 ᄒᆞ여곰 디경(地境)을 뎡ᄒᆞ야 버들을 심으고 죽은죽 곳뎌 심거 기우니 이거시 왕뎡의 큰 쟤라 큰 들이 망망ᄒᆞ야 동셔를 분변티 못ᄒᆞ더니 버들이 쥰젹(準的)이 되고 ᄯᅩ 녀롬날이 블 ᄀᆞᄐᆞ더 힝인(行人)이 버들에 ᄀᆞ리워 납냥(納凉)ᄒᆞ야 더위 막힐 넘녜 업고 빅셩들이 남기 업셔 슈슈대를 ᄯᅡ히 더니 이제 가지 【52】 를 쳐 ᄯᅡ히니 도은 배 ᄯᅩᆫ 만코 금힝(今行)이 ᄆᆞ츰 당마를 당ᄒᆞ야 뇨동 심양 ᄉᆞ이에 ᄯᅡ히 본더 오하ᄒᆞ야 믈이 괴아 길흘 분변티 못ᄒᆞ더니 버들을 조차 힝ᄒᆞ야 쳔리에 길 일홀 염예(念慮) 업고 ᄯᅩ 황셩(皇城)으로브터 열하에 가기 버들 심으기 다 이ᄀᆞᆺ다 ᄒᆞ니 이는 변슈 버들의 흔ᄯᅥ의 보기 됴흐므로 더브러 크게 낫더라 ᄯᅥ에 뉵칠월 ᄉᆞ이ᄅᆞ 당ᄒᆞ야 뉴음 가온대 반ᄃᆞ시 미얌의 소리 만흘 거시어눌 쳔리를 힝ᄒᆞᆫ더 ᄒᆞᆫ 미얌의 소리를 듯디 못ᄒᆞ니 네 사롭이 닐오더 졔남(濟南) ᄯᅡᆷ이 미얌이 업셔 ᄒᆞᆫ번 우롬을 【53】 드르면 사롭이 다 술을 부어 ᄃᆞ토아 그 처음 드르믈 하례ᄒᆞᆫ다 ᄒᆞ더니 혹 뇨양의 ᄯᅩᆫ 미얌이 업셔 그러ᄒᆞ냐 열하로브터 황셩의 니르기 다만 수ᄎᆞ 미얌이 우롬을 드르니 ᄯᅩᆫ 긔이ᄒᆞᆫ 일이라 대뎌 셔월 힝역에 밤에 모긔 무리 침노ᄒᆞ미 업고 웅덩이에 ᄯᅩ 기구리와 둑거비 비얌의 무리를 보디 못ᄒᆞ니 과연 듕원(中原)의 드므러 글냐 초츙(草蟲)인즉 그 뉴(類)가 아국(我國)과 ᄀᆞᆺ더라 ᄒᆞᆫ번 변문에 나매 ᄆᆞ츰 순망의 ᄉᆞ이ᄅᆞ

당호어 밤인즉 시월이 창망호고 플숩히 츙셩(蟲聲)이 스긔호야 녀긱(旅客)의 근심을 돕고 【54】 혹 겨믈거야 촌샤(村舍)의 들면 쥬인의 창밧긔 츙셩이 쳐졀호야 미양 긱수(客愁)롤 들레니 인즉 거인들이 초츙을 잡아 장의 너허 쳠간(簷間)의 드니 능히 밤마다 슬피 우더라 혹 초츙을 만히 잡아 수리에 싯고 돈니며 파는 재 이시니 듕원 풍속의 쇼샹이 쏘혼 가히 괴이호더라 초츙의 모양이 뵈장이와 귀쏘람이와 져기 다르고 셔용 ㄨ투더 져기 크니 아국 들숩히 쏘혼 만히 잇느니라(1책)

3) 연희 관련 기록

대규모의 물력과 인력을 투자한 건륭제의 만수절 연회와 연희 기록이 자세히 기록하였다. 황인점은 열하에서 4회, 원명원에서 9회, 紫禁城에서 1회 등 14회의 연석에 참여하였으나, 『승사록』4권이 낙질인 관계로 8월 14일 이후의 기록이 없어 8월 19-20일의 연희 내용은 확인이 되지 않는다. 연회의 장면과 제목을 상세히 그리고 있으나, 서호수의 기록과 대체로 중복되어 나타나고 있다.

(1)황지 수신 등으로 호여곰 잔치반에 나아가라 호니 쳘시랑이 수신 등을 인도호야 각국 수신 반에 안치니 반슈는 됴션 수신이오 다음은 안남 수신이오 다음은 남쟝 수신이오 【53】 다음은 면젼 수신이오 다음은 셩번이라 반위는 친왕과 픠륵과 픠즈와 각부 대신은 동편듕집의 안자 듕항호야 셔흐로 향호야 븍을 우호디 친왕과 픠륵과 픠즈는 압히 잇고 대신은 뒤히 잇고 몽고와 회부와 안남과 졔왕과 픠륵과 픠즈와 각국 수신은 셔편듕집의 안자 동으로 향호디 졔왕과 픠륵과 픠즈는 압히 잇고 수신은 뒤히 이셔 묘시로브터 노롬을 시작호야 미시에 그치니 굴오디 쳥평견희요 굴오디 함화졍샹이오 굴오디 우 【54】 감샤신이오 굴오디 문슈봉치요 굴오디 다슈듀로요 굴오디 공샹빙눈이요 굴오디 슈셩긔취요 굴오디 션녀경규요 굴오디 농죠건곤이오 굴오디 인온쳥악이오 굴오디 디구거듁마요 굴오디 단판은졍이요 굴오디 슈문원무요 굴오디 반노환동이요 굴오디 분비부단이오 굴오디 유구무강이니 믈읫 십뉵 쟝이라 신션과 부텨롤 꿈인 재 잇고 귀신을 꿈인 재 잇고 졔왕을 꿈인 재 이시니 졀주와 셩뒤쟝을 쏠와 각각 다르니 대뎌 경수 【55】 롤 맛고 슈구롤 비는 말이 만터라 혹 여러 쟝엄호야 삼십이 샹이 년화디샹에 부좌호고 혹 오빅 나흔이 좌우에 죡닙호야 금원광을 니고 금슈가스롤 닙고 나게 셔로 년호고 듀미 셔로 비최고 혹 현녀와 모군이 예샹을 나붓기고 우거롤 어거호야 현초의 가온대 쇼요호고 혹 월패션관과 금갑신쟝이 버러 뫼셔 옹위호야 옹옹호고 슉슉호고 쏘 션동 수빅이 치식옷과 슈노혼 치마로 졀션호고 진퇴호니 환단인즉 양경을 둘러 아홉 번 돌고 【56】 긔록인즉 쳥젼을 밧드러 츙〃이 빠야다 록옥과 황금의 곡됴롤 블러 싱쇼로 화호야 뉴양호고 혹 하신과 희귀 프른 긔롤 잡아 두로 돌아 츅〃호고 요요호야 긔세 융용호고 룡과 고리도 투고 등걸과 학을 어거호야 한만이 와 놀고 룡이 놀고 고리 쮜여 믈 쏨기롤 비ㄨ티 호고 혹

명계 세총에 봉인이 당요긔슝ᄒ고 요디 오운에 왕뫼 쥬목예 헌도ᄒ니 구슬 면류와 곤룡 헌침이 목〃ᄒ고 황〃ᄒ니 그 폐도와 의용이 황홀ᄒ야 【57】 형상ᄒ기 어려오니 ᄌ못 인간에 이시미 아닐러라 음식을 ᄂ리오기롤 믈읫 세 번이니 뎨일번과 뎨삼번인즉 어탑에 버린 음식을 ᄂ화주고 음식을 먹은 후에 타락차롤 주고 뎨이번인즉 각각 ᄒ 반을 주고 먹은 후에 쳥차롤 주더라 이둘에 닐곱 번 잔치롤 ᄒ니 구일과 십일일과 십삼일은 임의 디난다라 우리들은 넷재 번으로브터 비로소 참예ᄒᄂ니라(2책)

　　(2)皇旨曰, '使臣等就宴班'. 鐵侍郞引余等, 坐於各國使臣班, 而首爲朝鮮使, 次爲安南使, 次爲南掌使, 次爲緬甸使, 次爲生番班位, 親王貝勒貝子閣部大臣, 坐於東序重行, 西向北上, 而親王貝勒貝子在前大臣在後, 蒙古回部安南諸王貝勒貝子, 各國使臣, 坐 於西序重行, 東向北上, 而諸王貝勒貝子在前, 使臣在後, 卽正六分聞戱, 未正一刻五分止戱. 曰淸平見喜, 曰合和呈祥, 曰愚感蛇神, 曰文垂鳳彩, 曰多收珠露, 曰共賞氷輪, 曰壽星旣醉, 曰仙侶傾葵, 曰籠罩乾坤, 曰氤氳川岳, 曰鳩車竹馬, 曰檀板銀箏, 曰修文偃武, 曰返老還童, 曰芬菲不斷, 曰悠久無疆, 凡十六章. 有扮仙佛者, 有扮神鬼者, 有扮帝王者, 節奏聲調, 隨章各殊, 而大抵多迎慶祝壽之詞. 或如來莊嚴三十二相, 趺坐蓮花臺上, 開方便門, 闢恒沙界, 則數百羅漢, 左右簇立, 戴紫金圓光, 被錦繡袈裟, 螺髻相聯, 珠眉互映, 雲間妙音, 天際法螺, 隨梵唄而上下. 或桂父茅君, 飄霓裳馭雲車, 逍遙于玄圃, 大闡三十六法, 則頂金帶玉之仙官, 被甲仗劍之神將, 列侍擁衛, 雍雍肅肅, 以都雅之儀度而兼雄豪之氣像. 又有仙童數百, 彩衫繡裳, 折旋進退, 還丹則畫陽鏡而九轉, 祈籙則擎壽扇而層抽, 齊唱綠玉黃金之曲, 和笙簫而瀏亮, 或河神海鬼, 報濤旗而環旋, 逐逐搖搖, 氣勢洶湧, 騎龍馭鯨, 乘楂駕鶴之羣仙, 汗漫來遊, 龍騰鯨跳, 噴水如雨, 或葉堦三級, 封人頌旤于神光堯, 瑤池五雲, 王母獻桃于周后, 珠旒山龍, 穆穆煌煌(榕村李光地語錄云, 章服, 代各異制, 而惟優人不禁扮. 高力士者, 尙戴紫金冠, 蓋唐制, 中官必着紫金冠, 不敢烏紗帽也. 倣那一朝戱, 則用那一朝衣冠, 方是名優. 按今天下, 皆遵滿洲衣冠, 而獨劇演猶存華制. 後有王者, 必取法于此) 若取前史所載忠孝節義. 可以敦風勵俗者, 扮跡恊均, 感發人心, 則由今樂返古樂, 未必不在于此, 寧比仙佛神鬼之徒, 爲觀美而已哉. 宣饌凡三度, 而第一第三則分御卓(卽皇上朝夕膳)所排. 而撤饌後, 宣酪茶, 第二則各具一盤而撤饌後, 又宣淸茶. 是月有七筵宴而九日十一日十三日, 已經三宴.

　7월 16일 서호수의 연반 기록(2)과 비교해 볼 때,[10] 내용과 묘사가 거의 차이가 나지 않고　小註(괄호 안)와 관람평(밑줄 참고)이 차이가 있을 뿐이다. 이는 다른 연희 기술에서도 동일하게 나타난다. 선후를 확정할 수 없지만 두 연행록은 일정 부분 자료를 공유한 것이 아닌가 생각된다.

　4) 『승사록』과 여타 연행록 비교

---

10) 이창숙, 「1790년 가을 열하, 원명원, 북경」, 『문헌과해석』25호, 2003 겨울에 서호수의 『연행기』를 통해 자세히 분석하였다.

건륭제의 팔순 만수절 연행에서 참가했던 인물들이 남긴 연행록은 현재 서호수의 『熱河紀遊』와 『燕行記』(4권. 異名同書로 후자는 전자를 산삭한 부분이 있다), 언해본 『열하일기』(영본 1책) 내 작자 미상의 『경술 열하기』[11], 유득공의 『熱河紀行詩註』(일명 『灤陽錄』 2권(『遼海叢書』 第一集 수록. 1권 25수, 2권 24수 七絶). 『泠齋集』 권4에는 이외에 당시에 지은 25수가 더 수록되어 있음) 등이 남아 있다.

서호수의 연행 기록과 비교해보면, 서술방식에 있어서 황인점은 대체로 시간의 경과(노정)에 따라 기술하는 방식을 택하되, 그 내용이 간략하다. 따라서 서술도 대부분 發行, 中火, 留宿에 이르는 과정에서 생기는 일과를 정리하고 있다면, 서호수의 기록은 일단 그날의 이동경로를 간략히 소개하고, 지나친 경개의 유래와 연혁에 대해 소상히 밝히고 있다. 노정에 대한 풍부한 역사적 고증과 사실 등을 기록한 반면에 황인점의 기록은 자신이 본 풍경을 감상하고 간혹 역사적 연원과 지명의 연혁을 소략하게 기록하는 방식이다. 더불어 열하와 연경 체류시 서호수는 당대 중국의 석학들과 문답하고 교유한 내용을 자세히 서술하고 있다면, 황인점의 기록은 이러한 내용을 찾아 보기 힘들다. 다만 흥미로운 것은 황인점의 연행록은 서호수의 연행록과 공통된 부분이 상당히 존재한다. 특히 3권의 내용은 서호수 연행록과 많은 부분이 동일 내용을 담고 있다. 예를 들면, 열하와 연경에서 연석 행사 참여 내용과 건물에 대한 연혁 등을 소개할 때 두드러진다. 전체적으로 연행록의 내용과 구성에 있어서 그 자세함에 서호수의 연행 기록을 따라 가지 못하는 것이 사실이다. 다만, 서호수의 기록이 역사적 사실, 고증에 집중하고 있다면, 간혹 황인점은 문학적 감수성으로 산천 경개 등을 흥미롭게 그려낸 점 등은 특기 사항이라 할 만하다.

『경술 열하기』가 일기 방식을 택하는 점은 『승사록』이나 『연행기』와 동일하나 내용이 소략하다. 『열하기행시주』는 서술 방식에서 서정과 서사를 결합하여 七言絶句로 시를 읊고, 시 아래 상세한 自註를 부기하는 방식을 택하고 있다. 자주의 내용 중에 대동소이한 부분이 보이나, 유득공의 경우는 서정을 축으로 하여 중국을 바라보는 주관적 시야가 돋보인다.

4. 가치

여섯 차례나 연행 업무를 수행했던 황인점의 연행록을 언해한 현전 유일본으로 1780년 서울에서 열하, 열하에서 연경, 연경에서 서울에 이르는 사행 과정(연경-서울에 이르는 과정은 낙질되어 확인이 되지 않음)이 정리 되어 있다. 서호수와 비교해볼 때 풍부한 연행 기록에는

---

11) 김태준, 「『열하일기』 한글본 출현의 뜻」, 『민족문학사연구』 2001.에서 소개되었으며, 박지원의 열하일기와 함께 작자 미상의 1790년 연행록이 소개되었다. 1790년 연행기는 제목이 없어 김태준이 「경술 열하기」라 명명하였다.

손색이 있으나, 나름대로 여정의 고초와 객수에 따르는 정서적인 울림을 그려내었을 뿐만 아니라, 건륭제 팔순 만수절 행사의 대략을 파악할 수 있는 자료라고 할 수 있다. 특히, 열하에 이르는 노정 견문 기록은 다른 1790년 사행 기록에 쉽게 찾을 수 없다는 점에서 사행단의 전체적인 밑그림을 그리는데 의미있는 내용을 담고 있다고 할 수 있다. 더불어 황인점의 개인사 연구에 있어서도 단편적이나마 그의 색채를 느낄 수 있는 자료이다.

【부유섭】

야ᄉ

神貞王后 趙氏(1808~1890) 著.
寫本. 1册(33張) : 30×23cm. 本文 : 한글.
表題 : 野史 全.

1. 저자

神貞王后 趙氏(1808~1890)의 本貫은 豊壤이다. 1808년(순조 8) 12월 6일 풍양 趙氏 萬永과 宋氏夫人 사이에서 태어났다. 1819년(순조 19) 12살의 나이로 왕세자빈으로 간택되었으며, 1827년(순조 27) 憲宗(諱 㚊, 號 元軒)을 낳았다. 1830년 5월에 왕세자가 죽고 1834년 순조가 승하하여 아들 헌종이 왕위에 올랐는데, 이 때 죽은 남편이 익종으로 추대되자 王大妃에 올랐다. 1849년에 아들 헌종이 죽고 철종이 왕위에 오른 이후 尊號 宣敬, 尊號 正仁 등을 加上받았다.

1857년(철종 8) 순조의 비인 대왕대비 김씨(純元王后)가 죽자 대왕대비가 되었다. 1863년 철종이 재위 13년 만에 後嗣가 없이 죽자, 즉시 전교를 내려 興宣君 李昰應의 둘째 아들인 命福을 왕위에 오르게 하였다. 당시 조대비는 홍선군의 둘째 아들을 자신의 양자로 삼아 철종이 아니라 익종의 뒤를 잇게 하였는데, 이는 안동김씨 세력을 약화시키기 위한 목적이었다. 이후 조대비는 熙政堂에서 垂簾聽政의 禮를 행하였으나 실질적인 권력은 홍선대원군에게 넘겨주었다. 1890년(고종 27) 興福殿에서 향년 83세의 나이로 세상을 떠났으며 능은 경기도 양주에 있는 綏陵이다.

2. 구성

이 책은 현재 용재문고[1]에 소장되어 있는 것으로, 표제는 '野史 全'이며 卷首題는 '야ᄉ'이다. 이 책에는 序跋이 없어서 저자를 알 수 있는 부분이 없고, 다만 저자가 조대비임을 밝히는 間紙 한 장이 끼워져 있다. 이 間紙는 12줄의 횡선이 그어진 것으로 언제 누가 썼다는 내용은 없지만 일종의 인증서적인 성격을 가지고 있다. 이 글은 띄어쓰기가 되어있지 않고 마침표와 같은 문장부호는 전혀 사용되지 않았다. 또한 王을 적을 때마다 한 칸을 비워두는 옛 서책의 방식을 따르고 있다. 다음은 간지에 있는 원래의 내용을 표기된 방식 그대로 옮겨 적은 것이다.

神貞王后趙氏親書國文野史
文祖大王配位시고豊恩府院君趙萬永의따님이시니　文祖大王은壽가겨우二十二로昇遐하사　高宗己亥에追尊하였고　憲宗이嗣位하시니　趙大妃께서는垂簾하시고聽政하시며國事를分付指揮하셨으니文章과筆法이兼備하신王妃로李朝歷代王妃로서는　宣祖大王配位이신　仁穆大妃金氏와　神貞

1) 기증자는 용재 백낙준(1895~1985).

王妃趙氏를갖이치게된다壽는八十三이시고楊州綏陵이시니筆法이珠玉을꾀여논듯하여아름답고鮮
明하여서李朝宮體國文이라는것으로根本이되는眞寶일것임

이 글에서 조대비 외에 역대 왕비 중에서 문장과 필법을 겸비한 인물로 인목대비를 꼽은
것[2]은 무엇보다도 『癸丑日記』를 염두에 두고 있었기 때문일 것이다.[3]

책의 구성은 크게 둘로 나누어 있는데, 첫 장에 '야스'와 14장에 '계희록'이라는 內題가 있
지만, 장을 달리 하고 있지 않아서 외적으로 드러나게 구분할 수 있는 요소는 없다. 전체적으
로 두 개의 이야기가 함께 편찬된 형태를 보이고 있으며, 글씨체는 유려한 궁체로 한 사람의
필체로 되어 있다. 본문 중에 빠진 듯 한 어휘나 글자는 행간에 다시 첨가하여 텍스트의 온
전함에 신경을 쓴 흔적이 보인다.

책의 형식적인 측면을 살펴보면, 매 쪽마다 11줄로 되어 있고 매 줄마다 字數가 23~28자
정도가 채워져 있다. 또한 王을 언급할 때는 漢文体의 글처럼 한 칸씩을 비운 뒤에 썼고 줄
의 맨 위에 왕을 언급할 경우에는 위로 그 글자를 돌출되게 쓰는 방식을 보여주고 있다.

3. 내용

이 책의 앞부분에 있는 내용은 서문적인 성격을 가지고 있어 서술의도를 보여주고 있다.
대략적인 내용은 "예로부터 제왕이 어질고 명철하면 賢臣이 쓰여 나라가 태평을 이루고, 임
금이 혼암하고 포학하면 그 성정을 따라서 奸人들을 쓰게 되어 國破身亡하는데 이르니, 어찌
두렵지 않겠느냐"는 것이다. 서술자는 이와 같은 의도에 따라 조선 역사상 폭군으로 기록된
연산군과 광해군의 이야기, 奸人들에 의한 士禍 등를 수록하여 일종의 警戒적인 의미를 드러
내고 있다.

그 서술의 범위는 연산군으로부터 시작하여 중종, 인종, 명종, 선조 광해군, 인조조에서 끝
맺고 있다. 내용상 두 부분으로 나눈다면 연산군조에서부터 명종조까지를 전반부로, 선조조에
서 인조조까지를 후반부로 볼 수 있으며, 전체적으로 비중을 차지하는 부분은 후반부이다.

전반부에서는 연산군이 잔학무도하고 패악함이 亡國之主 중에도 비할 바가 없다고 하면서
유자광 등이 일으킨 무오사화의 참혹함을 말하였다. 이에 박원종 등이 반정을 시도하여 중종
을 맞이하였으나 남곤과 심정이 꾸민 기묘사화로 名流들이 죽게 되었다. 또 을사무옥으로 봉

---

2) 경기도 안성군 칠장사에 인목대비의 친필 족자가 전해지는데, 내용은 억울하게 죽은 친정아버지와 영창대
　군을 생각하며 지은 칠언시라고 한다. 또 금강산 유점사에도 친필로 쓴 불경이 있다고 한다.
3) 현재 『계축일기』의 저자는 인목대비라는 설과 인조반정 뒤에 대비의 측근 나인이 썼다는 설이 있지만, 이
　내용을 쓴 인물은 인목대비의 작품이라는 입장을 가지고 있다.

선군 같은 왕자도 피해를 입게 되었다. 이렇듯 전반부에 해당하는 부분은 유자광, 남곤, 심정, 김안로, 윤원형 등 奸人輩들에 의해 일어난 여러 번의 사화에 대한 안타까움을 서술하면서도 명종이 明主였기 때문에 윤원형을 삭탈관직하고 유배를 보내어 조정의 질서가 바로 잡혔고, 그 뒤를 잇게 된 선조가 기묘사화에 죽었던 명현들을 신원시켰다고 하였다.

후반부는, 인목대비 김씨가 책봉되고 영창대군이 탄생하면서 벌어지는 선조와 광해군의 관계에서부터 시작하여 영창대군을 옹립하려는 유영경과 광해군을 옹립하려는 이이첨의 대립 등으로 전개된다. 갑자기 선조가 승하하자 광해군이 즉위하게 되고 즉위 5년에 벌어진 癸丑禍獄으로 많은 사람들이 죽고 여덟 살의 영창대군이 불타 죽었으며 인목대비는 폐위되었다. 서술자는 이러한 참혹한 지경에 이른 것은 무엇보다도 이이첨, 유희분, 박승종 등의 소인배들의 소행이라고 보았고,. 寵姬였던 김상궁 역시 광해군을 그르치게 만들었다는 입장을 취하였다. 그 중에서도 유희분의 악행에 대해서 소개하면서 권필과의 악연도 기술하고 있다. 결국 계해년에 반정으로 인조가 왕위에 오르게 되고 광해군은 강화를 거쳐서 제주도로 유배를 가게 되는 내용이 전개되는데, 특히 반정이 일어나는 과정과 광해군 일가에 대한 부분은 생생하고 자세하게 묘사하였다. 이러한 시도는 서술자가 의도적으로 '계해록'이라는 별도의 제목을 만든 이유가 될 것이다.

그렇지만『계축일기』가 광해군을 패륜아며 어리석은 군주로 묘사한데 비하여『야스』에 나온 광해군은 부정적인 인물로만 묘사되지는 않았다. 이것은 서술자가 연산군을 혼암하고 포학한 군주로 간략하게 표현했던 것과도 어느 정도 차이가 있다. 예를 들면, 광해군이 仁君의 덕망은 없었다고 했지만 그 기질이 본디 약하여 선조에게 문안을 금지당하자 날마다 피를 토하고 失魂한 듯하였다는 것이나, 인목대비의 아버지 연흥부원군에 대한 태도가 무척 공손하여 길에서 國舅를 만나면 下馬하여 拱手하여 섰으며 연흥부원군 역시 下馬하여 권하며 태우려 하되 왕자가 감히 타지 못하고 멀리 걸어가서 말을 타고 갔다는 등의 묘사가 그것이다.

마지막 부분에서는 적은 분량이지만 인조 때 병자호란 중에 斥和를 주장하던 인물들에 대한 찬사로 마무리하고 있다. 이는 선조 때 임진왜란에 대해서는 명나라에 청병하야 물리쳤고 임금이 착하고 신하가 능하여 상하가 일심으로 중흥을 이루었다고 간단하게 언급한 것과는 차이가 있다. 언급된 인물은 鄭蘊, 金尙憲, 金尙容인데, 특히 김상헌에 대해서는 만고의 명인으로 문천상과 齊名하는 인물이라고 하였다.

4. 가치

이 책에서 우선 제기되는 것은 작자가 확정되지 않았다는 점이다. 이 책의 작자가 조대비라는 間紙의 내용은 그 내용을 적은 사람이 스스로를 밝히지 않았기 때문에 신빙성이 떨어진다. 그렇지만 작자가 조대비가 아니라 하더라도 궁중에 있던 인물이라고 생각된다. 이는 내용 중에 왕실의 종친들로서 역모에 가담한 죄목으로 죽음을 당한 경우에도 자질은 영민하나 그 밖의 다른 要因들로 불행을 당했다고 보는 등, 서술자가 그들에게 안타까운 시선을 보내고 있기 때문이다.

또한 이 책의 내용은 단순한 記事文이 아니라 서술자가 주관적인 의도에 따라 역사적 사실을 취사선택한 것이다. 따라서 인물들에 대한 褒貶에 그치지 않고 군데군데 인물들의 發話 또는 대화가 생동감 있게 기술되었으며 漢詩도 삽입하였다는 점에서 文學的인 要所가 다분히 녹아 둔 작품이라고 할 수 있다.

이러한 점을 고려할 때 이 책은 조선 후기에 나온 궁중문학 작품이라는 문학사적인 의미를 가지고 있다. 그 소재가 『계축일기』나 『계해반정록』 등의 궁중문학 작품들과 연관성을 가지고 있다는 점에서, 이들 작품들을 쓴 서술자들의 시각적 차이, 또는 한글 문체의 시대적 변이 등을 비교해볼 수 있는 자료가 될 것이다.

【최우영】

藥坡漫錄

李希齡(1697~1776) · 李後衍(1731~1771) · 李漢宗(1765~1843) 共編.
寫本. 100卷 50冊 : 27×17cm. 10行 22字.

1. 편자

李希齡(1697~1776)의 本貫은 全州, 字는 壽而, 號는 藥坡이다. 孝寧大君의 9대손으로 그의 부친은 萬重이고, 모친은 陽川 許氏 許格의 따님이다. 허격은 氣節이 높은 선비로 병자호란 이후 벼슬길에 나가지 않아 大明處士의 칭호를 들었으며, 『滄海集』을 남겼는데, 거기에는 특이한 시편들이 수록되어 있다. 그의 부인은 潘南 朴氏로, 좌의정에 오른 朴世采의 증손녀이다. 그의 직계 선대 가운데 文科에 급제하거나 뚜렷한 벼슬을 한 인물이 보이지 않는 것으로 보아 그의 가문은 정치적으로 크게 두각을 드러내지는 못하였던 것으로 보인다. 왕족에 속하는 이희령의 가계는 정치권력으로부터는 진작 밀려난 형편이었지만, 사족으로서의 淸望을 잃지 않았음이 분명하다.

李後衍(1731~1771)의 本貫은 全州, 號는 惺軒이다. 이희령의 외아들이다. 부친 이희령이 초고를 완성한 것이 체계가 없이 산만하여 그의 아들 이후연이 節目을 만들어 대략 체계가 잡혔는데, 이루지 못하고 중도에 사망하였다.[1]

李漢宗(1765~1843)의 本貫은 全州, 字는 稺朝, 號는 玄隱이다. 그 역시 벼슬길에는 나아가지 않은 재야의 학자였다. 그에 관한 전기적 사실을 전하는 자료는 하나도 남은 것이 없다. 다만 그가 『약파만록』의 찬수를 처음 착수한 때가 27세 무렵이었고, 완성한 때가 67세였으니 평생을 이 일에 바쳤을 것으로 추정될 뿐이다.

2. 구성

1) 저술 배경

이희령의 가문 3대에 걸친 『약파만록』의 著述背景을 간단히 살펴보자. 이희령은 자질이 뛰어나고 효성과 우애로 사우간에 칭송을 받았다. 서울의 만리동에서 아현동으로 넘어가는 藥峴에서 거주했기 때문에 호를 藥坡라 하였고, 책이름 역시 이에 유래한 것이다. 이희령의 제자인 權丕應[2]의 跋文에, "선생은 타고난 바탕이 훌륭함을 다하고, 孝友가 하늘에 뿌리를 두

---

[1] 李漢宗, 『藥坡漫錄』序 "先君惺軒府君, 深懷繼述之義, 纂定節目, 略有正本之緒矣. 有志未就, 而中道早世, 嗚呼! 痛矣!".

[2] 권비응(1754~1831)의 本貫은 안동, 경기도 楊州에서 살았다. 25세 되던 1806년(순조 6)에 별시문과에 급제하였으며, 정언, 부수찬, 이조참의, 한성부 우윤, 황해도 관찰사, 이조참판, 성균관 대사성, 홍문관 부제학, 대사헌 등을 역임하였다. 권비응의 증조부인 尙游는 송시열의 제자이며 박세당의 『思辨錄』이 왕명에 의해 소각될 때에 이에 대한 辨說文을 작성한 뒤 더욱 유명해졌고, 그 뒤 신임옥사때 삭직당하였다.

고 篤學力行으로 문장에 힘써 일찍이 士友間에 명성을 얻었다.(先生生質盡美, 孝友根天, 篤學力行, 餘事文章, 早得聲名於士友間)"라고 한 것으로 보아 젊어서는 당시 사대부 사이에 어느 정도 명망이 있었던 것 같다. 그러던 중, 과거공부를 시작하였으나 科場에서 유생들의 난잡과 관리들의 횡포를 목격한 뒤 벼슬을 단념하고 학문에만 몰두하였다. 또, 權丕應의 跋文에는 이희령이 과거보기를 단념하게 된 직접적인 동기가 밝혀져 있다.

당시 科場에 挾書를 금해서 담당자가 유생들을 단속하기를 지나치게 엄히 하여 검색이 몸에 미쳤으며 칼을 씌워 구금되는 자까지 있었다. 선생은 이를 보고서 탄식하기를, "선비로서 朝禁을 범하여 몸과 이름을 욕되게 하는 자들과 더불어 어깨를 나란히 하기 참으로 부끄럽거니와 조정이 선비를 대접하는 모양도 '士란 죽일 수 있을지언정 욕보일 수는 없다'는 의리에 어긋난다. 이 어찌 스스로 좋아라고 출세를 위해 쫓아다닐 때인가"라 하였다. 드디어 과거 보기를 집어치운 다음 문을 닫고 스스로를 가다듬으며 實地의 학에 전념하였다.

그는 선비로서의 자존심을 지키고자 독서에 몰두한 채 국가의 역사에 대한 관심으로 경도되어 이렇게 '實地의 學'을 실현해가고 있었다. 그렇다고 해서 이희령이 당시 실학의 學的 계통에 직접 속하는 인물은 아니었다. 다만, 당시 서울 및 근기 문인학자들 사이에서 실학적 학문이 폭넓게 실재했음이 확인되는 부분이다. 당시 그는 유교경전뿐만 아니라 의약·卜筮·풍수지리 등의 실용적 서적에까지 정통하였고, 특히 野史의 채집에 관심이 많아 조야의 史書와 명현의 문집들을 널리 읽고 요점을 정리하여『藥坡漫錄』40권을 저술할 수 있었다.『약파만록』은 약파 이희령이 처음 시작하였다가 그의 아들 이후연으로 이어지고, 다시 손자인 이한종에 와서 완성되고 보충되었다. 그 시기는 이희령의 생애와 맞추어 따져보면 대략 18세기 중엽 무렵으로 추정된다. 이희령은 1776년 영조의 치세가 끝난 그 해에 80세로 세상을 떠났다. 과거를 포기한 뒤『약파만록』의 저술 외의 이희령의 행적은 잘 알려져 있지 않다.

그가 위와 같이 평생 공력을 들였던 책은 당시 '산만한 기록으로 계통이 잡혀지지 않은 것 같다'고 말했던 만큼 역사적 사실의 단편적인 모음의 초고상태였던 모양이다.[3] 그것을 이후연이 차례 지어 정리하다가 미처 못하고 이한종에 이르러 체계가 완전히 잡혔던 것이다. 손자 이한종은 이희령이 세상을 뜨던 때의 나이가 겨우 12세였다. 이후연이『약파만록』에 어느 정도로 개입했는지는 알 수 없으나, 1791년 40권으로 1차 완성을 이루었을 때 이한종의 역할은 상당부분에 달한다고 할 수 있다. 뒤에 李漢宗이 조부의 유업을 이어 증보하였다. 1791

그리고 상유의 맏형이 노론의 영수 송시열의 수제자라 일컬어지는 尙夏인 것으로 보아, 권비응의 가문은 노론이며 그 가운데서도 송시열, 권상하로 맥이 직접 이어지는 정통 노론계열로 이해하여도 좋을 것이다.
3) 아들 이후연이 정리작업에 착수하게 된 시기는 이희령이 사망하기 이전이다. 이희령보다 5년 먼저 사망하였다.

년에 쓴 신협의 서문에서 "약파공의 손자 한종은 능히 공의 아름다움을 이어서 繼述할 만하다. 드디어 草藁墨藏의 가운데 纂次를 가하는 한편 공의 漫錄의 뜻을 나 協만큼 아는 사람이 없다하여 서문을 써달라고 청했다.(公之孫漢宗, 能趾公之美, 而繼述焉. 遂加纂次於草墨藏之中, 而以知公漫錄之旨者, 莫協若也, 請以爲序)"라고 하였다. 다음 글은 이한종이 이희령의 사위인 申協[4]에게 청하여 1791년에 쓴 서문이다. 이한종의 부친 이후연이 죽고난　20년 후의 일이다.

　　더욱 我朝의 역사에 공력을 써서 역대 임금들의 經國의 자취를 朝野의 제반 記史들에서 고찰하고 또 我東의 명현들이 남긴 문집들을 널리 탐구하여 實을 채록하였다. 오늘 한 가지 일을 기록하고 내일 한 가지 일을 기록하며 쉬지 않는 노력이 차츰 축적되어서 卷軸을 이루어갔다. 述而不作으로 그 글은 곧 史다. 그 중의 사실이 혹 말이 忌諱에 저촉되고, 혹 일이 閑漫한데 더 가깝더라도 모두 거두어서 함께 실어놓았다.

　이는『약파만록』이 이루어지는 첫 단계라고 할 수 있다. 이한종이 조부의 유업을 계술하였다고는 하나, 이 일이 당장 성사된 것은 아니었다. 미정리 초고에 纂修의 작업이 착수된 단계로 생각된다. 첫 서문이 쓰여지고 나서 무려 33년이 지난 1824년에 이한종이 2차 서문을 쓴 것을 보면, 이때 비로소 작업이 마무리되었던 듯하다.

　　대개 초본 가운데 士禍의 본말이나 黨議의 분석, 병란의 시작과 결말, 명신의 출처 등에 있어 기록이 중복된 부분은 깎아서 삭제하고 소략하여 누락된 것은 채집하여 일의 중요도에 따라 역사의 빠진 부분을 보충하도록 하였다. 그런 다음에야 이 책의 뜻은 크고 작은 것이 모두 드러나고 상세하고 간략함이 적절하게 되었다. 이제 일관되게 완성하니 총 40권이다. 아! 부군은 숙종 정축년에 태어나 영조 병신년에 돌아가셨다. 대개 만록은 태조조에서 시작하여 숙종 말년에서 그치고 경종과 영조의 일은 애초에 기록되지 않았으니 아마도 당대 임금의 일이기 때문이리라. 나는 매번 兩朝의 일을 기록하여 빠진 것을 보충하고자 하였으나 너무 분수에 넘치는 일임을 알아 감히 널리 찾아 기록하거나 갖추어 말하지 못하고 다만 초본에 실린 것에 근거하여 모으고 편차를 정해 후손들에게 보여준다.

---

4) 신협(1729~1796)의 본관은 平山, 자는 仲和이며, 경기도 연천에서 살았다. 그의 행적에 대해서는 별다른 사실이 밝혀지지 않았고, 다만 선대 가운데 인조반정의 元勳이며 영의정을 지낸 欽, 선조의 부마인 翊聖, 숙종조 서인으로 판서의 벼슬을 역임한 晸 등이 눈에 띈다. 직계선대쪽으로는 6대조 鑑이 문과급제와 監司, 5대조 翊亮이 문과급제와 監司, 증조부의 동생 鳴華가 현감을 역임한 것을 제외하고는 정치적으로 크게 입신하지는 못했다. 따라서 申欽, 申晸이 서인계인 것과 율곡으로부터 서인의 학통을 이어받아 아래로 宋時烈로 연결되는 金長生이 7대조 瑛의 외손인 사실로 보아 신협 가문의 黨色은 서인계 특히 정통 서인임이 분명하다. 그리고 5대조 익량의 동생 翊隆의 아들인 曼의 墓表와 墓誌를 송시열과 권상하가 각각 지을 정도의 친분으로 보아 신협 가문은 老少분당후 노론 계열에 속한 것으로 보인다. (『平山申氏大同譜 平山申氏系譜』「正言公派」).

여기서 할아버지가 남긴 미정리 초고에 그 손자가 손을 써서 찬수한 사실의 요점을 알 수 있다. 중요한 하나는 편년체로서 체계화한 것이요, 다른 하나는 刪削補充하여 서술의 균형을 잡은 것이다. 이한종은 위 서문의 말미에서 '만록'은 태조로부터 숙종에 그치고 그 이후 경종, 영조 양대는 당초 착수하지 않았는데, 이는 그때로서는 當宁의 일이기 때문이었을 것이라고 하였다. 따라서 이제는 경종과 영조 양대의 역사를 정리하는 작업도 응당 이어져야 하는 바, 그는 이 일을 자기 자손에게 당부하는 말로 남겨두었던 것이다. 이 후속 작업을 그 자신이 감당해서 완수했다. 그 사실은 위에서 먼저 인용했던 權丕應의 1830년 발문과 이한종 자신이 그보다 2년 후에 쓴 발문에 밝혀져 있다.

> 갑신년 여름(1824년), 나는 조부의 만록 41編을 집성하였는데, 대개 그 초본에 의거해서 편차를 했을 뿐이다. 續錄에 이르러 감히 내 주견대로 할 수가 없기로 서문에 써서 밝혀두었다. 그후 나는 집에서 한가롭게 정양하여 더불어 사귀는 친구도 없었다. 드디어 公私 文蹟에서 채취하여 9책을 편성하고, '만록'의 아래에 붙여놓으니 이에 **총 50권[5]**이 되었다.

이 발문을 쓴 1832년에 『약파만록』은 그 전체가 드디어 완성을 본 것이다. 숙종조에 이르기까지 일단락이 된 1824년 이후, 근 10년 사이에 후속편이 성사되었음을 알 수 있다. 이렇게 해서 『약파만록』은 이희령이 과거를 그만두고 30여 년간 초고작업을 한 뒤, 이한종에 의해 49권으로 완성된 1832년까지 근 백년이라는 세월이 걸렸다.

2) 구성과 史書로서의 특징

이 책은 편자가 조선 태조부터 영조까지 452년에 이르는 시기의 역사를 편년 순서에 따라

---

5) 연대본과 규장각본의 서문 기록이 다르다. 후대 필사자가 전사과정에서 의도적으로 바꿔 기록했을 가능성도 있지만, 원본을 찾을 수 없어 현재로서는 파악할 방법이 없다.
   다음 문장은 규장각본 이한종의 서문(1832년)이다. (歲甲申夏, 余旣輯成王考漫錄, **凡四十編**. 蓋据其草本纂次而已. 至於續錄, 則不敢自有己見, 因爲序以識之. 伊後余家居閑養, 無與爲友, 遂采取公私文蹟, 袞成爲九冊, 以附于漫錄之下, 於是, **總四十九卷**.) 본문에 제시한 연대본의 서문과 비교할 때, '1冊(卷)'의 차이가 있다. 이희령의 증손자인 李遇駿은 50권(『夢遊野談』권3, 「命敷前定」제12화 553번 "先人恐其久而遂泯, 脫稿淨寫, 爲五十卷, 題曰'藥坡漫錄')이라고 말하고 있다. 이우준이 당시 49란 숫자를 정확히 말하지 않고 대략 50권이라고 했다는 견해도 있다. 규장각본보다 후대 필사된 연대본의 서문 필사자는 이우준이 말한 50권으로 서문을 고쳐 적어 넣은 것이 아닌가 생각해볼 수도 있다. 다른 견해로, 규장각본의 서문에 49권이라고 적혀있는 것에 대해 규장각본 영인 해제를 쓴 임형택 교수는 부족한 이 1책이 '총설'부분이 아닐까 추측을 하고 있다. 이한종이 1843년까지 살았던 것을 볼 때, '총설(13권)'은 결국 4권부터 100권까지를 편찬한 후, 가장 마지막에 쓰여졌을 것이라는 추측이다.

적은 야사형 사서로, 名臣들의 소전을 수록하여 기전체의 열전을 추가한 모습을 보이고 있다. 책 이름은 '漫錄'이라고 되어 있지만, 실은 말 그대로 산만한 형태의 기록이 아니고, 전체가 하나의 체제를 갖추고 있다. 그 100권 50책의 구성은 다음과 같다. 1책이 각 2권씩으로 구성되어있고, 100권중, 권90만은 권차의 표시가 없다.

> 申協(1791)과 이한종(1824)의 서문.
> 權丕應(1830)과 이한종(1832)의 발문.

 * 권1~3까지는 역대의 사실을 강역·國都·名臣·국가통치 등의 小題를 달아 상세히 설명하고 있다.

> 卷1 東國山川來脈/東國歷代疆域/三韓分界/衛滿朝鮮/三國肇基/三國疆域/東國歷代國都
> 東國山川來脈(山·嶺과 江·津의 위치·沿革 등), 東國歷代疆域(三韓分界 衛滿朝鮮 三國肇基 新羅疆域 高句麗疆域 百濟疆域), 東國歷代國都(檀君에서 朝鮮까지)
> 卷2 高麗統合/海東名臣錄(新羅/高句麗)
> 高麗統合(略史), 海東名臣(新羅의 薛聰·崔致遠 2인과 高麗의 申崇謙 등 54인)
> 卷3 我國疆域/璿源世譜/太祖潛龍時事/王業肇基
> 我國疆域(朝鮮의 領域), 漢城府(周邊의 山과 宮闕 등), 璿源世譜(全州李氏 始祖 翰과 4祖 및 太祖의 王業肇基)

 * 권4~100까지는 太祖로부터 英祖代까지의 紀事를 수록하였다. (< >는 細註)

> 卷4 太祖(上) 洪武25년 <태조원년>
> 卷5 太祖(下) 貞陵附 洪武30년 <태조6년>
> 卷6 太祖朝 名臣錄 裵克廉 등 / 開國功臣附 義安大君 외
> 卷7 定宗朝/太宗/太宗名臣錄 讓寧大君 등
> 卷8 世宗朝/世宗名臣錄 柳寬 등
> 卷9 文宗 昭陵附/端宗/端宗 思陵附
> 卷10 端宗名臣錄 金宗瑞 등
> 卷11 世祖/世祖名臣錄 鄭麟趾 등
> 卷12 德宗/睿宗/成宗
> 卷13 成宗名臣錄 尹弼商 등
> 卷14 燕山君 諸臣條
> 卷15 中宗(上)

卷16 中宗(中) 正德 14년 <중종14년>

卷17 中宗(下)/愼妃附 嘉靖 7년 <중종 23년>

卷18 中宗名臣錄(一) 朴元宗 등

卷19 中宗名臣錄(二) 金安國 등

卷20 中宗名臣錄(三) 李延慶 등

卷21 仁宗/仁宗名臣錄 柳灌 등

卷22 明宗

卷23 明宗名臣錄(一) 李芑 등

卷24 明宗名臣錄(二)

卷25 宣祖(一)

卷26 宣祖(二)/宣祖朝東西黨 만력3년 <선조8년>

卷27 宣祖(三) 만력10년 <선조15년>

卷28 宣祖(四) 만력14년 <선조19년>

卷29 宣祖(五) 만력20년 <선조25년>

卷30 宣祖(六) 만력20년 7월 <선조25년>

卷31 宣祖(七) 만력20년 9월 <선조25년>

卷32 宣祖(八) 만력21년 정월 <선조26년>

卷33 宣祖(九) 만력22년 정월 <선조27년>

卷34 宣祖(十) 만력25년 정월 <선조30년>

卷35 宣祖(十一)/天朝將臣附 만력26년 정월 <선조31년>

卷36 宣祖(十二) 만력30년 정월 <선조35년>

卷37 宣祖(十三) / 宣祖名臣錄 閔箕 외

卷38 宣祖名臣錄(一) 李元翼 등

卷39 宣祖名臣錄(二) 李珥 등

卷40 宣祖名臣錄(三) 沈義謙 등

卷41 宣祖名臣錄(四) 金命元 등

卷42 宣祖名臣錄(五) 尹根壽 등

卷43 宣祖名臣錄(六) 黃進 등

卷44 宣祖名臣錄(七) 李廷龜 등

卷45 光海(一) 광해 만력 36년

卷46 光海(二) 광해 만력 43년 <광해7년>

卷47 光海(三)/光海賊臣(一) 광해 천계원년 <광해13년>

卷48 光海賊臣(二)/元宗 韓孝純 등

卷49 仁祖(一) 인조조

卷50 仁祖(二) 인조조 천계 5년 <인조3년>

　　　卷86 景宗(六) 경종조 2년 4월 15일 <강희61년>
　　　卷87 景宗(七) 경종조 2년 7월 1일 <강희61년>
　　　卷88 景宗(八)/辛壬士禍名臣錄 경종조 3년 정월3일 <옹정원년>
　　　卷89 英宗(一)
　　　권표시 無 영종조 원년 정월 <옹정 3년>
　　　卷91 英宗(二) 영종조 원년 3월 8일 <옹정 3년>
　　　卷92 英宗(三) 영종조 원년 10월1일 <옹정 3년>
　　　卷93 英宗(四) 영조6년 정월 <옹정 8년>
　　　卷94 英宗(五) 영조16년 <건륭4년>---실제는 <건륭 5년>
　　　卷95 英宗(六) 영조 31년 4월 <건륭 19년>---실제는 <건륭 20년>
　　　卷96 英宗名臣錄(一) 閔鎭遠 등
　　　卷97 英宗名臣錄(二) 趙觀彬 등
　　　卷98 英宗名臣錄(三) 金相奭 등
　　　卷99 英宗名臣錄(四) 金興慶 등
　　　卷100 英宗名臣錄(五) 李亮臣 등

　전체적으로 태조에서부터 명종 때까지인 조선 전기는 소략하게 다루었다. 반면, 宣祖와 肅宗代, 그리고 손자 한종이 기록한 續編인 景宗·英祖代의 사실이 많은 비중을 차지하고 있다. 양적으로도 방대하지만, 서술방식이 복합적이어서 성격을 간략히 규정짓기는 어렵다.

3) 이본 소개

　현존하는 판본은 모두 필사본으로, 본 해제대상인 연대본 (100권 50책;전질) 외에, 규장각본(94권 60책;전질, 2인 필사로 추정됨), 국편위본(100권 63책;전질), 장서각본(원 100권 48책, 현 66권 31책-17책 결), 계명대본(零本 1책) 등이 있으며, 일본에 별도의 이본(大阪府立圖書館本, 60권 30책, 1764(영조40)刊) 있는 것으로 전한다.6) 권차와 내용을 비교해보면 다소의 출입이 있다. 이들 차이는 모두 轉寫 과정에서 생긴 현상이며, 최초 원본은 현재 찾을 수 없다. 부산여대 김세윤 교수는, 규장각본7)이 누락된 名臣條 몇 군데를 포함해 비교적 善

6) 『약파만록』의 이본 및 체제에 대한 서지학적 검토는, 金世潤, 『조선후기 私撰史書연구--『列朝通紀』, 『練藜室記述』, 『藥坡漫錄』을 중심으로』서강대 박사논문, 1992 참조.

7) 奎章閣本 (奎1104) 李希齡·李漢宗(朝鮮)著. 94卷 60冊 筆寫本 34×22.4cm. 四周單邊 半郭:23.8×16.9cm. 有界 10行 22字 版心:上花紋魚尾. 序:申協·李漢宗. 跋:權丕應(1830)·李漢宗(1832). 1995년에 성균관대 대동문화연구원에서 이 규장각본을 축소·영인하였다. 성대 영인본(상중하)의 하권 말미에, 이희령의 증손자이며 이한종의 둘째아들인 李遇駿(1801~1867)의 『夢遊野談』(3책)과 『夢遊燕行錄』(2책)(이상 고려대 소장본 영인)이 함께 수록되어 있다. (임형택 해제).

本이라고 밝힌 바 있다.

　다양한 소장사항을 볼 때, 이한종에 의해 처음 49권으로 완성된 후, 여러 형태로 分卷, 分冊 필사되어 읽혀졌던 것으로 보이는데, 완전한 형태로 남아있는 필사본은 규장각본, 연대본, 국편위본 셋이다. 필사 선후로 본 세 판본의 특징을 몇 가지 들어보면 다음과 같다.

　* 서문·발문·권1~3까지는 동일(단, 이한종의 1832년 발문에 명시한 권수에 차이가 있음).

　* 목록의 유무

　국편위본의 경우, 규장각, 연대본과 달리 책1의 서문·발문 뒤에 전체 목록이 붙어있다. 이 목록은 각 冊(卷)별 내용에 관한 것으로, 각 왕대 말미의 名臣 명단이 그 대부분을 차지하고 있다. 이와 같이 국편위본에서만 전체 목록을 찾을 수 있다는 사실은, 규장각, 연대본 보다 나중에 필사된 것이 아닌가 생각된다. 원래는 없던 것을 후대인에 의해 작성되어 첨부되었던 것으로 보아야할 것이다.

　* 전기 기술 방식

　신라·고려의 유명 인물에 관한 전기인 1책 권2의 '海東名臣' 기술방식의 문제이다. 고려조 명신 金幸, 許宣文, 柳車達, 李据, 尹楦 등 5인에 대한 내용이 규장각본에서는 본문이 아닌 본문 상단에 細字로 加筆되어 나타나는 반면, 국편위본과 연대본에서는 모두 본문에 기재되어 있다. 그리고 安裕와 趙承肅 항목에서는 그들이 지은 시 역시 규장각본에서는 본문 상단에, 국편위본과 연대본은 본문에 실려 있다. 이들 정황으로 볼 때, 규장각본을 후대에 필사하면서 본문 상단의 5인 전기와 2인의 시를 본문에 삽입시킨 것으로 추정된다.

　* 경종 2년 12월 말미에 붙어있는 辛壬獄事시 被禍者의 명단

　이 명단에는 경종 원년, 2년에 걸쳐 벌어진 老少의 투쟁인 신임옥사에서 피해를 입은 노론계의 여러 인물들이 「殉國四大臣」·「三宰臣」·「三士」·「三將臣」·「五節度」 등의 이름으로 분류 소개되어 있다. 세 곳 모두 내용은 동일한데, 분류명·인명·인물에 따른 소개내용에 있어 약간의 차이점이 나타난다. 규장각본의 「株連」·「削黜」 항목은 국편위본, 연대본에는 한번만 나오는데 반해 규장각본은 두 번 나오고 있다. 인명에 대해서도 출입이 있으며, 해당 인물에 대한 내용도 규장각본은 다소 자세한 반면, 국편위본, 연대본의 경우 이름만 기재된 부분이 많다. 이를 보면 규장각본이 내용면에서는 다소 풍부한 반면, 중복되는 항목으로 보아서는 정리가 덜된 듯하다. 후대 필사자가 규장각본의 중복된 것을 정리한 것이 아닌가 생각된다.

　* 名臣條

각 왕대 말미에 있는 명신조를 보면, 명신은 기본적으로 동일한데, 인물의 기재순서와 특정인물이 소속된 왕대가 다른 것이 더러 있다. 기재순서는 규장각본과 국편위본(연대본과 동일)이 각기 다르게 기술되어 있다. 특정인물의 소속 왕대 차이는, 현종 2년(1661)에서 영조 9년(1773)까지 생존한 李觀命의 경우 규장각은 영조조로, 국편위본과 연대본은 숙종조명신으로 소속되어 있다. 게다가 명신에 해당하는 인물의 유무에서도 큰 차이가 난다. 광해군의 '諸臣條(국편위·연대본은 '賊臣'으로 되어있다)'가 대표적인 것으로, 규장각·연대본은 鄭仁弘 등 12인, 국편위본은 韓孝純 등 6인으로 달리 기록되어 있다.

* 名臣條의 李頤命
이이명은 경종조 辛壬獄事때 少論에 의해 죽음을 당한 老論 4大臣의 한사람이다.

국편위본·연대본에서는 숙종조의 명신으로 나타나고 있는 반면, 규장각본에서는 명신의 명단에 보이지 않고 있다. 노론의 입장에서 쓰여진 『약파만록』이 그를 명신으로 간주하지 않을 까닭이 없다. 다음 국편위본의 권77 肅宗朝 名臣 李頤命條 기사를 보면 그 실마리를 찾을 수 있다.

> 이이명은 자가 養叔이고 호는 疏齋이다. 全州人이며 白江 敬輿의 孫이다. ......寒圃(李健命의 호)와 더불어 종형제로 같이 정승에 올랐으며 같은 해에 殉國하였다. ......아울러 노량의 四忠 祠에 제사지내었다.
> (사대신의 일은 경종 신임년조에 자세히 갖추었는데, 『명신록』가운데에는 <u>疏齋</u>의 사적이 보이나, 본문에는 누락되어있으므로 기록하여 실을 수 없어 아래에 빈 곳을 남기니 보는 사람이 혹 보충하기를 바란다) : <u>細註</u>

『명신록』에는 나오지만, 본문에는 나오지 않는다는 細註의 내용을 보아, 국편위본을 필사할 당시 대본으로 한『약파만록』본문에 이이명에 대한 것이 누락되어 있다는 것을 말해준다. 연대본은 이이명조의 본문은 국편위본과 동일하지만, 細註는 보이지 않는다. 따라서, 이이명조가 누락된 규장각본이 시기적으로 앞선 것으로 파악된다. 규장각본에서 이이명조가 빠진 것은 그 인물의 비중으로 볼 때 절대 누락될 수 없다고 여겨지기에, 아마 필사과정에서 실수로 빠뜨린 것이 아닌가 여겨진다. 그것을 후대 국편위본·연대본 필사자가 임의로 적어넣은 듯하다.

3. 내용

권별 내용을 살펴보면 다음과 같다.

권1~3은 우리 역사의 총설에 해당하는 내용이다. 민족의 역사를 총체적으로 파악하려는 의식이 엿보인다. 권1은 삼국시대 이래 산천의 변천과 역대의 彊域을 기록하였다. 즉 '東國山川來脈'이라 하여 山·嶺·江·津 등의 위치와 연혁 등을 밝혀 민족사가 전개된 지리적 배경을 서술하고 있다. 그리고 '동국역대강역'이라 하여 三韓의 경계, 위만조선, 三國肇基, 신라·고구려·백제의 강역 등을 기록하여 또한, 단군에서 조선까지의 역대 國都를 밝혀 주고 있다. 권2는 略史로 고려 통일의 전말을 설명하였고, '해동명신'이란 제목으로 이 기간에 활약했던 명신 57인의 小傳도 싣고 있다. 권3은 조선의 영역을 밝히면서 도읍인 한성부 주변의 산과 한성부 내에 있는 각 궁궐을 기록하고 있다. 또한 전주 이씨 시조와 4조의 계보 및 李成桂가 왕조 창업을 이룩한 내용을 담고 있다. 여기까지는 전체 분량 가운데 극히 일부분을 차지하는데, 내용도 기전체 사서의 地理志와는 달리, 풍수지리에 대한 편자 이희령의 관심에서 나온 것으로 여겨지는 간략한 언급들이다. '동국산천래맥'의 첫 머리에 백두산을 두고있는 것은 풍수지리적인 입장에서 우리나라 산천의 근본을 백두산으로 본 것이며, 조선 초기 풍수가 수도의 결정, 궁궐의 위치 선정 등에 영향을 미친 것으로 볼 때 국도, 궁궐 등에 많은 비중을 두어 서술하고 있고, 그 외에 우리 역사를 우리나라 지형의 관점에서 설명하는 언급이 많이 보이는 것이 그렇다.

권4~100까지는 모두 조선왕조의 역사기록이다. 본문에 해당하는데, 대체로 위와 같은 체재로 편자가 태조에서부터 영조 때까지의 왕조별 역사사건 기록과 명신 소전을 수록하였다.[8] 『國朝寶鑑』 등 여러 사서와 문헌을 자료로 하여 태조부터 영조까지의 사적을 살펴보면 일반 편년체 사서와 기전체 사서의 本紀나 세가 부분의 서술형식과 동일하게, 각 왕의 歲年에 따라 기술되고 있음을 확인할 수 있다. 사화·당쟁 중심의 정치관계나 임진왜란과 같은 국가적 변란에 대한 기사가 상당히 중요시되어 많은 부분을 차지하고 있다. 또, 여러 史書에서 두루 채록하면서 忌諱·閑漫의 사실을 망라하였으나 자기의 주관이 개입되는 史論같은 것은 쓰지 않았다고 서문에서 밝히고 있다. 이한종이 편술과정에서 1790년경부터 李肯翊 사망(1806년) 직후 미완성본이 세상에 알려진 소론계 私撰史書 『燃藜室記述』을 참고하였을 가능성이 제기되고 있어[9], 두 책의 기사 첫 머리 부분을 비교해 보자.

---

8) 『약파만록』에서 주요부분을 차지하고 있는 것이 名臣條이다. 사실 『약파만록』의 본문은 찬자 자신이 직접 작성한 기사가 아니라 여러 자료로부터 인용하여 모아 편집한 형태로 이루어져 있기 때문에 본문을 통해서는 찬자의 의도를 정확하게 파악하기가 그리 쉽지 않다. 이에 반해 명신조의 경우, '名臣'이라는 이름으로 찬자가 일정한 기준 아래 인물을 선정하였기 때문에 찬자의 주관이 많이 반영되었다고 보여진다. 편년체 서술을 기본으로 하는 『약파만록』에 명신조가 설정된 의의와 당시 다른 사서와는 달리 相臣, 文衡 등 이름의 인물조가 보이지 않고 주로 명신조만 설정된 것, 그리고 어떤 인물이 각 왕대의 명신으로 선정되었는가 하는 점도 함께 고찰할 필요가 있다. (이에 대해서는, 金世潤 앞의 논문참조).

9) 『약파만록』의 저술 경향을 두고, 李漢宗이 당시 소론과 세도정치에 대한 저항감에서 소론계 입장을 내세우기 위해 편찬된 사서에 반발하여, 노론계 입장을 대변하는 『약파만록』을 새로이 저술한 것이 아닌가 보는 추측이 학계에 거론된 바 있다.(李泰鎭은 당시 역사서술에 있어 黨色 의식의 경색화는 辛壬獄事에 관

『藥坡漫錄』권2 '高麗統合'
(『燃藜室記述』권1 '高麗政亂 王業肇基' 『 』는 典據를 말한다.)

高麗末僧遍照本玉川寺婢之子也.....(僧遍照本玉川寺婢之子也...『麗史提綱』)

王信旽日深每請...(王信旽日深每請...『麗史提綱』)

旽始出禁中...(旽始出禁中...『麗史提綱』)

旽貪淫日甚....(旽貪淫日甚....『麗史提綱』)

慶復興等密議曰....(慶復興等密議曰...『麗史提綱』)

旽性畏田犬...(旽性畏田犬...『麗史提綱』)

右正言李存吾曰...(右正言李存吾曰...『麗史提綱』)

恭愍朝辛旽伏誅初旽以僧行....(恭愍二十年辛亥辛旽伏誅初旽以僧行....『麗史提綱』)

．

．

．

太祖與崔瑩....(上與瑩...『龍飛御天歌』)

洪武己酉 帝遣符寶...(辛禑十四年戊辰...洪武己酉 帝遣符寶..『故事撮要』)

麗自元宗事元...(麗自元宗事元...『海東樂府』)

時權近朝京....崔瑩又勸禑攻遼...(時瑩勸禑攻遼....『麗史提綱』)

五月左右軍渡....(五月左右軍渡...『麗史』)

威化回軍之前....(威化回軍之前....『東閣雜記』)

恭靖與兄芳雨...(定宗與兄芳雨...『麗史提綱』)

글자표기상 몇 군데 다른 것이 있지만, 내용뿐만 나이라 순서에 있어서도 조금도 다르지 않다. 다만, 문장 말미에 붙은 전거유무가 다르다. 『약파만록』이 『연려실기술』을 참고하여 필사하면서 전거를 빠뜨린 것이 아닌가 생각된다.

연대의 표기를 보면, 인조 15년(崇禎 10년 :1637)이전까지는 명 황제의 연호와 歲年을 기본으로 내세우면서 細字로 왕의 歲年을 표현하고 있다. 인조 15년부터 효종 원년(永曆 4년:1650)까지는 이전과 같이 명 연호가 나오고 細字로 조선 왕의 歲年과 청 연호를 차례로 적고 있다. 그리고 효종 원년 조에 청의 공격으로 인하여 283년간 존속한 명 왕조가 멸망하였다는 기사를 적고는 효종 2년부터 조선 왕의 세년을 기본으로 하면서 細字로 청 연호를 표기하고 있다.10)

연월일 표기를 보면, 『약파만록』의 작성에 이용된 자료는 대부분 그 정확한 연대를 밝히지 않는 개인의 隨聞錄, 文集 등이므로, 부분적으로 특정 사건의 정확한 연월을 제시하고 있지 못한 실정이다. 특히 경종조 초년의 기록이 날짜별로 나타나는 것을 제외하고는 월일에 있어서는 더욱 그러하다.

한편, 기사를 취급하면서도 일목요연한 체계를 이루지 못하고 있다. 즉 조선 초기부터 숙종 때까지의 기록은 사건을 중심으로 다루다가 경종 때에는 일기식으로, 영조 때에는 월기식으로 일정한 체계를 잡지 못하고 있음을 볼 수 있다. 또, 편년체로 진행되는 가운데 특정 제목을 붙여 附記의 형태로 서술되는 부분이 있다. 즉 태조조 「貞陵附」(권5), 문종조 「昭陵附」(권9), 단종조 「思陵附」(권9), 중종조 「愼妃附」(권17), 선조조 「天朝將臣附」(권35), 인조조 「林慶業傳」(권53)11), 숙종조 「懷尼始末附」(권72) 등이다. 이러한 항목은 편년 서술에서 상당히 벗어나는 형식이지만, 이 부분만 볼 때는 특정 제목을 내걸고 서술하는 '기사본말체' 형식이다. 天朝將臣傳은 임란시 파견된 明將의 간략한 전기를 실어 援軍을 보내준 명왕조에 대한 再造之恩을 강조하여 尊明義理를 나타내기 위한 것이다. 그리고 임경업의 전기를 두 번 설정한 것은 親明排淸의 의리를 더욱 내세우기 위함이라고 보여진다. 그리고 老少분당의 경과를 적은 懷尼始末附를 설정한 것은 소론에 대한 노론의 정당성을 부각시키기 위한 것이라고 볼 수 있다.

그리고 한 王朝가 끝나는 기사 마지막에는 名臣條 등을 붙여 그 王朝의 相臣·名臣 또는 공이 있는 諸臣의 略傳을 수록하였다. 신라·고려명신 57명과 조선왕조 명신 944명(相臣·賊臣 諸臣 15명 포함:959명), 총 1016명의 인물이 등장한다. 후세에 경계가 될만한 鄭仁弘·李爾瞻 등 逆臣도 포함시키고 있다. 續編도 모두 前編의 체재를 그대로 따르고 있다. 여기에 한 사건이 나오면 대개 그와 관련된 사료들을 연계시켜 놓았다.

　　　建國以前 薛聰 등 57인 (해동명신의 이름으로 신라·고려의 인물 기재)
　　　太祖 裵克廉 등 41인 (開國功臣 명단)
　　　定宗 명신 없음
　　　太宗 讓寧大君 등 10인
　　　世宗 柳寬 등 14인 (相臣으로 표기되어 있으나 名臣의 잘못)

---

10) 이상과 같은 歲年 표기방식은, 명 멸망 후에도 '崇禎紀元後'연호를 쓰지 않고, 청 연호를 부기하는 것은 청을 인정하지 않을 수 없는 현실적 입장을 반영한 것이지만, 기본적으로 명 멸망 이전까지는 명 연호를, 명 멸망 이후부터는 조선 왕의 歲年을 중심으로 하고있는 철저한 尊明意識의 표명이라고 볼 수 있다.

11) 본문의 「임경업전」은 인조조 말미의 '명신조'에 실려있는 전기가 아니라, 인조 14년 끝에 補遺의 형식으로 한번 더 立傳되는 것을 말한다.

文宗 명신 없음

端宗 金宗瑞 등 27인

世祖 鄭麟趾 등 40인 (相臣으로 표기되어 있으나 名臣의 잘못)

睿宗 명신 없음

成宗 尹弼商 등 74인

燕山 相臣 愼守勤 1인 · 賊臣 任士洪 등 2인 (명신 없음)

中宗 朴元宗 등 155인

仁宗 柳灌 등 14인 (명신 표기 없음)

明宗 李芑 등 60인 (명신 표기 없음)

宣祖 閔箕 등 161인 天朝將臣傳 (명신 표기 없음)

光海 諸臣 鄭仁弘등 12인 (명신 없음)

仁祖 吳允謙 등 144인 林慶業傳

孝宗 趙翼 등 32인 (相臣으로 표기되어 있으나 名臣의 잘못)

顯宗 洪重普 등 6인

肅宗 閔鼎重 등 101인 (명신 표기 없음)

景宗 辛壬獄事 被禍者 (명신 없음)

英祖 閔鎭遠 등 69인

定宗, 文宗, 睿宗, 燕山, 光海, 경종조에는 명신조가 없으며, 연산·광해조에는 그 대신에 相臣·賊臣·諸臣의 이름으로 해당인물이 실려있다. 그리고 세종, 세조, 효종조의 명신은 실제로는 相臣으로 표기되어 있으나, 입전된 인물이 모두 相臣을 역임한 것이 아니기 때문에 이는 분명히 名臣의 誤記라고 보여진다.12) 또, 인종, 명종, 선조, 숙종조의 인물조 앞 부분에는 명신의 표기가 없지만 이를 모두 명신으로 간주하여야 할 것이다. 이들 명신조 외에도, 태조조에 개국공신의 명단이, 선조조 임진왜란시 원군으로 조선에 파견된 명장들의 전기인 천조장군전이, 인조조에 병자호란시 활약한 임경업전이, 경종조에는 신임옥사시 禍를 입은 노론계 인물들의 간략한 전기가 실려있다.

이제 이들 명신의 성격을 살펴보기로 한다. 광해조에 '賊臣'條가 선정된 것으로 보아 명신조에는 일단 긍정적인 인물이 선정되었다고 보여진다. 그러나 그 인물에 대한 기사는 주로 인물에 대한 여러 일화로 구성되어 있으므로, 그 인물이 어떠한 행적으로 명신이 되었는지는 판단하기 어렵다. 더욱이 그 인원이 너무 많아 일일이 거론하기는 어렵다. 특징적으로 생각되는 인물들을 유형별로 다음과 같이 정리할 수 있다.

---

12) 국편위본에만 있는 전체목록에는 세종, 세조, 효종조의 인물이 모두 '명신'으로 표기되어 있다. 국편위본의 목록은 이한종의 後寫本에 원래 있던 것이 아니라, 후대 필사자에 의해 작성, 첨부된 것으로 보인다. 잘못된 부분은 전체 목록 작성자가 옳게 고친 것으로 생각된다.

1) 신라·고려의 명신을 보자. '해동명신'의 이름으로 신라의 설총, 최치원 그리고 고려의 申崇謙 등 모두 57인이 기재되어 있다. 문묘종사자와 고려 건국 유공자, 文敎 및 유학 진흥의 인물, 고려에 대한 충절을 지킨 인물, 무신란에 반대하는 인물들로 선정하였다.

신라의 설총과 최치원에 관한 내용은 매우 간략한 생애와 문묘에 從祀된 사실 언급이 전부이다. 그러나 편자는 이들이 문묘에 종사된 것에 반대의 뜻을 가지고 있는 것으로 보인다. 崔致遠條 말미에 인용된 기사를 보면 이렇다.

> 최치원과 설총은 고려 현종조에 孔廡에 제사지내어 우리 왕조가 이를 이었다. 두 공이 비록 당대의 준걸이라고는 하나, 孔庭에 제사지내는 것은 잘못이다. (권2 해동명신 '최치원')

이 밖에 고려 건국에 공을 세운 申崇謙, 金幸, 許宣文, 柳車達 등이 명신으로 처리되었다. 王建에게 식량과 수레를 제공한 이유만으로 입전된 듯하다. 또, 九齋學堂의 崔冲, 최초의 주자학자 安裕, 주자의 『四書集註』를 간행한 權溥 등 文敎와 유학진흥에 힘쓴 인물들이다. 그 밖에 三隱을 비롯한 고려왕조에 충절을 다한 인물들로 고려조 명신 55인 가운데, 36인이나 된다. 고려가 망하자 萬壽山에 들어가 성만 알려지고 이름은 전해지지 않은 맹씨가 선정되어 있고, 해동명신조 맨 마지막에 비교적 생소한 閔普文 등 7인의 명단을 제시하였다.

2) 태조, 태종, 세종, 단종, 세조조를 보자. 태조조의 명신은 裵克廉을 비롯하여 모두 41인이다. 배극렴, 趙浚, 鄭道傳, 金士衡, 沈德符 이들 5인은 모두 태조조에 相臣을 역임한 인물이다.그 밖에 判書 등의 고위관직을 역임한 자로서, 개국공신에 책봉된 인물이 배극렴, 조준, 정도전 등 19인이다. 태종조에는 양녕대군을 포함하여 모두 10인이 실려 있다. 첫 머리에 양녕대군과 효령대군이 입전되어 있다. 두 사람의 기사는 세자 폐위와 이를 둘러싼 세자 승계에 관한 내용이 주를 이룬다. 이들이 세종에게 왕위를 양보한 태종의 장자, 차자인 점을 중시하여 명신으로 간주한 듯하다. 특히 효령대군의 경우, 이희령의 직계 9대조이다. 다음으로 相臣을 지낸 河崙과 朴訔, 그리고 대제학을 20여년 역임한 변계량 등이 올라있다. 사냥나간 태종이 호랑이의 공격을 피하도록 도와준 左領護軍 金德生도 들어있다. 세종조에는 柳寬을 비롯하여 모두 14인이 있다. 유관, 黃喜 등 7인은 相臣을 역임한 인물이다. 그 다음 金泮, 金鈞, 尹祥 등 경학에 뛰어난 인물이 입전되어 있다. 李丘直이 입전되어 있는데, 세종이 그의 효성 지극함을 듣고는 품계를 올려주고 상을 내렸다. 宋愉의 경우, 태종조에 음서로 군수에 임명되나 不仕하였다. 특히 이 기사 마지막 부분에 그가 송시열의 8대조라는 점을 언급하고 있는 것으로 보아, 노론의 입장에서 노론의 영수인 송시열을 드높이기 위해 그의 조상을 입전시킨 것이 아닌가 생각된다. 편자의 주관이 크게 작용한 부분이라고 봐야할 것이다. 단종조는 金宗瑞를 비롯하여 모두 27인이 실려 있는데, 모두 세조에 의해 피해를 입은, 단종에 대한 충절을 지킨 인물로 구성되어있다. 세조조는 鄭麟趾를 비롯하여 모두 40인이 실려 있다. 첫 부분

12인은 相臣이었고, 이들은 모두 세조가 왕위를 찬탈하는 과정에서 결정적 계기가 된 癸酉靖亂에 적극 가담하거나 세조의 즉위에 도움을 준 공이 있거나 李施愛 亂 토벌에 공을 세워 공신에 책봉된 자들이다. 그 다음으로는 상신에는 오르지 못했어도, 문과에 급제하고 판서, 대제학, 대사헌 등의 고위관직을 역임한 22인의 인물이다. 이 밖에 청렴 강직한 인물들이 명신으로 입전되었다.

3) 정종, 문종, 예종, 연산, 광해조이다. 정종, 문종, 예종조에는 명신조가 없다. 폐위된 왕인 연산조에는 명신조 대신 諸臣條가 있다. 상신조에는 愼守勤 1인만이 기재되어 있다. 任士洪, 柳子光 2인이 賊臣으로 분류되었다. 광해조에도 명신조가 없다. 그 대신 諸臣條에 鄭仁弘등 12인이 실렸다.

4) 성종, 중종 인종, 명종조이다. 성종조의 명신은 尹弼商을 비롯하여 모두 74인이다. 첫머리의 9인은 相臣을 역임한 자들이다. 尹弼商, 李克培, 許琮 등이 있다. 다음으로 연산조에 발생한 戊午士禍와 甲子士禍에 관계되는 인물들이다. 金宗直, 金宏弼, 金馹孫 등 유명인물로부터 姜景敍, 李守恭 등의 무명인까지 42인이다. 중종조 명신은 박원종을 비롯하여 모두 155인이다. 처음 13인은 모두 상신을 역임한 자들이다. 그 다음 120인이 己卯士禍에 연루된 인물들이다. 趙光祖, 金湜, 金淨 등의 기묘사화때 賜死당한 대표인물로부터 기묘사화때 항의 상소를 올린 洪順福, 金湜 대신에 잡혀간 吳希顔, 金湜의 아들 金德秀와 金繼純, 벼슬을 버리고 은거한 申林, 심지어 노비로서 조광조가 죽은 뒤에 心喪하였다는 金貴千 등의 무명인물에 이르기까지 화를 입은 인물들이다. 그리고 시문에 능했던 李希輔, 宋寅과 李仲虎 등이 입전되었다. 인종조의 명신은 柳灌 등 9인이다. 첫머리에 相臣을 지낸 유관, 成世昌 2인이 실려있다. 그 밖에 尹任, 柳仁淑, 鄭熿, 鄭希登 등 4인으로, 이들은 乙巳士禍때 小尹에 의해 사사, 유배를 당한 내용으로 기사화되었다. 명종조 명신은 모두 60인이다. 첫머리에 상신 역임자 8인이 실렸다. 을사사화의 주동자인 李芑를 비롯해서 鄭順朋과 尹元衡, 名相으로 이름 높던 尙震, 安玹, 李浚慶 그리고 沈連源·沈通源 형제가 바로 그들이다. 이 밖에 金丹 비술을 연구한 鄭礥, 천문지리와 의약 등에 능한 鄭   , 선술에 능한 鄭碏, 역학·풍수·卜筮 등에 능한 南師古, 道術家 田禹治, 전우치와 더불어 도술이 높았다는 尹君平 등 정치적, 학문적 분야에서 두각을 나타낸 일반 명신들과 전혀 다른 인물들이 기재되어 있다.

5) 선조, 인조조이다. 선조조의 명신은 역대 왕조 가운데 가장 많은 인원인 161인이다. 역시 첫 부분에 상신을 역임한 閔箕 등 모두 25인이 입전되어 있다. 다음으로 주목되는 유형은 성리학자와 학행이 뛰어난 인물 21인이다. 조선 중기 성리학의 발달로 배출된 李滉, 李珥, 成渾, 奇大升, 金長生, 鄭逑 등의 성리학 대가와 노비의 신분으로 학문에 정통하였다는 朴仁壽 등이 그들이다. 그 다음으로 임진왜란에 맞서서 활약한 인물이다. 李舜臣, 高敬命, 宋象賢 등

의 유명인물부터 서얼로서 송상현과 함께 순절한 申汝櫓 등의 무명인물까지 국가를 위해 자신을 희생한 인물들이다. 그 밖에 검소한 생활을 했다는 李後白, 우직하다는 일화의 朴應南, 효행으로 旌閭된 盧禛, 시문에 능한 李春英과 李誠中, 명필로 이름난 韓濩와 楊士彦, 그리고 名醫 許浚 등이 입전되었다. 광해군 시절에 피해를 입은 15인도 포함되어 있다. 癸丑獄事에 파직당한 申欽, 광해군에 의해 죽임을 당한 臨海君과 永昌大君, 그리고 廢母論에 반대하여 유배당하는 金權 등이 명신으로 입전되었다.

6) 효종, 현종, 숙종, 경종, 영조조이다. 효종조의 명신은 趙翼을 처음으로 하여 모두 32인이다. 상신을 역임한 자로 조익, 金堉 등 5인이 실렸다. 다음으로 효종과 더불어 북벌을 계획한 노론 영수인 宋時烈이 올라있다. 그리고 宋浚吉, 숙종 15년의 己巳換局에서 유배, 사사당한 金壽興, 金壽增, 金壽恒 등이 송시열과 나란히 기재되었다. 송시열과 북벌을 계획한 李惟泰, 武臣인 李浣 등 북벌과 관련있는 인물도 들어있다. 흥미로운 사실은, 같은 西人이면서도 이와 성격을 달리하는 인물인 尹宣擧가 입전되었다. 윤선거에 대한 기사는 병자호란 당시 강화도에서 친구 權順長, 金益兼과 함께 자결하기로 약속하고는 혼자 도망쳐 나왔으며, 나중에는 自廢하였다는 것이 주된 내용을 이루고 있다. 현종조에는 洪重普를 비롯하여 모두 6인이 명신으로 선정되었다. 첫머리에는 상신 역임자가 나와있다. 나머지 인물로는 金佐明, 金佑明, 睦來善, 尹善道, 尹鑴이다. 목래선, 윤선도, 윤휴는 남인의 대표적 인물이다. 김좌명, 김우명, 홍중보는 서인이다. 현종조는 두 차례의 복상문제로 서인과 남인의 집권이 교체되는 상황이었기에, 편자가 공정하게 서인과 남인 인물 3인씩을 제시한 듯하다. 숙종조에는 閔鼎重을 비롯하여 모두 101인의 명신이 실렸다. 첫 머리에는 민정중, 金錫胄, 朴世采, 閔熙, 金昌集 등 19인의 상신 역임자가 입전되었다. 19인 가운데 閔熙, 閔黯, 許穆 3인의 남인계 인사를 제외한 나머지 16인이 모두 서인이다. 그 밖에 남인과의 政事에서 피해를 입거나 남인을 공격한 서인계 인물들을 들 수 있다. 기사환국때 파직당한 鄭澔, 옥사한 李翔, 사형당한 李師命 등이 대표적 인물이다. 숙종조는 당쟁이 가장 격심한 시기였다. 숙종조의 명신 101명 가운데 당색이 불분명한 11인을 제외한 90명을 보면, 서인 85명과 남인 5명으로 이루어져 있다. 남인으로 입전된 5인만 봐도, 許積, 閔熙, 閔黯, 許穆, 그리고 인현왕후 폐위를 반대하는 상소를 올려 유배당한 李觀徵이다. 앞 4인은 相臣 역임자이고, 이관징은 비록 남인이지만 서인과 입장을 같이 했다는 이유로 입전된 듯하다. 경종조에는 명신이 없다. 영조조의 명신은 閔鎭遠을 비롯하여 모두 69인이다. 첫 머리에 민진원 등 상신 역임자 7인이 실렸고, 신임옥사 피해자들이 실렸다. 이들 입전된 인물들을 보면 대개가 親王的 인물들이고, 노론의 정치적 노선에 동조한 인물들임을 알 수 있다.

典據는 별도 항목으로 남기지 않고, 다만『經筵故事』・『北關志』・『海東樂府』등을 비롯한『東閣雜記』・『荷潭破寂錄』・『於于野譚』・文集類 등을 각 기사의 끝에 표시해 자신의 주견을 배제하려고 노력하였다. 인용된 전거는 총 420여종에 이른다. 王朝實錄・『承政院日記』・『備邊司謄錄』같은 것은 열람할 수 없다는 한계가 있었으니, 재야의 학자가 당시 구해볼 수 있는『國朝寶鑑』・『闡義昭鑑』등 官撰 서적으로부터『石潭遺事』・『東平尉遺閑錄』・『荷潭破寂錄』등의 私撰 서적에 이르는 매우 다양한 것이었다. 이중 노론의 입장과 잘 부합되는 李珥의『석담유사』를 가장 많이 인용하고 있다. 특히 동서분당이 있던 선조대에 136회나 인용하였다. 30회 이상 인용된 서적과 조대, 전체 인용횟수를 각각 들면 다음과 같다.

> 『石潭遺事』단종(2) 중종(1) 명종(4) 선조(136) 143회
> 『東平尉遺閑錄』세종(2) 인종(1) 선조(23) 광해(13) 원종(2) 인조(20) 효종(10) 현종(13)
> 숙종(2) 86회
> 『荷潭破寂錄』태조(1) 태종(1) 세조(1) 성종(3) 중종(1) 명종(1) 선조(36) 광해(1) 인조(21)
> 효종(1) 67회
> 『東閣雜記』태조(1) 태종(2) 세종(6) 문종(1) 단종(4) 세조(4) 성종(3) 연산(11) 인종(4)
> 명종(13) 선조(18) 67회
> 『日月錄』태조(3) 태종(5) 세종(5) 중종(1) 인종(1) 명종(5) 선조(10) 광해(1) 원종(22) 53
> 회
> 『芝峰類說』건국이전(1) 태종(1) 세조(3) 성종(1) 중종(9) 명종(3) 선조(27) 광해(1)
> 인조(1) 47회
> 『癸甲日錄』선조(43) 43회
> 名臣錄』건국이전(1) 태조(1) 태종(1) 세종(2) 단종(1) 세조(2) 성종(1) 중종(4) 인종(1)
> 명종(5) 선조(17) 인조(1) 37회
> 『本集』태조(1) 선조(25) 광해(2) 인조(9) 37회
> 『宣祖行狀』선조(37) 37회
> 『野談』단종(2) 세조(1) 성종(1) 중종(4) 명종(6) 선조(22) 36회
> 『閑居漫錄』태조(1) 선조(1) 광해(2) 인조(9) 효종(6) 숙종(16) 35회
> 『己卯錄』성종(1) 연산(1) 중종(31) 명종(1) 34회
> 『於于野談』건국이전(2) 태종(1) 세조(2) 성종(4) 연산(1) 중종(2) 인종(2) 명종(3) 선조(8)
> 광해(4) 인조(3) 32회

출전이 따로 표시되지 않은 조목도 더러 눈에 뜨이는데, 범례같은 설명이 없어 그 경위를 단정지을 수 없다. 총설에 해당하는 앞 부분은 기존의 자료를 근거로 하면서도 편자 자신의 필치로 재구한 것으로 보인다. 또, 조선왕조의 기사에서 출전이 밝혀져 있지 않은 경우, 편자의 직접 서술이나 견해를 붙인 곳도 없지 않겠으나 역시 원용이 대부분이다.

申協의 서문에는, 主見을 피하고 萬代의 公論을 따른다는 생각에서 '述而不作으로 그 글은 곧 史다.' 라고 밝힌 바 있다. 하지만 전체 내용의 대부분은 이를 지키지 않았다. 이 책은 기존의 여러 서적과 마찬가지로 유가적・사대적 인식이 그대로 답습됨과 아울러 그 내용도 야사

와 당색이 짙게 깔려 서술되고 있다.

4. 가치

본『약파만록』은 탕평책의 시행, 세도정치와 소수 노론 벌열가문에 의해 정국이 운영되는 상황 아래에서 송시열, 권상하로 이어지는 정통 노론세력으로 자처한 이희령 가문에 의해 엮어졌다. 여기에 서·발문을 남긴 신협과 권비응의 가문도 모두 정통 노론계에 속하므로, 이들이 직접, 간접적으로 참여한『약파만록』은 採錄에 있어 노론의 입장에서 정리된 조선왕조사로 이해될 수 있다.

이희령은 자신이 열람한 여러 서적을 필요에 따라 정돈, 취사하여 엮었다. 그래서 제목도 '漫錄'이다. 실제 그 본문을 열람해보면 필요한 부분을 원 사료 그대로 채록한 것임을 확인할 수 있다. 序文에 밝힌 바와 같이 비록 '述而不作하고 萬代의 公論을 따른다'고 하여 저자의 견해를 덧붙이지는 않았으나, 원 사료집의 선택이나 名臣의 선별 등에 있어 主見이 많이 개입된 것으로 보인다. 종래의 유가적·사대적 사관이 그대로 답습되고 당쟁을 중심으로 한 정치사의 기록, 특히 東西 및 노소론의 당쟁에 서인·노론을 옹호한 사실들이 그렇다. 그러나 私撰史書로서 전통적인 역사서술 방식에 얽매이지 않고 자유로운 형태로 구성되어 있고, 忌諱·閑漫의 사실을 빠뜨리지 않고 모은 점에서 자료적 가치가 인정된다고 하겠다.

『약파만록』은 한 개인에 의한 저술이 아니라 대를 이은 작업이었음에도, 현재까지 필사본인 채 未刊으로 남아 크게 주목받지 못하였던 것으로 생각된다. 성균관대 대동문화연구원 영인본 부록으로 함께 실린 李遇駿(이희령의 증손자;1801~1867)의『夢遊野談』의 주요 취재원이었음은 학계의 연구를 통해 이미 밝혀진 바 있다.[13] 그리고『약파만록』의 완성 시기나, 수록내용으로 보아『燃藜室記述』과 金鑢(1766~1821)의『倉可樓外史』·『寒皋觀外史』, 沈魯崇(1762~1837)이 김려의 것을 대부분 전사한『大東稗林』등과의 관련성에 대한 검토도 함께 요청된다.

【금지아】

---

13) 金貞淑,『夢遊野談研究』, 고려대 석사논문, 1997.

陽坡年紀

鄭泰和(1602~1673) 著.

寫本. 1册(142面) : 37×23.5cm. 10行 24字. 表紙 無

陽坡年紀

大明萬曆三十年壬寅正月二十一日申時生于水原龍城道外家農

舍即 宣祖大王之三十六年也○癸卯羅疾羸㾮殆將平保者累

月●甲辰病乃瘳○乙巳冬痘疫○丙午在太平舘近處華健

朱之蕾之行中漢人見之以唐筆一枝給之○丁未始學書○

戊申二月值 宣祖大王昇遐 王父嚴親俱在關中兩間巷泃

三謫宗室某有秉喪造翫之計劬稚之心不知其僞言憂懼固

措○已酉陪 王父往拜 曾祖墓山陪 嚴親往讀書堂○庚戌

外王父爲妥邊府使赴任拜送于東郊○辛亥好嬉戲不讀

書一日叔父在 王父側命以拄童爲題使之作句即書之曰一家

1. 저자

鄭泰和(1602~1673)의 本貫은 東萊, 字는 囿春, 號는 陽坡이다. 성종 조에 영의정을 지낸 光弼의 후손으로, 조부는 昌衍이고 부친은 廣成이다. 정태화의 동래 鄭門은 光弼에서부터 載嵩(정태화의 아들)에 이르기까지 일곱 대에 걸쳐 여덟 명의 재상을 낳은 것으로 유명하다. 정태화 자신 또한 인조·효종·현종 3대에 걸쳐 6차례에 정승에 올랐으며, 그 전에는 6조의 참의·참판·판서를 두루 거쳤는데 이는 조선조 500년 동안 유례가 없는 일이다. 이러한 정태화 가문의 번성함에 대해 남용익은 이렇게 말한 바 있다.

> 근세에 사람들은 고 양파 정상공이 누린 복은 어떤 기록에도 보이지 않는 것이라고 입을 모아 말한다. 공의 家世를 보면 일곱 대에 걸쳐 여덟 명의 재상이 배출되었다. 공도 부모님이 다 살아 계실 때 25년간이나 번갈아 재상의 지위에 있었으며, 영의정에 제수된 것만도 여섯 차례나 된다. 네 대에 걸쳐 잇달아 耆老社에 들었고, 형제가 번갈아 3공의 자리를 지켰다. 부부가 늦게까지 해로하였고, 자손이 번성하면서도 귀해졌다. 예로부터 오늘까지 공처럼 두루두루 복록을 누린 사람을 들어보지 못했으니, 세상 사람들의 말이 틀리지 않다.[1]

정태화 및 그의 가문이 누린 복록과 영화가 남다른 때문에 세간의 화제가 되었고, 야담에도 여기에 관한 여러 이야기가 전한다. 정태화의 인품과 그 집안의 풍모를 이해하기 위해서는 야담의 기록을 보는 것이 효율적이다. 여러 야담에 실린 이야기를 종합해 보면, 정태화의 가풍과 인품의 공통점으로 너그러움과 유연함을 추릴 수 있다. 정태화의 이름에 들어있는 봄날의 따스함을 뜻하는 글자[和·春·陽]들은 그의 인품과 가풍을 상징적으로 보여준다. 정태화에 대해 가장 많은, 그러면서도 사실에 가까운 정보를 알려주는 문헌은 朴亮漢(1677~1746)이 지은 『梅翁閒錄』이다. 박량한은 외숙인 尹趾完(1635~1718)에게서 직접 들은 말을 전하고 있다. 이들 집안이 모두 서인 소론계에 속해있어 서로에 대한 호의적인 입장이 전제되어 있지만, 기술 내용 자체는 사실성이 높다. 아래는 정태화 집안의 좌우명에 대한 소개이다.

> 세상에 오래도록 영화를 누리는 법은 없다. 옛말에 이르기를, '귀해지면 교만과 약속하지 않아도 교만이 절로 이르고, 부유해지면 사치와 기약하지 않아도 사치가 스스로 온다.(貴不與驕期而驕自至, 富不與侈期而侈自至)'고 하였으니 … 교만하고 사치하면 반드시 망하는 것은 자연의 이치이다. … 일찍이 외할아버지께서 양파공을 만났는데 자리 옆에 다음과 같이 쓰인 글귀를 보았다. '말은 다 발설하지 말고, 일은 다 짓지 말며, 복은 다 누리지 마라. 다하지 않은 말을 남겨두어 몸의 기운을 기르고, 다 하지 않은 일을 남겨두어 뒷사람을 기다릴 것이며,

---

1) 남용익, 『壺谷集』 권 17, 「領議政陽坡鄭公墓誌銘幷序」

다하지 않은 복을 남겨두어 자손에게 물려주어라.(言不可道盡, 事不可做盡. 福不可享盡. 留有餘不盡之言, 以養身氣, 留有餘不盡之事以待後人, 留有餘不盡之福以遺子孫)' 어디에 나오는 말인지 물었는데, 그건 모르지만 선대로부터 내려온 좌우명이었고 한다.[2]

어지간해서는 圭角을 보이지 않고 자신을 내세우지 않는 정태화에 대해서, 산림에서는 固位(자리지킴이)로 지목했고, 명문가의 선비들은 伴食(무능한 대관)으로 의심했다고 한다.[3] 그럼에도 불구하고 국정이 매우 어지러웠던 시기에 오랜 세월 관로의 요직을 벗어나지 않은 데에는 특출한 업무 능력도 있었을 것이라 추론할 수 있다. 정태화는 당시 사방의 물정과 여항의 동정을 환히 알고 있어 神智의 기림을 받았다고 한다. 정태화는 여항에 지모가 있으면서 믿을 만한 심복을 여럿 두어 늘 여론과 물정을 들었는데, 새벽에 해가 뜨기 전에 하나하나씩 불러들여 이야기를 들었기 때문에 안팎의 사정을 환히 알면서도 집 마당이 어지럽지 않았다고 한다.[4] 이러한 일화는 그가 지닌 관리로서의 특출난 재능과 끊임없는 노력을 잘 보여준다.

송시열 관련 이야기는 가장 널리 알려진 일화이다. 송시열이 우의정이 되었을 때의 일이다. 당시는 효종이 복수설치를 도모하고 있었다.[5] 송시열은 당시 영의정이었던 정태화의 집을 찾아 북벌의 계책을 자세히 설명하면서, 군사를 조련하고 무기를 정비하고 식량을 대는 일등을 반복해서 말하며 해낼 수 있을 듯이 하였다. 이에 정태화는 더불어 수작하면서 선선히 동조하였다. 송시열이 돌아간 뒤 곁에 있던 사람이, 북벌이 공허한 논의라는 건 세상이 다 아는데, 마치 가능한 일인 양 수긍한 것에 대해 물었다. 이에 정태화는 이렇게 대답했다고 한다.

"지금 성상께서는 儒相을 예로 초빙하시어, 간신히 이르게 하셨네. 유상이 나온 것은 오직 복수의 의리를 잡기 위해서인데, 어려운 일이라고 그 자리에서 막아 버리면, 유상은 반드시 俗流가 정권을 잡아 대사를 그르친다 생각하고 산으로 돌아가 버릴 것이네. 그러면 그를 불러낸 성상의 마음에 상처가 되고, 이는 사람들의 입방아거리가 될 뿐일세. 이것이 내가 어려운 일인 줄 알면서도 착실하게 응대한 이유라네."[6]

이 일화는, 누군가는 상처를 입을 수밖에 없는 예민한 사안에서, 여러 입장을 배려하면서 전체의 흐름을 이끌어가는 정승의 면모를 약여하게 보여준다. 이런 모습은 때로 무능이나 줏대 없음으로 비추어질 수도 있었을 것이다.

정태화가 젊어 통진군수를 지낼 때 할아버지인 昌衍이, '친구가 어려움을 호소할 때 수응

---

2) 朴亮漢, 『梅翁閒錄』(정명기 편, 한국야담자료집성, 제 7책, 410쪽).
3) 위의 책, 413쪽.
4) 위의 책, 415쪽.
5) 송시열이 우의정이 된 것은 효종 사후의 일이다. 굳이 사실관계를 맞추자면 1658년 송시열이 우의정이 되었을 때의 일이라야 이야기의 앞뒤가 맞는다.
6) 위의 책, 415쪽.

하는 것은 참으로 어려운 일이지만, 한편으로는 사람을 구제하는 계책이고, 또 한편으로는 위액을 건너가는 방법이니, 있으면 주고 없으면 못 줄 뿐이다. 이를 잘 유념하여 싫증나고 괴로운 낯빛을 보이지 마라(親舊求乞, 酬應誠難, 而一則濟人之術, 一則度厄之方. 有則給之, 無則不給而已. 以此爲念, 勿示厭苦之色也)'라고 써서 경계했다고 하는데,7) 이는 그의 가풍을 이해하는 데 도움이 된다. 한편 혼인하던 날 신부가 아이를 출산했는데, 정태화가 기지를 발휘하여 신부도 보호하고 아이의 목숨도 길렀다는 이야기도 전해진다.8) 정태화의 기지와 너그러움을 강조하기 위해 만들어진 이야기로 사실로 믿을 수는 없지만, 조선시대 정태화의 이미지가 어떠했는가를 미루어 알 수 있다. 정태화의 정치적 위상에도 불구하고 아직 그에 대해서는 본격적인 연구가 없다.9) 『陽坡年紀』를 소개하기 위해서는 작자에 대한 이해가 먼저 필요하다고 판단하여, 야담의 자료를 활용하였다.

2. 구성

『陽坡年紀』는 鄭泰和의 자찬 연보이다. 기록은 1602년 1월 21일 수원 외가에서 태어날 때부터 시작하여, 1658년 9월 28일 堂弟 至和의 죽음에 관한 기사로 끝난다. 장절의 구분을 알려주는 표지가 전혀 없는 단권이다. 작자를 알려주는 표지가 없는데, 1인칭 서술 방식으로 보아 정태화 자찬임을 알 수 있다. 언제 왜 이 책을 지었는지 그 동기와 경위를 알려주는 글도 없다. 반듯한 글씨체의 필사본인데, 정태화의 자필 여부는 분명하지 않다. 이러한 의문들은 정태화에 대한 연구가 진척된 뒤에 풀릴 것이라고 본다.

전체 분량은 142면이고, 한 면은 10행 24자이다. 시간의 흐름에 따라 날짜별로 중요한 사건을 기록하였다. 보고서 양식의 간결하고 건조한 문체로, 주관적 감흥이나 문학적 수사는 거의 찾아보기 힘들다. 대신 자신이 관직에 있을 때 겪은 일들을 과장 없이 상세하게 기술하여, 당대의 사회·정치상을 파악하는 데 유효하다. 특히 병자호란 전후의 내외 사정을 소상하게 알려주고 있어, 이 시기 역사를 재구하는 데 도움이 될 것으로 보인다.

내용상 전체를 크게 네 부분으로 나눌 수 있다. 첫째는 태어날 때부터 병자호란 전(35세)까지의 기록으로, 1면~52면에 해당된다. 가문에서 겪은 일과 출사 초년의 견문을 소개하였다. 둘째는 병자호란 체험기이다. 전쟁 직전의 외교적 갈등과 자신의 전란 체험을 기술하였

7) 『記聞叢話』 4권 (정명기 편, 한국야담자료집성 제 6책, 450쪽).
8) 『鷄鴨漫錄』 乾卷 (정명기 편, 한국야담자료집성 제 8책, 39쪽).
9) 정태화에 대한 전론은 없지만, 배우성, 17세기 政策論議構造와 金堉의 社會經濟政策觀, 『민족문화』 24 (민족문화추진회, 2001)에서 대동법에 대한 정태화의 의견이 일부 소개되어 있다. 또 임철호, 「아기장수 설화의 전승과 홍길동전」, 『구비문학연구』 4 (한국구비문학회, 1997.6)에도 『해동이적』에 실린 정태화 관련 설화를 언급하고 있어 참고가 된다.

다.(35, 36세) 53면~81면에 해당된다. 셋째는 병자호란 이후의 정치 체험기이다. 특히 1640
년~1642년 사이의 평안도관찰사 시절의 체험을 집중적으로 기술하였는데, 당시 복잡하고도
어려웠던 외교 사정을 잘 보여준다. 81면에서 116면까지이다. 넷째는 1644년 명청 교체 시
점부터 마지막까지이다. 소현세자의 죽음과 관련된 기사와 1649년 연행 기록이 주목을 끈다.
정태화는 병자호란을 전후하여 청나라 사신 접대의 일을 도맡아 했고, 때로는 청나라에 불려
가서 심문도 받고 북경으로 외교 사행을 떠나기도 하였다. 『陽坡年紀』는 자연스럽게 이러한
체험을 반영하여, 분량의 2/3 가량에서 명청교체기 한중 관계가 비중 있게 서술되고 있다.

3. 내용

『陽坡年紀』는 연보이니만큼 1차적으로 정태화의 삶의 궤적을 잘 보여준다. 하지만 자신의
심리나 정서에 대해서는 거의 언급하지 않았고, 기술의 초점을 관직생활에 맞추었기 때문에,
그 삶의 궤적이란 것이 주로 관직의 이동과 그에 따른 업무 내용의 변화가 주 내용이 된다.
거기에 그 시기가 인조반정(1623), 이괄의 난(1624), 정묘호란(1627), 병자호란(1636), 명청
교체(1644) 등 혼란의 연속이었고, 정태화가 내외의 주요 관직을 두루 역임했기 때문에, 자연
당시 정치 상황에 대한 정보가 많다. 『陽坡年紀』는 17세기 전반 정치사에 대한 개인의 보고
서(또는 체험담) 성격이 짙다. 이러한 점을 고려, 내용을 몇몇 항목으로 나누어 살펴보겠다.

1) 유년시절의 한 장면

많지는 않지만 유년시절의 추억에 대한 기술도 있다. 1611년(10세) 정태화는 놀기만 좋아
하고 글을 읽지 않았다. 하루는 숙부(廣敬-참판을 지냈음)가 할아버지(昌衍) 곁에 있다가 '狂
童'을 제목으로 시를 짓게 하였다. 그 자리에서 지은 것이 아래 작품이다. 이 작품은 『陽坡遺
稿』 권 1에도 실려 있는데, 후대에 이 『陽坡年紀』의 내용을 취한 것으로 보인다. 이 시를 본
할아버지는 정승감이 될 만하다며 웃었다고 한다. (1,2면) 어려서부터 낙천적이고 자신감 넘
쳤던 정태화의 면모를 읽을 수 있다.

一家有狂童	한 집안에 광동이 살고 있는데
年將十一歲	나이는 열한 살이 다 되어가네
然獨八字好	그러나 그의 팔자 유독 좋아서
人皆曰爲相	정승감이라 모두 말들 한다네

2) 인조반정 전후의 정황

1623년 3월 13일 인조반정이 일어났을 때, 정태화의 가문에서는 누구도 거사에 참여하지 않았다. 이날 밤 정창연·광성·태화 3대는 경복궁에서 불길이 치솟는 장면을 보고 놀랐으며, 소식을 알아보러 가는 도중에야 반정 소식을 접하였다. 반정초에 조부는 좌의정, 부친은 관동관찰사, 숙부는 海西宣諭御史에 잇달아 임명되었으니,(4,5면) 반정 세력으로부터도 중망이 높았음을 알 수 있다. 1624년 이괄의 난이 일어났을 때, 공주 행재소에서 도성에 파견된 좌의정 尹昉이 적도에게 부역한 土民들의 명단을 불태운 뒤에 민심이 크게 안정되었다는 이야기도 흥미롭다.(7면) 1628년 한 걸승이 역도(柳孝立)의 친속이라 하여, 관에 압송했더니 부사와 평소 친한 승려였다는 일화(9면)도, 고변이 잦았던 시절의 불안했던 민심을 잘 보여준다.

3) 이상 천문현상에 대한 보고와 조치

1629년 2월 조정에는 강원감사와 함경감사로부터 비슷한 내용의 馳啓가 접수되었다. 2월 17일 꼬리가 길고 크기는 기둥(또는 동이)만한 붉은 색 유성(天矢)이 나타났다는 보고였다. 이에 도승지 김상헌을 비롯한 많은 고위 관료들이 聯名으로 글을 올려 두려워하는 마음을 더하여 적극적으로 天譴에 답할 것을 계청하였다. 이에 인조는 역모 사건에 연루된 종친의 친속들을 관대하게 처분하고, 국가 원로인 이원익을 우대하라는 지시를 내린다.(12~16면) 이는 특별한 천문 현상의 출현 외에도, 아직까지도 천상과 지상의 질서를 일원적으로 이해하는 경향, 그리고 그러한 조치를 통해 뒤숭숭한 정국의 안정을 꾀하려는 정권의 노력 등을 알 수 있어, 여러 각도에서 흥미롭다.

4) 조정에서의 일화

1629년 4월 경연에서의 일이다. 『書傳』에 나오는 '惟辟玉食'의 玉食에 대해서 장유는 '쌀밥'이라는 통설을 부정하고 '훌륭한 음식'으로 풀어야 한다고 주장했다. 이에 김상용은 통용되기 어려운 설이라고 반박했다. 인조가 영의정 吳允謙에게 묻자 그는 장유의 설에 무게를 실어주었다. 이어서 화제가 담배의 폐단에 미쳤다. 인조는 담배가 妖草이니 식자들이 숭상하지 않기를 바란다고 했다. 이에 김상용은 많은 사람들이 담배를 좋아하는 국속을 말하며, 아무리 痛禁한다 해도 公卿들이 모두 좋아하고, 특히 장유는 대사헌이면서도 매우 좋아하니 금할 수 있겠느냐고 반문하였다. 이에 인조가 웃었다고 한다. 김상용과 장유 사이 두 번의 작은 대립은 사실 범용한 일이다. 하지만 두 사람이 장인/사위의 관계라면 이야기가 달라진다. 『陽坡年紀』는 이런 식으로 조정 내의 생동감 넘치는 표정을 보여주기도 한다.(19면)

5) 칙사 접대의 의례

1634년 3월 명나라에서 世子冊封 칙사가 온다는 소식이 있었다. 정태화는 원접사 金藎國의 종사관이 되었다. 원접사 일행은 5월 29일 청천강 나루 지난 五里程에서 칙사 일행을 맞이하였다. 평안감사와 평안도 병사가 각각 差使員과 수령과 찰방 등 19명을 인솔하여 영접하고 전도하였다. 원접사와 두 종사관 및 迎慰使, 問禮官은 관문 밖에서 공손하게 맞이하였다. 원접사 이하 경관 및 감사 병사는 東庭에 나아가고, 수령은 서정에 나아간 뒤에, 전후 4배례를 행한 뒤에 나갔다. 申時에 천사는 堂에 앉아 見官禮를 행하였다. 17일 칙사 일행 벽제에 도착하였는데, 禮銀蔘을 開讀하고는 기대에 찾지 않는 까닭에 서울에 들어오려고 하지 않았다. 20일 홍제원에 도착하다. 원접사 이하 먼저 모화관에 도착하여 肅拜하였다. 칙사가 관에 머무는 15일 동안 대가가 관에 행차한 것이 세 차례요, 칙사가 대궐로 예방한 것이 한 차례였다. 이상은 『陽坡年紀』에 나와 있는 칙사 영접의 의례와 과정을 축약하여 소개한 것인데, 조선의 대명(청) 외교 의전의 실상을 잘 보여준다.(35~38면) 다른 한편 이러한 예들은, 명청 양국의 사신을 같은 비중으로 맞이해야 하는 조정의 외교적 고민을 보여주기도 하는데, 이는 나아가 성패를 떠나 외교의 역사적 자료로 활용하기에 부족함이 없다.

6) 병자호란 직전의 정황

1636년 5월 春信使로 심양에 갔던 羅德憲 일행은 청태종의 황제 즉위식에서 예를 표하지 않았다는 이유로 곤욕을 치루고 귀국하였다. 이때 조정에서는 그들의 처벌 문제로 논란이 있었다.(53면) 9월에는 명나라 사신 黃監軍이 서울에 왔고, 그 즈음에 胡譯이 국서를 가지고 왕래하는 것을 금해야 한다는 강경론이 대두되었다. 대청 관계에 있어 정태화는 처음부터 대청 관계는 현실에 입각 유연하게 이끌어가야 한다는 입장에 있었다. 병자호란 직전의 기술에서는 정태화의 정치적 입장은 물론, 당대 조론의 향배와 분위기를 읽을 수 있다.

7) 병자호란의 발발과 정태화의 행적

1636년 12월 13일 조정에서는 청군이 安州에 이르렀다는 소식을 접했다. 이때 도원수 김자점은 정방산성에서 馳啓하여 종사관 정태화를 속히 보내달라고 요청했다. 정태화는 차비를 하여 길을 떠나는데, 인조는 弓矢를 하사하고, 세자는 사람을 시켜 紫的多繪帶와 羊毛靴와 臘藥을 보내주었다. 정방산성으로 향하던 정태화는 15일 벽제에서 朴蘭英과 만났는데 이미 청군이 거기 이르렀다. 이후 정태화는 청군을 피해 麻田과 朔寧 등을 거쳐 17일 兎山에 이르렀다. 토산을 떠나 정방산성으로 가던 정태화는 도중에 남한산성에서 파견된 어영군의 군사를 만나 편지만 보내고 다시 돌아왔다. 이 과정을 기술하는 가운데, 예기치 못한 소식을 접한 조정의 당황하는 분위기, 사태를 비관하는 박난영과 고양 군수의 청군 접대, 피난 가는 고양 백성들의 참상, 너무 놀라 망건과 병조의 條帶도 챙기지 못하고 달아난 양주 목사, 郡縣은 모두 텅 비었고 官令은 시행되지 않는 서북 제 고을의 모습 등, 병자호란 직후 동요하는 사회의 여러 모습이 여과 없이 구체적으로 묘사되고 있다.

도원수 김자점과 장수 李浣, 그리고 여러 고을의 수령들은 1637년 1월 5일 토산에 모여 대책을 숙의하였다. 정태화는 麻田 길로 해서 남한산성 근처 검단산에 진을 친 뒤에, 서울에 도달하면 보병은 남산에 마군은 경복궁에 거점을 잡고, 경강의 창고를 지키면서 여염집에 쌓인 곡물을 모으면 군량미 걱정이 없을 것이라고 의견을 내었다. 그렇게 되면 남한산성을 포위하고 있는 적도 배후가 걱정될 것이라고 하였다. 원수가 대답하지 못하고 머뭇대는 사이, 李浣이 적극적으로 찬동하고 나섰다. 하지만 나머지 사람들은 이 계책을 따르다가 도중에 적병을 만나게 될 것을 우려하였고, 그러자 이완이 선봉에 설 것을 자청하였다. 이견이 분분한 사이 서쪽 洞口 載寧에서 적병과 접전이 벌어졌다는 급보가 이르렀고, 말이 끝나기도 전에 적의 선봉 4,50기가 원수가 있는 곳 三白堂 대문 앞에 나타나다.

이 상황에서 원수는 창황하여 말을 타고 동쪽 작은 문으로 나가 북쪽 산기슭 위로 올라갔다. 정태화 또한 말을 타고 나가려고 했으나, 문은 좁고 사람은 많아 나가기가 어려웠다. 무릅쓰고 나갔지만 적기가 이미 앞에서 활을 쏘며 원수를 추격하고 있었다. 이때 뒤 따르는 적기와의 거리는 한 疋丈도 되지 않았다고 한다. 할 수 없이 정태화는 즉시 돌아와 문을 닫았다. 그때 담장 안에는 火器手가 겨우 17,8명 있었고, 기타 군관 이하 궁수 및 뒤따르는 하인이라야 모두 백 수십 명에 지나지 않았다. 하지만 지세가 밖은 낮고 안은 높아 싸우기에는 유리했다. 守城의 절차대로 줄지어 서서 사격을 하니 軍情이 비로소 안정되었다. 관내의 화기수들은 3인 1조가 되어 화약을 재고 장전하고 방포하는 절차를 신속하게 하며 돌입하는 적들을 물리쳤다. 전투는 하루 종일 계속 되었다. 밤이 되자 영내의 사람들을 모아 도원수가 있는 곳으로 올라갔다. 당시 원수의 좌우에는 화살에 맞아 죽은 자, 피를 흘리며 고통을 못 이겨 신음하는 소리 등이 가득하였다. 하지만 여러 비장들의 독전 속에 담장 안에 들어온 사람은 하나도 죽거나 다친 자가 없었다고 한다. 이것이 병자호란 당시 국지적인 전투에서나마 승리를 거두었던 토산 싸움의 전모이다.

이때의 체험을 기술하면서 정태화는 당시 함께 있던 군관들의 이름과 활약상, 전투를 벌이는 세부적인 모습, 외방에서 구원해준 사람들, 구원해줄 만한 형세에 있었으면서도 끝내 움직이지 않았던 사람들의 이름을 하나하나 빼놓지 않고 열거하였다. 김자점은 강화가 성립된 뒤 제때 남한산성을 구원하지 못했다는 이유로 유배를 당한다. 거기에는 물론 이때의 비겁한 행적도 죄목으로 작용했다. 야담의 기록에 따르면 정태화는 이 토산에서의 일을 발설하지 말 것을 지시했지만 결국 알려졌고, 그는 뒷날 이것을 의아하게 생각했다고 한다.[10] 『陽坡年紀』

의 기술 어디에도 그들에 대한 포폄은 보이지 않는다. 하지만 내용 자체에 행위의 當否가 절로 드러나니, 이를 통해 병자호란의 실상은 물론 정태화의 성격과 기질 또한 파악이 가능하다.

　이후 더 이상의 접전은 벌어지지 않았다. 전력상 오래 대치할 만한 형세가 못 되었던 때문이다. 雪峰에 진을 치긴 했지만 물과 식량과 말의 먹이 등을 댈 길이 없어 밤을 틈타 산을 내려와 철원 쪽으로 옮겨갔다. 김화와 춘천 등을 거쳐 楊根 薇院에 도착한 것이 14일 밤이었다. 부원수 심기원, 함경감사 민성휘, 남병사 서우신 등과 합진, 춘천 부근에서 묵었을 때였다. 주인의 아내가 해를 끼칠까 악언을 해대자, 원수가 노하여 그의 목을 베었다고 했는데, 이런 데서도 말 없는 가운데 도원수의 무능과 인격이 여실하게 드러난다. 이후 정태화는 일행에서 벗어나 어영군을 모집하고 가족의 소식을 알아보며, 강원도·충청도·경상도·전라도 땅을 전전하다가 2월 11일에나 강화 소식을 들었다. 이 과정에 대한 기술에서는 각 고을의 흩어진 민심이 고스란히 드러난다.

8) 병자호란 직후의 외교 책무

　병자호란 이후 정태화는 대청 외교의 일선에서 활약하게 된다. 1637년 4월에는 심양의 소현세자를 보필하는 輔德으로 차출되었다가 떠나기 전에 체직되었다. 1638년 8월, 청국과 출병 군사의 문제로 갈등이 생겼을 때, 사절을 맡은 최명길의 접반사가 되었다. 1639년 9월 원접사가 되어 淸使를 맞이하고 접대하고 전송하기까지의 일체 업무를 담당했다. 11월에는 칙사 馬夫大가 왔을 때 伴送使가 되어 돌아갈 때의 의전 일체를 맡았다. 1640년 소현세자 일시 귀국했을 때는 수행한 淸將 梧木道를 접대했고, 3월 세자가 돌아갈 때 餞慰使가 되었다. 이러한 이력은 외교 능력이 정태화의 정치적 성공을 받쳐주는 일각이었음을 알게 해준다.

　이러한 능력을 감안하여 인조는 정태화를 1640년 4월 27일 평안감사로 낙점하였다. 병자호란 이후 청나라가 對明 전쟁을 수행하는 이 무렵, 조선과 明·淸 사이에는 복잡하고 미묘한 외교적 문제가 수시로 발생했고, 평안감사는 이를 최일선에서 처리해야 하는 자리였다. 이때부터 약 2년간의 평안감사 시절 정태화는, 불시에 나타나서 조선을 압박하는 청나라 사신들을 맞이하는 일, 錦州로 떠나는 조선 출병군의 전송은 물론 군량미를 조달하여 보내는 일, 간혹 출몰하여 원조를 요청하는 명나라 선박들을 남몰래 지원하는 일, 문제가 있을 때 심양의 세자관과 소통하는 일, 불시에 청나라에서 공물을 요구했을 때 마련하고 포장해서 보내는 일 등을 수행했다. 정태화는 1642년 3월 평안감사에서 체직되고 5월에는 경상도 관찰사에 임명되었는데, 평안감사 재임시절 명나라 배에 식량을 공급한 일 때문에 1642년 10월에는 鳳城에

---

10) 박량한, 위의 책, 347쪽.

가서 문책을 받기도 하였다. 이 시기의 기록에는 급박하게 돌아갔던 외교 상황이 소상하게 기록되어 있어, 당시의 국제 정세와 조선의 사정을 생생하게 보여준다.

9) 소현세자와의 친분

1644년 청나라가 入關하여 북경을 차지하자, 이듬해 3월 소현세자를 돌려보냈다. 하지만 귀국 한 달여 만에 소현세자는 의문의 죽음을 당한다. 당시 정태화는 호조판서였다. 인조는 후사를 세우는 문제로 대신들을 모으고 의견을 물었는데, 그때의 냉엄한 분위기가 잘 나타난다. 또 당시 원손의 사부였던 李植이 곤란을 당하는 장면 등도 흥미롭다. 이 책에서 정태화는 1641년 의주에서 아들의 죽음 소식을 접했을 때 외에는 감정 상태를 거의 보이지 않는데, 소현세자의 죽음에 대해서도 별반 표정을 보이지 않는다. 하지만 소현세자와 정태화는 만남도 잦았으며 각별히 친한 사이였다. 『陽坡遺稿』(권1)에는 당시 지은 挽詩 두 수가 전하는데, 정태화의 속마음이 잘 나타나 『陽坡年紀』의 기록과 서로 보완이 된다. 참고로 소개한다.

玉質金聲著夙成	훌륭한 자질 풍모 일찍이 보이시니
四方延頸戴英明	사방에서 목을 늘여 영명함 받들었네
十年異域由南漢	10년의 이역 생활 남한산성 말미암고
萬里歸程自北京	돌아오는 만 리 길 북경에서 비롯했네
初意上天應悔禍	하늘 응당 후회하리 생각을 하였지만
詎知前曜忽沈精	빛이 문득 꺼질 줄 어이해 알았으리
纔迎鶴駕西郊路	서교의 길 위에서 학가를 맞자마자
雨泣還隨素仗行	눈물을 쏟으면서 장례 행렬 따르누나
出入春坊七八年	춘방을 드나든 지 7,8년 세월이니
至今魂夢侍書筵	지금도 꿈결에는 서연을 모신다오
鳳城若不蒙伸救	봉성에서 신구하여 주시지 않았다면
蟻命何能獲保全	개미 목숨 어떻게 보전할 수 있었으리
三月猥當敦匠急	석 달을 외람되이 장례 지원 맡았으니
一心彌感受恩偏	일심으로 더욱 더 받은 은혜 감읍하네
舊篋中賜帶猶依	내려주신 허리띠 상자에 그대로니
每到開看涕自漣	열어서 볼 때마다 눈물 절로 흐르네

10) 청초의 북경 체험

정태화는 1649년 사은사의 신분으로 북경에 다녀왔다. 이해는 정축년 강화 후 12년, 청조 입관 후 5년이 지난 시점으로, 아직 국제 정세가 불안정할 때였다. 정태화는 4월 12일 압록 강을 건넌 뒤 노정 곳곳에서 정묘, 병자 전란 당시 끌려가서 살고 있는 조선인 포로들을 만 났다. 아직도 우리는 당시 얼마나 많은 백성들이 포로로 끌려갔는지, 그들이 어떤 대접을 받 았는지, 또 어떻게 정착했는지에 대해 거의 아는 바가 없다. 강제 유이민은 국력이 쇠약할 때 면 늘 나타나는 현상이다. 『양파연기』는 이렇듯 역사의 쓰린 부분에 대한 관심과 노력도 촉 구한다. 산해관 전 松山・塔山 구간에는 전란 당시의 유골들이 산을 이루고 있었다고 한다. 이 일대는 모두 명청 교체기의 격전지이다. 이런 부분에서는 명청 교체 직후 연행로 주변의 풍 광이나 분위기도 알 수 있다. 북경에서는 당시 順治帝를 섭정하고 있던 九王 多爾滾을 만났 다. 다이곤은 일본의 군사적 동향에 관심을 보이며, 혹 침략을 받았을 때 조선군의 출병이 가 능한지를 물었다. 청초의 격정, 당시 조선과 청나라 사이의 외교 현안을 짐작할 수 있게 한 다. 이밖에 당시만 해도 사행 길은 遼陽에서 鞍山을 거쳐 廣寧으로 가는 명나라 때의 노정을 따랐고, 북경에서는 사신 일행들의 행동이 자유로웠다는 사실도 알 수 있다. 이들은 크게는 한중 관계, 작게는 燕行의 역사 및 문화를 논하는 데 매우 소중한 자료가 된다. **(이상 125~131면)**

4. 가치

병자호란을 전후하여 정태화는 이경석, 최명길 등과 함께 명분이나 이념을 내세우지 않고 현실의 어려운 일들을 맡아 묵묵히 수행하였다. 이러한 그의 정치 활동은 임진왜란 시의 이 원익・이항복・이덕형 등에 비길 만하다. 본 『陽坡年紀』는 우선 난세의 정승으로 이름을 날렸던 거물 정객 정태화에 대한 연구 자료로서 가치를 지닌다. 한편 東萊 鄭門은 經山 鄭元容 (1783~1873) 이후 몇 대에 걸쳐 200년간의 일기를 남겼는데, 『陽坡年紀』도 삶을 반성하고 정리하는 계기로 자기 행적을 기록하는 가문의 전통과 관련이 있는 것인지 따져볼 필요가 있 다. 개인이나 가문의 차원을 떠나, 앞에서 살펴본 것처럼 『陽坡年紀』는 한 개인의 자찬 연보 이면서 그 자장이 개인의 일생에 그치지 않는다. 정태화는 내외의 요직을 두루 거친 전형적 인 관료문인답게, 정치적인 사건 중심으로 자신의 일생을 재구하였기 때문에, 자연 내용의 범 주가 당대의 정치사를 포괄하고 있다. 따라서 이 『陽坡年紀』는 16세기 전반 정치사를 재구하 는 데 소중한 내용을 많이 담고 있는 자료이다. 다만 이 책을 사료로 활용하기 위해서는, 동 시대를 다룬 관찬 사료・개인 서술 사서・관련 인사들의 문집 등과의 면밀한 대비를 거쳐야 하 며, 작자의 주관적 시선을 객관화시키는 작업이 먼저 필요하다고 하겠다.

【이승수】

燕槎錄

鄭元容(1783~1873) 著.
寫本. 不分卷 2冊 : 26.5×19cm. 10行 20字.
表題 : 燕行錄.

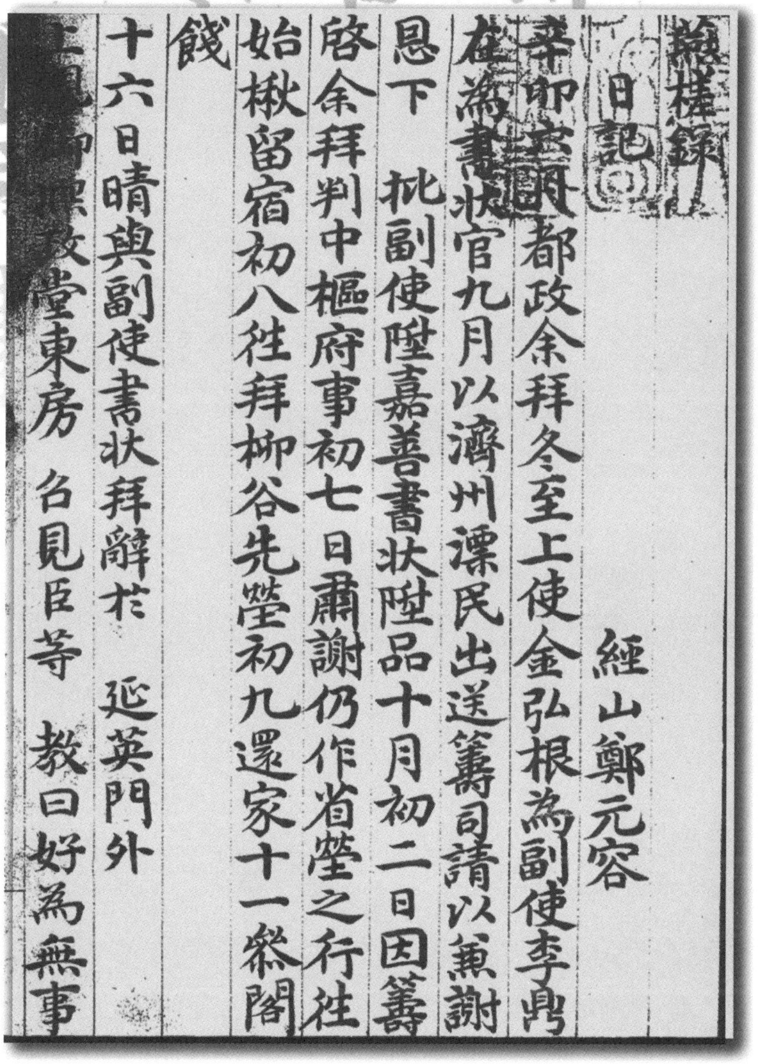
燕槎錄
日記
經山鄭元容
辛卯[illegible]都政余拜冬至上使金弘根爲副使李[illegible]
在爲書狀官九月以濟州漂民出送籌司請以兼謝
恩下 批副使陞嘉善書狀陞品十月初二日因籌
啓余拜判中樞府事初七日肅謝仍作省塋之行往
始楸留宿初八往拜柳谷先塋初九還家十一參閤
餞
十六日晴與副使書狀拜辭於 延英門外
上御熙政堂東房 召見臣等 敎曰好爲無事

1. 저자

鄭元容(1783~1873)의 本貫은 東萊, 字는 善之, 號는 經山이다. 돈녕부 도정 鄭東晩(1753~1822)의 아들이며, 5조 판서와 우찬성을 지낸 鄭基世(1814~1884)의 아버지이다. 이 책을 연희대학교에 기증한 위당 정인보 선생의 증조부이기도 하다. 『고서해제』Ⅰ, 「경산집」에 소개되었다.

2. 구성

이 책은 정원용이 신묘년(1831) 10월 16일에 冬至正使로 출발하여 이듬해 3월 27일 한양에 돌아와 入闕 肅拜하기까지 5개월 12일 동안 기록한 연행록이다. 표지에는 '燕行錄 共二'라고 되었지만, 卷首題는 '燕槎錄'이다. 2책인데, 1책은 日記, 2책은 漢詩이다. 1면 10행 20자인데, 『經山日錄』과 체제나 글씨까지 같다. 아마도 같은 시기에 정리한 듯하다.

1책 '日記'는 신묘년 6월 都政에서 冬至上使로 임명된 과정부터 기록했지만, 본문은 10월 16일부터 행을 달리하여 기록하였다. 날짜가 바뀔 때마다 행을 달리하여 기록하였다. 정원용이 평생 기록한 일기 『經山日錄』의 해당 기간과 같은 내용이지만, 훨씬 자세하고 분량도 많다. 『燕槎錄』의 일기 분량은 63장인데, 『經山日錄』의 해당 기간은 23장이다. 3분의 1 정도 실은 셈이다. 임진년(1832) 1월 4일의 일기를 예로 들어보면 『經山日錄』에는 다음과 같이 6행 뿐이다.

> 4일 맑음. 황제가 圓明園에 나아갔다. 서쪽 삼좌문에 나아갔다. 卯刻에 황제가 말을 타고 지나갔다. 시위가 간소하였다. 반차의 한 늙은 관원이 손바닥에 그리며 나에게 성명을 물어서 내가 대답하였다. 그리고 그의 성을 물었더니 '장상지'라고 하였다. 내가 말하였다.
> "생해와 어떤 친척이 됩니까?"
> 웃으며 아들이라고 대답했다. 관소로 돌아가자 달암 정덕린이 만나러 와서 『陸氏四書大全』 『三魚堂集』『李二曲四書反身錄』과 紅箋紙 열 장, 양털붓 대소 각 열여덟 자루를 주었다. 필담한 내용은 다 연행일기에 실었다.

그러나 『燕槎錄』에는 5면 3행 분량으로 열 배나 길다. 정원용 자신의 표현 그대로, 필담한 내용을 다 실었기 때문이다. 일기 뒤에는 「書狀官聞見事件」5조, 「首譯聞見事件」5조가 덧붙어 있다. 면을 달리하여 편지 26통이 실렸는데, 모두 청나라 관원들과 주고받은 편지이다. 11월 20일에 압록강을 건너가기 전날까지 집에 보낸 편지가 14통이고, 받은 편지가 11통이었지만,

하나도 싣지 않았다.

2책 '詩'는 한양에서 출발하여 燕京에 도착할 때까지 지은 시가 138제 176수, 燕京에 머물면서 지은 시가 68제 83수, 燕京에서 출발하여 한양에 도착할 때까지 지은 시가 40제 42수, 합계 246제 301수이다. 돌아올 때에도 같은 旅程이었으므로, 새롭게 시를 지을 만한 소재가 적었던 듯하다.

정원용은 시기별로 작품을 정리해 문집 초고를 만들어 두었으며, 그가 세상을 떠난 뒤에 손자 範祖가 주관해 1895년에 문집을 간행했는데, 그 가운데 일부만 뽑아 문집에 실었다. 한 가지 예를 든다면 1819년 12월 6일부터 1822년 6월 2일까지 영변부사로 재임했는데, 이때 지은 작품들이 『藥山錄』이라는 제목으로 4책 분량의 초고가 남아 있다. 제1책은 詩인데, 170수 가운데 18수가 『經山集』에 실렸으며, 제3책은 公文인데 『藥山錄』에는 30편 가운데 한 편도 실리지 않았다. 제4책은 雜著인데, 18편 가운데 2편이 『經山集』에 실렸다. 숫자상으로만 따진다면 10분의 1 정도가 문집에 선별되어 실린 셈이다. 동지사로 燕京에 다녀온 시기의 시는 『經山集』 권2에 실렸는데, 34제 50수가 실렸다. 숫자상으로만 따진다면 6~7분의 1 정도가 실린 셈이다.

3. 내용

1책 첫머리에는 신묘년(1831) 6월 都政에서 자신이 冬至上使에 임명되고, 金弘根이 부사에, 李鼎在가 서장관에 임명된 사실, 9월에 兼謝恩의 임무를 맡으면서 부사와 서장관이 승진한 사실, 10월 2일에 자신이 판중추부사로 승진한 사실, 7일과 8일에 省墓한 사실, 11일 송별연에 참석한 사실 등이 기록되었다.

10월 16일. 희정당 동방에서 순조가 불러보며 잘 다녀오라고 당부하였다. 순조와 세자가 선물을 주고, 모화관에서 表咨를 査對하였다. 수많은 사람들이 홍제원에서 송별하였다. 아들 基世와 傔人 卞孫伊, 奴子 大用 등이 개인적으로 따라갔다. 고양에서 잤다.

17일. 고양까지 따라왔던 사촌아우 始容과 允容, 아들 基秊, 사위 尹周鎭 등을 돌려보내고, 파주에서 잤다.

23일. 황주에서 머물며 査對를 행하였다.

26일. 평양 연광정에 머물며 査對를 행하였다.

28일. 평양까지 따라왔던 종제 노용과 생질 서장순이 돌아갔다.

30일. 안주에서 묵었는데, 예전에 재직했던 영변의 선비·장교·아전·노비들이 인사드리러 찾아왔다.

11월 1일. 望闕禮를 행하였다. 선전관 이주응이 '해남에 표류한 백성을 내보내 달라'는 자문을 가지고 왔다.

8일. 의주에서 유숙하는데, 謝恩使의 先來가 강을 건너왔다. '皇子가 올해 여름에 죽었고, 농사가 크게 흉년 들었다'고 한다.

11일. 百一院에 가서 무사들의 활쏘기, 말달리기를 시험하는 것과 기녀들의 말달리기를 구경하고, 상을 나눠 주었다.

17일. 의주에서 白日場을 시행하였다.

20일. 의주부윤이 압록강 가에 휘장을 치고 송별 잔치를 베풀었다. 사행 인원이 276명, 말이 186필이었다. 琉球國의 표류인 3명을 이끌고 출발하였다. 온정참에서 노숙하였다.

21일. 책문에서 회환사은사 홍석주 일행과 만나 함께 유숙하며 이야기를 나누었다.

29일. 심양에서 머물렀다. 효종이 머물던 집이 아직도 남아 있었다.

30일. 심양 동문 밖 길가에 있는 陳三德의 집에 서책이 많다고 하여 書樓에 들러보았다.

12월 1일. 신민둔에서 묵었는데, 몽고의 경계가 멀지 않은 곳이다.

6일. 송산과 행산의 두 堡를 지났는데, 명나라와 청나라가 전쟁하던 곳이다.

10일. 八里堡에서 점심을 먹었는데, 望夫臺와 望夫石, 貞女祠가 있었다. 산해관에 들어섰다.

11일. 무령현에서 묵는데, 知縣 喜孫이 찾아와 筆談을 나누었다. 선물을 교환한 내역을 기록하였다.

13일. 부사의 생일이어서 음식을 차렸다. 눈이 많이 쌓여, 길을 분간할 수 없었다.

18일. 대왕장에서 점심을 먹고 동악묘를 구경하며 기다리자, 通官들이 마중나왔다. 차안태와 나언포는 회령 개시에서 만난 사람들이었다. 조양문을 통해 옥하관에 도착한 뒤, 공복을 갈아입고 예부에 나아갔다. 시랑 滿桂齡이 접대하고, 부사·서장관·역관 등과 함께 覲大廳에 나아가 三拜九叩禮를 행하였다. 表咨文을 누런 탁자에 봉안하고, 單拜三叩禮를 행한 뒤 관소로 돌아왔다.

19일. 예부 제독이 매일 지급하는 여러 가지 물건을 나눠 주었다.

23일. 서화문 밖에 나아가, 황제가 작은 황색 玉轎를 타고 나오는 것을 맞이하였다. 예부의 만시랑이 무릎을 꿇고 고하자 옥교 안에서 자세히 살피고 '국왕은 평안한가' 물었다. 영대에 나아가 잔치상과 음악연주를 대접받고, 雜戲를 구경하였다.

26일. 홍려시에 가서 정월 아침의 하례 의식을 연습하였다.

27일. 한림 帥方蔚이 찾아와 필담을 나누었다. 중국 조정의 재상 가운데 문학으로 이름난 몇 사람을 논하고, 阮元의 문장에 대해 평하였다. 두 나라의 과거제도에 대해서도 이야기했다.

29일. 천안문을 통해 午門 밖에 이르렀다. 皇上의 御駕를 공손히 맞이하고, 御廚에서 내리는 음식을 받았다. 공부 주사 程德麟이 아들에게 읍하며 통성명하였다.

30일. 보화전에 가서 황제에게 알현하였다. 어탑에 꿇어앉자 황제가 시신에게 직접 술잔을 주고, 시신이 정원용에게 전해 주었다. 다 마시고 황제의 얼굴을 우러러보았다. 황제가 오랫동안 주시하다가 자리로 돌아가자, 잔치상을 받고 雜戲를 구경하였다. 暹羅國 사신 4명과 南掌國 사신 2명도 참석하였다. 상으로 歲饌과 감귤을 나눠 주었으며, 딱총과 폭죽 소리가 밤새 계속되었다.

임진년(1832) 1월 1일. 皇極殿의 陳賀班列에 부사가 들어가 참석하였다. 정원용 자신은 병이 나서 참석치 못하였다. 陳賀의 壯觀은 아들을 통해 듣고 기록하였다.

2일. 紫光閣에서 歲初宴에 참석하였다. 어탑에 올라가 무릎을 꿇고 앉자, 황제가 술잔을 내렸다. 雜戲를 구경하고, 예부상서가 나눠주는 상을 받았다.

3일. 擧人 朱善旂와 金若徵이 찾아와 이야기했다.

4일. 정덕린이 찾아와 책과 종이, 붓을 준 뒤에 필담하였다.

5일. 청나라의 여러 관원들과 만나 필담을 나누었다. 조선인의 詩筆을 보고 싶다고 하여, 준비해 간 金祖淳의 香山詩軸을 보여 주자 '글씨는 襄陽과 비슷하고 시는 山谷 같다'고 칭찬하였다. 아들이 탁병념을 만나러 간다고 하여 책을 주었다.

6일. 한림 수방울이 찾아와 필담을 나누었다. 오후에는 아들과 함께 장입용을 찾아갔다. 한양에서 떠날 때에 김조순이 '그의 서법은 진나라 체를 배웠다고 하니 한번 구해 보라'고 했기 때문이다.

7일. 임천의 수재 李宗湘가 찾아왔는데, 寧遠伯 李成梁의 손자였다. 임진왜란에 구해준 은혜로 조선에서는 아직도 제사를 지낸다고 알려 주었다. 그의 師兄 樊封과는 三田渡碑, 廣東 풍속, 唐宋八家, 王陽明의 良知와 陸象山의 主靜, 敬字 등에 관해 이야기를 나누었다.

10일. 황제가 원명원에서 돌아와, 서화문 밖에 나가 맞이하였다. 弘仁寺에 가서 예불하고 誦經하는 것을 보았다. 코끼리 우리에 들려 10쌍을 구경하였다.

11일. 首譯이 방물과 歲幣를 바치고 돌아왔다.

12일. 황제가 天壇에 나아가 祈穀祭를 지냈다. 호부낭중 阮福이 찾아와 阮氏 집안의 문장과 秋史의 근황에 대해 이야기했다. 주선기와 당대 문인들의 시문에 대하여 이야기하고, 그가 지은 『臨蘇小楷帖』에 발문을 써 주었다.

14일. 옹정황제의 별장이었던 圓明園에 가서 구경하였다.

15일. 원명원의 正大光明殿에 들어가 演戲를 구경하고, 황제가 내리는 술잔을 받았다. 황제가 칠언율시를 짓고는, 세 사신에게 화운하여 바치게 하고 상을 주었다. 오후에는 山高水長閣에 나아가 황제와 함께 雜戲를 구경하였다.

16일. 호랑이 우리를 구경하고, 五塔寺에서 몽고왕비가 합장하고 축원하는 모습을 보았다.

18일. 탁해범이 '스승 기효람을 통해서 정원용의 조상인 陽坡(정태화) 이야기를 들었다'며,

선물을 가지고 찾아왔다. 정원용도 佩刀를 풀러 주며, 故事를 행하였다.

19일. 예부의 통지에 따라 원명원에 나아가, 황제에게 귀국 인사를 하였다. 황제가 '돌아가 국왕에게 평안하다고 고하라'고 명하였다.

22일. 탁병념이 찾아왔기에, 아들과 함께 강패동우처로 나가 만났다. 다른 문인들도 만나 술과 필담을 나누었다.

23일. 아들과 함께 길상사에 가서 완복과 만나, 그의 아버지 阮元의 제자들에 대해 이야기를 나누고 선물을 받았다.

25일. 옹입본과 만나 조선의 山川 衣冠 文物과 청나라 문인들에 관해 의견을 나누고, 선물을 주고받았다.

26일. 서장관과 함께 국자감에 가서 先師廟, 허형이 심은 홰나무, 주나라 때의 石鼓, 進士題名碑, 文山廟 등을 둘러보며 청나라 선비들과 이야기를 나누었다.

27일. 탁해범이 아우, 아들, 친구와 함께 와서 음식을 먹으며 '甸'자를 拈韻하여 각기 고언 고시 6구를 짓고 시첩을 만들어 썼다. 雲南人 施獜의 아버지를 위해 율시 1수를 지어 주었다.

28일. 예부의 통지를 받고 오문 앞에 가서 상을 받고 돌아왔다.

29일. 주선기가 와서 高麗子母書를 얻고 싶어했지만, 諺文과 反切로 된 책이 없어 주지 못했다. 아들과 함께 청나라 선비들을 만나 시를 지었다.

2월 1일부터 며칠 동안 계속 청나라 선비들과 만나 시와 선물을 주고받았다.

9일. 옥하관에서 출발하여 歸路에 올랐다. 돌아오는 길은 지난번 왔던 길과 같았으며, 일상적인 기록이 대부분이다. 29일에 軍牢를 먼저 보내 집에 편지를 부쳤다.

3월 1일. 낭자산에서 묵는데, 의주부에서 보낸 아전이 음식을 가져 왔다. 2월초 집에서 보낸 편지도 가져 왔다. 4일부터는 날마다 집에서 보낸 편지를 받아보았다. 27일에 入闕하여 肅拜하였다. 공조판서에 낙점되었다.

* 書狀官聞見事件

1. 남장국과 섬라국의 사신이 황제에게 시를 바치라는 명을 받고도 한자를 몰라 지어 바치지 못한 사실.

2. 황제가 올 3월에 薊州 건륭황제의 능에 제사지내러 가지만, 백성들의 살림을 생각해서 길이나 다리를 고치지 못하게 했다는 사실.

3. 올해 3월에 文武科 會試가 치러지는데 예부에서 不正試驗을 철저히 감독하며, 부정 응시자나 부정도구 판매자도 엄벌에 처하기로 했다는 사실.

4. 강서성에 지난 겨울 水災가 생겼는데, 紳士 黃立誠 등이 12,000냥을 출연하여 구제하자 특별히 상을 내려 권장했다는 사실.

5. 황제가 政事를 어질게 베풀고 세금을 줄였다는 사실.

* 首譯聞見事件

1. 황제가 등극한 지 수십년 되도록 先皇帝의 여우갖옷을 그대로 입을 정도로 검소하고, 작년 鄕試에서 늙은 낙방자들의 試券을 다시 채점하여 특별히 入格시켜줄 정도로 노인들을 우대한다는 사실.

2. 揚威將軍이 滿·蒙·漢軍 15,000명을 回子國 근경 밖에 屯田하면서 鍊兵屠戮의 의지를 보이고 있지만, 실제로는 悅服시키려는 계획이라는 사실.

3. 皇城 米商 許九가 이번 흉년에 독점 이익을 얻으려고 각 아문 관원들의 祿標를 미리 사들이고 백성들의 곡식도 사들여 漕船에 싣고 돌려보내려 했지만, 쌀값이 갑절로 귀해지자 예부급사중 王雲錦이 奸商들의 죄를 다스리라고 아뢰어 12명이 멀리 유배되었다는 사실.

4. 燕京 西北 2만리에 있는 鄂羅斯에서 進貢을 하진 않지만, 大官 10명을 보내 漢文·淸語·醫術을 배우게 한다는 사실.

5. 근년에 황제가 과거에 급제하지 않아도 經術이나 孝廉으로 인재를 뽑아 벼슬을 주며, 名實이 맞지 않는 경우에는 추천한 자에게 죄를 묻는다는 사실.

* 청나라 관원들과 주고받은 편지

「與翁樹棠立本書」·「答翁樹棠書」(2통)·「答書」·「與帥翰林方蔚書」·「答書」·「與蔣春坊立鏞書」(4통)·「與顧南雅純書」·「答韓韻海書」·「與卓少卿秉恬書」(2통)·「與蔣丹林祥墀書」(2통)·「與韓書堂錦書」(2통)·「與梁靖中書」·「答馮少渠震東書」(2통)·「與阮郞中福書」·「與朱建卿善旂書」·「答樊昆吾封書」·「答陳登之書」·「與王尙書引之書」 (이상 26통)

2책에는 한시 246제 301수가 실렸는데, 여정을 따라 지은데다 제목이 상세해, 제목만 소개해도 내용을 짐작할 수가 있다. 이 가운데『經山集』에 실린 작품에는 *표를 표시하였다.

한양을 떠나 燕京에 도착할 때까지 지은 시

「以上使將發行陳疏함親墓拜辭不勝恨愴口占志懷」·「辭陛」·「高陽*」·「松京寄卯君生朝」·「次松京留守花史李台鼎臣贈別韻」·「次兒子韻」·「又次五律韻」·「松京道中次思潁南相國公轍韻」·「次松營詩妓淩波」·「代副使次贈」·「次桐漁戚叔李相公韻」·「次紫霞申參判緯韻」(2수)·「過長湍怡室李正言鐸遠宅贈十首贐章松京道中輒此和呈」(10수)·「次海上巡閣金參判蘭淳寄贈韻」·「蔥秀」·「蔥秀次兒子韻」·「副使伻問極有意詩以邀之」·「黃岡與弟姪兒輩屬韻聯句賦竹樓」·「黃岡和贈詩妓朶鸞」·「黃岡齊安郡守逢安岳守金興根起卿信川守李容奎季賢屬韻共聯」·「黃岡夜安岳守起卿說餞杯信川守季賢載寧守金有喜亦同會被醉曉還戲吟贈副使」·「到中和戲行臺」·「到箕城次竹里金相公履喬韻」·「練光亭夜和篠齋徐承旨淇修寄示韻」(3수)·「徐姪長淳送行至箕城臨別書便面贈之」·「書別從弟老容」·「和巡相金台學淳贈別韻」·「又疊求和」·「順安道中次海西伯寄示韻」·「過安陵寧邊士人來別贈贐章意甚厚也輒此奉和」(2수)·「又次韻勉諸生」·「又

謝諸生贐物韻」·「又次」·「又次柳掌令可均韻贈諸生」·「到魚波站永柔三廳備午饌候迎其意甚厚仍口占一律」·「自肅川聯鑣作行轎內書示副使」·「又次副使韻」·「安州戲題房妓古風次李屐翁韻」·「次安牧朴令大圭韻」·「宿安營運籌軒」·「登百祥樓」·「郭山」·「宣川倚劍亭」·「又次斗室沈相公象奎板上韻」·「良策聽流堂」·「庚子年外王考孝簡公以冬至副使赴燕時...謹次原韻刻揭於下」*·「次良策舘副使贈兒子生朝祝壽韻」·「百一院試射觀妓馳馬次耳溪洪太史板上韻」·「鎭邊軒試士」·「用前韻又次華棲巡閣寄示二律韻」(2수)·「統軍亭」·「次篠齋寄示韻」(2수)·「次尹侍郞尙圭寄示韻」·「次徐侍郞憙淳韻」·「謹和小華李尙書光文賁韻」·「謹和竹坡徐僚丈俊輔寄贐韻」·「和雲石趙尙書寅永寄賁韻」(2수)·「和蒼皐李正言鎭華寄示韻」(3수)·「次金待制英淳君實令兄贐韻」·「九連城」·「夜宿溫井野幕呈副价求和」*·「渡灣時巡閣又寄二律...又疊呈覽」(2수)·「謹次楓皐金太史祖淳寄贐韻」·「柵門道中」·「到柵門」(2수)·「到柵門淵泉僚丈...次內閣聯句韻奉贈求和」*·「又次永明詞丈賁韻又獻淵泉提學轎下」·「近體一首呈謝恩副行人兪侍郞應煥行軺」·「余與謝恩行臺李學士遠翊舊時隣友奉一律以識萍歡」·「次淵泉僚丈五律七絶韻」(3수)·「又次前韻求和仍還淵泉書狀時詩卷」(3수)·「借玉圈戲吟上淵泉僚丈」·「將發又以一詩識別懷」·「望鳳凰山」·「鳳凰城」·「乾子浦」·「黃家庄」·「通遠堡」·「塔洞」·「連山關」·「會寧嶺」·「甛水站」·「青石嶺」·「狼子山」·「望鷄鳴山」·「摩天嶺」·「石門嶺」·「王寶臺」·「遼東城」·「白塔」·「關帝廟」·「太子河」(2수)·「迎水寺」·「寡婦城」·「十里河堡」·「瀋陽」*·「朝鮮舘」(2수)·「贈陳敬宣」·「願堂寺」·「永安橋」·「遼野」(2수)·「柳河溝」·「月峰」·「新店副使醉臥謂欲眠...余笑而戲吟示副使」·「羊腸河」·「望醫巫閭山」·「遼野記見示副使」·「十三山」·「大陵河」·「夜抵朱家店示同行」·「次兒子咏塵韻」·「塔山望嗚呼島」·「道中見副使行臺乘車並駈戲吟示之」·「寧遠衛」·「過中後前屯中前三所」(2수)·「烟臺」·「松嶺道中」·「姜女廟」*(8수)·「長城」·「山海關」*(2수)·「又吟示副使」·「過深河」·「撫寧縣」·「望昌黎文筆峰」·「永平」·「贈知府阮常生已移陞他府不果傳」·「陽坡公...仍次其韻」*(2수)·「永平道中遇雪次東坡韻」(2수)·「老鷄坨雪月中向沙河驛次前韻」·「次鄭生漸韻」·「疊前韻」·「榛子店詠季文蘭事」·「高麗村」·「還鄕河」·「玉田縣」·「燕郊夜發」·「通州曉行」·「東嶽廟」　이상 138제 176수

燕京에 머물면서 지은 시

「皇城朝陽門」·「留玉河舘」·「西華門外祗迎」·「參瀛臺宴」·「保和殿參宴觀雜戲」·「紫光閣」·「金鰲玉蝀橋」*·「五龍亭」·「萬佛樓」·「圓明園燈戲」*(5수)·「洞庭留賞」·「十七橋望西山」*(5수)·「賡進皇帝立春日幸圓明園七律韻」·「大鍾寺」·「五塔寺」·「太學夫子廟」·「進士題名碑」·「石鼓歌次韓文公韻」·「辟雍」·「石經」·「許魯齋手植槐」·「文丞相祠」*·「岳武穆祠」*·「又感岳武穆事口占」·「白雲觀」·「天寧寺」·「擎天柱」·「象圈」·「虎圈」·「槖駝」·「蘆溝橋望太行山」*·「笙陔蔣翰林...同卓吟示」*(2수)(附和韻 2수)·「又次蔣笙陔見贈韻」(2수)(附原韻 2수)·「廣東秀才...贈詩識緣」·「海帆卓少卿秉恬盛有詩名適遇於朝班還後海帆寄詩聊此和送」(附原韻)·「又和海帆韻」(附原韻)·「海帆以舊作吳門留別韻請次韻書此以贈」(附原韻)·「海帆屬咏蟛蜞螯一首請次遂書贈」* (附原韻)·「又和卓海帆」(附原韻)·「崔溪卓槱海帆子也善書其叔筍山秉愔善畵相與來訪且贈詩遂和」(附原韻)·「蔣丹林祥墀...奉贈」·「施生麟爲其老親督鎭求詩...故書贈」*·「江

沛東淹和宅會海帆筍山黃主事愛廬共賦*」(同題 海帆, 愛廬, 筍山, 崔溪, 基世)·「愛廬黃樂之求詩用帖中韻應之」·「贈程主事德麟」·「樊昆吾封李秀才宗湛同住吉祥寺往訪贈詩*」(附和韻 李宗湛, 又樊封)·「海帆與其弟...仍賦詩代筆談*」(2수)(附和韻)·「又書示」(附和韻)·「又書示」(附和韻)·「和舳翰林方蔚贈別韻 (2수)(附原韻 2수)·「朱生善旅...又贈詩於余聊此和贈」(附原韻)·「翁樹棠...贈一詩志緣*」(附和韻)·「延恩陳登之屢書邀余...名曰席間急就帖」(3수)·「承詢姓號年庚官職走筆答之*」·「登之又書示鄕里潦草」·「登之與洪冠巖...詩以答之」·「與僚使約會白雲觀請起被登之挽留示書」·「陸菊人來會共飮投壺抽書書示*」(2수)·「登之連賦素和書示」·「見登之季氏淸秀可愛書示」·「見登之賢嗣相有貴氣書示」·「登之款洽如舊知又書示五律」·「登之臨別書懷示之又和*」(附原韻 朝鮮使者鄭善之尙書携哲嗣聖九進士見訪賦此紀事 2수, 承詢鄕里年庚官職走筆奉告 2수, 使者居國時已耳賤名今承枉顧賦詩訂交和韻以答, 使者又賦五律一章和韻畣之, 把酒暢談並見二子重貼七律依韻和之, 旣令弱弟弱子出見使者各寵以詩和韻奉謝 2수, 使者擬作白雲觀之遊作詩將辭去句中有逃禪之意和韻款留以阻其行, 使者盛言洪冠巖陶厓昆季相思之殷達之於詩和韻酬之, 出冠巖陶厓寄贈韓石峰李圓嶠墨蹟相賞和使者韻, 使者將作別歸玉河行舘詩以致意用和原韻, 使者將登車矣瀕行率賦悵然於懷)·「少渠馮震東...仍請題一詩於帖中坐次率尒書贈*」·「馮震東次余贈空山吟趣圖韻作五古送別復走草和寄」(附原韻 없음)·「又和七古見贈韻」(附原韻)·「玉河舘臨發書便面寄卯君」·「出玉河舘次前韻*」 이상 68제 83수

燕京을 출발하여 한양에 돌아올 때까지 지은 시

「副使以石路坐車之撓頭嘲書狀盖善謔也代書狀解嘲」·「書狀...又以前韻解嘲」·「白潤寺」·「春雪連日不止」·「見治道」·「過盤山」·「烱樹」·「漁陽橋*」·「翠屏山有安祿山楊貴妃廟」·「獨樂寺」·「通州*」·「江南船」·「淸節祠」*(2수)·「望孤竹廟」·「澄海樓」·「宿紅花店朝登澄海樓是日生朝也副使勸酒醉成*」·「生朝次兒子韻」·「三義廟」·「乘醉騎馬出山海關」·「望海亭嶺上」·「道中占韻」·「長春橋道中」·「寧遠祖大壽大樂二牌樓」·「北鎭廟」·「廣寧寧遠伯李成梁牌樓*」·「自新民屯離發道中聞周流河半氷停宿西店愁坐記道中所見」·「桃花洞謹次乾隆皇帝石刻五古韻」·「遼東行中書故蹟示同行*」·「道中與春山副使賦行路難聯句」·「副使大陵河渡涉時...余笑而和答」·「副使以書謝之戲次聯句韻示之」·「疊前韻示從者」·「夕向迎水寺疊前韻」·「道中又漫吟疊前韻」(2수)·「到娘子山見家書以傳說中國有事憂慮笑答」·「到柵門計此行可趂堂弟有之弧辰喜甚書扇奇語」·「柵門曉發」·「渡鴨綠江舟中喜吟」·「到靑石關聞卯君來留松京道中喜吟」·「到松京見卯君喜甚夜枕口吟」 이상 40제 42수

정원용은 평소에 시를 많이 짓고, 빨리 지었으며, 장편도 쉽게 지었다. 使行에서는 正使를 대신하여 아랫사람이 짓는 경우가 많은데, 그는 오히려 부사나 서장관을 대신하여 짓기까지 했다. 1895년에 활자본으로 간행한 『經山集』에 시가 4권인데, 『藥山錄』 경우에 10분의 1만 문집에 실린 것을 보면 엄청난 양의 시를 지었음을 알 수 있다. 그러나 문학적인 상상력이나 감수성이 뛰어난 작품은 아니며, 그의 성격 그대로 건실한 작품들이다.

4. 가치

宣宗皇帝 시대의 燕行 모습을 보여주는 좋은 자료이다. 1책은 일기, 2책은 시로 편집되어, 다른 연행록과 차별성을 가진다. 1책의 일기는 『經山日錄』에 3분의 1만 실리고, 시는 『經山集』에 6~7분의 1만 실려, 원자료로도 가치를 지닌다. 수많은 사람을 만나고 기록을 남겨, 秋史 이후의 문화교류도 확인할 수 있다. 筆談이라든가 편지, 청나라 문인에게 받은 原韻도 그대로 실어 朝淸文化交流의 실제를 확인하기에 좋은 자료이다.

【허경진】

燕槎隨錄

李承五(1837~1900) 著.
寫本. 零本 1册(卷3-4)：20.5×31.5cm. 10行 20字.
表題：觀華誌.

燕槎隨錄卷之三

　祠廟

歷代帝王廟在阜城門大街南向殿名景德崇聖之

殿東西兩廡從祀名臣前爲景德門又前爲廟街門

東西二坊日景德立下馬碑通衢亦名景德街明嘉

靖初以保安寺故址建廟祀三皇五帝三王漢高祖

世祖唐太宗宋太祖元世祖毅開創之君而己嘉靖

二十四年撤去元世祖則賚文通迎合識者非之清

順治初增祀元世祖明太祖康熙六十一年聖祖諭

言凡帝王曾在位者除無道被弑亡國之主此外盡

1. 저자

李承五(1837~1900)의 本貫은 韓山, 字는 奎瑞, 號는 三隱이다. 1865년(고종 2) 성균관대사성을 지내고, 이듬해 이조참의를 역임하였다. 1877년 이조참판을 지내고, 1880년 홍문관부제학이 되었다. 이 해에 충청감사를 지낸 뒤 1885년 사간원대사간이 되었다. 1887년 형조판서에 임명되었으며, 또한 陳賀正使가 되어 청나라에 다녀왔다. 1889년 한성부판윤이 되었고, 이듬해 형조판서를 역임하였다. 1891년 의정부우참찬·예조판서·판의금부사를 차례로 역임하였으며, 또한 예조판서 겸 예문관제학을 지냈다. 갑오개혁이 있던 1894년 병조판서·예문관제학을 지냈고, 1896년에는 奎章閣卿兼王太子宮日講官에 임명되었다. 1897년(고종 34) 12월에 을미사변 당시 명성황후를 廢하는 의견을 내고 대신들에게 서명을 하게 한 죄목으로 金允植과 함께 종신 유배형을 받아서 1900년 9월 4일 유배지인 濟州牧에서 卒 하였다.

『연사수록』에는 저자인 삼은 말고도 金在顯, 申獻求, 尹宇善, 趙文永, 李承皐, 金炳始의 序, 跋文이 있어 이승오의 친분 관계를 미루어 볼 수 있다. 서문에 직접적인 친분관계를 표시한 사람들 중 가장 유명한 사람은 金在顯(1808~1899)으로서, 이·호·예·공조판서와 예문관제학, 홍문관제학을 역임하며 문장으로 유명했다. 신헌구는 1862년(철종 13) 문과에 급제하여 1894년(고종 31) 예조판서를 역임하였다. 삼종형인 이승고는 1864년(고종 1)에 문과에 급제하고 1882년(고종 19) 예조 참판. 1887년(고종 24) 이조참판을 역임하였다. 발문을 쓴 金炳始(1832~1898)는 이조판서와 공조판서, 예문관제학, 독판군국사무 등을 두루 역임하고 壬午軍亂시 일본 공사와 담판하는 활약을 보여준 사람이다. 이렇듯이, 이승오의 교유인들도 19세기 중·후반의 고관들임을 알 수 있다.

2. 구성

『연사수록』을 기록한 날은 필사기가 없어 정확히 알 수 없고, 고종 24년(1887)에 씌어져 25년 (1888) 서·발이 갖추어 완성된 초고본을 그 후 필사한 것으로 추정된다. 이 책은 연대 소장본 말고도 국립도서관에 소장된 『觀華誌日記』가 존재하고 있어, 두 책을 비교하는 것이 책의 특징을 아는 데 반드시 선행되어야 하는 작업이라 하겠다.

기존의 국립도서관 소장본 『觀華誌日記』는 5권 10책이고, 일기와 시초 후에 『觀華誌隨錄』이라 하여 卷之五부터 卷之八까지 잡지 형식으로 여러 항목들을 수록하고 있다. 연대 소장 『연사수록』은 관화지 표지 뒤에 金在顯, 申獻求, 尹宇善, 趙文永 李承皐, 삼은 이승오의 자서 이렇게 여섯 편의 서문이 있고『연사수록』卷之三 '祠廟'항목부터 수록되어 있다. 같은 형식의

雜誌 형식 글들이 들어가 있는 연사수록 卷之四까지 수록되어 있는데. 이는 전술한『관화지수록』의 卷之七, 卷之八에 수록되어 있는 내용과 같다.『연사수록』卷之四의 맨 마지막 항목「風俗」이 끝나가는 부분에는「鴉片烟」전 내용에 들어갔어야 할 빠진 내용이 半面 가량 필사되어 붙어 있고, 卷之四가 끝난 빈칸에 덧붙여진 메모들(연행의 일정과 일자별 주요 행적)이 있으며, 국립도서관 소장본 중『관화지일기』안에 있는 시 2편을 수록하였고, 맨 뒤에는 金炳始가 쓴 跋을 수록하였다. 권말에 덧붙여진 연행의 주요 일정과 시문, 김병시의 발문, 그리고 앞에 있던 삼종형 이승고의 서문과 삼은의 자서는 그 필적이 같아서, 뒤에 따로 필사하여 끼워 넣은 것이라 추정된다. 각종 서문들은 대체로 1888년(고종 25, 戊子)에 지어진 것으로 보이며 삼은의 자서가 上之 二十四年(1887) 이라고 하여 가장 먼저 지어진 것으로 보이나, 후에 필사되는 과정에서 따로 써서 첨가한 것으로 추정된다.

3. 내용

권3의 맨 처음 항목인「祠廟」에서는 역대 제왕묘의 위치, 그리고 모셔진 분들의 연대기를 서술하였다. 그리고 太學의 위치와 생김새, 역대 孔子의 명칭, 제사 방법의 연대별 변화를 주로 淸代 중심으로 서술하고 있다. 또한 태학에서 제위에 모신 先儒와 先賢의 명단을 光緖 11년(서기 1885년) 周家楣가 쓴『文廟賢儒景行錄』을 인용해서 밝히고 있다. 그 다음 순천부학[順天府學] (明倫堂 포함), 歷代碑潘廸石鼓音訓碑, 國子監進士碑, 石鼓의 생김새와 역대 연원을 밝히고 있다. 다음 유학의 선인들을 기리는 사묘 뿐 아니라 關帝廟, 勅建精忠廟, 謝文節公祠, 文山廟, 隆福寺, 天寧天主堂, 琉璃廠, 象房 등의 위치나 생김새, 안에 있는 편액에 이르기까지 서술하고 있다. 권3 다음 항목은「璽寶」라고 하여 청 황실에서 사용하고 있는 御寶 29顆에 대해 말하고, 秦代 이후의 옥새 연원을 印刻文을 살펴 설명하였다. 그 다음 항목은「官制」라 하여 문신 정1품부터 종9품에 이르기까지 해당되는 관직의 명칭, 冠制와 의복·坐褥(깔개)의 종류, 俸銀을 서술했다. 말미에는 과거에서 장원한 자의 복장, 처음 入仕한 진사의 복장, 아직 관직이 없는 進士와 擧人, 貢生의 복장을 아울러 밝혀 놓았다.

이어지는 燕槎隨錄 卷之四 역시 청의 각종 제도에 관한 雜誌이다. 앞 권 관제에 이어 첫 항목으로「武職」을 기술하여 무신 정1품부터 정9품까지 해당관직과 贈封 여부를 밝히고 따로 이 頂服俸祿 항목을 추가하여 무신 관리들의 복제와 봉은을 설명한다. 다음은「各省」항목으로, 盛京, 江蘇省, 安徽省, 江西省, 折江, 湖北, 湖南, 河南, 山東, 山西, 陜西, 甘肅, 四川, 福建, 廣東, 廣西, 雲南, 貴州省의 대 북경 거리와 각 성 산하 州,縣 수를 밝힌다.

「賦稅」에서는 청의 일년 총계 田賦, 人丁賦 규모를 설명하고 백량미, 반급봉록미 등 조세의 종류와 걷어진 세금이 가는 창고를 소개했다.「科制」는 과거제도에 대한 설명으로서 유동

- 생원 - 공생 - 감생 - 거인 - 진사의 차례를 따라 과거에 응시할 수 있는 절차를 소개하고 문·무과의 절차와 시험 과목을 서술했다. 이어 과거 시험장의 묘사와, 직접 본 擧試卷을 통해 과거 답안이 어떠한가, 채점은 어떻게 하는가를 자세히 설명한 후 '爲學業者, 足以不恨.'[과거에 응시한 사람들도 족히 한스럽지 않을 것이다.]이라며 과거제도에 대해 호감을 가지고 있음을 특기한다. 이어지는 항목은「選格」으로 과거에 합격한 진사들이 등수에 따라 어떤 관직으로 가는지 덧붙이고 있다.

「兵制」는 청의 八旗 편제와 각기 다른 黃, 白, 紅, 藍旗의 敎場 위치와 각군 갑병의 세급을 설명하면서 맨 끝에 역시 '양성을 이렇듯 후히 해 주니, 이것이 그 정예로운 군이 되는 까닭이 아니겠는가!' ('養之如是其厚, 此其所以爲精兵耶!')라고 연행록 저자의 감상을 덧붙인다. 다음에 서술된 항목은「田制」로서 청에서 볼 수 있는 일반적인 밭의 크기와 農耕法에 대해서 설명하고 있다. 농기와 종법이 조선과 크게 다르다고 하며, 농업에 대해서는 우리나라의 방법이 좋다고 설명한다. 다음「衣服之制」에서는 남·녀 의복, 특히 여자 의복에서는 만·한 구분을 하여 어떠한 색과 모양의 옷을 입는지 자세히 밝혔다. 저고리에서 바지의 순서로 모양새를 설명했고 이후 상투 트는 법 [髻制]와 전족에 대하여 쓰고 服飾이 위서부터 아래에 이르기까지 서로 같다고 하면서 공복에 대한 설명을 했다.

「屋宇之制」는 청의 가옥구조에 대한 설명으로서, 귀천을 막론하고 거의 모든 가옥이 일자형으로 되어있음 등을 설명하는 항목이고 그 가옥구조 중 가장 편리하다고 생각하는「炕」을 독립 항목으로 설정하여 병기하면서, '매우 취할 만한 법인데, 한사람도 유의하여 배워 우리 것으로 얻어 오질 않으니 장차 어찌할까!(甚可取法 ,無一人留意學得吾, 且奈何)'라고 안타까워한다.

「飮食之制」는 청나라 사람들이 어떻게 식사하는가를 최대한 관찰해서 서술하였으며 청나라 사람들이 먹는 음식의 전체적인 인상, 그리고 식기의 종류에 대해서 썼다. 「城郭之制」는 우리나라와 크게 다른 성곽의 건축 방법과 그 견고함에 대하여 찬탄하며 '우리나라 성제는 아이 장난과 다를 바 없으니, 정말로 한심하다. (我國城制, 無異兒戲, 誠可爲之寒心)'고까지 한다. 이어서 바로 그 성을 만드는 재료인 '벽돌' 의 장점을 설파하며 '우리나라는 이러한 법을 알지 못하니 심히 한스럽다.(我國則 不知此法, 甚可恨也.)'라고 다시 자신의 생각을 많이 드러낸다.

「煙臺」는 관문 이래로 3-5리마다 있는 봉화대를 서술하는 항목이다. 유사시 뿐 아니라 사신이 행차할 때도 봉화로 연락한다고 한다. 뒤잇는 항목들인「亭堠」·「驛撥」도 연행 노상에서 본 정자 모양으로 생긴 봉화대와 주요 역들에 비치되어 있는 말의 수를 간략히 썼다.

책의 가장 마지막 항목인「風俗」은 분량상 첫 항목이었던「祠廟」와 비슷한 분량으로서 가장 길게 서술되었다. 여기는 풍속이라는 제목 아래 각 내용별로 서술하고, 다른 내용은 줄을 바꾸어 새로 서술하여 구분했다. 주된 내용들은 다음과 같다. 우선 청인들이 귀신을 숭상하고

부처를 높이는 것을 특기하며, 가는 곳마다 특히 관왕묘가 성행하고 집에까지 관우상을 모셔 놓는 습속을 그렸다. 그리고 청인들이 상업을 위주로 한다는 것, 강남에서 거의 십 수년을 부모처자 떨어져 홀로 장사하러 북경에 와있는 사람들이 많지만 여전히 가난하다는 내용을 쓰고 있다. 그 다음은 滿人과 漢人의 차이와 통혼 문제, 그리고 관직 진출 상 맡게 되는 직능을 소개했다. 이후 나오는 몇 단락도 만·한인에 대한 것이다. 북경성에 사는 만, 한인의 분포와 어느 지역에 한인이 더 많은지 밝혔고, 청내 한인 중에 조선 사신들의 의복을 보고 좋은 제도라고 칭찬하며 그들의 의복을 부끄러워한다는 내용, 또 서로 만났을 때 인사하는 방법, 한인과 만인들에게 적용되는 刑法의 차이와 통용되는 언어는 漢語이지만 청 황제가 滿語가 없어질까 두려워하여 모든 관용 문서에 滿語를 쓰도록 하여 아직까지 없어지지 않는 실정 등을 밝혔다. 이어지는 항목은 청인들이 과장하고 자랑하는 습속을 능사로 여긴다는 내용이다. '비록 금 은 보물 그릇일지라도 열면 그 안에 쌓아놓은 것은 떨어진 신이나 나뭇 덩이에 지나지 않을 뿐이다.(雖金銀寶器, 開見其中所貯者, 不過破履木塊等物而已.)'라고 할 정도로 과장이 심한 그들의 특성을 설명한다. 다음 항목은 청인들이 기르는 가축, 집에서 쓰는 땔감인 석탄, 諸宗의 생활규모, 연초 기간인 上元의 조정 풍습을 짤막하게 서술했다.

뒤를 이어 길게 서술한 것은 청인들의 喪制에 대한 것이다. 청인들 중 관직에 있는 사람들은 문관의 경우 직을 바꾸고 (삼년)상을 마칠 수 있고 무신은 100일 상제만 허락된다고 하며 이를 비난하고 있다. 또한 『會典』에는 부모상에 참최복(주로 아버지의 상에 입는 상복)을 삼년 입고서 재최복(주로 어머니의 상에 입는 상복)은 입지 않는 제도가 있다고 이르는데, 습속이 이와 같으니 제례의 뜻이 어디 있는가?(會典有父母喪,斬衰三年, 而無齊衰之制云, 習俗如此, 制禮之意安在?)'고 비난한다. 이후 상복의 생김새와 화장 위주의 장사 지내는 방법을 서술하고, 棺槨의 모양을 밝혔다.

喪制 이후에는 '當在鴉片烟之上'[마땅히 '鴉片烟' 위에 있어야 한다.]이라고 이름 붙은 항목이 따로 쓰여져 본 장 위에 붙어 있는데 구체적인 내용은 조선의 절과 달리 마을마다 꼭 하나씩 있는 사찰 [梵宮] 에 대한 것이다. 조선의 사찰은 깊은 산속에 한적하게 있어 글하는 사람들이 들어가서 지내다 오지만, 중국의 사찰은 크고 사치하며, 승과 속의 구별(僧俗之別)이 별로 없다는 설명을 하고 사찰 안에는 어떤 것들이 있는가 묘사한 후, 각 사찰의 쓰임 등을 설명했다.

풍속 중 맨 마지막 항목은 아편에 관한 것이다. 이는 이전시기 연행록들에서는 볼 수 없었던 항목으로서, 아편을 피우는 풍속이 어디서부터 왔는지에 대해서부터 밝히고 있다. 언제부터인지는 알 수 없으나 道光年間(1821~1850)에 서양으로부터 흘러들어온 것이 그 시초라 한다. 처음에는 사람들이 혹 피면 좋아하지 않았다가, 咸豊年間(1851~1861)에 이르러 피는 사람들마다 모두 해를 받아도, 끊으려고 하면 금단현상이 생겼다고 소개하고 있다. 이어 아편이 어떠한 것이며 어떤 제조과정을 거쳐 피우게 되는가 소개한 후, 가서 목격한 사람들의 피해 모습을 그려내며 '가히 교화하기 어려운 백성이며, 고쳐지기 힘든 병이라 이를 수 있다.(可謂 難化之氓, 難醫之疾也.)'라고 생각을 밝힌다. 이어 아편을 피는 사람들은 아편이 정신과 기력을 배는 좋게 해준다고 이르지만 그 효과는 방 안에서일 뿐이며 결국은 몸을 쇠진시키는 해이다. 한 번 피고는 배고픔도 목마름도 잊고 가산을 탕진하여 결국에는 집을 팔고 아내를 팔아 거리로 나앉아 구렁으로 빠지게 되는 것이 일가의 해가 된다고 한다. 또한 아편을 피우는 사람들은 자기 할 일을 하지 못하게 되므로 천하국가의 해가 된다고 한다. '만·한 모든 사람들이 종종 그 폐를 이야기하면서도 금하고 그칠 방법을 생각지 못한 것은 왜인가? 내가 생각건대, 아편을 피우는 것을 쉬지 않으면 생민의 해가 천지를 위태롭게 하는 데 그치지 않고 한번에 운을 빼앗는 것이 아니겠는가.(滿漢諸人, 往往說弊, 而不思所以禁止者,何也? 愚以爲鴉烟不息, 生民之害, 不止殆天地, 一刼運也歟!)'라고 하며 천지 항목을 마무리하고 있다.

이렇듯 「풍속」편으로 끝나는 『연사수록』卷之四 말미 한 바닥에 세필로 18행 정도 (기존 행을 두 줄로 나누어) '성상 24년(광서 13년)(서기 1887) 정해년 2월 25일 (聖上二十四年 丁亥 二月二十五日)'에 진하 겸 사은 정사로 되었다는 말을 시작으로 자신이 가게 된 사행의 목적이 왜 진하 겸 사은사가 되었는가를 설명하고 부사 金商圭(1846~ ?), 서장관 鄭闓朝(1856~1926) 등 三正使에 대한 소개를 한다. 이후 4월 22일에 모화관을 나서서 동월 30일에 평양을 지나는 등, 일정에 대하여 소개하고 주요 咨文을 작성하고 전달한 경과와 9월 29일 復命하기까지를 적었다. 그리고 국립도서관 소장본 관화지 일기 5월 5일조에 수록된 시초 41번째 「到遼野」 2수를 옮겨 적었다.

4. 가치

연사수록 앞에 붙은 序文들에는 삼은의 『연사수록』이 詩로서 다른 나라의 풍속을 설명했고, 여러 청인들과의 수창을 통해 朝鮮 詩의 위상을 보여주었다는 점을 칭찬하고 있어, 燕行 詩錄으로서의 가치가 기대된다. 그러나 전술했던 국립중앙 도서관본 5책 10권 『관화지일기』와는 달리 연대 소장본은 잡지 형식으로 된 1책 2권만 남아있다. 이러한 사실은 필사로 된 국립중앙 도서관본과의 관계에서 선본과 그렇지 않은 것으로 치부될 수 있는 여지가 있다.[1]

---

1) 국립 중앙도서관 본의 선행 해제 자인 박상란(「관화지일기」,『연행록해제』,905-906쪽, 동국대학교)은 『관화지일기』와 『연사일기』(『연행록 전집』86권) ,『연사수록』(연세대 도서관 고서실 소장)과의 관계를 뒤의 두 본이 앞선 국립중앙도서관본을 대본으로 한 寫本들일 것이라고 설명한다. 그 근거로 '序跋은 동일하고 글씨체는 다른 점, 후자의 내제도 '관화지'로 되어있다'는 두 가지를 제시한다. 그러한 근거들에 이의를 제기하는 것은 아니나, 그렇다면 권수제로 떠오른 '燕槎'라는 명칭에 대해서는 어떻게 해석해야 될 것인가가 문제된다. 단순한 필사에 그쳤다면 다른 명칭을 붙일 필요가 있을 것인가를 생각해 본다면, 필사자의 편집 의도가 있지 않았을까 추정해볼 수 있다.

그러나 다른 卷首題를 붙인 점, 또한 본서에 수록되어 있는 自序를 비롯한 총 6개의 序文과 김병시의 跋文 또 권말에 붙은 연행의 주요 경과와 인용 시초 등으로 『연사수록』만으로도 이승오의 연행록 전모를 알 수 있게 한 점 등으로 볼 때, 본서가 『관화지일기』의 단순 필사가 아니며 고유한 특징이 있다고 하겠다.

연대 소장본의 주 내용을 이루고 있는 잡지의 항목들로 보았을 때, 특기할 만한 것은 일견 없어 보인다. 표제로 붙은 「祠廟」·「官制」·「田制」·「衣服之制」등은 18세기 중반부터 본격적으로 지어진 연행록 속 '표제형 잡지'들에서 다루어왔던 범주에서 벗어나지 않기 때문이다. 그러나 그 표제 안에서 다루는 내용들이 전과 다른 방향인 것들도 발견된다. 예를 들어서「祠廟」부분에서 문묘와 역대 제왕묘 등 유교의 사당만 다루지 않고 關帝廟와 天主堂, 象房, 隆福寺, 琉璃廠 등 넓은 범주의 '사묘'들을 설명한 것을 들 수 있다. 이는 이전 시기 연행록들이 象園(여기는 象房으로 표기됨)을 '壯觀'으로 설명했거나(김정중, 『연행록』(1791)) 따로 '樓臺와 寺廟' 등으로 관왕묘와 사찰을 따로 떼어 설명한 것 (김경선, 『연원직지』(1832))과는 사뭇 다른 모습으로 볼 수 있다.

또한, 전대에 보지 못했던 풍속으로서 주목하고 자세히 서술하는 것은 '아편'이다. 당시 청 전체를 휩쓴 국가적 재해인 아편에 대하여 자세히 보고, 그 폐해를 개인의 측면, 가정의 측면, 나라의 측면으로 점층적으로 서술해 나감으로써, 아편으로 고생하고 그 폐단을 알면서도 끝내 끊지 못하는 청의 경우를 들어 이러한 폐해가 조선까지 오지 못하도록 철저히 경계하는 시각을 볼 수 있다.

17세기 이후 축적된 '淸'이라는 나라의 문물에서 느끼는 태도 중 삼은의 『연사수록』에 고유한 태도는 전체적으로 다음과 같이 정리될 수 있다. 우선 18세기 초반서부터 깊게 뿌리내린 의관에 대한 자부심[결국 조선 사신의 의복이 明 의 유풍을 이어받았다는 논지], 지나치게 소략한 喪制와 화장하되 유골도 拾 하지 않는 滿人의 非禮에 대한 비판은 여전히 유효하다. 그러나 청의 擧試卷을 직접 본 후에 科題가 자세하고 작자들로 하여금 잘 알도록 하여 시험을 보는 사람들이 한스럽지 않겠다고 평가하여 과거제도에 대하여 인정하고 있는가 하면, 청 兵制의 후함이 정예군을 만들었을 것이라는 인정을 한다. 그리고 청의 列邑傳食하는 例가 따로 없는 것에 대하여 그 간략하고 폐해를 없애버린 점이 가히 취할 만하다고 하여 그들의 제도 중에서도 배우고 취할 것을 찾고 있는 면이 보인다.

또한 기존에 여러 여행자들의 칭송을 받았던 청 문물의 다양함, 풍부함, 편리함이라는 부분들 중에서도 삼은만의 강조점들이 보인다. 역대 연행록 저자들이 배워야 한다고 공통적으로 강조했던 '벽돌' [甎] 과 그것으로 만든 성곽은 여전히 칭찬하고 있으나, 그것보다도 더 많이 칭찬하는 것은 그들의 가옥 구조와 炕이다. 특히 캉의 경우 난방을 해도 연기가 하나도 새지 않는 청결함과 편리함을 칭찬하면서 우리나라에서 아무도 배우려는 사람이 없다고 안타까워하고 있어 삼은의 특징적 면모를 볼 수 있다.

　　그렇다고 삼은의 입장이 기존 18세기 이후 연행록 저자들이 가졌던 청의 편리함을 배우자는 입장의 극대화로 귀결지어지는 것은 아니다. 청인들의 편리한 문물제도 강조에 가려서 상대적으로 편리하고 가치 있는 것으로 여겨지던 農業에 대해서, 삼은은 확실히 우리나라의 農器와 種法이 좋다는 것을 확실히 한다. 청의 농법이 극히 편리하기는 하지만 낱낱을 소중하게 여기는 우리나라 농법의 고생스러움만 못하다는 것을 보여준다. 결국 삼은의 연사수록 2권의 내용에서 볼 수 있는 성향은 기존 연행록 저자들의 문물관을 전면 부정하지 않으면서도 19세기 말 연행을 했던 자신의 특성이 드러나는 방향성을 보여준다.

【김현미】

淵泉先生東史世家

洪奭周(1774~1842) 著.
草稿本. 4卷 2册 ; 24×16cm. 10行 20字.
表題 : 東史世家.

淵泉先生東史世家

東史世家 一

新羅世家

新羅之先以朴爲氏其始祖曰赫居世赫居世之立
當漢宣帝五鳳元年或曰辰韓之民居山谷之間者六部其一
曰突山高墟村村長蘇伐公得大卵於楊山之蘿井之傍其
大如瓠剖而視之有嬰兒焉及長六部之人皆推尊之辰韓
人謂瓠爲朴以故姓朴氏赫居世之妃曰閼英閼英井名也
龍見於井有女兒自龍之右脅生故名云赫居世之立也號曰
居西干名其國爲徐耶伐或稱徐耶伐或稱徐菀故今人猶

1. 저자

洪奭周(1774~1842)의 本貫은 豊山, 字는 成伯, 號는 淵泉, 諡號는 文簡이다. 할아버지는 영의정 樂性이며, 아버지는 우부승지 仁謨이다. 약관에 毛詩·經禮·子史·六藝百家의 글을 모두 읽어 일가를 이루었다. 또한 한번 읽은 글은 평생 기억할 정도로 총명해 동료들이 감탄하였다. 1795년(정조 19) 殿講에서 수석을 해 直赴殿試의 특전을 받고, 그 해 춘당대문과에 갑과로 급제해 司饗院 直長을 제수 받았다. 1797년 承政院 注書가 되고, 1802년(순조 2) 正言이 되었으며, 35세이던 1807년에는 이조참의가 되었다. 이듬해 가선대부에 올라 병조참판이 되고, 1815년 충청도관찰사로 나갔다. 44세되던 해인 1817년 副護軍 李愚在의 모함을 받아 스스로 관직을 사퇴하여 약 5년간 관직에 나아가지 않았다. 1822년 전라도 관찰사에 나아갔다가 이듬해 모친상을 당하였다. 그 후 여러 차례 관직을 내렸으나 모두 사절하고 나아가지 않았다. 그러다가 1829년에 다시 형조판서에 나갔고, 이어 謝恩正使(58세), 弘文館 藝文館의 大提學 및 知成均館事(59세)를 역임하였으며, 1834년(61세)에는 이조판서가 되었다. 이어 좌의정 겸 영경연사 감춘추관사 세손부를 제배받고 1842년에 69세로 졸하였다.

홍석주는 지속되는 관직생활 가운데서도 독서와 학문의 정진을 멈추지 않았고, 문장에서도 원숙한 경지를 다져갔다. 그 중에도 그의 학문과 문학의 발전에 특히 중요했던 시기는 1795년 22세의 나이에 정조의 특교로 초계문신에 뽑혀 약 6년간 특별 교육을 받았던 기간과 1817년 사직하고 물러나 있었던 근 5년 간의 기간과 1836년 63세의 말년에 삭직되어 1842년 죽기까지의 기간이었다고 본다. 대체로 그의 주요 저작들이 바로 이런 기회에 정리될 수 있었다.

그는 벼슬이 정승에 이르렀는데도 자품이 고요하고 겸허해 처하기를 평민과 같이하였다. 그리고 학문이 심수하고 의리에도 정통해 詩書易禮의 교훈과 性命理氣의 철학에 달통하였다. 그는 특히 도학가적인 문학론을 전개하여 '文'이란 마음을 표현하는 것이고, 마음이 닦아지고 학문이 쌓이면 그것이 德도 되고 道도 되며, 語도 되고 문도 된다고 보았다. 바로 도·덕·어·문이 하나라는 것이다. 그런데 지금 사람은 마음의 공부도 없이 입만으로 仁義誠敬을 외치므로 말은 문과 맞지 않고 마음은 말과 응하지 않는다고 주장하였다. 또한 秦·漢의 古文을 소급해 올라가야 한다면서 擬古文家(秦漢派)를 맹렬히 공격하였다. 진·한의 고문은 韓愈·歐陽修 같은 대문호도 미칠 수 없음을 탄식했는데 하물며 우리가 그를 배우려는 것은 어리석은 일이라고 말하였다. 이어서 삼라만상이 쉬지 않고 변하므로 지금에 와서 복고가 안 되는 것은 재주가 없어서가 아니라 형세가 그렇게 되어 안 되는 것이라며 시의에 맞는 진술한 글을 쓸 것을 역설하였다.

저서로 『淵泉先生文集』(44권 20책:규장각본)·『永嘉三怡集』(3권 2책)·『東史世家』(4권 2책)·『鶴岡散筆』(6권) 등이 있고, 편서로는 『續史略翼箋』(21권 6책)·『象藝饒粹』(10권 5책)·『豊山世稿』

(6권) · 『尙書補傳』(12권 5책) · 『明文選』(20권:일실) · 『擬古詩集』(1권:일실) 등이 있다. 이렇게 경학 · 사학 · 문학 등 다방면에 걸쳐 많은 저술을 남겼지만, 이미 일실되어 소재가 불분명한 것도 있고, 전한다 해도 일부를 제외하고는 刊印되지 못한 채 필사본으로 전해오고 있다. 규장 각본 『연천선생문집』(奎12420) 권수에 실린 散書目錄에 『동사세가』가 실린 점으로 미루어 이 책 편집 당시에는 이미 사라진 상태였던 것으로 보인다. 『동사세가』는 현재 연세대에 소장되어있는 국내 유일본이다.

2. 구성

이 책은 조선 후기 洪奭周가 신라 · 고구려 · 백제 및 발해의 역사를 『삼국사기』 · 『동국여지승람』 · 『唐書』 · 『宋史』 등을 자료로 하여 간략하게 엮은 사서이다. 국내에는 연세대본(4권 2책 乾 · 坤)1)이 있고, 일본 大阪府立圖書館 소장본(寫本 상 · 하 1책)도 있다. 본 해제대상인 연대본은 서문과 발문, 기타 인장 등이 없어 정확한 편찬연대나 찬술의도를 알 수 없다. 모두 187면으로 비교적 소략하게 구성되어있다. 일본 大阪府立도서관 소장 고서목록상의 권차만으로는 낙질인지, 연대본과 어떤 차이가 있는지 善本 여부를 확인할 길이 없다. 필사자는 누구인지 알수 없으나, 앞 부분 「신라세가」 몇 면과 나머지 부분의 필체가 다른 것으로 보아 1인 필사는 아닌 듯하다.

```
乾 목록 1면
   동사세가 一 신라세가 80면
坤 동사세가 二 고구려세가 54면
   동사세가 三 백제세가 37면
   동사세가 四 발해세가 15면
```

3. 내용

내용은 「신라세가」 · 「고구려세가」 · 「백제세가」 · 「발해세가」로 되어 있으며, 주로 『삼국사기』의 본기 기사를 주자료로 하여 국가의 일대 흥망의 기사를 간추려 적고 있다.
홍석주 스스로가 「신라세가」의 贊에서 김부식의 『삼국사기』 「신라기」 12권을 근거로 엮었

---

1) 『東方學志』(연세대 국학연구원, 38·39집, 1983·1984)과 『淵泉全書』(旿晟社, 1984)에 영인이 실려있다.

던 것을 밝히고 있는 바와 같이, 주로 『삼국사기』의 본기를 주 자료로 하고 『삼국유사』·『동국통감』과 중국 정사의 조선전 기사로 보충하고 있는 듯하다. 지명에 대해서는 『동국여지승람』으로 설명하고 있다. 그리고 여기에 필요에 따라 간단히 자신의 의견을 첨부하기도 하였다. 특히 「발해세가」는 『신당서』·『구당서』를 적당히 취사선택하여 엮고 여기에 『宋史』와 『고려사』를 보충하여 편술하고 있다.

1) 『동사세가』 중의 「신라세가」·「고구려세가」·「백제세가」는 주로 『삼국사기』를 저본으로 하고 割註는 『동국여지승람』 등을 참고로 하여 엮어진 것이다.

「신라세가」를 보면 朴赫居世를 시조로 하고 漢 宣帝 五鳳 元年(B.C.57)을 건국시대로 잡고 있는 것부터 『삼국사기』「신라기」와 동일하다. 「신라세가」의 19년조에 보면, 『삼국유사』권1의 弩禮王 기사 "건무 18년에는 이서국을 쳐서 멸망시켰다(建虎(武)18年, 伐伊西國滅之)"와 『東國通鑑』권2의 동년 기사에 "신라가 이서국을 멸망시켰다(新羅滅伊西國)"라는 것을 채록하여 '이서국을 취하였다(取伊西國)'고 하였고, 또 細註를 이용하여 '伊西國을 지금의 淸道로 比定'한 것은 『동국여지승람』을 참조한 것 같다. 이처럼 설명을 첨가하는 등 『삼국사기』와 다른 점도 있어 그대로 베낀 것은 아니다.

南解次次雄의 기사에서 『삼국사기』11년조에 적혀있는 樂浪兵의 來攻과 大星의 敵營墜落에 관한 기사가 그대로 적혀있으며, 儒理尼師今의 기사는 『삼국사기』의 "왕비는 일지갈문왕의 딸이다(妃日知葛文王之女也)"라는 기사를 그대로 옮겨놓고 있다. 이어, "신라의 왕은 종종 장인을 '왕'으로 추봉하는 경우가 있어, 이를 '갈문왕'이라 부른다(新羅之君, 往往有追封外舅爲王者, 凡追封王者, 皆號葛文王)"라고 하는 갈문왕에 대한 설명이 붙어있다. 즉 남해차차웅의 太子인 儒理尼師今의 妃는 『삼국사기』에 "日知葛文王之女也"라고만 적혀있어 '갈문왕'의 뜻이 분명치 않으나 여기에서는 설명이 붙어있다. 이것은 『삼국유사』記異 第二. 남해왕조에 "신라인들은 추봉된 이를 갈문왕이라 하였는데, 이것에 대해서는 알 수 없다(羅人, 凡追封者,稱葛文王, 未詳)"이라는 구절을 참고로 한 것 같으나 "往往有追封者外舅爲王者"라는 구절의 出典은 분명치 않다.

『삼국사기』와 동일 기사이면서 연월이 달리 적혀있는 경우도 있다.

『三國史記』(新羅記) 逸聖尼師今 七年 二月 立柵長嶺以防靺鞨
일성이사금 **7년 2월**에 장령에 목책을 세워 말갈을 방비하였다.

『東史世家』「新羅世家」逸聖尼師今 十年 立柵于長嶺防靺鞨也
일성이사금 **10년**에 장령에 목책을 세워 말갈을 방비하였다.

「백제세가」에는 그 첫머리의 백제 건국에 대하여는『삼국사기』의 始祖紀本文 및 異說인 割註를 간략하게 엮고 시조 溫祚王 8년까지의 인접한 靺鞨의 침입·낙랑과의 화친·핍박의 내용을 數行으로 간략히 요약하고 있다. 이 기사에서 백제의 건국년을 前漢의 鴻嘉 3년(A.D.22)으로 하고있는 것이라든가, 또 당시 아직 실체가 없었던 말갈과의 전쟁에 관한 것은 홍석주의 독창이 아니고『동사세가』의 저본이 된『삼국사기』의 기사를 요약한 것이다. 그리 신빙성이 없는 溫祚紀의 기사를 간추려 대체적인 요점만을 적어 남긴 그의 역사의식이 담긴 부분이다. 이와 같은 필법은 제2대인 多婁王, 제3대 己婁王代까지 계속 이어지고 있다. 기루왕의 52년의 전 治績에서 同王 29년에 있었던 신라와의 화친, 왕의 薨去 등 4조만을『삼국사기』에서 뽑아 적어놓고 있다.

2)『동사세가』중의 「발해세가」는『구당서』발해말갈전과『신당서』「발해전」을 주로 하고,『송사』·『고려사』를 참고자료로 하여 엮어지고 있다.

홍석주는 「발해세가」의 첫 머리에서 한반도에서 흥망한 고대 부족 집단의 이름을 각도별 또는 방향으로 나누어 열거하고 이어 "말갈의 종족에 속말이 있다. 대씨가 늘상 고구려에 붙었기 때문에 더러는 고구려의 별종이라고도 말한다.(靺鞨之族, 有曰粟末, 大氏者, 常附高句麗, 或曰, 高句麗之別種也)"라고 발해 왕실에 대한 설명을 하고 있다. 발해 왕실인 大氏의 出自에 대한 이 설명에서 발해왕실을 수당대의 이른바 七部靺鞨中 粟末水 즉 지금의 松花江 유역의 말갈족을 지칭하는 粟末靺鞨로서 常附 고구려였다는 記事는『신당서』「발해전」의 기사에 의거한 것이며, "或曰, 高句麗之別種也."라는 설명은『구당서』발해말갈전의 기사에 따랐던 것이다.

또 "고구려가 멸망하고 나서........, 그 옛장수 대조영이 무리를 거느리고 태백산 동북쪽을 지켰다. 얼마 안되어 읍루의 동모산으로 옮겼다......그 나라를 진조라고 했다.(高句麗旣滅.....其舊將大祚榮, 師衆保太白山東北, 尋徒挹婁之東牟山.....號其國曰震朝)"라고 하는 즉 발해의 시조를 대조영으로 단정한 것은『구당서』발해 말갈전의 기사에 의거하면서도, 건국의 터전을 닦았던 지역을 "挹婁之東牟山"이라고 한 것은『신당서』「발해전」의 기사에 의거한 것이다.『구당서』발해말갈전에는 대조영이 건국의 기반을 다진 곳이 고구려왕실과 관련있는 '계루의 옛 땅(桂婁之故地)'이라 되어있고, 또 당에서 대조영의 嫡子를 '桂婁郡王'으로 封한 것으로 되어 있다. 분량은 다른 3종 세가에 비해서 적지만, 이 「발해세가」를 엮기 위해 홍석주가 숙독한 서적이 신·구당서에 그치지 않음을 볼 때 그 열정을 가히 알만하다. 「발해세가」에 적혀있는 발해국에 대한 契丹의 공격 개시와 契丹太子 德光의 出師·阿保機의 親征 및 渤海末王 大諲譔의 出城降伏과 前後 조처에 대한 기사는『遼史』권2 太祖本紀 天贊 3년 5월과 天贊 4년 12월의 기사를 요약한 것이 거의 틀림이 없으며, 大光顯을 비롯한 발해 유민의 來投와 大光顯에 대한 고려의 조처는『고려사』太祖紀를 요약한 것이 분명하다. 그리고 발해국이 망한 후의 사건으로서 「발해세가」에 적혀있는 "후주 현덕 초년에, 오사라 등 30명이 중국에 의탁했다. 송나라 태종의 태평흥국 4년에, 태종이 스스로 군사를 거느리고 거란을 칠 때 항복한 발해 추장 대난하를 발해도지휘사로 삼다(後周顯德初, 有烏思羅等三十人, 投中國, 宋太宗太平興國 四年, 天子自將伐契丹, 以渤海降酋大鸞河爲渤海都指揮使)"라는 기사는 『宋史』권491 外國傳 渤海國의 기사를 요약한 것이다. "6년에 오사성 부투부를 주었다. 발해 염부왕에게 조서를 내려 거란을 양쪽에서 치게 했다((太平興國)六年, 賜烏舍城浮渝府, 渤海琰府王詔, 使夾功契丹)" 이라는 기사도 『宋史』外國傳 渤海國의 기사에서 송이 보낸 조서만 생략한 것이며, 이어 "염 부왕은 대개 발해의 남은 종족으로, 거란에 신하로 복종했던 자다.(琰府王者, 蓋渤海餘種, 臣 屬於契丹者也)"라고 하는 기사는 홍석주가 견해를 첨부한 것이다. 또, 定安國에 관한 기사는 『宋史』권491 外國傳 定安의 기사를 요약한 것이며, "스스로 고구려의 옛 땅이요, 발해의 남은 백성이라고 일컫다.(自稱高麗舊壤, 渤海遺黎)"라는 구절도 『송사』에 수록된 定安國王 烏 玄明이 宋에 올린 表의 한 구절을 그대로 채록한 것이다.[2] 다만, 『신당서』「발해전」 기사를 주로 하되 『구당서』 발해말갈전의 기사로 보충을 하고 있어 기사에서 많은 혼란과 탈오가 발 견되며, 발해의 위치비정도 『신당서』를 따르고 있어 많은 오류가 있음이 밝혀지고 있다.

　3) 각 세가에 첨기한 4편의 贊에서 추정할 수 있는 이 책의 찬술동기 내지 홍석주의 사관은 다음과 같다.

　「신라세가」에서는 1,000년간의 역사에서 어진 임금과 신하의 덕업이 기록으로 전하지 않음을 한탄하고, 신라가 삼국통일을 한 이유로 초기의 군주가 근검하고 백성을 사랑하였으며, 그 신하들은 굳게 지조를 지켜 목숨을 바쳤고, 백성들이 모두 질박하고 곧아 꾸밈이 없었음을 들었다. 또 경순왕이 백성에게 해를 끼치지 않기 위하여 국가를 고려에 바친 것은 의리상으로는 좋지 않은 일이었지만 그 자손이 지금까지 번성한 것을 보면 생명을 소중히 여기고 죽이기를 싫어하는, 진실로 天道의 도운 바가 아니겠는가 라고 썼다.

　「고구려세가」에서는 동명왕이 기린을 타고 하늘에 올라갔고 평양에는 동명왕의 유적이 많다는 당시의 이야기를 잘못된 것으로 보았다. 즉 동명왕이 나라를 일으킨 곳은 압록강 서북이었으며 6대손 동천왕 때에 비로소 평양에 거주하였는데 어찌 동명왕 때에 평양을 보았겠는가 하고 의문을 제기하였다. 또 고구려는 조그만 국가로서 천하의 강국이 되었으니 어찌 어질고 지혜로운 신하의 도움을 받지 않았겠는가, 그런데 오직 을지문덕의 공만을 이야기하며, 이도 중국사서가 아니면 나타나는 것이 없고, 안시성주의 이름이 전하지 않음도 이와 같다고 기술하며 전해지는 기록이 부족하여 황당기괴한 설이 전해지고 있다고 쓰고 있다.

---

[2] 발해국 멸망 후, 그 유민들이 압록강 유역에 定安國을 세워 國王 列萬華 때에는 해상으로 북송과 교왕하여 일시에 그 세력이 컸던 것은 주지의 사실이다. 그런 『송사』의 기사가 분명치 못하여 유득공의 『발해고』에는 따로 '屬國考'를 세워 구분한 바 있다.

　　또 자신이 압록강을 건너 동으로 沃沮, 서북으로 遼水까지 가보았는데, 이 땅은 모두 옛 고구려의 영토이며, 아직까지 그 풍속이 질박하고 굳세어 싸우던 나라의 풍속이 남아 있으니 이로 미루어 고구려 당시의 풍속을 짐작할 수 있다고 썼다.

　　「백제세가」에서는 중국측 자료의 부실함을 논하고 세상에서는 백제가 신라에 도전하여 싸움을 그치지 않아 망했다고 하나, 백제에 있어 신라는 백제의 원수였기에 화평할 수가 없었으며, 만약 의자왕이 놀이와 술에 방탕하지 않고 간쟁하는 신하를 죽이지 않고 백성을 잘 다스렸으면 신라가 어찌 멸망시킬 수 있었겠는가 라고 하였다.

　　「발해세가」에서는 발해가 40만의 군을 동원할 수 있는 대국으로 200여 년이나 존속하였으며 법제와 문물이 고도로 발전한 나라였음을 강조하면서, 그 강역이 신라 이북으로 단군조선 이래 고구려의 강역을 대부분 장악하였는데도 우리나라에 발해의 역사를 말하는 사람이 적기 때문에 일부러 순서를 매겨 상세히 기술하였다고 스스로 밝히고 있다. 그러나, "발해고왕이 정벌당하고 다친 쇠잔한 몸(渤海高王(大祚榮), 以芟夷創殘之餘)"이라고 단정짓고, 또 그 문화를 "중국풍이 분명히 남아있다(班班有中國之風)"고 말한 점은 한국사가 중국의 동국사라는 인식에서는 아직 극복되지 못한 듯하다. 그래도 발해를 한국사의 한 독립국으로 인식하였던 것은 하나의 큰 진전이었다.

4. 가치

　　고려시대 『삼국사기』가 한국사에서 최초로 우리 역사를 체계화시킨 대업이었음에도 불구하고, 발해사가 제외되었다. 그 이유가 '삼국'의 역사를 기록하는 『삼국사기』였기에 가야나 발해사가 빠질 수밖에 없었다거나 자료가 없었다는 이해도 가능하나, 그 보다는 당시 고려 지성이 갖고 있던 역사 인식의 한계가 더 큰 이유가 아니었나 싶다. 조선시대로 들어와 성호 이익과 순암 안정복의 경우도 발해사를 민족사의 영역으로서는 다룰 수 없다는 입장을 취하고 있었다. 이후 발해의 韓國史(東史)化는 李種徽의 『東史』, 유득공의 『발해고』, 한치윤의 『海東繹史』, 홍석주의 『동사세가』, 정약용의 『疆域考』, 김정호의 『大東地志』 등에 의해 적극화되었다. 실학 시대의 발해사에 대한 공헌은 거의가 이들에 의해 이루어졌다.

　　홍석주의 이 책은 조선 후기의 '발해'에 대한 광범위한 관심을 반영하는 것이기도 하지만, 또한 단군조선 이래 고구려까지의 광대한 강역을 발해가 차지했음에도 불구하고 일반 지식인들의 발해에 대한 인식이 부족한 것을 일깨우기 위한 목적에서 서술한 것임을 확인할 수 있다. 그의 문집 외의 단행본의 성격을 띠는 이 자료를 통해 홍석주의 학문과 史觀을 살피는데 도움이 되는 자료이다. 특히, 이 책은 이종휘의 『동사』에 이어 한국 고대사를 '세가'로 파악하고 있는데, 이는 당시 일반 지식인이 중국에 대하여 가지고 있던 명분사상의 경향을 보여주

고 있다. 또, 다른 형태상의 특징으로는 「발해세가」가 신라·고구려·백제와 마찬가지로 세가의
지위에서 東史의 체계 속에 포함되어 있다는 점을 들 수 있다. 대부분의 사서에서 누락되어
오던 발해의 역사를 신라·고구려·백제와 함께 '동사'의 체계 안에 넣어 다루고 있다는 데서 더
욱 주목된다.

【금지아】

燕行日記

金昌業(1658~1721) 著.
寫本. 5冊：29.5×19.5cm. 10行 20字.
印記：丁未進士壯元乙卯增廣文科洪象漢印.

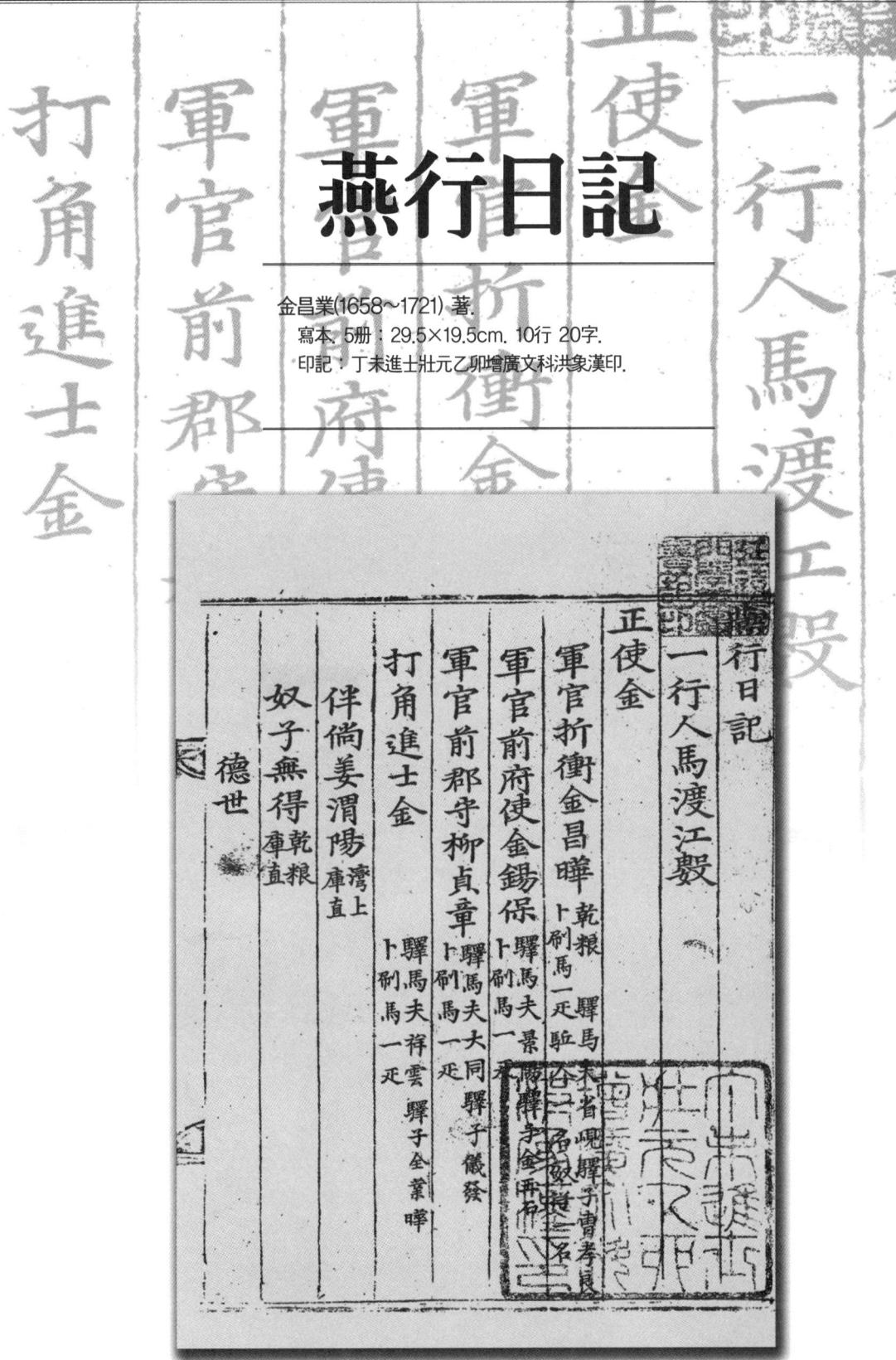

1. 저자

金昌業(1658~1721)의 本貫은 安東, 字는 大有, 號는 稼齋·老稼齋이다. 金尙憲(1570~1652)의 손자이며 17세기에 활약한 노론의 정치가 金壽恒(1629~1689)의 넷째 아들이다. 조선 후기 문인이며, 화가이다. 어려서부터 昌集·昌協·昌翕 등 형들과 함께 학문을 익혔다. 1681년 진사시에 합격했으나, 벼슬길에 나아가지 않고 한양의 東郊松溪(지금의 성북구 장위동)에 은거하였다. 1689년에 기사사화가 일어나자 포천에 있는 永平山 속에 들어가 숨어살다가 1694년 정국이 노론파에 유리하게 되자 다시 송계로 나왔다. 이 때 나라에서 內侍敎官이라는 벼슬자리를 주려고 하였다. 그러나 응하지 아니하고 스스로 '노가재'라 부르며 세상일을 멀리 하였다. 그리고 향리에 社倉을 설치하고 거문고와 시 짓기를 즐기면서 사냥으로 낙을 삼았다. 중국 산천을 보지 못한 것을 늘 아쉽게 여기다가 그의 나이 55세 되던 1712년, 燕行正使인 형 昌集을 따라 北京에 다녀왔다. 이 때 보고 들은 것을 모아 『연행일기』를 펴내었다. 이 책은 중국의 산천과 풍속, 문물 제도와 이때 만난 중국의 유생, 道流(도교를 믿고 그 도를 닦는 사람)들과의 대화를 상세히 기록하고 있다. 자제군관으로 자유로운 구경이 목적인 여행인데다, 그 스스로 산수에 매우 관통한 화가인지라, 문학적 기행일기를 쓰는데 관심을 집중할 수 있었다. 동생인 昌緝(1661~1713)이 명산대천·고적이 기록된 책 1권, 月沙 李廷龜의 『角山閭山千山遊記錄』 1책과 「輿地圖」 1장을 형의 행장에 휴대하여 일기에 참고하게 했던 만큼, 이 『연행일기』는 연행문학사의 역사로서 한 획기적인 저작이라 할만하다.[1]

김창업은 어려서부터 그림에 재주가 있어 젊어서도 그림 그리기를 즐겼으므로 아버지로부터 '그림에 마음을 빼앗겨 학업에 방해가 될까 걱정이니 손을 떼라'는 충고를 받기도 하였다. 현존하는 그의 그림인 「秋江晚泊圖」(간송미술관 소장)나 후인이 모사한 宋時烈 77歲像(국립중앙박물관 소장) 같은 작품으로 보아 그림 솜씨가 상당한 수준이었던 것을 알 수 있다. 그의 그림에 대한 취향은 서자인 允謙에게 이어져 조선 후기에 유행한 實景山水畵에 크게 영향을 미쳤다. 문집으로 『老稼齋集』이 있다.

2. 구성

1) 구성

5책의 필사본이다. 권수제는 '燕行日記', 표제는 '稼齋燕行錄'이다. 각 책 첫 장 하단에 魚

---

1) 김창업, 『연행일기』, 「往來總錄」.

有鳳의 문인 겸 사위면서, 홍석주의 증조부인 洪象漢(1701~1769)의 印記(丁未進士壯元乙卯增廣文科洪象漢印)가 찍힌 연세대 소장 귀중본이다.2)

저자 김창업이 冬至 兼 謝恩正使 金昌集의 군관으로 副使 尹趾仁, 書狀官 盧世夏와 함께 청나라에 다녀오면서 1712년(숙종 38) 11월 3일부터 이듬해 3월 30일까지 146일 동안 기록한 일기이다.3) 11월 3일 京城을 출발하여 12월 27일 北京도착, 다음해 3월 30일 京城으로 돌아올 때까지 매일의 사건을 기록하였다. 날짜순으로 글을 써 나가는 일기의 형식이며, 일기로 적을 수 없는 경우 '...物目'이나 '...總錄'과 같은 별록 27張을 책 머리에 따로 붙였다. 구성은 권두의 別錄과 일기로 구분된다. 글의 단락을 달리하거나, 일기의 일자 앞에 圈格처리를 하고 있다. 전체 구성은 다음과 같다.

> 1책(金) : 「一行人馬渡江數」·「方物歲幣式」·「鳳城瀋陽北京山海關所用禮單人情數」·「入京下程」·「表容文呈納」·「鴻臚寺演儀」·「朝參儀」·「賞回物目」·「上馬宴」·「山川風俗總錄」·「往來總錄」 (이 부분에만 '연행일기 권지일'이라는 권수제가 있다. '왕래총목'의 끝 단락과 일기 임진 11월 3일이 시작되는 부분이다. 이후 권차 없이 책별로 5책으로 엮였다. 필사과정에서 불분권 5책으로 내리 轉寫한 듯하다.) 임진 11월 3일 서울을 출발하여 11월 30일 通遠堡에 이르기까지의 일기

> 2책(木) : 임진 12월 1일 通遠堡에서 출발하여 12월 27일 북경도착과 29일까지의 일기
> 3책(水) : 계사 1월 1일 신년 朝賀를 드리는 이야기부터 1월 30일까지의 북경 유람일기
> 4책(火) : 계사 2월 1일 북경유람에서부터 29일 十三山까지의 일기
> 5책(土) : 계사 3월 1일 十三山에서부터 30일까지 서울로 돌아올 때까지의 일기

2) 이본 소개

연대본과 내용은 동일한 규장각본(奎4538)4)은 1인의 단정한 필치로 필사된 漢文本 『老稼

---

2) 이들은 모두 노론 가문 출신이다. 어유봉은 농암 김창협의 門徒였으니, 그 동생 김창업의 『가재연행기』를 쉽게 얻었을 가능성이 있다. 1765년경 姜世晃, 柳慶種, 李用休, 姜俒 등 근기 소북 남인 문사들조차 이 『연행일기』(조선사신과 兀喇摠管 穆克登과의 백두산 定界와 관련한 대화부분과 『연행일기』가운데 4題)를 抄해 갖고있는 것을 보면 이 책이 당시 교과서적으로 널리 전사되었음을 추측할 수 있다. (강경훈, 「필사본 잡록 『博聞』에 대하여」, 『문헌과 해석』 7호, 1999, 206쪽).

3) 이 사행의 목적은 조·청 간에 이뤄진 네 가지 일에 대한 사은과 정례적인 동지사를 겸한 것이었다. 1644년(인조 22)부터 1년에 네 차례 보내던 정기 사행을 단일화해 三節 兼 年貢使(일명 節使)라 하여 동지에 보내도록 했는데, 바로 이 사행부터이다. 네 가지 사은이란 1712년 국경을 확정한 백두산정계비의 건립, 예단을 줄여 방물로 바꾸도록 한 일, 금의 歲貢을 없애고 豹皮를 줄인 일, 국경을 넘어 청에 들어간 조선인에 대한 조사를 면제한 데 대한 것이었다.

4) 1712년(숙종 38)刊, [刊者 未詳], 책크기 30.1×19.7cm 匡郭 四周單邊, 半葉匡郭:20.9×14.3cm, 10行 24

齋燕行日記』9卷 6冊이다. 국립중앙도서관(이하 국립본, 필사본 4책, 내용은 동일), 藏書閣(필사본9권 6책, 내용은 동일, 흘림체 2인 이상 필치)에도 소장되어 있다. 이 밖에 연활자본으로 출판된 조선고서간행회 編, 『稼齋燕行錄』 단행본 1책(朝鮮群書大系續 7집, 1914년)이 연세대 중앙도서관에 소장되어 있다. 또, 일본 동양문고본(필사본 4권 4책)이 있다.

　이 중, 규장각본과 국립중앙도서관본5)의 구성을 들어 위의 연대본의 구성과 비교해볼 수 있다.

규장각본 6책　권수제 : '老稼齋燕行日記'　표제 : '稼齋燕行錄'

　卷次는 표시되어 있지 않다. (불분권이나, 분권으로 추정되는 부분에 '老稼齋燕行日記'라고 시작되고 있어 9권으로 간주한다. 1책(87장)은 권1~2, 2책(55장)은 권3, 3책(73장)은 권4, 4책(49장)은 권5~6, 5책(46장)은 권7~8, 6책(67장)은 권9에 각각 해당한다.) 內閣, 帝室圖書之章이 각 책 첫 장의 상단과 하단에 찍혀있다.

　　　1권 : 별록의 목록 1장, 별록(「一行人馬渡江數」・「方物歲幣式」・「鳳城瀋陽北京山海關所用禮單人情數」・「入京下程」・「表咨文呈納」・「鴻臚寺演儀」・「朝參儀」・「賞回物目」・「上馬宴」・「山川風俗總錄」・「往來總錄」), 임진 11월3일 서울을 출발하여 11월 30일 通遠堡에 이르기까지의 일기
　　　2권 : 임진 12월 1일 通遠堡에서 출발하여 12월 15일 遼東의 寧遠衛에 이르기까지의 일기
　　　3권 : 임진 12월 16일 寧遠衛에서 출발하여 12월 29일 北京에 도착하기까지의 일기
　　　4권 : 계사 1월 1일 신년 朝賀를 드리는 이야기부터 동년 1월 30일까지의 북경 유람일기
　　　5권 : 계사 2월 1일부터 8일까지의 북경 유람일기
　　　6권 : 계사 2월 9일부터 14일까지의 북경 유람일기
　　　7권 : 계사 2월 15일부터 21일까지의 북경을 출발하여 永平府까지의 일기
　　　8권 : 계사 2월 22일부터 29일까지 永平府에서 十三山까지의 일기
　　　9권 : 계사 3월 1일부터 30일까지 十三山에서 서울로 돌아올 때까지의 일기

국립본 4책　권수제 : '燕行日記'　표제 : '燕行日記'

　　　1책 : 「一行人馬渡江數」・「方物歲幣式」・「鳳城瀋陽北京山海關所用禮單人情數」・「入京下程」・「表咨文呈納」・「鴻臚寺演儀」・「朝參儀」・「賞回物目」・「上馬宴」・「山川風俗總錄」・「往來總錄」, 임진 11월 3

字 注雙行 版心 上黑魚尾. 이 한문본에서 몇 부분만을 발췌하여 번역한 國文本(가람 古 915.2-G415g)은 1冊 93張으로 이루어져 있다. 둘 모두 筆寫本이다.
5) 이 두 종의 이본은 林基中, 『연행록전집』31~33(동국대출판부)에 실려있다.

일~12월 15일까지의 일기
　　2책 : 12월 16일~1월 17일까지의 일기
　　3책 : 계사 1월 18일~2월 18일까지의 일기
　　4책 : 2월 19일~3월 30일까지의 일기

　일본 소장본을 제외한 국내 이본을 조사해본 결과, 동일내용의 표제와 卷次만 다른 필사본이 여러 곳에 소장되어있는 것으로 확인되었다. 이들 모두에 서·발문이 없어 선본여부를 가릴 만한 轉寫 연대를 정확히 고찰하기에는 무리가 있다. 연대본과 국립본은 圈格을 찍어 단락 구분을 확실히 하고 있고, 규장각본은 圈格이 없다. 연대본의 경우, 잘못 필사된 부분을 동그라미로 지운 흔적이 한두 군데 보이는데, 이는 필사자가 필사과정에서 범한 실수인 듯하다. 국립본 4책은 흘림체로 필사되었고 오탈자가 더러 발견된다. 장서각본은 규장각본을 母本으로 하여 전사한 듯하다. 규장각본은 민족문화추진회에서 1976년에 국역되어『연행록선집Ⅵ』에 전한다. 필사자의 인기 등이 없는 규장각본에 비해, 연대본은 5책으로 분권 필사한 후 洪象漢의 인기를 찍어두었다. 그러나 이들 이본의 각 필사 시기를 단정할 만한 자료는 찾을 수 없다. 필사순서로 볼 때, 오탈자가 많은 국립본이 가장 오래된 필사본인 듯하고, 권차가 대동소이한 규장각(장서각본)과 연대본은 후대에 오탈자를 정리하여 전사한 듯하다.

　아직까지 김창업의 수고본이 발견되지 않아 추측만 무성하다. 초고의 경우, 다만, 날짜별로 견문과 감회를 기록한 것이라, 저자 김창업이 연행을 하면서 동시에 기록했거나, 연행 직후에 연행과정에서 이루어진 草藁를 중심으로 완성했을 가능성이 있다. 따라서, 처음 필사시기는 연행당시인 1712년부터 연행시가 수록된『연행훈지록』이 엮어졌던 1715년 이전으로 추정하는 것이 타당하다.6)

3. 내용

　1) 別錄(27張)은 한마디로『연행일기』의 개요라고 할 수 있다. 「一行人馬渡江數」는 정사는 金昌集, 부사는 尹趾仁, 서장관은 掌令 盧世夏로 총인원 541명, 馬匹 435두가 동원되었는데, 여기서는 이것을 서술하고 있다. 「方物歲幣式」은 年貢, 冬至, 正朝, 聖節 등의 예물 물목이 적

---

6) 다음 글은 김창업이 귀국길에 角山寺에 이르러, 그 곳에서 少年僧인 程洪과 문학론에 대해 필담을 나누었는데, 그와의 교유는 귀국 후에도 유지되어 3년 후에 편지를 주고받게 된다. 그들 필담에서 필사연대와 관련하여 주목할 구절이 있다. 원본이 연행과 동시에 필사되었을 것으로 추정되는 부분이다. "이 종이는 당신의 필적이니 내가 가지고 가서 작별 후 얼굴을 대하듯 하고 싶습니다. 지난밤에 소년이 내놓고 쓴 종이는 그의 방에 그대로 놓고 왔고, 또 이 문답을 쓴 종이는 여행 중에 종이가 없어 일기책에다 썼기 때문이다....."(『연행일기』4책, 계사 2월 24일조).

혀있다. 원래 사행의 종류는 歲幣使, 正朝使, 冬至使, 聖節使 등의 명목이 구분되어 있다. 1645년(인조 22)부터 피차의 편의를 도모하기 위하여 그 본래의 일자에 구애됨이 없이 모두 합쳐서 '三節兼年貢使'라 하여 正朝에 가는 것이 관례가 되었는데, 이 행차도 그 관례에 따른 것이다. 이 물목을 보면 그 예물 항목이 구분되어 있음을 알 수 있다. 「鳳城瀋陽北京山海關所用禮單人情數」는 연행의 경로 및 북경에서 사행의 편의를 보아주는 중국 관원들에게 줄 선물 목록을 기록한 것이다. 「入京下程」은 북경에 머무는 동안 중국측에서 정·부사와 서장관 이하 각 수행원 및 마필에 이르기까지 매일 제공하는 식량, 품목, 路費 등의 항목 명세서이다. 「表咨文呈納」은 북경에 도착한 다음날 禮部에 가서, 表文·咨文을 바치는 의식을 기록한 것이다. 「鴻臚寺演儀」는 외국 사절 관계의 일을 전담하는 기관인 홍려시에 가서 朝參예행 연습을 하는 절차이다. 「朝參儀」는 正朝에 중국의 만조백관 및 각국 사신들과 함께 하례를 올리는 의식이 적혀있다. 일기 본문에 그 의식 절차를 행하던 광경이 적혀있는데, 「鴻臚寺演儀」와 「朝參儀」는 그런 의식의 일반적인 원칙을 나열한 것으로 출발 이전부터 다소의 예비지식으로 적어놓은 것이 아닌가 여겨진다. 「賞回物目」는 중국 측에서 조선 국왕 이하 정·부사 및 각급 수행원에게 내린 물목 명세서인데, 비단, 마필, 은자 등이 그 주요품목이다. 「上馬宴」은 북경을 떠나기 전날 예부에 가서 받는 송별연회 절차이다. 「山川風俗總錄」은 별록 중에 가장 많은 분량을 차지하는 산천·풍속 총록을 보아 알 수 있듯이, 연행길 내내 김창업의 관심이 가장 집중된 유람에 관한 기록이다. 여기서는 처음 접하는 외국의 진기한 풍속, 漢人과 淸人의 차이, 청인 치하에서의 한인들의 의복제도의 변화, 우리나라 풍속과의 차이 등을 퍽 흥미롭게 표현하고 있다. 이러한 내용은 일기 본문 중에도 많이 나오나, 매일 일기에 산발적으로 기록해놓은 것을 이렇게 종합하고 보충해두었으므로 이 부분만 읽어도 당시의 중국 풍물을 대개 짐작할 수 있다. 「往來總錄」은 연행의 往還일수, 거리등을 통계한 기록이다. 김창업이 혼자 유람한 거리가 모두 6백 53리나 된다. 으뜸가는 장관으로 遼東野, 山海關의 城池, 遼陽의 白塔, 居庸關의 疊嶂, 千山의 振衣岡巖刻, 계주 獨樂寺의 觀音金身, 通州의 돛단배, 東岳廟의 塑像, 八里堡의 墳園天壇, 三層圓閣의 午門外象, 大通橋의 낙타를 꼽았고, 으뜸가는 奇觀으로 薊門烟樹, 太液池의 五龍亭, 正陽門 밖 시장, 兔兒山 太湖, 崇文門 밖 완구, 太學의 石鼓, 祖家의 牌樓, 西直門 밖의 夜市, 法藏寺 탑, 斗姥宮의 龍泉寺, 西閣의 立石, 通州의 畵器, 呂紀의 수묵화 공작, 陳眉公의 수묵화 龍을 들고 있다. 이번 연행에서 구매한 서적은 『朱子語類』·『異同條卞』·『漢書評林』·『杜工部集』·『劍南詩抄』·『本草綱目』·『農政全書』·『奎壁四書』·『五經文選』등이다. 이밖에 구매한 문방구와 器玩은 銅香爐, 匙箸瓶, 磁器 필통, 자기 향로, 수정 벼루, 山文石, 花梨碁盃과 犀角, 藤鞭, 먹 匣, 朱紅 먹 등이다.

   2) 이후의 기록들은 날짜별로 노정에 따라서 견문한 내용을 비교적 자유롭게 적은 것이다.7) 일기에 남긴 김창업의 연행노정을 중요한 곳만 들면 다음과 같다. 1712년 11월 3일 漢

陽 弘濟院에서 전별주를 마시고 高陽에서 자고 坡州를 거친 이후 松都 → 平山 → 瑞興→ 鳳山 → 黃州 → 中和 → 平壤 → 順安 → 肅州 → 安州 →嘉山 → 定州 → 宣州 →良策站 → 義州→ 九連城 → 鳳城 → 松站 → 通遠堡 → 連山關 → 甛水站 → 狼子山 → 新遼東 → 十里浦 → 瀋陽 →孫家子 → 白旗堡 → 新廣寧 → 十三山 → 小陵河站 → 高橋鋪 → 寧遠衛 → 東關驛 → 兩水河→ 山海關 → 楡關→ 永平府→ 沙河驛 → 豊潤縣 → 玉田縣 →薊州 → 三河縣→ 通州 → 北京에 54일만에 도착했으며, 46일간 머무르다 다음해 2월 15일 回程하는 길에 일행과 별도로 醫巫閭山과 千山을 유람한 일을 제외하고는 일행과 합류해 入燕했던 길과 동일하다.

김창업은 일찍이 본 연행록을 인용한 부분과 그와 다른 점을 소개하고, 많은 지역을 홀로 여행하면서 보고 느낀 것을 모두 기록하였다. 청조 자체의 변화, 만주 지배하에 있던 중국을 저자 김창업이 보고 느낀 감정이 솔직하게 서술되어 있다. 무조건 오랑캐화 되어 가는 중국을 貶視한다기보다, 여러 정황 근거를 들고 확인 가능한 자료를 통해 고증하면서 재해석하고 있다. 이용후생과 관련한 실용적 제도나 器機에 대한 관심을 보여 청에서 시행하고 있는 제도의 장점과 서양과학기술을 소개하기도 했고, 천주당을 방문하여 해시계, 渾天儀, 풍금, 자명종에 대한 서술도 남겼다. 단, 묘사중심일 뿐, 천문과학적 의론을 펼치지는 못하고 있다. 북경에서 사귄 벗들과의 필담을 비롯하여 김창업이 연행중에 보이는 관심의 영역은 어느 부분으로 한정지을 수 없을 만큼 다각적인 양상을 보이고 있으나, 특히 角山寺에서 住僧 楊文成과 보좌하는 소년승 程洪과는 귀국하여 3년 만에 또 다시 편지를 주고받는 인연을 가졌음이 흥미롭다. 정치적 상황과 선진문물, 경제적, 문학적, 문화적 측면까지 관심사를 다양하게 기술하고 있지만, 특히 문화적 교류에 대한 관심이 비중있게 서술되어 있다. 세부적인 일기 내용이나 양적으로 산천, 풍속, 복색, 사관, 궁궐, 가로, 음식, 서화, 서적, 화초 등에 관한 묘사가 많다. 또, 귀환노정에 해당하는 요동지역 부분에서 角山, 醫巫閭山, 千山을 유람하는 내용도 많은 부분을 차지한다.

이 책에는 시가 거의 없이, 5책 말미에 이 연행록을 끝내면서 도중에 시 4백 2수를 지었다고만 적었다. 김창업의 『노가재집』 5권 <연행훈지록>에 실린 111題 137首를 말함이 아닌가 싶다.

4. 가치

김창업은 子弟軍官 신분으로 자유로이 여행하며 폭 넓은 기록을 할 수 있었다. 노론 명문

---

7) 이 책의 내용은 朴智鮮, 『金昌業의 老稼齋燕行日記연구』(고려대 박사논문, 1995)에 자세히 서술되어있다. (67~168쪽 참조).

가 자제였던 김창업이 긴 연행 여정을 통해 보여준 의식의 변모는 이 시기 조선인의 지적 동향을 감지할 수 있는 좋은 예가 되어준다. 자제군관으로 연행했던 박지원의 『열하일기』보다 68년 전에 지어졌다.

　이 책은 숭명배청에서 北學派사상으로 이어지는 시기를 대표한다. 당시 康熙의 치세로 융성해 가는 중국 사회나 사상의 변화를 보는 대로 씀으로써 문학작품 뿐 아니라 중국 관련 사료로서도 가치가 높다.8) 또한 조선후기 풍속사와 한중 교섭사 관련 연구 및 기행문학 연구 등에서 긴요하게 활용될 수 있는 자료이다. 전대의 연행록을 인용하거나 그 차이를 소개하고, 혼자 자유롭게 여행하면서 보고 느낀 것을 기록했다. 명분론을 내세우지 않고 청나라의 진기한 풍속과 그들의 생활 모습을 자세히 적어 중국의 사회와 사상의 변화를 자세히 알 수 있으니, 중국 관련 자료로서도 중요한 가치를 지닌다. 또, 洪大容(1731~1783)의 『湛軒燕記』와 더불어 조선후기 연행록 서술의 규범으로 자리잡았다는 점에서도 그 의의가 인정된다. 연대본 (귀422) 김창업 『연행일기』의 자료적 가치가 동일계통의 여러 異本과 함께 학계에 소개되길 기대한다.

【금지아】

---

8) 이 사신 행차의 다른 기록으로 崔德中의 『연행록』이 있다.(국역연행록선집 Ⅳ(민족문화추진회, 1976).)

熱河日記

朴趾源(1737~1805) 著.

寫本. 26卷 12冊：25×15.5cm. 11行 19字.
表題：燕巖集, 卷首題：熱河日記.

寫本. 26卷 4冊：32×21cm. 12行 30字.
表題：燕彙 燕巖, 卷首題：熱河日記.

寫本. 7卷 2冊：24×15.5cm. 10行 22字.
表題·卷首題：熱河日記抄略. (이상 3종)

燕岩集卷之
熱河日記一
渡江錄序

昌爲後三庚子記行程陰晴將年以係日
稱依崇禎紀元後也昌三庚子崇禎紀元後三周
庚子也昌不稱崇禎將渡江故歸之也昌諱之江
以外淸人也天下皆奉淸正朝故不敢稱崇禎也
昌私稱崇禎皇明中華也吾初受命之上國也
崇禎十七年毅宗烈皇帝殉社稷明室亡于
今百四十餘年昌至今稱之淸人入主中國而先
王之制度變而爲胡環東土數千里畫江而爲國

燕岩集
熱河日記卷一
渡江錄綠
後三庚子我聖上四年清乾隆四十五年也六月
二十四日辛未朝小雨終日乍灑乍止渡鴨綠江行
三十里露宿九連城夜大雨即止初四日

熱河日記抄略卷之一
渡江錄
九龍亭接檢
燕巖朴趾源美齋 著

六月二十四日乾隆四十渡鴨綠江宿九連城○九龍亭
即發船所也灣尹已設幕出待而書狀淸展先出與灣尹
眼同按檢例也方校閱人馬人籍姓名居住年甲髯疤有
無身材長短馬鬃其毛色立三旗爲門按其禁物大者如
黃金眞珠人蔘貂皮及他外濫銀小者新舊名目不下數
十種瑣雜難悉厥梀則披衣摸袴褌譯則解視行裝橐袋
辰係皮箱工岸支葙紙豆良譜草咋爭勻久合肖消日頭

1. 저자

朴趾源(1737~1805)의 本貫은 潘南, 號는 燕巖, 字는 美仲(혹은 仲美)다. 1737년(영조 13) 2월 5일 새벽에 서울 서부 盤松坊 冶洞에서 태어났다. 조부는 경기도 관찰사까지 지낸 章簡公 朴弼均, 아버지는 朴師愈다. 1759년(영조 35)에는 어머니 咸平 李氏를 여의고, 1767년(영조 43)에 부친을 여의었다.

조부가 청렴하여 어린 시절 공부할 수 있는 방이 없었다. 16살에 遺安齋 李輔天의 딸과 혼인하여 장인과 처삼촌(李亮天)으로부터 『孟子』와 『史記』를 배웠다. 얼마 되지 않아 「項羽本紀」를 모방하여 「李忠武傳」을 짓고, 이양천에게 사마천과 같은 글 솜씨가 있다고 칭찬을 받았다. 20세를 전후한 시기에 「穢德先生傳」・「兩班傳」 등 한문 단편 9편을 지었다.

1770년(영조 46) 監試 초장과 종장에 모두 장원을 했다. 會試에 응시했으나 試券을 제출하지 않았고, 그 뒤로 과거를 포기했다. 주로 洪大容・鄭喆祚・李書九・李德懋・朴齊家・柳得恭 등과 어울렸다. 개성 유람 중 황해도 金川郡 燕巖골을 발견하여 뒤에 은거할 요량으로 호를 燕巖이라고 했다.

42세 되던 1778년(정조 2)에는 洪國榮의 박해를 피해 이곳에 은거하기도 했다. 1780년(정조 4)에 서울로 돌아와 平溪의 처남 李在誠 집에서 지내다가, 5월부터 10월까지 乾隆皇帝의 만수절 축하 사신으로 연경에 가는 三從兄 錦城尉 朴明源을 따라 연경에 다녀왔다. 귀국 후 연암골에서 『熱河日記』를 저술했다.

이것이 사대부들간에 널리 전파되어 명성을 크게 얻었으나 이 때문에 반대파의 공격을 받기도 했다. 1792년(정조 16) 정조는 文體反正을 명하면서 문체를 변화시킨 책임을 『열하일기』로 돌렸다. 이런 과정 속에서 정조가, 南公轍을 통해 반성의 글을 지은 후에 연암을 등용할 뜻을 비치었으나, 연암은 속죄하는 내용의 답서만 보냈다.

50세 되던 1786년(정조 10) 7월에 兪彦鎬의 추천으로 繕工監 監役에 임명되었다. 연암은 평소 벽돌을 이용한 건축을 매우 유용하게 생각했으므로, 春塘臺에 벽돌로 보조계단을 쌓으려고 했으나 이루지 못했다. 1789년(정조 13) 6월에 平市署 主簿로 승진했다. 司僕寺 主簿로 직책이 바뀌었는데, 승지인 이서구와 친분이 있었기에 오해를 피하기 위해 나아가지 않았다.

司憲府 監察에 임명되었으나 사헌부라는 명칭이 작은 아버지의 이름과 같아 취임하지 않았다. 또 다시 齊陵令에 임명되었고, 15개월 뒤 1791년(정조 15)에 漢城府 判官에 임명되었다. 그 해 겨울 安義 縣監에 임명되어 다음해 정월 임지에 부임했다. 1796년(정조 20) 안의 현감을 그만두고 상경하여, 桂山洞에 벽돌로 叢桂書塾을 지었다.

1797년(정조 21)에 沔川 郡守가 되어 정조의 명으로 『書李邦翼事』를 지었다. 1799년(정조 23)에는 農書를 구하는 교서에 응해 『課農小抄』를 지어 바쳤다. 1800년(정조 24)에 襄陽 府使가 되었으나 관내 神興寺가 관과 결탁해 폐단을 끼치자 이듬해 병을 핑계로 사직했다. 말년에는 중풍으로 글을 못 짓고 1805년(순조 5) 10월 20일 졸하여 長湍 大世峴에 묻혔다.

1900년(고종 37) 金澤榮이 全史字로 『燕巖集』原集 6권 2책을 간행하고 다음 해에 續集 3권 1책을 간행했다. 1910년(순종 4)에 '文度'라는 시호를 받았다. 1911년 조선광문회에서 崔南善이 『熱河日記』 25권 1책을 간행했다. 1932년 후손 朴榮喆이 『燕巖集』 17권 6책을 간행했다.

2. 구성

연세대학교 소장 필사본은 모두 세 종이다. 두 종은 모두 26권으로 되어 있고, 다른 한 종은 7권으로 되어 있다. 26권본 두 종은 전질본이고, 7권본은 초략본이다.

26권본 중 한 종은 전체 12책으로 겉표지의 표제가 『燕巖集一』~『燕巖集十二』로 되어 있다.(이하 연세대 A본으로 지칭한다.) 겉표지만 보면 『연암집』 전체 속에 『열하일기』가 들어 있는 것처럼 보이지만, 『열하일기』 외에 다른 『연암집』의 내용은 보이지 않는다.

다른 한 종은 4책으로 겉표지의 표제가 『燕彙 燕巖一』~『燕彙 燕巖四』로 되어 있다. 원래 전라남도 谷城에 살았던 墨容齋 丁日宇의 소장본이었으나 연세대에 기증된 것이다.[1](이하 연세대 B본으로 지칭한다.) 『燕彙』는 연행록 선집이란 의미로, 이 안에는 홍대용의 『燕記』도 들어 있다. 두 필사본 모두 『열하일기』라는 표제는 속표지에만 등장한다.

7권본은 2책으로 표제는 겉표지와 속표지가 모두 『熱河日記抄略』이다.(이하 연세대 C본으로 지칭한다.) 내용은 제목대로 『열하일기』의 내용을 초록하여 항목별로 요약 정리한 후 내용에 따라 표제어를 붙였다. 그래서 앞의 두 필사본과 형태가 크게 다르다. 편차는 대략 두 필사본과 비슷하지만 중간에 순차가 섞인 것이 많다.

연세대 A본의 구성은 다음과 같다.

제1책:권1 <渡江錄>
제2책:권2 <盛京雜識>
제3책:권3 <馹汎隨筆>
제4책:권4 <關內程史>
제5책:권5 <漠北行程錄>·6 <太學留館錄>

---

1) 이에 관해서는 다음 논문 참조. 裵賢淑, 「谷城 丁氏家의 黙容室 藏書」, 『文獻情報學報』 제5집, 1993, 331~353쪽. 金貞熙, 「丁鳳泰 舊藏本 中國관련 文獻에 대한 試探」, 『中國語文論叢』 제23집, 高麗大學校 中國語文研究會, 2002, 251~269쪽.

제6책:권7 <還燕道中錄>·8 <傾蓋錄>·9 <黃教問答>·10 <班禪始末>·11 <扎什倫布>

제7책:권12 <忘羊錄>·13 <審勢編>

제8책:권14 <鵠汀筆談>·15 <山莊雜記>

제9책:권16 <幻戲記>·17 <避暑錄>·18 <行在雜錄>·19 <戲本名目>

제10책:권20 <口外異聞>·21 <玉匣夜話>·22 <金蓼小抄>

제11책:권23 <黃圖紀略>·24 <謁聖退述>·25 <盎葉記>

제12책:권26 <銅蘭涉筆>

연세대 A본 각 권의 구체적인 내용은 다음과 같다.

권1 : 「渡江錄序」·<渡江錄(六月二十四日~七月九日)>

권2 : 「熱河日記目錄」·<盛京雜識(七月十日~七月十一日)>·「盛京伽藍記」·「粟齋筆談」·「商樓筆談」·「古董錄」·「遼東白塔記」·「廣祐寺記」·「舊遼東記」·「山川記略」·「關廟記」·<盛京雜識(七月十二日~七月十四日)>[2]

권3 : 「馹汛隨筆序」·<馹汛隨筆(七月十五日)>·「北鎮廟記」·「車制」·「戲臺」·「市肆」·「店舍」·「橋梁」·<馹汛隨筆(七月十六日~七月二十三日)>·「姜女廟記」·「將臺記」·「山海關」

권4 : <關內程史(七月二十四日~七月二十五日)>·「列上畫譜」·<關內程史(七月二十六日)>·「夷齊廟記」·「灤河泛舟記」·「射虎石記」·<關內程史(七月二十七日~七月二十八日)>·「虎叱」·<關內程史(七月二十九日~八月初四日)>·「東嶽廟記」

권5 : <漠北行程錄(八月初五日~八月初九日)>

권6 : <太學留館錄(八月初九日~八月初十四日)>

권7 : <還燕道中錄(八月十五日~八月二十日)>

권8 : <傾蓋錄>

권9 : <黃教問答>

권10 : <班禪始末>

권11 : <扎什倫布>

권12 : <忘羊錄>

권13 : <審勢編>

권14 : <鵠汀筆談>

권15 : <山莊雜記>[3]·「夜出古北口記」·「一夜九渡河記」·「象記」·「乘龜仙人行雨記」·「萬年春燈記」·

---

2) <盛京雜識>는 7월 9일부터 7월 14일간의 기록이다. 「盛京伽藍記」~「關廟記」는 11일과 12일의 일기 사이에 들어 있다. 제호는 첫 부분에만 나오지만 여기서 둘로 나눈 것은 여러 기문이 일기 사이에 들어 있는 형식이라는 것을 나타내기 위한 것이다. <馹汛隨筆>·<關內程史>도 이와 같다. 권2 첫 부분에는 「熱河日記目錄」이 따로 붙어 있는데, 그 목록에는 「粟齋夜話」·「商樓夜話」·「山川紀略」·「遼東關廟記」 등으로 되어 있다.

3) <山莊雜記>·<口外異聞>·<黃圖紀略>·<謁聖退述>·<盎葉記>는 여러 항목의 짧은 글들을 모아 놓은 책들이다.

「梅花砲記」·「蠟嘴鳥記」·「萬國進貢記」

권16 : <幻戲記>

권17 : <避暑錄>

권18 : <行在雜錄>

권19 : <戲本名目>

권20 : <口外異聞>·「盤羊」·「彩鷂蝴蝶」·「高麗珠」·「崇禎相臣」·「伊桑阿舒赫德」·「王振墓」·「曹操水葬」·「魏忠賢」·「楊貴妃祠」·「樵史」·「麈角解」·「荷蘭鹿」·「砟苔」·「入定僧」·「別單」·「籐汁膠石」·「照羅赤」·「元史天子名」·「蠻語」·「麗音離東頭登切」·「丙午乙卯元朝日食」·「六廳」·「三學士成人之日」·「當今名士」·「明璉子封王」·「古兒馬紅」·「東醫寶鑑」·「深衣」·「羅約國書」·「佛書」·「皇明馬牌」·「哈密王」·「徐花潭集」·「長興鏤板」·「周翰朱昂」·「武列河」·「雍奴侯」·「乮」·「順濟廟」·「海印寺」·「四月八日放燈」·「五絃琵琶」·「獅子」·「降仙樓」·「李榮賢」·「王越試券」·「天順七年會試貢院火」·「新羅戶」·「證高麗史」·「朝鮮牡丹」·「艾虎」·「十可笑」·「子規」·「慶壽寺大藏經碑略」·「訦糧臺」·「胡元理學之盛」·「拜荊」·「還鄉河」·「桂苑筆耕」·「千佛寺」

권21 : <玉匣夜話>

권22 : <金蓼少抄>

권23 : 「熱河日記目錄」·<黃圖紀略>·「皇城九門」·「西館」·「金鰲橋」·「瓊華島」·「兎園山」·「萬壽山」·「太和殿」·「體仁閣」·「文華殿」·「文淵閣」·「武英殿」·「擎天柱」·「御廐」·「午門」·「廟社」·「前星門」·「五鳳樓」·「天壇」·「虎圈」·「風琴記」·「洋畫」·「象房」·「黃金臺」·「雍和宮」·「大光明殿」·「狗房」·「孔雀圃」·「五龍亭」·「九龍壁」·「太液池」·「紫光閣」·「萬佛樓」·「極樂世界」·「瀛臺」·「南海子」·「回子館」·「琉璃廠」·「綵鳥鋪」·「花草鋪」

권24 : 「熱河日記目錄」·<謁聖退述>·「順天府學」·「太學」·「學舍」·「歷代碑」·「明朝進士題名碑」·「石鼓」·「文丞相祠」·「觀象臺」·「試院」·「朝鮮館」

권25 : 「熱河日記目錄」·<盎葉記>·「弘仁寺」·「報國寺」·「天寧寺」·「白雲觀」·「法藏寺」·「太陽宮」·「安國寺」·「藥王廟」·「天慶寺」·「斗姥宮」·「隆福寺」·「夕照寺」·「關帝廟」·「明因寺」·「大隆善護國寺」·「火神廟」·「北藥王廟」·「崇福寺」·「眞覺寺」·「利瑪竇塚」

권26 : <銅蘭涉筆>

연세대 B본의 편차는 A본과 일치하고 분책만 다르다. 제1책이 권1~3권, 제2책이 권4~권11, 제3책이 권13~권19, 제4책이 권20~권26으로 구성되어 있다. 이 두 책은 필사의 착오나 편차에 대한 메모까지 동일한 모습을 보인다. 그런 의미에서 두 필사본은 동일계통본으로 볼 수 있다.

그 안에 여러 편의 글이 실려 있을 뿐 각 제목에 따른 내용이 따로 있는 것은 아니다.

이를테면 두 책 모두 <盛京雜識>의 「熱河日記目錄」에는 「粟齋夜話」·「商樓夜話」·「山川紀略」·「遼東關廟記」 등으로 되어 있으나 본문에서는 「粟齋夜話」·「商樓夜話」·「山川記略」·「關廟記」 등으로 표기되었다. 또한 제18권 <行在雜錄>의 권 표시 아래에 '편차는 마땅히 <찰십륜포> 아래 제12권이 되어야 한다(編次當爲第十二扎什倫布下)'는 말도 똑같다.4)

그렇다고 두 필사본이 완전히 일치하는 것은 아니다. 우선 연세대 B본은 A본과는 달리 목차와 본문 사이에 서로 어긋나는 부분이 많다. 이는 이 필사본이 A본이 아닌 또 다른 계통본을 참고했을 가능성을 시사하는 것이다.

이를테면 제2권의 목록에는 <漠北行程錄>과 <太學留館錄>이 권5로 되어 있고, <遊燕道中錄>이 권6으로 되어 있으나, 본문에서는 각각 권5~권7(<還燕道中錄>으로 이름도 바뀜)로 되어 있다. 본문의 권8~권11의 <傾蓋錄>~<扎什倫布>은 목록에서 아예 누락되었다.

제3책의 목록은 권7(<忘羊錄>과 <審勢編>), 권8(<鵠汀筆談>와 <山莊雜記>), 권9(<幻戲記>~<戱本名目>)로 적혀 있으나 본문은 A본처럼 12권~19권으로 되어 있다. 제4책의 목록은 권10(<口外異聞>~<金蓼小抄>), 권11(<黃圖紀略>~<盎葉記>)로 되어 있고, <銅蘭涉筆>은 아예 목록에서 누락되었다. 이 역시 A본처럼 권20~권26으로 되어 있다.

글자가 다른 곳도 있다. <黃圖紀略>에서 본문에는 塵角解·前星門·天壇으로 된 것이 목록에서는 각각 塵角解·前里門·天檀으로 되어 있다. 里와 檀은 오자로 보인다. 또 <謁聖退述>의 明朝進士題名碑가 목록에는 明朝進士碑로 되어 있다.

연세대 C본은 제1책이 권1~3권, 제2책이 권4~권7로 구성되어 있다. 연세대 C본은 축약본으로 특이한 사건이나 내용을 각 항목으로 독립시켜서 기록했다. 그래서 날씨라든가 특정 사건이 언제 일어났다든가 하는 것을 살필 수가 없다. 일기로서의 특징은 거의 보이지 않는 셈이다.

이를테면, 보통의 판본이 <渡江錄>의 첫째 날인 六月二十四日의 기록에 압록강의 모습이나 압록강에 대한 지리적 고찰, 동행하는 인물의 소개, 강을 건너는 심정, 여정의 모습 등을 기록했으나, 이곳에서는 九龍亭搜檢이라는 항목으로 단지 인마·짐 등의 검사에 관한 내용만을 간략하게 적었다.

초록된 내용은 26권본의 순서와 대략 일치하지만 순차가 섞인 부분이 있다. 이를테면, <還燕道中錄>에 들어 있는 내용이 <黃教問答> 사이에 다시 나오거나 <傾蓋錄>이 <黃教問答> 사이에 들어가 있어서 착간된 흔적이 있고, <黃教問答> 다음에 바로 <行在雜錄>의 내용이 나오기도 한다. 또한 <班禪始末>·<扎什倫布>·<金蓼小抄>에서는 초록한 내용이 없다.

구체적인 항목을 살펴보면 다음과 같다.

권1 : <渡江錄>·「九龍亭搜檢」·「正官包銀」·「酒店賣酒」·「汲水提水」·「碑」·「講義」·「屋制」·「甓瓦」·「鳳

---

4) 다만 山川紀略의 紀가 B본의 목록에서는 記로 되었으나 B본의 본문에서는 紀로 되어 있다.

凰城」・「城制」・「烽臺」・「露柩」・「墳塋」・「行旅」・「典當鋪」・「店主雅致」・「捕田猪」・「治車道」・「窰制」・「親迎禮」・「富先生藏書目錄」・「炕制」・「道士服」・「刷驏載蒙古」・「盜賊戈配」・「馬群」・「瀋陽」・「盛京殿閣」・「批頰刑」・「需銀」・「古董鋪」

권2:〈盛京雜識〉・「火龍說」・「罡鐵轉聲」・「通婚」・「諸生名目」・「士類亦有等」・「古董錄」・「舊遼東記」・「柶戱」・「初喪家」・「烟臺八百望」・「瓦礫壯觀」・「車制」・「獨輪車」・「同軌說」・「車說」・「水銃車說」・「轉磨說」・「簁麪法」・「繅車說」・「喪輿制」・「敲響糶貨」・「客舍」・「器皿」・「補破瓷」・「橋梁」・「虹蜺樹」・「松杏之戰」・「近世從祀」・「氊帽」・「墳墓」・「女子馬上才」・「將臺記」・「山海關」・「敝臺」・「瞽者說」・「紙筆墨說」・「冽上畫譜」・「高麗堡」

권3:「虎叱」・「佟國維塋域」・「正使舘識」・「琉璃廠」・〈漠北行程錄〉・「御馬說」・「皇子」・「守寡」・「漢女彎鞋」・「店舍」・「烟」・「童謠」・「通官」・「亨山問答」・「陌」・「蒙古服色」・「湯飮」・「黃金」・「西番聖僧」・「荔枝汁」・「時習齋閱樂器」・「馬政」

권4:「皇帝親姪」・「鷹鶴赦眼」・「船」・「吃人道士」・「小宵同用」・「橐駝」・「驅羊」・「酒樓」・「尹亨山」・「審勢」・「蒙古回子」・「奏單冞論」・「額爾德尼給使臣物件」・「大邦贈燥」・「聚珍板」・「飮食次序」・「飮食以箸」・「中國禁書」・「攝政王」・「乘龜仙人行雨」・「萬年春子燈」・「梅花砲」・「蠟嘴鳥說」・「萬國進貢記」・「鄂羅斯犬」・「駝雞」・「山都」・「人魖」・「象」・「幻戲記」

권5:「熱河三十六景」・「旌淑之典」・「朴楚亭」・「伴當」・「方言」・「事實舛謬」・「男幻爲女」・「吳中浮誕」・「吳錢誅貶」・「滿人思漢」・「長丞」・「牛不穿鼻」・「因語入字」・「戱本名目」・『口外異聞』・「盤羊」・「彩鶿蝴蝶」・「高麗珠」・「崇禎相臣」・「伊桑阿舒赫德」・「王振墓」・「曹操水葬」・「魏忠賢」・「楊貴妃祠」・「樵史」・「麈角解」・「荷蘭鹿」・「柞莟」・「入定僧」・「別單」・「籘汁膠石」・「照羅赤」・「元史天子名」・「蠻語」・「麗音離東頭登切」・「預奏後十年日食」・「六廳」・「三學士成人之日」・「當今名士」・「明璉子封王」・「姜弘立」・「東醫寶鑑」・「大布」・「羅約國書」・「回子」・「徐花潭集」・「聚珍板」・「自熱河東還路由」・「新羅戶」・「證高麗史」・「十可笑」・「詭糧臺」・「拜荊」

권6:〈玉匣夜話〉・「我譯欺主顧閭家遷廣」・「洪純彦捐金贖娼」・「白帽裝送」・「卞承業病不收銀」・「許生員讓李大將」・『黃圖紀略』・「皇城九門」・「被籍法」・「文華殿」・「文淵閣」・「武英殿」・「御廏」・「廟社」・「前星門」・「虎圈」・「風琴」・「象房」・「金鼈」・「大明殿」・「狗房」・「孔雀圃」・「回子館」・「琉璃廠」・「綵鳥鋪」・「花草鋪」・「進士題名碑」・「石鼓」・「觀象臺」・「試院」・「朝鮮館」

권7:〈盎葉記〉・「藥王廟」・「利瑪竇塚」・「琉球呈文」・「琉球貢例」・「服色制度」・「僧笠」・「蒙古笠」・「鄉試」・「日本通商舶」・「藏書辟蠹方」・「貢獻寬苛」・「吸毒石」・「李士龍」・「大越國」・「黑眞國」・「密議」・「康熙才子」・「俸祿」・「窓格」・「數珠」・「種羊生羊」・「巴克什」・「落花生」・「東人不髥之由」

다른 판본과 비교할 때, 「敝臺」 이하 권3의 「琉璃廠」까지는 〈關內程史〉의 내용이고, 「皇子」 이하 「馬政」까지는 〈太學留舘錄〉의 내용이다. 「皇帝親姪」 이하 「船」까지는 〈還燕道中錄〉의 내용이고, 「吃人道士」와 「小宵同用」 은 〈黃敎問答〉의 내용이다. 「橐駝」 이하 「酒樓」까지는 〈還燕道中錄〉의 내용이고, 「尹亨山」 은 〈傾蓋錄〉의 내용이다.

「審勢」와 「蒙古回子」는 <黃敎問答>의 내용이고, 「奏單勅諭」와 「額爾德尼給使臣物件」은 <行在雜錄>의 내용이다. 「大邦遭燥」은 <忘羊錄>의 내용이고, 「聚珍板」은 <審勢編>의 내용이다. 「飮食次序」 이하 「攝政王」까지는 <鵠汀筆談>의 내용이고, 「乘龜仙人行雨」 이하 「象」까지는 <山莊雜記>의 내용이다. 「幻戱記」는 판본에 따라 <山莊雜記>에 들어가기도 하고 그렇지 않기도 해서 일괄적으로 말하기 어렵다.

「鄂羅斯犬」·「駝雞」·「山都」·「人䱥」 등은 「萬國進貢記」의 내용이고, 「熱河三十六景」 이하 「因語入字」까지는 <避暑錄>의 내용이다. 「麈角解」가 다른 판본에는 塵로 되어 있으나 이곳만은 麈로 되어 있다. 「斫䇷」은 연세대 A, B본은 筂으로 썼지만 이곳은 䇷으로 되어 있다. 「預奏後十年日食」은 「丙午乙卯元朝日食」의 일부를 취한 것이고, 「金毒」은 「黃金臺」의 일부를 취한 것이다. 「琉球呈文」 이하의 내용은 <銅蘭涉筆>의 내용이다.

「黑眞國」과 「密議」 사이에는 종이쪽지가 끼어 있는데, 여기에는 필사자가 55세 때, 66세 때, 75세 때 적어 놓은 글이 있다. 그 내용은 각각 열하가 사막 남쪽에 있기 때문에 <막북행정록>이란 명칭이 잘못되었다는 것, 『열하일기』는 천하의 기문인데 초록한 것이 한스럽다는 것, 연암의 문장은 이용후생의 내용이 있을 뿐만 아니라 문장도 독보적이라는 것 등이다.

3. 내용

1) <渡江錄>

鴨綠江에서 遼陽에 이르는 15일 간의 기록이다. 노정과 견문, 여행자의 소회 등을 세밀히 적었다. 서문에 날짜 표시를 崇禎 연호로 한다고 하면서 실제로는 건륭 연호를 같이 썼다. 우물의 도르래, 물통의 제도, 집의 제도들을 기록하면서 청나라 벽돌 건축의 제도와 유용성, 기와의 제도와 이는 법 등 利用厚生正德의 시각에서 청나라 사람들의 생활 모습을 그렸다.

연암은 이 글에서 이 지역이 원래 우리 영토였음을 끊임없이 상기시킨다. 요동과 요서 지역에 남은 평양과 패수라는 지명은 조선이 이동하면서 남긴 것이므로 이들 지역이 고구려의 옛 땅이라는 것이다. 패수 역시 요동에서 찾아야 한다고 주장한다. 또한 한사군의 위치에 대한 기록을 고증하여 요동이 본디 우리 강토 안에 있었음은 더욱 명확하다고 지적한다.

이 글에는 탁 트인 요동벌을 보고 '울기 좋은 곳(好哭場)'이라고 감회를 술회한 부분이 있다. 좁은 산길만 지나오다가 갑자기 툭 터진 곳을 만나면서 느끼는 환희를 그린 것인데, 여행을 통해서 청나라를 새롭게 발견한 충격을 문학적으로 흥취 있게 표현한 것으로 이해된다.

2) <盛京雜識>

요양의 十里河에서 瀋陽을 거쳐 小黑山에 이르는 5일 간의 기록이다. <渡江錄>과 구성은 비슷하다. 수자리로 귀양가는 죄인, 심양 행궁, 골동품 가게와 비단 가게 등을 구경한 내용, 상갓집의 제도를 구경하려고 들어가 조문한 일, 부인들 머리 장식품을 파는 점포에 들어가 국수집 간판인 '欺霜賽雪'이란 편액을 썼다가 망신당한 일 등이 생동감 있게 기록되어 있다.

「盛京伽藍記」등 6개의 기문이 따로 있고, 「粟齋筆談」등 2개의 필담, 그리고 「古董錄」이 따로 적혀 있다. 「粟齋筆談」은 골동품 가게에서 전사가등 여러 사람들과 나눈 필담을 적었는데, 연경에서 골동품과 문방사우를 사려는 연암에게 가짜 골동품을 어떻게 만들며, 진짜 골동품은 어떤 것인가 등등의 내용이 실려 있다. 「古董錄」은 전사가가 전해준 골동품 목록이다.

3) <馹汛隨筆>

新廣寧에서 山海關에 이르는 9일간의 기록이다. 서문에서 기행록을 쓰는 자신의 심정을 적었다. 직접 보지 않은 사람은 자신이 쓴 내용을 믿을 수 없겠지만, 후대에는 자신의 기록이 고증의 자료가 될 것이라고 했다. 글의 중간에 중국과 우리나라의 수레 제도나 戲臺・市肆・店舍・橋梁 등의 항목을 따로 기록한 것은 이런 의식을 반영한 것으로 보인다.

눈길을 끄는 것 중의 하나는 청나라의 장관을 논한 부분이다. 사람들은 산천과 유물 등을 거론하기도 하고, 아예 오랑캐의 땅에서 제일 장관을 찾을 수 없다고도 하지만 연암은 기와나 똥 등 일상 품물이 장관이라고 주장했다. 이것은 청나라의 문물을 오랑캐의 것이라고 배척할 것이 아니라 중화의 문물로 여기고 배워야 한다는 뜻을 함축한다.

4) <關內程史>

산해관에서 연경에 이르는 11일 간의 기록이다. 이 속에는 흥미 있는 기록이 많다. 연암은 조선 화첩을 산 청인에게 작가에 대한 정보를 상세히 적어 주는데, 이는 그가 그림에 깊은 조예가 있었음을 방증한다. 또 夷齊廟에 이르러 고사리 나물을 먹는 고사를 풍자하여 절의를 내세우고 청나라를 부정하는 일반적 인식을 꼬집기도 했다.

이 글에는 우언으로 된 「虎叱」이 실려 있다. 이 글은 겉으로는 호랑이가 북곽선생의 도덕적 위선을 비난한 내용으로 되어 있지만, 실제로는 尊夏攘夷의 관점에서 청나라를 무조건 부정하거나 청나라의 폭압정치조차 맹종하는 양극단을 버리고 用夏變夷의 관점에서 양극단을 통합한 새로운 인식을 지녀야 한다는 의미를 지닌 것이다.

연암은 그의 해설에서 청나라를 중원 왕조로서의 천명은 인정하지만, 오랑캐식 억압정치는 인정할 수 없다고 주장한다. 이 말은 청나라가 중화의 왕도정치를 따를 경우에만 청나라를 중화로 인정할 수 있다는 것으로, 이는 『孟子』의 용하변이 華夷論을 수용한 것으로 보인다. 청나라에 대한 이러한 인식은 『열하일기』에서 일관되게 반복된다.

5) <漠北行程錄>

연경에서 熱河에 이르는 5일간의 기록이다. 주로 건륭제가 머물고 있는 열하까지 가는 동안의 어려움을 적었다. 갑작스럽게 떠나면서 일행과 헤어지는 정회를 적은 글이 있고, 장마로 물이 불어서 강을 건너지도 못하고, 밤에 비를 맞았으나 아침 식사도 못한 채 길을 떠난 어려움, 기일에 맞추어 가느라고 잠을 자지 못하고 길을 재촉한 사연들이 모두 생생하다.

이 여정 중에 지은 글 중에는 명문이 여러 편 있다. 이 글에서 연암은 우리나라의 말 다루는 법의 문제점을 8가지로 정리하고, 그 원인이 모두 넓은 소매와 긴 한삼 때문이라고 분석했다. 또 고북구를 지나는 소감을 적은 「夜出古北口記」, 수많은 강을 건너면서 깨달은 심정을 적은 「一夜九渡河記」 등의 글도 훌륭하다. 이것들은 <山莊雜記>에 따로 실려 있다.

6) <太學留館錄>

열하의 태학에서 6일 동안 머무르며 通奉大夫 從三品 大理寺卿을 지낸 尹嘉銓, 貴州按察使인 奇豊額, 擧人 王民皞, 山東都司 郝成 등을 만나서 필담한 내용이 기록되어 있다. 연암은 자신의 5대조 朴瀰에 대한 자호·관작·저서뿐 아니라 『明詩綜』에 실린 우리나라 인물들에 대한 잘못된 정보를 바로잡아서 이들에게 알려주었다.

또한 奇豊額과 달구경하면서 천체현상을 논했다. 그래서 이 부분에는 천체에 대한 연암의 지식을 탐색할 수 있는 내용이 많다. 그는 월식의 형태를 통하여 지구가 둥근 것을 알 수 있고, 밤낮이 바뀌는 것은 지구가 도는 증거라고 말했던 洪大容과의 대화를 소개하고, 또한 해·지구·달이 모두 공중에 떠 있다는 金錫文의 三丸浮空說을 소개했다.

여기에는 비정상적인 효도를 비판하고, 전족·담배·변발 등 三厄을 비판한 시사적인 내용도 있다. 한 술집에서 자신이 청나라 사람들의 기를 누르려고 호기 있게 술을 마셨지만 실제로는 자신이 두려워서 그런 것이었으며, 내관이 준 여지즙을 궁중 술로 알고 먹은 후에 취한 기분을 냈는데 알고 보니 여지즙이었다는 우스갯소리도 기록했다.

또 이 부분에는 자신이 연암골에 들어간 것은 목축을 위한 것이었는데, 우리나라가 말을 목축하는데 있어서 개선할 내용이 여러 가지 있다고 역설했다. 그는 우리나라 목축의 문제점 7가지를 나열하고, 그 원인으로 말을 다루는 기술, 말을 먹이는 방법, 종자 관리, 목축에 정통한 관리 양성 부진 등을 꼽았다.

7) <還燕道中錄>

열하에서 연경으로 돌아오는 6일간의 기록이다. 도중에 황제의 친조카 豫王을 만난 일, 황손의 사냥을 구경한 일, 장성의 묵은 석회가 담결핵에 약이 된다는 내용 등이 적혀 있다. 또 오미자 두어 알을 집어먹다가 중에게 봉변을 겪었는데, 이는 청심환을 얻기 위한 수작이었다는 것, 『열하일기』의 초고가 든 보따리를 역관들이 먹을 것으로 알았다는 내용 등도 적혀 있다.

8) <傾蓋錄>

열하의 태학에서 머물던 6일 동안 만났던 청나라의 명사들에 대한 내용을 기록했다. 주로 대화를 나누고 인사를 했던 사람들에 대한 소개가 주종을 이루고, 그들과 함께 나누었던 내용들이 짧게 기록되어 있다. 인명소사전에 메모를 곁들인 느낌을 주는 내용이다.

9) <黃敎問答>

열하에서 班禪을 만나본 후 여러 사람들과 그에 관해 이야기한 내용을 적은 글이다. 주 내용은 활불의 행적이나 인과설·윤회설 등 불교의 논리, 그 외의 이단 등을 비판한 내용이다. 연암은 이런 필답으로 사람들이 반선을 기휘하고 있는 것을 알고, 이를 통해서 청나라의 정세를 살폈다고 적었다.

연암은 황제가 해마다 열하에 오는 것은 몽고를 누르기 위한 것이요, 西番의 반선을 스승으로 삼고 대우하는 것은 서번을 누르기 위한 것이요, 또 한인들이 역대 황제들의 공덕을 칭송하는 것은 혐의를 벗기 위한 것이요, 만인들이 말조심, 글 조심에 힘쓰는 것은 법령이 엄하고 가혹하기 때문이라는 등 청나라 대내외 정책의 특징을 정리했다.

10) <班禪始末>

반선에 대한 기본적인 정보를 정리한 글이다. 그의 나라, 그의 전신, 그에 대한 청나라 정책 등에 대하여 翰林庶吉士 王晟 등 삼인에게서 들은 내용을 적었다. 그 내용 중에는 宗喀巴의 제자 달라이라마와 반선라마의 환생, 반선의 종교적 성격 등에 대한 언급이 있는데, 세 사람의 서로 다른 정보를 그대로 기록했다.

청나라는 서장을 다섯으로 나누어 세력을 쪼개 놓았는데, 서번 사람들은 상금 때문에 조공을 이롭게 여길 뿐 청나라의 의도를 깨닫지 못하고 있다는 내용을 적었다. 또 청나라는 반선에 관한 내용을 비밀로 취급하기 때문에 일반 사람들은 반선에 대해 알지 못하거나 이야기하기를 거리끼며, 심지어는 반선의 일을 언급하다가 처형당한 사람이 있다는 내용도 적혀 있다.

11) <扎什倫布>

찰십륜포란, 大僧이 거처하는 곳을 가리키는 西番말로 반선의 위치, 모양, 제도, 반선의 생김새 등에 대하여 기록한 글이다. 이 글에는 반선에게 절을 강요하는 예부의 관리, 그러나 이단에 대해 절하지 않으려는 조선 사신 사이의 갈등이 적혀 있고, 또 반선이 준 불상을 가지고 갈 수 없는 사신의 고민과 이를 일러바치는 환관의 모습들도 묘사되어 있다.

12) <忘羊錄>

태학에 머물면서 음악과 악기에 대해 필담한 내용을 모은 것이다. 연암이 우리나라의 음률과 악기에 대하여 소개하고, 중국 인사들이 고금의 음률과 악기에 대한 내용을 논한 것을 기록했다. 이들은 고사를 논하기도 하고 음악의 정신들을 논하기도 했으며 한편으로는 음악과 정치 사이의 관련성을 논했는데, 연암은 이를 통하여 청나라에 대한 인식을 엿본다고 했다.

13) <審勢編>

청나라 정치에 대한 태도와 관련된 필담이다. 연암은 일부러 사리에 닿지 않고 막연한 질문을 해서, 그 반응을 보고 말 밖의 숨겨진 뜻을 파악했다고 했다. 그 결과 청나라가 주자를 숭상하는 것이나 『圖書集成』・『四庫全書』를 편찬한 것은 사대부의 사상을 억누르려는 통치술이었으며, 선비들이 주자를 배척하는 것은 이에 대한 반발이었다고 분석했다.

또 우리나라 사람들은 다섯 가지 문제가 있기 때문에 천하의 정세를 파악하는 일이 서툴다고도 분석했다. 양반 신분을 내세워 한족들을 깔보는 것, 변발과 호복을 비웃는 것, 청나라 조정에 나아가 예를 올리기 싫어하는 것, 중국에는 문장이 없다고 깔보는 것, 춘추대의를 모른다고 깔보는 것이 그것이다. 이를 五妄이라고 했다.

반면에 청나라 선비들에게는 무시하기 어려운 세 가지 장점이 있다고 했다. 經史의 변증에서 百家九流에 이르기까지 박학다식한 점, 너그럽고 품격이 있으며 공손하여 남을 받아들이는 점, 법을 두려워하여 제도가 한결같으며, 백성들이 각기 자신이 맡은 일에 열심히 종사한 점을 꼽았다. 이를 三難이라고 했다.

14) <鵠汀筆談>

열하 태학에서 필담한 내용이다. 그 내용은 천체・역법・천주교뿐만 아니라 금서・역대제왕・고금치란 등도 실려 있고, 백이・숙제, 태백・중옹, 오자서, 관숙・채숙뿐 아니라 왕망・조조, 제환공・공자 규・관중 등의 혁명과 절의, 배반, 선양에 대하여 시비와 평가도 적혀 있다. 또한 조심스럽게 춘추대의를 논하기도 하고, 주자를 칭송한 내용을 언급하기도 했다.

천체에 관련된 내용도 다시 나온다. 홍대용과 김석문의 학설을 소개할 뿐 아니라 자신의 견해도 적었다. 그는 달에도 다른 세계가 있을 것이며, 만물은 티끌이 모여서 되었으리라고 추론하고, 나아가 해와 달에 관한 음양설, 별에 관한 분야설을 부정했다. 이런 내용들은 원래 그가 청나라 학자들을 애먹일 요량으로 미리 준비한 것이었다고 실토하기도 한다.

15) <山莊雜記>

열하 도중에 쓴 기문이 7편 실려 있다. 그 중 「夜出古北口記」・「一夜九渡河記」・「象記」는 『열하일기』에서 가장 문학적인 글들이라고 평가할 수 있다.

「夜出古北口記」는 고북구가 새외민족과 중원왕조가 세력을 다투던 곳이라는 것을 환기시키면서 청나라에 의한 평화가 다시 깨어질 수밖에 없는 운명이라는 것을 암시했다. 이 글은 문학적 함축미가 매우 뛰어난 글이다. 주변의 경관 묘사는 전쟁터의 무서운 광경을 암시하고, 마지막의 고니 소리는 전쟁의 급박한 상황을 함축하고 있다.

때에 문득 달을 보니 상현이었다. 달이 고개 마루를 향하여 떨어지려고 하는데 그 빛이 싸늘해서 마치 칼을 숫돌에 간 듯하다. 잠시 시간이 흘러, 달은 더욱 고개 마루로 떨어졌으나 아직 날카로운 양쪽 끝은 드러나 있더니, 갑자기 불처럼 붉게 변해서 마치 두 개의 횃불이 산에서 솟아오르는 듯하다.

북두칠성이 관 중턱에 반쯤 걸리자 벌레 소리가 사방에서 일어나고, 긴 바람이 쏴 불어오자 나무와 골짜기가 한꺼번에 울어댄다. 저 짐승 같은 산봉우리·귀신같은 산봉우리가 창을 들고 방패를 모아서 서 있는 듯하고, 강물은 양쪽 산 사이에서 쏟아지는데 으르릉 콸콸 날랜 기병이 말을 달리며 징을 치고 북을 두드리는 듯할 때, 하늘 저 멀리서 대여섯 차례 학이 우는 소리가 울려오는데, 맑게 치는 소리가 피리소리가 길게 늘어지는 듯하다. 누군가 "이건 천아성이요"한다.

「一夜九渡河記」는 열하로 가는 길에 여러 번 강을 건너면서 느낀 감상을 적은 글이다. 낮에는 넘실거리는 강물을 보면서, 밤에는 강물 소리를 들으며 공포를 느꼈던 경험을 적었다. 그는 마음으로 눈과 귀의 공포를 넘어서자 마음이 자유로워졌다는 내용을 통해서 이목에 집착하는 것이 사람에게 오히려 누가 된다는 것을 깨우치고 있다.

비로소 나는 저 도를 깨닫게 되었다. 마음이 고요한 사람은 귀와 눈이 그것에 방해가 되지 않고 귀와 눈을 믿는 사람은 보고 듣는 것이 자세할수록 더욱 그것에 결함이 된다. (중략) 소리와 빛깔은 외부의 사물이다. 외부 사물은 항상 귀와 눈에게 장애가 되어, 사람이 올바르게 보고 듣지 못하게 하는 것이 이와 같다. 하물며 사람이 살면서 세상살이에서 그 험하고 위험한 것이 강물보다 심하여 보고 듣는 것이 마침내 그것의 병통이 되는 것에 있어서랴!

「象記」는 코끼리의 형상을 소재로 하여 쓴 글이다. 코끼리의 형상을 소재로 하여 만물의 형상과 그에 대한 인식을 논한 글이다. 이 글은 코끼리에 대한 일반인들의 경험과 상식적 판단이 실상과 다르다는 것을 논함으로써 실상 혹은 진리는 경험과 선험을 뛰어 넘은 것이라는 뜻을 함축하고 있다.

이 글에서 象은 소재 차원의 코끼리(象)에 그치지 않는다. 象은 글의 주 내용이 되는 코끼리의 형상(象)을 의미하면서, 인식 작용에 있어서 인식 대상(象)을 뜻한다. 이는 象의 여러 의미를 동심원처럼 쌓아 올린 것으로 볼 수 있다. 그래서 한자의 중의적 의미를 잘 활용한 글로 평가된다.

「乘龜仙人行雨記」는 거북을 탄 노인이 피서산장 내의 뜰을 돌면서 물을 뿌리는 모습을 그린 글이다. 「萬年春燈記」는 밤에 등불로 벌이는 일종의 카드섹션 놀이를 구경하고 기록한 것이다. 일천 명의 남자가 등불로 한치의 오차도 없이 軍陣, 樓閣을 만들고 萬年春, 天下太平의 글자를 만들고 두 마리 용의 형상을 만들기도 했다는 내용이다.

「梅花砲記」는 축하 공연의 81가지 놀음 중 마지막인 불꽃놀이를 구경한 내용을 적었다. 「蠟嘴鳥記」는 납취조가 사람의 말을 알아듣고 구경꾼이 지적한 골패나 깃대를 뽑아온 것을 구경한 내용이다. 「萬國進貢記」는 건륭황제의 만수절에 바치기 위해 각국에서 가져온 공물을 구경한 기록이다. 진귀한 보물과 기이한 짐승들을 구경한 내용을 적었다.

16) <幻戲記>

광피사표패루에서 구경한 요술 스무 가지를 기록한 내용이다. 작은 환약을 비비니 수박만큼 커지다가 다시 줄어들어 결국 없어지는 요술, 물통 속에 종이 몇 권을 넣은 후 이어져 나오게 하는 요술, 손을 뒤로 돌려 기둥 뒤로 엄지손가락을 묶었는데, 순식간에 풀고 손을 앞으로 빼내는 요술, 칼을 먹어 뱃속에 넣어 배를 휘젓는 요술 등 여러 내용이 기록되어 있다.

17) <避暑錄>

열하 태학의 필담 내용 중 주로 시화를 묶은 것이다. 그 내용에는 우리나라 문사들의 시화가 있다. 許蘭雪軒이 景樊이라는 것, 연경을 다녀왔던 박제가와 이덕무, 유득공, 홍대용의 시, 『感舊集』에 실린 金尙憲의 시, 자신의 소개로 金履度·朴南壽·李在誠 등의 시가 『榕齋小史』에 실린 일, 중국을 가장 많이 답사한 李齊賢의 일화, 연암 자신의 시 등이 적혀 있다.

우리나라와 관련된 중국 시인들에 대한 일화도 소개되어 있다. 悔菴 尤侗의 「外國竹枝詞」의 첫 부분에 우리나라가 소개된 일, 중국 사신과 그를 대접하는 접반사들이 시를 화답하며 기선을 잡으려는 관습, 崔笠이 王世貞에게 창피를 당한 후 왕세정을 누르기 위해 왕세정이 두려워한 李攀龍을 배운 것 등의 이야기가 기록되어 있다.

신이한 일들도 기록했다. 명나라 사신이 우리나라에서 죽었는데, 그의 친구에게 나타나 자신의 유물을 자손에게 전해준 일, 南趎가 신선술을 배워서 하늘로 올라간 일, 오래된 나무에 뱀이 들어앉은 것을 懶翁이 태워버린 일, 반선이 준 금부처를 궤짝에 실어서 강에 띄워 보내려고 했던 일도 기록되어 있다.

18) <行在雜錄>

행재소인 열하에서 황제에게 올린 글과 칙유를 기록한 글이다. 청나라가 우리나라에게 조공품을 줄여주고 번거로움을 덜어주는 것은 결국 청나라에 복속시키려는 의도를 지닌 것이

만, 청나라의 우대는 명나라가 조선을 구해준 은혜와는 다르므로, 이런 사실을 잊지 않도록 하기 위해 이런 공문서를 기록한 것이라고 밝혔다.

여기에는 사신에게 열하로 오도록 한 칙유, 열하로 가는 인원의 명단에 대한 상주문, 찰십륜포에 가서 반선에게 예를 올린 일에 대한 상주문, 반선이 준 동불에 대한 묘사, 만수절 행사의 식순에 대한 상주문, 만수절을 축하하는 조선 사신의 상주문들이 들어 있다.

이와 함께 상주문과 관련된 여러 일화도 실려 있다. 사신들이 올린 상주문이 예부에 의해서 변개되기도 하고, 예부의 강요에 의해서 사신들이 상주문을 올려야 하는 상황뿐 아니라 사신들의 의사소통이 역관들에 의해서 한정됨으로써 사신들이 궁색한 지경에 처하게 된 정황들이 함께 기록되어 있다.

19) <戱本名目>

만수절인 8월 13일을 전후하여 6일간 연극놀이를 하는데, 이 때 사용된 대본의 제목을 기록한 것이다. 여기에는 조신들이 황제에게 바친 시부와 가사로 대본이 만들어진다는 내용, 무대의 위치, 크기와 형태, 이동과 변화뿐 아니라 배우들의 의상과 무대와 의상, 음악들에 대한 내용도 적혀 있다.

20) <口外異聞>

열하 도중, 열하에서 구경한 60가지의 항목이 수록되어 있다. 여기에는 기이한 물건들에 대한 이야기가 많다. 공물로 바쳐진 기이한 동물 이야기, 조개껍질을 진주처럼 둥글게 갈아 만든 高麗珠가 청인에게 보물로 취급된다는 이야기, 사슴과 비슷하게 생긴 여러 동물을 변별한 이야기, 타조의 알 이야기, 돌을 붙일 수 있는 羊桃籐의 즙 이야기가 그것이다.

사람들에 대한 항목도 있다. 군율이 엄격했으나 패망을 막지 못한 명나라 숭정제의 相臣들, 강희 건륭의 재상을 지낸 伊桑阿·舒赫德, 묘가 파헤쳐진 명나라 환관 왕진, 물속에서 발견된 曹操의 무덤, 강희 때 발견된 명의 역신 魏忠賢의 무덤, 安祿山의 사당, 순절한 三學士에 관한 기록이 그것이다.

우리나라 관련 조항으로는 중국 판본『東醫寶鑑』·『四庫全書』에 편입된『徐花潭集』·『唐書·藝文志』에 기록된『桂苑筆耕』등의 내용이 있고, 당나라 때의 新羅戶,『高麗史』를 인용하여『元史』를 바로 잡은 일, 朝鮮牡丹이 정작 우리나라에서 없는 것 등의 내용도 있다. 또 보안 유지를 위해 청나라의 정세를 적은 別單을 한글로 써야 한다는 내용도 있다.

21) <玉匣夜話>

옥갑에서 밤에 비장들과 함께 나눈 이야기를 기록한 것이다. 한 역관이 연경 상인에게 돈을 빌린 후 은혜를 저버렸다가 횡사한 일, 洪純彦이 구해준 중국 기생이 石星의 첩이 되어 은혜를 갚은 일, 연경 갑부 鄭世泰의 회계 林哥가 배우가 된 정세태의 손자에게 은혜를 갚은 일, 卞承業이 죽을 때 외상값 오십만 냥을 모두 탕감하도록 했다는 일들이 기록되어 있다.

유명한 許生에 대한 이야기도 들어 있다. 이 내용은 허생이 과일과 말총을 매점매석하여 돈을 벌고 그 돈으로 변산의 도적들에게 생업을 마련해 주었으며, 북벌의 선봉에 서야 할 어영대장 李浣에게 북벌을 위해 시급하게 해야 할 3가지 계책을 말하자 난색을 표했다는 내용이 들어 있다. 이 내용은 흔히 時事三難이라고 일컬어진다.

곧 청나라와 전쟁을 하기 위해서는 임금에게 삼고초려하여 인재를 등용하도록 할 것, 종실의 딸을 명나라 장병에게 시집보내고 훈척들의 집을 그들의 거처로 내주도록 할 것, 국내의 자제를 뽑아 변발과 호복을 하여 청나라로 보내 천하의 호걸을 사귀고 청나라의 허실을 살피는 동시에 명나라 후손을 왕으로 추대할 것 등이 그것이다.

이런 내용은 국가 경영에 미치는 경제의 힘에 대한 새로운 인식을 촉구한 것으로 보인다. 동시에 겉으로는 북벌을 외치면서도 정작 필요한 자기희생과 실천적 노력을 외면하고 있는 실태를 비판하면서 북벌론의 무의미성을 암시하기도 한다.

22) <金蓼小抄>

효험이 확인된 중국의 처방을 정리한 것이다. 임질에 백동과를 먹고 나은 일, 충혈된 눈을 흰 소라와 황련을 이슬에 녹인 물로 치료한 일, 편두통에 나복의 즙과 행룡뢰를 섞어서 먹고 나은 일, 음식물로 목에 걸린 뼈를 거위피에 녹인 일 등이 기록되어 있다. 연암골에 돌아가 활용하기 위해 기록한 것이라고 했다.

부록으로 연암의 경험방이 붙어 있다. 종제인 朴綏源이 얼굴의 무사마귀를 8, 9월 바닷물로 씻어서 없어진 일, 10여세 때 자신의 얼굴에 난 쥐젖을 염정의 물거품으로 치료한 일 등이 적혀 있고, 王民皞 종의 이질을 지렁이 백비탕으로 치료한 일, 피마자 한 알을 찧어서 발바닥에 붙이면 해산을 빨리 시킨다는 내용 등도 들어 있다.

23) <黃圖紀略>

연경의 궁궐과 그 주변의 건물이나 유적지들에 대한 내용을 39개 항목으로 기록한 것이다. 황성의 문 아홉 개의 위치와 제도, 주변의 건물들에 대하여 자세히 기록한 「皇城九門」, 『四庫全書』가 보관된 「文淵閣」, 홍대용이 보았다는 서편 천주당의 풍금과 천주당의 성화 이야기 등이 적혀 있다.

여기에는 누대나 다리뿐만 아니라 말·개·코끼리·호랑이·공작 등의 우리, 새 피는 곳, 화초 기르는 곳 등까지 망라되어 있다. 특히 黃金臺에 가서 연나라 소왕이 황금으로 인재를 모아 제나라 원수를 갚으려고 했던 고사를 회상하며, 돈이라는 것이 죽음을 부르는 것이니 돈이 생기면 두려워해야 한다고 적었다. 욕망을 절제하려는 그의 의식을 엿볼 수 있다.

24) <謁聖退述>

順天府學 등을 구경하고 쓴 10개 항목의 글을 모았다. 順天府學의 위치와 모습, 유래를 기록한 내용, 太學을 참례하여 그곳에서 歷代碑・明朝士題名碑를 읽고, 石鼓를 직접 만지며 흥분한 내용, 觀象臺를 보고 鄭喆祚와 홍대용을 추억한 내용, 과거 시험지 채점 과정을 기록한 내용, 朝鮮館의 연혁을 적은 내용, 화재 진화의 엄격한 규율을 적은 내용 등이 있다.

특히 文天祥의 사당을 방문하여 적은 글이 주목을 끈다. 연암은 절의가 천도를 실현한 것이지만 백성을 도탄에서 구한 혁명도 역시 천도의 실현으로 보아야 하므로, 문천상은 원나라의 혁명을 인정하고 원나라 세조는 문천상에게 경륜을 배웠어야 했다고 주장한다. 이는 청나라 혁명을 인정하여야 한다는 의미를 함축한다.[5]

원나라 세조의 처지로서는 친히 그가 있는 곳으로 가서 손수 그의 형틀을 부수고 동쪽을 향하여 절한 후 중화의 문화로 변방민족의 문화를 바꾸는 방법을 묻고 천하를 이끌어 스승으로 섬길 것을 계획했었다면, 이는 또한 선왕의 도를 실천한 일이 되었을 것이요, (문천상이) 백이처럼 벼슬을 거부할 것인지 이윤처럼 책임을 맡을 것인지는 오직 선생이 택할 일이었다.

25) <盎葉記>

연경에서 구경한 사찰과 묘당들에 관해서 기록한 20항목의 글이다. 관음변상과 큰 탱화가 있는 弘仁寺, 화엄경 60만여 자를 적은 障子가 있는 天寧寺, 일월성신・關羽・釋迦 등을 모신 太陽宮, 이덕무가 내각학사 崇貴를 만났던 隆福寺, 과거에 낙제한 사람들이 돌아갈 노자가 없어 묵고 있는 夕照寺, 서양 선교사들의 무덤들을 기록한 利瑪竇塚 등의 항목이 흥미롭다.

26) <銅蘭涉筆>

연경에서 동으로 만든 난을 빌려 감상하면서 여행에서 경험한 갖가지 일들에 대하여 쓴 짧은 수필 모음집이다. 유구 사신이 올린 귀국요청서, 『太平御覽』에 언급된 箑篨引을 구경하려고 유리창을 뒤졌으나 실패했던 일, 古器와 書畵를 주제로 한 通商 상황, 장서의 보관법, 지역으로 구분하거나 청탁으로 구분한 江과 河의 차이 논란 등이 실려 있다.

신이한 이야기들도 있다. 명나라 王越의 과거답안지가 바람에 날려 조선에 떨어졌다는 이야기, 王維가 그린 돌이 고려로 날아와서 돌려보냈다는 이야기, 망부석과 강녀묘의 유래, 요동 길의 냉정은 평상시에는 말랐다가 우리 사신이 오면 물이 넘친다고 하는 이야기, 아홉 마

---

5) 문천상은 절의의 화신으로 추앙되어 백이와 견주어지던 인물이었다. 이런 인물에 대하여 그가 기자처럼 행하거나 이윤의 길을 택했어야 했다고 하고, 원나라 세조가 중화의 문화로 변방민족의 문화를 바꾸는 길을 택했다면 문왕 같은 선왕이 될 수 있었다고 한 것은 매우 도전적인 발상이다. 이는 청나라의 혁명을 인정하라는 뜻이다.

리의 용 새끼 중 용이 되지 못한 것들은 건축물 장식의 모델이 된다는 기록 등이 그것이다.

우리나라와 관계된 것으로는, 소동파가 고려를 미워한 일, 錢謙益등이 조선을 경멸한 일, 건륭제가 명나라 충신을 표창하면서도, 삼학사·김상헌·李士龍에게는 소홀히 한 일, 李成梁의 후손 李如松이 임진왜란 때 우리나라를 도운 일, 또 그 후손 李鴻文을 만나 족보를 조선에 전한 일, 홍대용과 陸飛 등이 교제를 나눈 일 등이 있다.

또 시경의 小序를 부정한 주자에 대한 논박과 소서의 수용에 대한 대체적인 흐름, 구라파 철현금이 홍대용에 의해 국내에 전해진 사연, 이덕무가 왕사정 저서의 착오를 변증한 일도 적혀 있다. 끝 부분에 청나라가 조선에게 변발을 강요하지 않은 이유가 조선의 반발을 우려한 동시에 조선을 문약함에 빠지게 하려는 것이라는 해석은 매우 흥미롭다.

4. 가치

『열하일기』의 권수는 확실하지 않다. 아들 宗采의 『過庭錄』에는 연암이 『열하일기』 25권을 지었다고 하고서, 한편에서는 자신이 『열하일기』 24권을 보관하고 있다고 했다. 그런데, 현재 전하는 이본은 대개 26권으로 되어 있다. 충남대본·서울대 고도서본·규장각본·조선광문회본·국회도서관본은 물론이거니와 전남대본·대만본 등도 모두 그렇다.

박영철본은 외형적으로는 5권(『연암집』의 일부)으로 되어 있지만 전체 내용은 이들과 비슷하다. 이것만 보면 원래 저술에서 한 권이 유실된 상태처럼 보인다. 그러나 각 판본마다 목차가 다르고, 〈楊梅詩話〉처럼 특정 판본에만 존재하는 것도 있어서, 현재로서는 왜 권수가 24권, 25권, 26권으로 나누어졌고, 그 전체가 어떤 것이었는지 확정하기 어렵다.

연세대 A, B본의 편차를 보면 초기본인 충남대본, 후대본인 박영철본(1932)과는 많이 다른 반면, 조선광문회본(1911)과 거의 비슷하다. 그러나 조선광문회본에는 연세대 A본, B본에는 없는 내용이 보충되어 있어서, 연세대 A본, B본이 조선광문회본보다는 앞선 것으로 보인다. 또 연세대 A본과 B본의 내용을 비교하면 연세대 A본이 B본보다 앞선 것으로 생각된다.[6]

이를테면, 충남대본의 「馹汛隨筆序」는 마지막 부분에 '未卒編'이라고 써서 미처 완성되지 않았음을 표시하고 있다. 연세대 A본도 이와 비슷하게 마지막 부분에 '辛卯編'이라고 썼다. 신묘일은 7월 9일 곧 일신수필의 기행 첫날이어서 이를 보면 연세대 A본이 비록 편차는 다르지만 내용상 충남대본과 가깝다는 것을 알 수 있다.

그러데 연세대 B본과 조선광문회본에는 이 부분에 '未卒編, 以下三泉補'(채 끝내지 못했으나 이하의 내용은 삼천이, 혹은 삼천의 글을 보고 보충함)라는 말이 있다. 이는 三泉이라는

---

6) 『열하일기』에 대한 서지적 연구로는 다음을 참고할 수 있다. 金明昊, 『熱河日記研究』, 창작과 비평사, 1990, 18~47쪽. 姜東燁, 『熱河日記研究』, 일지사, 1988, 10~29쪽.

사람이 보았거나 필사한 어떤 필사본이 있다는 것을 의미한다. 따라서 연세대 B본과 조선광문회본은 연세대 A본의 후대본이면서 또 다른 필사본을 참고한 파생본임을 알 수 있다.

연세대 B본과 조선광문회본 사이에도 차이가 있다. 조선광문회본에는 〈戱本名目〉 표제 아래에 小注로 '定本入於山莊雜記中(정본은 〈산장잡기〉 중에 들어 있다)'이라는 말이 있다. 이는 B본에는 없는 부분이다. 그러므로 조선광문회본은 연세대 B본이 참고하지 않았던 또 다른 필사본을 참고했음을 알 수 있다.

이런 편차는 박영철본에 보인다. 조선광문회본이 박영철본의 선행필사본을 참고했을 가능성을 시사하는 대목이다. 그렇지만 두 본이 같은 계통은 아니다. 「馹汛隨筆序」의 끝 부분이 다르고, 내용과 편차에 있어서 차이가 많다. 이런 정황은 연세대 A, B본과 조선광문회본은 같은 계통에 속하지만 순서적으로는 연세대 A본이 B본보다 앞선 필사본이라고 추정할 수 있다.

연세대 C본도 연세대 A, B본과 같은 계통본을 저본으로 한 것으로 보인다. 다만 내용을 줄이고 뽑아서 항목별로 새로 구성한 것은 다른 곳에서 발견할 수 없는 독특한 편제. 축약본으로는 규장각본과 한글본이 따로 있지만, 이 두 가지가 일기의 형태를 그대로 유지한 반면 연세대 C본은 단지 중요한 내용만을 뽑아서 항목을 구성했다.

【이현식】

嶺南日記

林墰(1596~1652) 著.
寫本. 2冊：四周單邊, 半郭 22.6×15.3cm. 有界,
12行 23字. 上下內向花紋魚尾.

本月十九日右副承旨南成貼 今以卿爲慶尚道觀察使鄕世
其除 朝辭赴任事有 旨書狀同月二十二日臣祇受以
祇受爲白有旀臣興前監司臣鄭 交代事發向境上爲
曲如子臣所奉 教諭書及密符二十四日龍宮地祇受
白子事是良尒詮次
由如子事是事 崇德七年十月二十五日
慶尚道觀察使無巡察使臣林 謹 啓爲傳受
敦止到付兵曺開內節 啓下敎書 啓目前慶尚道
軍節度使林 處傳授爲白臥乎所受發兵符新除授無兵馬水
無兵馬水軍節度使鄭 所受發兵符新除授無兵馬水
年十月十九日右副承旨臣南銑次知 啓依允敎事是
去有等以 敎旨內事意奉 審施行向事關是白乎

1. 저자

林墰(1596~1652)의 本貫은 羅州, 字는 載淑, 號는 淸癯, 諡號는 忠翼이다. 아버지는 황해도 관찰사를 지낸 임서이고, 어머니는 구성부사를 지낸 임식의 딸이다. 조부는 林復이며 장인은 沈光世이다. 1616년(광해군 8) 생원시에 급제하고 1635년(인조 13) 증광시에 급제하였다. 이듬 해에 병자호란이 일어나자 남한산성으로 들어가 南格臺를 수비하였고 1642년(인조 20) 10월에 경상도관찰사로 임명되었다. 1643년 12월에 다시 경상도관찰사에 제수되어 1644년 8월 서원의 폐단에 대한 상소를 올린다. 그 뒤 共淸道⁷⁾관찰사, 평안도관찰사 등을 거쳐서 이조판서를 지 냈고 1652년 청나라 사신의 伴送使로 다녀오다가 가산에서 세상을 떠났다.

2. 구성

이 책은 '日記'라는 제목을 가지고 있지만, 개인적인 기록이 아니라 영남지방에서 임금에게 올리는 啓草를 모은 것이다. 따라서 날마다의 기록이라기보다는 조정으로 올릴 事案이 있을 때마다 작성한 것으로 어떤 날에는 3편의 啓草까지 수록되어 있는 경우도 있다.

계초가 수록된 시기는 1642년(인조 20) 10월 25일부터 시작하여 1643년(인조 21) 9월 10일까지이며 기간은 거의 1년에 달한다. 서문과 발문은 없으며, 책1은 壬午年 10월 25일부 터 시작하여 癸未年 5월17일에 올린 계초까지 수록되어 있다. 책2는 끝 부분이 끊겨 있어 미 완성의 형태이지만 계미년 5월 17일부터 시작하여 계미년 9월 10일에 올린 계초까지는 완전 하다. 다음은 각 달마다 계초를 작성해 올린 날과 수록된 편수를 헤아린 것이다.

> 1642년 (壬午)
> 10월: 25일, 27일 (총 5편)
> 11월: 초4일, 초9일, 12일, 14일. 16일, 20일, 21일, 24일, 27일 (총 14편)
> 윤11월: 초6일, 12일, 17일, 20일, 21일, 23일, 28일 (총 13편)
> 12월: 초□일, 초2일, 초3일, 초5일, 10일, 21일, 22일, 27일, 28일, 30일 (총 11편)
> 1643년 (癸未)
> 1월: 초1일, 초2일, 초5일, 11일, 12일, 13일, 21일, 23일, 24일, 26일 (총 15편)
> 2월: 초6일, 초7일, 11일, 12일, 13일, 16일, 19일, 22일 (총 12편)
> 3월: 초3일, 초6일, 초7일, 초9일, 15일, 18일, 21일, 22일, 30일 (총 19편)

---

7) 지금의 충청도.

4월: 초1일, 초9일, 11일, 12일, 13일, 16일, 20일, 24일, 26일 (총 16편)

5월: 12일, 17일, 18일, 23일, 26일, 30일 (총 14편)

6월: 초6일, 초9일, 초10일, 11일, 14일, 17일, 18일, 22일, 29일 (총 12편)

7월: 초3일, 초6일 초9일, 18일, 24일, 25일 (총 7편)

8월: 초1일, 초4일, 초10일, 11일, 13일, 15일, 21일, 30일 (총 18편)

9월: 초1일, 초3일, 초5일, 초7일, 초10일 (총 9편)

이상에서 수록된 계초는 모두 165편으로, 수록된 차례는 시간적인 순서를 따랐지만 때로는 月日이 뒤섞이기도 하였다.

3. 내용

이 책은 吏文으로, 계초마다 '~한 까닭으로 임금님께 아뢰옵니다'라는 뜻의 '詮次 善啓向 敎是事'라는 구절로 끝맺고 있다.

맨 처음에 실린 계초는 林墰이 경상도 관찰사로 임명된 직후의 일로, 자세한 내용은 이러하다.

> 崇德 7년 10월 17일 우부승지가 官印을 찍어 보낸 문서에 "卿을 경상도관찰사로 임명하니, 경은 조정에 대한 인사를 생략하고 부임하라"는 임금의 명령이 있어서 같은 달 22일 安東府에서 臣 林某가 이 書狀을 예를 갖추어 공손히 받았습니다. 臣과 前監司 臣 鄭某가 일을 교대하여 境上을 향하여 출발하고 敎諭書와 密符는 24일 龍宮땅에서 받들었음을 사뢰올 일인 까닭에 임금님께 아뢰옵니다.   -崇德 七年 十月二十五日

같은 날에 올린 또다른 내용은 道內 柰谷府使 林端가 同姓 사촌형이며, 新寧縣監 沈楒도 아내의 同生娚이므로 법에 따라 피해야 하므로 該曹에서는 이에 따라 처치해주기를 바란다는 글이다.

11월에 실린 계초에는 임경업과 관련된 내용이 여러 차례 실려 있다. 그 중의 하나는 충주목사가 林慶業의 同生兄인 亨業의 奴子 춘경과 婢子의 남편 안복 등을 잡아 문초하여 임경업의 가속들이 영남을 향해 도망하였다는 사실을 알아내고 그 사실을 영남으로 알리는 馳報를 보내오니 영남에서도 임경업의 가속들이 있을 만한 장소들을 각별히 수색한다는 내용이다.

윤11월에 실린 계초에는 나라의 방비와 관련하여 부산진의 移營論議에 대한 내용, 동부승지가 성첩한 有旨書狀과 함께 보낸 淸國曆 一件을 잘 받았음을 알리는 내용, 영남에 거주하며 知事 벼슬을 지낸 인물의 갑작스런 죽음을 알리는 내용, 軍官 元額 15인중에서 6명이 이미 自剄하였고 그 밖에도 각처의 인물들이 自剄했음을 알리는 내용 등이 실려 있다.

12월에 실린 계초에는 仁同府使가 老親의 병세가 위중함을 듣고 밤중에 떠났으나 문경 땅에 이르러 부친상을 당하였으니 該曹에서 擇差하여 급히 사람을 보내달라는 내용 등이 실려 있다.

1643년 1월에 실린 계초에는 도내의 각읍에 전염병이 크게 일어나고 기근이 생겨서 참혹한 지경이니 묘당에서는 빨리 임금에게 여쭈어서 결재를 받아 賑救之策을 마련해주면 때맞춰 봉행하겠다는 내용, 陜川군수가 보낸 牒呈 중에 육십여 인이 연명해 올린 金斗南의 효성스러운 행적과 흥해 군수가 보낸 첩정 중에 마을사람들이 연명해 올린 私奴 윤희의 아홉 살짜리 딸의 斷指 효행이 있음을 알리고, 士族 중에서도 남편이 아내를 죽이고 형제 숙질이 서로 싸우는 지금의 형국을 본다면 褒善罰惡의 차원에서 宣揚해주기를 중앙에 요청하는 내용 등이 있다.

2월에 실린 계초에는 本營 中軍에 속한 趙必達이 三朔이 지나도록 모습을 나타내지 않으니 軍務의 책임을 厭避한 죄를 兵曹에서 법에 따라 조치해달라는 내용, 승정원에서 임오년 六月 일기책을 잃어버려서 부득이 그 때 注書가 가지고 있던 私藏之草를 가지고 다시 수정하려하는데 당시 근무자였던 李慶桓이 本道 金泉 任所에 있으니, 서둘러 이경환에게 改修하여 보내게 하라는 有旨書狀를 받고 이경환이 임오년 6월1일부터 12일까지 수정한 日記를 봉하는 것을 감독하여 승정원으로 보낸 사실을 알리는 내용이 있다.

3월에 실린 계초에는 예천군수가 보고한 글 중에 '老母가 칠년이 지나도록 宿疾로 고생하는데 점차 증세가 심각해지니 公私間에 狼狽하는 근심이 없도록 해달라'고 하니, 매번 휴가를 주어 왕래하게 하는 데는 불편함이 있어서 그를 罷黜하니 該曹에서는 속히 다음 사람을 보내달라는 내용, 성주목사가 보낸 牒呈 중에 胎峯 諸山에 煙氣가 漲天하다는 보고를 듣고 조사한 내용과 胎峯에 있는 13位의 상태를 보고한 내용이 있다.

4월에 실린 계초에는 通信使 尹順之 일행이 4월10일에 배를 타고 草粱浦에서 바람을 기다리고 있음을 알리는 내용, 동래에 큰 지진이 일어나 沿邊의 각읍이 심하게 흔들리고 청도와 밀양 사이에서는 암석이 무너지는 등 영남지방에 큰 지진이 일어났음을 알리는 내용이 있다.

5월에 실린 계초에는 '左水使가 5월10일 卯時에 갑작스레 별세하였다'고 성첩한 동래부사 鄭維城의 馳報를 받고, '左水營은 關防으로 긴요한 곳이니 該曹에서는 각별히 신경을 써서 쓸만한 인재를 빨리 부임하게 해달라'는 내용, 地震의 변이 참혹하여 馬洞에는 人家 뒤에 있는 소나무 오륙십 그루가 꺾였고 陜川의 北面과 西面에는 壓死者가 있었고 우물에는 탁한 물이 넘쳐흘렀다는 내용이 있다.

6월에 실린 계초에는 洪州 사람 進士 安汝止에 대한 처리문제로 형조에 지시를 구하는 내용, 영남 좌도에 해당하는 곳에 지진이 일어난 사실, 곡식이 익기 전에 饑民들을 救活할 계책을 마련해줄 것을 청하는 내용 등이 있다.

7월에 실린 계초에는 청도군수가 보낸 牒呈 중에 청도의 鄕校 聖殿에 비가 새는 곳이 있다고 하여 처리한 내용, 용궁현감이 보낸 첩정에 있던 鄭民瞻의 배다른 자식들의 비윤리적인 행동과 살인사건을 상세히 보고하고 大明律에 따라 처리한 사실을 보고한 내용이 있다.

8월에 실린 계초에는 昆陽군수가 보낸 첩정에 따르면 곤양의 향교 성전의 동쪽 기둥이 장마에 손상되어 聖廟의 영정 등을 다른 곳으로 옮길 수밖에 없으니 移安時에 該曹에서는 例에 따라 香祝을 下送해달라는 내용, 軍糧과 水陸防備에 대한 보고로 廟堂의 지시를 기다리는 내용이 있다.

9월에 실린 계초에는 영남의 각 郡에서 보고되는 孝子들의 행적을 서술하고 효성스럽고 우애가 있으며 節義가 있는 사람들을 該曹에서 기록하여 벼슬을 주거나 재물을 주며 더욱 빼어난 사람들은 旌門復戶해줄 것을 청하는 내용이 있다.

4. 가치

이 책은 조정으로 올린 公文書로서 1642년 10월부터 1643년 9월에 이르는 기간 동안 영남지방에서 일어난 사건과 중요시된 사안들을 구체적으로 알 수 있는 자료이다. 이밖에도 지리적인 위치 때문에 倭國으로 가는 通信使와 倭人의 움직임, 地震 등의 자연재해에 관해서도 언급하고 있다. 아울러 吏文의 套式을 보여준다는 점에서도 의미를 가지고 있다.

【최우영】

裕陵日記

著者 未詳.

寫本. 2冊 : 책 크기 不定. 12行 22字 內外.

甲辰九月二十八日日記

九月二十八日癸卯陽十一月五日晴吹西風

皇太子妃宮有靡寧之候漸至危重醫官尹豐機魯

炳憙徐丙孝李正浩入診　太醫院直宿爲之人蔘

兩重煎進　詔曰園丘吚　宗廟　永寧殿　社稷

山川不卜日祈禱祭設行　戌時昇遐于慶運宮康

室東溫㠯女官以綿子屬纊　詔曰今日戌時妃宮薨

逝慟悼昌己　詔曰殯殿以興德殿爲之呼復奉侍洪大

自上　皇太子舉哀于別堂守侍　園官數眾侍洪

漏升自北霤奉常御永禰北向三呼復後八覆　玉體上

長房　詔曰宮城扈衛　詔曰宮內府哭班慶所順禮門

爲之　詔曰百官會哭慶所順禮門外爲之　詔曰時原

1. 저자

著者 未詳.

2. 구성

이 책은 조선 제27대 순종황제의 妃였던 純明皇后 閔氏(1872~1904)를 안장한 裕陵에 관한 일기이다. 裕陵은 본래 裕康園이라 하였다가 순종이 즉위한 후 1907년(隆熙 1)에 裕陵으로 고쳤다.(『純宗實錄』卷1, 元年 8월 26일) 純明皇后는 驪興府院君 閔台鎬(1834~1884)의 딸로 1882년(고종 19) 11세에 세자빈으로 책봉되고 光武 元年 皇太子妃에 책봉되었으나 순종 즉위 전 1904년(光武 8)에 33세로 승하하였다. 이 裕陵에는 후에 순종과 그 繼后였던 純貞皇后 尹氏도 합장되었다. 하지만 이 일기는 순명황후 閔氏에 관해서만 기록되어 있다. '純明'은 妃宮의 諡號로 적중하고 바르며 정밀하고 순수하다는 뜻에서 '純'이라고 하고 온 나라를 밝히었다는 뜻에서 '明'이라고 하였다.(『高宗實錄』卷44, 高宗 41年 11月 22日)

序·跋文 없이 모두 2冊으로 구성되어 있는데, 1冊은 1904년(光武 8), 1905년(光武 9), 1906년(光武 10) 3년간에 걸쳐 기록하였으며, 2冊은 1907년 한 해에 관한 기록이다. 책의 표제는 『裕陵日記』라고 되어 있고, 그 오른쪽에는 일기를 기록한 해인 '甲辰·乙巳·丙午·丁未'라고 표시하였다. 그러나 卷首題는 없다. 글씨는 매우 깨끗하고 단정하게 필사되어 있다. 첫 장에는 章陵·禧陵·明陵 등 모두 17개의 각 陵의 명칭과 그 아래에 侍陵官의 명단을 기록하였다. 일기는 매일 기록하였으며, 날짜는 음력과 양력을 같이 기록하고 그 날의 날씨도 간략히 기록하였다. 1冊에는 1904년 (陰) 9월 28일 (陽) 11월 5일 곧 순명황후가 康泰室에서 세상을 떠난 날로부터 시작하여 1906년 (陰) 12월 30일 (陽) 1907년 2월 12일까지 기록되어 있고, 2冊에는 1907년 (陰) 1월 1일 (陽) 2월 13일부터 (陰) 9월 28일 (陽) 11월 3일까지 기록되어 있다. 그리고 일기 끝에는「東課田畓記」·「度地定例」·「因山前各司每日進排」·「山陵朝夕上食祭物器數」·「薦新月令」·「內出銀器數爻件記」및「朝夕上食陳設饌圖」·「晝茶禮設饌圖」등이 실려 있다. 한편 1冊에는 裕陵의 전체 俯瞰圖가 삽입되어 있다.

3. 내용

일기는 황태자비가 세상을 떠난 날부터 시작하는데, 그 장례의 모든 과정들을 아주 자세하게 기록하고 있는 점이 특징적이다. 그래서 하루 중에서도 그 시간대별로 어떠한 일이 진행되었는지를 매우 구체적으로 보여준다. 이것은 1冊 중 황태자비의 별세와 因山에 이르기까지의 전 과정을 자세하게 보여주고 있는 1904년(甲辰)의 기록이 특히 그러하다. 이 가운데에는 고종의 詔書, 葬禮 및 祭禮의 절차를 비롯하여 관직명, 物名, 음식명 등에 이르기까지 왕실의 장례에 관련되는 모든 사실들이 빠짐없이 나타나 있다. 그런데 이 일기는 어느 개인의 일기가 아닌 국가 왕실의 장례에 관한 기록이어서 기록자의 사적인 언급은 거의 찾아볼 수 없으며 오로지 당시에 일어났던 사실들만을 객관적으로 서술하는 일종의 일지 및 보고서의 형식을 취하고 있다. 그런 점에서 이 일기는 지극히 의례적인 표현들이 매일 지루할 정도로 되풀이 되고 있는 특징을 보여준다. 따라서 가능한 한 반복되는 부분은 피하고 새롭게 나타나는 내용만을 중심으로 하여 대략 抄出하여 보면 다음과 같다.

1) <1冊> 1904년(甲辰)

(9월 28일 癸卯 陽11월 5일) 皇太子妃宮의 환후가 점점 危重해져서 醫官 尹豊楨·魯炳憙·徐丙孝·李正浩가 들어와 진료하였다. 인삼 1兩重을 달여 올렸다. 戌時에 황태자비궁이 慶運宮 康泰室에서 昇遐하였다. 殯殿은 興德殿으로 하라는 조서가 내렸다. 황태자가 別堂에서 擧哀를 하였고, 園官이 本宮 長房에서 發喪을 하였다. 궁성을 호위하라는 조서가 내렸다. 百官의 會哭處를 順禮門 밖에서 하라는 조서가 내렸다. 摠護使를 議政 李根命으로 하라는 조서가 내렸다. 守園官에 昌山君 李海昌으로, 侍園官奉侍에는 姜禹錫을 임명하라는 조서가 내렸다. 掌禮院에서 喪禮儀節은 마땅히 마련하되 國朝에는 援用할 만한 사례가 없기 때문에 歷代의 典禮를 참작하여 마련해서 거행함이 어떻겠느냐고 아뢰니 그렇게 하라고 하였다. 宗戚·執事·次知·都薛里 이하가 內外에서 숙직하며 長哭하였다. 燈籠軍이 앞뒤 뜰에 나란히 줄을 지어서 밤을 새워 불을 밝혔다. (9월 29일 陽11월 6일) 宗戚·執事·次知 이하가 朝夕으로 玉體를 奉審하였다. 장례에 참여할 자들의 명단을 발표하였다. 魂殿은 文慶殿으로 하라는 조서가 내렸다. (10월 初2일 丙午 陽 11월 8일) 玉體를 奉審한 뒤에 女官들이 목욕을 시키고 斂襲함에 宗戚과 執事들이 入參하였다. 靈座에 無孔珠·銀匙·小囊·銀盞·充耳·香湯·角栖 등을 놓았다. 素扇과 素盖를 靈座의 좌우에 들여 놓았고, 銘旌을 靈座의 왼쪽에 세웠는데, 篆字로 '皇太子妃梓宮'이라고 썼다. (10월 初4일 戊申 陽11월 10일) 午時에 晝茶禮를 행하였다. 申時에 皇貴妃가 別奠과 저녁 上食을 올렸다. 酉時에 議政府 宗正院에서 別奠을 행했다. (10월 初5일 乙酉 陽11월 11일) 園所員役으로 奠禮에 崔澤秀, 飯監에 千儒善, 水刺色에 柳鎭元, 茶色에 李時澤, 炙色에 金壽福, 湯色에 李順卿, 銀器色에 申泰興, 守僕에 李成植, 事知守僕에 李尙鉉 등을 임명할 것을 재가 받았다. 諡冊文 製述官에 奉朝賀 金炳國, 哀冊文 製述官에 領敦寧 沈舜澤, 行狀 製述官에 議政府參政 申箕善, 誌文 製述官에 宮內府特進官 尹容善 등으로 정했다. (10월 12일 丙辰

陽11월 18일) 내일부터 銀丁 위에 칠하는 것을 매일 하고, 摠護使 이하는 入侍하여 살피라는 조서가 내렸다. 장례원에서 虞主를 어느 궁전에다 奉安할 것인지를 여쭈니 勤政殿으로 하라고 하였다. (10월 16일 庚申 陽11월 22일) 아침 上食에 銀魚를 薦新하고, 晝茶禮에 唐金橘 10개, 橙子橘 10개를 薦新하였다. 未時에 銀丁 위에 8번 칠을 하고 곡하였다. 妃宮의 시호를 純明으로 개정하였다. (10월 17일 辛酉 陽11월 23일) 公除가 끝난 다음 날 原任大臣들이 임금의 안부를 묻기 위해 들어왔다. 이 때 摠護使가 魂殿에 排設하는 書案·硯匣·硯滴·筆墨은 관례에 따라 排設하지 아니하였는데, 이번에는 어떻게 할 것인지를 아뢰니 乙未年의 관례대로 하라고 하였다. (10월 22일 丙寅 陽 11월 28일) 월급으로 侍園官 30원과 하사금 20원, 進止 2명에게 각각 10원, 奠禮飯監에게 각각 10원, 各色掌 16명에게 각각 8원, 守僕 2명, 事知守僕 4명에게 각각 8원, 園頭別監 8원, 書員 3명에게 각각 5원, 守園官 70원, 參奉 2명, 忠義 1명에게 각각 10원 등을 지급했다. 贈諡 다음 날 頒詔 때에 親臨과 權停例를 어떻게 할 것인지를 아뢰니 權停例로 하라고 하였다. (10월 26일 庚午 陽12월 2일) 寢殿의 上樑文 製述官은 弘文館學士 徐正淳, 預差로 侍從院卿 尹德榮, 書寫官으로 宮內府特進官 李完用, 預差에 宮內府特進官 趙鍾弼이다. 判敎寧院事 朴定陽을 殯殿都監提調로 임명한다는 조서를 내렸다. (11월 4일 戊寅 陽12월 10일) 摠護使 李根命이 發靷時의 班次圖를 近年의 謄錄에 따라 哭하는 宮人을 銘旌 앞에 세우고, 都薛里와 守侍園官을 銘旌 뒤에 세우고, 宗戚·執事를 守侍園官 뒤에 세워서 거행함이 어떻겠느냐고 아뢰니 그렇게 하라고 하였다. (11월 5일 乙卯 陽 12월 11일) 摠護使 李根命이 國葬都監 堂郎이 轝路의 형편을 살펴보니 이전의 轝路는 꼬불꼬불하여 다소 멀고 오랫동안 길을 닦지 않아 험하며 沿路의 좌우 民家들도 다수 철거해야만 할 것이요, 新作路는 普濟院에서 곧바로 馬場峴으로 가서 華陽亭에 이르면 바로 園所의 洞口가 되나 간혹 田畓과 橋梁들이 방해가 되는데, 이를 어떻게 할 것인지를 아뢰니 백성들에게 폐를 끼치는 것이 적으며 길이 편하고 가까운 신작로로 하라고 하였다. 丙時에 梓宮 전체를 6번 옻칠을 하고 곡하였다. (11월 11일 乙酉 陽12월 17일) 次知와 都薛里 이하에 800원을 하사하고 侍園官 兩坪에 각각 12원, 進止 二員 兩坪에 각각 5원씩을 지급하였다. 이 달의 糧米 5石은 별도로 內藏院에서 내렸다. 황제가 純明妃 閔氏의 德을 기리는 글을 썼다. 因山 때에 靈駕를 陪從하는 百官들이 궐문 밖에서부터 말을 타는 일은 各年의 謄錄을 살펴보니 매번 먼저 아뢰고 정하였는데, 이것을 어떻게 할 것인지를 아뢰니 乙未年의 例대로 하라고 하였다. (11월 17일 辛卯 陽12월 23일) 親行하여 잔을 올리고 女官들이 祝文을 읽었다. 守侍園官, 奠禮飯監, 進止, 參奉, 陵軍色掌, 守直軍, 進止房房直守工 등에게 白曆·中曆·粧曆을 하사했다. (11월 20일 甲午 陽 12월 26일) 奉常司에서 虞主는 금월 음력 11월 25일에 반드시 조성이 되어야만 한다고 하였다. 그 때문에 奉安할 吉時를 오늘 日官이 잡아보니 이 달 未時가 길하다고 하여 이 때에 명을 내려 거행케하되 奉常司 都提調와 臣院長官이 입회하여 奉審을 거행한 뒤에 勤政殿에다 奉安할 생각이라고 아뢰니 그렇게 하라고 하였다. (11월 21일 乙未 陽12월 27일)

申時에 發靷을 세 번 연습하였다. (11월 26일 庚子 陽1월 1일) 因山 시에 守侍園官, 奠禮飯監, 進止, 參奉 등에게 차등대로 베를 지급했다. (11월 26일 壬寅 陽1월 3일) 영구가 園所를 향해 떠날 때 皇上과 皇太子가 夜照峴 서쪽길에 이르러 곡하면서 永訣하였다. 영구가 園所 洞口에 이르자 寢殿과 欑宮을 奉安한 뒤에 저녁 上食을 거행하였다. (11월 29일 癸卯 陽1월 4일) 子時에 啓殯한 뒤에 朝奠과 啓殯 別奠을 함께 행하였다. 寅正에 梓宮이 산에 오를 때 각 差備官들이 梓宮을 끌고 複道 앞에 이르러 肩輿에 奉安하였고, 산위에 올라간 뒤에 묶었던 것을 풀고 摠護使가 梓宮을 닦았다. 그리고 卯時에 관을 넣는 간단한 제사를 지내고 관을 무덤구덩이에 내렸다. 申時에 奉常司에서 祭物을 올리고 照點 후에 제사를 지냈다. (12월 15일 己未 陽1월 20일) 亥正에 望祭를 지냈다. 獻官은 漢城判尹 閔景植이고, 監祭中使는 金漢宗이었다. 朝奠과 朝上食, 晝茶禮와 臘享 別茶禮를 행하였는데, 祭物은 45器였다. (12월 26일 庚午 陽1월 31일) 未時에 國葬都監 堂上 趙東潤과 郎廳 沈周澤이 碑石을 陪進하고 돌아갔다. (12월 29일 癸酉 陽2월 3일) 別歲饌으로 守侍園官 參奉과 忠義와 進止 이하로 150냥, 守僕과 守護軍 이하로 150냥, 植木監官 이하로 100냥, 把守小隊將 이하로 200냥, 權任 이하로 20냥 등을 지급하였고, 園所에 소속된 아홉 마을의 백성들에게는 매 사람마다 각각 米食升 3 升씩을 지급하였다.

2) <1冊> 1905년(乙巳)

(1월 初1일 甲戌 陽2월 4일) 下午 10點에 獻官贊政 閔泳璘, 大祝 許萬弼, 中使 羅世煥이 朔祭를 올렸다. 守侍園官 一堂閣臣인 閔京鎬, 春坊 閔泳晚, 獻官 閔泳璘, 中使 羅世煥, 參奉·忠義·進止·典禮飯監員役들이 紅箭門 안에서 正朝問安을 하였다. (1월 初5일 戊寅 陽2월 8일) 內外의 饌閣監廳에서 饌需 21器와 晝茶禮에 祭物 27器를 設하였다. 높이는 5寸이었다. 閣監 李充爀이 陪來하였다. (1월 20일 癸巳 陽2월 23일) 獻官 議政府 贊政 閔丙漢, 大祝 直閣 李義國이 春享大祭를 행하였다. 本園 參奉 李海晶이 저녁 上食을 올렸다. 內外의 饌閣監廳에서 饌需 21器를 設하고 退膳을 12房·1堂·楊牧·監董·牌將 등에게 分給하였다. 內饌 員役이 陪來하였다. (1월 28일 辛丑 陽3월 3일) 裕康園의 植木을 掌禮院과 楊州郡이 합력하여 거행토록 하라는 조서가 내렸다. 裕康園의 表石을 세우라는 조서가 내렸다. 이에 표석이 세워진 뒤에 대신들이 裕康園에 이르러 寢殿 一體를 奉審하였다. (1월 29일 壬寅 陽3월 4일) 酪粥으로 晝茶禮를 행하고 겸하여 金橘·橙子橘을 올렸다. 魂殿에 員役이 陪來하였다. (2월 16일 乙未 陽3월 21일) 楊州 牧使 洪泰潤이 植木 監官 金泰貞·安光祿·洪鍾赫·李時俊·金徹洙 그리고 九洞民人들과 더불어 裕康園 안의 植木을 시작하였다. (2월 21일 甲子 陽 3월 26일) 「園所各處柴炭磨鍊」목록으로 예컨대, 水剌間 熟設所 매 달 장작 18駄, 炭 6石, 水剌色 장작 5駄, 茶色 장작 5駄, 守僕 매일 3時 香炭 5升씩 合15斗, 事知守僕房 장작 각 3駄, 下人房 장작 각 3駄, 각 處

所用 秫箕 20介, 糖箒 20介 등과 같다. (3월 24일 丁酉 陽4월 28일) 日官 李晚東이 石魚 10尾
로 陪來하였다. 그래서 저녁 上食에 薦進하였다. 육군부장 權重顯이 陸軍領尉官 權沠를 陵園
所의 領率守護兵으로 할 것을 아뢰니 재가하였다. (4월 3일 乙巳 陽5월 6일) 亥正에 夏享大祭
를 행하였다. 獻官은 奉常司 司長 沈相漢, 大祝은 奉常司 典司 申泰東이었다. (4월 5일 丁未
陽5월 8일) 裕康園의 북쪽 馬石이 기울어졌고, 寢殿 複道의 磚石이 많이 기울어졌으며, 동쪽
처마의 기와가 10여 장 파손되었고, 內外禁川橋 석축이 간간이 기울거나 허물어져 있음을 보
고하였다. (4월 25일 丁卯 陽5월 28일) 園所의 植木 때에 수고한 경기관찰사 李根敎와 양주
군수 洪泰潤에게 加資하라는 조서를 내렸다. 「園所植木時別單」을 附記하였다. (5월 8일 庚辰
陽6월 9일) 寢殿 안의 花紋地衣를 쥐가 뚫었고, 分閤窓戶가 파열되었음을 보고하면서 이를 수
리할 것을 청하였다. (5월 15일 丁亥 陽6월 17일) 望祭와 告由祭를 지냈다. 獻官은 宗簿司長인
李載德, 大祝은 典事인 辛泳學이었다. 中使 金錫勳이 監祭 후에 復命하였다. (5월 20일 壬辰
陽6월 22일) 掌禮卿 李愚晃이 純明妃의 鍊主가 조성이 되었는데, 어디에다 奉安할 것인지를
아뢰니 勤政殿으로 하고 懿孝殿의 練祭는 음력 7월 29일로 하라고 하였다. (5월 22일 甲午 陽
6월 24일) 裕康園의 莎草가 마르고 손상된 곳이 많았기 때문에 員役 山軍들에게 아침 저녁으
로 물을 주라고 명하였다. 大殿에서 부채를 하사했다. 守侍園官에게 白貼扇 한 자루, 油別扇 2
자루, 參奉과 忠義에게 白貼扇·油別扇 각각 1자루씩 등이었다. (5월 23일 乙未 陽6월 25일)
大殿에서 별도로 상을 내렸다. 守侍園官에게 細布 2필, 參奉과 忠義에게 각각 細布 2필, 進止
에게 각각 細布 2필, 奠禮飯監에게 각각 中布 2필, 員役 16명, 守僕 2명, 事知守僕 4명에게 각
각 中布 2필 등이었다. (7월 1일 壬申 陽8월 1일) 「掌禮院練祭節目」을 附記하였다. (7월 22일
癸巳 陽8월 22일) 粟米 1斗, 麥米 1斗, 稷米 1斗, 蓮實 3升, 榛子 3升을 薦新하였다. (7월 29일
庚子 陽8월 29일) 懿孝殿 練祭의 일로 守侍園官 李海昌을 加資하고 參奉 李海晶과 徐廷煥에
게 각각 兒馬 1필을 하사하며, 侍園官 康禹錫을 加資하고 熟馬 1필을 하사하며, 忠義 柳(言+
勉), 進止 文宗鎬와 李漢璣에게 兒馬를 각각 1필씩 하사하며, 나머지 員役들은 제도에 따라
施賞하라고 조서를 내렸다. (8월 5일 乙巳 陽 9월 3일) 유강원의 여러 곳이 지난 밤 비바람으
로 파손되었음을 보고하였다. 예컨대 담장이 5間 반이 허물어졌으며, 寢殿의 기와와 다리의
칠이 頹落하였으며, 內紅箭門이 조금 기울어졌으며, 內外 齋室 몇 간이 頹落하였다는 것과 같
은 것들이다. (8월 15일 乙卯 陽9월 13일) 추석 祭享과 담장을 수리한 후의 告由祭를 지냈다.
獻官은 侍從院副卿 閔亨植, 大祝은 奉常典事 蔡東夑이었다. (8월 24일 甲子 陽9월 22일) 「禮式
院祥祭節目」을 附記하였다. 祥祭日에 守侍園官 參奉 이하가 衰服을 입고 紅門 안으로 나아가
엎드려 곡하며 4번 절하고 나와 다음에는 淺淡服·烏紗帽·黑角帶·白皮靴를 하고 다시 들어
가 神位에 부복하고 곡하며 4번 절하고 나왔다. (8월 29일 乙巳 陽9월 27일) 懿孝殿 練祭 때
의 일로 守園官 李海昌을 加資하고 參奉 李海晶·徐廷煥에게 각각 兒馬 1필씩을 하사하라는
조서가 내렸다. 오늘 巽時에 洪鍾億 內藏委員, 李鍾雲 主事, 金漢永 率雇院 牌將이 工匠과 함

께 무너진 담을 살펴본 뒤에 보수하는 일을 시작하였다. (9월 9일 己卯 陽10월 7일) 담장이 무너진 것은 이 달 7일에 完築하였으며, 寢殿 前後의 窓戶 內外 벽의 도배와 齋室의 漏水와 기와 담장의 보수가 오늘 끝났으며, 禁川橋의 기울어진 것도 보수가 끝났음을 보고하였다. (9월 12일 壬午 陽10월 10일) 園寢殿 밖 좌우 提燈이 파손되었고, 祭器인 木樻가 제대로 갖추어지지 못했음을 보고하면서 이를 조사한 후에 곧바로 조성해 줄 것을 요청하였다.(國漢文으로 됨) (9월 16일 丙戌 양10월 14일) 양주 목사 洪泰潤, 宮內參書官 金容濟, 學部敎員 李晩奎가 靑龍鉢里峯 華陽亭의 깃발을 뽑는 일로 왔다가 일본인과 서로 힐난하는 일이 벌어져 다음 날 측량을 맡은 度支部의 技手 趙明鎬가 오면 하기로 하였다 한다. 이 때문에 양주 목사와 궁내 참서관은 이 날 留宿하였다. (9월 26일 丙申 陽10월 24일) 大朞 때에 守直軍·巡更軍 25명, 事知軍 22명, 山監 1명, 山軍 27명, 巡檢 2명, 忠臣 4명, 柴炭色吏 4명, 肉直伊 1명, 12房 下人 각 9명, 水刺間 員役 16명, 守僕事知 守僕 6명, 多人飯工 員役 및 水工 各 洞領 26명 등에게 各木 1필씩을 分給하였다. (9월 28일 戊戌 陽10월 26일) 紅箭門 안에서 大朞祭享을 하였다. 獻官은 法部協辦 李相皐, 大祝은 侍講 辛尙學, 謁者는 禮式院 主事 尹相善, 閣臣 申正均, 副詹事 申憲均 등이었다. 大朞 때에 本宮 祭物을 10洞의 백성들에게 하사했으며, 閣監廳 제물은 兵丁과 山軍들에게 分給하였다. (10월 4일 癸卯 陽10월 31일) 유강원의 魂遊石이 보수가 되었는데, 이전 것을 없애고 새 것을 언제 入排할 것인지를 아뢰니 日官 金東杓가 말한 10월 6일 乙時에 入排하는 것이 吉하다고 하여 이 때에 할 것을 재가하였다. (10월 21일 庚申 陽11월 17일) 밤에 伊藤博文과 長谷川林이 日兵과 憲兵을 거느리고 곧 바로 大內로 들어가 군대로 위협하면서 보호조약에 날인하게 한 뒤에 돌아갔다. 심히 통곡할 뿐이다. (11월 28일 丁酉 陽12월 24일) 大殿에서 守侍園官·參奉·忠義·進止·奠禮飯監守僕·書員·熟手·各色掌·巡檢·進止房 下人 등에게 白曆과 中曆과 粧曆을 하사했다. (12월 30일 戊辰 陽1월 23일) 酉正에 守侍園官·參奉·忠義·進止·奠禮飯監이 여러 員役들을 이끌고 除夕 문안을 드렸다. 園所 員役과 10洞의 백성들에게 쌀 3升씩을 하사했다. 大殿에서 別歲饌으로 侍園官에게 錢 29元과 쌀 2石을, 進止 2명에게 錢 3백냥을 하사했다. 除夕에 紅箭門 안에서 곡하고 4번 절하였다.

3) <1冊> 1906년(丙午)

(1월 1일 己巳 陽1월 24일) 正朝祭를 올렸다. 獻官은 度支協辦 柳正秀, 大祝은 奉常司 典事 李喜永이었다. 卯時에 紅箭門 안에서 여러 員役들을 이끌고 正朝 문안을 드렸다. (1월 7일 乙亥 陽1월 30일) 晝茶禮 兼 人日 別祭를 올렸다. 祭物은 31器였으며 高는 1尺이었다. (1월 29일 丁酉 陽2월 21일) 參奉 徐廷煥이 園所祭享에 드는 경비가 이 달이 다 가는데도 아직 계획된 바가 없어서 각 員役들이 進排하는 것이 너무도 궁색하여 闕享을 면키가 어려우니 祭物 進排가 빠짐이 없도록 조치해 줄 것을 요청하였다.(國漢文으로 됨) (2월 14일 壬午 陽2월

7일) 10洞의 백성들이 들어와 눈을 쓸었다. 退膳을 12房의 員役과 守僕, 12房의 下人들에게 나누어 주었다. (3월 2일 己巳 陽3월 26일) 植木을 시작하였는데, 本園의 10洞 백성들과 洪陵의 10동 백성들 및 員役들이 각각 百株 씩을 식목하였다. (3월 13일 庚辰 陽4월 6일) 淸明祭를 지냈다. 獻官은 法部 參書官 李鍾林이고, 大祝은 奉常典事 李載榮, 中使 洪宅柱였다. 監祭 후에 留宿하였다. (3월 21일 戊子 陽4월 14일) 義親王 殿下가 홍릉에 갔다가 本園에 이르러 齋室에서 易服과 淺淡服을 입고 拜謁하였다. 또 陵의 碑閣을 奉審한 뒤에 다시 墓所에 이르러 拜謁하고 돌아갔다. (4월 24일 庚寅 陽6월 15일) 享需에는 매일 도합 25圜 80錢 5里가 쓰이며, 한 달에는 도합 774圜 16錢 8里가 쓰인다. 회계원에서는 이것을 매 달 계획하는데, 검사과장 洪正燮이 조사한 뒤에는 156圜 70錢 9里가 줄어들었다. 매 월 비용으로 山軍 27명, 守直軍 25명의 월급과 12房의 柴油 값이 각각 3圜 75錢, 參奉·忠義·進止房 세 곳에 각각 3圜 75錢, 典禮飯監 두 곳에 각각 3圜 75錢, 각 色掌 열 곳에 25圜, 多人飯工에 1圜 25錢, 書員·熟手·園軍色掌에 2圜 50錢, 房直이하 네 곳에 10圜, 山軍守直軍房 두 곳에 5圜이 든다. (5월 10일 丙午 陽7월 1일) 參奉 鄭始源이 免職되고 李悳九가 새로 임명되었다. (7월 4일 己亥 陽8월 23일) 禮式院에서 訓令이 내렸다. 陵園의 사방 境界를 자세하게 살피지 않은 것은 아니나 법의 기강이 해이해져 금지된 곳에서 나무를 베는 일이 있어서 경계 표지를 세우고 派員이 이를 수호해야 한다고 한다. 따라서 이 훈령이 내려진 때로부터 경계 안의 齋所로부터 陵園의 바깥까지 두루 말뚝을 박고 派員이 살펴보되 만일 3일이 지나도 이를 보고하지 않으면 마땅히 별도의 문책이 있을 것이라고 하였다.(國漢文으로 됨) (7월 17일 壬子 陽9월 5일) 掌禮院 稽制課長인 李哲宇와 楊州 牧使 洪泰潤이 와서 園所의 바깥 경계를 尺量하였는데, 담장으로부터 동쪽으로는 古山城까지 2,376尺, 남쪽으로는 店村 앞길에 이르기까지 29尺, 서쪽으로는 乾川에 이르기까지 2,880尺, 북쪽으로는 張丞基까지 2,520尺이라고 한다. (8월 13일 丁丑 陽9월 30일) 參奉 李悳九가 依願免職되고 金夏演이 대신하였고 忠義 李浚이 依願免職되고 沈倫이 새로 임명되었다. (8월 23일 丁亥 陽10월 10일) 參奉 朴龜鎬가 依願免職되고 李辰應이 새로 임명되었다. 「裕康園內外垓字尺量記」(光武10年 陰曆 丙午 7月 23日)를 附記하였다. 內垓字는 도합 2,564步, 外垓字는 도합 7,221步로 모두 9,785步가 된다. (9월 5일 己亥 陽10월 22일) 宮內府에서 陵園에 소속된 家屋·田畓·園林·草坪과 收稅·內外垓字 등을 조사하여 보고하라는 훈령이 내렸다. 하지만 陵園에는 부속된 것이 없기 때문에 다만 內外垓字 四標와 寢殿의 碑閣과 내외의 齋室에 부속된 家坪 몇 간의 숫자만을 보고하였다.(國漢文으로 됨) (9월 28일 壬戌 陽11월 14일) 守侍園官·參奉·忠義·進止·典禮飯監 員役이 內紅箭門에서 곡하고 4번 절한 뒤에 再朞祭를 지냈다. 掌禮院에서 香炭, 收稅 등 제반 명목의 所在地名과 結數를 일일이 구별하여 3일 안으로 보고하라는 훈령이 있었다. (10월 12일 乙亥 陽11월 27일) 光武 陽曆 10년 11월에 유강원 참봉 李辰應·宋元會가 宮內府大臣閣下에게 유강원에 소속된 전체 일꾼들의 숫자와 또 부족한 물품과 파손된 물건의 숫자 및 陵園 시설의 頹落한 곳의 수를 보고하였다. (12월 28일 庚寅 陽2월 10일) 忠義 李鍾默이 依願免職되고 黃芝善이 새로 임명되었다.

4) <2冊> 1907년(丁未)

(1월 28일 庚申 陽3월 12일) 오늘은 英親王의 吉禮를 揀擇하는 날이다. 亥時에 馬祖坪·內外 齋室·假齋室·山軍廳·閣監廳·兵丁廳 12 곳에서 山祭를 지내며 致誠을 하였다. (2월 2일 癸亥 陽3월 15일) 새로 임명된 참봉 李鍾純이 齋室에 이르러 肅拜하였다. (2월 14일 乙亥 陽3월 27일) 전화가 불통되었다가 安川의 洪陵에서 전화선과 전신주가 신설되었다는 소식이 이어졌다. (2월 26일 丁亥 陽4월 8일) 오늘 처음으로 각 洞에 나무를 심었다. 그리고 빠진 곳은 보충하였다. 參奉 韓永洙와 忠義 黃芝善이 依願免職되고 參奉 吳熙淳과 忠義 黃悳永이 새로 임명되었다. (3월 5일 丙申 陽4월 17일) 참봉 李鍾純이 依願免職되고 鄭悳烈이 새로 임명되었다. (3월 13일 甲辰 陽4월 25일) 참봉 鄭悳烈이 依願免職되고 金埈植이 새로 임명되었다. (4월 7일 丁卯 陽5월 18일) 閣監 金顯萬이 武監 2명을 이끌고 珠燈 1쌍, 宮燈 2쌍, 六隅燈 1쌍, 北神門內에 宮燈 1쌍, 南正門外 四方에 1쌍, 西門外에 小朴燈 1쌍, 紅燭 46쌍을 설치했다. (5월 5일 乙未 陽6월 15일) 端午祭를 지냈다. 寢殿에 비치했던 大太極尾扇 2자루, 小太極尾扇·羅尾扇 각각 4자루, 黑貼扇 3자루, 白貼扇 3자루를 꺼내고 새 것을 받아 이전처럼 비치하였다. 山監 金禹鼎이 山軍들을 거느리고 3일 동안 송충을 잡았다. (5월 17일 丁未 陽6월 27일) 장례원에서 훈령이 내렸다. 즉 欄干竹石 2개를 보수하고 寢殿內外의 도배 등을 吉日인 음력 5월 27일 異時로 하되 먼저 告事由祭를 같은 날 새벽에 지내고, 告安祭는 보수가 다 끝난 다음에 수시로 지내라고 하였다. (6월 9일 戊辰 陽7월 18일) 고종이 나라의 軍國大事를 황태자로 대리하게 하니, 儀節은 宮內府 掌禮院이 마련하여 거행토록 하라는 조서가 내려졌다. (國漢文으로 됨) (6월 14일 癸酉 陽7월 23일) 純明妃 閔氏를 皇后로 追封하고 妃 尹氏를 황후로 進封하되 제반 儀節은 궁내부 장례원에서 거행할 것이며, 園所의 제반 일들은 이 때에 번잡스러운 것들을 중단하라는 조서가 내려졌다. (6월 19일 戊寅 陽7월 28일) 궁내부대신 육군부장 一等臣 李允用이 황후의 부모를 封爵하는 儀節은 國典에 실려 있기 때문에 忠文公 閔台鎬 府院君을 追封하는 儀節은 그 例에 따라 거행함이 어떻겠느냐고 아뢰니 그렇게 하라고 하였다. (6월 29일 戊子 陽8월 7일) 英王을 황태자로 冊封하는 儀節은 궁내부 장례원에서 거행하라는 조서를 내렸다. 황후로 追封하는 일에 完順君 李載完을 正使로, 正二品 鄭漢朝를 副使로 하라는 조서를 내렸다. (6월 30일 己丑 陽8월 8일) 궁내부 대신 李允用이 황후로 追封하고 陵號가 議定이 되고 난 뒤에 表石도 다시 세워야만 할 것이라고 아뢰니 그렇게 하라고 하였다. (7월 18일 丁未 陽8월 26일) 純明皇后의 陵號를 裕陵·僖陵·憲陵 중에서 裕陵으로 하기로 하였다. (7월 21일 庚戌 陽8월 29일) 황제가 洪陵에서 展謁하며 親祭를 지내고 또 裕

陵에 이르러 展拜하며 親祭를 지내고 祭文을 직접 撰述하여 내린다는 조서가 있었다. (8월 11일 庚午 陽9월 18일) 宮內大臣 李允用이 裕陵의 表石을 보수하고 篆文의 書寫官을 宮內府 特進官 閔泳韶로 임명함이 어떻겠느냐고 아뢰니 그렇게 하라고 하였다. (8월 20일 己卯 陽9월 27일) 掌禮院卿 李重夏가 裕陵의 表石을 세우는 吉日이 陰曆 8월 25일 丁時라고 하니 이 날에 거행하되 먼저 告事由祭를 지낼 것이며, 祝文을 짓는 것은 侍講 중에서 선출하게 함이 어떻겠느냐고 아뢰었다. (9월 6일 甲午 陽10월 12일) 大皇帝가 마차를 타고 裕陵에 幸行하였다. 守侍陵官이하 모두가 紅箭門 밖에 이르러 영접하였다. 親祭禮를 행하였다. (9월 28일 丙申 陽10월 14일) 掌禮院에서 음력 9월 28일 純明皇后 3周祭 때에 행해야 할 제반 일들을 아뢸 것을 훈령하였다. (9월 18일 丙午 陽10월 24일) 洪陵과 裕陵의 조사위원인 吳慶殷이 각처의 人名과 각방의 什物들을 조사한 뒤에 돌아갔다.

「東課田畓記」는 주위 田畓들의 크기와 그 課稅額을 기록한 것이고, 「度地定例」는 陵에서 지내는 제사의 종류, 갖추어야 할 물품, 각 陵官이 하는 일, 제사의 儀禮 등을 기록하였으며, 「因山前各司每日進排」는 因山 前에 陵의 각 관원들이 매일 進排해야 하는 물품과 음식의 종류와 수량을 자세하게 기록하였다. 그리고 「山陵朝夕上食祭物器數」는 山陵에서 朝夕으로 올리는 上食의 祭物의 종류와 그릇 수 및 그 量, 그리고 각 관서에서 바친 물품과 음식의 수량을 기록한 것이고, 「薦新月令」은 매 월 올리는 薦新의 품목을 기록한 것이다.

4. 가치

이 책은 현재 유일본으로 추정되는 것으로, 純明皇后 閔씨의 陵인 裕陵에 대한 약 4년간의 일기이다. 그러나 일기라고 하지만 사실은 유릉에 대한 매일 매일의 상황을 기록한 日誌나 보고서에 가깝다. 따라서 그 기록들이 매우 자세하다. 특히 1冊 중 1904년(甲辰)에 대한 기록은 純明皇后의 사망에서부터 因山까지의 전 과정을 아주 상세하게 적고 있어서 당시 황실의 葬禮나 祭禮에 대해 총체적으로 살펴볼 수 있는 귀중한 자료이다. 이 밖에도 이 일기에는 葬禮나 祭禮 및 陵에 관련된 특수한 용어나 제도들이 상당히 많이 나타나고 있어서 이 방면의 연구에 큰 도움을 줄 수 있는 자료적 가치가 있다.

【전송열】

日記

金宗植(1851~1899) 著.

寫本. 2冊 : 책 크기 不定. 18行 30字 內外.

1. 저자

金宗植(1851~1899)[1]의 本貫은 淸風, 字는 景朝이다. 그의 曾祖 金基中은 순조 때 繕工監을 지냈고, 조부는 金得善(1804~1878)으로 成均 進士였으며, 父는 金益恒(1828~1882)으로 역시 進士였다. 母는 平山 申氏로 參奉 申泰運의 딸이다. 이밖에도 그의 從祖父인 金直善(1807~1884)은 刑曹參議를 지냈으며, 고종 때 형조판서 및 대사헌을 지낸 바 있는 金元植(1823~1881)은 그의 四從兄이 된다. 또 김원식의 아들로 고종 때 대사간을 지낸 金裕行(1845~ ?)과 예조참판 및 궁내부 특진관을 지냈던 金有成(1849~ ?)은 四從姪이 된다. 하지만 저자인 김종식에 대해서는 거의 알려진 바가 없다. 다만 『淸風世譜』에는 그가 1885년(고종 22)에 機器局委員을 지냈으며 또 平澤縣監을 지냈다고 기록되어 있다. 그의 아내는 韓山 李氏로 1883년(고종 20)에 32세로 별세했다. 후에 그는 다시 光山 金氏와 혼인한 바 있다. 1899년 7월 12일 48세로 卒하였다.

2. 구성

序·跋文이 없는 2冊으로 되어 있다. 그러나 표지에 1·2冊이라는 표시가 전혀 되어 있지 않다. 그리고 이 두 책은 기록한 시기가 10년이나 차이가 난다. 즉 한 책은 1871년(고종 8) 2월부터 同年 7월까지의 일기이고, 또 한 책은 1881년(고종 18) 1월부터 1882년(고종 19) 8월까지의 일기이다. 따라서 편의상 시기가 앞선 책을 1책이라 하고 10년 뒤에 쓰인 일기를 2책이라 명명한다.[2] 1책의 표제는 '日記'라고만 되어 있으며, 또 1월은 없고 2월부터 시작하는데, 그것도 앞부분은 유실되어 2월 9일부터 시작하고 있다. 또 7월로 일기의 기록이 끝나는데, 이것도 뒷부분이 유실되고 없다. 2책의 표제는 '日記 第十五'라고 되어 있고, 또 '辛巳正月初吉始壬午八月十一日終'이라고 하여 일기를 쓰기 시작한 年月과 또 끝낸 年月을 썼다. '第十五'라고 한 것으로 보아 이 일기는 여러 책 가운데에서의 어느 일부분인 것으로 추정된다. 매일의 날짜를 빠짐없이 하나하나 쓰고 그 날에 있었던 일들을 기록하였다. 일상생활에

---

1) 현재 연세대 고서목록에는 이 책의 저자를 미상으로 처리하고 있다. 하지만 이 책의 내용 가운데에 나타나는 저자의 친척들의 이름과 자 및 여러 단서들을 통하여 『淸風世譜』를 확인한 결과 저자가 김종식임이 확인되었다. 저자가 김종식이라는 근거는 여러 가지가 있지만 그 중에서도 가장 정확한 근거는 그가 쓴 일기에서 그의 어머니의 사망한 날을 1881년 10월 10일이라고 적고 있으며, 또한 자신의 생일이 2월 13일이라고 말하고 있는데, 이것이 世譜의 기록과 일치한다는 사실이다.

2) 연세대 고서목록에는 이와 달리 고종 18년과 19년에 쓰인 책을 1책으로, 고종 8년에 쓰인 책을 2책으로 표시하고 있다. 어떤 근거에서 그렇게 하였는지는 알 수 없으나 두 책 모두 저자가 같은 책임을 감안할 때에 이것은 당연히 시기가 앞선 것을 1책으로 표기하여야 하리라 본다.

관한 기록은 전체적으로 간략한 반면 인용한 時事나 傳敎는 상당히 길어 내용의 대부분을 차지한다. 대체적으로 한 날짜에 기록된 내용의 양은 2책보다는 1책이 훨씬 더 많다. 글씨는 초고본이기는 하여도 비교적 깨끗하게 쓰인 편이다. 하지만 2책에 비해 1책의 글씨가 조금 더 난삽하며 단정하지가 못하다. 전체적으로 수정한 흔적이 곳곳에 많이 보이며, 또 어떤 장은 파손이 되어 알아보기 힘든 곳도 있다. 한편 1책에는 날짜와 그 날의 간지 및 날씨의 상태를 매일 기록했다. 즉 "초2일 신유, 종일 흐리고 이슬비가 내리다가 밤에는 조금 갬(初二日辛酉, 終日陰露雨, 夜微晴)"이라든가 "초7일 정유, 아침에는 흐렸다가 저녁에는 갬(初七日丁酉, 朝陰暮陽)"이라고 하였다. 하지만 2책은 1책과는 달리 예컨대 "2월 큰 달, 초6일 경칩, 20일 춘분(二月大, 初六日驚蟄, 二十一日春分)"이라고 하여 매 월마다 일기를 쓴 그 달의 크고 작음과 각 절기의 날짜와 명칭을 소제목처럼 붙이고 또 그날의 간지와 날씨의 상태는 1책처럼 매일 기록하였다.

그런데 1책과 2책은 쓰인 시기가 10년이나 차이가 나고 책의 크기도 서로 다르며, 또 글씨체나 일기의 형식이 다소 달라서 저자가 서로 다른 책일 수 있음을 의심케 한다. 하지만 면밀하게 살펴보면 이 두 책은 저자가 같다는 것을 알 수 있는데, 그 증거로는 두 책 모두 저자의 본가가 平湖이며, 외가는 栢洞이라고 적고 있다는 것과 또 저자의 三從兄이나 四從兄 그리고 三從叔 등이 두 책에서 모두 동일하게 나오고 있는 점, 그리고 두 책에서 모두 2월 13일을 자신의 생일이라고 말하고 있다는 점을 들 수 있다.

3. 내용

1·2책 모두 그 날의 날씨 상태, 부모님이나 아내의 건강, 친척이나 벗들과의 교유, 時事, 高宗의 傳敎 등을 기록하고 있다. 하지만 1책은 2책에 비해 時事나 傳敎보다는 저자 개인의 일상생활에 관한 것들을 보다 더 많이 기록하고 있는데, 특히 친구들과 모여 놀면서 시를 짓고 그 시를 기록한 것이 상당히 많다. 그러나 일상생활에 대한 기록이라 하여도 특이한 내용은 별로 찾아볼 수 없으며 대부분 지극히 일상적인 같은 내용들이 단조롭게 반복되는 경우가 많다. 이것은 2책의 경우에도 마찬가지이기는 하지만 그래도 2책에는 1책에서는 볼 수 없는 다양한 면모들을 보여준다는 특징이 있다. 그런데 2책이 1책에 비해 時事나 傳敎가 더 많이 기록이 된 것은 1책이 저자가 21세 때에 쓴 것임에 비해 2책은 그 후 10년이 지난 31세 때 기록한 것이라는 데에 연유한 것이라 추정해 볼 수 있다. 즉 1책이 쓰인 시기보다 2책이 쓰인 시기가 훨씬 더 나라 안의 정세가 급박하게 변화하고 있어서 이러한 당시의 현실을 반영한 것이라 볼 수 있다. 한편 일기에 삽입된 時事나 傳敎는 『高宗實錄』과 비교해 보았을 때 그 전체적인 내용에는 별 차이가 없다. 때로 저자는 時事나 傳敎를 축약하여 기록하기도 하

였다. 하지만 그 내용은 草記를 轉載하는 경우가 거의 대부분이다. 이런 점에서 일기에 실린 내용이 실제 실록과 차이가 나는 경우가 꽤 많다. 그러나 보다 중요한 것은 일기 속에는 실록에 전혀 나타나지 않는 時事도 종종 기록하고 있다는 점이다. 이런 점에서 이 책은 실록을 보완하는 보조 자료로서의 가치를 지니고 있다고 볼 수 있을 것이다.

1책부터 몇몇 그 대략적인 내용만을 抄出하되 時事와 傳敎는 『高宗實錄』과 대부분 중복되는 것이 많기 때문에 가능한 한 저자의 일상생활에 대한 기록들을 중심으로 하여 제시해 본다.

1) <1책> 1871년(고종 8) 2월~同年 7월

2월 11일(辛未) 『書經』의 「益稷篇」을 읽고 밤에는 自序와 오늘 읽은 것을 외웠다. 12일(壬申) 英八이가 돌아와서 서울 安洞 식구들의 건강이 다 평안하다고 한다. 祭需品과 寒食茶禮品을 내어왔다. 16일(丙子) 아내가 감기로 고생한다고 하니 걱정이다. 21일(辛巳) 저녁에 判吉이가 서울에서 돌아와 서울 집 소식을 들었다. 29일(己丑) 친구 尹元七이가 왔다. 저녁을 먹은 후에 아직 해가 저물지 않아서 子亨氏, 尹元七, 鷹弟, 命甲과 함께 강어귀를 따라 배회하다가 돌아왔다.

3월 1일(辛卯) 廣營에서 배로 柱礎石 8개를 실어왔다. 시골집의 앞 처마와 대문을 세우기 위해서인데, 올 초부터 일을 시작했다고 한다. 재목을 계속해서 실어왔다. 5일(乙未) 동생과 함께 외조부를 찾아뵈러 갔는데, 氣力이 康寧하시니 다행이다. 밤에 沈兄, 宋兄과 함께 詩 한 수를 지었다. 큰집 再從祖父 判書公의 諡號가 貞文이라고 한다. 6일에 나라에서 73명에게 시호를 내렸다. 이름은 다 기록하지 못한다. 9일(己亥) 저녁밥을 먹은 후에 임금이 還宮하는 행차를 보았다. 등불이 휘황하고 깃발들이 가지런하며 백관들의 위엄과 수많은 군사들의 거동이 가히 성대하다고 할만 하였다. 11일(辛丑) 오후에 鷹弟와 徐·魚 두 친구와 함께 남쪽 別宮을 보러갔으나 새롭게 단장한 뒤라 雜人은 들어오지 못한다고 하여 들어가지 못하였다. 그래서 南關王廟를 보러 갔는데 補修하는 일이 이제 시작되었다고 하여 역시 들어가지를 못하게 하였다. 13일(癸卯) 謁聖試가 景武臺에서 행해졌다. 아버지와 仲父는 시험장에 들어갔으나 叔父는 有故가 있어서 들어가지 못하였다. 임금이 과거에 합격한 李載晩과 鄭元和에게 樂工을 보내 축하하였다. 16일(丙午) 경무대에서 三日製를 시행했다. 詩題는 '舜有五臣而天下治'였다. 從叔父가 2등을 차지했다. 18일(戊申) 寧海府의 賊盜들이 소요를 일으켜 府使 이정을 살해했다. 20일(庚戌) 경무대에서 宗親들의 宗會를 열었다. 모두 74,000여 명이나 참여하였는데, 이것도 4분의 1에 지나지 않는다고 한다. 비로소 宗親이 極盛함을 알았다. 21일(辛亥) 鷹弟가 『通鑑』을 읽으려고 하였는데, 마침 공교롭게도 책을 구할 수가 없어서 먼저 『孟子』부터 시작하였다. 27일(丁巳) 伯從曾祖姒 杞溪 兪氏의 제삿날이다.

4월 1일(庚申) 鷹弟가 밤에 滯症으로 구토하여 건강하지 못하다. 2일(辛酉) 전국에서 47개 서원만 남겨두고 모두 철폐하였다. 4일(癸亥) 오후에 친구들과 함께 종로에 기이한 물건을 보러갔다. 6일(乙丑) 어제 서양선 3척이 수원 甕浦口에, 1척은 永宗에 나타났다고 水原留守가 보고하였다. 9일(戊辰) 밤에 친구들과 火樹落花를 보러갔다. 10일(己巳) 議政府 草記에, "이양선이 근해에서 어슬렁거린 지 벌써 여러 날 째 됩니다. 어제 京畿監營의 狀啓를 보니 南陽府使가 가서 사유를 물어보려고 한다는 것이었습니다. 어느 나라 배가 무슨 일로 와서 정박하고 있는지 알 수 없는 만큼 그 곡절을 상세히 알아보지 않을 수 없습니다. 사역원을 시켜 일에 밝은 通譯官을 몇 사람 선정하여 떠나는 인사는 그만두게 하고 내려 보내도록 하는 것이 어떻겠습니까."라고 하였다(異樣船之逗留內洋, 已有日矣. 昨見畿營狀啓, 則南陽府使行將問情云, 未知何國船之因何事來泊 而此不可不詳問委折, 解事譯官, 令該院擇定幾人, 除下直下送何如. 允之) 12일(辛未) 「原道」를 20번 읽었다. 13일(壬申) 「出師表」를 10번 읽었다. 16일(乙亥) 「黃竹樓記」를 30번 읽었다. 20일(己卯) 鷹弟의 안색이 몹시 좋지 않다. 간혹 건강하지 못한 기운이 있었는데, 어제 낮에 飢虛症으로 두통이 나서 고생했고, 오늘은 또 감기로 두통이 더욱 심하다. 22일(辛巳) 시를 지었다. 詩題는 '檀君'으로 우리나라 시인들에게서 빌린 것이다. 壽鷹이가 감기로 몸이 뜨겁고 두통이 나 어제보다 더 심하다. 낮이면 조금 낫다가 해가 지면 또 아프다. 正氣散을 먹였다. 25일(甲申) 鎭撫中軍 魚在淵이 서양군과 싸우다 전사했다. 28일(丁亥) 시를 지었다. 詩題는 '掩口'로 우리나라 시인에게서 빌린 것이다. 29일(戊子) 平湖에 祭需物과 의복상자를 보냈다.

5월 6일(乙未) 점심에 學童이 壯元이 된 턱을 먹었다. 8일(丁酉) 오늘 여러 친구들과 모여서 當日 우리나라 사람에게서 빌린 詩題를 다 외우고 또 그 다음 날에 만나 외우게 하여 통하는 지 그렇지 않은지를 살펴보아 만일 통하지 못하면 그 날 점심 값을 모두 내기로 약속했다. 9일(戊戌) 어제 魚友가 한 자를 통하지 못하였고, 尹元祥도 통하지 못하였다. 魚友가 낸 太粥을 먹었다. 10일(己亥) 점심은 그저께 통하지 못했던 尹元祥이가 낸 太粥을 먹었다. 요즈음 밤에 石北 申光洙(1712~1775)가 쓴 「登岳陽樓歎關山戎馬」, 李馨福의 「泣送歸時遺腹兒」등의 시를 외우고 있다. 11일(庚子) 할아버지의 忌日에 참석하지 못하여 몹시 서운하다. 밤에 崔秉夏가 와서 시를 논하고 갔다. 12일(辛丑) 京畿 中軍 梁周泰가 水戰에 능하다고 하여 特命으로 出戰하게 하였다. 16일(乙巳) 밤에 우리나라 시인의 시 12수를 외우고 새벽닭이 울 때에야 잠이 들었다. 17일(丙午) 임금의 행차를 구경하러 갔다가 큰길가에 세워진 비석의 碑面을 보았는데, 거기에 "洋夷侵犯, 非戰則和, 主和賣國"이라고 새겨져 있었고, 그 옆에는 "戒我萬年子孫"이라고 하였으며, 또 그 옆에 나라히 "丙寅作, 辛未立"이라고 되어 있었다. 즉 1866년(고종 3)에 쓰고 올해(1871년) 세워진 것이다. 19일(丁未) 낮부터 몸이 춥고 열이 났다. 저녁에 조금 가라앉았지만 열은 심했다. 20일(戊申) 숙모가 잉태한 지 7개월이 되었는데, 오늘 낮에 이웃 마을의 총성을 듣고 놀라 아랫배가 무겁고 자주 아프며 요통도 있다고 하니 걱정이다. 27일(乙卯) 장인의 襄禮에 아내가 有故가 생겨 가지 못하고 나 또한 병이 나서 가지 못하여 皇允이를 보냈다.

6월 3일(辛酉) 三角山에서 기우제를 지냈다. 大臣이하 그 출신을 막론하고 상하가 다 貝纓(산호·호박·대모·수정 따위로 만든 무늬와 광택이 나는 갓끈)을 착용하였고, 흰머리에도 이 貝纓이 있는 자가 있었으니, 이는 우리 같은 부류가 아니었다. 6일(甲子) 어제 밤낮으로 비가 쏟아져 하천이 범람하고 집들이 물에 잠겼으며 다리가 무너지고 물에 빠져 죽은 사람도 많다고 한다. 이웃 마을에 사는 노인은 近年 들어 하루 밤의 비가 이렇게 굉장한 적은 없었다고 한다. 7일(乙丑) 아내가 더위를 먹어 고생한다고 한다. 14일(壬申) 아침이 지나 安主簿 약국에 가서 雄朱丹 3封을 사왔다. 한 봉에 3개가 들었는데, 값은 한 봉에 1錢씩이다. 이것은 瘧疾에 잘 듣는 약으로 다음 날 동이 틀 때 동쪽을 향해 앉아서 한 봉씩 냉수로 먹는다고 한다. 22일(庚辰) 世俗에 이르기를, 立秋에 좋은 물을 마시면 온갖 병이 다 없어진다고 한다. 그래서 여러 친구들과 함께 兄弟井에 가서 목욕하고 물을 마셨다.

7월 21일(戊申) 오늘로 친구들과 만나 시 짓는 것을 끝냈는데, 여름 석 달 동안 불과 70편밖에 되지 않았다. 22일(己酉) 성균관에서 七夕製를 실시했는데, 申一永과 沈東獻, 趙翼永이 합격했다. 鷹弟의 혼인 날짜를 10월 24일로 정했다.

2) <2책> 1881년(고종 18) 1월~1882년(고종 19) 8월

1881년 1월 1일(甲子) 王大妃 洪氏가 51세가 되었음을 경축하였다. 어머니의 병환이 조금 차도가 있다. 내 나이가 31세가 되었지만 아무것도 한 것이 없어 부끄럽고 슬프기만 하다. 5일(戊辰) 庶三從叔 主簿 金益聖이 평소의 風症으로 별세했는데, 지난 12월에 회갑을 지냈다. 매우 참담하다. 11일(甲戌) 議政府 草記에 統理機務衙門이 郎廳 18명을 文官, 蔭官, 武官에 구애됨이 없이 임명할 것을 節目에서 비준 받았는데, 낭청을 主事, 副主事로 부르는 것이 어떻겠느냐고 하니 고종이 이를 승인하였다. (『高宗實錄』에는 실리지 않은 18명의 명단을 모두 기록해 놓음) 22일(甲申) 어머니의 병환이 위독해져서 걱정이다. 季孫이 平湖에서 돌아왔는데, 從祖父의 편지를 갖고 왔다.

2월 6일(戊戌) 사람들이 蛔症이 있는 자는 경칩일에 개구리가 깨어날 때에 肉塗蜜煮를 복용하면 1년 동안은 효험이 있을 것이라고 한다. 그래서 이 날에 어머니와 아내와 鷟弟에게도 이것을 다 복용하게 하였다. 13일(乙巳) 이 날은 나의 생일이다. 15일(丁未) 근래에 尹淵如에게서 綱目을 빌려서 읽고 있다.

3월 1일(癸亥) 栢洞에 가서 外王考의 几筵에 哭하였다. 7일(己巳) 寒食이라 산소에 가서 茶禮를 행했다. 14일(丙子) 아버지를 모시고 서울로 갔다가 저녁에 돌아왔다. 아내의 병이 차도가 있다. 18일(庚申) 族大夫 金平默(1819~1891)은 壁溪 李恒老의 高弟로 문학으로 이름이 났는데, 世稱 金重庵이라고 한다. 重庵은 그의 號이다. 25일(丁亥) 장모님의 患候가 점점 더 위독해져 간다. 26일(戊子) 장모님이 戌時로 63세로 별세했다. 坡平 尹氏이다.

4월 2일(癸巳) 庶三從叔이 겨울에 庭試 武科에 응시했지만 합격자 명단에 오르지 못했다. 3일(甲午) 아버지가 치통으로 고생하며 여러 날이 지났지만 차도가 없어서 걱정이다. 8일(己亥) 벗들과 함께 초파일 관등행렬을 水表橋와 廣通橋에서 보았다.

5월 1일(壬戌) 친구들과 함께 모여 시를 지었다. 5일(丙寅) 張德允을 만나 함께 玉流洞에 가서 士女들이 鞦韆 하는 것을 보았다. 또 그곳에는 松石園 정자가 있는데 杓庭 閔台鎬(1834~1884) 대감의 휴가처로 수석이 깨끗하고 화훼들이 우거져 있었다. 다시 社稷 뒤의 동산에 올라가 먼 데까지 내려다보았는데, 우리 두 사람이 다 처음 본 것들이었다. 12일(癸酉) 栢洞 외갓집에 갔다가 돌아오는 길에 임금님의 행차를 구경했다. 21일(壬午) 오늘은 汝成의 춘부장의 회갑 날이다. 잔치 자리에 갔다가 붙잡혀 부득이 앉아서 하루 종일 취하도록 술을 마셨다.

6월 1일(辛卯) 혜성이 서북방에 나타났다. 2일(壬辰) 觀象監 草記에 혜성이 서북방에서 나타났는데, 꼬리가 있었다고 하였다. 3일(癸巳) 혜성의 꼬리가 은은하면서 매우 길었다. 哲宗 戊午年 가을에도 혜성이 서북방에 나타났는데 그 색채가 매우 장대했다. 내가 8살 때에 보았다. 30일(庚申) 더위가 근년 들어 최고라고 한다.

7월 5일(乙丑) 새벽에 비가 크게 쏟아졌다. 아침이 되어 그쳤으나 계속 흐렸다가 저녁이 되어서야 개었다. 새벽 비로는 근래에 들어 가장 심했다. 9일(己巳) 從曾祖인 忠州公의 忌日이어서 제사에 참여하러 갔다. 21일(辛卯) 鷟弟가 저녁 때 개에게 물려 왼쪽 팔과 왼쪽 허리에 크게 상처를 입었다. 곧 바로 의원인 趙生員을 불러서 침을 맞혔다. 23일(癸未) 여러 친구들과 함께 貞陵의 목욕하는 곳을 보러 갔는데, 목욕하는 사람이 너무도 많고 또 우산을 세워 놓아서 흡사 과거시험장과도 같았다. 25일(乙酉) 鷟弟의 상처가 계속 심해져서 지렁이 똥〔蚯蚓糞〕을 발랐다.

閏7월 6일(丙申) 鷟弟의 상처가 아직도 아물지 않고 있다. 17일(丁未) 여러 친구들과 함께 종로에서 달을 玩賞했다. 18일(戊申) 外叔 申永均이 지난 밤 亥時에 不足症으로 갑자기 세상을 떴다. 참담하기 그지없다. 20일(庚戌) 踈儒 洪在鶴(1848~1881)을 서문 밖에서 사형시키기로 決案 하였다. 그는 죽음에 앞에서도 정신이 흐려지지 않았으며 辭氣도 강개하였다. 그를 사형시키기 위해 南間의 옥문을 열려고 하였으나 열리지가 않아 부수어서 그를 끌어내었고, 또 그를 태운 수레가 부서졌다. 그의 죽음을 보는 자들이 다 눈물을 흘렸다. 이날 밤에 남자 다섯 명이 와서 그의 시신 곁에서 곡하고는 돈 百兩을 던지고 갔다. 간수가 그 이유를 물었지만 대답하지 않았다고 한다. 홍재학의 나이는 34세였다.

8월 14일(癸酉) 人便을 통해 아버지께서 주신 편지를 받았다. 이틀 전에 老谷에서 돌아오셨는데 건강에는 큰 손상이 없다고 하시니 다행이다. 20일(己卯) 監試 初場에 張德允·兪子相

과 함께 제 二所에서 시험을 보았다. 詩題는 '光風霽月, 善形容, 有道氣像'이었다.

9월 8일(丁酉) 張德允이 찾아와서 그와 함께 달빛 속에 걸어가 三淸溪를 건너 李聞天을 방문하고 술을 마시면서 이야기를 나누었다.

10월 2일(辛酉) 어머니의 患候가 계속해서 危重하다. 理中湯을 드렸다. 3일(壬戌) 어머니가 식음을 전폐했다. 浮氣가 있었고 자주 변을 보셨으며 虛飽症이 있다. 10일(己巳) 이 날 辰時에 어머니께서 세상을 떠나셨다. 壽는 54세였다. 罔極至慟하다. 五衛將인 四從兄 大植이 와서 시신을 수습하였다. 19일(戊寅) 상여가 忘憂里에서 동녘이 틀 때 발행하여 平湖에 다다르자 날이 이미 환해졌다. 27일(丙戌) 承旨 沈應澤, 四從兄 承旨 晚植, 族兄 元植, 忠植이가 와서 조문하였다.

11월 7일(乙未) 泮試가 어제 오늘 연달아 열려 再抄하였는데, 泮長은 韓章錫(1832~1894)이었다. 11일(己亥) 碩士 宋淳哲, 參判 李載純, 碩士 尹興燮이 와서 조문하였다. 18일(丙午) 鶩弟가 근래 『小學』을 읽고 있다. 25일(癸丑) 아내의 생일이다. 27일(己卯) 아버지의 생신이다. 30일(戊午) 鶩弟가 蛔症이 있고 또 설사를 한 지가 이미 한 달이나 되었다. 오늘 椒木湯을 먹였다.

12월 2일(庚申) 四從兄 判書 金元植이 오늘 별세 했다. 몹시 허탈하다. 5일(癸亥) 아버지께서 김원식의 아들인 承旨 金裕行(1845~ ?)에게 조문하러 가셨다. 17일(乙亥) 平得이가 와서 平湖의 안부를 듣고 답장을 썼다. 日前에 평호의 이웃 마을에 사는 尹監役의 집에 火賊이 들었다고 한다. 27일(乙酉) 外祖姚 金氏의 忌日이다. 예전 일을 생각하니 슬픔과 그리움이 더욱 간절해졌다.

1882년 1월 1일(戊子) 내가 32살이 되었다. 18일(乙巳) 李景彦이 우리 집에 와서 잤다. 그는 風水를 잘 알았는데 戊寅年에 나와 함께 平湖에 가서 山地를 살피고 돌아온 적이 있다. 21일(戊申) "조정 관리로서 70세 이상 되는 사람과 士庶人 중 80세 이상으로 벼슬을 하지 못한 사람들은 다 한 등급씩 품계를 올려주라(朝官年七十以上, 士庶人年八十以上, 至緋玉者, 加一資)"는 下敎가 있었다. 종조부는 올해 76세가 되시는데, 형조참판으로 품계가 올라가서 크게 기뻐하고 축하하였다. 24일(辛亥) 관보에 품계가 올라간 노인들의 명단을 반포하였는데, 종조부도 거기에 들어 있었다.

2월 3일(己未) 三從姪 裕弘에게 冠禮를 행했다. 字는 士毅라고 하였다. 5일(辛酉) 外叔 申景均, 四從姪인 承旨 裕行, 校理 裕成, 學官 裕衡이 편지로 조문을 했다. 8일(甲子) 春塘臺에서 成均館과 四部學堂 유생들에게 應製를 실시하였다. 詩題는 '日月光明洪宇宙'였는데, 이것은 世子宮이 지난 겨울에 지었던 시이다. 百人을 뽑았는데, 이 중 金穆濟·李容儀·兪致烈에게 다같이 殿試에 곧바로 응시할 자격을 주었다. 28일(甲申) 수돌이 편에 平湖로 편지를 부치고, 종조부의 敎旨와 안경도 보냈다. 30일(丙戌) 監試와 會試 합격자 발표가 났는데, 이름을 아는 자가 극히 적었다. 徐宅中은 一所 終場에 합격했다.

3월 9일(乙未) 別試의 終場은 策問이었다. 11일(丁酉) 別試 初試의 합격자 발표가 났는데, 이름을 알만한 자가 극히 적었다. 12일(戊戌) 別試 初試에 原州의 형과 中植 형 그리고 조카 裕曾이 합격자 명단에 들었다. 15일(辛丑) 종조부가 刑曹參議에 除授되었다. 21일(丁未) 새벽에 평호의 옛집에서 初虞를 행하고 아침에 上食을 했다. 山役이 오전이 지나서야 끝났다. 24일(庚戌) 아내가 장모의 小祥에 참여하기 위해 洛溪에 갔다.

4월 18일(癸酉) 增廣監試의 初試를 시행하였다. 1所의 試官은 韓章錫, 李命宰, 趙鍾雲이고 2所는 徐正淳, 金明鎭, 宋圭元이었다. 李汝成의 試券을 베꼈다. 20일(乙亥) 監試의 終場에서 李汝成의 試券을 썼다. 21일(丙子) 1, 2所의 監試 初試의 합격자 발표가 났는데 2등 합격자는 온통 까맣게 되어서 이름을 알만한 자가 극히 적었다. 30일(乙酉) 東堂에서 하루 종일 策問으로 시험을 시행했다. 1所에서는 '과거의 폐단(科廢)'에 대해, 2所에서는 '검소함과 사치함(儉與侈)'에 대해 물었다. 아버지는 2所에다 답안을 제출했다.

5월 2일(丁亥) 지난 달 20일전부터 眼疾이 매우 심해 고생이다. 東堂 1, 2所 합격자 발표가 났는데, 항렬자가 '鍾'인 자가 수 십 명이나 되었다. 3일(戊子) 안질이 점점 더 심해져서 上食에 참여하지를 못했다. 눈에 春雪膏를 쓴 지가 벌써 數日이 되었다. 6일(辛卯) 가뭄과 더위가 극심해서 성 안의 우물물이 다 말라버려 밥을 짓지 못하는 집도 있다고 한다. 경기도, 충청도 左道와 西道 이 三道에 가뭄이 더욱 심하다고 한다. 11일(丙申) 9번째로 기우제를 지냈다. 17일(壬寅) 종조부의 건강이 매우 좋지 못하다. 19일(甲申) 尹淵如에게서 『萬國公法』을 빌려서 보았다. 23일(戊申) 弘陵 參奉 洪承翼은 奉朝賀 洪鳳漢의 5대손이다. 26일(辛亥) 아내의 下血症이 다시 생겼다. 계속해서 문어알을 試用한지가 이미 10여일이나 되었다.

6월 2일(丙辰) 아내가 설사를 하여 건강치 못하고 鷟弟도 설사를 하여 몹시 고통스러워한 지가 여러 날이 되었다. 10일(甲子) 각 營軍과 侍衛兵들이 다 함께 亂을 일으켜 興寅君 李最應의 집을 부수고 興寅君을 죽였다. 參判 李憲稙은 중전을 호위하다가 상처를 입었지만 겨우 죽음만은 면했다고 한다. 14일(戊辰) 시골에서도 騷擾가 심하여 산 속으로 도망가는 사람들도 있다고 한다. 19일(癸酉) 仲弟(金容植)의 忌日이지만 國恤(軍亂으로 민비가 죽은 줄 알고 虛葬을 한 것을 말함)로 卒哭 전에는 제사를 지낼 수가 없으니 더욱 허탈하다. 28일(壬午) 작년 겨울 公州에서 어떤 사람이 산골 사이 길에다 律詩를 걸어놓았는데, "萬事一千八十年, 風之雨之落梅筳....."이라고 하였다. 그런데 이것은 時事를 한탄하여 지은 것으로 '一千八十' 4자는 '壬午'의 破字요, '落梅日'은 곧 大暑日이었던 금년 초9일을 말한 것이다.

7월 5일(己丑) 倭人 수 백 명이 또 서울로 들어왔다. 7일(辛卯) 일본 公使 花房義質이 폐하를 접견하고 兵隊 300여 명을 돈화문 안에다 주둔시켰다. 14일(辛酉) 淸將이 軍民들을 曉諭하기 위한 榜文을 종로에다 붙였다. 16일(庚子) 淸人들이 왕십리에 갔다가 우리나라 사람들이 淸人들에게 돌을 던지는 것을 보고는 우리 군병 50여 명을 잡아 漢江 어귀의 陣中으로 데리고 갔다. 27일(辛亥) 아버지의 병환이 계속해서 아무런 차도가 없고 調治도 대책이 없다.

8월[3] 4일(丁巳) 아버지께 아침에 大補湯을 올려드리고, 저녁에는 香砂養胃湯을 올려드렸으나 아무런 효험이 없다. 8일(辛酉) 前 中軍 洪在義를 抱川 현감으로 제수했다. 그는 6월 變亂 때에 中宮殿이 亂軍에게 붙잡혔을 때에 궁녀라고 말하여 보호함으로써 화를 면하게 했기 때문이다.

4. 가치

이 책은 비록 한 개인의 일상생활을 기록한 일기이기는 하지만 이 중에는 高宗 당시의 정치·사회·문화 전반에 관해 엿볼 수 있는 자료들이 상당히 많다. 특히 하루도 빠지지 않고 매일매일의 時事와 傳敎 등을 자세하게 기록하고 있어서 마치 당시의 신문을 보고 있는 듯한 느낌을 가지게 한다. 이것은 1책보다는 주로 2책에서 많이 찾아 볼 수 있다. 그런데 보다 중요한 것은 저자가 당시의 시사 자료들을 인용하되 주로 각 관서의 草記를 쓰고 있기 때문에 이 중에는 『高宗實錄』과 차이가 나는 부분도 꽤 많으며, 또 어떤 경우에는 이 『高宗實錄』에 아예 없는 것도 실려 있다는 점이다. 따라서 왕조실록을 보완하는 자료로 쓰일 수 있어 그 자료적 가치가 매우 높다. 이밖에도 당시 과거시험에 대한 기록들이 많아 그 시험 현장을 엿볼 수 있으며 또 매일의 기상이나 그 이변 등을 매우 자세하게 기록하고 있어서 당시의 기상 상태의 변화도 알 수 있게 한다.

【전송열】

---

3) 8월의 일기는 11일까지만 기록되어 있다.

日記

李復榮(1868~1943) 著.

寫本. 40冊 : 책 크기 不定. 12行 16字 內外.

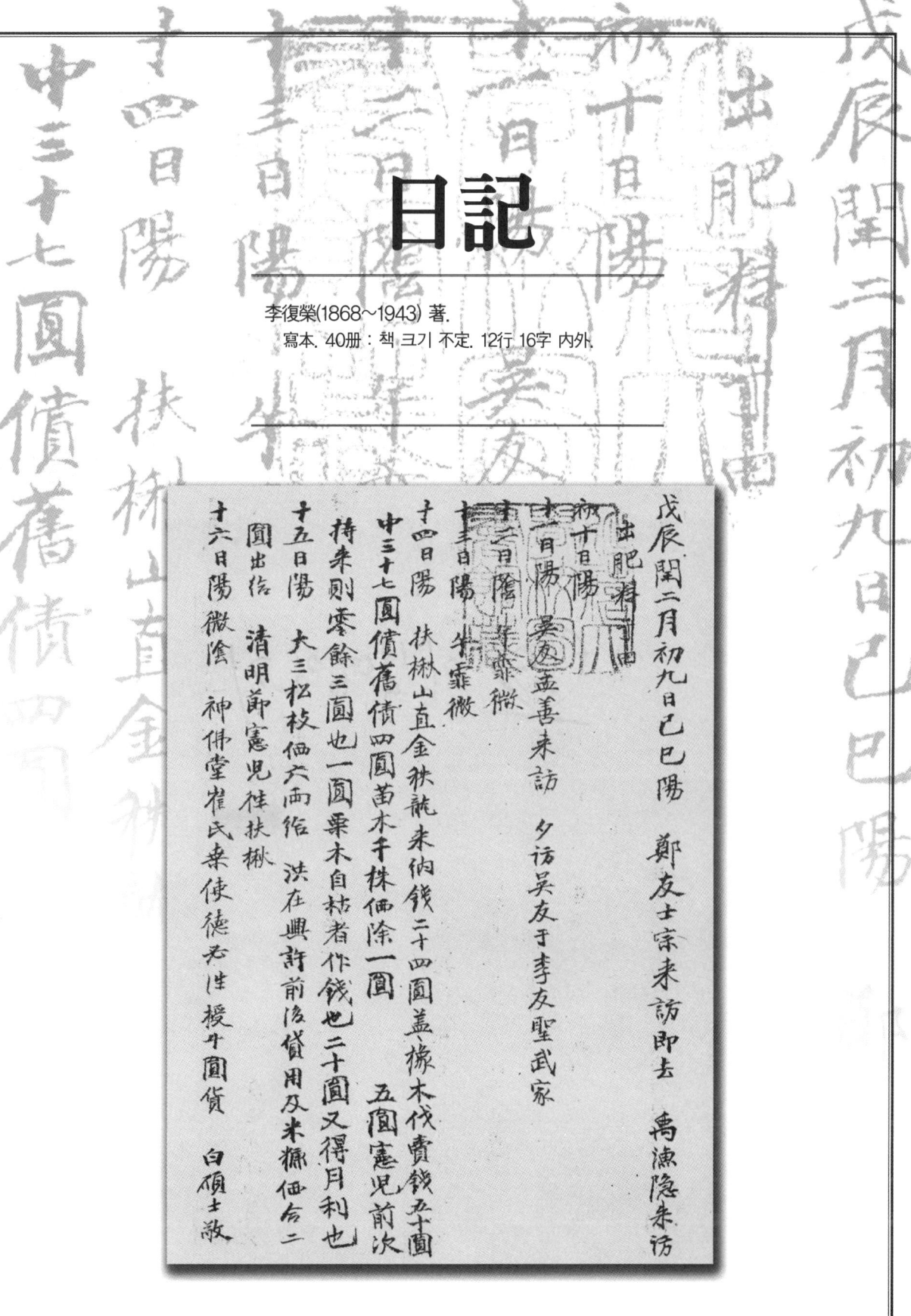

戊辰閏二月初九日己巳陽　鄭友士宗来訪即去　禹漁隱来訪

初十日陽　出肥料

十一日陽　宋霏微

十二日陽　吳醫孟善来訪　　夕访吳友于李友聖武家

十三日陽　朴霏微

十四日陽　扶楸山直金秋龍来納錢二十四圓盖橡木伐賣錢五十圓中三十七圓舊債四圓苗木手株價除一圓　　　五圓憲兒前次持来則零餘三圓也一圓粟木自枯者作錢也二十圓又得月利也

十五日陽　大三松枝價六両給　洪在興許前後貸用及米櫃價合二圓出給

十六日陽微陰　清明節憲兒佳扶楸　神佛堂崔氏来使德老生授牛圓貨白碩士敬

1. 저자

　李復榮(1868~1943)의 本貫은 龍仁, 字는 禮云, 號는 小亭·東園·平齋·霞堂 등이다. 1911년에 遇榮으로 개명하였고, 후일 雨榮으로 다시 고쳤다. 生家의 祖父는 安州牧使를 지낸 李源弼 (1798~1870)이다. 生父는 潤相(1836~1902)이다. 母 달성 徐氏의 3남 3녀 가운데 차남으로 태어나 仲祖父 源益(1792~1854, 號 茅亭)의 장손으로 입양되었다. 養家의 4대 宗孫이 된 것이다. 養父는 1874년에 생원이 된 眞相(1826~1880)이다. 養家의 祖父 源益은 호조참판을 지낸 朝鉉의 차남이자 源弼의 仲兄인데, 族叔 文鉉(1773~1853)의 繼子가 되었다. 그는 文科를 거쳐 1834년 弘文錄에 올랐고, 1835년(헌종 원년) 都堂會圈에 들어 文名을 인정받았다. 憲宗의 총애를 받아 1837년 書狀官으로 燕京을 다녀왔다. 順天府使, 漢城右尹, 承旨 등을 거쳐 刑曹參判까지 올랐다. 憲宗이 죽자(1849) 충남 扶餘郡 大方面 中里(1914년 이후 縣內面 中井里. 지금의 부여읍 중정리 537번지) 茅亭村으로 낙향하여 1854년 타계하였다. 생전에 『東史約』(38卷)과 『二禮通考』(2卷)를 저술하였다. 전자는 檀君부터 憲宗 즉위 때까지의 역사를 기술한 책이고,[1] 후자는 喪禮와 祭禮를 다룬 책이다. 黨色은 少論이다.

　부여로 낙향한 후에도 이들의 위세는 한동안 막강하였다. 그 일대 少論 명문가였던 坡平 尹氏家, 豊壤 趙氏家 등과 世交를 맺어 通婚하였다. 八松 尹煌(1572~1639. 尹宣擧의 부친이다)의 祀孫 大重과 晉州牧使를 거쳐 농민전쟁 당시 轉運使로 활동했던 趙弼永의 조카 秉台가 각각 李復榮의 매부였다. 살림도 풍족한 편이었다. 1840년대부터 그곳 양반 閔, 鄭, 韓氏家의 집을 買入 撤家하여 그걸 山坂으로 만들었고(1913.7.14), 곳곳에 상당한 位土 田畓과 山地를 장만하였다. 다수의 노비와 廊戶, 山直도 거느렸다. 書冊이 많아 인근 선비들이 자주 빌려다 보았다. 그러나 그 후 살림이 기울었다. 스스로 청백리 집안임을 자부했을 만큼('家世以淸白相傳') 처음부터 큰 부호가 아닌데다, 養父는 이복영이 열두 살 되던 1880년에 죽고, 生父 역시 生業에는 별 뜻이 없이 오직 '守先規 敎子弟'에만 열중하였다. 그곳 鄕校 일에도 거의 간여하지 않았다. 그래서 향리에서 '君子' 소리는 들었지만 살림은 곤궁하였다.

　이복영은 명문가의 자제로서 엄격한 유교교육을 받으며 자랐다. 청년이 될 때까지 동네 윷놀이나 연날리기에 참여한 적이 없고 구경조차 하지 않았다. 양반사대부로서 신분의식도 철저하였다. 노비든 廊戶든 말을 듣지 않으면 答杖을 가했다. 끊임없이 독서하였고, 詩賦에 능하여 인근 士類들과 함께 수시로 詩會, 講會를 가졌다. 스스로도 상당한 양의 詩를 남겼다. 젊은 시절부터 書法에 각별한 관심과 조예를 가져 평생 연구를 거듭하였다. 노년에는 자신만의 境地에 도달했다고 자부할 정도였다. 그래서 後人들로부터 懸板 글씨는 阮堂(秋史) 金正喜보다 못하고 柱聯 글씨는 紫霞 申緯보다 못하지만 '楷書의 功力'은 그들보다 위라는 평가를

---

1) 한영우, 「19세기 중엽 李源益의 歷史敍述」 - 東史約解說, 『東史約』 下, 국사편찬위원회, 1987.

듣기도 하였다.

　그는 충남 定山縣 赤面(1914년 이후 靑陽郡 赤谷面. 지금은 청양군 장평면) 美堂里의 大地主 尹致珽(1843~1907, 본관 海平)의 맏딸과 결혼하였다. 大方面에서 멀지 않은 곳으로 錦江 건너편이었다. 슬하에 아들 憲圭(1885~1968)를 두었다. 妻家가 부유하여 경제적으로 많은 도움을 받았으나 가난한 집으로 시집 온 妻는 불만이 많았다. 그러나 그는 가난하게 살면서도 젊은 시절부터 가난을 선비의 숙명이라고 생각하였고, 선비로 난 것을 원망하거나 장사라도 하여 돈을 벌 생각 같은 것은 애초부터 하지 않았다. 그런 저런 이유로 약관 시절부터 주변에서 '貴族', '一鄕之佳士'라는 평을 들었다.

2. 구성

　이복영은 스물 한 살 때인 1889년 음력 9월 1일부터 일기를 썼다(이하 일기의 날짜는 모두 음력이다). 그 후 평생 썼는데 현재 남은 것은 68세 때인 1936년 윤 3월 6일까지의 일기 38책이다. 내역은 아래에 적었다. 추측컨대 『楮寓日月 三十三』(1918.6.11~1922.5.10), 『楮寓日記 三十七』(1926.12.21~1928.윤2.8), 『日記』(1932.2.14~1934.6.8)와 1936년 윤 3월 7일 이후의 일기책도 있었으나 그 후 소실되어 이곳에 함께 編冊되지 않은 것 같다. 모두 친필이다. 아래의 일기책 가운데에는 필체가 다른 두 冊(일기 39, 40)이 포함되어 있는데, 둘 다 아들 憲圭의 일기이다. 이 編冊에는 헌종 때 李元慶의 治罪를 촉구한 대사헌 李憲球, 持平 李敎英, 正言 鄭翊朝 등의 上訴와 玉堂, 兩司, 憲府의 聯名箚子 등 모두 30여 편이 실린 필사본 책자 하나가 끼어있는데 일기가 아니라서 아래에는 적지 않았다.

　　　1. 『日記 第一』(1889.9.1~1889.12.10).
　　　2. 『日記 續一』(1889.12.11~1890.7.7).
　　　3. 『日記 續二 第三』(1890.7.8~1891.2.18).
　　　4. 『日記 續三 第四』(1891.2.19~1891.12.27).
　　　5. 『日記 續四 第五』(1891.12.27~1892.7.29).
　　　6. 『日記 續五 第六』(1892.7.29~1893.4.8).
　　　7. 『閏記 第八』(1893.4.20~1893.8.29).
　　　8. 『南遊隨錄 第七 第九』(1893.4.9·1893.4.19, 1893.8.30~1894.4.29).
　　　9. 『日記 第十』(1894.4.29~1895.윤5.25).
　　10. 『日記 十 第十一 耳聞目見手抄心識』(1895.윤5.25~1896.5.15).
　　11. 『琹窓消咎 十一 第十二 苦海世瀾』(1896.5.15~1897.10.21).

12. 『居諸雜錄 第十三 縱橫其畝』(1897.10.21~1898.11.22).
13. 『居諸雜錄 第十四 日記』(1898.11.23~1900.3.6).
14. 『第十五』(1900.3.7~1900.11.18).
15. 『嘉寓隨錄 第十六』(1900.11.19~1901.10.5).
16. 『白牛錄 第十七 大韓光武5年陽月 嘉寓漫書』(1901.10.6~1902.6.5).
17. 『日記 黑虎錄 第十八』(1902.6.6~1903.4.17).
18. 『泗濱記事 第十九 平齋手錄』(1903.4.18~1904.4.23).
19. 『泗濱記事 第二十』(1904.4.23~1905.9.27).
20. 『美館手抄 二十一』(1905.9.27~1907.3.25).
21. 『美館日錄 二十二』(1907.3.26~1908.3.23).
22. 『聞見隨錄 二十三 戊申3月書館日記』(1908.3.24~1908.11.27).
23. 『錦館隨錄 二十四』(1908.11.27~1909.7.19).
24. 『霞堂日記 二十五 在美堂』(1909.7.20~1910.12.29).
25. 『霞堂日記 二十六 在定山美堂』(1911.1.1~1912.1.18).
26. 『日記 二十七』(1912.1.18~1913.4.27).
27. 『日記 二十八』(1913.4.27~1914.10.4).
28. 『日記 二十九』(1914.10.4~1915.7.16).
29. 『楮田隨錄 三十』(1915.7.17~1916.10.17).
30. 『第三十一 美堂里 46番地』(1916.10.18~1918.5.23).
31. 『楮寓日月 三十二』(1918.5.24~1919.6.10).
32. 『楮寓日月 三十四』(1922.5.11~1923.12.4).
33. 『楮寓日月 三十五』(1923.12.5~1925.윤4.14).
34. 『楮寓日月 三十六』(1925.윤4.15~1926.12.20).
35. 『南遊日記』(1928.윤2.9~1929.10.2).
36. 『楮寓隨錄』(1929.10.3~1930.12.9).
37. 『日記』(1930.12.10~1932.2.13).
38. 『日記』(1934.6.9~1936.윤3.6).
39. 『日記 在美堂』(1905.4.1~1906.7.25).
40. 『日記』(1909.5.8~1910.9.25).

3. 내용

이복영은 젊은 시절에 여러 차례 이사를 다녔다. 그만큼 생활이 불안정했다. 그가 일기를 쓰기 시작한 1889년 9월 1일 현재 그는 처가 동네인 충남 定山縣 赤面 美堂里에서 살았다. 거기서 3년 가량 머문('三歲就食') 그는 1891년 3월 扶餘郡 大方面의 本家로 돌아왔다. 처가 동네 사람들과 어울리면서 詩도 짓고 글씨도 쓰며 비교적 생활걱정 없이 살았으나 마음은 편 치 않았다. 처가에서 돌아오던 날 새장('樊籠')에서 풀려나는 느낌이라고 토로할 정도였다. 처 가살이도 그랬지만 무엇보다도 가난하게 살고있는 本家식구들이 걱정되었기 때문이다. 당시 는 중세적인 질서가 해체되면서 근대사회로 빠르게 이행하여 간 시기였다. 양반도 돈이 없으 면 남의 집 雇工이라도 살아야했다. 처가동네에 살 때 인근 馬峙의 '柳班'이라는 사람이 雇工 이 되겠다고 그를 찾아왔다. 나무를 시켰더니 고령인데도 아주 잘했다. 이복영은 그가 "班이 라서 不便하여" 잠시 고민하다가 결국 그를 雇工으로 받아들였다(1890.1.26). 그 정도는 아 니었지만 궁핍하기는 대방면 本家도 마찬가지였다. 1889년 10월 28일에는 전년도 조세를 납 부하지 않았다는 이유로 奴 聖萬이 대신 붙들려가 걷지도 못할 만큼 '嚴杖'을 당하고 돌아오 는 수모까지 겪었다. 일기 1, 2, 3은 처가 동네에서 살 때의 사정을 기록한 것이다.

1891년 3월에 扶餘 大方面의 本家로 돌아온 이복영은 1895년 2월에 충남 藍浦郡 深田面 (1914년 이후 保寧郡 嵋山面) 巨門里로 이사할 때까지 줄곧 거기서 살았다. 甲午年 난리인 1894년 농민전쟁도 거기서 겪었다. 당시 그는 끼니를 걱정하고, 세금과 빚 독촉에도 자주 시 달렸다. 소작권을 얻으려고 舊作人과 借地경쟁을 벌이기도 하였다. 오죽하면 형님과 두 손을 부여잡고 "굶어죽는 게 정승 되기보다 어려운 법(信乎餓死難 於爲政丞也)"이라는 말로써 서 로를 위안하며 쓴웃음을 짓기도 하였다(1893.1.9). 그러나 양반 사대부로서의 위세만은 당당 하였다. 1889년 10월 22일 그의 叔主가 移葬하려던 곳에 鄭某라는 사람이 暗葬을 하자, 國 律에 어긋나는 일임을 잘 알면서도, 그걸 파낸 후 계획대로 이장을 단행하였다('堀其骨而葬 之'). 1892년 5월에는 山直(廊戶) 吳鳳龍의 처가 族叔母를 '능욕'하자 당장 잡아다 '飮糞汁刑' 을 가했다. 汚物을 먹인 것이다. 일기 그 대목에 "양반을 능욕하면 항용 그렇게 한다(辱班例 也)"는 細註를 단 것으로 보아 그 자신도 너무 과했다 싶었던 모양인데, 그래도 분이 덜 풀렸 던지 이튿날 吳鳳龍을 불러다 꾸짖으며 즉각 '毁家出去'하라고 명령하였다. 吳가 불응하며 이 리저리 피하자 다시 잡아다 '嚴杖'하였고 급기야는 그의 집 '窓戶三片'을 뜯어오기까지 하였 다.

그러나 그런 위세도 오래가지는 못하였다. 1894년에 농민전쟁이 발발한 것이다. 그 해 7월 초에, 곧 나라가 망할 것이라는 소문이 파다한 가운데('七月望日 不軌之說'), 전라도 농민군이 북상하여 大方面으로 들어왔다. 순식간에 세상이 바뀌었다. 앞서의 吳鳳龍 3형제는 즉각 농민 군에 가담하였다. 그의 노비, 山直과 동네 常民들도 마찬가지였다. 갑오개혁으로 그나마 노비 들도 해방되었다. 농민군이 軍政을 펴 양반이든 누구든 피차 '金접장', '李접장'이라고 불러야 하고, '奴主之間'이라도 '上堂同席'하여 서로 敬語를 써야하는 '孤立無隣 吾道窮矣'한 상황이었 지만 그는 살아남기 위해서 숨죽이며 그 시절을 견뎠다.2) 게다가 그는 두 살 아래 누이가 농민전쟁을 직접 촉발한 장본인의 하나였던 轉運使 趙弼永의 姪婦였다. 그래서 그 누이를 데리고 농민군 눈을 피하여 이리저리 피신을 다녀야 했고, 결국 누이를 충남 藍浦郡 深田面 巨門里에 간신히 안착시켰다. 일기 4에서 9까지는 바로 이 기간에 그가 대방면 일대에서 겪었던 기막힌 사연들을 적은 것이다. 일기 8에 『南遊隨錄』이라는 제목이 붙은 것은 그가 錦江 南塘津에서 며칠 머물면서 거기서 종이를 얻어 그 일기책을 만들었기 때문이다. 일기 7에 '閏記'라는 제목을 붙인 것은 위의 『南遊隨錄』을 만들기 전에 임시로 만든 소책자에 잠시 일기를 썼기 때문이다. 윤달처럼 분량이 적다는 의미였다.

부여군 대방면에서 갑오년 난리를 겪은 이복영은 1895년 2월 충남 藍浦郡 深田面 巨門里로 이사하였다. 鴻山郡(1914년 이후 부여군) 外山面과 남포군 심전면 사이에 위치한 峨嵋山 서쪽 아랫동네로서 앞서 누이를 피신시킨 곳이기도 하였다. 당시는 난리를 겪은 때라서 그들처럼 피치 못할 이유로 타지로 이거한 사람이 한둘이 아니었다. 草家 6間짜리 집에서 소작답 6두락과 소 1마리를 빌리고 雇工 1명을 구하여 농사를 지으며 살았다. 인근에서 한문을 배우러 온 학생들을 가르쳐 약간의 수입도 얻었지만 곤궁하기 짝이 없었다. 生家의 부모 형제들은 1894년 겨울부터 峨嵋山으로 들어가 살면서 그곳에 새집을 짓기 시작하였고, 1897년 11월에 생가 식구들이 모두 모여 살만한 집을 완성하였다. 그리하여 그 역시 부모 형제들과 함께 살기 시작하였다. 그런데 그 과정에서 그는 동생 德榮(晙明)을 잃었다. 집을 짓느라고 배까지 곯리며 고생만 시키다가 젊은 나이에 저승으로 보냈다는 죄책감에 기가 막혔다. 1897년 9월 23일에는 高宗이 皇帝가 되었고 연호를 光武로 정했다는 소식이 들렸다. 일기 10, 11, 12, 13은 巨門里와 峨嵋山에서의 생활을 적은 것이다.

1900년 3월 그는 扶餘郡 加佐面(1914년 이후 부여군 恩山面) 嘉才洞으로 이사를 나왔다. 아미산 동남쪽 바깥 마을이었지만 역시 산간이었다. 장인이 그곳에 집을 사주었다. 부모 형제들은 峨嵋山에 그대로 남았다. 거기서도 농사를 지으며 학생을 가르치고 글씨(書法) 공부에도 전념하였다. 그는 그곳으로 이사한 직후인 1900년 4월 14일에 도보로 서울여행길에 올랐다. 석 달 간 서울의 宗人들과 知人들 집에 머물면서 서울과 주변지역을 둘러보고 많은 사람을 만났다. 『書法正傳』이라는 책도 구해서 읽고, 陽曆 시행으로 일요일에 쉬는 모습도 보았다. 기차도 구경하였다. 대저택에서 祝砲를 즐기는 일본인도 보았다. 7월 10일 下鄕 길에 올라 사흘 후 돌아오니 어머니가 돌아가신(7월 5일) 후였다. 눈물이 앞을 가렸다. 가난한 집에서 태어나 가난한 집으로 시집와서 평생 고생만 하시다가 돌아가셨으니 不孝莫及이었다. 1900년 가을에는 光武量田事業이 실시되었다. 大方面 量務委員은 李贊鎬이고, 加佐面 양무위원은 安孝祥이었다. 安의 부하 學員인 林升圭는 죽은 동생 晙明의 처남이고, 學員 李承夒, 權泰遠도 모두 知名家의 후예였다(1900.11.2). 그들은 10월말 嘉才洞에 들어와서 量田을 마친 후 11월

2) 洪性讚, 「1894년 執綱所期 設包下의 鄕村事情 – 부여 대방면 일대를 중심으로」, 『東方學志』 39, 연세대 국학연구원, 1983.

6일 가까운 秀川으로 다시 양전을 하러 떠났다.

1901년 8월 그는 엉겁결에 加佐面에서 면장 일을 맡았다. 처음에는 임명장을 내던지며 완강하게 거부하였으나 그곳 都面長을 맡은 族叔의 권유로 결국 맡아 作統成冊, 人口成冊, 農形成冊 등을 만들어 보고하는 등 잡다한 업무를 보았다. 그 해 가을에는 큰 흉작으로 미곡이 모자라 정부가 그 지역 미곡의 移動('出境')을 일체 금지하였다. 防穀令으로서 강력한 경제통제였다. 당연히 주민들의 불만이 들끓었고 그만큼 업무도 많았다. 그 해에는 어찌나 살기가 어려웠던지 이듬해 4월 27일 그는 하늘이 도와서 식구들이 살아남았다고 회고하였다. 1902년 6월에는 生父가 사망하였다. 면장 일은 그때 그만 둔 듯하다.

1894년에 농민전쟁을 겪은 데다 그 후 대한제국이 출범하여 세상이 더욱 빠르게 변하자 그 역시 변해갔다. 무엇보다도 신분의식이 엷어졌다. 官婢 소생으로서 捧稅官을 거쳐 郡守가 된 金甲順이 역둔토 賭租를 種子穀으로서 대여하는 등 惠政을 펴자 그는 사람이란 '貴賤'이 따로 없으며 능력이 중요하다는 생각을 밝힌다(1902.3.25). 인심도 전과 같지 않았다. 敎訓을 지키지 않은 학생을 例에 따라 '楚撻'하였다가 오히려 그 가족들로부터 봉변을 당하기도 하였다(1903.11.1). 그뿐 아니었다. 당시 농촌사회는 여러 이유에서 몹시 불안하였다. 加佐面 일대도 마찬가지였다. 우선 밤낮 없이 도적이 들끓었다. 그들은 때로 官校까지 죽였다. 活貧黨도 치성하였다. 그래서 사사로운 분쟁에서조차 상대방에게 활빈당 혐의를 씌워 책임을 면해 보려는 사람까지 나타났다. 도적이 나타나면('賊警') 서둘러 피해야 했다(1904.2.3). 富豪家들은 自衛수단으로서 스스로 무장하였다. 美堂의 처가도 '盜銃' 10자루와 六穴砲 1정을 가지고 있었다. 마을에서 '防盜立約'을 만들어 공동으로 대처하기도 하였다. 峨嵋山 안쪽 5개 洞에서 '防盜'를 목적으로 立約을 만들고 條規를 정하자, 그가 살던 山바깥쪽 여러 洞에서도 그에 호응하여 立約을 만들었다(1904.3.2). 그리하여 1904년 7월에는 집집마다 창 1자루씩을 비치하기로 한 가운데 그 역시 집에서 쓰던 호미를 펴서 창으로 개조하여 두었다.

1903년 10월 25일에는 러일전쟁 소식이 들렸다. 일본정부의 압박을 받은 정부는 경기도, 충청도, 전라도 各郡에서 적게는 1백 명 많게는 2, 3백 명을 동원하기로 하였다. 그러나 '軍額'은 이미 찼고 그렇다고 자원 입대하는 사람은 더욱 없었다. 결국 日人과 巡檢들이 마을을 돌면서 직접 징집에 나섰고, 인근 동네마다 그걸 피하려는 사람들로 난리법석이었다(1904.7.15). 1905년 7월 22일에는 서울에서 恐慌이 일어나 五江일대 주민이 들고일어났다는 소식이 들렸다. 급기야 1905년 9월 27일에는 乙巳勒約 소식이 들렸다. 처음에는 설마 했지만 자세한 소식을 듣고는 5백년 宗社를 앉아서 일본에 내준 데 놀라고 개탄하였다. 閔泳煥, 趙秉世, 洪萬植의 자결소식도 들렸다. 李相卨, 尹斗炳이 을사오적의 처단을 요구했다는 소식을 듣고는 그걸로 '吾黨'의 生色이나마 내게된 게 다행이라는 반응을 보였다('引義舍生 足爲吾黨生色'). 그때까지도 '吾黨'(少論) 의식을 가지고 있었던 것이다.

생활은 여전히 곤궁하였다. 그 자신뿐만 아니라 一族이 몰락하고 있었다. 1904년 10월 4

일 四從叔母가 별세하였는데 喪家에 끼니조차 없었다. 일기 14에서 19까지는 加佐面 嘉才洞에서의 생활을 기록한 것이다. 일기 15, 16에 '嘉寓'라는 제목이 붙은 것도 그 때문이다. 일기 18에 '平齋'라는 제목을 추가한 것은 1903년 4월 30일 세상일이 '不平'으로 이루어지는 게 아님을 새삼 깨닫고 스스로 경계하는 의미에서 '平齋'라고 自號한 데서 연유한 것이다.

1905년 12월 27일 그는 처가가 있는 定山面 美堂里로 다시 이사하였다. 그곳 尹氏家에서 '別廳'으로 쓰던 곳으로서 처가에서 가까웠다. 세상은 더욱 혼란스러워만 갔다. 을사늑약으로 인근 사대부들이 동요하였다. 定山 사람 李侙과 閔宗植 등은 義兵을 일으켰다. 閔宗植과는, 1890년 12월에 대방면의 閔庭植이 자신을 "此一鄕佳士 李復榮"이라고 소개하여, 인사를 나눈 적이 있었다. 그곳으로 이사한 지 이틀 후인 12월 29일에는 장인이 일본군에 잡혀가 곧바로 公州로 압송되었다. 의병장 민종식과 공모했다는 혐의였다. 일본헌병과 순사들은 처가를 샅샅이 뒤졌다. 盜銃 10자루를 압수하고 장인이 쓰던 종이는 휴지 한 장까지 찾아내 몇 궤짝을 싣고 갔다(1905.12.30). 장인은 이듬해 3월 7일에야 풀려났다.

1907년 6월 12일에는 고종황제가 강제퇴위 당했다는 소식이 들렸다. 의병은 더욱 치성하였다. 일본군대의 출입도 잦아졌다. 일본군은 軍需品 수송에 쓴다면서 마을사람들의 소를 끌고 갔다. 그걸 빼앗기지 않으려는 사람들로 마을이 소란하였다. 1907년 11월 22일에는 義兵 백여 명이 美堂里에 들어왔다. 무기와 軍需錢을 징발하였다. 처가에서도 六穴砲 1정과 돈 600냥을 내놓았다. 부족하다고 하여 그 해 12월 보름까지 1,400냥을 더 내기로 하였다. 白木, 草鞋 등도 바쳤다. 그 날 밤 의병들은 定山 읍내를 습격하여 作廳, 將廳과 巡檢家를 태웠다. 밤하늘로 화염이 치솟았다. 의병이 물러나면 일본헌병이 들어왔다. 이틀 후인 11월 24일 일인 10명과 巡檢이 찾아와서 의병주둔 당시의 사정을 조사하였다. 그 동네 李臥龍의 妹夫 韓正錫은 義兵이 들어온 날 자진하여 따라 나섰는데 그 때문에 李의 모친과 누이 등 온 식구가 일본군에 끌려가 '嚴刑'을 당하였다.

이복영은 開化나 日本에 대해서 애초부터 부정적이었다. 洪鍾宇가 상해에서 金玉均을 암살했다는 소식을 듣고는 하늘이 벌을 내린 것으로서 홍종우의 功이 크다고 말했을 정도였다. 일본이 침략야욕을 드러낼 때마다 분노와 탄식을 금치 못하였다. 義兵과 憂國인사들의 自決 소식에는 늘 놀라움과 경의를 표시하였다. 1910년 4월 15일에는 형님이 을사년에 殉節한 洪萬植을 기려 "韓末名臣洪學士, 家亡不死國亡死, 千秋史筆爾何能, 一世皆知公父子"라고 韻을 떼자 "久矣純臣洪學士, 退猶憂國爲之死, 祖孫共酌昔何年, 一世皆知公父子"라고 화답하기도 하였다. 그러나 막상 자신이 의병전쟁의 소용돌이 속에 놓이자 좌불안석이었다. 1907년 12월 7일에는 장인마저, 맏사위인 그에게 처가식구를 부탁한다는 유언을 남긴 채 사망하였다. 당시 처남 亨善(1895~1913)은 13세, 甲善(1903~1951)년 겨우 5세였다.

그곳 정세는 날로 악화되었다. 1908년 1월 8일에는 義兵 10여명이 찾아와 돈과 草鞋를 요구하였다. 의병이 물러나면 일본군이 들어와 행패를 부렸다. 1908년 1월 26일 日人 5, 6명이 마을로 들어와 鷄, 卵, 蜂蜜 등을 빼앗았다. 조금이라도 저항하면 마구 구타하였다. 사촌처남도 그 '毒手'에 걸려 橫厄을 당하였다. 1월 27일에는 日人 15명이 찾아와 점심을 요구하였다. 2월 14일에는 일본군 上田榮吉이라는 자가 처가에 나타나 온갖 '威喝'을 가하면서 租 300石을 헐값에 팔라고 강요하였다. 결국 300석을 '捧票'만 받고 '勒賣' 당하였다. 3월에는 일본헌병들이 수시로 드나들며 숙소를 요구하였고, 급기야는 偵探활동까지 해달라고 요청하였다('請送人探知'). 괴롭기는 의병도 마찬가지였다. 6월 3일 저녁에는 義兵을 칭하는 무리 수십 명이 들어와 처가식구를 잡아놓고 무려 1백만 냥의 돈을 요구하였다. 집안을 다 뒤져 간신히 1,600냥을 마련하여 내놓았으나 성에 안찼던지 이복영마저 잡아가려 하였다. 겨우 풀려나기는 했지만 하루 하루가 위기였다. 이젠 의병이라는 무리들이 진짜 의병인지 폭도인지조차 구분하기 힘든 지경이었다. 그러던 6월 27일 의병들이 처갓집으로 들어서다가 마침 그곳에 와 있던 일본군에게 그중 두 명이 사살 당하는 사건이 벌어졌다. 일본군들은 회희낙낙하며 시체를 마을에 내다 걸었다. 이젠 더 버틸 수 없었다. 목숨부터 부지하는 게 상책이었다. 이틀 후그는 헌병소에 쌀 10斗를 보냈다. 그리고 7월 1일에는 헌병소로 사람을 보내 병력을 파견하여 보호하여 달라고 요청하였다. 그게 곤란하다고 하면 公州守備隊로 가서 부탁해 보라는 말도 덧붙였다. 7월 3일 공주수비대의 일본군 소위가 병정 7인과 통역 1인을 대동하고 나타났다. 아마도 병력주둔이 곤란하니 안전한 公州로 이사하라고 권했던 것 같다. 그렇지 않더라도 그곳에 더 머물 수는 없었다.

1908년 7월 2일 이복영은 처가의 祠版 일부를 땅에 묻고 書冊 등은 다른 집으로 옮겼다. 7월 4일과 5일에는 錦江 江頭에 배를 대고 처갓집에 있던 租 234包와 기타 家産什物을 옮겨 실었다. 그리고는 자신과 처가의 祠版, 几筵을 든 채 처가식구들을 데리고 서둘러 公州府로 향했다. 정해둔 처소도 없이 그야말로 황급히 탈출하였다. 공주에서 이곳 저곳 전전하다가 한 달 후인 7월 30일에야 公州府 南部面 古上衙里에 집을 사서 안착하였다. 公州 관아(府廳) 바로 옆으로서 어느 곳보다도 치안이 안전하였다. 本家의 가족들 역시 치안이 좋은 대방면 旺湖里의 茅亭 楸舍로 피신하였다. 일기 20, 21, 22, 23은 그가 부여군 加佐面에서 定山郡 美堂으로 이사하였다가 다시 公州로 이사한 직후까지의 사연을 적은 것이다. 일기 제목에 '美館'이 붙은 것은 美堂里에서의 생활을, '錦館'이 붙은 것은 公州에서의 생활을 각각 적은 것이다.

공주에서는 처가살림을 돌보면서 향교에도 드나들고 찾아온 학생들에게 한문도 가르쳤다. 그 후 정세가 어느 정도 안정되자 그는 美堂으로 돌아왔다. 처갓집 식구들은 공주에 남았다. 그래서 사촌처남과 함께 처가의 지주경영과 고리대경영을 대신 맡아 처리하였고, 1909년 4월 27일에는 장인이 만들어 운영해왔던 그곳 洞契도 관리하였다. 이 시기 이복영은 앞서 작고한 장인이 그에게 약간의 농지를 떼어 주었기에 우선 살기가 나아졌다. 그는 곧 실시될 토지조사사업에도 대비하였다. 당시는 토지조사사업의 앞 단계 작업인 국유지 조사가 한창이었다. 그래서 山坂(先山)이 많은 문중에서는 문중 젊은이에게 測量法을 배우게 한 후 그들로 하여금 문중토지를 측량토록 하고 있었다(1909.윤2.4). 先山 등을 民有로서 인정받으려면 그걸 測量하여 地籍圖를 만든 후 당국에 '地籍報告'를 해 두어야 했던 것이다. 그렇지 않으면 국유로 편입되었다.

이복영은 養家의 4대 宗孫이라서 南陽 白鶴里, 水原 貞松里, 鴻山 板校里, 扶餘 大旺里, 公州 曲火川, 鎭岑 玉山里, 礪山 安心洞 등지에 스스로 챙겨야 할 先山이 적지 않았다. 富豪였던 처가는 더욱 그랬다. 그래서 부여 本家의 경우 兄弟 叔姪끼리라도 돈을 모아 마침 학교에서 '見習'을 받고 있던 再從弟의 학자금이라도 대주어 그를 우선 졸업시킨 후 그에게 측량을 맡길 생각을 하였다(1909.윤2.13). 곧이어 田畓 필지마다 結卜, 地主, 作人, 居住地를 적은 椽木을 세워두라는 官令도 내려왔다(1909.6.22). 마음이 급했다. 地籍報告 기한이 그 해 양력 연말까지라고 하여 더욱 그랬다. 1909년 7월 그는 측량원 李樂榮, 金在祜, 梁在仁 등에게 측량을 맡겼다. 再從弟도 그 일을 도왔다. 경비는 평당 얼마로 계산하지 않고 선산과 가옥 등을 모두 측량한 후 測量手料, 製圖宿泊費, 測量證明承認費 등을 일괄 지불하기로 계약하였다. 측량기계는 洪州의 白委員으로부터 빌려왔다. 결국 본가와 처가의 측량을 마쳐 당국에 地籍圖를 제출하였다. 그리하여 1910년 12월에는 총독부로부터 '總督府 地籍報告 接受標'(鎭岑 玉山 測圖)를 받기도 하였다.

1910년 7월 30일 그는 대한제국이 일본에 합병되었다는 소식을 들었다. 예상을 했던지 그 날 일기에는 "李氏의 宗社가 여기서 끝났다(李氏宗社 於此止)"고만 적었다. 그러나 속은 끓었다. 1911년 1월에 連山의 士人 李學順은 恩賜金 수령을 거부하였다가 '杖囚'를 당하자 음독 자결하였다. 1910년 겨울에는 公州사람 吳正杓가 나라가 망했는데 살면 무엇하냐며 鄕校三門에 목을 매 죽었다. 금산 郡守 洪範植, 沔川 士人 李某의 자결소식도 들렸다. 일기에 이들 모두를 '眞義士'라고 적으면서 宰相 중 金奭鎭 한 사람만 자결한 것을 개탄하였다.

이젠 명실공히 일본사람 세상이 되었다. 1911년 8월에는 그곳 헌병소장이 分隊長의 현지 방문 계획을 알리면서 집집마다 '衣冠'을 갖춘 사람 1명씩을 내보내 그를 出迎하라고 지시하였다. 1911년 9월에는 日本天皇의 天長節 행사에 참석하라는 지시가 있었다. 이런 저런 핑계로 참석하지 않았다. 1910년 10월에는 治道를 위한 부역동원이 있었다. 1911년 10월 헌병소에서 그의 집을 헌병출장소로 쓰고 싶다고 하였다. 마침 그 동네로 신작로가 나게되어 어차피 울타리와 內廁이 헐릴 판이었다. 그 달 27일 위 동네('上閘')에 新屋을 구하여 이사하였다. 그동안 맡았던 洞契의 운영과 해당 文簿도 里長 집으로 옮겼다(1911.11.18). 일기 24, 25는 공주에서 돌아와 美堂에 살면서 기록한 것이다. 이복영은 1909년 9월 6일 紫霞 申緯와 阮堂(秋史) 金正喜의 筆法을 잇되 그들과는 다른 자신만의 書法으로써 一家를 이루겠다는 각오를 다졌다. 그래서 堂號를 夢霞, 號를 霞堂으로 지었는데 일기 제목에 '霞堂'이 붙은 것은 그 때문이다. 1911년 정초에는 이름을 '遇榮'으로 고치고 家廟에 告하였다. 作名術家가 그렇게 권했다.

　그가 美堂里 위 동네('上閘')에서 살던 1913년에는 일제의 토지조사사업이 진행되었다. 4월에는 鎭岑 郡北面 玉山에 있던 선산의 土地申告를 하였고, 6월에는 측량원 수십 명이 美堂으로 들어와 측량을 시작하였다. 7월에는 대방면에서도 측량이 진행되었다. 소유권 査定에 필요한 '舊券'을 찾느라 법석을 떨었다. 대방면 鵲嶺山 山坂의 境界문제로 그곳 旺湖里 閔氏家와 소유권 분쟁이 생겼는데 증빙서류를 갖추지 못하여 억울하지만 半分하기로 和解 조정하였다. 이때 측량한 부여 대방면(今 縣內面) 九井里(今 中井里) 소재 토지의 「測量見取圖面模本」을 일기 28의 중간에 그려 넣고 그 일기책 後尾에 더 자세한 기록을 남겼는데 당시 그는 九井里 茅亭村에 坐結 7卜 5束, 田結 10卜 2束 등 17卜 7束, 鵲嶺村에 坐結 11卜, 柴場結 1卜, 浦田結 10卜 8束, 山南坐結 1卜, 田結 4卜 등 27卜 8束, 唐里 柳庄村에 山田結 13卜 7束 등 총 59卜 2束을 가졌다. 1914년 6월에는 新聞을 통해서 歐洲戰爭 발발 소식을 들었다. 일기 26, 27, 28은 미당리 위 동네(上閘)에 살면서 기록한 것이다.

　1914년 11월 이복영은 미당리 닥밭골 楮田에 新屋을 짓기 시작하였다. 처가와 가까운 美堂里 46번지로서 대지가 266평이었다. 그 해 12월 15일에 그곳으로 이사하여 현존하는 마지막 일기인 1936년 윤 3월 6일자를 쓸 때까지 거기서 살았다. 일기 29, 30에 '楮田,' '楮寓' 등의 제목을 붙인 것은 그 때문이다. 이때를 전후해서부터 그의 일기는 현저하게 짧아진다. 40대 중반이 지나 기력도 열정도 떨어졌던 것 같다. 1919년에는 定山 읍내의 3.1만세 시위 장면을 자세히 적었다.

　1920년대에도 그는 어린 머슴을 하나 두고 농번기에는 놉을 사서 門前 畓 9두락의 농사를 지었다. 家作이었다. 누에도 쳤다. 蠶箔을 만들고 뽕잎을 따고 누에 밥을 주고 고치를 따서 내다 팔았다. 化學肥料(소다)와 물을 어떤 비율로 섞는지를 일일이 기록하며 화학비료 시비에도 적응해 갔다. 일제가 퇴비증산을 독려한 가운데 1924년 6월에는 그 성적이 우수하여 賞狀과 賞品을 받았다. 1922년 8월 27일에는 여행길에 나서 서울, 인천, 江華, 일산, 김포, 부평 등지를 둘러본 후 한 달만에 돌아왔다. 지난번과 달리 기차와 자동차를 이용하였다. 그러나 근대적 제도와 문물에 적응하는 게 쉬운 일만은 아니었다. 그는 바깥 세상과의 접촉이 많지 않았고, 평생 이곳저곳에 이름을 함부로 올린 적도 없었다(1925.7.11). 당연히 '社會人'들과 접촉하는 게 힘들었다. 금융조합에서 돈을 빌리려는데 조합까지 직접 나오라고 하였다. 그것도 모자라 여러 차례 출입을 시킨 후에야 돈을 내주었다. 심한 모욕감을 느꼈지만 어쩔 수 없었다. 그 날 일기에 "社會人들과 교섭하는 게 처음이라서 그랬으니 내 잘못(交涉社會人 係是初事 是吾之過也)"이라고 토로하였다. 금융조합 직원 등을 '社會人'이라고 부른 게 인상적이다.

　학생도 가르쳤다. 1924년 12월에는 학생이 15명이나 되어 더 이상 수용하기 어려울 정도였다. 학부형들은 그의 집수리를 돕기도 하였다(1926.3.5). 그러나 학생은 점차 줄었다. 한문

보다 근대학문을 배우러 보통학교로 옮기는 학생이 늘었다(1928.윤2.22). 대세라서 막을 수도 없었다. 불과 20, 30년 사이에 세상은 딴판으로 변했다. 李妙男이라는 사람이 그를 찾아왔다. 서른 살 남짓한데 일찍이 고아가 되어 배우질 못하였다. 부모이름조차 몰랐다. 그래서 그의 아버지가 남긴 譜牒과 片紙 등을 찾아서 확인하니 놀랍게도 '著名家'인 忠剛公 李尙伋(仁祖때 인물)의 8世孫이었다. 그런 집안의 후예조차 '沈沒'하여 이 지경이 된 걸 개탄하였다(1923.2.26).

1928년 3월 그는 '書院寄附事' 문제로 全南지사의 募金허가장을 받았다. 어느 書院의 일이었는지는 불분명하지만 그 해 4월부터 이듬해 10월까지 장장 1년 반 이상 전남지역을 일주하며 모금하였다. 일기 35에 '南遊'라는 제목이 들어간 것은 그 때문이다. 대개 전남지역의 명문가 후예들로서 경제력을 겸비한 인물들을 방문하였는데, 광주의 高勉柱, 高彦柱, 宋明會, 鄭肯朝, 창평의 高光駉, 高廈柱, 순천의 徐丙奎, 趙重潤, 尹鍾均(湖南巨儒), 보성의 李昉會, 李秉應, 李夢載, 李翊來, 朴南鉉, 任泰時, 任周鉉, 梁在誠, 許業, 宋光勉, 영암의 玄俊鎬, 영광의 辛克洙, 辛克善, 李康烈, 장성의 邊楠淵, 金演夏, 金肯鉉, 金夏澤, 林廷圭, 宋恒植, 담양의 李在鎬, 李相俸, 李鍾悳, 영산포의 林翰圭, 林喆相, 朴承孝, 李年九, 羅宗煥, 함평의 李啓善, 尹賢淑, 尹道炳, 李儒寬, 林禎圭, 장흥의 高在亮, 高東錫, 벌교의 金永輔, 宋運會, 화순의 尹滋益, 능주의 梁會益, 宋泰會 등 근 2백 명이나 되었다. 경비를 빼고도 현금만 480원을 모금하였는데 그들과의 紹介는 피차 아무개 후손 아무개라고 하면 족했다. 각 郡마다 향리출신 대지주가 많았지만 그들과는 접촉조차 하지 않았다. '書院'의 일이었다고는 하지만 그때까지도 양반가 후예들끼리만 통하는 세계가 엄연히 존재했던 것이다.

이복영은 나이를 먹으면서 글씨공부에 더욱 정진하였다. 그는 젊은 시절부터 書法에 지대한 관심을 가졌다. 그래서 1900년 2월에 이미 秋史 金正喜의 글씨를 평하여 "雄驗, 奇怪, 變化, 不測함은 하늘이 도운 것이지 사람이 배워서 도달할 수 있는 경지가 아니다. 神韻 橫逸한 붓 놀림은 추사조차 스스로 알고 한 게 아닐 것이다..... 그의 書法은 스스로 깨우쳐야 말로써 전달할 수 있는 게 아니다"(1900.2.23)라고 말할 정도의 식견을 가졌다. 그 후에도 그는 중국(董其昌)과 한국(秋史, 紫霞)의 서법을 연구하고 붓을 잡는 법, 다섯 손가락 마디마디에 힘을 주는 법, 팔꿈치와 어깨를 움직이는 법 등을 꾸준히 연마하였다. 때로는 먹(墨)을 살 돈이 없어 붓에 물을 찍어 마루바닥에 쓰기도 했고 궁벽한 시골에서 스승 없이 독학으로 공부하는 자신의 처지를 안타깝게 여기기도 했지만 문득문득 豁然大悟할 때가 많았다. 그리하여 노년에는 수십 년 공부 끝에 드디어 비법을 터득하였다고 자부할 정도였다. 인근에서 글씨 위촉도 많이 받았다. 懸板, 柱聯의 글씨는 물론이고 문집의 제목이나 書院重修記 등도 써주었다. 장인의 비문도 직접 썼다. 사촌처남이 당대의 서예가이자 같은 해평 윤씨였던 尹用求의 글씨도 받아왔으나 모두들 그의 것이 낫다고 하여 그가 썼다(1913.5.25). 1930년대에는 멀리까지 소문이 나서 光州의 湖南銀行 중역이자 대지주였던 崔善鎭이 글씨를 받아갔다. 朝鮮商

業銀行長으로서 예술품 수집가이기도 하였던 서울의 朴榮喆은 그의 글씨를 수집 소장해 두고
싶다는 편지를 보내오기도 하였다.

4. 가치

　　이복영의 일기는 1889년부터 1936년까지 그가 충남 扶餘, 定山, 藍浦 등지에 살면서 그날
그날 겪은 일과 생각을 적은 것이다. 이 시기는 중세가 해체되고 근대사회로 빠르게 이행하
여 간 때였다. 그리고 그는 갑오농민전쟁, 청일전쟁, 대한제국, 러일전쟁, 을사늑약, 의병전쟁,
한일합병, 3.1운동 같은 굵직굵직한 사건이 연이은 가운데 경제적으로 빠르게 몰락해간 양반
사대부가의 후예였다. 특히 젊은 시절의 그는 주로 소작지를 얻어 농사를 지었는데 노비나
머슴(雇工) 또는 일용노동자를 시켜서 경작하였기에 남는 게 없었다. 養家의 4대 宗孫이라서
奉祭祀가 끊이질 않았고 손님도 많았다. 당연히 궁핍하였다. 춘궁기에는 끼니조차 없었고, 제
사에 올릴 술이 없어 물로 대신하기도 하였다(1892.6.15). 祠宇가 헐어 祠版을 寢房으로 옮
겼다가(1892.6.23) 그나마 좁은 방에 둘 곳이 없어 땅에 묻기도 하였다. 때로는 문집(『白沙集
』)을 팔 궁리까지 하였다(1910.4.3). 일기의 대부분을 빚 문제, 소작 문제, 식량 문제로 채웠
을 만큼 호구지책 마련에 고심하였다. 그의 일기는 이 시기의 社會相과 그런 속에서 몰락 양
반층이 겪었던 고달픈 삶을 보여주는 자료이다.

　　그는 마음대로 팔 수 있는 재산은 아니었지만 곳곳에 先山이 많았다. 그래서 묘역의 관리,
무단 伐木과 暗葬에 대한 대처, 偸賣, 山坂의 경계를 둘러싼 재산권 분쟁 등으로 조용한 날이
없었다. 자신은 물론이고 안팎식구들이 각종 질병에 시달렸다. 그래서 웬만한 처방전은 스스
로 만들고 더 나은 처방전을 얻으면 꼬박꼬박 일기에 적어두었다. 집안에 巫婦를 불러들이는
것은 엄격히 금했지만 觀相, 作命, 術法에는 지대한 관심을 보였다. 당연히 術法家들이 그를
찾았고 그 역시 그들을 찾았다. 그들의 권고로 묘를 이장하고, 이름도 개명하였으며, 上樑이
나 이사는 반드시 택일하여 실행에 옮겼다. 그는 놀라울 정도로 빈번하게 인근을 왕래하였다.
수많은 사람을 찾아가서 만났고, 수많은 사람이 찾아왔다. 한 달이 넘는 장거리 여행도 수 차
례 하였다. 그럴 경우 譜學은 필수적인 지식이었다. 사람을 만나면 피차 家系부터 밝혔고 새
로 만난 사람의 집안내력은 거의 빠짐없이 일기에 기록하였다. 1928년에 書院寄附金 모집을
위해서 전라남도 각 郡을 방문했을 때도 마찬가지였다. 서원기부금을 모금중인 아무개 후손
아무개라는 소개만으로 숙식과 기부금을 제공받았다. 그들만의 네트워크와 소통방식이 건재
했던 것이다. 서구문명의 세례를 본격적으로 받은 지 수십 년이 지나서 근대 문물과 사상이
이미 일상생활의 구석구석까지 침투해 있었고, 또 그가 만난 사람 중에는 자본주의 경제의
꽃이라고 할 銀行長(玄俊鎬)도 있고 세칭 湖南巨儒(尹鍾均)로 불린 유학자도 있었지만 전통시

대의 인간관계를 매개로 한 그들끼리의 접촉방식은 여전히 유효했다. 그의 일기는 전통시대 양반들의 삶과 交遊 방식은 물론이고 그러한 교유와 소통의 인적네트워크가 일제강점기까지도 면면하게 이어져왔음을 보여준다.

그는 자신의 처지가 '高節懿行'으로 이름을 날렸던 조상들에 훨씬 미치지 못함을 부끄러워했지만(1918.7.13) 끝내 儒者로서의 품격만은 지키고자 애썼다. 스스로 부끄럼 없이 살았다고 자부하였고 또 비록 몰락하여 가난하게 살면서도 여전히 그렇게 살고자 하였다("吾居鄕四五十年 未嘗有半點不精之事 今雖敗殘.... 鳳饑不啄粟"). 그리고 그 연장선 위에서 필생의 과업으로서 書法 연구에 몰두하여 각고의 노력 끝에 스스로 한 境地를 얻었다고 자부하였다. 그의 일기는 근대사회로의 이행과정에서 경제적으로는 몰락하였지만 자신의 세계만은 고집스럽게 지키고자 하였던 전통시대 양반유생들의 면모를 보여주는 자료이기도 한 셈이다.

【홍성찬】

日錄

鄭基世(1814~1884) 著.
草稿本. 15卷 15册 : 책 크기 不定. 10行 22字 內外.
本文 : 草書(그 중 册2, 3, 9, 12는 楷書).

1. 저자

鄭基世(1814~1884)의 本貫은 東萊, 字는 聖九, 號는 周溪이다. 그는 영의정을 지낸 鄭元容(1783~1873)의 아들이다. 『梅泉野錄』을 보면, 정기세는 매우 온순하여 타인의 뜻을 거스르지 않고 기쁜 일을 전하기를 좋아하여 '까치판서'라고 일컬어졌다고 한다. 전라도관찰사, 한성부 판윤, 형조판서, 예조판서, 개성부 유수, 이조판서, 수원부 유수 등을 지냈다. 자세한 사항은 『고서해제』Ⅱ「周溪集」[1]에 나와 있다.

2. 구성

1책　신묘 1831년 1장
　　　임진 1832년 2줄
　　　계사 1833년　　　빈칸에 干支만 기록
　　　갑오 1834년　　　빈칸에 干支만 기록
　　　을미 1835년 4줄
　　　병신 1836년　　　빈칸에 干支만 기록
　　　정유 1837년 3장
　　　무술 1838년 12장
　　　기해 1839년 10장
　　　경자 1840년 10장
　　　신축 1841년 7장
　　　임인 1842년 9장
　　　계묘 1843년 16장
　　　갑진 1844년 13장
2책　임진 1892년 36장　　아들 鄭範朝의 啓
　　　계사 1893년 5장　　아들 鄭範朝의 啓
3책　갑진 1844년 4장
　　　周溪公 연보 26장
4책　기유 1849년 15장
　　　경술 1850년 24장
　　　신해 1851년 29장

---

1) 연세대학교 국학연구원 편, 『고서해제』Ⅱ, 평민사, 2004.

임자 1852년 22장

5책   계축 1853년 27장

갑인 1854년 4장

을묘 1855년 26장

병진 1856년 24장

정사 1857년 15장

무오 1858년   누락(표지에 '戊午漏'라고 적혀 있음)

6책   기미 1859년 5장

경신 1860년 35장

신유 1861년 11장

7책   임술 1862년 15장   '閏八月'이 시작되는 부분부터 落張.

8책   병자 1876년 28장

정축 1877년 24장

무인 1878년 23장

9책   정해 1887년 25장   손자 鄭寅昇의 일기

무자 1888년 8장   손자 鄭寅昇의 일기

10책   경오 1870년 21장

신미 1871년 21장

임신 1872년 23장

11책   계유 1873년 22장

갑술 1874년 17장

을해 1875년 30장

병자 1876년 8장

12책   병자 1876년 1장   손자 鄭寅昇의 일기

임오 1882년 6장   손자 鄭寅昇의 일기

계미 1883년 7장   손자 鄭寅昇의 일기

갑신 1884년 7장   손자 鄭寅昇의 일기

을유 1885년 21장   손자 鄭寅昇의 일기

병술 1886년 21장   손자 鄭寅昇의 일기

정해 1887년 6장   손자 鄭寅昇의 일기

13책   임오 1882년 16장   손자 鄭寅昇의 일기

계미 1883년 8장   손자 鄭寅昇의 일기

임오 1882년 10장   손자 鄭寅昇의 일기

병술 1886년 22장   손자 鄭寅昇의 일기

정해 1887년 15장   손자 鄭寅昇의 일기

　　　　을유 1885년 2장　　손자 鄭寅昇의 일기
　14책　임오 1882년 28장
　　　　계미 1883년 7장
　15책　갑진 1844년 3장
　　　　을사 1845년 19장
　　　　병오 1846년 20장
　　　　정미 1847년 13장
　　　　무신 1848년 20장

　정기세의 『일록』은 초서와 해서가 섞여 있고, 아들 鄭範朝(1833~1897)의 啓와 손자 鄭寅昇(1959~ ?)의 일기, 정기세의 연보가 정기세의 일기에 섞여 있으며 순서도 바르지 않고, 중복된 곳도 많아서 전체적으로 혼란한 상태에 있는 문헌이다. 정범조의 『일록』은 시대순으로 차분히 정리가 되어 있는데 비하여 정기세의 『일록』이 뒤섞여 있는 이유는 앞으로 규명되어야 하는 문제다.

　5책 계축년(1853)의 경우 반 張 분량에 1월 1일부터 6일까지 기록된 이후 張이 바뀌어 다시 1월 1일 기록이 두 줄에 걸쳐 쓰여 있고 다시 장을 달리하여 본격적으로 1월 1일부터 기록이 시작되고 있다. 1월 1일자 기록 세 가지를 차례로 제시하면 다음과 같다.

　　　①參歲謁問安, 謁家廟. 申後赴齋于閣中, 卽春享親行也.

　　　②曉參歲謁問安, 謁家廟, 閣十

　　　③曉參歲謁問安, 傳曰: "鄭領府事內外・金判府事左議政內外, 諸耆堂, 許遣該郎存問衣資食物輪送." 戶曹郎廳李京鎬來傳, 米五石, 太二石, 紬五疋, 木七疋, 猪肉五斤賜送, 而內外同謝. 戶郎饋饌床, 軍資監庫直領納歲饌, 米四斗, 黃大口二尾, 塩二斗. 亦內外同謝. 庫直及戶吏, 各給錢一, 而貢人給五錢. 申後赴齋于閣中, 卽春享親行也.

　①에서는 "철종에게 새해 문안을 드리고 가묘에 배알하였다. 오후에 閣中에 나아가 재계하였으니, 임금이 친히 행하는 春享大祭였다."라고 하였고, ②에서는 '새벽'이라는 말이 첨가되었는데 문장이 끝나지 않은 채 중지되었다. ③이 『일록』의 정식 기록이라고 할 수 있는데, 여기에는 ①의 내용에다가 傳敎와, 관리들이 내방하여 하사품을 전달하는 과정을 자세하게 기술하였다. ①과 ③이 다른 이유를 보면, 전교와 관련된 기록이 ①과는 별도로 존재하였고, 후손이 이를 통합한 것이 아닌가 한다. 그런데 다음날 1월 2일 기록을 보면, 표현이 바뀌는 경우도 있다.

④申後還家. 以別雲劍蒙點也. 副尹致定.

⑤申後出來. 以別雲劍蒙點也. 初一日夜蒙點, 而値門鑰已下, 且爲諸僚所挽, 今日始出來. 副尹
致定.

④에서 '還家'라고 하였는데 ⑤에서는 '出來'라고 하였다. 문맥 상 의미의 차이는 크지 않지만 이렇게 달라진 이유가 무엇인지 의문이다. 후손이 표현도 임의로 바꾼 것인지, 본래 두 가지 기록이 있었는지 알 수 없다. ④에 없는 내용이 ⑤에 덧붙여진 것은 1월 1일자의 경우와 같다.

1월 3일과 4일 기록을 보면 앞서 기록한 것을 후에 다시 날짜에 맞추어 조정한 점을 알 수 있다.

⑥初三日 太廟春享親行時, 以雲劍進參. 與金台大根・李台㘽・韓台正教同參.

初四日 曉自享所陪還. 是日親上純宗室追上冊寶.

⑦初三日 太廟春享親行, 純宗室追上冊寶時, 以雲劍進參. 與金台大根・李台㘽・韓台正教同
參.

初四日 曉子時行親上儀, 仍行享事後陪還.

⑥에서는 4일에 '純宗室追上冊寶'라는 말이 있는데, 후에 조정된 ⑦에서는 春享大祭가 시작된 3일자 기록에 '純宗室追上冊寶'를 삽입하였고, 4일 기록에서는 '親上儀'라고만 표현하였다. 이러한 몇 가지 사항들을 보건대 정기세의 일기를 後人이 전후 사정을 감안하여 표현을 수정하면서 편집을 하였고, 채 편집이 완성되지 않은 상태에서 일단락된 것으로 보인다.

『일록』은 현재 배열이 뒤섞여 있다. 연대순으로 보자면 1책(1831~1844), 3책(1844), 15책(1844~1848), 4책(1849~1852), 5책(1853~1858), 6책(1859~1861), 7책(1862), 10책(1870~1872), 11책(1873~1876), 8책(1876~1878), 14책(1882, 1883) 순으로 배열되어야 한다. 정기세의 일기 가운데 겹치는 부분들이 있으니 1844년(1책, 3책)과 1876년(11책, 8책)이 그렇고, 기록이 없는 부분은 1863년부터 1869년, 1879년부터 1881년이다. 1860년대는 특이한 점을 찾아볼 수 없고, 1879년은 정기세가 수원 留守로 제수되었던 해다. 1881년 임기가 만료되었는데 의정부의 건의로 한 차례 연임하였다.

정기세의 손자 정인승의 일기인 12책을 보면, 병자년 1876년은 2월 8일과 9일 이틀만 기록되어 있다. 11책의 내용과 중복되는데 매우 간략하게 축소되었고, 12책 전체가 단정한 楷書로 적혀 있다. 정인승의 일기는 12책 이외에도 13책과 9책이 해당되는데 시기로 보면, 12책(1876, 1882~1887)과 13책(1882~1887)이 겹치고, 9책(1887~1888)이 역시 겹친다.

13책은 초서로 되어 있는데 정기세의 일기에 해당하는 책들과 필체가 동일하다. 정기세의 일기와 정인승의 일기 두 부분의 필체가 동일하다는 점은 같은 사람이 정리했다는 것을 말한다. 정기세의 『일록』 등을 세상에 공개한 鄭寅普(1892년 生)의 서문에서 "從叔과 再從兄이 家廟에 소중히 전하였다"고 한 것으로 보아 정기세의 일기를 현재 모습으로 정리한 이는 정인보의 재종형인 정인승일 가능성이 높다.

3. 내용

1책 앞에는 정기세의 『일록』이 어떤 성격인지 알려주는 鄭寅普의 서문이 있다.

> 이것은 우리 큰할아버지 우찬성 겸 이조판서 諱 基世께서 과거에 급제한 후 公私의 일들을 돌아가시기 전까지 날마다 기록하신 것이다. 큰할아버지는 맑고 효성스럽고 독실한 행실로 일찍 내외에 이름을 드날렸다. 날마다 기록한 것은 역사의 재료에 관련됨이 많다. 從叔과 再從兄이 家廟에 공경히 전하다가 상전벽해를 겪고 남북으로 옮기게 되어 결국 지난날 고이 간직하던 모습을 잃고 말았다. 이제 공개하려고 하는데, 나는 막을[扶止] 힘이 없고, 또 책은 끝내 개인 소유로 될 수 없다. 이것이 또한 영원히 보존할 기회가 되지 않을지 어찌 알겠는가. 광복 후 정인보는 기록한다.

위 기록을 통해, 과거에 급제한 이후 관직에 있으면서 기록한 仕宦일기라는 점과, 『일록』의 편제가 뒤섞인 것은 일제 식민통치와 전쟁이라는 혼란한 시기에 책을 이리저리 옮기면서 발생한 것이라는 점 등을 짐작할 수 있다.

『일록』을 검토해 보면 편제만 뒤섞인 것이 아니라 정기세의 연보도 섞여 있고, 손자인 鄭寅昇의 일기가 세 책이나 섞여 있으며 정범조의 啓도 포함되어 있다. 그러므로 전체를 정기세의 일기와 정범조의 계, 정인승의 일기로 크게 구분할 수 있다.

1) 鄭基世의 일기

1책의 첫 일기는 신묘년 1831년 2월 19일 監試 一所 初場試에 詩로 합격하였다는 내용이다. 이후 정유년 1837년 10월 11일 慶科 庭試에 賦로써 丙科 1등으로 합격하기까지 간헐적으로 과거 시험을 본 일들이 기록되어 있다. 본격적인 일기는 이해 10월 24일 假注書로 제수되면서부터 시작된다. 이후 仕直과 申退(申時에 퇴근함), 講筵에 참여한 사실들을 간략히 기록한 일기들이 이어진다. 기해년 1839년에는 병으로 遞職을 청하는 상소를 올린 후에 牌招를 어겼다는 '違牌'가 많이 보인다. 1책의 기록은 대체로 짤막하다.

2책은 정기세의 일기가 아니므로 1책에서 3책으로 이어진다. 3책 앞부분 4장은 갑진년

1844년 1월 8일부터 2월 3일까지 기록되어 있는데 1책의 갑진년 1844년과 겹치고, 이후 26 장은 정기세의 年譜로 이루어져 있다. 전체 분량이 30장으로서 2책 41장과 합쳐야 다른 책 들과 분량이 엇비슷해진다.

3책 갑진년 1844년 일기는 1책 갑진년 부분과 겹치지만 내용은 같지 않다. 1월 8일자 기 록을 비교하면 다음과 같다.

> 1책: 문례관에 임명됨. 이조 판서 박회수의 정사. 단부됨. 원접사 조병현이 임명됨(差問禮 官. 吏判朴晦壽政, 單付. 遠接使趙秉鉉差下.)

> 3책: 별사의 선래가 칙사 파견 소식을 알려서 비변사에서 원접사로 상서 조병현을 임명함. 그리고 정청을 열어서 문례관을 임명할 것을 청함. 이조 판서 박회수가 문례관과 상칙·부칙· 통관 3인을 단부함.(因別使先來, 卽派勅之奇, 自籌司差遠接使趙尙書秉鉉, 仍請開政, 差問禮官. 吏判朴晦壽政, 單付問禮官. 上勅, 副勅, 通官三人.)

두 기록을 비교하면, 핵심 내용은 동일하지만 3책이 더 상세하게 부연되어 있다. 과연 이 러한 차이는 어떻게 발생한 것인가. 그리고 3책은 왜 2월 3일에서 그쳤는지 의문이다.

3책은 갑진년 1844년 2월 3일 이후 장을 바꾸어서 周溪公(정기세) 연보가 楷書로 기록되 어 있다. 여기에도 의문이 생긴다. 정기세는 71세를 향유했는데 연보는 고종 12년(1875년) 62세까지만 기록되어 있다. 62세 부분에는 글을 삭제하라는 표시도 있고 앞과는 달리 行書로 쓰여 있다. 이것은, 단언할 수는 없지만, 연보의 작성 시기를 말하는 것일 가능성이 있다. 연 보 중간-현종8년 29세 뒷장-에는 7월 18일부터 8월 6일까지 초서로 쓰인 기록이 한 장 섞 여 있다. 이 부분은 다른 일기장과 달리 줄도 쳐 있지 않고, 썼다가 지은 흔적도 고스란히 남 아 있다. 그 내용 가운데 8월 2일부터 8월 5일까지는 尙房에 入直하였다고 하였다. 8월 6일 일기에는 '尙房 副提'로서 賜饌을 받았다고 하였다. 尙房司는 1905년에 尙衣司를 개칭한 기 관으로 1907년까지 존속하였는데, '尙房'은 19세기까지는 '尙衣院'을 지칭하는 말로 사용되었 다. 정기세는 1876년 7월 20일에 상의원 提調에 제수된 바 있다. 연보 이후에도 初稿로 보 이는 1장이 붙어 있는데, 9월 20일부터 12월 6일 정도까지 간략하게 기록되어 있다. 연보와 같이 실려 있는 이 초고들은 정기세가 직접 작성한『일록』의 원 모습이라고 할 수 있다.

15책 갑진년 1844년은 10월 25일부터 시작한다. 1책이 1844년 10월 25일까지 기록되어 있으므로 1책에서 15책으로 이어지는 셈이다. 15책과 1책에 날짜가 중복된 10월 25일의 내 용은 같지 않다. 두 책의 기록은 다음과 같다.

> 1책: 도감의 별단이 판하됨. 도청으로서 가자되어 매우 영광스러움. 가친께서 정사로서 안 구마 1필을 하사받음. 교명문 제술관으로서 숙마를 하사받음. 도감 제조 김도희는 안구마를

하사받음. 세 제조는 숙마, 두 도청은 가자, 낭청은 승서, 감조관과 별공작은 승륙됨. 왕대비전께서 분홍단·남의주 겉감과 안찝, 수침 하나를 하사함(都監別單, 判下. 以都廳蒙加資, 榮感萬萬. 家親以正使, 賜鞍具之馬一疋. 以敎命文製述官, 賜熟馬. 都監都提調金○○賜鞍具馬. 三提調, 熟馬. 二都廳, 加資. 郎廳, 陞敍. 監造官·別工作, 陞六. 王大妃殿賜粉紅緞·藍衣紬表裏及繡枕一部.)

15책: 응교 정기세를 통정대부로 가자하라는 전교가 내림. 이조 판서 박기수의 정사. 이날 정사에서 분병조 참의에 첫 번째로 의망되어 임명됨. 병비 정사에서 부호군에 붙임(應敎鄭○○, 令加通政加資事, 承傳. 吏判朴岐壽政. 是日政, 首擬分兵曹參議, 蒙點. 兵批政付副護軍.)

1책과 15책의 10월 25일자 기사를 비교해보면, 1책은 家親인 정원용을 포함한 관련 인물까지 기록한 반면, 15책에서는 정기세에 초점을 맞추고 다른 사항은 삭제하였다. 정기세의 이름을 쓰지 않고 공란으로 남겨둔 것도 후손의 입장에서 정리했다는 점을 보여준다. 한편, '都監 都提調 金○○'는 '金道喜'라고 『승정원일기』에 기록되어 있다.

7책 임술년 1862년의 기록은 15장으로 분량이 짧다. 날짜도 8월 30일까지만 기록되어 있고 윤8월이 시작되는 부분부터 落張이 되어 있다. 연대 순서로 보아 7책에서 10책으로 이어지는데 10책이 1870년에서 시작되므로, 1863년부터 1869년까지가 빈다. 다른 책들이 대체로 70여장 분량에 3년에서 5년 정도를 포괄하고 있으므로 7책 역시 그 정도 분량이었을 것이고 아마도 또 한 책이 있었을 텐데 산실된 것으로 보인다.

8책은 병자 1876년 2월 17일부터 시작된다. 그 이전은 따로 떨어져서 11책 뒷부분에 1월 1일부터 2월 17일까지 기록되어 있다. 정기세의 『일록』 가운데 가장 분량이 많은 1876년의 기록을 간추려서 제시하면 다음과 같다.

11책

1월1일 瀋陽에서 勅行이 출발했다는 소식이 옴.

1월2일 勅行에 대한 狀啓에 家書를 붙여 보냄.

1월3일 先考 初忌.

1월4일 巡使와 함께 龍灣館을 살핌.

1월5일 勅行이 내일 鳳城에 도착한다는 手本이 옴.

1월7일 새벽에 習儀禮를 행함. 勅行이 鳳城에 도착했다는 手本이 옴.

1월8일 칙행이 渡江함. 問禮官 등과 함께 압록강에 가서 칙행을 맞음.

1월9일 아침에 출발하여 所串館에서 中火(점심). 良策館을 宿所로 함. 泰川에서 出站함.

1월10일 車輦館에서 中火. 价川에서 出站. 宣川 宿所. 倚劍亭에 下處.

1월11일 雲興館에서 中火. 雲山에서 出站. 定州 宿所. 順川에서 出站.

1월12일 嘉山에서 中火. 永柔에서 出站. 청천강을 건너 安州 宿所. 江西에서 出站.

1월13일 肅川에서 中火. 관소 근처에 下處. 咸從에서 出站. 順安 숙소. 成川에서 出站.

1월14일 평양 숙소. 龍崗에서 出站.

1월15일 中和에서 中火. 祥原에서 出站. 黃州 숙소. 安岳에서 出站.

1월16일 鳳山에서 中火. 長淵에서 出站.

1월17일 葱秀에서 中火. 信川에서 出站. 平山 숙소. 谷山에서 出站. 勅使들이 雙轎가 불편하다고 四人轎를 요구하여 사인교를 빌어서 타고 행함.

1월18일 金川에서 中火. 海州에서 出站.

1월19일 長湍에서 中火. 朔寧에서 出站. 파주 숙소. 포천에서 出站.

1월20일 高陽 숙소. 참판(鄭範朝)이 百兒(鄭寅昇)를 데리고 옴. 竹山 朴鼎熹가 假承旨로서 御帖을 받듦.

1월21일 홍제원에 도착. 楊州에서 出站. 領相 등이 問安하러 기다림. 次兒(鄭景朝)가 敎官에서 洗馬로 옮겼다는 소식을 들음.

1월22일 大駕가 나와 칙행을 맞음. 입시한 후 집에 돌아와 家廟에 拜謁함.

1월23일 館所에 動駕. 家兒가 雲劍으로서 참여함.

1월24일 이날부터 2월까지 의정부 坐起에 매일 나감. 倭使 관련.

1월25일 勅行을 송별하러 動駕.

2월1일 景慕宮 提調에서 遞職됨.

2월2일 太廟를 奉審함.

2월4일 知經筵 呈辭.

2월6일 知經筵 두 번째 呈辭. 家兒(鄭範朝) 完伯과 旺里에 榮省하러 가는데 次兒 洗馬와 孫兒 寅昇이 따라감.

2월7일 知經筵 遞職.

2월8일 세자궁 生辰. 孫兒 寅昇이 參榜.

2월9일 家兒 完伯이 辭朝하러 入侍함. 入格한 자도 입시하라는 명에 따라 孫兒도 같이 입시함.

2월14일 到界하여 交龜함.

2월15일 文翼公(鄭光弼) 祠宇와 最長房 兩位의 時祀를 행함.

*2월15일 이후에 張이 바뀌어서 2월 9일, 14일, 15일 기사가 중복 서술되어 있고, 2월 17일자는 8책과 중복된다.

8책

2월17일 賓客을 辭職하는 상소.

2월18일 家廟 時祀를 행함.

2월20일 전라감영 任所로 간다고 祠宇에 고함.

2월22일 祠宇의 행차를 배행하여 동작나루로 감.

2월27일 人日製에서 次兒(鄭景朝)가 상을 받음.

2월29일 전주로 沐浴하러 가기 위해 呈辭.

2월30일 祠宇 봉안하는 절차를 행함.

3월4일 沐浴하러 全州로 가기 위해 하직함.

3월7일 貞敬夫人(정기세의 아내. 경주 金永受의 딸)이 먼저 출발함. 李室(장녀. 李翊宰의 아내) 등이 陪行함.

3월8일 아침 일찍 출발. 수원 官所에 도착. 留守가 와서 봄.

3월10일 천안 官所에 도착. 수령이 와서 봄.

3월11일 廣亭 관소에 도착. 수령이 와서 봄.

3월12일 공주 관소에 도착.

3월13일 은진 관소에 도착. 수령이 와서 봄.

3월14일 盧山에서 中火. 수령이 와서 봄.

3월15일 도로에 구경하는 이들이 무척 많음. 秋川에 도착.

3월16일 興陽 수령과 興德 수령이 와서 봄.

3월17일 咸悅 수령이 와서 봄.

3월18일 나주 목사가 와서 봄.

3월19일 새벽에 先妣 祀事를 행함. 長城 수령 등이 와서 봄.

3월20일 康津 수령 등이 와서 봄.

3월21일 監司(鄭範朝)가 敎場에 나가 閱武를 행함.

3월22일 李敎一이 와서 봄.

3월23일 대비전 탄신일. 감사가 望賀禮를 행함.

3월24일 감사와 南固산성에 올라가 朔試射를 행함.

3월25일 정읍 수령 등이 와서 봄.

3월26일 參判 南廷龍과 관광함.

3월27일 구례와 순천 수령 등이 와서 봄.

3월28일 비를 맞으며 부안 宿所에 도착. 茂長 수령이 와서 같이 유람함.

3월29일 開巖寺에 감. 古阜 수령이 마중 나옴. 수령들과 禹金巖에 오름. 實相寺에서 쉼.

4월1일 採石江에 도착. 格浦에서 中火. 무장수령이 樂工과 童妓들을 데리고 와서 劍舞를 구경함. 來蘇寺 宿所. 영광 수령과 홍덕 수령이 와서 봄.

4월2일 비를 맞으며 茁浦로 감.

4월3일 태인에서 中火. 금산사 숙소. 정읍 수령이 와서 봄.

4월4일 花田里에 도착.

4월5일 高山 수령 등이 와서 봄.

4월6일 金溝 수령 등이 와서 봄.

4월7일 나주 목사 등이 와서 봄.

4월8일 부안 수령 등이 와서 봄.

4월9일 龍安 수령은 畵師. 인물화를 더욱 잘 그림.

4월10일 本官 수령의 형 金宗漢이 新恩으로서 돌아와서 함께 축하함.

4월11일 先妣 생신이라서 차례를 지냄. 本官의 生朝 잔치에 참여함.

4월12일 祖考 생신이라서 차례를 지냄. 진안 수령이 와서 봄.

4월14일 務安 수령이 와서 봄.

4월15일 望日 차례를 지냄. 임실 수령이 와서 봄.

4월17일 고부 수령이 와서 봄.

4월18일 광주 목사 등이 와서 봄.

4월21일 고부 수령이 午饌을 마련함.

4월22일 京東에 가뭄이 심해서 우물도 말랐다고 함.

4월24일 태인 수령 등이 와서 봄.

4월25일 大都會 白日場을 마련함.

4월26일 백일장을 마련함.

4월27일 茂長 수령이 와서 봄.

4월28일 茂長令과 本官 형 金學士와 함께 鎭北亭에 가서 三還射를 행함. 각각 활 잘 쏘는 이 10명을 골라서 세 번에 걸쳐 시험함. 무장 수령이 1등, 김학사가 3등. 다시 모이기로 약속함.

5월1일 朔日 차례를 지냄. 김학사가 서울의 憂患 소식을 듣고 떠남. 며칠 전처럼 還射를 행함.

5월3일 沃溝 수령과 해남 수령 등이 와서 봄.

5월5일 감사가 새벽에 慶基殿에서 단오절 예를 행함.

5월6일 김제 수령이 마중 나옴. 용안 수령과 다시 초상화를 그림.

5월7일 龍潭 수령이 와서 봄.

5월9일 季弟(鄭基命) 생일인데 참석을 못해서 매우 슬픔.

5월10일 여산 수령이 와서 봄.

5월11일 靈光 수령이 와서 希顯堂에 居接 중인 儒生의 12抄에 대해 대화함.

5월12일 태인 수령이 와서 봄.

5월13일 鎭安 수령이 와서 봄.

5월17일 부안 수령이 와서 봄.

5월26일 居接 12抄.

5월28일 昌平 수령이 와서 봄.

5월30일 정읍 수령 등이 와서 봄.

윤5월1일 朔日 차례를 지냄.

윤5월4일 비가 잠깐 내렸다가 개임. 기우제를 행하기로 함.

윤5월6일 감사가 齋戒함.

윤5월7일 밤에 감사가 城隍壇에서 기우제를 행함.

윤5월8일 中營將 등이 延命한 후 들어와서 봄.

윤5월9일 감사가 재차 기우제를 행함. 오후에 비가 조금 내림.

윤5월10일 감사가 齋戒함. 希顯堂 居接에 대해 出榜하고 施賞하려고 하였는데 가뭄 때문에 선비들이 接을 그만둘 것을 바라므로 그렇게 함.

윤5월11일 밤에 3차 기우제를 厲壇에서 행함.

윤5월13일 무안 수령 등이 와서 봄. 감사가 4차 기우제를 完山에서 행함.

윤5월15일 望日 차례를 지냄. 감사가 5차 기우제를 德眞池에서 행함.

윤5월17일 6차 기우제를 母岳山에서 행함.

윤5월19일 7차 기우제를 黃方山에서 행함.

윤5월22일 8차 기우제를 社壇에서 행함.

윤5월23일 9차 기우제를 성황단에서 행함.

윤5월24일 비가 조금 내림

윤5월25일 10차 기우제를 厲壇에서 행함.

윤5월28일 감사가 光州로 發行함. 四轎로 가는데 1裨, 1傔, 2知印, 1營吏, 2吸唱이 수행함. 營廳이 불에 탄 후라 참고할 謄錄이 없는데 84살 된 퇴임한 아전 朱光植이 기록한 일기가 있다고 해서 살펴봄.

6월1일 朔日 차례를 지냄.

6월2일 감사가 광주에 도착한 후 알려옴. 무등산에서 기우제 행하려는데 비가 내림.

6월5일 감사가 羅州에 도착한 후 알려옴. 南海堂에서 기우제. 비 내림.

6월6일 褒貶 啓本을 封發함.

6월7일 仲弟 회갑. 생일 차례에 밀려서 참석하지 못함.

6월8일 감사가 감영에 돌아옴. 啓本에서 民情을 서술함.

6월10일 곡성 수령 李源麟이 와서 봄.

6월11일 仲弟 祀事에 참석하지 못함.

6월12일 증조고 祀事를 행함

6월15일 보름이라 茶禮를 행함. 포폄 開坼.

6월16일 德眞地에서 기우제를 행함. 비 내림.

6월17일 비가 많이 와서 기우제를 정지함.

6월18일 비가 와서 수심이 1촌9分이 됨. 3일 동안 3촌6분. 鍊武臺에 모여서 酒肉을 백성들에게 나눠주고 농사를 권면함. 參禮 承이 와서 봄.

6월19일 姻戚인 영광 수령이 와서 매우 기쁨.

6월20일 새벽에 12대 祖妣 제사를 지냄.

6월21일 순천 수령이 와서 봄. 말미를 청하러 상경한다고 함.

6월22일 碧沙 丞이 와서 봄.

6월23일 여산 수령이 와서 봄.

6월26일 비가 많이 와서 7分이나 됨. 移秧은 다 하였다고 하는데 너무 늦어서 수확이 잘 될지는 알 수 없음.

6월27일 영광 수령과 興德 수령이 와서 봄.

6월28일 광양 수령과 金溝 수령, 景陽 丞이 와서 봄.

7월1일 朔日 차례를 지냄. 운봉 수령과 萬頃 수령이 와서 봄.

7월2일 同福 수령과 구례 수령이 와서 봄.

7월3일 珍山 수령이 와서 봄.

7월4일 익산 수령이 와서 봄.

7월9일 女兒 李室의 生朝. 여기서 같이 지내니 매우 기쁨. 內軒에 음식을 마련하고 음악을 베풂.

7월10일 감사가 大殿의 誕辰箋文을 封進함.

7월12일 태인 수령이 와서 봄.

7월15일 望日 차례를 지냄. 순천 牧官이 와서 봄.

7월16일 감사가 揖讓亭에서 朔試射를 행함.

7월18일 龍安 수령이 와서 봄.

7월19일 濟源 丞이 와서 봄.

7월20일 孫婦가 報恩 衙中에서 돌아옴. 이날 都政을 행하였는데 尙衣院 提調로 제수됨.

7월21일 鎭安 수령이 와서 봄.

7월22일 茂長 수령과 무안 수령이 와서 봄. 부인이 병이 남.

7월23일 부인이 오후에 홀연 逝去함. 나와 장자, 長婦, 장녀, 孫兒, 孫婦, 外孫이 모두 임종함.

7월24일 丑時에 小斂을 행함.

7월25일 申時에 大斂을 하고 入棺함.

7월26일 午時에 成服. 茂長 수령이 22일에 와서 오늘까지 머물며 위로함. 고부 수령, 만경 수령, 고창 수령, 금산 수령, 古阜山 斂使 등은 24일에 와서 조문함. 함열 수령, 임실 수령 등은 25일에 와서 조문. 모두 오늘까지 머물다가 돌아감. 용안 수령, 금구 수령이 와서 봄.

7월27일 樂安수령, 순창 수령, 玉果 수령 등이 來問함.

7월28일 익산 수령, 의성 수령, 화순 수령, 여산 수령, 운봉 수령, 격포 첨사 등이 來問함.

7월29일 次兒가 들어온다는 소식을 듣고 廬山站으로 낭청 金景集을 보냄.

7월30일 부안 수령, 옥구 수령 등이 來問함. 成服하는 날까지 邑村 民人들이 長斫木 한 묶음 씩 들고 와서 위문함.

8월1일 祠宇를 봉안하고 장차 京第에 받들 것을 고함. 昌平 수령 등이 와서 봄.

8월2일 次兒가 成服禮를 행함. 珍山 수령 등이 와서 봄.

8월3일 靈筵에 午奠을 행함. 同福 수령 등이 來問함.

8월4일 祠宇 모시고 감영에서 떠남. 內閣의 조문을 전하러 檢書官이 왔기에 다시 감영으로 돌아가서 조문을 받음. 다시 길을 떠남에 송별하는 사람이 너무 많아서 다 기록하지 못함.

8월5일 여산에서 中火. 처음에 下處를 정결한 閭舍로 정하라고 하였는데, 여산에 도착하니 수령이 衙舍로 들기를 청하여 그렇게 함.

8월6일 魯城에 가서 中火. 공주 관청을 숙소로 함. 平明에 출발하여 始興 旺里 丙舍로 향함. 두 아이와 傔人, 家奴, 色吏, 通引 등 일행의 명단. 參禮에서 시흥까지 도착하는 곳마다 풍성히 준비해 줘서 오히려 불안함.

8월7일 巡使가 와서 봄. 廣亭에서 中火. 천안 吏廳을 숙소로 함.

8월8일 成歡에서 中火. 振威 숙소.

8월9일 華城 吏廳에서 中火. 과천 숙소. 家人과 傔輩가 마중 나옴. 저녁 먹고 횃불 들고 출발. 성문 여는 시간에 집에 돌아옴.

8월10일 祠宇 행차가 평안히 돌아오고 後孫 30인이 탈 없어서 다행이다.

8월11일 祖考 祀事에 예를 행하지 못함.

8월12일 며칠 동안 夜氣가 매우 서늘함. 아침에 일어나 보니 서리가 두꺼워 눈 같음. 올해는 가뭄이 심한데 서리도 일찍 내리니 백성들이 걱정됨.

8월13일 始興 旺里 丙舍에 도착.

8월14일 말과 군인들 돌아감.

8월15일 추석. 조석 上食.

8월17일 從弟 판서가 용인에서 旺里에 왔다가 돌아감.

8월21일 后土에 제사지내고 선산 靈筵에 告由함. 27일에 襄禮, 25일에 始役한다고.

8월24일 旺里에 감.

8월25일 孫兒가 文을 잡고 예를 올림. 이날 判義禁에 제수됨.

8월26일 歌人과 門生 등이 많이 옴. 襄禮가 다음 날이므로.

8월27일 誌石, 神位를 봉안함.

8월28일 장례 행렬. 領敦寧 金炳學 등이 남문 밖에 나와 맞음.

9월1일 三虞祭 지냄

9월3일 卒哭을 행함. 검서관 柳芝熙 등이 勸肉하러 나옴. 儀註에 따라 예를 행한 후 全鰒 등을 받고 几筵에 奠告를 행한 후 검서관 등에게 명주 등을 分給함.

9월4일 판의금 遞職됨.

9월8일 祖妣 생신.

9월9일 차례 지냄.

9월10일 政牌(政事를 위한 牌招)를 받고 나아가서 이조판서로서 政事를 행함.

9월14일 景武臺에 親臨하여 日次儒生 殿講을 행할 때에 別雲劍으로 참여함.

9월17일 家兒가 旺里에 갔다가 저녁 때 돌아옴.

9월19일 政牌 懸病(병으로 결근을 할 경우에 그 사유를 기록함).

9월24일 政牌 懸病.

9월25일 先君子 산소의 表石 일을 시작함. 비문은 자신이 쓰고 글씨는 家兒가 씀.

9월26일 家兒가 돌아옴.

9월28일 家兒가 광주 陵谷에 산소를 보러 감.

9월30일 家兒가 돌아옴. 모두 吉地라고 칭함.

10월1일 家兒가 또 旺里에 가서 글자를 새김.

10월2일 禮賓寺에 감.

10월11일 政牌 懸病.

10월13일 旺里에 가서 비문 일을 살핌.

10월22일 政廳에 나아갔다가 밤에 물러나옴.

10월27일 숙모 大祥에 참여함.

10월28일 祖妣 제사를 치름.

10월31일 政牌 懸病.

11월2일 이조판서의 遞職을 청하는 상소를 올렸는데 사직하지 말고 調理하라는 비답을 받음.

11월3일 세자궁 탄생 千日. 受由 중이나 慶祝할 일이라서 나아감.

11월4일 북악산 밑에서 불길이 솟음. 궁에 화재 발생했다고 함. 급히 입궐하여 보니 交泰殿 등 외 다른 전각들이 불에 탐. 麟堂에서 불길이 솟아 교태전에 미치자 高宗은 裏衣만 입은 채 걸어서 修政殿으로 나아감. 大寶 이하 선조 문헌들을 하나도 구하지 못함.

11월5일 問安에 참석함.

11월6일 내년 慈聖이 칠순이 되고, 翼宗室의 尊號를 追上하기 위해 都監 설치.

11월7일 生朝.

11월8일 家兒가 旺里에 가서 비석에 글자 새기는 일을 마치고 印出하는 일을 시작함.

11월9일 10건을 인출하였다고 들음. 大字는 1냥, 小字는 2錢을 줌. 글자 새긴 일 합산.

11월11일 翼宗室의 尊號를 논하는 자리에 참석함.

11월13일 政牌 懸病.

11월15일 石手 5명에게 2천 냥을 賞給하고 邊手에게 따로 무명 1필을 줌.

11월16일 증조비 제사를 치름.

11월17일 판서 閔升鎬의 閣中 致祭에 참석함.

11월20일 次對에 참석함.

11월22일 奉賀 尹定鉉의 閣中 致祭에 참석함.

11월27일 政牌 懸病.

11월29일 韓昌府夫人(驪城府院君 閔致祿의 夫人 李氏)의 大祥이라서 問安에 참석함.

12월6일 文翼公(鄭光弼) 제사.

12월9일 歲抄를 잘못 기재한 일로 自列하는 章을 진달함.

12월11일 이조에 나아가 參謁을 행함.

12월16일 禮賓寺에 나아가 陞降을 행함.

12월19일 雲峴宮과 時任·原任대신들에게 政事를 물음.

12월20일 差備 근처의 武衛所 吏廳에 나아가 都政을 행함. 첫 번째 呈辭. 給由.

12월22일 두 번째 加由.

12월24일 세 번째 加由.

12월25일 辭職하는 상소를 올림.

12월30일 社稷 告由祭 獻官으로 임명되어 예를 치르고 돌아옴.

이상 1876년의 일기를 살펴보건대, 크게 네 가지 사건을 주목하게 된다. 첫째는 중국 勅使들의 여정, 둘째는 휴가를 얻어서 전주로 내려간 일, 셋째는 가뭄에 따른 기우제, 넷째는 부인의 죽음에 따른 장례 절차다. 첫째, 중국 칙사들을 맞으러 의주로 간 정기세는 칙사들과 같이 서울로 오면서 경유한 곳과 사건들을 자세하게 기록하였다. 이것은 勅行에 대한 연구에 참고가 될 것이다. 둘째, 맏아들 정범조가 전라도 관찰사에 제수되었고 당시 휴가를 얻은 정기세는 祠宇를 모시고 온 가족이 함께 전주로 내려갔다는 점, 고위 관료였기 때문에 가는 곳마다 지방 수령들이 영접을 하였다는 점, 휴가가 3월부터 8월까지 몇 개월에 걸쳐 있다는 점 등이 기록되어 있다. 이러한 점들은 19세기 관료들의 생활상을 파악하는 데 참고가 될 것이다. 셋째, 가뭄이 심해서 우물이 마를 지경이 되자 전라도 감사가 기우제를 여러 차례 행하는 모습을 보여준다.『승정원일기』등에는 조정에서 기우제 지내 는 상황을 보여줄 뿐 지방에서 는 어떻게 하는지 나와 있지 않다. 여기서는 전라도 감사가 무등산 등지를 다니면서 기우제를 시행한 모습을 보여준다는 점에서 가치가 있다. 넷째, 7월23일 부인이 사망함에 따라 發喪을 하고 서울로 돌아와서 장례를 치르는 모습을 날짜별로 상세하게 보여주고 있다. 비문을 새기는 등의 일을 마친 후 임금을 얼마 주었는지 까지 세밀하게 기록되어 있으므로 喪禮 문화를 연구하는 데 유용한 자료가 될 것이다. 장례 절차는 다음 해인 정축년 1877년 3월 12, 13, 14일에도 상당한 분량으로 서술되어 있다.

2) 鄭範朝의 啓

2책은 啓와 批答만 단정한 楷書로 기록되어 있다. 임진년 1892년은 1월 28일부터 12월 30일까지 기록되었으나, 계사년 1893년은 1월 29일까지만 기록되어 있다. 1892년 1월 28일 啓는 흉년이 듦에 따라 팔도 巡審을 정지하고 畿內 陵園과 북도 陵寢의 奉審을 道內 수령에게 替行하도록 분부할 것을 청하는 내용이고, 이를 윤허한다는 비답이 기록되어 있다.『승정원일기』를 확인한 결과 이것은 의정부에서 올린 계다. 12월 30일은 江界의 騷擾를 살피기 위하여 按覈使에 副護軍 尹定求를 差下할 것 등을 청하는 계인데, 역시 의정부에서 올린 계로 확인되었다. 1893년 1월 10일은 尹定求가 稱病하고 물러남은 옳지 않으니 譴削의 典을 시행할 것을 청하는 계와 이를 윤허하는 비답이 기록되어 있는데 역시 의정부에서 올린 계다. 그렇다면 일기를 쓴 이는 의정부 관직에 있는 사람이어야 한다. 정기세는 당시 이미 돌아간 이후이므로 해당되지 않고 정인승은 1891년 1월 규장각 檢校待敎, 8월 五衛 副護軍 직위에 있었다. 정범조가 1890년 12월에 우의정 총리대신으로 임명되었으니, 2책은 정범조가 올린 계를 기록한 것이다.

3) 鄭寅昇의 일기

9책은 단정한 楷書로 쓰여져 있는데, 정기세 일기가 아니라 손자 鄭寅昇의 일기다. 정해년 1887년 1월 1일에 '대왕대비전 팔순이라서 稱慶하고, 宗廟에 動駕함에 東宮이 따라갈 때 入參하였다'는 기록을『승정원일기』와 대조해 보면 檢校待敎 정인승이 입시하였음을 알 수 있다. 다음 해인 무자년 1888년 1월 4일에 '東宮이 大殿과 坤殿에 上號하고자 庭請함에 따라 陪從하여 入參하였다'는 것도 정인승의 행위임이『승정원일기』에서 확인된다.

12책의 병자년 1876년은 2월 8일과 9일 이틀만 기록되어 있다. 11책의 내용과 중복되는데 매우 간략하게 축소되었고 단정한 해서로 쓰였다. 2월9일자에 "家大人完伯入侍時, 同爲入

侍"라고 쓰여 있는데, 11책 "家兒完伯辭朝入侍時, 有入格儒生同爲入侍之敎, 與孫兒同入"의 구절과 비교해 보면, 12책은 손자인 정인승의 일기임을 알 수 있다. 이후 12책 전체를 보건대 그 필체가 동일하고, 정기세 死後 시기도 기록되어 있다. 그리고 병술년 1886년 1월 8일에 內閣에 入直하였다는 기록을 『승정원일기』에서 확인한 결과 정인승임이 확인된다.

13책은 정인승의 일기인데 9책이나 12책과 달리 초서로 되어 있다. 임오년 1882년 4월8일에 '家親이 예문관 제학이 되었다'는 기록이 있는데 『승정원일기』를 보면 예문관 제학이 된 이는 정범조로 확인된다. 그러므로 13책도 정범조를 '가친'이라고 일컫는 정인승의 일기이다. 5월 23일에는 '王親이 화성 유수를 사직하는 상소를 올렸다'고 하였는데, 왕친은 정기세를 가리킴이 확인된다. 10월 19일에는 '曾王考 문충공(정원용)은 1802년 嘉禮慶科에 등과하였고, 조부(정기세)는 1837년 가례경과에 등과하였는데 자신도 10월에 등과하여 영광'이라고 하였다. 13책에서는 4월달에 있는 增廣試에 관한 자세한 서술이 특징이다.

13책에는 임오년 1882년 기록이 두 번 나온다. 앞의 것은 16장이고 뒤의 것은 10장이다. 앞의 기사는 書眉가 빽빽한데 뒤의 기사에는 없다. 書眉 내용을 보면, 1월 1일의 경우 본문에 대한 보충서술이다. 뒤에는 1월 7일 기사가 본문에 있는데, 앞에는 1월 7일 기사가 書眉에 있다. 내용은 대체로 일치하는데 行文은 조금씩 차이가 난다. 1월 1일의 경우 앞에는 "정월초하루 차례를 지냄. 이 해에 대왕대비께서 관례를 행하신 지 환갑이 됨.(行正朔茶禮, 是年 大王大妃□冠禮週甲也)"이라 하였고, 뒤에는 "정월초하루 차례를 지냄. 이 해에 대왕대비께서 관례를 행하신 지 환갑이 되므로 경축을 올리고 모두들 기뻐함.(行正朔茶禮, 是年大王大妃殿 冠禮週甲. 稱慶, 羣情□欣)"이라고 하였다. 6월 1일의 경우에는 앞에는 "사당에 알현함. 계부 영연의 삭전에 참석함(謁廟, 參季父靈筵朔奠)"이라 하였는데 뒤에는 다만 "사당에 알현함(謁廟)"라고만 하였다. 앞의 경우 6월 6일에서 10월 1일로 건너뛰어 12월까지 기록되어 있고, 뒤에는 7월까지만 기록되어 있다. 12책에도 임오년 1882년 일기가 있는데, 날짜가 이어지지 않고 1월 10일, 3월 23일, 3월 24일, 4월 22일 등으로 드문드문 기록되어 있다. 임오년 일기가 왜 3번씩이나 기록되었는지 의문이 아닐 수 없다.

13책의 병술년 1886년과 정해년 1887년은 12책과 중복되면서 조금씩 다르다. 예를 들어 12책에는 없는 1월 3일과 4일 기록이 13책에는 보인다. 그 내용을 보면 특별한 사항이 아니라 의례 있는 일이라서 일기 작성자로서는 무시할 수 있을 정도의 내용이다. 1월 3일은 曾祖考의 제사와 자신의 생일이라는 내용이고 1월 4일에는 饌榼을 追設하였다는 것이다. 1월7일을 보면 12책에서는 "내각에 입직함.(入內閣, 直)"라고만 하였는데, 13책에서는 "내각에 입직함. 동료 김종규와 교체함.(入內閣, 直. 與金僚宗圭交替)."라고 하여 부연하고 있다.

정기세의 『일록』은 전체적으로 정리되지 않은 상태인데, 특히 13책은 곳곳에서 편집을 마무리 짓지 않은 흔적들이 보인다. 위에서 지적한 것 외에도 병술년 1886년이 시작되기 전 앞면에 임오년 마지막 기사인 7월 25일자 기사가 두 줄 다시 기록되어 있다는 점, 정해년

1887년 첫 면은 1월1일을 3줄 기록하다가 여백을 남겨둔 채 張을 바꾸어서 다시 처음부터 기록하였다는 점, 셋째, 을유년 1885년은 2월 5일까지만 기록되어 있다는 점 등이 지적될 수 있다.

4. 가치

『일록』에는 정기세의 일기뿐만 아니라 아들 정범조가 의정부에 있을 때 올린 啓, 그리고 손자 鄭寅昇의 일기가 여러 책 포함되어 있다. 그리고 같은 날짜에 대한 중복된 일기들도 다수 존재한다. 이에 대해 세밀하게 분류하고 원인을 규명하는 일이 필요하다. 여기서는 일단 정기세의 일기에 한정하여 가치를 말하고자 한다.

성기세는 과거에 합격한 1831년부터 돌아가기 한 해 선인 1883년까지 일기를 기록하였나. 일기의 내용은 관직생활에서 겪은 일들을 위주로 한 仕宦일기의 성격이 강하다. 이 일기를 통하여 19세기 중반의 政界 상황과 여타 문화 현상들에 대해 가늠할 수 있다. 예를 들어 1876년의 경우 중국 勅使들을 맞으러 압록강까지 가서 칙사들을 접대하고 함께 서울로 오기까지의 긴 여정이 자세하게 기록되어 있고, 이후 휴가를 얻어서 온 가족이 전주로 내려가 몇 달 동안 지낸 일, 전라도 관찰사인 아들 정범조가 기우제를 지낸 일, 부인의 죽음에 따른 장례 절차 등도 기록이 자세하다.

【이대형】

日錄

鄭範朝(1833~1897) 著.
草稿本. 17册(全19册中 册15, 16 缺) : 32×20cm.
10行 15字 內外. 本文 : 草書.

1. 저자

　　鄭範朝(1833~1897)의 本貫은 東萊, 字는 禹書, 號는 葵堂, 諡號는 文獻이다. 鄭元容(1783~1873)의 손자이며 鄭基世(1814~1884)의 아들이다. 정원용과 정기세, 정범조 이들은 3대에 걸쳐 방대한 분량의 日錄을 작성하였다. 정기세의 『일록』에 일부 혼입되어 있는 정범조의 아들 鄭寅昇(1859~ ?)의 일기까지 포함하면 4대에 걸친 일기가 된다.

　　가계도를 보면, 영의정 정원용과 예조판서 金啓洛의 딸인 정경부인 강릉 김씨 사이에 基世, 基年, 基命 3형제가 있었고, 우찬성 정기세와 繕工監 副正 金永受의 딸인 정경부인 경주 김씨 사이에 정범조, 景朝가 있었다. 정범조는 趙文和의 딸과 결혼하여 외아들 寅昇을 두었다. 정인승은 정기세의 『일록』과 정범조의 『일록』에 등장할 뿐더러, 정기세의 『일록』에 그의 일록이 혼입되어 있는 인물이다. 정원용 이하 三代의 일록을 연세대학교에 기증한 정인보는 정인승과는 재종형제 간이다. 이상의 관계를 그림으로 보이면 다음과 같다.

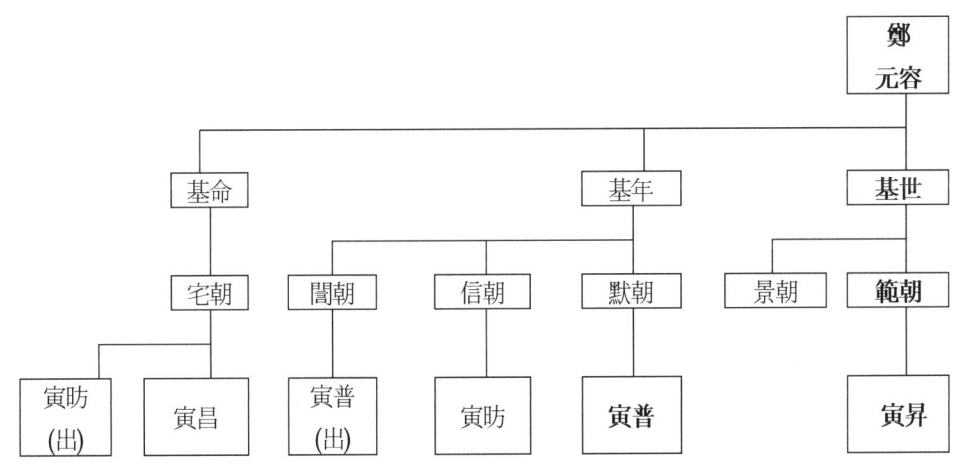

　　정범조에 관한 생애는 『고서해제』Ⅱ「初稿」[1]에 있다. 여기서는 『梅泉野錄』에 소개된 당시인의 평가를 들고자 한다. 정범조가 죽고 난 후 그의 삶에 대해 언급된 평가를 보면, '성품이 謹愼하여 죄악을 범하지 않았다'고 한다. 19세기 후반이라는 격동기에 조신하게 처신하였던 인물이라는 평가다. 그의 인품을 보여주는 일화 두 가지가 있다.

　　1876년 가뭄이 한창일 때 다른 곳에서는 기우제를 지낸답시고 민폐만 가중시키고 있을

---

1) 연세대학교 국학연구원 편, 『고서해제』Ⅱ, 평민사, 2004.

때, 完伯 鄭範朝는 단촐한 차림으로 도내 여러 산들을 다니며 기도하였다. 무등산에서 기도를 올리자 문득 구름이 모여들어 비가 내리자 백성들이 기이하게 여겼다고 한다. 기우제 지낸 모습은 정기세의 『일록』 8책과 정범조의 『일록』 9책에도 보인다.

19세기에 전라도 전주 吏胥輩의 부귀와 완악함은 나라에서 으뜸이라 큰 병폐로 여겨졌다. 정범조가 관찰사로 있을 때 한 이서배가 士人을 매질하자 정범조는 그를 斃할 것을 명하였다. 이서배가 鄭基世에게 뇌물을 써서 하소연하자 정기세가 정범조를 불러 달래기를, "아전이 죄를 짓기는 하였는데 우리 집안이 삼대 째 그곳을 다스려 한 사람도 죽인 적이 없다. 네 어찌 생각하지 않느냐?"고 하자, 대답하기를, "삼대 째 이곳을 다스리니 제가 어찌 감히 祿만 먹겠습니까?"라고 하였다. 정기세는 할 말이 없었고, 아전은 결국 죽었다고 한다.

이러한 일화들을 볼 때, 정범조는 몸가짐을 신중히 하고 맡은 소임에 충실하고자 했던 인물이라고 평가할 수 있다.

2. 구성

정범조의 『일록』은 총 19책인데 현재 15책과 16책이 빠져 있는 落帙이다. 현재 남아 있는 부분만 계산하면 총 1250여 장 분량이다. 빠진 부분은 1887년부터 1890년까지 해당된다. 정인보의 서문을 통해 보건대 두 책이 누락된 이유는 후손들의 실수로 인해 분실되었기 때문인 것으로 보인다.

日錄이므로 구성상의 특이한 점은 없고 날짜 별로 그날의 주요 사건들에 대해서 기록해 놓고 있다. 각 책과 연대, 분량을 순서대로 제시하면 다음과 같다.

1책	기미 1859년	22장
	경신 1860년	23장
	신유 1861년	28장
2책	임술 1862년	39장
	계해 1863년	30장
3책	갑자 1864년	32장
	을축 1865년	28장
4책	병인 1866년	35장
	정묘 1867년	25장
5책	무진 1868년	28장
	기사 1869년	26장

『일록』의 본문 못지않게 書眉가 꽤 많은 분량으로 기록되어 있는 것이 구성상의 특징이다. 정원용과 정기세의 일록의 경우 정범조의 『일록』보다는 서미를 활용하는 빈도가 높지 않고 분량도 그다지 많지 않다. 서미의 주된 내용은 傳敎라든지 試官들의 명단 따위 공식적인 사항들에 대한 기록이다. 예를 들어 12책 1882년 1월 26일 본문에는 三揀擇이 閔台鎬 집으로 결정되었다고 하였고, 서미에서는 納采와 納徵, 冊嬪 등의 날짜를 기록해 놓았다. 같은 해 3월 15일 본문에는 청국 差使의 出來에 대해 준비하였다는 정도의 내용인데, 서미에는 미국 大臣 薛斐爾(슈벨트)와 청국 대신들이 騎船(증기선을 가리키는 듯함)을 타고 곧 도착할 것이라는 領選使 金允植의 書報 내용을 언급하고 經理使 趙準永을 伴接官으로 임명한다는 것 등을 기록하였다. 1882년 1월 15일 경우처럼 본문과 중복되는 경우도 있는데, 대체로 저자가 직접 경험하지 않은 그날의 공식적인 언행을 기록해 놓은 것으로 보인다.

3. 내용

『일록』은 기미 1859년 1월 1일부터 시작되고 있다. 1월 1일 일기는 다음과 같다.

> 茶禮를 행했다. 領府事 鄭元容에게 衣資와 食物을 該曹에서 輸送하고 안부를 묻고 오라는 전교가 내렸다. 호조 낭관이 왔기에 상을 차려 대접하였다. 쌀 5석, 콩 2석, 명주 5필, 무명 7필, 돼지고기 5근, 軍資監 歲賜米 4두, 소금 2두, 대구 2마리 등이다.

1859년은 정원용이 77세로서 領府事 위치에 있었고, 정기세는 44세로서 규장각 제학에 제수되고, 정범조는 27세로서 증광시 문과에 병과 8등으로 급제한 때이다. 삼대에 걸쳐 높은 벼슬을 지낸 집안이기 때문에 이들의 일기에는 조정의 사건들이 많은 부분을 차지하고 있다. 위 기록에서는 임금이 대신들에게 정초에 하사한 물품들의 목록을 알 수 있다. 『승정원일기』 등에는 '衣資와 食物'을 하사하라는 기록만 있지 이렇게 자세한 목록은 보이지 않는다. 다른 기록들과 겹치는 점들도 많지만 이러한 세세한 면면을 보여주는 것에 이 책의 장점이 있다.

『일록』의 1책에는 다음과 같은 정인보의 서문이 있다.

> 이 책은 다만 '일록'이라고 하였으니, 우의정 정범조께서 손수 쓰신 것이다. 기미년(철종 10년, 1859) 登第하기 전부터 卒年인 정유년(고종 34년, 1897)까지 집안과 나라의 겪은 일들을 기록하지 않은 날이 없다. 처음에는 다소 소략하지만 지위가 점차 중하게 된 후로는 더욱 자세하다. 게다가 세상일이 어지럽고 천하가 교통하며 안팎으로 근심이 날마다 심해진 임오년, 갑신년, 갑오년, 을미년 등 변란 당시의 진상은 실로 역사의 재료가 될 것이다. 이밖에 평범한 遊戲의 왕래함도 자잘하지만 또한 후세에 고찰할 만한 가치가 있다. 家廟에 대대로 보관하였다가 이제 제대로 보관 못하고 손상을 입었다. 그러나 이로써 세상에 공개하게 되었으니 이 책으로서는 다행이 아닐 수 없다.
> 어린 나를 숙부께서 어여삐 여기셔서 항상 무릎 위에 앉히셨던 것이 지금도 기억난다. 공께서 붓을 잡고 일기를 기록하던 것이 지난 새벽 일 같다. 책을 어루만지니 눈물이 솟는다.
> 再從子 정인보는 쓴다.

정인보의 서문을 통해 임오년, 갑신년, 갑오년, 을미년 등의 변란에 대한 기록이 상세하고 또한 생활상의 자잘한 일들도 기록되어 있음을 알 수 있다. 대체로 보아 정범조의 『일록』은 仕宦日記의 성격이 강하다. 관직 생활을 하면서 보고 들었던 정치사에 대한 기록이 주류를 이루는 가운데 여타 생활상의 면면들이 기록되어 있는 것이다.

여러 책들 가운데 한 해 별로 볼 때 가장 분량이 많은 해는 임오군란이 일어난 임오년 고종 19년 1882년의 기록이다. 12책 87장이 이 한 해에 대한 기록으로만 이루어져 있다. 이 해의 일기 내용을 간추려서 소개하면 다음과 같다.

1월1일 대왕대비전 冠禮의 周甲을 맞음.

1월2일 百兒(鄭寅昇)가 文廟 酌獻禮 執事로 見差됨.

1월3일 祖考 제사. 百兒의 생일. 공조판서로서 牌招를 받고 입궐함.

1월6일 동료 2명과 興福軒에 입시함.

1월7일 임금과 東宮이 廟宮에 展謁함.

1월8일 家兒가 성균관에 들어감.

1월9일 동궁의 入學 動輿에 노친(정기세)이 陪從함.

1월10일 機務衙門에 仕進함.

1월11일 동궁의 입학을 陳賀함.

1월12일 先妣의 생신이라 차례를 지냄. 입학 시에 입시함. 관학유생 應製를 친림하여 設行할 때 侍衛하여 참석함.

1월13일 興福軒에 입시함.

1월14일 동궁의 冠禮 첫 번째 習儀를 행할 때 참석함.

1월15일 坤殿의 하사품을 받음. 처자 간택 26인. 이후 7인을 간택함.

1월17일 동궁의 冠禮 두 번째 習儀를 행할 때 참석함.

1월18일 (書眉) 3명을 간택함.

1월19일 동궁의 冠禮 3차 習儀를 행할 때 참석함.

1월20일 동궁의 三加를 행할 때 참석함.

1월21일 관례를 陳賀함.

1월22일 왕대비전 誕辰日.

1월23일 都監에 仕進함.

1월25일 熟馬 1필을 하사받음.

1월26일 三揀擇. 좌찬성 閔台鎬 여식으로 결정함.

1월27일 都監에 仕進함.

1월28일 都監에 仕進함.

1월29일 人日製를 춘당대에서 친림하여 設行할 때 참석함.

2월1일 納采 등의 2차 習儀를 행할 때 참석함.

2월2일 납채 등의 3차 습의를 행할 때 참석함.

2월3일 仁政殿에서 납채를 행할 때 참석함. 예를 행할 때의 正使와 副使 등의 복장 따위를
　　　기록함.

2월4일 廟宮에 展謁하러 거둥하고 동궁이 따라 動輿하여 冠禮를 행할 때 배종함.

2월5일 홍문관 제학에 通擬됨. 首望인 趙寧夏가 낙점됨.

2월6일 都監에 仕進함.

2월7일 納徵을 인정전에서 친림하여 행하는데 納采 때와 같음.

2월8일 세자궁 탄신. 관학 유생의 應製에 命官으로 임명됨.

2월9일 告期를 인정전에서 親行함.

2월10일 冊嬪 醮戒 習儀를 행함.

2월11일 都監에 仕進함. 예문관 제학에 두 번째로 擬望됨.

2월12일 嬪受冊 親迎習儀를 행할 때 참석함.

2월13일 都監에 仕進함.

2월14일 嬪受冊 親迎 3차 습의를 행할 때 참석함.

2월15일 文翼公(鄭光弼)의 時祀.

2월16일 同牢宴 朝見禮의 2차 習儀를 행할 때 참석함.

2월19일 인정전에서 冊嬪을 행할 때 참석함.

2월20일 都監에 仕進함. 堂上官과 郎官이 모두 모여 연회를 베풂.

2월21일 세자빈이 入宮하는 모습을 상세히 기록함.

2월22일 大殿 등에 朝見禮를 행함.

2월24일 노친이 竹冊文 書寫官으로서 輔國에 加資됨.

2월26일 관학 유생의 應製에 命官으로서 임함.

2월27일 式年 監試 會試 初場.

2월29일 노친이 加資 肅拜함.

2월30일 회시 出榜. 문중의 寅杓와 思朝가 得中함.

3월1일 두 진사를 찾아가 만남.

3월2일 坤殿의 賞賜를 받음.

3월3일 차례 지내고 祖考의 畫像을 햇볕에 말림.

3월4일 老親이 竹冊文 書寫官으로서 坤殿의 賞賜를 받음.

3월5일 동료들과 입시하여 饌床을 받음.

3월6일 大殿과 坤殿 등이 廟謁하러 거둥할 때 侍衛함. 구경하는 이들이 많음.

3월7일 慶科 별시 초시. 百兒가 一所 초장에 응시함.

3월8일 입시하여 賜饌을 받음. 庶從弟가 虛症으로 죽음.

3월9일 공조판서 직임을 두 차례 呈辭함. 별시 종장.

3월11일 南殿 酌獻禮를 親行하고자 動駕하고 동궁이 動興할 때 陪從함.

3월13일 임금이 領選使 金允植의 편지를 신하들에게 보여줌.

3월15일 청국 差使의 出來에 대한 준비.

3월16일 姪兒 生朝.

3월18일 景祐宮에 展拜함.

3월20일 (서미) 청국 大使와 미국 대사가 인천에 관사를 정함.

3월20일 毓祥宮과 儲慶宮 動駕, 坤殿 動駕, 동궁과 빈궁은 動興할 때 陪從함.

3월21일 홍문관 제학에 제수됨.

3월22일 (서미) 별시 회시.

3월22일 坤殿의 瘡候가 나아서 慶科 별시 회시를 設行함.

3월23일 (서미) 청국 배 3척과 일본 배 1척이 인천항에 정박.

3월23일 花製(三日製)를 춘당대에서 設行함에 百兒가 참여함.

3월24일 (서미) 청국 사신이 一品 大員의 派送을 요구함.

3월25일 誓戒에 친림할 때 別雲劍으로 侍衛하여 참석함.

3월26일 (서미) 미국 帆船 3척이 정박함.

3월27일 우찬성 閔台鎬 부인 송씨의 사망.

3월28일 牌招를 받았으나 나아가지 않고 陳辭함.

3월29일 동료들과 北挾房에 입시함.

4월1일 仲母의 壽辰.

4월2일 동료들과 北挾房에 입시함.

4월4일 문과와 무과의 放榜.

4월6일 東朝 冠禮의 回甲에 따른 慶科 庭試.

4월7일 (서미) 미국 사신이 國書를 전달함.

4월7일 홍문관 제학 呈辭. 還出給.

4월8일 (서미) 미국 사신이 돌아감. 청국 사신 馬建忠과 丁汝昌이 입성함. 예문관 제조에 제수됨.

4월8일 홍문관 제학 첫 번째 呈辭. 入啓. 給由. 미국 公使와 全權大官 申櫶, 全權副官 金宏集(金弘集의 아명)이 4월6일에 約條, 북경 禮部와 北洋通商大臣衙門에 咨報함.

4월9일 두 咨文을 草함.

4월10일 임금이 청국 사신 접견. 미국과의 商辦(통상 조약)에 대한 대화.

4월11일 청국 사신 떠남. 祖妣 생신.

4월12일 영국 배 2척이 어제 인천에 도착. 曾祖考 생신.

4월13일 일본 國書를 親受할 때 입시함.

4월15일 일본 사신 花房義質, 近藤眞鋤 등이 機務衙門 堂上 등을 來見함.

4월16일 庭試 放榜.

4월17일 嬪宮에 問安함.

4월18일 증광 감시 초장에 家兒가 응시함.

4월19일 (서미) 일본과 稅則 논의.

4월20일 家兒가 終場에 응시함.

4월20일 (서미) 法國(프랑스) 선박이 인천에 정박함.

4월21일 出榜. 종장은 다음날 出榜.

4월21일 (서미) 영국 사신 韋力士(월리스)와 약조를 맺음.

4월22일 유생 殿講. 家兒가 直赴會試. 영국과 약조를 맺음.

4월23일 청국, 영국, 法國(프랑스) 사신 돌아감.

4월25일 예문관 제학 첫 번째 呈辭.

4월27일 증광 東堂試 초시. 二所의 試官을 맡음.

4월28일 초장에 疑와 論 출제.

4월29일 중장에 表와 賦 출제.

4월30일 종장에 策問 출제.

5월2일 出榜.

5월4일 동료들과 北挾房에 입시함.

5월5일 단오 차례를 지냄.

5월6일 (서미) 일본 公使가 수원 古溫浦로 나감.

5월7일 德國(독일) 선박이 밤에 인천 월미도에 들어옴.

5월9일 동료들과 北挾房에 입시함.

5월10일 北苑 望拜禮를 행할 때 참석함. 청나라 馬建忠과 丁汝昌이 德國 商辦 때문에 兵
船 4척을 가지고 옴.

5월10일 (서미) 8차 기우제를 행함.

5월13일 (서미) 경회루 연못가에서 기우제 지냄.

5월14일 機務衙門에 仕進함.

5월15일 (서미) 독일 사신과 交鈴. 미국·영국 조약과 같음.

5월16일 東宮의 下賜를 받음.

5월17일 사직에 따로 기우제 지냄.

5월17일 (서미) 청국 배 4척, 독일 배 2척이 돌아감.

5월18일 書筵 書講에 참석함. 비가 내림.

5월19일 顯隆園 忌辰을 대신을 보내 攝行하도록 함.

5월21일 顯隆園 忌辰의 두 번째 회갑. 展拜 행할 때의 門路. (이 가운데 迌瞻門은 迌覲門
과 日瞻門을 가리킴)

5월22일 노친 歸家.

5월23일 (서미) 南壇에서 따로 기우제 지냄.

5월23일 노친이 수원 留守를 辭職하는 상소를 올림. 노친이 尙衣院 제조에 제수됨.

5월24일 (서미) 翰林 圈點 명단.

5월25일 (서미) 한림 召試.

5월26일 北郊에서 따로 기우제 지내려고 친히 傳香할 때 참석함.

5월27일 화성 留守로 내일 肅謝한다는 閔贊成에게 가서 축하함.

5월29일 (서미) 先農壇에서 따로 기우제 지냄.

6월1일 從弟 鄭闇祖가 檢閱에 제수됨.

6월2일 文翼公(鄭光弼) 생신.

6월5일 王考 문집 『北征錄』 가운데 『北行隨錄』 3권 등을 呈納함.

6월8일 동료들과 北挾房에 입시함.

6월9일 군졸이 무리지어 武衛大將 李景夏 집에 가서 호소함. 放料를 10달 동안 받지 못했
고, 나중에 받았더니 쌀에 모래가 섞여 있었다고 함. 군졸들이 惠堂 군졸 4명을 풀
어달라고 하였는데 무위대장이 어렵다고 하자 혜당 집(閔謙鎬)에 가서 기물을 파
손함. 倭人 교련소에 가서 소란을 피워서 왜인 6명이 죽고 도망감. 東別營의 군기
고를 부수고 무기를 가져감. 淸水館에 방화함.

6월10일 (4장 정도의 분량) 군졸들이 돈화문으로 들어감. 대소사를 대원군에게 稟決하라는
전교. 임금이 庫舍로 피신함. 신하들이 군졸에게 맞음. 정범조도 맞다가 자신을 알
아보는 군졸이 있어서 화를 면함. 그 군졸의 성명을 묻지 못해 아쉬움. 임금이 東
朝가 있는 重巡堂으로 환궁함.

6월10일 (서미) 대원군의 尊奉 절차를 논의함. 坤殿 승하.

6월11일 기무아문을 철폐함. 國葬都監 제조로 임명.

6월12일 어제 밤 보부상이 亂軍을 토벌한다고 성으로 들어옴. 군졸들이 성내 民人들과 함
께 막음. 임금 피신. 보부상 통솔이 안 됨. 정기세는 수원 유수에 仍任.

6월13일 따로 입시함. 내일 待令하라는 전교.

6월14일 예조 판서로 제수됨. 중궁의 시신을 찾으라는 전교. 衣襨葬禮로 마련하라는 전교.

6월15일 假承旨를 差下하여 전교를 즉시 반포하게 함.

6월16일 예조에서 장례를 거행할 수 없다고 함.

6월17일 勅教를 들은 후 집으로 돌아옴. 梓宮을 奉下할 시각을 오늘 내로 擇入하라는 전
교.

6월18일 成服禮에 참석함.

6월19일 어제부터 殯殿都監에 輪回 입직함. 梓宮에 加漆함.

6월20일 아침 哭에 참석하고 出直함.

6월21일 入直함. 加漆에 참석함.

6월22일 영국 배가 와서 왜인의 편지를 전달. 花房이 정세를 알아보고자 관원을 만나고 싶다고 함.

6월23일 왕대비전에 公除 다음날이라서 문안함.

6월24일 樂善齋에 입시함.

6월25일 接伴官 尹成鎭이 들어와서 보고함.

6월26일 昌陵과 恭愍王妃의 능호가 같아서 문제가 됨.

6월27일 홍문관 제학 金永壽가 능호 때문에 陳疏.

6월28일 청국 사신 馬達連과 丁汝昌이 병선 3척을 이끌고 제물포에 도착. 일본 배가 옴. 일본 兵船 3척이 더 옴. 병사 500명인데 敦義門 안 興化門 옆에 머묾.

6월29일 청군을 따라 일본군이 왔으니 걱정이 됨.

6월30일 일본공사가 제물포에 도착.

7월1일 일본공사 上京.

7월2일 出直. 百兒 내외가 旺里에 갔는데 오늘 室人이 고모님을 모시고 旺里로 감.

7월3일 公除 다음 날이라서 大殿 등에 問安하는 데 참여함. 일본공사가 군사 8백 명을 데리고 옴.

7월4일 청국 사신이 병선 2척을 이끌고 옴.

7월5일 入直.

7월6일 승지 등과 함께 樂善齋에 입시함. 내일 일본 공사를 접견하므로 일찍 오라는 전교를 듣고 물러남.

7월7일 일본공사가 군사 5백 명 데리고 입궐함. 7조 議約.

7월8일 청국 사신 丁提督이 天津에서 산동 병사 3천 명과 배 5척을 이끌고 옴.

7월9일 낙선재에 입시함. 대책이 없어서 안타까움.

7월10일 청국 사신 入府. 南陽에 머묾. 청국 장관 吳兆가 5백 명을 데리고 옴. 일본 영사 近藤眞鋤가 2백 명 데리고 머물면서 조약을 요구함.

7월11일 馬達連이 일본 영사를 만남. 馬達連이 花房을 만나러 인천으로 감. 近藤眞鋤도 군사를 이끌고 인천으로 갔는데, 떠나고 나서 보니 가옥들이 훼손됨. 樂院의 악기도 부서짐. 중국에서 파병. 吳使가 3천 명, 丁使가 백여 명 데리고 옴.

7월12일 청국 병사를 맞음.

7월13일 돈화문에서 포성이 남. 淸兵이 대원군을 찾아감. 대원군이 吳領差의 大陣에 답방하러 갔다가 날이 늦어져 돌아오지 못했다고 함.

7월14일 대원군이 丁提督과 入朝했다고 들음.

7월15일 노친이 山陵 정자각 상제문 제술관으로 임명.

7월16일 낙선재에 입시함. 陳奏使로 차출됨.

7월17일 낙선재에 입시함.

7월18일 哭班에 참석함.

7월19일 임금이 청국 魏綸先을 편전에서 접견함.

7월20일 낙선재에 입시함.

7월21일 낙선재에 입시함.

7월22일 낙선재에 입시함.

7월23일 낙선재에 입시함.

7월24일 낙선재에서 吳領差를 접견할 때 입시함.

7월25일 大殿의 誕辰. 坤殿을 모셔오라고 함. 機務處 설치.

7월26일 陪從하라는 명을 받음.

7월27일 중전을 맞으러 利川으로 감. 광주, 용인을 거침.

7월28일 竹山府에 도착.

7월29일 용인. 중전을 모시러 오가는 여정을 서술.

8월1일 서빙고 도착. 百官이 맞음.

8월3일 陳賀 箋文을 撰進함.

8월4일 낙선재에 입시함.

8월5일 陳賀頒教文을 製進함.

8월7일 중전을 맞은 陳賀禮에 참석함.

8월8일 노친의 疏辭, 不許.

8월9일 父子가 모두 一品이 됨.

8월10일 從弟의 陞六.

8월11일 曾祖 祀事. 정범조 자신의 생일.

8월12일 吳領差가 天津으로 들어감.

8월16일 이조판서 辭疏, 윤허. 上護軍에 제수됨.

8월17일 낙선재에 입시함.

8월18일 낙선재에 입시함.

8월19일 내각 提學에 參望되어 매우 외람됨. 趙寧夏가 제수됨.

8월20일 提督 朱先民(청나라)을 便殿에서 접견함.

8월22일 제독 黃士林(청나라)을 便殿에서 접견함. 亂軍의 괴수를 잡음.

8월23일 趙妹의 生朝.

8월24일 고모 생신.

8월25일 난군 괴수에 대한 鞫問과 擬罪.

8월27일 筵中에서 부친의 身病과 사직 의사를 고함.

8월28일 노친이 화성 유수 직임의 辭疏를 올림, 윤허.

8월30일 낙선재에 입시함.

9월1일 文翼公 祠宇 時祀. 노친이 判尹에 제수됨.

9월2일 노친이 遞職됨.

9월6일 晝講 書筵에 참석함.

9월7일 李載冕이 左賓客 疏遞. 金尙鉉이 右副賓客이 됨.

9월8일 小祠宇 時祀.

9월9일 王考 畫像을 햇볕에 말림.

9월11일 尹從兄 생신.

9월13일 태묘에 展謁. 임금의 안부가 불편함.

9월14일 都政. 從弟가 典籍이 됨.

9월16일 임금의 기운이 회복됨.

9월18일 商辦이 있으면 병조판서 趙寧夏와 領選使 金允植이 하도록 함.

9월20일 書筵에 참석.

9월22일 正祖의 탄신일.

9월23일 증광시 생원진사시 落試는 다음날이고, 2소 上試官에 임명됨.

9월24일 落試 초장.

9월25일 坤殿의 탄신일.

9월26일 終場.

9월28일 賓廳에 가서 坼榜함.

9월29일 낙선재에 입시함.

10월2일 춘당대에서 중국 군병을 臨觀할 때 입시함. 우리 군사도 이렇게 훈련시키라는 전교.

10월3일 일본의 兵制를 친림할 때 입시함.

10월4일 조카 사망.

10월5일 召命. 병이 있어 매우 송구함.

10월6일 召命. 병이 있어 매우 송구함.

10월7일 召命. 병이 있어 매우 송구함.

10월8일 생원진사시 放榜.

10월10일 書筵 晝講에 참석.

10월12일 書筵 晝講에 참석.

10월14일 증광시 문과 회시는 다음날임.

10월15일 書香閣을 크게 奉審함. 東堂 會試 초장.

10월16일 試所가 亂場이 된 이유에 대해 묻는 전교.

10월17일 家兒가 策文을 呈券함.

10월18일 내일 出榜.

10월19일 증광시 문과 出榜. 家兒가 表로 9등으로 급제함.

10월20일 세자빈궁의 생신. 殿試 讀券官으로 임명됨. 春塘臺 試에서 家兒가 丙科 3인에 듦.

10월24일 漢學文臣殿講 시관에 임명됨. 繼講 책자를 『童蒙先習』으로 함.

10월25일 판의금부사 許遞.

10월27일 선혜청에 불이 남.

10월28일 물품을 하사 받음.

11월1일 書筵에서 『孝經』을 강함. 춘당대에 讀券官으로 副擬됨. 세 명 다 蒙點.

11월2일 三科의 放榜.

11월3일 新恩이 謝恩함.

11월4일 遊街.

11월5일 내일 부친을 모시고 新恩과 함께 시흥, 광주에게 가서 榮掃하겠다고 奏함.

11월6일 부친 모시고 新恩과 從弟를 데리고 旺里로 감. 判書 從叔도 동행함.

11월7일 노친 생신. 曾祖考와 妣, 祖考와 妣 산소에 榮奠.

11월8일 광주로 감. 인덕원 金先達 집에서 점심 식사. 荷吾峴을 넘음.

11월9일 先妣 산소에 榮奠.

11월10일 집에 도착.

11월12일 동료들과 입시함.

11월13일 내년 東朝母가 임한 지 50년이라서 경축.

11월14일 동료들과 입시함.

11월18일 빈청에서 翼宗大王의 존호를 논의함. 통리내무아문을 신설하라는 전교

11월19일 書筵 晝講에서 『童蒙先習』을 講함.

11월20일 家兒가 假注書가 됨.

11월21일 注書로서 새벽에 仕直함.

11월22일 注書로서 申時에 물러남. 從弟(鄭闔朝)가 參圈.

11월23일 書筵에 참석하여 賜饌을 받음.

11월24일 注書로서 入啓하여 遞差.

11월27일 藥院 提調로 前望, 蒙點.

11월28일 藝文 提調로 前望, 蒙點. 花房 대신에 일본 上使로 竹添進一郎이 옴.

11월30일 藥院 日次. 예문관 제조 肅謝.

12월2일 편전에서 일본 공사 竹添進一郎을 접견할 때 입시함.

12월3일 書筵에 참석하여 賜饌을 받음.

12월4일 동료들과 입시함.

12월5일 藥院 日次라서 나아감.

12월6일 대왕대비전 탄신. 致詞를 製進함. 前 五衛將 尹相和가 상소하여 대신들 비판함.

12월7일 粟米飮을 올릴 때 참석하지 못함. 召命이 있으나 懸病(병으로 결근을 할 경우에
         그 사유를 기록함). 尹相和의 상소 때문에 꺼려하지는 말라는 전교.

12월8일 예문관 제조 許遞.

12월9일 召命. 병이 있어 나아가지 못함.

12월10일 새로 만든 親軍이 조련하는 것을 춘당대에서 임금이 친림함.

12월12일 별시 殿試에 친림할 때 別雲劍으로 蒙點됨.

12월15일 임금이 毓祥宮에 거둥하여 舍人 袁世凱를 접견함.

12월17일 서연 畫講에서 『小學』을 강함. 英祖가 즐겨 읽었던 책으로, 영조처럼 교화를 펴
          기를 바라는 뜻이라고 아룀.

12월18일 별시 문무과 放榜.

12월20일 吳領差가 親軍을 봄.

12월25일 室人 生朝. 召命. 감기 걸려서 懸病함.

12월26일 景祐宮의 忌辰 회갑. 친군이 이 달부터 侍衛함.

12월28일 禁戒에 친림함.

12월30일 除夕 문안에 참석함. 東宮에 세배함.

이상 12책 부분을 예로 든 것처럼 『일록』은 날짜별로 朝廷의 중요한 사건이라든지, 가정사에 대한 일들을 기록하였다. 특징이라면 사건을 해석하는 언급은 없고 摘示하는 데 치중하고있다는 점이다. 예를 들어 임오군란 때 민비가 궁 밖으로 도피한 것을 궁중에서 모르고 사망한 줄로 알고 장례를 준비했다가 나중에 민비를 맞이한 사건에 대해서 그날그날 벌어진 조치와 언급들만 기록하였지 거기에 해석을 붙이지는 않았다. 민비가 실종되자 대원군은 장례를거행함으로써 민비의 사망을 기정사실화하여 민비가 還宮하지 못하도록 도모한 것으로 알려져 있는데, 이러한 이면에 대해서는 아무런 언급이 없다.

민비와 관련한 을미사변에 대한 기록이 19책에 보인다. 1895년 8월 20일에 민비 시해와관련한 조정의 대화가 기록되어 있다. 8월 18일에는 綏陵을 修改하러 가서 奉審한 일, 19일에는 수릉 보수 작업, 일을 마치고 입궐하여 임금께 보고한 내용을 자세히 기록하였고, 20일기록을 보면, 궐내에서 포성이 났다는 소리를 듣고 알아본 결과 또 변란이 났다는 것을 알게

되고, 입궐하여 入侍해서 대화를 나누었다는 내용이다. 을미사변의 자세한 경과에 대해서는 기록이 없다. 그만큼 비밀리에 행해졌기 때문이기도 하고, 자신이 직접 견문한 것을 벗어나지 않는 『일록』의 집필 태도 때문이기도 하다.

『일록』에서 중시하고 있는 것 중 하나는 科擧에 대한 기록이다. 고종 시대에는 과거가 빈번하게 시행되었는데 이에 대해 세밀하게 각 試官의 명단, 初場, 終場, 放榜 등을 날짜별로 기록하고 있다. 이외 많은 일들에 대한 세세한 면들을 읽을 수 있다. 예를 들면, 동궁의 誕辰·증조고의 생신·노친의 壽辰·조카의 生朝 등 생일에 대한 다양한 표현이라든지, 5책 기사년 1869년 12월의 婚禮, 9책 정축년 1877년 7월 祥事를 행할 때의 복장, 11책 신사년 1881년 8월 묘 자리 선정 등에 대한 자세한 서술을 통해 생활문화에 관한 다양한 지식을 전하고 있다. 그리고 정치면에서도 예를 들면 관직을 제수할 때 임명된 사람만이 아니라 三望의 전모를 기록하고 있고, 13책 갑신년 1884년 10월의 갑신정변 상황 등에 대해 傳聞을 기록함으로써 官撰 기록에서는 다루지 못하는 면모를 담고 있다. 이러한 세세한 사실들을 통해 『일록』은 19세기 말의 다양한 면면들을 보여준다.

『일록』의 마지막은 1897년 7월 5일자 짧은 분량의 기록이다. 세상을 떠나기 1달 전까지 일기를 쓴 것이다.

4. 가치

『일록』의 장점은 조정에서 보고들은 것을 자세하게 기록하였다는 점이다. 예를 들어 19책 을미 1895년 9월 9일에는 태양력을 사용하라는 詔勅이 내렸는데 1896년 5월 24일에는 祝文에 음력을 다시 사용하는 문제에 대해 고종이 신하들에게 묻고 논의한 내용을 2장 분량으로 자세히 기록하였다. 6월 15일에는 "나라의 祀典은 더할 수 없이 엄하고, 더할 수 없이 공경해야 하는 것이다. 그러나 그때 내각의 逆臣들이 명을 집행하면서 제멋대로 삭감하였으니 몹시 통탄스럽다. 더구나 新曆과 舊曆은 날짜가 차이나니, 그 정성과 삼가는 도리에 있어 더욱 미안하다. 앞으로는 太廟와 殿宮, 각 陵園의 제향에 舊式을 따른다. 모든 대·중·소의 제사 月日은 구력을 사용한다."는 조칙이 書眉에 기록되어 있다. 이러한 기록들에서 음력에서 양력으로 시간 개념이 변하는 데 대한 충격을 읽을 수 있다. 1895년 11월 29일에는 斷髮令이 본의가 아니라는 詔勅이 기록되어 있는데, 이는 『승정원일기』에는 없는 내용이다. 『일록』에서 정범조는 사건들에 대해 해석이나 평가를 자제하고 있지만 세세한 면모들을 제시함으로써, 우리들에게 19세기에 대한 깊이 있는 접근을 가능하게 한다.

【이대형】

壬辰雜事

著者 未詳.
　寫本. 1册(65張)：31×19cm. 10行 23字.

十里南極伊紀北至晉狹八百八十里其俗信毘神事浮屠
男削髥鬖婦女禿髮男女皆服襖子貴人及婦人捺齒故曰
黑齒跣足志頂行匍匐為恭無拜禮性善潛巧奇技輕生
好擊剌薩摩風俗寂強暴好殺黑齒三大都其一山城州寂久
自免茶以先不可知其地沃饒舟車輻湊其大坂城櫨何
遠海金城湯池此秀吉西都云其三江戶沃野千里隘阻四
塞北至陸奧西至山城州皆千餘里為三都之上國中諸酋
互相吞滅而源氏獨長久黑百年地利之固也陸奧之外蝦
夷蝦夷之外野人髦泥澤四百里一歧以東皆童山草木不
生無人居一千四百里○攷事撮要旦洪武初辛褐時倭冦

1. 저자

著者 未詳.

저자 자신의 기록 외에 여러 전적을 인용하여 임진왜란과 관련된 雜事를 모아놓은 책인데, 그 가운데 1717년(숙종 43) 간행된 『尤庵集』[1]을 인용하고 있고, 또 제120면에는 英祖(英宗) 乙丑년(1745)과 辛酉년(1741)의 기사가 실려 있는 것으로 보아 적어도 1745년 이후의 인물이 필사한 것이다. 저자가 인용하고 있는 書目들을 보면, 栗谷의 『石潭日記』, 柳夢寅의 『於于野談』, 許穆의 『眉叟記言』, 宋時烈의 『尤庵集』, 魚叔權의 『攷事撮要』, 鄭泰齊의 『菊堂排語』[2], 金時讓의 『破寂錄』[3], 李睟光의 『芝峰類說』, 『芝峰雜記』, 李星齡의 『日月錄』[4], 柳成龍의 『西崖雜記』, 李廷馨의 『東閣記』[5], 趙慶男의 『亂中錄』[6], 그 외에 『東平聞見錄』, 『石室語錄』, 『備忘記略』 등이 있으며, 저자는 당색을 가리지 않고 객관적인 입장에서 기록하고 있는 것으로 보인다.

2. 구성

임진왜란의 잡다한 사안들을 모아놓은 책으로 전체가 65장 129면으로 되어 있다. 篇章의 구별 없이 죽 이어서 필사하였는데, 다만 기사의 출전이 다르거나 연도가 달라질 경우 행을 바꿔 다음 행에 기재하였다. 본문은 10행 23자로 되어 있고, 注文은 1格을 띄워 22자로 본문과는 행을 달리하였는데, 글자의 크기는 별 차이가 없다. 頭註를 달기 위해 판의 위쪽을 6-7格 띄운 것으로 보아 定本을 만들기 위한 준비작업으로 필사된 草稿本으로 보인다. 또 판

---

1) 宋時烈의 문집. 1717년(숙종 43) 閔鎭厚의 건의에 의하여 왕명으로 芸館에서 鐵活字로 간행되었다. 본집 158권 및 별집 9권으로 되어 있었고, 후에 『經禮問答』 24권이 간행되었으며, 1732년(영조 8)에 연보 5권이 간행되었다.

2) 조선 중기의 문신 鄭泰齊(1612~ ?)의 잡록. 1책. 필사본. 편자·연대 미상. 서·발문이 없다. 『국당배어』는 정태제가 직접 견문한 것을 기록한 책이다. 내용은 시국에 대한 평과 인물들의 일화, 시화, 신변잡기 등이다.

3) 조선 중기의 문신 金時讓(1581~1643)의 시문집. 불분권 1책. 필사본. 문집을 만들기 위한 미정리 원고이다. 광해군과 인조 때의 여러 역사적 사실을 서술한 것으로, 임진왜란과 병자호란, 또 그 당시의 사회적인 사건의 내용을 싣고 있다.

4) 17세기 후반의 官人 李星齡(1632~ ?)이 편찬한 정치사 중심의 편년체 역사서로 조선 태조에서 인조 16년까지의 기록이다.

5) 東閣記: 東閣雜記를 가리키며, 조선 명종·선조 때 문신 李廷馨이 찬술한 야사책이다. 2책. 필사본. 李成桂로부터 선조 때까지 정치와 名臣들의 행적을 기록하고 있다. 현재 『大東野乘』 제53·54권에 상·하 두 권이 모두 수록되어 전한다.

6) 조경남(1570~1641)이 1582년에서 1639년까지 58년간의 사적을 일기체로 기술한 『亂中雜錄』을 가리킨다.

의 맨 윗줄에 간혹 한 글자씩 모두 열세 군데에 해당 행의 글자가 필사되어 있는 것으로 보
아 주석을 보충해야 할 지점을 표기해 놓았던 것으로 보인다. 제33장에는 여섯 글자가 두주
에서 정정되어 있다. 129면의 마지막 문장이 온전한 글이 아니며, 책의 끝이라는 표시도 없
는 것으로 보아 뒷부분이 없어진 것으로 보인다.

　앞에서부터 제14면까지는 일본의 고대 귀족인 미나모토(源氏) 가문 이야기와 도요토미 히
데요시(豊臣秀吉), 도쿠가와 이에야스(德川家康) 등과의 家系적 연관관계 및 임진왜란의 전후
배경 등이 기술되어 있을 뿐만 아니라 주로 임진왜란 발발 전의 예언적인 圖讖, 전쟁을 예고
한 듯한 신이한 현상들에 대해 자세하게 적고 있다. 제14면 중반부터 제58면까지는 임진년에
발생한 신이한 사건들과 왜와의 관계, 전쟁 상황, 그리고 민간의 고사 등을 사건별로 상세하
게 나열하고 있다. 제58면 중반부터 제79면까지 癸巳年(1593)에 발생한 사건들, 전쟁상황 등
을 기술하였다. 제79면 후반부터 제94면까지 甲午年(1594)의 상황을 기술하고 있다. 제94면
중반부터 제97면까지 乙未年(1595)의 상황을 적고 있다. 제97면 중반부터 제101면 후반까지
丙申年(1596)의 상황을 적고 있다. 제101면 후반부터 제112면까지 丁酉年(1597)의 상황을
적고 있다. 제112면 후반부터 제115면까지 戊戌年(1598)의 상황을 적고 있다. 제115면 후반
부터 제118면 초입까지 己亥年(1599)의 상황을 적고 있다. 제118면 중반부터 제129면 끝까
지 更子年(1600)의 상황을 적고 있다.

　전체적으로 볼 때 임진년의 전쟁 이전에 발생한 여러 신이한 현상들에 대한 이야기를 앞
부분에 배열하고, 임진년(1592)부터 경자년(1600)까지 9년에 걸쳐 임진왜란 시기의 구체적인
사건들, 신이한 현상들을 연도별로 구분하여 나열하듯이 기재하고 있다.

3. 내용

　첫 장부터 임진왜란과 직간접으로 관련되어 있는 일본의 미나모토 씨(源氏)의 家系와 도요
토미 히데요시(豊臣秀吉), 도쿠가와 이에야스(德川家康)와의 관계 등을 자세하게 적고 있다.
기사의 출전은 불명확한데 일본측의 기사로는 보이지 않는다. 원래 미나모토 가문은 10세기
무렵에 일본 북부에서 성장해 강력한 지방세력을 이루었던 토호인데 미나모토를 일본의 왕으
로 말하고 있는 것으로 보아 당시 조선의 일본사에 대한 정보의 부족을 알 수 있게 한다. 이
는 아마도 미나모토 가문을 대신하여 가마쿠라 바쿠후가 성립된 후 중국으로부터 책봉을 받
았기 때문에 조선에서는 막부 장군을 일본국왕으로 칭하게 되었는데, 이로부터 미루어서 미
나모토 가문까지도 국왕으로 인식했던 것 같다. 그러나 일본왕의 성씨에 대한 착각을 제외하
고는 대단히 상세한 정보들을 가지고 있었음도 파악할 수 있다. 일본의 정치적 승계와 그 가
계도, 그리고 일본의 지리에 대한 기사를 소개하면 다음과 같다.

"미나모토 가문에는 여섯 족속이 있었는데 모두 사다즈미(貞純) 親王에 뿌리를 두고 있다. 미나모토 요리치카(源賴親)가 요리미쓰(賴光)를 낳고, 요리미쓰가 요시이에(義家,1039~1106)를 낳고, 요시이에가 다메요시(爲義, 1096~1156)를 낳고, 다메요시가 요시토모(義朝, 1123~1160, 아버지 爲義를 살해함.)를 낳고, 요시토모가 요리토모(賴朝, 1147~1199, 카마쿠라 바쿠후[鎌倉幕府]의 창시자)를 낳고, 요리토모가 요리이에(賴家)와 사네토모(實朝)를 낳았다. 사네토모의 13세에 미치요시(道義)가 있었으니, 카쇼인(鹿松院)이라 불려지던 자였다. 미치요시의 3세에 요시나리(義成)란 자가 있었으니, 그가 요시마사(義政)를 낳았다. … 도요토미 히데요시(豊臣秀吉)가 죽고, 그의 아들 히데요리(秀賴)가 뒤를 잇게 되었는데 사람들이 내부에서 반란을 일으키자, 도쿠가와 이에야스(德川家康)가 그들을 격멸하였다. 이에야스라는 자는 요시마사(義政)의 11세 손이다."

"黑齒[7]의 7道 61州 611縣은 동쪽으로는 무쓰(陸奧)의 끝에 이르고 서쪽으로는 히젠(肥前)까지로 4,150리이며, 남쪽으로는 키이(伊紀)의 끝에 이르고 북쪽으로는 와카사(若狹)에 이르니 880리이다. … 남녀가 모두 襖子(무명속옷, 가죽옷이라고도 한다.)를 입는다. 귀인이나 부인들이 이를 검게 칠하므로 黑齒라고 한다. … 혹치의 3개 대도시 가운데 하나인 야마시로(山城: 현재의 교토 지역) 州는 가장 오래되었으며, 인교(允恭) 천왕 이전에 그 땅이 얼마나 비옥한지, 배와 수레가 얼마나 많은지 알 수 없었다. 또 오사카(大坂)성은 河阻와 海金城의 양지바른 땅을 점거하고 있으니 이곳이 도요토미 히데요시의 西都라 불리던 곳이다. 그 세 번째로 에도(江戶)는 비옥한 땅이 천리가 되고 사방은 험준한 산으로 막혀 있으며, 북으로는 陸奧에 이르고 서로는 山城州에 이르니 모두 천여 리가 되어 세 도시 가운데 으뜸이다."

『攷事撮要』[8]를 인용하여, 고려말부터 임진난 발발 이전까지 발생했던 왜구의 침탈과 그의 격퇴를 사건별로 나열하였다. 太祖 이성계가 智異山에서 倭寇를 격파하고, 그 장수 阿只拔都를 격살한 일, 世宗이 왜구가 명나라 연해지역과 우리 조선의 濟州를 약탈하자 對馬島를 귀속시키고 대마도주에서 13명의 인질을 명나라 황제에게 압송토록 한 일, 中宗이 三浦에서 왜인들이 반란을 일으키자 제압한 일, 세종이 왜인 여러 戶가 삼포에 머물기를 바라자 그를 허락한 바 있는데 中宗 때에 그 수가 불어나 반란하자 柳聃年 등을 파견하여 토벌하고 300여명을 참수한 일, 中宗 癸未년(1523)에 倭奴 후지와라 나까미츠(藤原中林)가 명나라 寧波府에

---

7) 黑齒: 여기서는 일본 전체를 가리키는 지명으로 사용되었다.

8) 攷事撮要: 조선 중기의 학자 魚叔權(? ~ ?)이 조선시대의 事大交隣을 비롯하여 일상생활에 필요한 사항을 뽑아 엮어놓은 책. 3권 3책. 印本. 1554년(명종 9) 어숙권이 類書로 처음 편찬했다. 선조 때 許篈이 증보, 朴希賢이 續撰, 인조 때 崔鳴吉이 增減修正했다. 다시 1771년(영조 47) 徐命膺이 『攷事新書』로 대폭 개정·증보하기까지 무려 12차에 걸쳐 간행되었다. 초간본은 현존하지 않으며, 후간본에 의해 그 체제와 내용이 짐작된다. 현존하는 가장 오래된 판본은 1568년(선조 1)에 발간된 乙亥字本이다. 이 책은 당시의 중국과 우리나라의 관직·朝貢·예식·민간요법·상식 등 제도의 전반과 韓中關係史를 살피는 데 빼놓을 수 없는 자료이다.

서 난을 일으켜 포로를 일본 본국으로 바친 일, 明宗 壬子년(1552)과 癸丑년(1553)에 왜가 중국 客商과 함께 표류해와 인민을 살해하자 관군이 격퇴한 일, 乙亥년(1575) 왜선 60여 척이 전라도를 도적질하여 병사 元績을 죽이자 도원수 이준경을 파견하여 제압하고 왜인 200여 급을 취한 일, 丙辰년(1556) 전라도에 漂迫한 왜선에서 漢人 38인의 포로를 변방의 장수가 구하였음을 冬至使를 통해 소식을 올리게 한 일, 己未년(1559)에 한인 蘇才 등 322명이 왜구에 의해 포로가 되어 황해도에 표류 정박하자 변방의 장수가 구했다는 소식을 동지사를 통해 알리게 한 일, 또 그것을 명나라 황제가 포상했다는 것, 선조 丁亥년(1587)에 왜구가 전라도를 도적질하자 鹿島 萬戶 李大元이 그들을 죽인 일 등의 기사가 짤막짤막하게 기록되어 있다.

栗谷과 유성룡에 얽힌 홍미로운 기사도 싣고 있다. 율곡이 10만 養兵을 奏請하였는데 柳成龍이 아무 일도 없다는 이유로 養兵을 배척하였으며, 이에 대해 율곡이 류성룡에게 "다른 사람에게는 실로 기대할 것이 없었으나 그대마저 이런 말을 하는가! 지금 미리 양병하지 않는다면 반드시 훗날의 걱정거리가 될 것이다."라고 비평했다는 잘 알려지지 않은 사실이 실려 있다. 또한『石潭日記』[9]를 인용하여, 율곡이 宣祖에게 詞章에만 뜻을 둔다면 학문에 해가 된다고 지적했을 때 선조가 부끄러운 안색을 띠며 오래도록 머리를 떨구고 있었던 일이 있는데, 율곡이 나가면서 동료에게 "주상께서 이러하시니 좋은 징조가 아니다. 훗날 서쪽으로 옮길 일이 반드시 있게 될 것이다. 그 정경을 나는 보지 못하겠지만 그대들은 보게 될 것이다."고 말하였고, 그 연유에 대해 묻자 율곡이 "20년 후에 반드시 남쪽에서 환란이 일어날 것이니 남쪽에서 환란이 있게 되면 서쪽으로 옮기게 될 것이다."라고 예언했다는 기사도 싣고 있다.

그리고 이어서 南師古와 李翻身, 邊協 같은 당대 예언가들이 임진왜란의 발발에 대해 예언했던 말들을 비교적 상세하게 기록하였다. 金潤身[10]이라는 사람이 格庵 南師古[11]와 친하게 지냈는데, 하루는 남사고와 함께 남쪽으로 갔는데 집안에 베옷을 입은 노인이 앉아 있었다고

---

9) 石潭日記: 조선 중기의 문신·학자 李珥(1536~1584)가 1565년(명종 20)부터 1581년(선조 14) 11월까지의 중요한 시사를 일기체로 기록한 책. 3권 1책. 필사본.『經筵日記』라고도 한다. 같은 내용의 4책 필사본『석담유사』가 단행본으로 전하며,『율곡전서』권28~30에『경연일기』라는 제명으로 全量이 들어 있고『大東野乘』권14·15에는『석담일기』로 표제되어 있다.

10) 생몰년 미상. 조선 중기의 문신. 본관은 江陵. 호는 槐堂. 할아버지는 仲祥이며, 아버지는 司正 汝明이다. 1476년(성종 7)에 별시문과에 병과로 급제하고, 1490년에 통선대부로서 持平이 되었다. 이듬해 평안도 도사가 되었으나 병으로 곧 전직되었다. 1499년(연산군 5)에는 안변부사가 되어 정사를 잘하였다. 강릉의 鄕賢祠에 제향되었다.

11) 南師古(？~？): 조선 중기의 학자·道士. 易學·讖緯·天文·觀相·卜書의 비결에 뛰어났다. 본관은 영양. 호는 格庵. 명종 말기에 이미 1575년(선조 8)의 東西分黨과 1592년의 임진왜란을 예언했다는 등 많은 일화가 야사집과 口傳을 통해 전해져온다. 그의 十勝地說은 조선 후기 이래의 변혁운동에 많은 영향을 미쳤다. 죽은 뒤 1709년(숙종 35) 울진의 鄕祠에 제향되었다. 저서인『南師古秘訣』·『南格庵十勝地論』등의 도참서가『鄭鑑錄』에 수록되어 전한다. 편저로는『選擇紀要』가 있다.

한다. 그의 행색은 古怪하였으나 눈빛은 炯炯하였는데, 그가 "푸른 옷(靑衣)과 나막신(木履)이 오니 나랏일을 알 수 있다." 하니, 남사고가 그렇다고 하였고, 또 그가 "금수레가 서쪽으로 옮겨가니 바야흐로 도읍을 넓힐 것이다." 하니 남사고가 한참 있다가 그렇다고 하였으며, 또 그가 "다시는 한강을 건너지 않으니 남쪽이 가라앉고 앓다가 옮겨간다."고 하니 남사고가 과연 그렇다고 하였다는 것이다. 대개 우리나라에는 예부터 나막신이 없었는데, 임진년부터 비로소 있게 되었다. 箕子가 흰옷을 입고 동쪽으로 왔기 때문에 풍속에 흰옷을 입었는데 임진년 이전에 흰옷을 금하여 옷이 푸른색이 되었다. 임진년에 서쪽으로 행궁했다가 다시 돌아왔으며, 정유년에 왜구가 다시 침범하였으나 패퇴하여 돌아갔으니 다시는 한강을 넘지 않는다는 말의 증험이다. 격암은 또 맑은 아침에 동쪽을 향하여 빌면서 다른 사람에게 말하기를, "살벌한 기운이 있으니, 임진년에 왜가 반드시 크게 일어나 올 것이다. 나는 보지 못하겠지만 그대들은 근신하라."고 예언했다고 한다. 李翻身이라는 사람은 文烈公 李季甸[12]의 庶曾孫으로 陰陽卜筮에 두루 통하였다. 그가 松窩 李墍에게 이르기를, "20년 안에 종묘사직이 폐허가 될 것이고, 의관이 어지럽게 될 것이다."고 하였는데, 임진년에 이르러 과연 그러하였다. 또 邊協은 천기를 잘 점친 사람으로 일찍이 子姪에게 말하기를 "10년이 지나지 않아 나라에 거듭 고달픈 兵事가 있을 것이다."고 예언하였는데, 그때가 甲申년(1584) 즈음이었다고 한다.

이어서 변협과 남사고에 대해 自註를 달았다. 『왕조실록』에서는 찾아볼 수 없는 변협에 얽힌 고사가 있어 흥미롭다. 변협[13]은 6세에 우물에 떨어졌으나 돌에 매달려 물에 빠지지 않고 있다가 물 긷는 사람을 만나자 "저는 모씨 집안의 아들로 동아줄을 가지러 왔다가 동아줄에 매달려 올라간다."고 말했다고 한다. 그는 28세에 海南의 관리가 되어 왜구를 크게 물리친 공으로 天子에게서 銀錦을 상으로 받기도 했으며, 제주 목사가 되었을 때 妖僧 普雨[14]를 杖殺하기도 하였다. 그는 坡州 목사가 되었을 때에 栗谷에게서 易을 배워 천문, 지리, 복서에 통하지 않는 것이 없었고, 왜란이 있을 것을 미리 알았다고 한다.

남사고가 비결을 획득하게 된 경위도 비교적 자세하게 기록되어 있다. 남사고는 호가 格庵이며 關東 사람으로 풍수, 천문, 복서, 相法에 모두 不傳의 秘訣을 얻었다는 사람이다. 어렸을 적에 蔚珍 佛影寺에 갔을 때 길에서 한 승려를 만났는데 전대를 매고 서 있다가 그것을 남사고에게 맡기고자 하여 남사고가 허락하였다고 한다. 두 사람은 절에 이르러 芙蓉峰에서 노닐었는데, 큰 소나무 아래에서 승려가 놀래키려고 큰 소리를 지르고는 보이지 않다가 한참 뒤에 점점 전신을 드러내면서 말하기를 두렵지 않은가 하자, 남사고가 무얼 두려워할 것이 있

---

12) 李季甸(1404~1459): 조선 전기의 문신. 본관은 韓山. 자는 屛甫, 호는 存養齋. 고려말의 거유 李穡의 손자이다. 1436년 金汶과 함께 『綱目通鑑訓義』를 편찬했고, 1452년(문종 2) 『세종실록』의 편찬에 참여했다. 다음해 계유정난 때는 首陽大君을 도와 靖難功臣 1등에 책록되었다.

13) 邊協: 임란시 海南 현감이었다.

14) 普雨(? ~1565): 조선 전기의 승려. 호는 虛應·懶庵. 보우는 법명이다. 百潭寺에 거주하다가 명종을 대신해 섭정하던 文定王后의 정치세력을 배경으로 당시 극심한 탄압 속에서 소멸해가던 불교를 중흥시켰다.

는가 하며 반문하였다고 한다. 승려가 말하기를, "내가 요술로서 사람을 두렵게 하니 놀라 달
아나지 않는 자가 없었다. 그대는 두려워하지 않으니 가르칠 만하구나." 하고는 비결을 주었
다고 한다. 그는 명종조에 일찍이 오래지 않아 조정이 분당을 만날 것이라고 예언한 바 있으
며, 일찍이 영남에 유람타가 갑자기 크게 놀라 말에서 떨어지자 "우리나라를 해롭게 할 사람
이 나올 것이다."라고 예언하였는데, 도요토미 히데요시가 이 날 태어났다. 또 백마를 탄 자
가 남쪽으로부터 와서 우리나라가 거의 망할 것이라고 예언하였는데, 임진년에 가토 기요마
사(加藤淸正)가 백마를 타고 왔다. 또 왜란이 만약 (壬)辰년에 일어난다면 구할 수 있지만
(癸)巳년에 일어난다면 구할 수 없다고 예언하기도 하였다. 또 그는 宣祖의 大統 계승과 光海
君의 등극, 文定王后의 죽음, 鄭汝立의 난, 남명 조식의 죽음 등을 예언하였다고 한다.

『미수기언』의 기사를 인용하면서, 선조 시기에 許學士 篈(1551~1588)이 甲山에 숨어살다
가 그해 여름 신이한 요술이 있어 산에서 내려와 기이한 행적을 보였다는 것과, 허봉이 逐厲
文를 지었는데 守庵公[15]이 이를 듣고는 이때로부터 10년에 동방에서 대란이 일어난다고 예
언했다는 이야기, 또 승지 姜緖[16]가 주상을 모시고 있을 때 눈물을 흘리자 주상이 이상히 여
겨 물었는데, "신의 명이 다해서 오래도록 전하를 모실 수가 없다."고 하며 "대란이 장차 일
어날 것이니 전하의 말투 속에서 그 징조가 이미 드러났으나 감히 곧바로 대답하지 못하겠
다."고 하였다고 하는데, 그해 10월에 정여립의 난이 있었고 큰 옥사가 있었다고 한다.

또 『東平感異篇』을 인용하여, 白沙 이항복과 관련된 고사도 싣고 있다. 이항복이 신묘년
(1591)에 承旨가 되었는데 공이 물러나와 한가로이 앉아있는데 문지기가 달려와 고하기를,
한 사람이 친히 와서 뵙기를 청하는데 그 모양이 흉측하여 감히 똑바로 보지를 못하겠습니다
고 하자, 이항복이 급히 의관을 바로하고는 모시고 오라 하였다고 한다. 그 사람은 해어진 헌
갓에 해어진 옷을 입고 있었는데 다 해진 마고자는 꽉 끼고 다리에는 해진 검은 가죽신을 신
고 있었는데, 얼굴은 큰 대야 같고 신장은 1척 반이며 생선 비린내가 나 가까이 갈 수가 없
을 정도였다고 한다. 그는 무릎을 꿇고 심한 독설을 퍼붓다가 한참 있다가 돌아갔다고 한다.
종자가 놀라 묻자 이항복이 말하기를, "그 사람이 말하기를 내년에 장차 대란이 있을 것인데,
한 사람도 걱정하는 사람이 없으니 통탄한 마음을 이기지 못하고 오직 공만이 이 말을 들을
수 있기에 와서 고한 것이다."고 말했다 한다.

이외에도 임진왜란을 전후하여 발생한 많은 신이한 현상들을 짧막짧막하게 나열하고 있다.
戊子년(1588) 초에 성 안의 선비와 아녀자가 모여 거짓 미친 척하였고, 혹 巫覡이 되어 노래

---

15) 盧應皖(? ~1592): 임란기의 의병. 자는 明遠, 호가 守庵, 본관은 萬頃이다. 아버지는 奉事 盧世得이다.
　　趙憲의 문인으로, 임진왜란이 일어나자, 조헌을 따라 의병에 자원하여 청주에서 왜적을 격파하였다. 이어
　　금산싸움에서 용전하다가 조헌 및 칠백의사와 함께 전사하였다.
16) 姜緖(1538~1589): 조선 중기의 문신. 본관은 晉州, 자는 遠卿, 호는 蘭谷. 공조·예조·병조의 좌랑佐郞을
　　거쳐 사간원 정언을 비롯하여, 홍문관 수찬, 사헌부 지평, 인천부사 등을 두루 지냈다. 李元翼·趙忠男과
　　교분이 좋았고, 鄭汝立의 옥사와 임진왜란이 일어날 것을 예고하였다.

하고 춤추었으며, 더러는 무덤을 만들어 뛰어다니며, 웃다가 울기도 하면서 서로에게 묻기를 무슨 일로 우는가 하면, 답하기를 나라가 장차 망할 것이라 운다고 하였다고 하며, 무슨 일로 웃는가 하면 답하기를 장차 도와줄 사람이 아무도 없기에 웃는다고 하였다고 한다. 또한 戊寅년(1578)에는 날아가는 꿩들이 하늘을 가린 채 남쪽으로부터 북쪽으로 가는데, 南中에 있던 달이 땅으로 떨어지고 天中에는 달이 없었다고 한다. 戊子년(1588)에 한강물이 피처럼 붉게 물든 것이 6~7일이었으며, 己丑년(1589)에는 정월 보름에 월식이 있었고 廚院에서 밥을 지을 때 놋쇠 시루가 스스로 소우는 소리를 내었다고 한다. 辛巳년(1581)에는 軍器寺 연못의 물이 용솟음쳐 올랐으며, 甲戌년(1574)에는 함경도에서 벌레가 생기고 번갈아 눈이 내렸다고 한다. 또 무자년에 穩城에서 밤에 사람의 노리개 같은 도깨비불이 나타났는데, 4년이 지나 왜적이 六鎭을 침범하였다고 한다. 己丑년(1589)에 남쪽에 사는 柳諿의 집안에 검은 물체가 있어 사로잡았는데 살펴보니 죽은 검은 개미였다고 한다. 서로 잔혹하게 죽였는데 더러는 머리가 잘리기도 하고 더러는 허리가 끊어지고 했다고 한다. 辛卯년(1591) 5월에는 눈이 내렸고, 4월에 서울과 인천의 인가에서 개미와 벌레들이 서로 싸웠다고 한다. 襄陽, 三陟에서는 개미와 벌레들이 바다를 가릴 정도로 불어났으며, 牙山 大平院 뒤에 있던 돌이 스스로 일어났다고 한다. 通津에서는 쓰러졌던 버드나무가 스스로 일어났으며, 민간에서는 장차 천도할 것이라는 유언비어가 나돌았다고 한다. 또 동해의 물고기가 서해에서 잡혔고 점점 한강으로 올라왔으며, 해주에서는 평소 靑魚가 잡혔지만 최근엔 전혀 잡히지 않으며 遼海에서 잡혀 사람들이 新魚라고 하였다고 한다.

　壬辰년(1592)부터 그 이후 9년간의 기사들도 대개 이와 같은 내용들인데, 사안별로 시기를 오르내리며 기록되어 있고, 단순하게 연대기 순으로 기록되어 있지 않다. 이하 임진왜란의 전쟁상황 기사는 일반 역사기록과 별반 다르지 않아 생략하고 그 가운데 흥미있는 기사 몇 가지만 소개한다.

　壬辰년 3월 健元陵[17)]에서 望祭[18)]를 지낼 때 능 위에서 목메어 슬피 우는 듯한 소리가 아래쪽으로 흘러나왔는데, 하루에 한번 또는 여러 날에 한번 소리가 나기를 한 달이 다가도록 그치지 않았고, 5월에 倭가 왔다고 한다. 임진년에 적 침입의 보고가 처음 들어왔을 때 朝野가 허둥지둥대었는데 갑자기 괴이한 새 울음소리가 後苑에서 들려왔으나 하늘로 날아올랐을 때는 한 마리뿐이었고, 그 소리는 성 안에 가득해서 듣지 못하는 사람이 없었으며 아침부터 저녁까지 잠시도 그치지 않았는데 이처럼 10여일을 울다가 車駕가 서쪽으로 행궁하는 전날에야 그쳤다고 한다. 또 급보가 들어온 날 궁중의 작은 연못에 흰 기운이 마치 무지개처럼 생겨나 침전을 뚫고 들어와 주상을 핍박하여 주상이 피했으나 또다시 쫓아왔는데 문을 닫고서야 멈추었다고 한다. 또 연전에는 표범이 자주 평양성 안으로 들어왔고, 대동강물이 붉어졌는

---

17) 경기 九里市 東九陵 경내에 있는 조선 太祖의 능.
18) 타향에서 조상의 무덤이 있는 곳을 향하여 지내는 제사.

데, 동쪽은 탁하고 서쪽은 맑았다고 한다. 임진년 4월 14일 밤 永崇殿의 문이 저절로 열렸는데 병마가 가득히 있는 듯한 소리가 들려왔다고 한다.

일본과의 사신 왕래가 단절된 이유에 대해서도 언급하고 있다. 일본과는 미나모토 씨(源氏) 때부터 교린관계를 맺어 200년을 유지하였는데, 申叔舟는 書狀을 왕래하며 죽음에 임해서도 우호관계를 잃지 않기를 주청했다고 한다. 成宗은 그 말에 감동하여 李亨元19)을 파견하여 화목을 도모했으나 대마도에 이르러 바람을 만나 돌아왔고, 이때부터 다시는 사신을 파견하지 않았다고 한다.

도요토미 히데요시가 일본 역내의 66주를 통일하고는 외침의 뜻을 품고 丁亥년(1587) 겨울 조선에 화친을 요구하였는데, 宣祖는 왜인이 그 주인을 폐하고 살해하였기 때문에 접대할수 없다고 하였고, 여러 의론이 外夷를 교화하는 나라로서 예의로서 책하지 않을 수 없다고하였다. 당시 왜의 사신 橘康光과 平調信이 왔는데, 康光의 행동거지는 거만하여 평소의 왜 사신과는 달랐다고 한다. 禮曹에서 연회를 베풀었는데 判書 柳成龍이 몸소 접대하였으며, 이 때 康光은 무대 위에 있던 妓工에게 후추(胡椒)를 뿌리고는 "너희 나라는 망했다. 기강이 이미 무너졌으니 망하지 않고 무엇을 기다리겠는가?"라고 지껄였다고 한다.

또 조총의 유래에 대해서도 언급하였다. 선조가 黃元吉, 金誠一 등을 파견하여 일본 사신 義智를 따라가게 하였는데, 이때 일본 사신 義智가 공작새 두 마리와 조총과 창칼 등을 헌상했으며, 이것이 우리나라에 조총이 있게 된 유래라고 한다.

또 이때의 사행길에 황원길의 軍官으로 따라갔던 黃進20)의 일화도 흥미있게 기록하고 있다. 당시 황원길은 軍官으로 黃進을 데리고 갔었는데, 그는 보검을 많이 사들였다고 한다. 김성일이 그를 불러 책하기를, 두 나라가 화친을 도모하는데 너는 어찌하여 寶刀를 탐하는가하고 물으니, 황진은 "내년에 이 왜적들이 나의 적이 될 것이니 나는 마땅히 이것으로서 죽일 것이다. 副使께서는 실로 來侵하지 않을 것으로 보십니까?" 하고 말했다고 한다. 황진은 평소 酒色家로 칭했으나 이때부터 술을 끊고 밤낮으로 말타기와 활쏘기를 연마하였다고 한다.

임진난 발발 당시의 정황도 상세하게 기록되어 있다. 도요토미 히데요시가 수하 장수 가토 등을 파견하여 25만 병사를 이끌고 왔는데, 50만이라 하였으며, 왜선은 4만여 척으로 바다를 가릴 정도였다고 한다. 고니시(少西行長)가 선봉이 되어 곧바로 부산성을 침입했고, 부산 僉

---

19) 이형원(? ~1479): 조선 전기의 문신으로, 본관은 光山. 자는 可衍. 1451년(문종 1) 증광문과에 정과로 급제하여 정자가 되고, 1465년(세조 11) 형조정랑이 되었다. 1468년 전적 등을 역임하고 이 해에 전라 도어사가 되어 軍器와 漕運을 독찰하였다.

20) 黃進(1550~1593): 조선 중기의 무신. 본관은 長水. 자는 明甫. 1576년(선조 9) 무과에 급제해 선전관에 임명되었다. 통신사 黃允吉 일행을 따라 일본에 다녀온 뒤 장차 있을 왜란에 대비해 무예의 단련에 열중하였다. 훈련원 판관으로 梨峴戰鬪에 참가해 왜적을 격퇴하였고, 충청도 병마절도사가 되어 죽산성을 점령했으며, 퇴각하는 왜군을 상주까지 추격해 대파하였다. 그 뒤 진주성전투에서 전사하였다. 시호는 武愍이다.

使 鄭撥(1553~1592)이 분전하였으나 전사하였으며, 左水使 朴泓(1534~1593)은 양식을 불
태우고 도주하였다고 한다. 동래 부사 宋象賢(1551~1592), 좌병마사 李珏 등의 분전에도 성
이 함락되었는데, 송상현은 南樓에 올라 端坐하고서 말하기를 "이웃나라의 도가 실로 이와
같은가! 나는 너희에게 지지 않는다. 너희는 어찌 여기까지 와서 해를 만났는가?"라고 하였다
고 한다.

申砬과 金汝岉의 일화도 싣고 있다. 신립은 왜적의 북상로인 鳥嶺에서 尙州에서 패주해 온
순변사 李鎰을 만나 조령 방어의 어려움을 알고 충주로 가 배수의 진을 치기로 결정하였는데
이때 김여물이 이를 반대하고 조령을 지킬 것을 청하였으나 신립이 따르지 않았고, 높은 언
덕을 이용해 왜적을 역습하는 것이 좋겠다고 강력히 주장했으나 받아들여지지 않았다고 한
다. 결국 김여물은 충주의 달천에서 배수의 진을 치고 신립을 따라 彈琴臺 아래에서 용전분
투했으나 왜적을 당하지 못해 강에 투신, 순국하였다고 한다. 뒤에 명나라의 李如松 도독이
鳥嶺의 형세를 보고 신립의 우매함을 한탄했다고 한다.

또 『芝峰類說』21)의 기사를 인용하고 있다. 임진년에 왜의 한 장수가 宗廟에 침입하여 주
둔하였는데 편안히 있을 수가 없어서 남쪽 별궁으로 옮겨갔으며, 健元陵의 丁字閣에 있는 삼
밭과 崇義殿 鳳山客舍에 불이 났으나 저절로 꺼져서 아무런 탈도 없었다고 한다.

계사년 봄 정월 24일, 명나라 提督이 坡州까지 적병을 쫓아가 왜병 백여 급을 昌陵 외곽에
서 참수하였는데, 수하 천여 명만을 이끌고 적을 쫓아가다가 비를 만나게 되었고 제독의 말
이 진흙에 빠졌을 때 복병이 사방에서 일어나 明軍을 참살했다는 기사, 전라 감사 權慄이 幸
州에서 대첩을 거두었고, 이때 명나라 장수 査大受이 "외국에 이런 훌륭한 장수가 있었다니!"
하고 감탄했다는 기사, 도요토미 히데요시가 고니시 등이 평양성에서 대패했다는 소식을 접
하고 대노했으며 이를 계기로 화친을 도모했다는 기사, 10월 15일 적장 加藤淸正 등이 30만
을 이끌고 水陸竝進하여 진주성을 공격하였는데 金千鎰, 崔慶會, 黃進, 高從厚 등이 모두 전
사했으며, 이때 죽은 백성이 6만여 명이었다는 기사 등을 비교적 상세하게 적고 있다.

그리고 『於于野談』・『尤庵集』・『菊堂排語』・『破寂錄』・『芝峰類說』・『芝峰雜記』・『日月錄』・『西崖雜記』・
『石室語錄』・『東閣記』・趙慶男의 『亂中錄』・『東平聞見錄』・『備忘記略』 등을 인용하여 奇事, 雜事를
수집하여 기록하였다.

4. 가치

---

21) 芝峰類說: 1614년(광해군 6) 이수광이 편찬한 일종의 백과사전. 20권 10책. 목판본. 주로 고서와 고문에
서 뽑은 奇事逸聞集이다. 그가 죽은 뒤에 그의 아들 聖求와 敏求에 의하여 1634년(인조 12)에 출간되었
다. 이것을 崇禎本이라 한다.

이 책은 임진왜란의 잡다한 사건들을 모아놓은 책이다. 저작의 시점(최소 1745년 이후)에서 볼 때, 저자의 일본 관련 정보는 150여 년 이전의 정보에 한정되어 있다. 제1-2면의 일본 관련 기사를 보면 토요토미 히데요시가 죽은 뒤 그의 아들 히데요리가 그 뒤를 잇고, 5세밖에 안 된 히데요리를 두고 벌어졌던 대략 5년간의 정치적 암투를 다루었는데, 1603년 도쿠가와 이에야쓰가 세이이다이쇼군(征夷大將軍)의 칙명을 받아 군권과 정권을 동시에 장악하여 카마쿠라 바쿠후(鎌倉幕府)를 개설한 사건에 대한 기사와 그 이후의 기록이 없다. 그러나 책 저작의 목적 자체가 임진년의 잡사를 기록하는 것이었다고 볼 때 그것이 의도적인 한정이었다고 볼 수도 있다. 인용한 서목에서도 임진왜란 관련 부분만을 발췌하였다.

이 책은 野史에 해당하며, 인용한 서목들도 대부분 野史와 직간접 연관되어 있는 것들이다. 正史의 기사뿐만 아니라 正史에 실려 있지 않은 圖讖, 豫言, 神異 등의 기사가 잡다하게 모아져 있다. 게다가 저자의 기록상에서 黨色이 뚜렷하게 드러나지 않고 있으며, 임진왜란 시기 선조와 대신들간의 대화도 출전이 명확하게 드러나진 않지만 분명 다른 서목에서 인용해 온 것으로 보인다. 따라서 저자는 중앙 관계의 인물로 보이지 않는다.

율곡의 『석담일기』나 유몽인의 『어우야담』, 이정형의 『동각기』, 조경남의 『난중록』 등도 임진란의 雜事를 많이 수록하고 있기 때문에, 이 책이 아주 독특하다거나 특별하다고 말할 수는 없지만, 기사의 내용 가운데 현존하는 자료에 없는 것이 있을 수 있고, 민간에서 유전하는 故事와 예언들이 집중적으로 수록되어 있다는 데서 의미를 찾을 수가 있을 것이다. 또한 『大東野乘』 제 51-52책에 朴東亮의 『寄齋史草』가 실려 있는데, 이 가운데 있는 이 책과 똑같은 이름의 壬辰雜事는 사관의 기록으로서 선조를 시종하면서 겪은 중앙 官人의 正史인 반면, 이 책은 野史라는 점도 이 책의 가치를 높일 만하다.

【황병기】

壬辰筆錄

編者 未詳.
寫本. 1冊(127張) : 朱絲欄, 四周單邊, 30×19cm.
10行 24字 : 22.1×14.1cm.

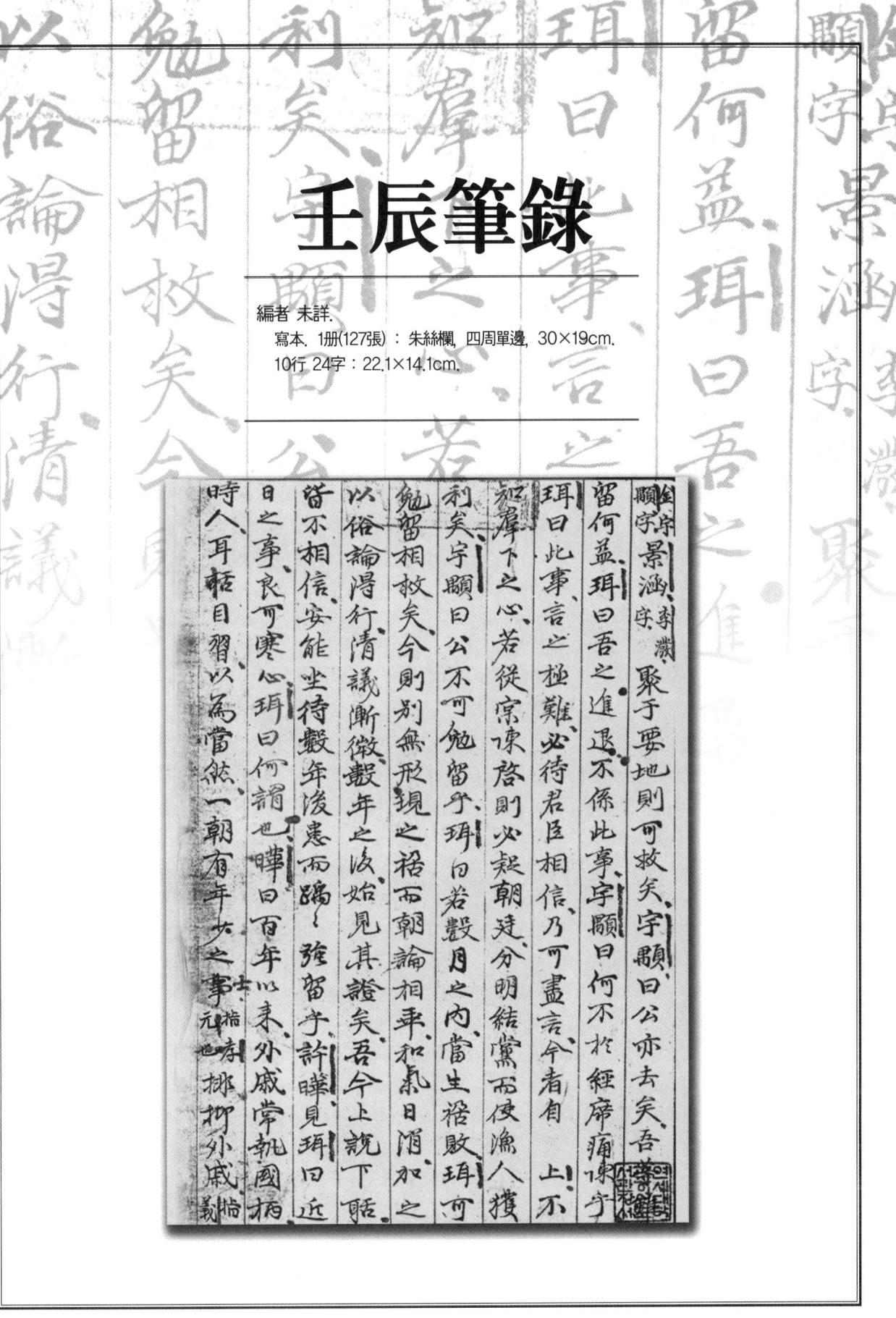

1. 편자

編者 未詳.

이 책에는 首尾가 낙장되어 서문이나 발문의 존재 여부도 알 수 없고 편자가 누구인지도 정확히 밝힐 수 없다. 지금 남아있는 내용을 통해서 유추해보면, 우선 편자의 생존 연대는 정조 이후이다. 『임진필록』의 편찬연도 역시 분명하지 않으나 引用書目 중에 정조의 명으로 편찬된 『名臣錄』이 있기 때문이다. 인용된 書目의 종류나 인용 빈도를 보면, 편자는 栗谷과 牛溪를 옹호하고 尹宣擧를 지지하는 입장을 가진 인물로 추측된다.

또한 단정할 수는 없지만, 103쪽 내용 중에 전후 문맥과 관련없는 '某의 外五代祖 學諭 公……' 이라는 구절이 있는데, 여기서 '某'가 편자일 가능성이 있다. 이 때 학유공으로 지칭된 인물은 姜宗慶[1]이며, 그의 家系는 晋昭(子)-裕後(孫)-錫範(曾孫)으로 이어졌다는 점에서 '某'는 裕後의 外孫으로 추정된다.

2. 구성

이 책의 首尾부분은 그 내용이 落張되었기 때문에 서두와 결말을 알 수 없을 뿐 아니라 전체적인 구성에 관해서도 알 수 없다. 『壬辰筆錄』이라는 제목에서 보여주듯 宣祖朝에 일어난 사실들을 개인의 文集이나 野史 또는 墓碣, 行狀類의 私的인 記錄에서 채록하여 기술하고 있다.

이 책에 인용된 記事는 290여 개에 달하는데, 별다른 제목은 없다. 다만 기사가 새로 시작될 때마다 줄을 바꾸어 구별하였고 人名에는 밑줄을 그어 알아보기 쉽도록 하였다. 인용한 내용 뒤에는 반드시 인용서목을 밝히고 있다.

편자는 기사의 본말이나 주제의 흐름에서 벗어나지 않도록 단편적인 기사들을 모아 사건을 전개할 만큼 주밀하게 취사선택하였고, 諸家의 의견을 인용하는 외에 '謹按'이나 '竊按'의 형식을 빌어 편자 자신의 입장을 여러 차례 나타내고 있다

이 책에서 인용된 서목을 열거해보면 다음과 같다.

李珥(1536~1584)의 『栗谷集』・『石潭日記』, 權尙夏(1641~1721)의 『江上問答』(韓弘祚 편), 崔鳴吉(1586~1647)의 『遲川集』, 朴泰輔(1654~1689)의 『定齋集』, 成渾(1535~1598)의 『牛溪集』・『牛

---

1) 姜宗慶(1543~1580): 본관은 진주, 자는 仲業, 호는 梅墅로 官職이 成均館 學諭에 이르렀음. 성혼과 가까운 사이였다고 함.

溪日記』, 李晬光(1563~1628)의 『芝峯類說』, 宋時烈(1607~1689)의 『尤庵集』, 金時讓(1581~1643)의 『紫海筆談』·『涪溪記聞』·『荷潭錄』, 金尙憲(1570~1652)의 『石室語錄』, 朴世采(1631~1695)의 『南溪集』, 崔岦(1539~1612)의 『簡易集』, 張維(1587~1638)의 『谿谷漫筆』, 申欽(1566~1628)의 『象村集』·『象村彙言』, 李恒福(1556~1618)의 『白沙集』, 李廷龜(1564~ 1635)의 『月沙集』, 李廷馨(1549~1607)의 『東閣雜記』, 尹宣擧(1610~1669)의 『魯西集』·『魯西日記』·『牛溪年譜後說』, 柳成龍(1542~1607)의 『西厓集』, 鄭介淸(1529~1590)의 『愚得錄』,『混定錄』, 尹拯(1629~1714)의 『明齋集』, 正祖의 命으로 편찬된 『名臣錄』, 『李忠武公遺事』, 南九萬(1629~1711)의 『藥泉集』 등이 있다. 그밖에 行狀이나 諡狀으로 「栗谷行狀」, 「栗谷諡狀」, 「宣廟誌文」, 「松江行狀」, 「松江墓表」, 「申砬墓碣」, 「牛溪諡狀」, 「西厓行狀」, 「兪相泓墓碑」, 「白沙年譜」, 「重峯行狀」, 秋浦行狀」, 「思菴行狀」 등이 있다.

이들 기록들은 중복 인용되기도 하였지만, 10회 이상 인용된 책은 『石潭日記』, 『牛溪集』, 『芝峯類說』『石室語錄』, 『紫海筆談』, 『涪溪記聞』, 『西厓集』, 『白沙集』, 『魯西集』, 『名臣錄』이다. 특히 『노서집』은 42회, 『서애집』은 26회, 『지봉유설』은 21회의 인용빈도수를 보여주고 있다.

3. 내용

『임진필록』의 내용을 대략 정리해보면, 宣祖 초기 東西 分黨에서 시작하여 이로 말미암아 발생하는 己丑獄事, 몇 년 뒤에 일어난 壬辰倭亂의 전개상황, 그 와중에 벌어지는 명나라와의 관계, 임진왜란 이후의 事情으로 분류할 수 있다.

1) 東西 分黨

김효원과 심의겸에 의해서 촉발된 乙亥黨論과 李銖의 뇌물사건, 그리고 확산되는 士林의 갈등을 중재하려 했던 율곡의 노력이 부각되어 기술된 부분이다. 특히 기축옥사에 이르기까지 많은 부분을 『율곡집』이나 『석담일기』 등에서 인용하여 율곡의 견해를 많이 수록하였을 뿐 아니라 율곡을 높이 평가하는 제가들의 논평을 다수 채록하였다.

이른바 을해 당론이란 김효원과 심의겸 사이에 吏曹 銓郎 자리를 둘러싼 반목으로 시작되는데, 을해년인 1575년(선조 8)에 심의겸과 김효원이 함께 조정에 있으면서 동인과 서인으로 분열되는 원인으로 작용한다. 김효원은 신진사류로 일찍 문명을 떨쳤고, 심의겸은 명종 왕비의 친동생으로 李樑의 포학을 눌러 사류의 위급을 구한 관계로 선배 사류의 지지를 받았다. 어느날 심의겸이 公事로 당시 權勢家 윤원형의 집을 방문했을 때에 김효원이 있는 것을 보고는 좋지 않은 감정을 가지게 되었다. 그후 김효원이 전랑의 물망에 올랐으나 권세가에 출입하였다는 이유로 청환에 적합하지 않다는 심의겸의 반대로 좌절되었고, 몇 년 뒤에야 전랑이 되어 新進들의 지지를 받게되었다. 또한 심의겸의 아우 忠謙이 전랑의 물망에 오르자 김효원이 外戚이라는 이유로 반대하자 심의겸과 김효원의 반목이 노골화되고, 동인에는 許曄이 영수가 되고 서인에는 朴淳이 영수가 되어 당쟁은 본격화 되었다.

여기에 李銖의 사건이 일어나면서 동서의 대립이 더욱 격화되었음을 보여주고 있다. 사건은 珍島군수 李銖가 쌀을 실어 尹斗壽 형제와 조카 尹晛 집안에 뇌물을 주었다는 사실을 金誠一이 경연에서 아뢴 일에서 발단한다. 대간에서 이수의 죄를 청하자, 許曄이 당시 연소배를 창도하여 三尹의 이름을 거명하게 되었다. 대간 金繼輝가 三尹을 변호하였는데 홍문관이 나서서 김계휘를 탄핵 체직하는 등 東西가 서로 相合할 가망이 없게 되었다.

사헌부는 時弊를 상소하면서 심의겸을 소인으로 몰고 김계휘와 정철을 邪黨으로 지적하였다. 이러한 시비론이 걷잡을 수 없게 되자, 李珥는 李潑에게 준 편지에서 이발의 자중을 요청하며 예전 을축년의 사례를 들어 입장을 바꿔 생각해 보도록 요구하고 있다.

이런 동서 당론이 있은 이후로 色目에 물들지 않은 이는 오직 이이 한 사람 뿐으로 동서 양편이 싸우면 양편을 화해시키고, 서쪽으로 치우치면 동쪽을 도와 서쪽을 억제하고, 동쪽으로 치우치면 서쪽을 도와 동쪽을 억제하려고 하였다. 그 모습이 저울의 추처럼 공평 정대하고 지성으로 하여 거의 세도를 만회할 수 있었는데, 졸지에 허봉과 송응개의 상소가 나오게 되어 수습하지 못하게 되었다고 하였다.

또한 율곡 행장 가운데 태몽 이야기, 7세에 「陳復昌傳」을 지은 일, 19세에 승려가 되고, 23세에 퇴계 선생을 알현한 일, 9度 壯元한 일, 중국 사신 黃洪憲 王敬民의 遠接使로 있을 때의 일, 49세로 사망하기까지의 삶을 소개하였다. 특히 뒷날 유학자들의 비난을 샀던 落髮에 대해서 그렇지 않다는 성혼의 辨說과 『석담일기』에 대한 송시열의 언급 등을 소개하였다.

율곡이 10만 양병설을 주장했을 당시에 유성룡이 이를 반대하였으나 임란을 당하여 후회한일과 율곡이 세상을 떠난 날에 유성룡이 부친의 壽宴을 베풀다가 이이의 죽음을 듣고 잔치를 파한 일을 실었다. 또 성혼이 율곡의 죽음에 대해서 "그는 나의 선생이 되는데 이 세상에서 큰 일을 할 능력을 발휘하지 못하고 죽으니 애통하다'고 한 말을 인용하였다.

2) 己丑獄事

기축옥사는 1589년 정여립이 모반을 꾀했다는 죄목으로 벌어진 사건이다. 『임진필록』에서 언급하고 있는 인물은 죄인으로 지목된 정여립, 최영경, 이발, 정개청 등이고, 獄事를 다스린 정철, 정여립을 황해도사에 의망했던 일로 처벌받을 뻔한 이산해, 기축옥사로 삭직된 성혼도 함께 다루고 있다.

특히 최영경에 대한 부분이 비중있게 다루어졌는데, 그가 길삼봉과 동일인물인가 아닌가에 대한 諸人들의 의견을 비롯해서 그의 사람됨, 성혼과의 관계, 정철과의 관계 등이 채록되었다. 관련 기록을 보면, 다음과 같다.

* 기축옥사가 일어나자 역적의 공초에서 길삼봉이 적의 괴수라는 말이 나오고 이어 길삼봉이 최삼봉이라 하는가 하면, 최삼봉을 삼봉이라 지적하기까지 하였다. 이에 대하여 성혼을 찾아가 물으니, "최영경이 병통은 있으나 氣節이 있다. 근래 유언비어가 있는데 혹시 발언하는 자가 있더라도 부화뇌동하지 말라"고 하셨다

* 1590년 金汝岉이 상소하여 최영경이 삼봉임을 증명하려 하였으나, 우계의 설득으로 그만두었다.

* 1590년 전라감사 홍여순이 비밀리에 상소하여, 길삼봉이 곧 최영경이라 하였다.

* 이항복은 최영경이 사망할 즈음 감옥에서 자기 집처럼 태연자약하였고 평소 빈객을 맞는 것 같아 기백이 보통 사람보다 뛰어났다고 하였다.

* 우계가 최영경이 출옥한다는 소식을 듣고 아들을 보내어 위로한 말과, 최영경이 율곡의 편지를 내보이며 "이 편지의 답을 보내지 못했는데 율곡이 갑자기 사망하여 지금까지 아쉽다"고 하였는데 대개 송강이 자신을 구하려 한다는 말을 듣고 한 말이라고 하였다.

* 율곡의 문인 가운데 朴汝龍이라는 자가, '최영경이 몸가짐을 제대로 하지 못해 패망하였는데도 우계가 그를 대우한 것은 혹 지나친 것이 아니냐'는 글을 보냈다. 이에 우계가 답하기를, '최영경이 예전에는 淸修苦節하여 속된 선비가 아니었다. 비록 趨向하는 바는 다르지만 이웃과 교제를 끊은 것이 아니므로 아들을 보내어 문안한 것이다. 영경이 만년에 아들을 잃고 술에 빠져서 감옥에 갇히던 날에는 다만 形骸만 있고 顚倒錯亂하였으니, 그의 행한 바를 책하기에는 부족하였고 단지 옛정을 생각해서 보내 위문한 것이다'라고 하였다.

* 尹根壽가 남원 梁慶遇에게 말하기를, "지난번에 최영경의 문생이 와서 말하기를 지금 세상에 鄭相公이 최선생을 構殺하였다는 죄를 논하는데 우리들은 전혀 그렇지 않다. 우리 선생이 옥에 있을 때 一家에 남긴 글에, '내 평생 鄭公을 匪人으로 알았더니 지금 그가 하는 일을 보니 바로 君子다. 내가 살아나게 된 것은 이 공이 구해준 덕이다.'라고 하셨다. 그래서 우리 一家와 族黨은 역시 모두 時論을 冤枉으로 여긴다."라고 하였다.

* 1594년 김우옹이 啓辭를 올려 정철이 최영경을 얽어서 죽이고는 겉으로는 구해주는 듯이 하였으나 속으로는 사실 모함하여 빠뜨렸다고 하며, 정철의 관작을 추탈하고 영경을 褒贈할 것을 청하였다.

* 세상사람들 중에는 기축 옥사에 대해서 정철을 원망하여 최영경을 構殺하였다고 하는 사람이 있다. 그러나 정철은 실제로 榻前에서 여러번 영경을 구하려 하였다. 정철에게 겉으로는 구하려 하였으나 속으로는 모함하여 빠뜨렸다는 죄를 씌우는데 그것은 전혀 이치에 맞지 않

다.

鄭介淸은 원래 서인이었던 박순의 제자였는데, 뒤에 東人들과 친하게 지내다가 기축옥사에 연루된 인물이었다. 그에 대하여 '정개청이 호남인물로 명성이 있었고 학술과 인품으로 자임했는데 우연히 한편의 글로 인해 몸을 망치기에 이르렀으니, 羅德潤의 무리가 천리를 달려와 대궐문을 두드리며 억울함을 호소한 것은 마땅한 일입니다.'라고 한 유성룡의 「伸雪啓」을 소개하고, 뒤이어 유성룡의 伸救 역시 한편의 당론에 치우친 잘못을 면하지 못하였다고 한 윤선거의 비판을 수록하였다. 또한 윤증이 정개청의 저서인『곤재우득록』에 대해서 비판한 내용을 실었다.

정여립을 의망한 일로 논핵을 당할까 두려워하여 송강과 우계의 비위를 맞추려 한 이산해가 송강으로 하여금 建儲 문제를 제기하게 하여 선조의 미움을 받게 한 처신을 비난하는 기록이 채록되었다.

3) 壬辰倭亂

임진왜란이 일어나기 전의 상황부터 시작되는데, 임진왜란 전에 왜적의 침입을 예견한 남사고의 말, 대마도주와의 관계, 평수길이 외국을 통일하고 명나라 정벌을 위해 길을 빌려달라고 요청한 사실을 채록했지만, 임란 직전에 비중있게 다룬 것은 왜국에 사신으로 다녀온 김성일의 태도와 명나라의 오해를 받을까 전전긍긍한 조정의 논의이다. 이어서 왜적이 침입하고 난 뒤의 상황, 여기에 대응하는 조선의 태도, 그리고 원병을 구하는 조선의 요청에 대한 명나라의 반응, 和·戰 兩論으로 갈라지는 조정의 의론, 전쟁 중에 활약한 인물들에 대한 내용 등으로 구성되어 있다.

(1) 임란 전의 상황
① 김성일에 대한 부정적인 평가
黃允吉과 金誠一이 倭國에서 돌아온 후에 선조가 賊情을 물으니, 황윤길은 '적이 올 징후가 있다'고 아뢰었고 김성일은 '그렇지 않다'고 항언하며 윤길 등을 심히 공격하고 스스로 '적의 실정을 다 알고 있다'고 하였다. 뒤에 유성룡이 김성일에게 다시 묻자 '황윤길의 말이 마치 倭가 使臣을 뒤쫓아오듯 말하여 인심이 흉흉하므로 그처럼 말한 것'이라고 하였다.

그렇지만 다음 해에 왜가 침입하여 종사가 위태롭고 민생이 어륙이 되어 兵禍의 비참함이 임진년보다 더한 때가 없었다. 또한 鄭寒崗이 김성일의 銘을 지으면서, '외국에 사신으로 가서 큰 절개를 깊히 드러내고 일찍이 '一超大明'이라는 글을 받아가지고 왔다'고 하였는데, 그것을 큰 절개라고 할 수 없다고 하였다.
② 명나라와의 관계

왜가 명나라 정벌을 위해 길을 빌려달라고 요청했다는 사실을 명나라에 알릴 것인지, 그대로 덮어둘 것인지에 대해서 조정의 논의가 엇갈렸던 사실을 서술하고 있다. 김성일을 비롯하여 윤두수, 박동현은 중국에 그대로 알려야 한다는 입장을 취하였고 이산해와 유성룡은 분란을 피하기 위하여 덮어두자는 입장을 취하였다. 그 후에 명나라 禮部에 咨文을 보내 왜의 의도를 알리자, 조선이 반역을 꾀하는 것이 아닌가 하던 명나라의 의심이 풀렸다는 내용을 수록하였다.

그런데 유성룡의 『징비록』에서는 왜의 정세에 관해 奏文한 일을 기록하면서. '朝議에서는 마땅히 아뢰어서는 안된다고 하였는데 自家에서 홀로 아뢰어 주문하여 중국의 힘을 빌리게 되었다'고 하였다. 윤두수가 늘 말하기를, '서애의 임진년 기록은 무릇 좋은 계책에 대해서는 자기의 몫으로 돌리고 스스로 자신의 아름다움으로 여기니 매우 옳지 않다'고 하였다.

(2) 왜적의 침입과 조선의 대응
① 왜적의 우세
임진년 秀吉이 平秀家, 行長, 淸正 등 34명의 장수를 보내고 25만의 군사를 50만이라고 칭하였다. 4월 13일 바다를 건너 부산 東萊를 함락시켜 첨사 鄭潑, 수사 朴泓, 부사 宋象賢이 전사하였다.

임진년 3월 望祭 때에 건원릉에서 신음소리가 났다. 두 달이 지나 왜적이 쳐들어와 쏘시개를 정자각에 쌓아놓고 불을 질렀는데 나무 섶이 다하자 불이 저절로 꺼지고 기둥과 들보엔 옮겨 붙지 않았다. 서너 차례나 이와 같은 일이 반복되니, 적들이 神이 있다고 두려워하며 그대로 가버렸다.

李鎰, 申砬이 안이하게 대처하다가 패배하자, 영상인 이산해의 건의로 선조가 비를 무릅쓰고 西幸에 나선다. 송도에 이르러 公議의 반대로 西幸을 주장한 이산해를 유배보냈는데, 이산해의 계책은 종사를 위한 공이 크다고 생각된다.

유성룡은 倭와 朝鮮의 군사적인 면을 비교하였다. 왜의 장점은 첫째가 鳥銃이며 둘째가 槍刀, 셋째가 목숨을 가볍게 여기고 달려들어 물불을 가리지 않는 점이다. 이에 비해서 조선의 장점은 활과 화살 뿐이다. 이는 조총과는 비교가 되지않아서 조선의 군대가 오합지졸로 활과 화살을 가지고 평원 광야에서 서로 다툰다면 패하기 마련이다. 하지만 조총이 활보다 우수하다 하더라도 裝藥하고 納丸하며 불을 당겨 발사하는 과정에서는 자못 머뭇대기 마련이니, 신축있게 응변하기에는 弓矢를 따르지 못한다. 그러므로 신립이 충주에 도착하여 먼저 鳥嶺 峽道에 射手를 포설하고 계곡에 적이 多少를 눈치 채지 못하도록 疑兵을 설치하여 적이 계곡에 들어오거든 首尾를 잘라 일시에 亂射하였다면 쉽게 험한 고개를 넘지 못하였을 것이라고 하였다.

② 성난 백성들

선조가 한양을 떠나자 난민들이 장예원과 형조를 불태웠고 내탕고에 들어가 金帛을 노략하고 경복궁, 창덕궁, 창경궁에 불을 질렀다. 역대 보물, 文武樓, 홍문관 소장 서적, 승문원 일기가 모두 타고, 왕자 臨海君의 집과 병조판서 洪汝諄의 집이 왜적이 이르기도 전에 백성들에 의해 불살라졌다. 또 大駕가 평양을 떠나려 할 적에는 평양 백성들이 宰臣들을 욕보였다.

③ 이항복에 대한 긍정적 평가

「서애행장」에 따르면, "선조가 駐蹕할 곳을 물으니 李恒福은 '義州로 갔다가 팔도가 다 함락되면 중국으로 가서 하소연하자'고 하였다. 유성룡이 아뢰기를, '大駕가 한걸음이라도 東土를 떠나면 조선은 우리의 것이 아니라'고 반대하고, '동북 병력이 여전하고 호남의 충의로운 군사가 계속 봉기하고 있으니 나라를 버리는 의론은 옳지 않다 이 말이 한번 전파되어 인심이 와해되면 누가 수습하겠는가' 하니 항복이 듣고 경탄했다"고 한다.

그러나 이항복이 하소연하자고 한 말이 어찌 나라를 버리자고 한 말이겠는가. 대개 팔도가 와해되어 손 쓸 곳이 없게 되면 오직 중국에 군사를 청하는 한 가지 일 밖에 없는데 群議가 우활하다 하므로 이항복이 하소연이라는 표현을 쓴 것이다. 유성룡이 나라를 버리는 것으로 책망하면서 마치 本心을 전혀 알지 못하는 듯이 하므로 이항복은 잘못으로 받아들이고 강변하지 않았다. 그러나 다시 寧邊에서 夜對할 때에는 극력 쟁변하여 끝내 국가의 대계를 그르치지 않았으니 이것이 유성룡이 이항복을 미치지 못하는 점이다. 지금 서애의 행장을 지은 자가 마치 진실로 탄복하였다는 듯이 기록한 것은 오히려 우스운 일이다.

(3) 明나라의 반응

임진년에 申點이 명나라로 가는데 옥하관에 이르러 왜가 이미 침범하여 선조가 西幸했다는 말을 듣고 예부상서 石星에게 호소하였다. 당시 중국의 논의는 세 가지였는데, 첫번째는 압록강을 굳게 지키며 변화를 지켜보자는 입장, 두 번째는 오랑캐끼리 서로 싸우도록 두고 구할 필요가 없다는 입장, 세 번째는 ,압록강을 지키되 군대를 내어 강을 건너 耀武하는 입장이다. 이 중에서 세 번째는 병부상서였던 石星이 힘써 주장한 것으로, 그 뒤에 명나라 군대를 보내 국왕을 호위하게 하고 또 犒軍으로 은 3만냥을 보내게 된 것은 모두 석성의 공이다.

명나라는 처음에 조선이 왜의 침범을 인도하였다고 의심하였으나 신묘년에 왜가 보낸 편지를 보여주자 援兵의 문제가 해결되었다. 드디어 12월에 명나라의 10만 정병이 도착하였다.

명나라에서는 魏孝曾이 조선분할론을 제기하였는데, 그 내용은 조선이 왜를 방어할 수 없어 중국에 근심만 끼치고 있으니 조선을 둘, 셋으로 쪼개어 왜적을 잘 방어하는 자에게 맡겨 중국의 藩蔽로 삼자는 내용이었다. 또한 司天使가 勅旨를 가져왔는데 내용이 매우 엄하였으므로 선조가 禪位를 고려하였다. 또한 사천사가 조선인들이 '왜놈의 침해는 얼개빗이라면 명나라군의 침해는 빗자루(倭賊梳子 天兵箆子)'이라고 한 말을 거론하면서 명나라 장수들의 침해가 있는지에 대해서 물었다. 정유재란 중에는 명나라에서 14만의 군사를 보냈는데 그들이 입힌 피해는 임란 때보다 더하였다.

(4) 和·戰 兩論의 대립

명나라 군사의 개입으로 차츰 왜적이 후퇴하는 상황에서 조정에서는 화의론과 주전론이 대립한다. 화의론의 주장은 성혼과 이정암이 하였고 柳永慶은 힘써 반대하였다.

성혼은 入對하여 "우리로서는 싸울 힘도 없고, 지킬 능력도 없으면서 단지 중국의 和議論을 금지만 하니 실책인 듯하다"고 하였는데, 마침 화의론을 따를 것을 청하는 이정암의 장계가 도착하자 좌우에서 모두 정암을 참수해야한다고 하였다. 성혼이 "이정암이 의를 위해 죽을 결심이 없다면 이 의론을 낼 수 없다. 主和를 주장하면 필히 중죄를 당할 것이므로 죽고 사는 것을 떠나야 이러한 말을 할 수 있다"하니 선조가 화를 내었고, 이후로 삼사의 공격을 받았다. 그렇지만 『우암집』에는 '성혼의 주화론이 부득이 해서 나온 것으로 김장생도 알고 있다'고 하였다.

(5) 壬亂 중에 활약한 人物

여기에는 金汝岉, 권율, 이순신, 이정암, 조헌, 김천일, 김시민, 고경명, 곽재우, 김덕령, 유정 등을 비중있게 다루었고 이밖에도 이시언, 김응서, 고언백, 이광악, 朴名賢, 韓明璉, 홍효남, 具淀, 李楠, 庶孽 申汝櫓, 송상헌의 첩 金蟾, 유극량, 諸末 등도 언급하였다.

다음은 김여물의 기록 중에서 하나를 뽑아본 것이다.

> 某의 外五代祖考는 學諭公(姜宗慶)으로 일찍이 명성이 있었으나 불행히도 일찍 세상을 떠났다. 여러 아들이 모두 어렸으므로 同輩 친구 가운데 아이를 맡을 이를 가려 임종에 작별의 말을 적었는데, 한 아이(晉暉)는 우계선생에게 맡기고, 한 아이(晉昭)는 金義州(金汝岉)에게 맡겼다. 그래서 公이 기른 이가 나의 외조고인 縣令夫君(진소)이시다. 公이 사랑하기를 공의 아들(金壐)보다 더하니, 부군이 義州公 내외를 우러러보기를 부모처럼 여겨서 아버지와 어머니라 불렀고, 공의 아들 보기를 同氣처럼 하여 형이라 불렀다. 그래서 다른 사람들이 姓이 다른지를 알지 못하였다. 의주공의 喪에 昇平公(金壐)이 재산을 나누어 부군에게 주었다. 부군이 비록 받지는 않았으나 三年服을 입었다. 그 후로 자손들이 世世로 親誼를 맺어 呼兄呼弟하며 마치 한 뿌리의 친족과 같았다. 某가 어려서 外家의 사람들을 보니 馬草(여물)라는 말을 꺼려 감히 내지 않았는데, 의주공의 이름인 여물과 비슷하였기 때문이다.

4) 壬亂 이후의 事情

전쟁으로 빚어진 참혹한 상황, 史官에 대한 내용, 전쟁으로 인해서 변화된 祭禮·風俗·制度

관왕묘의 건립경위 등이 채록되었다.

(1) 壬亂의 참상

왜적이 갑자기 닥치고 보니 우리나라가 협소하여 乾淨한 곳이 거의 없었지만, 호남과 호서 좌우도가 온전하여 土女들이 많이 모여들었다. 깊숙하고 외진 곳은 피난민들이 서로 다퉈 모여들어 오히려 적을 불러들이니 사망한 자가 끝이 없었다. 함경도 같은 곳은 지세가 병 주둥이와 같아서 한 번 들어서면 달아날 수 없어 적의 칼날을 피한 자가 적다. 오히려 평지에서는 적이 움직이는 방향에 따라 동서로 도망가기가 낫다.

임란시에 倭賊 1級을 베는 자는 모두 登科를 시켰는데, 영남에서는 왜적의 머리 하나를 베어 급제한 자에게 현령이 연회를 베풀어 이를 기념한 사례도 있었다. 그래서 혹 굶주린 백성의 머리를 베어 급제를 바라는 자까지 있었다.

왜적이 물러간 후 온 성안이 굶주려 하루에도 죽는 자가 헤아릴 수 없었는데, 과거 급제자까지도 放榜하던 날에 御賜花를 쓰고 紅牌를 지니고 賑恤하는 곳으로 가서 죽을 빌어 먹었다.

정유재란 때에는 平秀吉이 조선인의 머리 대신에 코를 베어 오도록 명하였기 때문에 왜적이 朝鮮人을 만나면 코를 베어 소금에 절여서 倭國으로 보냈다. 평수길은 그것으로 大佛寺 곁에 큰 구릉을 만들어 國人들에게 示威했는데, 이때 조선 사람 가운데는 코가 없이 살아남은 자도 많았다고 한다.

(2) 史官의 행적

임진왜란이 일어나자, 당시 史官이었던, 趙存世, 朴鼎賢, 任就正, 金善餘 등이 史草를 태우고 도주하였다. 이때문에 『상촌휘언』에서는 정묘년(1577)부터 신묘년(1591)에 이르는 25년간의 사적은 아득하여 증험할 바가 없다고 하였다. 서애가 국정을 담당할 때는 逃走했던 사관들을 조정에 끼지 못하게 하였다. 무술년(1598)에 조정에서 이들 중의 아무개를 書狀官에 의망하려 하니, 선조가 전교하기를, '이 무리는 史策을 태우고 人君을 버리고 도주한 자들이니 중국으로 가는 도중에 다시 도망할 폐단이 없지 않다'고 하여 다시 의망하여 올리도록 하였다.

史官은 반드시 추천을 받아 제수하므로 이를 秘薦이라고 한다. 옛날에는 새로이 사관을 추천할 때 향을 사르고 하늘에 고하였는데 그 맹서하는 말끝에 "올바르지 않은 사람을 추천하거든 하늘이 벌하소서." 하였으니 그 일을 엄중하게 여겼기 때문이다. 그런데 壬亂時에는 이러한 엄격성도 흔들렸다.

(3) 風俗・祭禮・制度

1593년 가을에 선조가 한양으로 돌아왔다. 난리 중에 죽은 자가 매우 많았지만 喪服을 입은 자들을 볼 수 없자, 이는 난리 중에 기강이 무너진 때문이라 하여 各司로 하여금 규검하게 하였다.

정릉 행궁은 왜적이 오래 있던 곳이라 피비린내가 가시지 않아 임금의 침처로 마땅하지 않았다. 그렇지만 머물 곳이 없자 궁의 서쪽에 초가를 짓도록 하여 옮기고자 하였다.

선조가 문묘에 제례를 올리고자 하였으나 문묘가 불에 타서 예를 행할 곳이 없었다. 이에 성균관 옆에 단을 쌓도록 하여 신위를 설치하고 선조가 친히 釋菜를 행하였다.

文昭殿을 비롯하여 각 능과 문묘에 행하는 禮가 번거로웠는데, 임란 후에는 종묘 외의 각 陵殿은 오직 大祭만 행하고 朔望에는 분향만 행하는 것으로 변화된다.

유성룡은 환도 후에 훈련도감의 설치를 청하고, 唐粟 1만 석을 내어 수천 명을 선발, 鳥銃과 槍刀의 기술을 중국의 법대로 가르쳐 直宿과 扈衛를 담당하게 하였다.

(4) 임란 후의 문제점

① 의병에 대한 부당한 處遇

선조가 서행한 후에 나라 안이 텅 비고 왜적이 횡행하여 호령이 행해지지 않고 거의 나라가 없어질 지경이었는데, 영남의 곽재우와 金沔, 호남의 김천일, 고경명, 호서의 조헌 등이 의병을 일으켰다. 왜적을 소탕하여 나라를 회복한 것은 의병의 힘이다. 그런데 일이 안정된 후 오히려 그들을 괴롭히고 있으니 비단 백성에게 신임을 잃을 뿐만이 아니다. 후일 일이 있게 되더라도 필시 힘을 빌리지 못할 것이다.

② 의병의 타락

당초 의병이 일어났을 적에는 수복하는 데에 많은 도움이 되었다. 그러나 시간이 오래 가면서 곳곳에 屯聚하여 각자가 진퇴하며 마음대로 행동하고 혹은 백성의 재물을 약탈하며 마을을 횡행하는 자까지 있었다. 李貴가 말하기를, "의병대장을 얻고 싶으면 대신을 경기·강원·황해 삼도에 체찰사로 보내서 의병을 하나로 합하도록 하고, 그 節度를 따라 零賊을 잡아 죽이지 못하도록 하고, 단지 함께 성을 공격하는 명령을 내려 차례차례로 토벌하여 바로 잡는다면 바야흐로 수복하는 실제의 효과가 있게 될 것"이라고 하였는데, 나이 어린 사람으로 뛰어난 식견을 가지고 있다고 할 수 있다.

③ 破倭事目과 論賞

변란 초기 事目을 의논하여 정할 때에, 草野의 사람이 조정의 명령이 없이 스스로 재산을 털어 동지를 규합하여 鄕兵으로 칭하고 병기를 만들고 군량을 조달하면 효과가 백배나 클 것이라고 여겼다.

하지만 將帥가 된 자가 만약 활과 화살을 쏘는 자가 아니어서 형편상 직접 전쟁에 나가 칼날을 무릅쓰고 적을 벨 형편이 아닌 경우에는 아랫사람이 10급 이상을 참획했을 경우 아울러 그 장수에게도 상을 주었다. 그렇기 때문에 선비로서 장수가 된 자는 아랫사람이 참획한 것이 10급 이상이면 으레 初階職을 제수하였다. 그 후에는 20,30급을 베더라도 역시 일일이 논상할 수 없었다. 그 규정이 언제부터 바뀌었는지는 모르겠으나 비록 초야의 사람이 아니더라도 管下에서 10급을 벨 때마다 자신이 1급을 벤 것으로 준해서 1級씩에 해당하는 직계를 주어 嘉善大夫까지 오른 자도 있었다.

이 때문에 변란 초기에 장수가 된 자는 적을 보기만 해도 기겁하여 도망하였는데, 각처의 군병이 곳곳에서 적의 목을 베고 보고할 방법이 없는 경우에 그 장수에게 바쳐서 대신 보고하게 하면, 그중에는 단지 書啓를 수급한 功만으로 중한 상을 받는 이도 있고, 간혹은 또 사정에 따라 이익을 도모하는 자도 있었다.

(5) 關王廟의 건립경위

중국에는 關王廟가 곳곳마다 있고 人家에서도 祭를 올린다. 한양의 관왕묘는 정유년 중국의 장수 陳寅이 울산의 적을 공격하다 화살을 맞고 서울에 와서 조리하고 있을 때 건립한 것이다.

4. 가치

『임진필록』은 제목이 말해주듯이 임진년에 일어난 사실을 여러 문헌들 속에서 채록한 것이다. 그렇지만 그 내용이 임진년에만 국한되지 않고 東西分黨과 이로 인해서 벌어지는 己丑獄事에 대한 내용을 먼저 수록한 것은, 이러한 대립과 갈등이 국가의 기운을 쇠퇴시켜 變亂을 대비하지 못하고 참혹한 상황에 빠지게 되었음을 보여주려는 의도를 가진 것이다.

편자는 역사서술에 대하여 객관적인 입장을 취하려는 노력을 보이고 있지만, 인용서목에서 보듯이 西人의 입장에서 크게 벗어나지 않는다. 이 점이 『임진필록』의 특징이라고 할 수 있다. 또한 이 책은 선조조에 일어난 사건이나 인물에 대해서 광범위하게 자료들을 수록하여 연구자들에게 여러 정보를 제시한다는 장점을 가지고 있다.

【최우영】

立朝錄

金曾鉉(1796~?) 著.
　寫本. 1册(26張) : 29.5×20.5cm. 10行 20字.

立朝錄

甲戌閏二月二十二日中增廣監試生員初試

試官甲命烈金陽淳金熙葦○同年三月不中會試

丁亥八月二十二日中增廣監試生員初試

試官徐耕輔張教根李景柱

同年九月二十六日中會試生員三等第七人蒙　賜

樂○試官朴宗薰李友秀李道在李趾秀鄭德和

乙未九月九日製中賞格陸奏約選一件 命官申在植

命官申在植

癸卯十二月二十六日大政　健元陵叅奉副擬蒙

1. 저자

金曾鉉(1796~ ?)의 本貫은 光山, 字는 沂仲이다. 1827년 增試生員試를 통해 관직에 나아간 이래 禮賓主簿와 司憲府 監察을 거쳐 奉化縣監·密陽府使·尙州牧使를 역임하고, 禮曹行護軍을 끝으로 조정에서 물러났다.

2. 구성

『입조록』에는 김증현 개인의 官歷이 編年體 방식에 따라 기술되어 있다. 연월일에 따라 주요 내용을 정리하면 다음과 같다.

1814년(순조 14, 甲戌) 윤2월 22일, 增廣監試 生員初試 試官尹命烈金陽淳金熙華.
1827년(丁亥) 8월 22일, 增廣監試 生員初試 試官徐耕輔張敎根李景在, 동년 9월 26일, 增試 生員 三等 第七人蒙賜樂. 試官朴宗薰李友秀李道在李跂秀鄭德和.
1835년(헌종 1, 乙未) 9월 9일, 製中賞格陞奏約選一件 命官申在植.
1843년(헌종 9, 癸卯) 12월 26일 大政 健元陵參奉副擬蒙點首鄭順朝末李相珪.
1844년(甲辰) 8월26일 憲宗朝嘉禮都監 差三房監造官, 동년 10월 21일 都監竣役後付副司果. 1845년(乙巳) 3월 散政 禮賓主簿 末擬, 동년 6월 大政 內資主簿副擬, 동년 9월 散政 司憲府監察副擬, 동년 10월 散政 通禮院引儀末擬, 동년 10월 19일 散政 通禮院引儀首擬, 동년 11월 초 1일 景慕宮朔祭贊儀進, 동년 11월 散政 司憲府監察末擬 동년 11월 15일 散政 司憲府監察首擬, 동년 11월 24일 仁陵冬至祭祭監進, 동년 12월 초 1일 景慕宮朔祭贊儀進.
1846년(丙午) 정월 초 9일 景慕宮動駕押班進, 동년 정월 12일 元陵忌辰祭祭監進, 동년 정월 20일 永禧殿徽定殿動駕押班進, 동년 정월 26일 景祐宮動駕押班進, 동년 2월 초3일 穆陵忌辰祭祭監進, 동년 2월 초5일 景慕宮春享大祭祭監進, 동년2월 초8일 式年監試會試搜挾官進 동년 2월 13일 綏陵幸行押班進, 동년 2월 15일 弘陵忌辰祭祭監進, 동년 2월20일 健陵幸行押班進, 돈년 2월 25일 庭試搜挾官進, 동년 3월 11일 健元陵寒食祭祭監進, 동년 3월 28일 軍資監廣興倉回倉進, 동년 4월 초3일 宗廟夏享大祭親祭祭監進, 동년 4월 초9일 綏陵遷山陵新占看審幸行押班進, 동년 4월 초9일 東關王廟親祭祭監進, 동년 4월18일 綏陵幸行押班進, 동년 4월 25일 廣興倉開庫進, 동년 5월 초5일 健元陵端午祭祭監進, 동년 5월 초6일 綏陵忌進祭祭監進, 동년 5월 초6일 懿陵親祭祭監進, 동년 5월 散政掌樂主簿副擬, 동년 5월 25일 軍資監開庫進, 동년 윤5월 11일 綏陵幸行押班進, 동년 윤5월 17일 綏陵幸行押班進, 동년 윤5월 20일 綏陵

遷山陵幸行押班進, 동년 6월 13일 崇禮門祈晴祭祭監進, 동년 6월 31일 崇禮門報謝祭祭監進, 동년 6월25일 廣興倉開庫進, 동년 7월 초10일 社稷慰安祭祭監進, 동년 7월 11일 大政 長陵令末擬, 동년 7월 11일 同政 健元陵令首擬, 동년 7월 11일 同政 徽政殿令首擬, 동년 7월 11일 同政 慶基殿令末擬, 동년 7월 15일 本殿望祭殿司進, 동년 8월 초1일 本殿朔祭齋郎進, 동년 8월 15일 本殿望祭齋郎進, 동년 9월 초1일 本殿朔祭齋郎進, 동년 9월 15일 本殿望祭齋司進, 동년 10월 초1일 本殿朔祭齋司進, 동년 10월 초3일 本殿冬享大祭齋郎進, 동년 10월 15일 本殿望祭齋司進, 동년 11월 초1일 本殿朔祭齋司進, 동년 11월 15일 本殿望祭齋郎進, 동년 12월 초1일 本殿朔祭齋司進, 동년 12월 초8일 本殿臘享大祭齋郎進, 동년 12월 15일 本殿望祭齋司進, 동년 12월 散政 儀賓都事末擬, 동년 12월 22일 大政 黃澗縣監末擬.

1847년(헌종 13, 丁未) 殿最居上 初政方勵新譽藹蔚, 동년 10월 繡衣書啓居襃, 忠淸左道李升洙.

1851년(철종 2, 辛亥) 3월 繡衣書啓居襃, 忠淸左道徐堂輔, 동년 6월 殿最居上, 동년 6월 大政 奉化縣監末擬, 동년 12월 殿最居上, 忠淸監司洪說謨.

1852년(壬子) 6월 殿最居上, 동년 6월 散政 密陽府使末擬, 吏曹判書金洙根, 동년 6월 大政 善山府使副擬, 동년 12월 散政 寧海府使副擬, 동년 12월 殿最居上, 동년 12월 大政 淸風府使副擬.

1853년(癸丑) 5월 21일 口傳政 順興府使首擬蒙點副金東選末趙然天, 동년 6월 殿最以未赴任入啓, 동년 7월 槐山郡善政碑立.

1854년(甲寅) 6월 殿最居上 慶尙監司趙錫雨, 동년 11월 繡衣書啓居襃, 동년 12월 殿最居上 慶尙監司金學性, 동년 12월 大政 咸平縣監副擬 吏曹參判李啓朝.

1855년(乙卯) 2월 貢蔘差使員赴京, 동년 6월 殿最居上 己知雅規尤喜兼聽, 동년 12월 殿最居上 慶尙監司申錫愚.

1856년(丙辰) 6월 殿最居上 矯捄不撓撫字太勞, 동년 12월 殿最居上 文士易弱峽俗果頑, 동년 12월 21일 吏曹草記今日開折坐起時考見諸道襃貶啓本則順興府使金以文.

1857년(丁巳) 정월 別歲抄傳曰前府使金敍用, 동년 9월 22일 純元王后國葬差都監郎廳, 동년 9월 23일 口傳政 付副司果, 동년 11월 초10일 啓遞, 동년 12월 29일 別單蒙陞敍.

1858년(戊午) 3월 21일 繡衣書啓 慶尙左道暗行御史任應準, 동년 3월 24일 吏曹回啓, 동년 4월 12일 就理王府同日俸供, 동년 5월 21일 別歲抄傳曰前府使金減一等, 동년 10월 宣惠郎廳副擬 提調金炳國.

1859년(己未) 2월 散政 齋陵令末擬 首趙應和蒙點副金敬根, 동년 12월 大政 掌苑署別提副擬 首洪稷周蒙點末李裕憲.

1860년(庚申) 윤3월 宣惠郎廳副擬 首徐兢補見差末趙基晉 提調金炳國.

1861년(辛酉) 2월 宣惠郎廳副擬 首李魯宰見差末洪秉元, 4월 戶曹正郎副擬 首鄭文升蒙點

末申應模.

1862년(壬戌) 7월 28일 散政 瓦署別提首擬, 동년 8월 29일 儲慶宮秋享祭齋郎進, 동년 9월 散政 工曹佐郎副擬, 동년 9월 散政 明陵令副擬, 동년 12월 大政 徽慶園令副擬, 동년 12월 同政 莊陵令副擬.

1863년(癸亥) 정월 초6일 永寧殿春享大祭祝史進, 동년 2월 散政 活人署別提副擬, 동년 5월 초7일 景祐宮夏享祭齋郎進, 동년 7월 大政 西原縣監末擬, 동년 7월 同政 景慕宮令副擬, 동년 8월 11일 懿昭廟秋享祭贊者進, 동년 9월14일 散政 利川府使首擬, 동년 11월 12일 寧陵冬至祭獻官進, 동년 11월 25일 廣州府公都會試副試官進, 동년 12월 殿最居上.

1864년(고종 1, 甲子) 정월 15일 散政 長興府使相換 吏曹判書洪說謨參判李興敏參議金敬鎭 兵曹判書徐戴淳, 동년 6월 殿最居上 屢績旣茂宿弊其蘇 全羅監司鄭健朝, 동년 12월 殿最居上 巡廠平槪民頌藹蔚.

1865년(乙丑) 3월 17일 散政 尙州牧使首擬蒙點副李恒翼末鄭道和, 동년 6월 殿最居上 如經大病尤謹少愈 慶尙監司李參鉉, 동년 12월 殿最居上 三政無曠一境有頌.

1866년(丙寅) 3월 長興府善政碑立, 동년 殿最居上 政懋坐鎭績成㢱治, 동년 12월 殿最居上 繕收各一查還其四.

1867년(丁卯) 5월 13일 啓罷 慶尙監司書目尙州牧使金暗行御史旣已封庫爲先罷黜事 慶尙暗行御史朴瑄壽, 동년 7월 17일 繡衣書啓, 동년 8월 20일 就理同日俸供, 동년 11월 11일 蕩滌敍用.

1870년(庚午) 4월 29일 政拜通政大夫 同日政付折衝將軍龍驤衛副護軍, 동년 6월 21일 散政 工曹參議首擬蒙點副朴麟壽末李駿在, 동년 7월 초2일 傳曰 在外工曹參議許遞今日政差出 兵曹判書李景夏.

1871년(辛未) 4월 15일 政 敦寧府都正首擬蒙點副徐有象末李彙載.

1872년(壬申) 정월 초3일 政 曹司五衛將首擬蒙點副金東選末南廷鶴.

1873년(癸酉) 정월 散政 敦寧府都正副擬首趙龜永蒙點末徐兢補 吏曹判書趙秉昌, 동년 정월 13일 大政 僉知中樞府事副擬蒙點首徐兢輔末南廷鶴, 동년 3월 散政 工曹參議副擬首徐兢輔蒙點末南廷鶴 吏曹參判申泰運.

1874년(甲戌) 9월 散政 曹司五衛將首擬副鄭基永蒙點末李駿在, 동년 9월 14일 散政 曹司五衛將副擬蒙點首鄭憲朝末南紀元.

1875년(乙亥) 정월 초3일 政 拜嘉善大夫 前參議金今加嘉善朝官年八十依法典加資, 동년 정월 초3일 政 都摠府副摠管首擬蒙點副黃鍾林末趙耆永, 동년 정월 19일 散政 同知敦寧府事首擬蒙點副黃鍾林末李彙載, 동년 정월 28일 大政 刑曹參判首擬蒙點副徐元輔末黃鍾林, 동년 2월 초6일 傳曰 法司堂上竝許遞今日政差出 兵曹判書李載元.

1876년(丙子) 6월 23일 散政 同知義禁府事首擬蒙點副趙耆永末朴元陽.

　　1877년(丁丑)　4월　초6일　散政　漢城府右尹首擬蒙點副金益鼎末吳光默，동년　5월　25일　傳曰 法司堂上竝許遞今日政差出　吏曹判書金炳始.

　　1879년(己卯) 3월 초3일 禮曹行護軍, 동년 윤3월 15일 祗受甲祭.

3. 내용

　　『입조록』은 김증현 개인의 仕宦履歷을 생원시에 入格한 1814년(순조 14)부터 예조행호군 에 임명된 1879년(고종 16)까지 정리해 놓은 책이다. 주로 大政과 散政 등 정기적 혹은 비정 기적으로 都目政事를 통해 이루어진 인사변동 사안이 정리되었다.

4. 가치

　　김증현이 勢道政權을 거쳐 大院君政權代 이르기까지 중앙 및 지방의 관료로 활동했던 인물 이라는 점에서 『입조록』은 해당시기 정부의 인사운영 양상을 파악하는데 도움이 될 자료라고 생각된다.

【원재린】

在朝隨錄

編者 未詳.

寫本. 1冊(39張)：24×22cm. 16行 24字 內外.

表題：在朝隨聞錄.

1. 편자

編者 未詳.

편자가 누구인지는 알 수 없으나, 이 책의 제목을 통해서 편자의 신분이 1876년 무렵 조정에 있던 官員이었음을 알 수 있다.

2. 구성

표지에는 제목이 『在朝隨聞錄』이라고 되어있는 반면, 속표지에는 『在朝隨錄』이라고 되어 있다. 이 책에는 目次나 序跋이 없으며 권수제도 없다. 표지와 속표지에는 모두 丙子正月日이라는 年代가 쓰여 있는데, 책의 내용에는 병자년(1876)의 기록 뿐만 아니라 계유년(1873년), 정축년(1877), 무인년(1878)의 기록도 포함되어 있다. 여기에는 上疏文, 外交文書 체결에 관한 내용, 見聞記, 고종과 신하들과의 대화 내용, 중국관료의 詩, 諭書 등 여러 종류의 글들이 실려있으며, 제목이 없이 실린 글도 있다. 구성을 살펴보면, 주로 丙子修護條規에 관련된 글들이 실려있다. 뒷부분에는 메모처럼 各道마다 급제한 人員數나 과거에 급제한 몇몇 사람들의 신상에 관한 사항, 역사적인 인물인 崔致遠의 일생을 재구성하고 설화적인 측면을 부각시켜 서술한 내용 등이 기록되어 있다.

다음은 제목이 있는 글들만 나열한 것이다.

「罪死臣崔益鉉上疏前參判丙子年事」·「前司諫張浩根疏」·「十月二十日同副承旨崔益鉉上疏」·「沁留趙秉式上疏」·「自廟堂抵倭國書」·「大國戶部侍郞朱壽昌答我國戶判書中詩」·「副勅到義州詩」·「丙子正月二十日接見官狀啓」·「同日夕仁川問答記」·「丙子正月初三日問情狀啓」·「副官禮曹參判尹滋承 道後尹滋承狀啓」·「問答記」·「二月初三日宴饗後作別問答記」·「禮曹判書閤下」·「別幅」·「倭國聞見記」·「丙子八月二十八日西箕伯趙成夏入侍筵說」·「諭平山府使尹永夏書」·「九月初十日大臣次對擧措」·「講本」·「別講本」·「修信使別幅」·「譯漢文」·「譯漢文」·「六月初二修信使入侍筵說」·「九月二十三日」·「丙子七月十三日時原任大臣次對」·「八月日咸鏡道按撫使金有淵下送時綸音」·「丁丑正月十三日上狀」·「丁丑正月十四日製榜·四月七日庭試榜·四月十三日殿講榜」·「丁丑三月初七日展拜敎是時節次事」·「戶曹判書閔致庠上疏」·「慶尙監司申應朝上疏」·「戊寅正月十六日」·「全羅監司李敎相辭免上疏」

3. 내용

이 책은 주로 1876년(고종 13)에 체결된 丙子修護條規에 초점을 두고 그에 대한 관련 기록들을 모아서 수록한 것이다.

「罪死臣崔益鉉上疏前參判丙子年事」는 최익현이 제주도 유배에서 돌아와서 고종 13년 1월 23일에 올린 持斧上疏다. 당시 구로다 기요다카(黑田淸隆)가 강화도로 兵艦을 이끌고 무력시위를 할 때에 '倭와 洋이 一體이니 이를 엄히 배척해야 하며, 朝紳間에 和親을 주장하면서 나라를 팔아먹는 자가 있으면 처형할 것을 청하는' 내용이다.

「前司諫張浩根疏」도 고종 13년 1월23일에 장호근이 廟堂의 처사를 비난하고 주전론을 주장한 것이다. 그 내용이 廟堂을 비방하고 末端의 語句가 絶悖하다고 하여, 장호근은 전라도 興陽縣 鹿島로 귀양을 가게 된다.

「十月二十日同副承旨崔益鉉上跣」는 최익현이 1873년 동부승지로 기용된 후 10월에 올린 상소로 施政의 폐단을 논한 내용인데 대원군을 배척하는 글이다. 이에 대하여 고종은 '그의 상소가 衷曲에서 나온 것이며 予를 戒諫하는 말이 嘉尙하다'고 하여 戶曹參判을 제수하였다.

「沁留趙秉式上跣」는 江華留守로 있던 조병식이 올린 상소로 '倭賊 24명이 城으로 들어온 뒤에 올린 것'이라는 註가 붙어있다. '備禦가 매우 엄한데도 화살 하나 포탄 하나를 쏘지 못하고 저들이 날뛰는 것을 坐視해야 하는 것을 분하게 여긴다'면서 和議에 반대하는 뜻을 보이면서 '강화도를 책임지고 있는 자신이 강화도를 지키지 못하고 왜인들의 입성을 허용한 죄에 대하여 벌을 받겠다'는 내용이다. 『매천야록』의 기록에서는 당시 사람들이 이 상소가 고종의 뜻이 講和에 있음을 알고 올린 교사한 행동이라고 비웃었다는 내용을 담았다.

「沁留趙秉式上跣」에 이어 한 줄을 비워두고 시작된 부분의 내용은 修好條規冊子의 항목에 대해서 論評적인 내용을 담고 있다. 수호조규책자의 頭辭에서 國號만을 거론하고 兩國 君上의 位號를 거론하지 않은 까닭을 비롯하여 第一款에서 冊子 末端에 이르기까지 그 내용을 조목 조목 지적하였는데, 예를 들면, 제2관에 대해서는 '修好 후에 兩國의 使价들의 왕래가 있는데 我使가 저쪽에 가면 外務省 貴官을 親接하고 彼使가 이쪽에 오면 秉權大臣을 친접한다는 것은 평등한 예가 아니다. 彼使가 우리쪽 大臣을 만나는데 我使가 다만 外務省을 接한다면 彼使도 마땅히 禮曹를 접해야 한다. 我國에서는 交隣에 관한 일을 예조가 맡고 있으니 外務省과 무슨 차이가 있겠느냐'고 하였다.

「自廟堂抵倭國書」條에서는 天津・上海에서 발행되는 新聞 原稿에 '일본이 조선을 치려는 의도가 있다.'고 하였고 '조선 국왕이 오년마다 江左에 이르러 배알하는 古例를 폐하였기 때문에 일본이 군사를 일으켜 그 죄를 꾸짖으려 한다.'는 등의 내용이 실렸는데 廟堂에서 이 내용을 따져 묻는 내용이 나온다. 말미에는 고종에게 당시 일본특명전권변리대신인 黑田淸隆을 접견하기를 권하는 狀啓를 실었다.

「丙子正月二十日接見官狀啓」・「同日夕仁川問答記」・「丙子正月初三日問情狀啓」・「副官禮曹參判尹滋承追後尹滋承狀啓」・「問答記」・「二月初三日宴饗後作別問答記」・「二月初三日宴饗後作別問答記」에

는 병자수호조규가 조인된 2월 2일을 전후로 왜국사신을 接見한 내용이 수록되었다.

「禮曹判書閣下」·「別幅」에는 修信使 金綺秀가 일본에 다녀 왔을 때 외무성 대신이 예조판서에게 보낸 문서 등이 수록되었다.

「諭平山府使尹永夏書」은 고종이 황해도에 御史를 파견한 후에 어사가 復命한 내용을 보고 윤영하에게 表裏 一襲을 상으로 내리는 내용이다.

「講本」·「別講本」에는 조선국민이 일본에 갔을 때나 일본국민이 조선에 있을 때 발생되는 문제, 埋葬地에 관한 일, 개항된 곳에서의 일본인들의 貿易規則 등 議政府와 倭使 간에 협의하는 조항들이 들어 있다.

「譯漢文」 2편은 일본사신이 禮曹에 들인 書契와 일본 外務卿이 禮曹判書 金尙鉉에게 보낸 것으로 일본측 이사관 宮本小一이 議政府로 들인 書契이다.

「八月日咸鏡道按撫使金有淵下送時綸音」은 함경도에 犯越을 금지하는 綸音을 내리고 예조판서 金有淵을 안무사로 파견한 내용이다.「丁丑三月初七日展拜敎是時節次事」는 禮曹에서 毓祥宮의 毓祥廟와 延祐宮, 宣禧宮에 행차하는 高宗을 모시는 절차를 적은 내용이다.

「戶曹判書閔致庠上疏」는 1877년(고종 14) 十二月에 財用의 元摠이 부족한데다가 1876년의 심한 흉년, 他司에 移劃한 것, 조세를 漕運하다가 물에 잠겨 부패한 것까지 고려하면 경비가 크게 부족하니 고종에게 廟堂으로 하여금 조치하게 해줄 것을 청하는 내용이다.

「慶尙監司申應朝上疏」는 대원군과 이종사촌 관계에 있던 신응조가 경상감사의 직책을 거두어 주기를 청하는 내용이다. 「戊寅正月十六日」條는 고종의 伯父인 領議政 李最應이 辭職을 청한 上疏에 대하여 고종이 허락하는 傳敎를 내린 기록이다. 「全羅監司李敦相辭免上疏」는 1876년(고종 13) 七月에 이돈상이 전라감사를 사직하겠다는 내용인데, 그대로 공무를 수행하라는 비답을 받았다.

끝부분에 있는 최치원의 일생은 유일하게 고종 시대의 역사와는 관련이 없는 부분이다. 여기에 수록된 최치원 일생의 대부분은 역사적인 사실과 다르며 설화적인 내용으로 재구성되어 있다. 최치원은 麗朝 王建 때의 사람으로 文昌縣 金猪窟에서 태어나 아버지로부터 금돼지의 자식이라고 버림받은 이야기, 행인에 의해 구출되어 양육되다가 8세에 부모를 잃고 流離하였고 上京하여 거울 닦는 일을 業으로 삼은 일, 王尙書의 難題를 대신 풀어 사위가 된 일, 중국에 들어가서는 그의 재주를 시기한 인물이 그를 해하려 하였으나 이를 미리 알아차려 함정에 빠지지 않았던 일, 천자에게 인정을 받아 禮部尙書로 돌아온 일, 그 후 몇 년이 지나서 妻子를 이끌고 가야산 해인사로 들어갔지만 不死한 일 등을 적었다.

4. 가치

이 책은 丙子修護條規 前後로 條規의 진행 과정, 外交文書 등의 기록이 실려 있어서 조선

후기 朝日관계를 연구하는 사람들에게 참고가 될만한 자료이다. 그 밖의 내용도 주로 1876년부터 1878년까지 3년간에 있었던 기록인데, 이 책의 의미는 해당 기간의 상황을 전해주는 史料인 왕조실록, 『승정원일기』, 『일성록』 등의 비교를 통해서 더욱 명확하게 밝혀질 것이다.

【최우영】

宗海源流

金錫奎(1864~?) 著.

寫本. 1册(86張) : 28×20cm. 10行 20字.

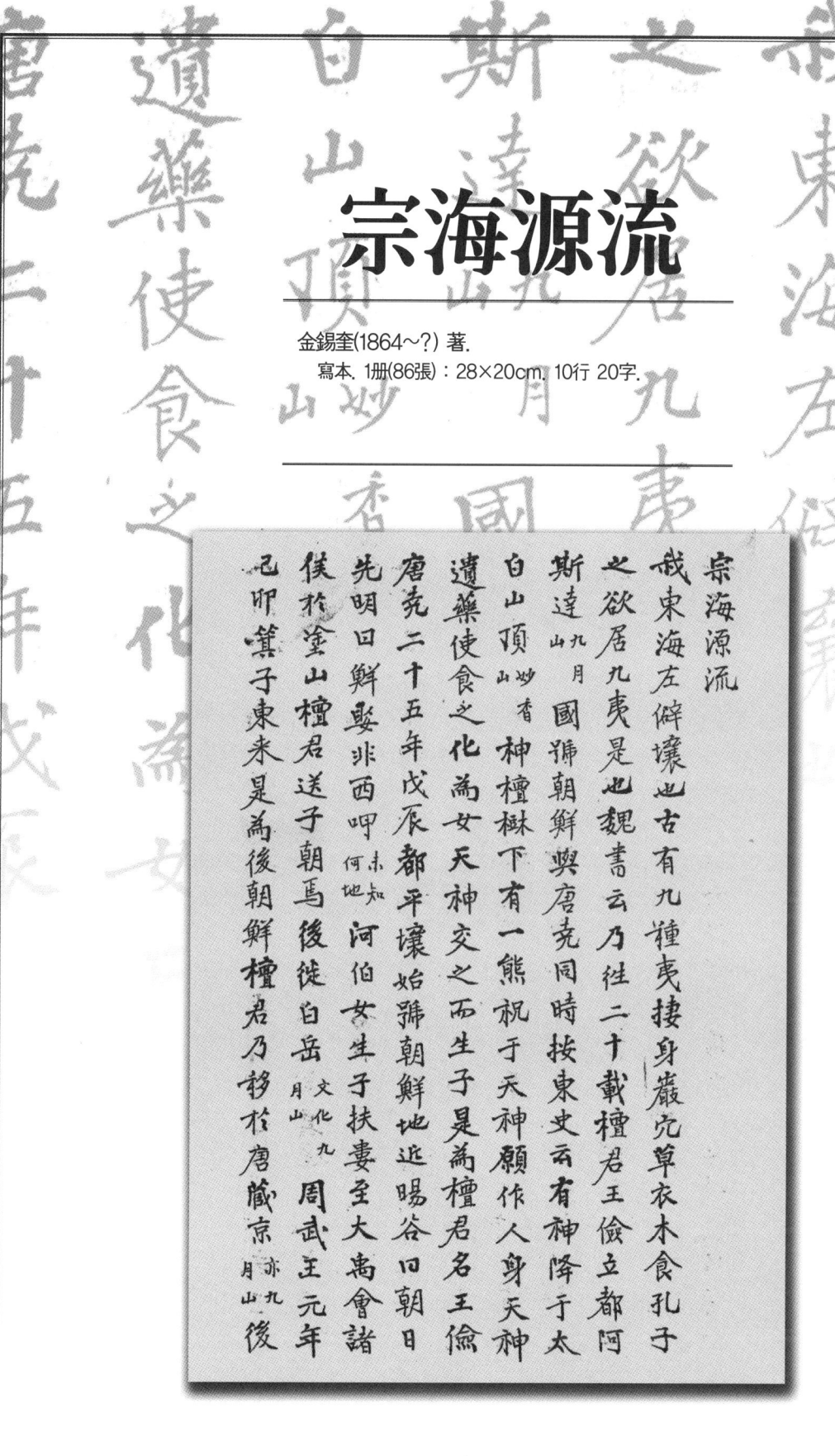

宗海源流

哉東海左僻壤也古有九種夷捿身巖宂草衣木食孔子

之欲居九夷是也觀書云乃往二十載檀君王儉立都阿

斯達山九月 國弁朝鮮與唐堯同時按東史云有神降于太

白山頂妙香 神檀樹下有一熊祝于天神願作人身天神

遺藥使食之化為女天交之西生子是為檀君名王儉

唐堯二十五年戊辰都平壤始弭朝鮮地近賜谷日朝日

先明日鮮嬰非西呷 河伯女生子扶妻至大禹會諸

侯於釜山檀君送子朝焉後徙白岳 周武王元年

己卯箕子東来是為後朝鮮檀君乃移於唐藏京

1. 저자

金錫奎(1864~ ?)의 本貫은 安東이다. 1886년 增廣別試 文科에 丙科로 급제, 1889년(高宗26) 奎章閣 待敎에 임명된 이래, 侍講院兼文學·成均館 大司成을 거쳐 1893년 吏曹參議가 되었다. 建陽(1896~1897)·光武(1897~1906) 연간 奉常寺 提調, 宮內府 特進官 등에 중용 되었으며, 1899년 일본주재 特命全權公使에 임명되기도 했다. 이후 法部 法務局長·협판을 비롯하여 법률기초위원회 위원장, 평리원 판사, 한성재판소 수반판사, 형법교정관을 지냈다.

2. 구성

본서는「序文」을 필두로「大明歷代圖」·「東國歷服圖」·「凡例」그리고 本文의 순서로 구성되어 있다. 본문은 易姓革命을 통해 왕조를 開創한 太祖 李成桂(1335·1408)로부터 시작하여 22대 正祖에 이르기까지 對明관계를 정리해 놓고 있다. 본문 뒤에는「大淸本蹟」과 附錄으로「大報壇參班錄」이 편제되었다.

3. 내용

김석규는 序文에서 본서를 집필한 의도를 설명하고 있다. 그것은 바로 명나라의 皇恩에 감사하기 위한 목적에서 비롯되었다. 그는 스스로 '皇明의 遺民'으로 자처하면서 建國시 國號를 정해준 이래 삼 백 년 동안 조선을 禮遇해준 고마움과 壬辰倭亂(1592, 선조25) 당시 군대를 파병해준 再造의 은혜에 감사한 마음을 피력하였다. 또한 正學과 禮法, 文體·衣制에 이르기까지 선진문물을 전수해준 배려에 대한 감사 역시 잊지 않았다. 이러한 皇恩에 대해 그는 肅宗代 萬東廟를 건립한 일과 罔極한 恩義를 追感하여 大報壇을 설치하여 황제께 제사를 드린 일 등을 구체적으로 거론하면서 신하이자 자식으로서 군주와 아버지의 德義를 알지 않을 수 없다고 하였다. 그리고 崇報의 당연함을 강론하기 위해서 어쩔 수 없이 그 始原을 거슬러 올라가서 事變의 상세함을 기록하였으며, 國史와 野乘, 序次를 정리하여『종해원류』를 짓게 되었다고 밝혔다. 서문 뒤에는 조선과 명나라의 왕위계승관계를 한 눈에 살펴볼 수 있는「大明歷代圖」와「東國歷服圖」가 편제되어 있다.「대명역대도」는 명나라 太祖이래 永曆 皇帝에 이르기까지 19대 황제의 年號와 在位기간을 간략하게 정리한 도표이다.「동국역복도」역시 같은 취지에서 太祖로부터 哲宗에 이르기까지 역대 조선 국왕의 연호와 재위기간을 표로 정리하였다.

다음으로 「凡例」에서는 본문에 앞서 책을 읽어 나가는 데 필요한 8가지 사항들을 기술해 놓고 있다. 첫째, 檀君이래의 事大의 연혁을 주지시키기 위해 篇首에 이를 간략히 기록해 두었다. 둘째, 史傳 가운데 황은과 관련된 사안들을 摘發하여 장구에 따라 보이는 대로 기록하였는데, 文勢의 同異함에 구애받지 않았다. 셋째, 威化島 回軍이후 국호를 下賜받고 封爵을 수여해준 큰 은혜로 인해 새롭게 나라를 창업할 수 있었기 때문에, 그 기원을 자세히 서술하고자 壬申年(1392, 태조 원년)으로부터 시작하였다. 넷째, 조선의 貢獻과 명나라의 賜賞은 相孚하여 恩義를 修摯하는 일이었기 때문에 일일이 編錄하였다. 다섯째, 임진왜란 당시 군대를 파병해준 것과 병자호란 때 멀리서 구원해준 것을 동일한 聖恩으로 간주하여 그때의 死節과 抗義가 春秋大義에 갖추어져 있기 때문에 특별히 상세히 기록하였다. 여섯째, 洪武로부터 永曆에 이르기까지는 '麟經春王'의 사례에 따라 기록하였으며, 영력 이후는 다만 年月을 기록하여 尊攘의 뜻을 稱託하였다. 일곱째, 명나라가 멸망한 후 皇朝와 皇壇의 은혜에 보답하고자 皇廟와 皇壇을 열거하여 마지막 편을 서술하였다. 여덟째, 皇廟에서의 제사를 거둔 이후 士民들이 명나라를 敬慕할 여지가 없게 되었기 때문에 朝宗의 遺績을 모아 一部로 갖추어 놓았다.

이와 같은 범례에 기준하여 작성된 본문에는 시대 순서대로 태조로부터 正祖에 이르기까지의 황은을 구체적으로 드러내는 사건들이 정리되어 있다. 먼저 본문의 첫머리에는 범례에서 밝힌 대로 조선이전의 시기, 즉 단군 조선을 필두로, 箕子朝鮮・衛滿朝鮮, 辰韓, 新羅・高句麗・百濟, 高麗에 이르는 역사의 흐름이 간략히 정리되었다. 이어서 본격적으로 조선과 명나라와의 관계가 서술되었다. 첫 번째 사건으로 이성계의 위화도회군이 등장한다. 김석규는 이 사건을 동국의 연혁 가운데 尊攘의 뜻이 잘 담긴 일로 간주하였다. 즉 조선의 창업이 이로부터 시작되었으며, 이 일로 명나라로부터 특별한 대우를 받게 되었던 것이다. 이와 함께 조선으로 국호를 정하게 된 내력을 적고 있다. 韓尙質(? ~1400)을 파견하여 '조선'과 '和寧' 중 하나를 선택하여 국호로 정해줄 것을 청하자 황제는 '조선'이라는 칭호가 가장 아름다우며 또한 그 유래가 깊다고 하면서 이 이름을 근본으로 삼아 길이 번창할 것이라고 했다. 이 밖에도 태조 연간에 이루어졌던 명나라와의 교류현황이 날짜별로 기록되어 있는데, 이는 양국간 돈독했던 유대관계를 설명하기 위해서였던 것으로 보인다. 定宗과 太宗대 들어서도 조선에서 올린 貢物과 명나라에서 내려준 賞 등이 구체적으로 정리되어 있다. 太宗이 즉위하던 1401년 여름 황제로부터 誥命을 받던 일, 1405년 가을 왕이 百官을 거느리고 太平館에 나아가 친히 황제가 내려준 약을 받던 일, 1406년 명나라에서 通鑑綱目, 四書, 大學衍義 등 서적들과 약재들을 보내온 일들을 상세히 적고 있다.

世宗代에는 1419년 對馬島를 정벌하여 廣東과 浙江 등지에서 잡혀온 포로들을 다시 중국으로 돌려보낸 사건과 황제가 舍利를 구한다는 말에 天興寺 사리를 獻上했던 記事가 눈에 띤

다. 先代와 동일하게 太上王이 薨했을 때 황제가 애통해 하고 輟朝한 일을 기록함으로써 양국 왕실간의 우호관계를 부각시키고 있다. 같은 맥락에서 1424년(세종 6) 仁宗이 崩했을 때 국왕이 白衣視事를 행한 일이 기록되었다. 또한 앞선 시기에서처럼 1426년(세종 8)에도 進獻使로 중국에 갔던 金時遇가 칙서와 함께 四書五經과 性理大全 1부 등 도합 120권과 통감강목 1부 도합 14권을 받아왔다. 제도문물을 완비해 갔던 세종대 조선과 명나라의 문화교류가 기여한 바를 구체적으로 살펴볼 수 있는 사례이다. 이밖에도 당시 명나라를 통해 유입된 물품 중에는 磁器와 靑花盤(1428, 세종 10), 紵絲・紗羅, 綵帛 등이 있었다.

그러나 事大관계에 기초하여 이루어졌던 활발한 양국 간 교류가 자칫 무리한 요구로 이어지기도 했다. 1432년(세종 14) 龍頭盞 등 조선에서 나지 않은 方物에 대한 요청이 있자 朝議가 분분해졌다. 이에 황제는 貢納은 土物로 할 것을 下敎하였다. 또 하나의 사례로 황제가 칙서를 통해 耕牛 1만 필을 요청한 일이 있었다. 이는 駐屯軍이 耕種에 사용할 소가 없다는 遼東都使의 주청에 따른 것이었다. 즉 조선에서 耕牛 1만 필을 골라서 요동시내에 가서 매매하게 하되, 모두 永樂年間의 전례에 비추어 베와 명주를 給與하게 하는 것이었다. 이에 세종은 국내에 생산되는 것이 많지 않음을 들어 난색을 표명하였고, 이에 황제는 현재 가지고 있는 것만을 보내와서 교역하게 하고, 나머지는 즉시 중지하라고 효유하였다. 무리한 통상요구로 문제가 발생하게 되자 황제가 직접 나서서 해소해 나아가는 모습이 부각되어 서술되고 있다.

한편 조선과 명나라의 관계를 현실적인 측면에서 살펴볼 수 있는 주제로 女眞族 처리문제가 있다. 1442년(세종 24) 여름 여진의 여러 부족이 조선을 회유하여 중국을 배반케 하려는 일이 있었다. 조정에서는 논의를 거쳐 다음과 같은 결론을 내렸다. 천하에 두 해가 없고 백성들에게 두 명의 주군이 없으니 더 이상 不道한 말을 하지 말라는 논의였다. 이 일을 전해들은 황제는 조선 조정의 대처를 가상히 여겨 특별히 국왕에게 綵弊를 사사하였다. 건국 이래로 지속된 양국간 유대관계가 외교현안을 처리하는데 긍정적으로 작용된 사례로 보여진다. 세종 이후 文宗, 端宗을 거쳐 世祖代에 이르도록 여진족 문제를 처리하는데 있어서 명나라와의 긴밀한 협조관계가 잘 유지되었다. 그것은 儀禮적인 차원에서뿐만 아니라 실질적인 군사협력 차원으로까지 확대되어 갔다. 1467년(세조 13) 겨울, 建州의 여진족이 遼東을 침탈하자 황제는 李秉武와 趙輔往에게 정벌을 명함과 동시에 조선에 군대를 파견하여 相應해 줄 것을 요청하였다. 이에 세조는 魚有沼(1434~1489)와 南怡(1441~1468), 姜純領에게 군사 1만 명을 주어 鴨綠江을 건너 적을 협공케 하였다. 이듬해에도 여진족에 대한 공세는 지속되었으며, 마침내 건주를 토벌하여 여진족을 와해시켰다. 황제는 여진족 토벌의 공을 인정하여 세조에게 白金과 紋錦, 西洋布 등을 하사하였다. 군사적 연계를 통한 여진족 토벌은 成宗代에도 지속되었다. 1479년(성종 10) 겨울 건주의 여진족 중 일부가 중국을 위협하고 침범하자 황제는 遼東指揮 高淸을 보내어 조선에 援兵을 청하였다. 이에 성종은 三道都體察使 어유소를 征西大將으로 삼았다. 그러나 어유소가 압록강이 얼어붙지 않아 군사를 건너보내 공격하기 어렵다는 입장을 피력하였다. 조정에서는 명나라와의 관계가 악화되는 것을 우려하여 어유소를 파직하고 좌의정 尹弼商(1427~1504)을 都元帥로, 節度使 金嶠(1428~1480)를 副元帥로 삼아 적을 공격하여 승리하였다. 이에 황제는 성종에게 백금과 문금, 서양포를 사사하였다.

여진족과 함께 倭寇처리 문제 역시 양국간 주요 외교 현안으로 부각되었다. 1523년(中宗 18) 倭虜 藤原中林 등이 중국의 寧波府를 공격하여 邊將을 살해하고 다수의 중국인을 잡아간 사건이 발생하였다. 그런데 공교롭게도 본국으로 돌아가던 왜구가 黃海에 표류하였다. 황해 守臣이 倭奴를 포획하자 중종은 奏聞使 成世昌(1481~1548)으로 하여금 중국인과 왜노를 명나라로 押領하였다. 이에 황제는 포상으로 백금 100兩과 錦 4端, 紵絲 12表裏를 내려주었다. 1559년(명종 14) 다시 한번 왜구처리를 둘러싼 양국간 긴밀한 협력관계가 발휘되었다. 당시 왜구가 鴛船 25척을 동원하여 조선의 연안을 공격하였다. 이에 조정에서는 兵官 李鐸 등을 파견하여 이들을 물리쳤으며, 사로잡혀 있던 중국인 陳春 등 306명을 구출하였다. 그리고 이같은 사실을 사신을 통해 명나라에 알렸고, 황제는 상으로 은과 비단을 하사하였다. 이와 같은 양국간 긴밀한 군사협력체계는 임진왜란을 계기로 더욱 강화되었다.

김석규는 임란직전 일본 내 정황과 朝日관계를 소상히 적고 있다. 당시 일본의 天王은 國事를 주도하지 못하였으며, 關伯이 大將軍 혹은 大君으로 칭하면서 국사를 농단하였다. 200여 년의 세월이 흘러 豊臣秀吉(1536~1598)이 관백을 대신하였다. 薩摩州 노비 출신이었던 그는 관백의 밑에서 20여주를 빼앗는 등 혁혁한 戰果를 거두었으며, 마침내 主君을 죽이고 자립하였다. 한편 당시 조일관계는 '化外之國 不可責'이라고 표현하고 있듯이 일본에 대한 사신 파견을 불허하고 있었다. 반면 일본에서는 끈질기게 通好를 요구하였다. 이에 조정에서는 왜구에게 사로잡힌 조선인을 풀어준 뒤라야 通信하겠다는 조건을 내놓았다. 이를 받아들인 결과 1589년(선조 22) 7월 일본으로 잡혀간 金大璣 등 116명이 刷還되는 등 일정한 성과를 거두게 되었다. 그리고 1591년(선조 24) 일본 通信使로 金誠一(1538~1593)과 黃允吉(1536~ ?), 許筬(1548~1612)을 파견하기에 이른다. 일본을 방문한 뒤 황윤길과 김성일이 올린 馳啓에는 전혀 상반된 의견이 개진되었다. 황윤길은 풍신수길의 비범함을, 김성일은 두려할 것이 없는 인물로 평가하였다. 그 해 10월 일본사신 玄蘇가 입조하여 명나라를 치려고 하는데 조선에서 길을 인도해 달라는 悖戾한 말을 전달하였고, 趙憲(1544~1592)은 일본 사신을 죽이고 이 사실을 명나라에 빨리 알릴 것을 疏請하였다. 이에 聖節使 金應南(1546~1598)에게 명나라 禮部에 왜적이 중국을 침범할 뜻을 갖고 있음을 移咨하도록 했다. 이번 일을 통해 일본이 조선과 모의하여 왜구를 인도할 것이라는 혐의가 풀리기를 기대했다.

김석규는 임진왜란의 전개과정을 자세히 적고 있다. 1592년(선조 25) 4월 13일 새벽 안개를 헤치고 바다를 건너 왜구가 침입하면서 전란이 시작되었다. 釜山僉使 鄭撥(1553~1592)이 抗戰하였으나 전사하였고, 東萊府使 宋象賢(1551~1592) 역시 분전하였지만 전사하고 말았다. 都巡邊使 申砬(1546~1592)이 忠州 彈琴臺에서 배수진을 쳤으나 대패하였으며, 이 소식을 전해들은 영의정 李山海(1539~1609)는 선조에게 한양을 버리고 피난할 것을 권고하였으나 掌令 權悏은 극력 반대하였다. 선조는 명나라를 위해 封疆을 사수해야 한다고 하면서도 형세가 대적할 수 없는 상황에서 천자에게 상소하여 王師를 빌어 적을 토벌할 것을 하교하였다. 국왕이 피난을 떠난 이후 거둔 주요 전과가 순서대로 정리되었다. 그 중에는 李舜臣(1545~1598)과 元均(1540~1597)이 이끄는 水軍에 의해 玉浦와 唐浦에서 왜선을 대파한 일과 全羅監司 李洸 등이 勤王兵 5만을 이끌고 水原에서 왜구를 격퇴한 일, 休靜(1520~1604)이 僧兵을 이끌고 參戰한 일들이 기술되어 있다.

명나라의 본격적인 지원은 平壤이 함락되고 義州에 국왕의 행렬이 다다르게 되면서부터 시작되었다. 당시 황제는 선조에게 詔書를 보내 위로하며 援兵을 파견하여 조선을 돕겠다고 약속하였다. 그 뒤 원군이 이르기까지 請援使 李德馨(1561~1613)의 활약상이 잘 정리되어 있다. 또한 提督府提督 李如松이 이끄는 明軍 4만 3천 여명이 조선에 진주한 이후 평양성 탈환 과정도 구체적인 戰功과 함께 기술되었다. 평양 회복이후 황제는 조선국왕으로 하여금 舊居의 守還을 명하였으며, 經略 宋應昌이 兵馬를 더 파견해줄 것을 요청하자 兵部에서는 南京의 軍備를 원조케 하였다. 평양이 회복되면서 조선의 장군들이 차례로 한양으로 진격해왔다. 이 중 전라감사 權慄(1537~1599)은 군대를 거느리고 幸州山에 진을 치고 목책을 설치하고 왜적과 일전을 치루었다. 幸州大捷(1593, 선조 26)을 전해들은 황제는 권율이 거둔 전과를 높이 평가하면서 상을 내렸다. 한양을 회복한 이후 명나라 군대의 동향과 전반적인 戰況 등이 개괄적으로 기술되었다. 이처럼 김석규는 왜란의 전개과정을 명나라 군대의 파병과 이에 내응하면서 활기를 띠기 시작했던 조선 군대의 활동 양상을 중심으로 정리하였다. 再造之恩의 내용을 구체적인 전과를 통해 입증함으로써 명나라와의 관계를 부각시킬 의도를 갖고 있었던 것으로 보여진다.

光海君代에 이르게 되면 양국간 긴급한 현안으로 寧古塔을 중심으로 勢를 확산하고 있었던 後金 문제가 대두하였다. 1618년(광해군 10) 7월 4일 마침내 명나라의 요청에 따라 누루하치(奴兒哈赤)의 근거지를 공격하기 위해 姜弘立(1560~1627)을 五道都元帥로, 金景瑞(1564~1624)를 부원수에 임명하고, 이들로 하여금 군사 만 2천여 명을 이끌고 출병케 하였다. 그리고 명나라 提督 劉綎이 이끄는 명나라 군대와 합류하여 후금과 전투를 벌였다. 그러나 조명 연합군은 대패하였고, 강홍립은 투항하고 말았다. 당시 양국간 유대에 틈이 벌어지게 한 사건들이 발생하였는데, 遼東都司 毛文龍의 무리한 군량요청과 조선에서 遼陽 회복을 위한 군대를 출병하지 않은 일이었다. 특히 후자의 일에 대해서 吳達濟(1609~1637)는 皇恩을 저버리고 禽獸의 무리를 따르는 것이라고 비난하는 상소를 올렸다. 양국간의 관계가 회복된 것은 仁祖代였다. 인조는 즉위하자마자 張晩(1566~1629)을 八道都元帥로 삼고 '天朝繼絕, 存亡之恩'을 잊지 않을 것을 맹세하였다. 1627년(인조 5) 丁卯胡亂이 발발하게 되자 인조는 江華島로 피난하였다. 김석규는 이 시기 조정에서 주장된 斥和論을 논자별로 자세히 소개하였다. 尹煌

(1571~1639)은 오랑캐의 使者를 참수하고 三軍의 군기를 진작시킬 것을 청하였으며, 李宜彦 등도 和議를 파하고 적을 토벌할 것을 주청하였다. 한편 尹衡志(1604~1634)는 主和의 죄를 물어 崔鳴吉(1586~1647)을 참수하고 강홍립을 도륙할 것을 청하였다. 孝宗과 顯宗代에 들어서는 宋時烈(1607~1689)과 宋俊吉(1606~1672) 등 尊周之義에 입각하여 對明義理와 北伐을 강조하고 주장했던 논자들의 발언들이 소개되었다.

肅宗代에는 명나라 神宗의 은혜를 추모하기 위해 쌓은 大報壇이 설치되기까지의 상황과 공사가 완료되어 숙종이 왕세자와 백관을 거느리고 친히 제사를 지냈다는 기사가 수록되었다. 英祖代에 들어서게 되면 황은에 보답하려는 정부의 다양한 노력들이 정리되고 있다. 영조는 송시열이 燕行을 갔던 閔鼎重(1630~1687)으로부터 얻은 황제의 어필 '非禮不動' 4글자를 華陽溪谷 가에 돌을 세워 새겨 놓도록 명하였다. 황제의 어필을 親覽한 영조는 感泣하면서 皇明 再造의 은혜를 잊을 수가 없다는 말을 남기고 있다. 이밖에도 1740년(영조 16) 국왕이 친히 感皇恩詩 두 絶句와 小序를 지어 새겨서 宣武祠에 걸라고 명하고 명나라가 우리나라를 再造한 은혜를 잊을 수 없다고 하였다. 1747년(영조 23) 晉州사람이 옛날 도장 한 개를 南江에서 주웠는데 그것은 임진년 난리 때 죽은 병사 崔慶會가 소지하고 있었던 것이다. 도장 위에 萬曆 연호가 새겨져 있었는데 영조가 이것을 보고 감탄하면서 친히 銘을 제작하여 본영에 留藏케 하였다. 이밖에도 1751년(영조 27) 국왕이 신종 황제의 忌辰을 위해 後苑에서 望拜禮를 행한 사실을 적고 있다. 皇壇에 享祀했던 기사는 정조대에도 등장하고 있다. 1779년(정조 3) 황단에서 행할 구체적인 예절을 논하는 자리에서 정조는 이름에 걸맞는 樂章과 佾舞를 구비할 것을 명하였으며, 조선에서 드리는 제사를 三皇禮에 입각할 것을 하교하였다. 또한 1796년(정조 20) 황단에 親享하면서 정조는 세월이 흘러 人心이 황단에 제사 드리는 것을 보통으로 여기게 된 사실과 春秋의 尊王之義를 講明할 곳이 없게 되었다고 안타까워하였다. 이에 정조는 비록 의식 절차의 사소한 것일지라도 황은을 느끼는 단서로 활용하도록 執事를 맡은 신하들에게 당부하였다. 이 밖에도 국왕이 望拜禮를 시행한 사례를 시간에 따라 정리되어 있다.

김석규는 본문을 통해 태조로부터 정조에 이르기까지 조선과 명나라의 관계를 尊周義理의 관점에서 정리하였다. 그리고 그 뒤에 '大淸本蹟'의 편을 별도로 편성하였다. '대청본적'은 건주 일대를 중심으로 성장한 여진족이 점차 세력을 넓혀 淸나라를 건국해 나아가는 과정을 정리한 것이었다. 또한 그는 附錄으로 '大報壇參班錄'을 작성하였다. 참반록은 이여송을 위시한 '皇朝人'(25명)과 이순신 이하 李忔로 편제된 '本朝忠臣(62명)'으로 구성되었다. '본조충신'의 면모를 살펴보면 임진왜란 등 주요 전쟁에서 전사한 인물과 척화파 인사들로 이루어져 있다.

4. 가치

　본 『종해원류』는 華夷論에 입각한 尊王攘夷의 관점에서 조선사를 정리한 책으로서, 명나라와의 대외관계사를 정리하는 데 도움이 되는 史料이다. 특히 對明義理를 강조하고 있다는 점에서 韓末 조선의 官人·儒者들이 세계관의 일면을 살펴볼 수 있는 자료이기도 하다. 1876년 開港을 통해 서구 열강의 선진문물이 유입되는 상황 속에서 당시 조선의 지식인들은 각각의 학문 전통 속에서 근대국가로의 전환을 모색하였다. 바로 이때 김석규로 대변되는 일부 관인·유자층은 명분의리에 입각한 화이론을 견지하면서 대명관계를 재조명하고 있었다. 이와 같은 저술 태도에 입각하여 저술된 『종해원류』를 통해 日帝와 서구 열강의 利權침탈에 맞선 관인·유자들의 현실인식과 대외관의 일단을 이해할 수 있을 것으로 기대해 본다.

【원재린】

辰巳亂離錄

著者 未詳.

寫本. 2冊：38×24.5cm. 12行 28字 內外.

辰巳亂離錄上

○日本被擄唐人許儀後上書

此書雖非辛卯年兩觀此知寇賊發兵之篇首

陳機密事人許義後為恊忠報國事後等辛未年過廣東連舡被
擄幸以小道見愛挾賣日本薩摩三君尚存性命每恨不逞徒誘引我大國被
商漁擄掠愛賣愁苦萬狀乙百年後恊哀告于薩摩之君殺死陳和是
吾錢少峯等十餘酋没其妻子餘賊走入東浦寨暹羅呂宋等處於是
冠舡寢寫丁亥年開白破薩摩肥前肥後又潛出冠舡後隨薩摩君入覲
冒死泣訴閱白乃下令斬首解京尚走二賊酋未獲是以至今海上昇平及南
者之本心也然日本久住唐人皆賊冠餘黨想無一人冒言真者且嘗市舛村
居不達國務六無一人能言真者後不避一羅九月初三日遂用自本情送年
户付奉曽舡主送清臺覲覧道阻水長不知到否九月初七日早入閩臺
僕東年春渡高麗征遼東取北京城故後復開條款九月初九日付縣主

1. 저자

著者 未詳.

상권과 하권의 끝머리에 夏寒亭家藏이라 하여 이 책의 소장처를 기록해두었지만, 저자를 알 수 있는 정보는 아니다. 내용 중에 유성룡이 가지고 있던 『日本考』라는 중국 서적을 빌려 그 중요한 사항을 같은 이름으로 초록하고 있는 것으로 보아, 이 책의 저자는 유성룡이 살았던 당대의 사람이며 그와 친했던 관계였음을 알 수 있다. 그런데, 풍원부원군이 쓴 편지라는 내용이 또 책 속에 나오는 것으로 보아, 1603년 이후에 만들어진 것임을 알 수 있다. 유성룡이 풍원부원군으로 책봉된 해가 1603년(선조 36)이었다.

2. 구성

상권과 하권 2책에 1592년(임진)과 1593년(계사) 2년 동안의 전쟁 관련 기록을 실었다. 책이름도 여기서 나왔다. 실린 글들은 대부분 敎書, 諭諭文, 勅書, 狀啓 등 공식적인 문서이며 간혹 개인의 편지글 등이 실렸다. 수록된 글은 대체로 그 글이 작성된 시간 순으로 배열되어 있다. 2책 끝에는 따로 『續錄』을 만들어, 이 책의 주제에 관련한 자료를 더 실었다.

상권에 수록된 글은 다음과 같다.

「日本被攄唐人許儀浚上書」・「罪己敎書壬辰四月」・「封世子諭諭文」・「招諭道內守令邊將文武出身父老子弟閑良軍民人等招募義兵事」・「又通列邑文」・「頃緣國運中否島夷」・「兼巡都察使爲通諭事當日到付分備邊司關內」・「敎慶尙道士民書」・「諭曉軍民書」・「國事至此痛哭罔極」・「豊原府院君書」・「萬曆二十年七月甲子義兵將大會義兵于高峴誥于有衆」・「敎慶尙道義兵將濟用監正鄭仁弘陜川郡守金沔等書」・「左道監司金誠一狀啓」・「陜川草溪儒生上招諭使書」・「儒生等上疏八月日」・「勅書」・「頒敎書」・「中朝諸臣擊倭事獻議」・「兵部題准擒斬倭功賞格計開」・「曉諭諸道大小軍民書」・「行人司行人職薛藩爲倭情狡猾可虞調兵征討當急」・「兵部爲曉諭日本諸將事」・「欽差經略薊遼保定山東等處防海禦倭軍務兵部右侍郎宋檄朝鮮國王」・「運粮差使員承文判校吳爲通諭納贖討賊事」・「通諭江右士友文」・「移紹修伊山陶山易東四書院諸君子」・「敎義兵大將僉知中樞府事金沔書」・「宜寧儒生成汝信等輒有鄙抱仰陳太守鈴齋之下」・「備忘記十二月初七日」・「備忘記十二月初八日」・「備忘記十二月初九日」・「曉諭八道人民各備粮餉以俟天兵敎書」・「大明國欽差經略防海禦倭事務兵部」・「勸諭義師共圖興復事天將咨文傳示各道臣民敎書」・「巡察使爲馳通事」・「正月初八日三更李元翼韓應寅李德馨等世子所馳達書狀內」・「天朝大將李提督選調先鋒三萬」・「提督府爲申飭國法戒諭怠玩事」・「二月十二日戌時全羅營吏林世彦告目內」・「列邑通文」・

「三月初四日右道巡察使金誠一狀啓草」·「欽差經略薊遼保定山東等處防海禦倭軍務兵部右侍郎宋照得」·「稟帖老爺台座」·「陝西道御史宋興祖日本島夷許貢非策邊臣經略疎謀懇乞聖明大奮乾一意勦逐以絶禍萌以遵祖訓事」·「接伴使尹根壽書狀」·「御製宣祖」·「送李都督汝松還京」

하권에 수록된 글은 다음과 같다.

「擬呈天將文」·「尙州士民等迎餉天將文」·「劉揔兵檄倭文」·「右道巡察使金玏狀啓草」·「劉揔兵碑文」·「欽差統領蘇鎭海防南兵遊擊都指揮吳」·「都體察使豊原府院君柳」·「都體察使書狀草」·「都體察使書狀草」·「欽差經略薊遼保定山東等處防海禦倭軍務兵部右侍郞宋爲暫留大兵防守以固外藩以安內地事」·「欽差經略薊遼保定山東等處防海禦倭軍務兵部右侍郎宋爲暫留大兵防守以固外藩以安內地事」·「皇帝勅諭朝鮮國光海君」·「法究處日本官」·「勅書」·「四月初七日副天使楊方亨揭帖」·「冊封正使都督僉使宋宗誠揭帖」·「五月初」·「四月十六日傳旨」·「經理楊鎬」·「河南」·「戊戌九月日」·「備忘記」·「奏草」·「兵部抄出朝鮮國王李奏前事奉聖旨」·「皇帝勅諭朝鮮國王」·「誥諭詔」

續錄에 수록된 글은 다음과 같다.

「克復平壤露布」·「敎全羅左道水軍節度使李舜臣書」·「敎京畿監司成泳書柳夢寅」·「號召使三道檄」·「京畿收復後謝天朝表」·「謝皇朝遣使慰諭表」·「答仙蘇書通信副使金誠一」·「與上使松堂書」·「重答玄蘇書」·「答宣慰使書」·「日本考」·「謏聞瑣錄謫庵曺伸所著三往倭國」

수록된 글은 대부분 원문 그대로, 특별한 설명 없이 수록하였다. 그러나 어떤 자료는 글의 앞머리에 작은 글씨로 글을 싣게 된 이유를 적기도 하고, 어떤 경우에는 자료의 끝머리에 그 글과 관련된 사실을 간략하게 기록해 두기도 하였다. 이를테면 「被擄唐人許儀浚上書」는 중국인 허의준이 작성한 글로 상권에서 제일 먼저 실었는데, 필자는 제목 바로 아래에, 1591년에 작성된 이 글에서 흉적 일본이 난을 일으키는 단서를 알 수 있어 책머리에 싣는다고 수록 이유를 밝혔다. 한편, 선조의 「罪己敎書」에 대해서는 글 끝머리에 "이 해 4월 13일에 적선이 바다를 뒤덮었다. 처음에는 동래 절영도에 정박했다가 14일에 부산, 16일에 동래를 함락시켰다. 이후로 관방이 모두 무너져 향하는 곳마다 앞을 가로막는 장애가 없어지는데, 적은 길을 나누어 한 무리는 조령을 넘고, 한 무리는 黃澗을 지나 도성으로 다가갔다. 이들 29일에 임금은 서쪽으로 피난을 떠났고 적을 5월 2일에 경성을, 6월 14일에 평양을 함락했다"라고 하여 전쟁이 발발한 때부터 정부가 피난할 때까지의 상황을 간단히 기록했다.

3. 내용

「日本被擄唐人許儀浚上書」은 1571년(신미, 선조4)에 광동을 지나다가 왜구의 포로가 된 뒤, 일본 薩摩 영주의 덕분으로 생명을 부지하던 중국인 허의준이 1592년 중국 황제에게 올리려고 작성한 글이다. 글의 앞 머리에는 왜구에게 납치되는 사정, 일본에서 목숨을 구하는 사정 등을 싣고 있는데, 정해년 9월에 '일본이 내년 봄 고려를 건너 요동을 정벌하고 북경성을 취하려한다'는 이야기를 들었다는 내용이 나온다. 이어, '陳日本國之詳', '陳日本國入寇之由', '陳禦寇之策', '陳日本關白之由', '陳日本六十六國之名' 등 일본의 정치 군사적 상황을 알려주는 내용이 실려 있다. 글 끝에는 郭國安報國人 朱均旺이 1592년 1월에 올린 진정서도 붙어 있다.

「罪己教書壬辰四月」은 선조 25년 4월 28일의 전교로, 거침없이 전진해오는 일본군의 기세에 신료들이 다들 두려워하자, 안심하라며 내렸다. 조선왕조실록에는 전교를 내렸다는 기사만 있을 뿐 전문은 없다.

「封世子誥諭文」은 광해군 琿을 세자로 책봉하며 내린 고유문이다. 조선정부는 서울을 버리고 播遷하기 하루 전에 광해군을 세자로 책봉했다.

「招諭道內守令邊將文武出身父老子弟閑良軍民人等招募義兵事」은 경상도 초유사 김성일이 경상도의 의병을 모집하며 작성한 글로, 1592년 5월에 작성되었다. 김성일은 의병의 일에 나서기를 촉구하며, 군신간의 대의와, 부모 혈연간의 도리 두 가지를 명분으로 걸었다. 곧, 이 땅에서 먹고 사는 사람으로서 君父가 蒙塵을 떠나고 종사가 위태로우며 만백성이 어육이 되는 상황에서 쳐다만 볼 뿐 움직일 생각을 않는다면 天經地義의 君臣大義는 무너질 것이며, 또, 부모가 적의 칼날에 다치고 골육이 보호받지 못하는 등 私門의 화 또한 급하게 닥쳤는데, 자제된 자로서 구하려 하지 않는다면, 사람 된 도리를 다하지 못한다 함이었다.

「兼巡都察使爲通諭事當日到付分備邊司關內」에는 왕세자가 이천으로 행차하여 의병을 모아 경성을 회복할 계책을 세우니 백성들의 호응이 큰데, 이에 인심이 안정되고 호령이 크게 행해질 뿐만 아니라, 호남병사가 2만의 勤王兵을 이끌고 인천에 도착했으며, 김천일은 안산, 고경명은 수원, 禹性傳 成泳 李戩 등은 의병을 이끌고 경기도 곳곳에 포진하여 경성의 적들은 사방으로 꼼짝하지 못하고 사로 잡혀 있다는 내용이 실려 있다.

「諭曉軍民書」는 1592년 7월 15일 왕세자의 이름으로 발표한 曉諭文이다.

「國事至此痛哭罔極」・「豊原府院君書」은 宣傳官 李克新이 초유사 金誠一에게 교지를 전할 때 가지고 와서 같이 전달한 편지로, 전자는 이덕형이 김성일에게, 후자는 유성룡이 김성일에게 썼다.

「萬曆二十年七月甲子義兵將大會義兵于高峴誥于有衆」는 1592년 고현에서 열린 의병장대회에서 나온 말을 李埈이 기록한 글이다.

「左道監司金誠一狀啓」는 1592년 선전관 이극신이 서울로 돌아올 때 가지고 온 김성일의 장계로, 경상우도 지역의 의병상황, 이 지역 수령 현감의 군사활동 등을 기록하고 있다.

「陜川草溪儒生上招諭使書」는 陜川 草溪의 儒生들이 招諭使 김성일에게 올린 글로, 의병을 일으킨 전 장령 정인홍과 전 좌랑 金沔을 본도의 의병대장으로 삼고 주현을 분속하게 해 달라는 내용이다.

「勅書」는 1592년 9월 초 중국의 사신 行人司 行人 薛藩이 가지고 온 칙서로, 遼陽 各鎭의 精兵 10만을 통솔하고 가 흉적의 토벌을 돕도록 하였다는 내용, 또 東南海邊의 諸鎭에 칙서를 내리고 아울러 琉球·暹羅 등 나라에 宣諭하여 군사 수십만을 모집, 함께 일본을 정벌하도록 하겠다는 내용이 실려 있다.

「兵部題准擒斬倭功賞格計開」에서는 왜적을 사로잡거나 목벤 자에게 내리는 포상 내역을 기록하고 있다. 平秀吉의 목을 벤 자에는 상으로 은 1만냥을 내리고 封伯하여 세습케 하며, 유명한 적의 대장을 목 벨 경우에는 벼슬을 3등급 높혀 주거나 아니면 은 150량을 내린다는 내용 등이 실려 있다.

「曉諭諸道大小軍民書」는 왜적을 사로 잡거나 목벤 자에게 내리는 조선 정부의 포상 내역이다. 왜의 대장을 목벤 자에게는 尊卑를 막론하고 嘉善大夫의 벼슬을 내린다는 내용, 왜군 1명 이상을 목벤 자에게는 공신으로 기록한다는 내용, 적에게 투항했더라도 왜적의 목을 베어 나올 경우에는 그 죄를 묻지 않고 그 공을 기록한다는 내용 등이 실려 있다.

「通諭江右士友文」은 濟用監正 정인홍 등이 작성한 글로, 江右지역(낙동강 서쪽)에서 곡식을 모아 군량이 부족한 호남의 의병을 돕자는 내용을 담고 있다.

「宜寧儒生成汝信等輒有鄙抱仰陳太守鈴齋之下」는 宜寧儒生 成汝信等이 태수에게 올린 글로, 향교와 사대부들이 가지고 있는 책을 闍崛山 見性菴에 보관하여 일본군에 의해 불타거나 훼손되지 않도록 해야 하며, 이를 위해서는 승려들의 힘을 활용해야 한다는 내용을 신고 있다.

「勸諭義師共圖興復事天將咨文傳示各道臣民教書」는 도독 이여송이 이끄는 명군이 1593년 1월 8일 수십만 정병을 이끌고 평양성을 공략, 왜적 2만여명을 죽이고 평양성을 탈환한 뒤, 그 사실을 조선의 백성들에게 알린 왕의 교서로, 1월 10일에 작성되었다.

「巡察使爲馳通事」에는 1593년 1월 8일 평양을 되찾은 명군이 1월 9일 선봉 30명을 황주에 먼저 보내고 다음날 황주에 도착했는데, 이들 명군의 규모는 모두 13만 명으로, 포수 2천포, 마차 3000대, 군량 8만석, 마초 12萬馱를 갖추고 파죽지세로 내려오고 있으니, 충청 경상 전라 제도의 의병들은 요로에 진을 치고 일본군을 섬멸하도록 하라는 내용을 신고 있다.

「正月初八日三更李元翼韓應寅李德馨等世子所馳達書狀內」는 李元翼 韓應寅 李德馨 等이 왕세자에게 1월 8일 명군의 평양성 공략에 대하여 보고한 글로, 이여송이 평양성을 공격, 함락시키는 과정과 상황을 생생하게 기록하고 있다.

「提督府爲申飭國法戒諭怠玩事」는 조선의 群臣들이 태만한 자세로 전쟁에 임하니 국법을 신칙하여 이들을 戒諭하라고 도독부에서 내린 牌文으로, 대신 유성룡 윤두수 등이 와신상담하는 마음과 雪恥 復讐하겠다는 의지를 갖지 못하고 사가에서 편안히 연회나 베풀고 있다고 불만을 토로하는 한편으로, 군량이 부족한데도 조선정부에서 마련하지 못함을 질책하고 있다.

「三月初四日右道巡察使金誠一狀啓草」는 김성일이 죽기 직전 작성한 장계이다. 명군이 평양성을 되찾은 이후 나아가지 않고 오래 머물자 왜적들이 다시 생기를 찾아 문경 함창 상주에 주둔한 자들이 분탕질하는 것이 전란 초보다 더 심해졌다는 내용, 전라도의 수군이 실패한 이후 웅천 김해 창원의 적들이 더욱 치성해지고 이에 각 읍의 군량이 소진되어 곽재우군의 군사들이 다 흩어지는 등, 토붕와해하는 상황이라는 내용, 納粟者에게 상을 내린다는 약속을 듣고 초기 납속했던 富民들이 오래 동안 상이 없자 관을 불신, 재차 납속의 명령을 내려도 응하지 않으니, 비록 기준량에 미치지 못하더라도 기한을 정하여 復戶하고 免役하는 상을 내리면 여유 있는 사람들은 반드시 응할 것이라는 내용, 군졸들에게 상을 공정하게 내려 그들의 사기를 진작시켜야 한다는 내용 등이 실려 있다. 이 글 끝에는 이 책의 편자가 김성일의 죽음을 애통해하며 그 연유를 간단히 적었는데, 순찰사로 있던 김성일이 진주에서 厲疾에 걸려 4월 29일에 세상을 떴다고 하였다.

「接伴使尹根壽書狀은　접반사 윤수근이 명군이 남하하지 않는 사정에 대해 송경략의 생각을 탐지, 조정에 보고한 글이다. 대군이 움직이려면 엄청난 군량이 소요되는데, 조선은 아무런 군량을 준비하지도 않고 전진하라고 요청하니 무슨 생각을 가지고 있는지 모르겠다는 내용이 들어 있다. 이 글 끝머리에서 편자는 명의 군사가 상주에 도착한 다음날, 군량이 없다는 이유로 조령을 넘어 충주에 머무른 지 한 달이 넘었는데, 이로써 살피면 명군이 왜군을 섬멸하겠다고 큰소리치지만 실제로는 싸울 마음이 없다고 명군에 대한 소회를 적었다.

「擬呈天將文 典籍李魯」은 경상우도에 살고 있는 주민들이 명나라 군대를 반기는 마음을 담아 쓴 글로, 典籍 李魯가 작성했다.

「尙州士民等迎餉天將文」은 1593년 5월에 상주의 사민들이 명나라 군대를 환영하여 음식을 공궤하며 쓴 글로, 典籍 李埈이 지었다.

「欽差經略薊遼保定山東等處防海禦倭軍務兵部右侍郎宋爲暫留大兵防守以固外藩以安內地事」는 外藩을 견고히 하고 內地를 편안히 하는 것과 연관된 사항과 관련하여 명에서 조선 정부에 보낸 글이다. 그 중에는 2만의 군사가 경상·전라를 방수하는데 드는 비용을 계산하여 이를 조선에서 어떻게 부담할 것인가를 의논하라는 내용이 있다. 명에서는 군사 한 사람당 月給·月糧으로 銀 1兩 5錢, 行糧·鹽菜에 필요한 은 1냥 5전, 옷·신발에 필요한 은 3전, 犒賞으로 은 3전 등 도합 3냥 6전을 주고, 將領들에게도 廩糧을 후하게 주기로 하고　1년치를 계산하면, 은이 대략 1백만 냥이 소요된다고 하였다.

「皇帝勅諭朝鮮國光海君」은 1595년(萬曆 23) 1월 21일에 명 황제가 세자 광해군에게 내린 칙서로, 광해군이 경상도 전라도 지역에 머물며 그 지역의 방어를 지휘하라는 내용이다. 錢糧을 비축하고 장병을 불러 모으며, 진지를 구축하여 병기를 배치하고, 병사를 훈련시켜 요새를 지키는 모든 일을 형편에 따라 구분하여 처리하도록 하되, 분발하여 마음을 다해 부왕의 실패를 만회하라고 하였다.

「日本考」는 중국 서적에서 일본의 지리, 풍속, 역사 등에 관한 내용을 간략히 추려 정리한 글이다. 유성룡이 소장하고 있던 책을 빌려 초록했다는 기록이 글머리에 있는데, 이를 통해 이 책의 편자가 유성룡과 매우 가까운 사이였음을 알 수 있다.

「諛聞瑣錄適庵曺伸所著三往倭國」는 16세기 영남지역의 사족이었던 曺伸이 지은 『諛聞瑣錄』에서 일본과 관련된 내용만 통채로 옮겨 적은 글이다. 서울에서 琉球國까지의 거리, 東萊 釜山浦에서 對馬島의 要沙只까지의 노정, 일본 8道 66州의 지방, 각 지역의 형세, 경도의 중요한 건물, 그리고 대마도의 정황 등이 자세하다.

4. 가치

이 책은 임진왜란이 일어난 뒤 2년 동안 일어났던 일들을 반영하고 있는 정부의 문서, 그리고 임진왜란 관련자의 장계와 편지글 등을 수록하고 있다. 편자가 특별한 설명을 가하지 않고 당대의 자료만을 수집 배열함으로써, 편자가 임진왜란을 바라보는 시각 등 당대 지식인들이 어떤 마음, 어떤 생각으로 임진왜란을 경험하고 추체험하는지, 그리고 이를 새로운 사유의 주요한 근거로 활용하는지 등등의 정보를 얻기에는 부족한 면이 있다. 그러나, 수록된 글들 가운데 일부는 『실록』이나 『비변사등록』 등 조선의 역사적 기록이나, 개인 문집에서 쉽게 구하기 힘든 자료적 성격을 지니고 있다. 여러 글들을 통하여, 전쟁 초기의 여러 모습을 생생하게 접할 수 있을 것으로 판단된다.

이 책은 상하 두 권의 분량으로 국왕의 교서, 명 황제의 칙서 등등을 싣고 있지만, 한편으로 김성일과 연관된 글, 영남지역의 관인·사족들과 관련된 글 또한 많이 있음을 알 수 있다. 이 점으로 이 책의 편자는 영남과 지연 학연으로 강한 친연성을 갖고 있지 않았을까 하고 생각하게 된다. 나아가, 이 책은 임진왜란의 발발과 관련된 김성일의 처지를 옹호하고 세간의 소문과는 다르게 김성일의 행적을 부각하려는 의도를 갖고 있지 않았을까 생각해 볼 수도 있다. 부사의 지위로 통신사행을 수행했던 김성일에게 쏟아졌던 비난, 곧 일본의 정세를 제대로 파악하지 못했다는 당대인들의 비판을 밀어내며, 김성일이 전쟁 수습을 위하여 고군분투하다가 결국에는 진주지역에서 병에 걸려 세상을 떠났다는 사실이 강하게 드러나고 있음을 전체 자료 배치에서 생각하게 된다.

이 책은 임진왜란사 연구를 위한 기초 자료로서 활용할 수 있을 것이다. 나아가, 이 책은 임진왜란을 겪은 뒤, 조선 정부, 조선의 지식인들이 이 엄청난 정치·군사적 재난을 내면화하며 사상적·정신적으로 새로운 성장을 어떻게 이루어내는지를 살필 수 있는 좋은 자료가 될 수 있을 것으로 보인다.

【정호훈】

倉可樓外史

金鑢(1766~1821) 著.
　原稿本. 61册(全74册中 册2-12, 43, 45缺) : 26×15.5cm.
　10行 20字.
　印記 : 金鑢印.

1. 저자

金鑢(1766~1821)의 本貫은 延安, 字는 士精, 號는 藫庭이다. 金悌男의 7대손으로, 1766년에 金載七의 3남 1녀 가운데 맏아들로 태어났다. 인목대비의 아버지였던 김제남이 계축년 역모에 얽혀 죽은데다, 증조부가 신임사화에 연루되는 바람에 집안이 거의 몰락하였다. 노론 時派였던 아버지 김재칠이 용담·장수 현감을 지내면서 살림이 조금 나아졌다. 1792년 성균관 생원시에 합격하고, 김조순과 함께 『虞初續志』를 편찬하였다. 1797년 11월에 강이천의 蜚語獄事에 연루되어 함경도 경원에 유배되었다가, 유배지에 도착하기 전 왕명으로 다시 부령으로 옮겨졌다. 유배지에 오기까지의 사연을 「坎窞日記」에 기록하였다. 1801년 4월에 辛酉邪獄이 일어나자 다시 推鞫을 받고 진해로 유배되었다. 진해에 있는 동안 부령 시절을 그리워하며 「思牖樂府」를 짓고, 진해 앞바다의 물고기들을 살펴서 「牛海異魚譜」를 지었다. 1806년 8월에 그의 아들 金維岳이 아버지의 무죄를 주장하면서 사건을 다시 심리해 달라고 상소하였는데, 상소가 받아들여져 유배에서 풀려났다. 1812년부터 의금부를 시작으로, 정릉참봉·慶基殿令 등의 벼슬을 지냈다. 1817년 10월부터 1819년 3월까지 연산현감으로 있는 동안 「黃城俚曲」과 「上元俚曲」을 지었다. 1821년 함양군수로 재직하다가 임지에서 세상을 떠났다.

그는 어렸을 때에 서울 가회방에서 자랐는데, 그의 아버지는 과일나무와 화초를 직접 가꾸며, 골동 서화를 즐겼다. 이러한 분위기에서 자라난 그는 자연히 꽃과 나무를 사랑하게 되었는데, 유배지에서 풀려나 서울 삼청동에 살게 되면서 자신이 가꾸는 꽃과 나무, 풀과 채소를 모두 시로 읊었다. 이때 그가 눈에 보이는 대로 읊은 시가 『萬蟬窩媵藁』에 실려 있는데, 여러 가지 과일을 읊은 「衆果五古十韻」 30수, 여러 가지 채소를 읊은 「衆蔬五古十韻」 19수, 여러 가지 꽃들을 읊은 「衆花五律」 10수, 여러 가지 문방구와 일용도구들을 읊은 「衆器五絶」 42수가 실려 있다. 이밖에도 여러 가지 나무들을 읊은 「衆木七律」, 여러 가지 풀들을 읊은 「衆草七絶」은 모두 없어지고, 「衆花五律」도 태반이 없어졌다고 하니, 그가 얼마나 자세하게 자연 만물을 읊었는지 알 수 있다. 이러한 창작태도만 보더라도, 그가 생활 속에서 실학자의 안목으로 글을 쓰면서 살았음을 알 수 있다.

그가 방대한 야사의 편찬작업을 시도한 배경에는 조선후기 야사의 유행도 영향을 끼쳤겠지만, 야사나 패관잡기에 관심이 많았던 집안의 분위기가 직접적으로 영향을 끼쳤을 것이다. 그의 9대조 金安老는 「龍泉談寂記」를, 5대조 김군석은 『東閣散錄』을 편찬했으며, 眞外祖 李宇恒은 『公私見聞』을 가지고 다니다가 유배 도중에 잃어버렸다. 아버지 김재칠은 金石古文이나 名賢의 筆跡과 조상의 遺墨을 수집했으며, 김려의 글 「答李益之書」에 의하면 직접 편찬한 子史秘書도 상당했다고 한다. 김려가 편찬한 자료 가운데 일부는 친구 沈魯崇의 『大東稗林』에도 들어갔는데, 이들은 비슷한 시기에 연산과 노성 현감으로 재임하였다. 이 지역은 모두 지금의 논산시에 포함되어 있는데, 심노숭은 노성현감 재임시에 65세 된 兼達이라는 노인에게

서 야사 수백 권을 빌려 보았으며, 남인계 洪重寅의 『鵝州雜錄』을 후손 洪書模에게서 빌려 보았다. 물론 심노숭이 떠나던 달에 김려가 부임했으므로 자주 만나서 의견을 나누지는 못했 겠지만, 이러한 분위기도 『倉可樓外史』 편찬에 도움이 되었을 것이다. 그러나 김려가 『倉可樓 外史』를 편찬한 가장 큰 이유는 癸丑獄事로 억울하게 목숨을 잃은 7대조 김제남의 伸寃과 자 기 집안의 명예 회복이라고 생각된다. 그랬기에 癸亥反正 100년 이후까지도 집요하게 추적하 여 김제남과 인목대비는 물론, 이이와 성혼에 관한 자료까지도 집대성했던 것이다.

『倉可樓外史』라는 제목은 그가 부령에 유배되었던 시절(1798~1801)부터 언급되었다. 그 시절을 회상하면서 지은 연작시 『思牖樂府 92』에 "倉可外史閨觀志, 洛秀書之蠅頭字. 澹叟謄 寫太荒率, 鷹野移摹頻績密."라는 구절이 있는데, 그가 편찬하던 『倉可樓外史』와 金祖淳이 편 찬하던 『閨人觀外史』를 族孫 金洛秀가 쓰고, 澹叟라고 자칭한 김려 자신도 베낀 듯하다. 그러 나 이때 편찬 필사한 『倉可樓外史』는 연세대 소장본과 관계가 없다. 가장 앞서 필사된 권1, 권2의 『東史提綱』도 1818년 7월에 필사가 끝나 「題東史提綱卷後」를 그때 지었기 때문이다. 김영진은 여기서 말한 『倉可樓外史』는 1792년에 김조순과 함께 편찬했다는 『虞初續志』라고 추정하였다. 이 『倉可樓外史』가 稗史小品集이라는 것은 『思牖樂府 238』에도 확인된다. 결국 『思牖樂府 92』에서 말한 김조순의 『閨人觀外史』는 추후 『古香屋小史』로, 김려의 『倉可樓外 史』는 잔편만이 『丹良稗史』로 다시 들어간 것이다.[1]

그는 1813년부터 1819년까지 『寒臯觀外史』 140권 70책을 편찬하고, 1818년부터 1820년 7월까지 『倉可樓外史』 148권 74책을 편찬했으며, 1818년부터 1821년 4월까지 『藫庭叢書』 34권 17책을 편찬했다. 대부분 연산현감과 함양군수 재직 중에 편찬작업이 이뤄졌는데, 300 권 150책이 넘는 방대한 분량의 필사를 公務 여가에 김려 혼자서 다 했다고 볼 수는 없다. 서목을 선정하고, 善本을 골라서 빌려오는 일만 해도 많은 시간과 공력이 필요하기 때문이다. 심노숭이 아전 가운데 글씨 잘 쓰는 사람을 동원해서 『大東稗林』을 편찬한 사실을 미뤄보면, 김려도 글씨 잘 쓰는 아전을 시켜 필사케 했다는 것이 합리적인 생각이다. 부령 시절에 편찬 하던 『倉可樓外史』를 족손 김낙수가 베껴 주었다는 자신의 기록도 이를 입증한다.

2. 구성

『藫庭遺藁』 권11에는 『倉可樓外史』의 題後 7종이 실려 있는데, 연대본 『倉可樓外史』에는 이 가운데 5종만이 남아 있다. 『再造藩邦志』 12권과 『石潭日記』 9권은 남아 있지 않다. 『再 造藩邦志』는 「題再造藩邦志卷後」에 12권이라 했고, 『石潭日記』는 권25에 『東閣散錄 2』부터

---

1) 김영진, 조선후기의 明淸小品 수용과 小品文의 전개 양상, 고려대학교 대학원 박사학위논문, 2003, 181 쪽.

시작하는 것을 보아 9권임을 알 수 있다. 그밖에 권24 『東閣散錄 1』과 권85-86, 권89-90의 『癸甲時事錄』도 남아 있지 않다. 각 책이 2권 체제인 것을 보면 원래 148권 74책이었던 듯한데, 연세대학교 중앙도서관에는 현재 122권 61책이 소장되어 있다(마지막 책 표지에 '七十四'라고 쓰여 있다). 다행히도 고려대학교 중앙도서관 육당문고에 4책이 남아 있어서 보완할 수 있지만, 내용상으로는 『朝野僉載』3-4, 7-8, 15-16, 29-30이어서, 연대본과 같은 책은 아닌 듯하다. 현재 소장된 4책이 고대본 『倉可樓外史』의 151-2권, 155-5권, 163-4권, 177-8권에 해당되어 연세대학교 중앙도서관 소장본과는 편차도 전혀 다른데다, 『薄庭遺藁』권11의 「倉可樓外史題後」에는 『朝野僉載』에 대한 언급이 없기 때문이다. 『增補文獻備考』에는 120권이라고 했는데, 前間恭作은 『古鮮冊譜』에서 "이는 傳聞에 의하여 錄入한 것인 듯하여, 卷數도 그대로 믿기 어렵다"고 하였다. 연대 소장본이 당시에도 122권 61책으로 돌아다녔는지, 무엇을 근거로 이렇게 기록했는지 알 수 없다.

권마다 제1장은 목록항으로, 제1행에는 총서명인 '倉可樓外史'와 冊次, 제2행에는 '目錄'이라는 2자, 제3행에는 개별 야사의 書名 및 卷次를 쓰고, 제2행과 제3행 하단에 '金鑢印'이라는 陰刻印을 찍었다. '鑢'자는 '慮'자로 되어 있다. '金'자가 겹치기 때문에 생략한 듯하다. 사주쌍변 반곽 유계에 각 면은 10행, 각 행은 20자로 된 精寫本인데, 짧은 권은 16장(권53), 긴 권은 62장(권54, 55) 분량이다.

각 야사가 끝나는 마지막 면에 '題後'를 실어 편찬 경위를 알게 하였다. '題後'는 『薄庭遺藁』권11에도 차례로 실렸는데, 문장은 그대로지만 필사년도는 삭제하였다. 연대본 『倉可樓外史』의 구성과 원래의 撰者 및 金鑢가 편찬·필사한 해는 아래와 같다. 『石潭日記』부분은 남아 있지 않지만, 日本 天理大 소장본 『石潭日記』뒤에 덧붙은 『題石潭日記卷後』를 참조해 1819년 12월에 필사했음을 알 수 있다. 『癸甲時事錄』은 마지막 권이 없어 편찬한 해를 확인할 수 없지만, 1819년 말, 또는 1820년 초쯤 되리라고 생각한다.

> 권1-2 東史提綱 上下 / 附 歷代建都圖後書 / 題東史提綱卷後, 洪萬宗, 1818년 7월
> 권25-49 東閣散錄 2-26 / 題東閣散錄卷後, 金君錫, 1819년 7월
> 권50-56 李相國日記 1-7 / 題李相國日記卷後, 李元翼, 1819년 8월
> 권57-84 癸甲時事錄 1-28, 辛喜業
> 권87-88 國朝名臣錄 2-3, 李存中
> 권91-148 國朝名臣錄 6-63 / 題國朝名臣錄卷後 1820년 7월

『東史提綱』과 『東閣散錄』이 모두 편년체이지만, 『東史提綱』은 주요한 사실을 거의 다 소개한 반면, 『東閣散錄』은 김제남과 인목대비 관계만 뽑아서 엮은 책이다. 『東閣散錄』은 김제남의 손자인 김군석이 조부의 억울한 죽음을 밝히기 위해 관계 자료만 뽑아서 엮었는데, 김려

가 이 책을 『東史提綱』 다음에 필사한 까닭은 김군석이 바로 자신의 5대조이기 때문이다. 자신의 집안을 회복시키기 위해 26권이나 되는 巨帙를 『倉可樓外史』에 넣었음을 알 수 있다.

『李相國日記』는 廢大妃 과정에서 大妃를 옹호했던 李元翼(1547~1634)의 일기이다. 1592년부터 1623년까지 32년 동안의 일기가 규장각에 4권 4책으로 소장되어 있다. 김려의 친구 沈魯崇이 편찬한 『大東稗林』에는 6권인데, 권6 끝에 김려가 쓴 「題李相國日記卷後」가 실려 있어 『倉可樓外史』를 필사했음을 알 수 있다. 다만 『倉可樓外史』본의 권4, 권5를 합해서 권4로 만들어, 한 권이 줄어들었을 뿐, 내용은 같다. 이것이 『稗林』으로 편찬되면서 4권 4책 형태로 바뀌었다.

연대본에 남아 있지 않은 『石潭日記』도 율곡 이이의 일기인데, 『國朝名臣錄』에도 이이의 행적은 2권이나 편찬해, 『倉可樓外史』 전체가 이이에서 자신의 집안으로 이어지는 學緣과 黨派, 그리고 선조 김제남의 伸寃에 초점을 두고 편찬되었음을 확인케 한다.

3. 내용

(1) 『東史提綱』

金鑢는 「題東史提綱卷後」에서 『東史提綱』이 洪萬宗(1643~1725)이 1705년에 지은 『東國歷代總目』이라고 밝히면서, 典故學에 능하고 博聞强記로 이름난 그의 해박한 면모를 엿볼 수 있는 책이라고 소개하였다. 그는 이 책에서 凡例 수십 則과 東國歷代傳統圖, 歷代建國圖가 번잡하고 긴밀한 관계가 없어 일체 刪去하다보니 '摠目'이라는 이름도 의의가 없어져 『東史提綱』으로 고쳤다고 밝혔다. 실제로 『東史提綱』에서는 범례 14則이 삭제되고 본문이 곧바로 시작된다.

교서관 제조로 있던 申琓이 洪萬宗에게 명나라 『歷代總目』의 체재에 따라 우리나라 總目을 편찬케 한 책이 바로 『東國歷代總目』이다. 檀君부터 洪萬宗 당대의 顯宗大王까지 역대 왕들의 치적을 정리한 책인데, 간단한 편년체로 서술하였다. 檀君朝鮮이나 箕子朝鮮을 外紀로 다룬 『東國通鑑』과는 달리 東國統系의 머리로 삼았고, 衛滿朝鮮에게 축출당한 箕準도 朱子綱目의 예에 따라 정통으로 삼았다. 洪萬宗은 이 책의 필법이 문제되어 1707년에 持平 金始煥에게 탄핵 당했지만, 崔錫鼎의 변호로 유배를 면하였다. 英祖가 1725년에 이 책을 補添하라고 명했지만, 元景夏가 "史法에 어긋나지 않는다"고 주장해 그대로 두었다. 金鑢는 『東國歷代總目』 원본과 글자수까지 같게 필사했으며, 큰 글자와 작은 글자까지도 그대로 필사했다. 1면 11행에서 10행으로 1행이 줄어들었을 뿐, 글자의 위치까지도 그대로이다. 이를 보면 金鑢가 얼마나 원문을 철저하게 옮겨 쓰려고 노력했는지 알 수 있다.

* 권1 東史提綱 上

檀君朝鮮 1,212년, 箕子朝鮮 929년, 三韓(馬韓) 203년, 衛滿朝鮮 87년, 四郡 27년, 二府 46년, 新羅 (赫居世부터 敬順王까지) 55세 992년, 高句麗 (東明王부터 寶藏王까지) 28세 705년, 百濟 (溫祚王부터 義慈王까지) 30세 678년에 걸친 역대 왕들의 치적을 소개하였다. 삼국시대는 新羅에 정통을 두어 新羅의 건국을 올려잡았으며, 高句麗와 百濟의 건국 사적을 新羅 赫居世 치적에 넣었다.

* 권2 東史提綱 下 / 附 歷代建都圖後書 / 題東史提綱卷後

高麗 (太祖부터 恭讓王까지) 32세 475년, 本朝朝鮮 (太祖大王부터 肅宗大王까지) 19세 329년에 걸친 역대 왕들의 치적을 소개하였다. 高麗의 왕 가운데 禑王과 昌王은 王이라 칭하지 않고 辛禑, 辛昌이라 칭했으며, 32세를 계산할 때에도 '僞主 二人'이라고 하였다. 『東國歷代總目』은 顯宗大王 재위 15년에서 '今上殿下萬萬歲'라는 구절로 끝나는데, 金鑢는 그 구절을 삭제하고 '今上'인 '肅宗大王' 항목을 추가하였다. 김려가 이 책을 편찬하던 1818년까지는 景宗, 英祖, 正祖가 더 있지만, 더 이상 추가하지는 않았다.

(2) 『東閣散錄』

『東閣散錄』은 金君錫(1609~ ?)이 1602년(선조 35)부터 1709년(숙종 35)까지 108년 동안 조정에 있었던 일들을 여러 자료에서 뽑아 13책 26권의 일기식으로 만든 책이다. 장편의 상소문과 비답이 실록보다도 자세하게 실렸다. 100년이 넘는 기간의 기록이지만, 실제로는 金悌男이 賜死 당하고 永昌大君이 廢庶人되며 仁穆大妃가 서궁에 유폐되는 광해군 시대가 대부분이다. 26권의 현종, 숙종시대 기록은 후일담이다.

이 책은 결국 광해군이 영창대군을 죽이고 왕위를 굳히는 과정과 김제남이 억울하게 역적 누명을 쓰고 죽었다는 점을 밝히기 위해 만들었다. 규장각본은 12책 필사본인데, 김려는 13책으로 만들었다. 체제도 조금 다르다. 김군석은 김제남의 손자인데, 그의 형인 金天錫이 지은 『明倫錄』과 대조해보면 그 편찬 의도가 더욱 분명해진다. '明倫'은 '人倫을 밝힌다'는 뜻이니, 자신의 왕위가 정통성이 없어 아우를 죽이고 어머니(인목대비)까지 폐서인한 광해군의 不倫을 밝혔다는 의미가 담겨져 있다. 김려는 자신의 집안을 회복시키기 위한 의도로 26권 분량의 이 책을 『倉可樓外史』 앞부분에 넣었다.

* 권25 東閣散錄 2

계축년(1613) 5월 15일 일기부터 시작된다. 이날의 일기는 鄭浹이 親鞫에 승복해서 宣祖의 遺命을 받은 신하들이 옥에 갇히는 내용으로 끝나는데, 앞의 내용은 5월 15일 것이 아니라 몇일 치를 한꺼번에 쓴 것이다. 인목대비의 아버지인 延興府院君 金悌男이 七庶의 獄事에 연루되어 체포되고 그 달 18일에 趙希逸, 金光煜, 趙緯韓, 沈光世 등의 여러 신하들이 국문당하는 기록까지 실려 있다. 한 권이 나흘 치이니, 자세하게 기록한 편이다.

* 권26 東閣散錄 3

같은 날 李好讓, 韓浚謙, 崔起南, 安昶, 李時益, 林㻩, 韓浞, 李珩 등의 供辭부터 시작된다. 김제남의 供辭 뒤에 進士府君의 供辭가 실렸는데, 5월 20일 供辭 小註에 "仲·季 두 분의 供辭만 남아 있고 長房의 供辭는 諸家의 기록에 보이지 않으니 이상하다"고 한 것이나 '進士府君'이라고 표현한 것은 김군석이 김제남의 후손이기 때문이다. 23일에 李偉卿이 '討逆'을 상소하면서 영창대군은 물론 大妃에게도 죄가 있다고 하였다. 28일 김제남에게 賜藥을 내리라고 명하고, 29일 영창대군을 廢해 庶人으로 만들었다.

* 권27 東閣散錄 4

6월 1일에 김제남에게 사약을 내렸다. 형방승지 權縉이 지은 傳敎와 金尙憲이 지은 김제남의 행장을 함께 실어 어느 쪽이 옳은지 비교하게 하였다. 李恒福이 지은 進士公(金琭)의 墓誌와 김수항이 지은 秀才公(金珪)의 墓誌도 함께 실었다. 大北派의 논의가 영창대군 쪽으로 옮겨졌다. 6월 26일 館學儒生 權淰 등이 再疏하여 인목대비를 해치려는 李偉卿을 탄핵하자, 광해군이 '다시는 번거롭게 하지 말고, 물러가 글이나 읽으라[勿爲更煩, 退去讀書]'고 하는 비답까지 실었다.

* 권28 東閣散錄 5

7월 9일에 大北派 領袖 鄭仁弘이 '殿下께서 역적 김제남의 딸인 (仁穆)大妃와 한 宮에 살 수 없으니, 새 宮으로 옮기셔서 대비가 외부와 연락하지 못하게 보전하시라'고 箚子를 올렸다. 이로부터 西宮 幽閉의 논의가 시작되었다. 11일에 嚴惺이 尹烇, 權鑴 등과 (중학에) 모여 '(대비의 죄를 언급한) 李偉卿·李尙恒·韓暿 등 20여명에게 停擧'를 결정하였다. 신하들 사이에 대비의 책임과 광해군의 義理에 대한 논의와 상소가 계속되었다. 21일에 광해군이 健婦 10여 명을 大妃殿으로 보내 (영창대군) 의를 劫奪하였다. 23일에 대군을 강화에 圍籬安置하게 명하고, 8월 2일에 강화로 떠났다. 23일에 李得養 등이 상소하여 이위경을 규탄하였다. 鄭大容은 영창대군을 벌하라고 상소하였고, 郭再祐는 대비와의 恩義를 지키기 위해 영창대군을 살리라고 상소하였다. 鄭逑의 상소도 같은 뜻이다. 8월 8일에 영의정 李德馨이 차자를 올려, '영창대군을 살려 대비와의 은의를 보전하시라'고 하였다. 광해군이 批答을 내려, '법대로 집행하자[執法]'는 의견과 '은혜를 보전하라[全恩]'는 의견이 다 맞다고 하였다. 옥당에서는 영의정 이덕형을 斬하라고 차자를 올렸다. 9일에 兩司가 合辭하여 '이덕형이 임금을 협박하였으니 削奪官職하고 門外出送하라'고 청하였다. 10월 1일에 三司가 停啓하였는데, 10일에 이덕형이 楊根에서 세상을 떠났다. 승정원에서 啓를 들이자, '그의 관작을 되돌리고, 제사와 장례를 식대로 하라'고 전교하였다. '역적의 아비는 削職하는 게 마땅하다'고 備忘記를 내리자, 11월 29일 의금부에서 '심우영·박종인·서양갑·허홍인·유인발·정협 등은 우선 그 관직을 깎고, 박치의의 아비는 아울러 그 훈작까지도 깎는 것이 마땅하다'고 회계하였다.

* 권29 東閣散錄 6

갑인년(1614) 1월 4일에 의금부가 방신업·춘환·의일·서응상을 가두었다. 강화도에 의가 있는 곳에 편지를 보내고 差官이 있는 곳에 편지를 보내려고 한 일 때문에 獄事가 또 일어났다. 13일에 鄭沆을 강화부사로 임명해 그 날로 출발시켰다. 2월 6일에 朴致義를 잡을 督捕使를 각 도에 보내라고 명하였다. 9일 강화부사 書目에 '이 달 2일부터 의가 앓기 시작했다'고 하였다. 10일 강화부 서목에 '역적 의가 9일에 죽었다'고 하였다. 『國朝記事』에서는 '정항이 방에 불을 때서 대군이 질식해 죽었다'고 하였다. 비망기를 내려 대군의 예로 장사지내게 하였다. 12일에 전교하여, '(대군을) 살리지 못한 別將과 강화부사를 推考하라'고 하였다. 19일에 鄭蘊이 상소하여, '(강화부사) 정항을 목 베어 (의를) 함부로 죽인 죄를 바로잡고, 영창의 (대군) 칭호를 회복하며, 大妃에게 효성을 다하시라'고 하였다. 광해군이 크게 노하여 상소문을 불살랐다. 22일 옥당의 箚子에 '손을 빌려서[假受]'라는 정온의 말을 문제 삼았는데, 정온이 '광해군이 강화부사 정항의 손을 빌려서 영창대군을 죽였다'고 말했다는 것이다. 이때부터 며칠 동안 정온에게 극형을 내리라는 의견과 言路를 열어야 한다는 의견이 계속 되었다. 6월 24일에 親鞫하고, 정온이 原情하였다. 7월 2일에 친국하여 정온을 제주도에 圍籬安置시키고, 정항을 罷職 放送하였다. (24일에) 宋興周 등이 상소하여, '정항을 목 베고 정온을 용서하여, 온나라 신하와 백성의 분함을 풀어 주시기 청한다'고 하였다. 8월 2일에 傳敎하여, '송흥주 등을 승정원에서 불러 심문하라'고 하였다. 12월 25일에 전교하여, '咀呪와 凶書 두 가지 일에 대하여 한 敎書를 만들어 내일 중외에 반포하라'고 하였다.

을묘년(1615) 1월 3일에 『明倫錄』을 인용하여, '光海가 大妃를 (서궁에) 버리고, 창덕궁으로 옮겨 갔다'고 하였다. (실제로는 4월 2일에 떠났다.) 저주와 흉사에 관한 敎文과 『月沙聞見錄』, 이원익의 箚子와 광해군의 비망기 등을 차례로 실었다. 이원익은 '어머니가 자애롭지 않아도 자식이 효도하지 않을 수 없다'면서 광해군에게 倫紀를 중히 여기라고 했다. 옥당과 三司의 의견을 받아들여, (5월) 23일에 이원익을 파직시켰다.

* 권30 東閣散錄 7

3월 2일 이위경의 상소, 3일 신광업·송극인·유숙·윤인·양시진의 啓, 4일 박재·최응허의 啓, 옥당의 箚子, 9일 安佺 등의 상소, 13일 송순·최응허·양시진·신광업의 啓 등이 실렸으며, 이원익과 남이공을 엄벌하라는 자신들의 의견이 받아들여지지 않자 兩司가 19일에 자신들의 파직을 청하였다. 25일에 생원 홍무적이 상소하여, '이원익을 죄주지 말고, 정조, 이위경 등을 목 베어 전하의 효성을 밝히시라'고 하였다. 28일에 생원 정유도가 상소하여, '남이공의 목을 베어 인륜을 밝히고 재앙의 근원을 끊으라'고 하였다.

* 권31 東閣散錄 8

4월 1일 홍무적과 정택뢰의 상소에 '啓'字를 찍지 않고 내려보냈다. 양시진·신광업·이잠 등이 직무를 제대로 수행하지 못한 죄를 들어 파직해 달라고 청했지만, 따르지 않았다. 4일에 김효성이 상소하여 이원익을 구하려 하였다. 13일에 최공망이 상소하여, '흉악한 유생 김효성을 목 베어 임금을 위협한 죄를 다스리라'고 하였다. 20일에 성균관 유생 홍경정 등이 다시 상소하여, '극형을 써서 김효성이 신하의 도리를 어긴 죄를 정하고, 홍무적·남이공을 귀양보내어 당파를 두둔한 죄를 밝히라'고 하였다. 5월까지도 같은 의논이 이어졌다. 6월 2일 分兵曹에서 '대비전 근처에 두세 여인이 곡하는 소리가 들렸고, 罷漏 뒤에 뜰에서 물건을 태우는 듯한 불빛이 있더니 곡소리가 그쳤다'고 아뢰었다. 이정구·이원익을 벌하라는 啓가 이어졌다. 16일에 전교하여 '聖母(광해군의 생모)가 (공성왕후로) 冊封받는 禮는 천자에게 받은 恩典'이라고 하였다. 25일에 조직이 '慈殿을 (서궁에 유폐하지 말고) 같은 궁에 모시어 효도를 다하라'고 하였다. 7월 7일 금부에서 조직을 취초하여 入啓하자, (광해군이) 종묘사직에 관계되는 일이라면서 三省이 추국하라고 전교하였다. 소명국의 상소에 따라 綾昌君의 獄事가 시작되었다. 윤8월 13일에 恭嬪 김씨를 太廟에 祔하고, 존호를 올렸다. 24일에 정인홍이 사직하겠다고 차자를 올리자, 광해군이 '물러나지 말고 寒疾을 잘 치료하라'고 답하였다.

* 권32 東閣散錄 9

병진년(1616) 1월 12일에 윤대기가 상소하여, '신경희가 역적 두둔한 죄를 다스리시라'고 하였다. 17일에 이현이 상소하여, 역시 '신경희를 追戮하라'고 하였다. 23일에 박재가 상소하여, 여러 신하들의 알력관계를 아뢰고 사직을 청하였다. 흰무지개가 계속 해를 가리고 월식이 일어나자, 옥당에서 '하늘이 임금을 경계하는 것'이라고 하며 대사헌 박건을 파직하라고 하였다. 營建都監을 다시 설치해, 경덕궁과 수성궁을 짓기로 하였다. 해주목사 崔沂가 賊人을 잡아 감사에게 보고하지 않고 刑杖을 가하다가 죽인 문제로 5월부터 獄事가 일어났다. (이이첨의 처족인) 박이빈의 흉서에 정창연 부자, 밀창부원군 3부자, 문창부원군, 유희량, 박건, 박재, 박홍도 등의 이름이 들어 있었기 때문이다. 영의정 이하가 모두 대궐 문 밖에서 석고대죄하면서 이이첨의 흉계에 따라 옥사가 커졌다. 가을의 廢大妃의 논의가 더욱 거세졌다. 12월 24일에 윤선도가 상소하여, '이이첨이 威福을 마음대로 하는 죄를 다스리고, (왕의 처족인) 유희분과 박승종이 임금과 나라를 저버린 죄를 다스리시라'고 하였다. 25일에 合啓하여 '君父를 업신여기고 王法을 우습게 여기며 당파를 감싸고 조정을 모함한 죄가 아비와 아들이 똑 같으니, 윤유기와 선도를 외딴 변방에 안치하라'고 하였다. 유생 李泂이 상소하여, 이이첨의 행위를 비판하고 윤선도를 칭송하였다.

* 권33 東閣散錄 10

정사년(1617) 1월 4일에 종실 龜川君 등 20여명이 상소하여, '빨리 權奸을 내치고, 三司가 당을 두둔한 죄를 다스리시라'고 하였다. '조정의 大體에 간여하지 말라'고 비답하자, '나라가 위태한데 말하지 않을 수 없다'고 回啓하였다. 6일에 금산군과 구천군을 외딴 섬에 위리안치하고, 10일에는 박홍도가 독서당에서 지은 시 경운궁을 생각하다[懷慶雲宮]를 조사하였다. 20일에 匿名書가 경운궁에 던져졌는데, '大妃를 맞아 擧事한다'는 내용이었다. 2월 1일 閔仁佶이 비밀 상소를 하였는데, '凶檄이 허균의 所爲'라는 것이다. 廢大妃 논의가 일어나자, 허균이 무리를 모아 날마다 상소문을 지었다. 11월 8일부터 윤유겸·정혼·鄭翁·鄭晚·李之皓·李傳芳·韓輔吉·朴夢俊·서선·徐義中 등의 상소가 잇달아 실렸다.

* 권34 東閣散錄 11

(11월) 23일에 柳忠立이 문틈으로 啓를 보냈는데, '유생의 상소를 봉해서 내려보낸 것이 아홉 번이나 되었는데 ... 밀봉해서 의정부 궤 안에 두었다.'고 하였다. 李璹이 상소하여 '廢大妃 문제를 大臣과 의논하시라'고 하자, 기자헌이 箚子하여 완곡하게 不可의 뜻을 밝히고, 자신의 영의정 직을 파면하여 새 정승과 추진하시라고 하였다. 金廷亮·宋永緖·金瑞龍·李榘 등이 잇달아 상소하여, 서궁의 두 사람을 廢하여 庶人으로 만들고 문 밖으로 내치기를 청하였다. 영의정 기자헌이 都堂에 앉아 당상관 이상의 收議를 받았다. 성균관 유생 金尙夏 등이 대비의 죄 10가지를 들어 廢庶人하기를 청하였다. 陳好善이 상소하여, 기자헌·김제남·이항복의 편을 든 자들을 처벌하라고 하였다. 韓天挺 등이 상소하여, 기자헌의 斬刑을 청하였다. 28일에도 정지문·정충립·신서정·宣世徽·崔晟 등이 상소하여 '어진 정승을 불러 빨리 庭請의 일을 행하고, 기자헌·이항복의 죄를 다스리라'고 하였다.

* 권35 東閣散錄 12

12월 1일 李瑋·李國獻·楊時益의 상소가 이어졌다. 2일에 閔悰은 '出仕하지 않은 신하들과 폐비 문제를 결정하라'고 청하였다. 宋永緖는 '기자헌을 목 베고 다른 정승을 간택하라'고 하였으며, 尹惟謙은 '三司의 계를 좇아 기자헌을 죽이라'고 하였다. 3일에는 李國光·徐義中·鄭文振·黃廷弼·朴極, 4일에는 茂林君 善胤, 尹魯의 상소와 順寧君 景儉의 箚子가 이어졌다. 表憲·南部坊民·東部坊民·北部坊民·金慶生·李崇壽·崔春起·西部坊民·中部坊民·申葵 등이 같은 내용으로 상소하였다. 홍문관이 기자헌의 위리안치를 청하자, 中途付處하게 하였다. 5일에는 劉景邦·各司書吏·訓練都監 書字, 6일에는 郭瓔의 상소를 비롯하여, 司憲府 書吏 24인과 司諫院 書吏 13

인이 함께 상소하였으며, 黃彦秀·韓德良·康仁慶·田得春·李時言 등의 상소가 이어졌다. 朝官 3품 이하 東西班 文武 蔭官들이 정부의 분부에 따라 都堂에서 회의하며 單子를 써서 올렸다.

* 권36 東閣散錄 13

廢大妃에 관해 收議하자, 여러 왕족들이 '朝野의 의논에 따르는 것이 마땅하다'고 하였다. 이항복이 반대하는 글이 실렸지만, '11월 26일 북청으로 유배되었다'는 細註가 붙어 있다. 이하 여러 신하들의 收議가 실렸는데, 대부분 '大事를 빨리 처리하시라'고 하였다. 鄭弘翼·李愼儀·金德誠·權士恭·金地粹 등이 목숨을 걸고 반대의 뜻을 밝혔다. 김지수 의견에는 '收議를 올려 合啓한 뒤에 北塞로 遠竄되었는데, 기자헌·이항복·정홍익·김덕함·이신의·권사공·김권 및 公을 八奸이라고 하였다'는 細註가 덧붙어 있다.

* 권37 東閣散錄 14

東西班 文武官들의 獻議가 계속 실렸다. 반대한 관원들의 이야기가 몇 개의 자료를 인용하여 소개되었다.

* 권38 東閣散錄 15

12월 8일에도 趙汝檜 등 27인, 梁應霖 등 60인, 宋復立, 宋榮祚의 상소가 계속 되고, 9일에는 朴弘憲 등 8인, 張禮忠, 李祥龍, 李好古, 金忠信 등 6인, 金繼生 등 16인과 盧守元 등 8인, 朴彦豪 등 170인의 상소가 계속되었다. 대사헌과 대사간을 비롯한 간관들이 '기자헌을 빨리 처형하라'고 청하고, 옥당에서도 箚子가 이어졌다. 10일에도 金信好 등 15인, 朴浩 등 105인, 康陵參奉 柳增을 비롯한 참봉 25인의 상소가 이어졌다. 11일에는 朴夢俊·崔鶴·朴翰龍 등 61인, 李國光·李國獻 등의 상소가 이어졌다. 崔德雯은 '舜임금같이 西宮에 효도를 다하시라'고 상소하였다. 12일에는 李長培의 상소가 이어졌으며, 13일부터 16일까지 兩司가 合啓하여 기자헌과 이항복을 위리안치 시키라고 청하였다. 17일에 금부에서 정홍명을 길주로, 김덕함을 명천으로 정배했다고 아뢰었다. 18일에 금부에서 이항복을 용강으로, 기자헌을 정평으로 유배 보냈다고 아뢰었다. 지평과 정언이 합계하여 '기자헌과 이항복을 너무 편한 곳으로 보냈다'고 아뢰자, 창성과 삭주로 고쳐 보냈다. 몇 가지 기록을 인용해, 이들이 유배가는 모습을 소개하였다.

* 권39 東閣散錄 16

(12월) 19일에 朴弘益·金瑗, 金潤玉 등 28인, 李自寬, 林恒 등 52인, 李義明 등 29인, 鄭震哲, 黃夢倫 등 22인, 金汝哲, 생원 李榮와 진사 趙益亨 등 74인, 崔尙質 등 49인, 柳健, 慶禧

등 15인이 상소하였다. 22일에 한보길·康曄如, 朴重男 등 23인, 24일에 洪德民, 張彦 등 24인이 상소하였다. 奇俊格이 상소하여, '許筠이 謀逆했다'고 하였다. 허균도 비밀 상소를 올렸다. 27일에 兩司가 合啓하여, '기준격과 허균을 심문하라'고 하였다. 李日馨이 상소하고, 館學 掌議와 色掌 등이 八道에 通文을 돌렸다. 28일에 金大河가 상소하여 '기준격이 (허균의) 큰 공을 해친 죄를 다스리라' 하였고, 李荃도 비밀 상소하여 허균을 구하였다. 李桀·崔光弼이 상소하였다,

* 권40 東閣散錄 17

무오년(1618) 1월 1일에 崔淑, 2일에 鄭之問이 상소하였다. 合司하여 '西宮을 폐하라'고 아뢰었으며, 3일, 4일에도 계속 아뢰었다. 우의정 韓孝純이 백관을 이끌고 庭請할 것을 아뢰었다. 이이첨이 '대비를 廢黜하라'는 啓辭를 지어 올렸다. 5일에 '처신할 곳을 모르겠으니, 卿들은 다시 말하지 말라'고 비답했지만, 7일에도 兩司가 合啓하였다. 허균이 '기자헌, 이형과 대질 신문해달라'고 상소하였다. 8일에 薛求仁이 상소하여 허균을 구하고, 민심이 상소하여 '서궁 폐출을 서두르지 않는 묘당과 三司의 죄를 다스리라'고 하였다. 9일, 10일, 11일, 12일에도 유생과 백관, 종실이 계속 大妃廢黜을 청하였지만, 광해군은 계속 물리쳤다. 하인준·민심·정기·김상하 등이 상소하여 허균의 무고를 변명하였다. 18일에 柳時榮이 '허균과 기준격을 국문하여 실정을 알아내라'고 상소하자, 19일에 '서서히 결정하겠다'고 비답하였다. 27일까지 백관들의 合啓와 광해군의 不允이 계속되었다. 28일에도 백관이 初啓하자, '서궁으로만 칭하고 대비의 호칭은 없애되, '廢字는 꺼내지도 말라'고 비답하였다. 29일에도 백관들의 合啓와 상소가 계속되었다.

* 권41 東閣散錄 18

庭請에 참여하여 의견을 낸 관원과 종실의 명단이 계속되었다. 30일 도당 회의에서 좌의정 한효순, 우의정 민몽룡, 예조판서 이이첨 등 15인이 서궁을 貶損하는 節目을 정하여 아뢰었다. 2월 1일에 林時俊이 상소하여 도당회의에 참석치 않은 宰臣과 節目 내용에 대해 규탄하자, 2일에 柳澗·尹訒·鄭造 등이 변명하였다. 4일에 李弘詢·임급 등이 '폐출하는 절차를 빨리 서두르라'고 상소하였다. 合司가 서궁 폐출의 일을 停啓하였다. 종묘에 아뢰고, 頒敎榜文을 정부에서 포고하였다. 5일에 '절차를 서두르지 않는 兩司 관원들을 외직으로 보내라'고 전교하였다. 6일부터 7일까지 庭請에 참여치 않은 관원과 종실을 조사하였다. 10일에 '당상관 이상으로 정청에 참여한 사람이 245명, 끝내 불참한 사람이 38명'임을 아뢰었다. 상소가 계속되었다. 16일에 '당하관으로 정청에 참여한 사람이 537명, 이리저리 불참한 사람이 111명, 끝내 불참한 사람이 111명'임을 아뢰었다. 25일까지 상소가 계속되었다.

* 권42 東閣散錄 19

3월 3일에 池汝澤이 상소하여 諫官들을 규탄하자, 간관들이 遞職을 청하였다. 12일과 13일에 合啓하여, 정청에 참여치 않은 사람들을 削黜하라고 하였다. 14일에 柳義男, 15일에 金玉章이 상소하였다. 16일 分兵曹에서 경운궁에서 발견한 諺書와 眞書를 印封하여 入啓하였다. 17일에 張懿範·李松壽·金大立이 상소하였다. 비밀비망기에 '경운궁을 단속하라'고 한 일 때문에 憲府 城上所에 命牌를 내주었다. 24일까지 상소가 계속되고, 25일에는 예조판서 이이첨이 물러가겠다고 상소하였다. 4월에도 상소가 계속되는 중, 9일에 假都事들이 김제남의 옥사에 관련되는 죄인들을 잡아왔다. 간관들을 탄핵하는 상소가 윤4월에도 계속되었다. 3일에 곽영이 상소하여 이이첨과 허균이 謀逆했다고 비난하자, 7일에 이이첨과 허균이 대질하기를 청하였다. 금부에서 곽영을 잡아들였다. 김용서·이훤 등이 상소하여 곽영에게 죄 주기를 청하고, 폐출 절차를 빨리 완결지으라고 하였다.

* 권43 東閣散錄 20

12일부터 대비에 대한 상소가 계속되고, 16일부터는 기준격의 상소에 대한 合啓가 시작되었다. 29일에 兩司가 合啓하여, 大妃廢黜 여론을 이용해 謀逆한 혐의로 허균을 탄핵하고, 허균과 기준격을 삭직하라고 청하였다. 李垓 등 57인이 서궁폐출을 상소하였다. 6월에도 간관의 合啓와 옥당의 箚子, 兩司의 避嫌이 계속되었다. 8월 24일에 허균이 謀逆罪로 伏誅되고, 그에 관한 여러 자료와 討逆頒敎敎書가 실렸다. 28일에 이이첨이 허균과의 관계를 해명하고, 9월 1일에는 유희분이 해명하는 啓辭를 올렸다. 10월 12일에 (김제남의) 처를 제주에 위리안치하였다. 1619년 3월부터 명나라의 요청에 따라 後金과 交戰하는 원수 姜弘立의 이야기가 실렸다. 11월 23일에 경운궁 役事를 착실하게 규찰하라고 사헌부에 전교하였다. 사간원이 大妃 문제로 비밀히 아뢰자, 비답을 봉해 내렸다.

경신년(1620) 9월 24일 서궁의 담장이 허술하다고 비망기를 내렸다. 11울 9일 사간원에서 '명나라에 登極使로 갔던 이정구가 사사롭게 자신의 시집을 간행했으니 죄를 주라'고 아뢰었다. 정청에 참여치 않았다는 죄목이 덧붙어 있다.

* 권44 東閣散錄 21

신유년(1621) 윤2월 6일에 이이첨이 원접사가 되어 떠났는데, 8일에 신지익이 상소하여 '이이첨이 흉악하고 교활하다'고 극렬하게 논핵하였다. 이때부터 이이첨을 구하려는 兩司의 合啓와 상소, 이이첨을 논핵하는 상소들이 한동안 이어졌다. 5월 19일, 20일, 21일에는 성균관 유생 丁彦琢 등 350여명이 상소하여 '이이첨의 흉악한 죄를 다스리라'고 청했지만 광해군이 이이첨을 벌하지 않았다. 6월 8일에 금부 죄인 張懿範이 비밀 상소하여 의주부윤 鄭遵과 이이첨을 논핵하자, 장의범을 죄 주라는 合啓와 광해군의 不允이 이어졌다.

* 권45 東閣散錄 22

7월 6일에 合司가 이이첨의 일은 合啓하고, 이위경·한찬남·박정길의 일은 府啓하였으며, 韓詠의 일은 停啓하였다. 9일에 禹弼甸, 13일에 閔濬이 討逆을 상소했다. 8월 11일에 포도대장 4명이 비밀 전교를 듣고, 산에 올라 부르짖는 사람을 기찰하러 나갔다. 12일과 14일, 17일, 23일에 金是樞 등 200여인이 權奸 이이첨을 목 베라고 상소하였다. 9월부터 12월까지 상소와 변명이 이어졌다. 임술년(1622)에 접반사 이정구가 김제남에 연루되었다고 탄핵당하자, 광해군이 비망기를 내려 옹호했다. 계해년(1623) 1월에 정언 韓惟翔 등이 '李貴·金自點 등이 오랫동안 西宮을 扶護하여, 禍가 머지 않을 것이니 예비하라'고 아뢰었다.

仁祖大王 원년 계해 3월 12일에 김류·이귀·신경진·최명길·이서가 昭聖貞懿王大妃를 모셔 복위하고, 인조대왕이 즉위하였으며, 광해군을 폐해 강화도로 보냈다. 여러 자료를 인용해, 이 과정을 기록하였다. '家中私記'라 하여 김제남의 집안에서 기록한 자료도 인용하였다. 14일에 왕대비가 교서를 내려, 광해군을 폐하고 인조를 계승케 하였다.

* 권46 東閣散錄 23

15일부터 討逆과 功臣, 西宮 유폐 10년에 대한 여러 자료들이 실렸다. 왕이 왕대비를 창경궁으로 모셔왔다. 각도의 調度使 金純·池應鯤·金忠輔·劉夢玉·宋敬信 등을 목 베었다. 이이첨·정인홍을 비롯한 대북과 중신들을 削職하고, 목 베거나, 유배보냈다. 왕대비의 비망기를 비롯해, 4월 7일까지의 전교·비답·차자·합계 등이 실렸다.

* 권47 東閣散錄 24

8일부터 여러 차례 정사와 合啓가 있었다. (17일에) 유학 潘錫命 등이 상소하여, 1617년의 廢大妃 通文의 책임을 밝히라고 하였다. 주청사 이경전이 명나라에 가지고 간 왕대비 冊封奏請文이 26일에 실렸다. 5월 1일, 庭請에 불참하거나 廢大妃에 반대한 사람들에게 除職, 追贈, 加資하였다. 23일에 廢東宮과 처 박씨가 강화도 위리안치된 곳에서 땅을 뚫고 탈출하려다가 잡혔다. 6월 25일에 廢人 지를 自盡케 하였다. 왕대비가 내관 洪禹績을 보내 친정아우 金珪과 金瑄에게 제사지낸 제문, 사위 達城尉에게 보낸 편지가 실렸다.

* 권48 東閣散錄 25

계해반정의 공신 명부가 실렸다. 반정 때에 현직 관원과 반정 후에 바뀐 관원 이름도 모두 실었다. 正刑 17인, 伏誅 65인, 위리안치 65인, 遠竄 115인, 中道付處 80인, 削奪官爵 門外出送 23인, 追奪官爵 14인, 削奪官爵 12인, 削去仕版 16인, 終身不叙 4인, 罷職不叙 23인, 罷職駁遞 53인의 명단도 실었다.

* 권49 東閣散錄 26

임신년(1632) 11월 16일, 옥당에서 (이경여가) 차자하여, 왕대비의 國喪과 궁궐 안의 저주 과정을 처리하는 과정을 논했다.

을해년(1635) 10월에 朴瀰·朴瀰가 상소하여, 宣祖에게 誥命 받았다가 계해반정에 위리안치 되었던 아비 朴東亮의 관작을 회복시켜 달라고 상소하였다. 영의정 윤방, 좌의정 오윤겸 등이 그의 관작을 회복시켜 줄 것을 아뢰자, 인조가 대신들의 의견을 듣고 윤허하였다.

현종 무신(1668) 5월, 6월에 李悅이 상소하여, 韓相五가 아비 韓惟翔이 계해반정에 유배된 것을 변정하다가 자신의 할아비 연평부원군을 무고한 사실을 밝혀달라고 청하였다. 12월에는 洪錫龜가 아비의 억울함을 밝혀달라고 아뢴 내용을 조사하라고 전교하였다.

숙종 정사년(1677)에 박승종의 증손 朴萬里가 억울함을 호소하고, 기축년(1709)에는 趙九 輅가 조부 趙絅의 伸寃을 상소하였으며, 그와 관련하여 李復仁과 李明佐 등이 상소하였다.

* 題東閣散錄卷後

연흥부원군(김제남)이 禍를 당하던 계축년(1613)에 (김려의) 5대조(김군석)는 5세였는데, 傔人이 몰래 업고 오대산으로 달아나 중으로 키웠다. 계해반정(1623)에 집으로 돌아와 벼슬 을 시작했으며, 咸從에 있을 때에 舊聞을 수습하고 野史를 참고하여 이 책을 만들었다. (선조 의 편찬이라) 詳略公私를 논하지 않고, 한 마디도 보태지 않았다.

(3) 『李相國日記』

廢大妃 과정에서 大妃를 옹호했던 李元翼(1547~1634)의 일기이다. 1592년부터 1623년까 지 32년 동안의 일기가 규장각에 4권 4책으로 소장되어 있다. 당파에 소속되지 않았던 인물 이므로, 임진왜란과 廢大妃 과정, 인조반정 등이 객관적으로 기록되었다. 도체찰사를 비롯해 여러 차례 지방을 돌아다녔으므로, 실록에 실리지 않은 작은 내용들도 많이 기록하였다. 집안 일이나 개인적인 기록, 질병과 왕의 은혜에 대한 감사도 섞여 있다. 상소문도 많이 인용되었 다. 날짜가 많이 빠진데다, 주어를 '公'으로 써서 3인칭 시점인데, 병자호란 때에 불타버린 것 을 庶女가 외우고 있는 부분만 다시 기록했다는 김려의 題李相國日記卷後를 보면 이해가 간 다. 이 일기는 계해반정(1623)에서 끝나는데, 이원익이 김제남과 대비를 옹호했다는 점에서 이 일기가 『倉可樓外史』에 편집된 이유를 알 수 있다. 계해반정 뒷부분이 있었더라도 김려가 편찬에 넣지 않았을 수 있다.

* 권50 李相國日記 1

선조 25년 임진년(1592) 4월에 왜병이 쳐들어와 부산을 함락시키고, 상주에서 대장 李鎰 이 敗走하자, 27일에 왕이 평안도 도순찰사 겸 이조판서에 임명하면서, 關西의 兵馬를 다스리게 하였다. 도원수 金命元, 병사 李潤德과 함께 民兵 수천 명을 이끌고 평양성을 수비하다가 밤을 틈타 별장 高彦伯·文愼言 등과 함께 용사 수백 명을 선발하여 적진을 습격한 내용, 쌍방의 피해, 평양성 탈환을 비롯한 명나라 장군들과의 불화, 유성룡·이항복·이덕형 등의 활약과 亂後 整備 등이 1599년 연말까지 기록되었다.

* 권51 李相國日記 2

1600년 1월 3일, 사헌부이 탄핵을 받았던 영의정 이원익이 여섯 차례 呈辭하여 본직을 갈았다. 壬亂 후에 명나라 군사가 撤兵하자 1천명을 주둔케 하자고 의견을 내었으며, 四道都體察使가 되어 國防, 驛路, 守令의 문제를 살폈다. 신축년(1601) 7월에 대마도 왜인이 壬亂에 포로되었던 백성 250여명과 전 현감 남충원을 데리고 돌아왔다. 왜적이 강화를 청하자, 명나라에 알려서 의논하라고 건의하였다. 임인년(1602) 영의정에서 물러나 판중추부사로 자문에 응하였다.

* 권52 李相國日記 3

계묘년(1603)에 倭亂에 세운 功勳과 그에 대한 논란, 胡人의 침범, 대마도 왜인의 關市 요청 등을 기록했다. 갑진년(1604)에도 功臣 錄勳과 徽號에 대한 기록이 많다. 倭亂을 잘 치르고 국가를 중흥한 공로로 왕에게 '至誠大義格天熙運'이라는 여덟 글자의 徽號를 올렸다. 공신녹권과 교서도 반급하였다. 을사년(1605)에는 潼關 함락과 그에 대한 대책이 주요 관심이었다. 병오년(1606)에는 명나라 사신 朱之蕃, 성균관 壁書 사건, 倭와의 國交 再開, 犯陵, 先塋 문제 등이 주요 관심이었다. 정미년(1607)에는 친지의 喪事, 旱氣와 水災, 일본 국왕의 國書, 오랑캐가 장차 침략할 것이라는 소문, 선조의 병환과 치료, 傳位하겠다는 傳敎 등이 주요 관심이었다. 무신년(1608)에는 수상 유영경을 탄핵하고 광해군을 옹호하는 전 대사간 정인홍의 상소, 선조의 崩御, 임해군의 교동도 유배, (이원익 자신의) 영의정 임명, 國喪, 유영경의 自盡 윤허, 대동법 시행의 필요성 등이 주요 관심이었다.

* 권53 李相國日記 4

광해군 원년(1609)에는 정언 李學曾의 論劾, 조정의 붕당 폐단을 비판한 이원익 자신의 上箚, 穆陵 屛石 拆開, 詔使 劉用, 呈辭 23度와 체직 윤허 등이 주요 관심이었다. 경술년(1610)에는 私親 追崇, 頒赦, 冊封世子勅使, 科擧 不正 등이 주요 관심이었다.

* 권54 李相國日記 5

신해년(1611)에는 광해군의 처족을 풍자한 任叔英의 과거 급제와 削科 압력, 정인홍의 상소와 五賢의 文廟從祀, 이원익 자신의 영의정 呈辭 12度와 不允 등이 주요 관심이었다. 임자년(1612)에는 呈辭 18度와 不允, 봉산군수 申懍이 秘報한 金濟世의 逆謀와 親鞫, 정인홍의 右相 임명 등이 주요 관심이었으며, 金直哉의 옥사가 자연스럽게 계축년(1613) 七庶의 獄事로 이어졌다. 연홍부원군 김제남과 영창대군의 억울한 죽음, 인목대비를 죄인의 딸이라고 하는 이위경 등의 상소, 大臣 三司의 伏閤 請討 등, 西宮(大妃)을 둘러싼 문제가 주요 관심이었다.

* 권55 李相國日記 6

을묘년(1615) 2월에 公이 '어미가 비록 사랑하지 않더라도 자식은 효도해야 한다'고 올린 비밀 箚子 때문에 광해군이 놀라, 그 배후를 밝히도록 回啓하였다. 차자에 관계된 諫官들이 상소하여 자신들의 사직을 청하고, 대신들이 이원익과 남이공의 削職을 청했다. 지방의 유생들이 상소하여 공을 구원했지만, 상소와 합계가 계속되자 왕이 공을 삭직, 中途付處하였다. 좌의정 정인홍이 상소하여, 민심을 수습할 방안을 아뢰었다. 尹善道가 이이첨을 탄핵하고 公을 옹호하는 상소를 올렸다가, 北道에 멀리 유배되었다.

* 권56 題李相國日記 7

병진년(1616)에 우의정 정인홍이 올라와 '嚴法峻刑, 誅討逆黨'의 뜻으로 箚子를 올렸다. 기자헌·이항복 등이 공과 뜻을 같이하여, 대비를 옹호하였다. 김상용·이시언·정창연·오윤겸 등 관원 40여명이 庭請에 불참하였다. 기미년(1618)에 하인준이 지평 韓明勖에게 남대문 榜文을 고발하면서, 허균의 옥사가 시작되었다. 도성의 민심이 동요하던 중, 허균의 거사가 발각되어 일당이 처형되었다. 기미년(1619)에 廢大妃에 동참하지 않은 죄로 80여명이 放竄謫人 명단에 올랐는데, 공의 이름도 그 안에 끼였지만 放歸田里의 은혜를 입었다. 경신년(1620)에 饑饉이 크게 들었지만, 구제 대책이 비효율적이었다. 신유년(1621)에 신지익이 상소하여, 登極詔使의 원접사로 출발한 이이첨이 역적 허균의 무리로 擅權自恣한 자라고 논핵하였다. 詔使를 접대하는 비용이 많이 들었다. 後金이 遼東을 점령하자, 詔使와 赴京使臣들이 水路로 다니느라 피해가 많았다. 금부 죄인 張懿範이 비밀 상소하여 의주부윤 鄭遵과 이이첨을 논핵하자, 장의범을 죄 주라는 合啓와 광해군의 不允이 이어졌다. 계해년(1623)에 反正 소식을 들으면서 일기가 끝났다.

* 題李相國日記卷後

四朝를 섬긴 完平 李公이 기록한 일기 수십函은 모두 實錄 秘史인데, 병자호란에 불타 없어진 것을 庶女가 외어 4책으로 전했다. 完平의 사적은 모두 '公'이라고 했으니, 完平의 手筆이 아님을 알 수 있다.

(4) 『癸甲時事錄』

辛應時의 손자 辛喜業이 계미(1583) 갑신년(1584)의 시사를 기록한 책이다. 제목에서 알 수 있듯이, 栗谷 李珥를 둘러싼 기록들, 특히 癸未三竄에 관한 기록들을 주로 모은 책이다. 이이가 갑신년(1584)에 세상을 떠났으므로, 그뒤에는 趙憲과 成渾을 중심으로 정리하였다. 장편의 상소문 등이 그대로 인용되어, 어떤 면에서는 실록보다도 더 자세하다. 무인년(1818)에 韓耆裕의 집에서 이 책을 보고 9권 3책을 베꼈는데, 그뒤 이재순의 집에서 계갑록 29권을 보니 9권까지는 예전에 베낀 것이었으며, 나머지 20권은 나중에 다른 사람이 보탠 것이었다. 뒷부분도 신희업의 후손이 보완한 듯해서, 29권 전체를 '辛喜業之輯'이라고 하였다. 『癸甲時事錄 13』에 "원본에 다섯 字가 빠졌는데, 脫誤가 있는 듯하다(原本缺五字, 似有脫誤)"라는 주석이 있는 것만 보아도, 김려가 얼마나 정확하게 교열했는지 알 수 있다.

* 권57 癸甲時事錄 1

계미년(1583) 1월 2일~7월 19일. 『大東野乘』 제25권의 『癸未記事』와 거의 같다. 觀時錄이라는 출전에 많이 의거했는데, 史官, 또는 중요한 지위에 있었던 사람의 기록인 듯하다. 栗谷 李珥와 牛溪 成渾을 필두로, 그들과 관련된 대사간 宋應漑, 전한 許篈, 도승지 朴謹元 등의 병조판서 이이 탄핵, 영의정 朴淳의 이이 옹호, 東西 紛爭 등이 중요하게 기록되었다.

* 권58 癸甲時事錄 2

21일~8월13일. 兩司와 옥당의 박순 논핵, 이이를 옹호하는 성균관 유생들의 상소, 박순을 옹호하고 李山海를 재상으로 추천하는 우의정 鄭芝衍의 遺啓가 실렸다.

* 권59 癸甲時事錄 3

20일~11월 22일. 호남 유생들이 상소하여 이이·박순을 옹호하자, '너희 義士들의 풍절이 漢·宋보다 낫다'고 하였다. 송응개·허봉·박근원 3명을 북변으로 유배보낸 癸未三竄, 이들에 대한 징계가 가혹하다는 대사간 김우옹과 三司의 啓, 이이를 이조판서로 등용한 기사가 실렸다.

* 권60 癸甲時事錄 4

갑신년(1584) 1월 16일~을유년(1585) 6월 16일. 이조판서 이이가 죽고, 이산해가 뒤를 이었다가 대제학이 되었다. 대사헌 정철이 송응개·허봉·박근원을 죽을 곳에 두지 말고 용서하라는 啓를 올렸다. 부제학 김우옹이 '신하들의 言路를 열어달라'면서 사직소를 올리자, 諫院에서 그를 공박하였다. 의주목사 서익이 상소하여, 스승 이이와 박순, 정철까지 공박한 정여립을 비판하고, 癸未三竄을 용서하라고 청하였다.

* 권61 癸甲時事錄 5

22일~9월 24일. 諫院이 정여립을 옹호했다면서, 대사간 崔滉이 사직을 청하였다. 옥당의 차자에 따라, 대사간 이하를 모두 체직시켰다. 송응개와 허봉을 석방하여, 外方에 거처하게 하였다. 양사의 합계에 따라, (서인의 중심인) 심의겸을 파직시켰다.

* 권62 癸甲時事錄 6

병술년(1586) 10월 13일~12월 11일. 趙憲이 이이와 성혼의 학술이 바르고 충성되다고 상소하였다. 조헌의 상소에서 배척받은 신하들이 사직을 청하자, 出仕하라고 답하였다.

* 권63 癸甲時事錄 7

정해년(1587) 2월 23일~(3월 7일). 이이의 조카인 유학 李景震이 상소하여, 이이와 정여립의 관계를 변명하였다. 趙光玹과 李貴가 동인 김효원과 서인 심의겸에게서 시작된 東西 분쟁 및 스승 이이와 癸未三竄에 관해 상소하다.

* 권64 癸甲時事錄 8

(4월) 9일~5월. 조헌이 같은 뜻으로 상소하였다. 이 疏 가운데 違格이 많이 있어서, 감사가 받지 않았다.

* 권65 癸甲時事錄 9

6월 18일~무자년(1588) 5월. 조헌이 9월까지 달마다 상소를 올렸다. '일본이 자기나라 왕을 죽이고 새 왕을 세워 篡弑한 나라가 되었으므로, 사신을 받아들일 수 없다'고 하면서 종2품 이상 신하들에게 可否를 비밀 입계하자, 모두들 '예의를 따질 수 없는 나라이므로, 그런대로 사신을 받아들이자'고 하였다. 일본에서 사신을 보내 求和한다는 소식을 조헌이 듣고 상소하여, 일본 사신을 배척하였다. 12월에 대궐까지 걸어와서 다시 상소하였다.

무자년(1588) 1월에 비망기를 내려, '조헌의 상소는 人妖'라고 하였다. 5월에 평수길이 求信使를 보내왔다. (『象村稿』에서는 己丑年(1589) 5월이라고 하였다.)

* 題癸甲時事錄卷後

『漢書』賈誼傳을 읽거나 우리나라 趙靜菴 諸公의 사적을 읽다가, 임금이 신하의 忠賢을 알고도 시험해보느라 擯斥竄逐, 또는 轗軻以死하는 경우를 보고 天運으로 여겨 가슴 아팠는데, 선조시대 李珥의 경우가 바로 그러했다. 이 (癸甲時事錄의) 기록은 다른 기록에 비해 매우 상세하므로, 대략 교열만 해서 9권으로 만들었다.

* 권66 癸甲時事錄 10

기축년(1589) 4월~11월 8일. 조헌이 상소하여, 南倭北狄에 대비하고, 克己復禮에 힘쓰며, 뛰어난 재상과 장수를 등용하라고 하였다. 그러나 兩司에서는 조헌을 '天地間 一鬼蜮'이라 비난하면서, 유배 보내기를 청하였다. 10월 2일 황해감사가 密狀을 馳啓하여, 정여립의 역모를 아뢰었다. 이때부터 정여립의 獄事가 시작되어, 親鞫과 상소가 이어졌다.

* 권67 癸甲時事錄 11

9일~12월 30일. 정철이 우의정에 제수되어, 정여립의 옥사를 주도하였다. 정여립과 관계된 東人 관원들이 차례로 流配, 또는 처형되었다. 정암수가 이산해·정언신·정인홍·유성룡까지 배척하였지만, 왕이 듣지 않고 이들을 불러 慰諭하였다. 2품 이상 관원들이 '宗系가 辨誣되었으니 尊號를 올리겠다'고 청하였다.

* 권68 癸甲時事錄 12

경인년(1590) 2월 11일~10월 14일. 김우옹·이발·백유양·정여립을 천거한 영중추부사 노수신을 파직하였다. 3월에 黃允吉을 통신사로, 金誠一을 부사로, 許筬을 서장관으로 삼아, 일본 사신 平義智와 함께 일본으로 보냈다. 전라도사 曺大中이 官娼과 이별하면서 눈물을 흘렸는데, 정여립의 죽음을 듣고 슬퍼한다고 오해받아 역적으로 몰려 죽었다.

* 권69 癸甲時事錄 13

신묘년(1591) 2월 13일~10월. 통신사 황윤길과 허성은 秀吉이 조선을 침략할 가능성이 있다고 보고했으며, 김성일은 없다고 보고했다. 양사가 '조정의 기강을 마음대로 휘두른 정철을 파직하라'고 청하자, 파직시킨 뒤 朝堂에 榜을 붙이게 했다. 조헌이 '倭使의 목을 베라'고 상소하였다. 정철을 晉州로 유배보냈다가, 江界로 옮겼다. 이순신을 전라좌수사에 임명하였다.

* 권70 癸甲時事錄 14

임진년(1592) 봄~계사년(1593) 12월. 4월 13일에 왜적이 부산에 침범하여, 왜란이 시작되었다. 각지의 함락과 守城, 大駕의 義州 播遷, 왜군의 진격, 明軍 參戰, 이순신의 활약, 의병 활동 등의 사실이 주로 『懲毖錄』을 인용해 기록되었다. 특히 조헌의 청주성 탈환과 宣靖陵 奉審이 자세하게 기록되었다.

* 권71 癸甲時事錄 15

갑오년(1594) 1월 4일~11월. 비망기를 내려 세자에게 讓位할 뜻을 밝혔다. 심유경이 일본과 講和 교섭을 했다. 顧總督이 封貢의 일을 올린 題本, 정철의 아들 鄭宗溟의 상소가 자세하게 기록되었다.

* 권72 癸甲時事錄 16

을미년(1595) 4월~12월 27일. 일본을 책봉할 명나라 사신 李宗城이 왔다. 10월에 부산으로 갔지만, 왜군이 철수하지 않았다. 병신년(1596) 4월에 교섭이 진행되지 않자, 이종성이 부산에서 탈출하였다. 유성룡이 山陵과 松山 奉審 때의 의견을 아뢰었다. 정유년(1597) 講和 교섭이 틀어져, 왜군이 다시 쳐들어왔다. 명나라에서 군대를 다시 파견하였다. 朴惺이 時弊 16조를 상소하였다. 元均이 패해 죽자, 이순신이 다시 기용되어 승전하였다.

* 권73 癸甲時事錄 17

무술년(1598)~기해년(1599) 주로 명나라 장수들의 활약이 기록되었다. 이순신이 노량해전에서 승리하고 전사했으며, 秀吉이 7월에 죽자 왜군이 철수하였다. 和議를 주창한 유성룡을 이이첨이 탄핵하였다. 영의정 이원익이 사직 차자를 올리자, 옥당에서 '斥和의 의리를 강고히 견지하라'고 차자를 올렸다. 유성룡의 職牒을 환급하였다. 신축년(1601)에 대마도 平義智가 橘智正을 보내 和好를 요청하였다. 文景虎가 상소하여, 崔永慶을 억울하게 獄死시킨 배후로 성혼을 탄핵하였다.

* 권74 癸甲時事錄 18

임인년(1602) 1월~윤2월 13일. 헌납 金光燁이 '최영경이 간신의 모함을 받아 억울하게 죽었으니, 대사헌 기자헌을 出仕케 하고, 장령 呂裕吉은 遞差하시라'고 아뢰었다. 대사헌 洪履祥이 최영경 사건 배후에 있던 성혼의 죄를 아뢰면서 논쟁이 이어졌다.

* 권75 癸甲時事錄 19

28일~(1603) 4월. 이귀가 상소하여 대사헌 정인홍을 탄핵하고, 스승 성혼을 옹호하였다. 정인홍이 3度 呈辭하였지만, 휴가를 주어 出仕케 하였다. 정인홍이 장문의 차자를 올려 변명하면서 이귀를 비난하였다. 안중묵이 상소하여 鄭介淸을 伸寃해 달라고 청하자, 의금부에서 '師生間에 호소하는 것을 다 들어줄 수는 없으니 재량껏 하시라'고 아뢰었다.

* 권76 癸甲時事錄 20

계묘년(1603) 6월. 梁弘澍가 장문의 상소를 올려 매부 정인홍의 간사함을 공격하였다. 金錫光이 상소하여 양홍주의 궤괴한 행적을 비난하였다.

* 권77 癸甲時事錄 21

14일~11월 21일. 김석광에 의해 양홍주의 상소에 참여했다고 비난받았던 이귀가 상소하여, 김석광의 상소를 비난하였다. '이귀가 반성하지 않으니 免職하라'고 답하였다. 갑진년(1604) 3월에 비망기를 내려 '이언적이 鳳城君의 죄를 청할 때에 참여했었다'고 밝혔다. 정미년(1607)에 韓浩가 상소하여 李潑을 伸寃해 달라고 청하였다. 무신년(1608)에 李楘 등 150여인이 3차 상소하여 성혼의 伸寃을 청하자, 교리 崔起南와 호남 유생 高敬履 등도 같은 뜻으로 상소했다. 고경리의 상소에 대해 찬반의 상소가 이어졌다. 申應榘가 상소하여, 성혼의 伸寃을 청하였다.

* 권78 癸甲時事錄 22

기유년(1609) 겨울~경술년(1610) 11월 18일. 鄭宗溟이 상소하여, 아비 정철의 伸寃을 청하였다. 己丑獄死에 관련된 이발·정개청 등의 伸寃과 성혼의 관련이 계속 논란되었다.

* 권79 癸甲時事錄 23

신해년(1611) 봄~계유년(1633) 4월. 정인홍이 차자를 올려 이황과 이언적을 비방하면서, 문묘에 종사하는 것이 부당하다고 극론하였다. 이로부터 '정인홍이 선현을 헐뜯었으니 죄를 주라'는 상소가 이어졌다. 1629년 4월 경연에서 이정구가 성혼에게 추증하기를 청하여, 1633년에 '文簡'이라는 시호를 내렸다.

* 권80 癸甲時事錄 24

을해년(1635) 5월 11일~6월 6일. 성균관 유생 宋時瑩 등 300여인이 이이와 성혼의 문묘 從祀를 청하였다. 蔡振後 등이 이에 반대하여 상소하였다. 송시형 등이 5차에 걸쳐 상소하였다. 옥당과 간원, 대신들 사이에 논란이 이어졌다.

* 권81 癸甲時事錄 25

(6월) 7일~기축년(1649) 10월. 兩賢을 文廟에 從祀하자는 상소에 대해 李敏求와 崔鳴吉이 서로 다른 의견을 내다. 四學 儒生 140여인이 상소하고, 停擧하였다. 유생들의 집단상소가 황해도, 평안도, 경기도, 공청도로 퍼졌다. 1649년에 파주 유생들이 상소하여 성혼과 이이를 모신 서원에 賜額을 요청하자, 즉시 허락하였다.

* 권82 癸甲時事錄 26

(11월)~경인년(1650) 1월. 성균관 유생 洪葳 등이 5차 상소하여 이이와 성혼의 文廟 從祀를 청하였으나, 허락하지 않았다. 평안도, 전라도, 공청도에서 상소가 이어졌다.

* 권83 癸甲時事錄 27

(6월)~7월 22일. 영의정 李敬輿가 신하의 諫爭, 당파의 폐해, 유생의 親論에 대해 아뢰면서 정인홍에 대해 언급하자, 이경여의 의견에 대해 찬반 논란이 이어졌다.

* 권84 癸甲時事錄 28

(7월)~이경여가 사직 차자를 올렸지만, 왕이 신임하였다. 우의정 趙翼이 차자를 올려, 조광조·이황의 뒤를 이은 이이·성혼의 덕을 아뢰었다. 9.15 함경도 유생 李後彬 등이 이이와 성혼을 문묘에 종사하자고 상소했으나 거절당했다.

(5) 『國朝名臣錄』

李存中(1703~1761)이 조선 초부터 인조 때까지의 명신 390인의 행적을 모아 편찬한 책인데, 63권이다. 전집 14권, 별집 11권, 외집 16권, 속집 1권, 후집 21권으로 되어 있는데, 초기에는 재상 중심이었지만 사육신부터 충신이 들어갔으며, 명종 때부터 학자도 많이 들어갔다. 규장각 소장본은 이 책을 필사한 것인데, 일부 체제가 다르다.

名, 謚號, 字, 貫鄕, 父, 科擧, 官職, 卒年 순으로 간단히 기록하고, 사람에 따라 封號·贈職·廟庭配享이 추가되며, 자세한 자료를 인용하여 행적·언행을 소개하였다. 현존하는 첫 권인 권87의 柳廷顯을 예로 들면 『靑坡劇談』·『紀年通攷』·『謏聞瑣錄』·『國朝寶鑑』·『古簡』·『東閣雜記』 등에서 12조를 10면에 걸쳐 인용했다. 권87에는 재상 13명이 실렸지만, 권112에 학자인 조광조 1명, 권115에도 李愰 1명만 실렸으며, 벼슬한 적이 없는 학자들도 실었다. 아존중의 學緣에 따라 西人 중심인데, 李珥는 2권, 成渾이 1권을 차지했으며, 권143에 李貴 한 사람만 실은 것이 당파성을 가장 잘 보여준다.

* 권87 國朝名臣錄 2 : 柳廷顯, 韓尙敬, 朴訔, 李原, 柳觀, 李稷, 李來景, 咸傳霖, 黃喜, 孟思誠, 趙涓, 卞季良, 許稠 (13명)
* 권88 國朝名臣錄 3 : 趙末生, 韓尙德, 李孟畇, 李從茂, 崔潤德, 盧閈, 申槩, 河演, 權弘, 尹祥, 朴安信 (11명)
* 권91 國朝名臣錄 6 : 申叔舟, 權擥, 韓明澮, 尹子雲, 李石亨, 金守溫, 梁誠之, 姜希顔, 洪逸童 (9명)
* 권92 國朝名臣錄 7 : 徐居正, 姜希孟, 林守謙, 成任, 李克培, 韓繼禧 (6명)
* 권93 國朝名臣錄 8 : 洪應, 盧思愼, 李約東, 李坡, 成侃, 孫舜孝, 尹孝孫, 魚有沼, 許琮, 魚世謙, 魚世恭, 鄭蘭宗, 李從生, 李德良 (14명)
* 권94 國朝名臣錄 9 : 成俔, 柳洵, 李陸, 許琛, 盧公弼, 安琛, 蔡壽, 李蓀, 權景祐, 金訢, 兪好仁 (11명)

* 권95 國朝名臣錄 10 : 金壽童, 宋軼, 金應箕, 李誼, 朴元宗, 柳順汀, 成希顔, 鄭光弼, 申用漑 (9명)

* 권96 國朝名臣錄 11 : 任由謙, 成世純, 趙元紀, 成夢井, 李思鈞, 李賢輔, 朴祥, 許磁 李籽 (9명)

* 권97 國朝名臣錄 12 : 洪彦弼, 權橃, 成世昌, 任樞, 申光漢, 蘇世讓, 沈連源 (7명)

* 권98 國朝名臣錄 13 : 尙震, 任權, 安玹, 張彦良, 沈光彦, 曹光遠, 吳謙, 李潤慶, 李浚慶, 洪暹 (10명)

* 권99 國朝名臣錄 14 : 權轍, 任虎臣, 趙彦秀, 趙士秀, 閔箕, 李鐸, 沈逢源, 李澤, 南致勤, 張弼武 (10명)

* 권100 國朝名臣錄 15 : 金宗瑞, 朴淳, 鄭苯, 成三問, 朴彭年, 河緯地, 李塏, 柳誠源, 兪應孚, 金時習 (10명) 별집

* 권101 國朝名臣錄 16 : 權節, 趙旅, 金宗直, 曹偉, 崔溥, 金馹孫, 李宗準, 茂豊正 李摠, 朴漢柱, 李繼孟, 李穆, 任熙載, 許磐 (13명)

* 권102 國朝名臣錄 17 : 尹弼商, 成俊, 洪貴達, 表沿沫, 趙之瑞, 鄭誠謹, 朱溪正 李深源, 鄭希良, 金千齡, 朴誾, 權達手, 李黿 (12명)

* 권103 國朝名臣錄 18 : 安瑭, 金淨, 金湜, 韓忠, 奇遵 (5명)

* 권104 國朝名臣錄 19 : 李長坤, 柳雲, 金絿, 朴世熹, 朴薰, 李延慶, 鄭浣, 金大有, 慶世仁, 柳灌, 柳仁淑, 宋麟壽 (12명)

* 권105 國朝名臣錄 20 : 朴光佑, 鄭希登, 宋希奎, 李霖, 羅湜, 李若水, 李澨, 林亨秀, 林億齡, 丁熿, 李湛, 閔起文, 金鸞祥, 金䃴, 尹潔 (15명)

* 권106 國朝名臣錄 21 : 高敬命, 宋象賢, 金千鎰, 李廷鸞, 趙宗道, 金汝岉 (6명)

* 권107 國朝名臣錄 22 : 劉克良, 黃進, 元豪, 朴晉, 郭再祐, 金德齡 (6명)

* 권108 國朝名臣錄 23 : 鄭文孚, 金時敏, 鄭湛, 李大源, 金德諴, 鄭弘翼, 龜川君 李晬, 錦山君 李誠胤, 鄭澤雷, 趙溲 (10명)

* 권109 國朝名臣錄 24 : 金應河, 南以興, 李重老, 金浚, 金良彦, 李希建, 洪命耈, 崔震立 (8명)

* 권110 國朝名臣錄 25 : 林慶業, 李尙吉, 沈誢, 李時稷, 尹棨, 洪翼漢, 尹集, 吳達濟 (8명)

* 권111 國朝名臣錄 26 : 金宏弼, 鄭汝昌, 鄭鵬, 朴英, 柳藕, 金安國 (6명)

* 권112 國朝名臣錄 27 : 趙光祖 (1명)

* 권113 國朝名臣錄 28 : 金正國, 趙晟, 趙昱, 李彦迪 (4명)

* 권114 國朝名臣錄 29 : 蔡世英, 朴紹, 成運, 洪仁祐 (4명)

* 권115 國朝名臣錄 30 : 李愰 (1명)

* 권116 國朝名臣錄 31 : 成守琛, 徐敬德, 柳希春 (3명)

* 권117 國朝名臣錄 32 : 李恒, 成悌元, 李仲虎, 奇大升 (4명)

* 권118 國朝名臣錄 33 : 曺植, 張顯光, 金長生 (3명)

* 권119 國朝名臣錄 34 : 宋寅, 徐起, 李至男, 金謹恭, 鄭之雲, 閔純, 韓脩, 朴民獻, 南彦經, 朴枝華 (10명)

* 권120 國朝名臣錄 35 : 金宇顒, 吳健, 崔永慶 (3명)

* 권121 國朝名臣錄 36 : 金麟厚, 曺好益, 黃俊良 (3명)

* 권122 國朝名臣錄 37 : 趙憲, 鄭逑 (2명)

* 권123 國朝名臣錄 38 : 趙穆, 李禎, 南致利, 權好文, 權春蘭, 朴泂, 宋翼弼 (7명)

* 권124 國朝名臣錄 39 : 李珥 上 (1명)

* 권125 國朝名臣錄 40 : 李珥 下 (1명)

* 권126 國朝名臣錄 41 : 成渾 (1명)

* 권127 國朝名臣錄 42 : 崔德之, 南孝溫, 崔壽峸, 鄭磏, 李夢奎, 楊士彦, 李之菡, 李義健, 成允諧, 成輅, 崔命龍, 文緯, 安邦俊 (13명)

* 권128 國朝名臣錄 43 : 白仁傑, 鄭惟吉 (2명)

* 권129 國朝名臣錄 44 : 盧守愼, 鄭宗榮, 李俊民 (3명)

* 권130 國朝名臣錄 45 : 朴淳, 金繼輝, 朴應男, 李後白, 鄭琢, 鄭芝衍 (6명)

* 권131 國朝名臣錄 46 : 黃廷彧, 具思孟, 尹斗壽, 尹根壽, 李應時, 具鳳齡, 李山海 (7명)

* 권132 國朝名臣錄 47 : 鄭澈, 洪聖民, 李海壽, 裴三益 (4명)

* 권133 國朝名臣錄 48 : 金命元, 李濟臣, 邊協 (3명)

* 권134 國朝名臣錄 49 : 柳成龍, 李山甫 (2명)

* 권135 國朝名臣錄 50 : 李廷馣, 金誠一, 權慄 (3명)

* 권136 國朝名臣錄 51 : 李舜臣, 李元翼 (2명)

* 권137 國朝名臣錄 52 : 鄭崑壽, 沈喜壽, 柳根, 尹祁, 韓應寅, 洪履祥 (6명)

* 권138 國朝名臣錄 53 : 李德馨, 李恒福, 張雲翼, 吳億齡, 李好閔, 朴東賢, 羅級 (7명)

* 권139 國朝名臣錄 54 : 韓浚謙, 具宬, 徐渻, 李睟光, 鄭曄 (5명)

* 권140 國朝名臣錄 55 : 鄭經世, 申欽 (2명)

* 권141 國朝名臣錄 56 : 金尙容, 李廷龜, 黃愼, 吳允謙 (4명)

* 권142 國朝名臣錄 57 : 朴東亮, 金瑬 (2명)

* 권143 國朝名臣錄 58 : 李貴 (1명)

* 권144 國朝名臣錄 59 : 崔鳴吉, 張維 (2명)

* 권145 國朝名臣錄 60 : 趙翼, 金時讓 (2명)

* 권146 國朝名臣錄 61 : 李景奭, 李敬輿 (2명)

* 권147 國朝名臣錄 62 : 李棨, 任叔英, 閔應亨 (3명)

* 권148 國朝名臣錄 63 : 兪伯曾, 姜碩期, 申翊聖, 李明漢, 金堉 (5명)
* 題國朝名臣錄卷後

元孺良의 소장본에는 述傳者가 밝혀져 있지 않은데, 이존중이 편찬한 것이라고 한다. 청도군수 金箕書에게 들었는데, 從叔 相聖이 輯錄하던 것을 이존중이 완성시켰다고 한다. 모두 30권인데, 莘谷 朴台가 빌려갔다가 6編을 잃어버렸다. 나중에라도 보완하길 바란다.

4. 가치

김려는 평소에 사람 이야기를 즐겨 기록하였다. 성균관에 있던 27세 때에 김조순과 함께 『虞初續志』를 편찬해 50여 편을 실었다고 하는데, 그 가운데 『丹良稗史』에 남아 있는 몇 편을 보면 다양한 인물의 傳이다. 그가 부령 유배지에서 만났던 사람들을 소재로 지은 「思牖樂府」 290수의 연작시 또한 詩로 기록한 사람들의 이야기이다. 『倉可樓外史』는 사람들의 이야기를 기록하기 좋아한 그가 7종의 野史를 모아 148권 74책의 방대한 분량으로 편찬한 야사집이다. 『寒皐觀外史』와 마찬가지로, 그는 각종의 야사가 끝날 때마다 題後를 지어 붙였는데, 그 글을 보면 그는 전체 기획에 맞는 야사를 찾았고, 가장 선본을 구하려고 애썼다. 원래의 소장자를 밝혀 자료로서의 신빙성을 높였으며, 『國朝名臣錄』같이 원래의 편찬자 이름이 써 있지 않은 경우에는 口傳을 밝히고 그 타당성을 입증하였다. 권차가 맞지 않는 경우는 그 이유를 밝혔으며, 『癸甲時事錄』 경우에는 다른 집에서 뒷부분을 추가로 구해 보완하기도 했다. 전반적으로 7대조 김제남의 伸寃과 인목대비, 癸亥反正, 이이와 성혼 등의 西人 學緣에 관심을 두고 자료를 편찬했지만, 본문에서 자신의 견해를 덧붙이지 않고 述而不作의 전통적인 글쓰기를 유지했다. 권65 뒤에 덧붙인 「題癸甲時事錄卷後」에서 "대략 교열만 해서 9권으로 만들었다"고 한 것이 그런 경우이다. 題後에서도 서지사항을 객관적으로 서술했을 뿐, 東人이나 大北派에 대한 비난이 없다.

『東史提綱』 경우에는 『東國歷代總目』 원본과 글자수까지 같게 필사했으며, 큰 글자와 작은 글자까지도 그대로 같게 필사했다. 1면 11행에서 10행으로 1행이 줄어들었을 뿐, 글자의 위치까지도 그대로이다. 이것만 보더라도, 金鑢가 얼마나 원문을 철저하게 옮겨 쓰려고 노력했는지 알 수 있다. 『癸甲時事錄 13』에 "원본에 다섯 字가 빠졌는데, 脫誤가 있는 듯하다(原本缺五字, 似有脫誤)"라는 주석을 보면, 김려가 얼마나 정확하게 교열했는지 알 수 있다.

그가 편찬한 야사는 여러 사람에게 移寫된 듯하다. 친구 심노숭의 일기에도 그 증거가 보인다.

요즘 나는 野史癖이 생겨서 구해 본 책이 매우 많았다. 土精 金鑢가 소장한 外史는 아주 풍부하고

범위도 넓어서, 옮겨 베끼려는 생각을 가진 지가 오래다. 이곳의 아전 가운데 楷書를 쓰는 書手가 꽤 많아서 시일을 주고 나누어 맡기면 그다지 힘을 들이지 않을 것이다. 내일부터 시작하려고 하는데, 卷帙이 호한하여 어느 때나 마칠 수 있을지 모르겠다.[2]

심노숭은 김려의 야사집을 빌려서 여러 종의 야사를 필사하여 『大東稗林』에 넣었는데, 『倉可樓外史』에서는 『石潭日記』와 『東閣散錄』·『李相國日記』가 들어갔다. 연산현감 시절을 전후해서 같은 시기에 편찬한 『寒皐觀外史』 140권 70책, 『倉可樓外史』 148권 74책, 『藫庭叢書』 34권 17책을 함께 놓고 보면 이 책의 가치가 배가될 것이며, 그를 우리나라 최고의 野史 편찬자라고 불러도 지나치지 않을 것이다.

5. 기타

이 책은 김려의 다른 야사집 『寒皐觀外史』와 보완해서 볼 때에 야사집으로서의 가치가 더 높아진다. 『寒皐觀外史』는 현재 미국 하버드대학 옌칭도서관에 56종 130권 65책, 장서각에 47종 101권 50책이 소장되어 있는데, 각기 완질은 아니지만 옌칭도서관본의 분량이 더 많아 선본이다. 권1 『稗官雜記』 앞부분에 70책의 목록이 실려 있는데, 그 내용은 다음과 같다. 1종의 필사가 끝날 때마다 김려는 '題後'를 붙였는데, 여기에 필사년도가 밝혀져 있다. 그의 문집인 『藫庭遺藁』 권11에도 『倉可樓外史』의 題後 7종과 『寒皐觀外史』의 題後 61종이 실려 있지만, 필사년도는 삭제되었다. 아래 내용에서 필사년도가 없는 책은 제후가 실린 마지막 권이 없는 것이다. (『藫庭遺藁』 권11 「寒皐觀外史題後」에는 「題俟鯖瑣語卷後」가 11번째로 실려 있지만, 「俟鯖瑣語」는 원래 부록이다. 金鑢는 부록에 따로 題後를 쓰지 않았다. 51번 「壬丁事蹟」의 題後는 「梅翁閒錄」 뒤에, 가장 끝에 실려 있다.) 18 『關北記聞』, 19 『白野記聞』, 35 『涪溪記聞』의 '記'자는 옌칭도서관본에 모두 '紀'자로 되어 있지만, 이미 알려진 글자 그대로 썼다.

1. 稗官雜記, 魚叔權 , 권1-6(옌칭), 권1-6(장서각), 1816년.
2. 李氏西征錄, 李蕆.
3. 丙辰丁巳錄, 任輔臣.
4. 筆苑雜記, 徐居正.
5. 謏聞瑣錄, 曹伸, 권12-15(옌칭), 권13-15(장서각), 1815년.
6. 龍泉談寂記, 金安老, 권16-17(옌칭, 장서각), 1815년.
7. 靑坡劇談, 李陸, 권18-19(옌칭, 장서각), 1815년.

---

2) 沈魯崇, 南城日錄, 孝田散稿 제28책, 연세대학교 중앙도서관 소장본.

8. 陰崖日記, 李耔, 권20(옌칭, 장서각), 1815년.

9. 秋江冷話, 南孝溫, 권21(장서각), 1814년.

10. 思齋摭言, 金正國, 권22-23(옌칭), 권22(장서각), 1813년.

11. 清江思齋錄, 李濟臣, 권25(옌칭), 1815년.

12. 黃兎記事, 李廷馨, 권26-28(옌칭), 1815년.

13. 東閣雜記, 李廷馨, 권29-30, 권33(옌칭), 권33(장서각), 1816년.

14. 松江時政錄, 鄭澈, 권34(옌칭, 장서각), 1816년.

15. 石潭日記, 李珥, 권35-43(옌칭, 장서각), 1816년.

16. 海東樂府, 沈光世, 권44(옌칭, 장서각), 1816년.

17. 東溪雜錄, 禹伏龍, 권45-48(옌칭, 장서각), 1816년.

18. 關北記聞, 金時讓, 권49(옌칭), 1816년.

19. 白野記聞, 趙錫周, 권50(옌칭), 1816년.

20. 癸未記事, 李聖中, 권51(옌칭, 장서각), 1816년.

21. 畸翁謾筆, 鄭弘溟, 권52(옌칭, 장서각), 1816년.

22. 山中獨言, 申欽, 권53(옌칭, 장서각), 1817년.

23. 晴窓軟談, 申欽, 권54(옌칭, 장서각), 1817년.

24. 征倭雜誌, 申欽, 권55(옌칭), 1817년.

25. 王人姓名記, 申欽, 권56(옌칭), 1817년.

26. 鶴山樵談, 許筠, 권57(옌칭, 장서각), 1815년.

27. 月汀謾筆, 尹根壽, 권58-59(옌칭), 권58(장서각), 1814년.

28. 五山說林, 車天輅, 권60-61(옌칭), 권61(장서각), 1815년.

29. 松溪謾錄, 權應仁, 권62-63(옌칭, 장서각), 1814년.

30. 松窩雜說, 李墍, 권64-65(옌칭, 장서각), 1814년.

31. 聞韶謾錄, 尹國馨, 권66-67(옌칭, 장서각), 1815년.

32. 甲辰漫錄, 尹國馨, 권68(옌칭, 장서각), 1815년.

33. 牛山答問, 安邦俊, 권69(옌칭, 장서각), 1816년.

34. 松江行錄, 金長生, 권70(옌칭, 장서각), 1816년.

35. 涪溪記聞, 金時讓, 권71-72(옌칭), 1815년.

36. 紫海筆談, 金時讓, 권73(옌칭, 장서각), 1815년.

37. 荷潭破寂錄, 金時讓, 권74-76(옌칭), 권74(장서각), 1815년.

38. 谷雲雜錄, 金壽增, 권77(옌칭, 장서각), 1817년.

39. 效顰雜記, 高尚顏, 권78-79(옌칭, 장서각), 1817년.

40. 柳川箚記, 韓浚謙, 권80(옌칭, 장서각), 1817년.

41. 疎齋漫錄, 李頤命, 권81(옌칭), 1814년.

42. 燕行雜識, 李頤命, 권82(옌칭), 1817년.

43. 公私見聞, 鄭載崙, 권83-86(옌칭, 장서각), 1814년.

44. 眉巖日記, 柳希春, 권87-107(옌칭), 권87-94, 97-100, 103-107(장서각), 1817년.

45. 雲巖雜錄, 柳成龍, 권108(옌칭, 장서각), 1817년.

46. 北遷日錄, 鄭忠信, 권109-110(옌칭), 권109(장서각), 1817년.

47. 南遷日錄, 宋相琦, 권111(옌칭, 장서각), 1816년.

48. 河西言行述, 趙希文, 권112(옌칭, 장서각), 1817년.

49. 寒泉三官記, 李縡, 권113-116(옌칭), 권113-114(장서각), 1817년.

50. 己丑記事, 安邦俊, 권117(옌칭, 장서각), 1817년.

51. 壬丁事蹟, 安邦俊, 권118(옌칭, 장서각), 1817년.

52. 東岡講義, 金宇顒, 권119-121(옌칭, 장서각), 1818년.

53. 艮翁疣墨, 李瀷, 권122-123(옌칭), 권122(장서각), 1817년.

54. 寄齋雜記, 朴東亮, 권124-128(옌칭), 권125-128(장서각), 1818년.

55. 笑醒己丑錄, 李壽慶., 권129(옌칭), 1818년.

56. 癸甲日錄, 禹性傳, 권130-133(옌칭), 권131-133(장서각), 1818년.

57. 留齋行年記, 李廷馣, 권134-135(옌칭, 장서각), 1817년.

58. 壽春雜記, 李廷馨, 권136(옌칭, 장서각), 1817년.

59. 病後漫錄, 崔奎瑞, 권137-139(옌칭), 권139(장서각), 1817년.

60. 梅翁閒錄, 朴亮漢, 권140(옌칭, 장서각), 1819년.

【허경진】

靑箱備考

徐有寧 · 徐有慶(1727~?) · 徐龍輔(1757~1824) 著

寫本. 9冊(8卷 8冊, 目錄 1冊) : 35×22cm.

10行 20字.

1. 저자

徐有寧의 本貫은 達城이다. 達城府院君 宗悌의 증손이며, 命伯의 손자로, 아버지는 信修이
다. 1767년(영조 43) 修撰이 되었으며, 1769년에는 승지가 되었다. 1779년(정조 3)에는 사
헌부 대사헌, 1780년에는 摠戎使를 역임했으며, 1782년에는 함경도관찰사가 되었다. 1784년
공조판서, 1787년 의정부 우참찬을 거쳐 1789년에는 총융사가 되었다. 이 때 서유녕은 서씨
집안에서 5영 가운데 2영이나 책임을 맡을 수 없다고 하여 체직을 청하였다.

徐有慶(1727~ ?)의 字는 善餘이고, 仁修의 아들이다. 1750년(영조 26)에 진사시에 합격
하였으며 1773년 증광시에 통과하였다. 1775년(영조 51) 승지가 되었으며, 1776년(정조 즉
위년)에 개성유수에 특제되었다. 1779년 사헌부 대사헌, 1779년 예조판서, 1781년 공조판서,
1783년 지의금부사를 거쳤으며 1786년 의정부 우참찬에 제수되었다.

徐龍輔(1757~1824)의 字는 汝中, 號는 心齋이다. 아버지는 판서를 지낸 有寧이며, 어머니
는 宋宜孫의 딸이다. 1774년(영조 50) 생원시에 합격, 이해 증광문과에 병과로 급제하고 여
러 관직을 거쳐 1783년(정조 7) 奎章閣 直閣이 되었다. 1792년 謝恩副使로 청나라를 다녀왔
으며, 경기도관찰사·규장각 직제학, 이조·형조의 참판, 開城府 留守·대사헌 등을 지내고, 1799
년 예조판서에 승진하였다.

그뒤 이조판서·左副賓客·대사헌·의정부 우참찬·內醫院提調 등을 지내고, 1800년 순조가 즉
위하던 해 우의정, 1802년 좌의정에 올랐으며, 1804년 判中樞府事가 되었다. 1805년 10월부
터 이듬해 2월까지 進賀兼謝恩正使가 되어 청나라를 다녀온 뒤 벼슬을 버리고 향리로 돌아가
있다가, 14년 뒤인 1819년(순조 19) 영의정에 올랐다.

이듬해 영의정을 사임하고 판중추부사·領中樞府事를 지냈다. 정조와 貞純王后의 신임이 두
터워 항상 측근에서 정사를 보좌하였다. 순조 즉위 후 정국이 급변하는 상황에서 남인을 중
심으로 이루어진 천주교 신도들에 대한 禁壓을 주도하는 등 서울 경기 지역의 南人들과는 학
문적 정치적으로 대립하는 위치에 서 있었다. 시호는 翼獻이다.

2. 구성

모두 8권 8책, 목록 1책으로 구성되어 있다. 서용보와 그의 아버지 서유녕, 그리고 서유경
세 사람과 관련된 글이 실려 있다. 글을 실은 차례는 서유녕, 서유경, 서용보의 순으로 하였
으며, 각 자 관련된 글의 첫 머리에 王考(서유녕), 駱洞(서유경), 心齋(서용보)로 표기, 글의
주인공이 누구인지를 밝혔다. 그러나 이 책에는 서문이나 발문이 없어, 책의 편집을 책임진

사람이 누구였는지, 언제 이러한 작업을 추진했었는지 등등의 기초적인 사항에 대해서는 알 수 없다.

책머리에는 『청상비고』의 목록을 실어 전 내용을 일목요연하게 드러내었다. 1권에는 서유녕과 서유경에 관한 글이 실려 있다. 서유녕과 관련해서는 1775년(영조 51)부터 1778년(정조 2)까지, 서유경과 관련해서는 1777년(정조 1)부터 1788년(정조 12)까지의 글이 실려 있다. 2권부터 8권까지는 서용보에 관련된 글로, 1778년(정조 12)부터 1821년(순조 21)까지의 기록이 실려 있다. 수록된 글은 모두 서유녕과 서유경, 서용보가 벼슬하면서 올린 상소와 경연에서의 筵說, 筵奏, 특정 사안에 대한 草記, 그리고 국왕으로부터 받은 傳敎 敎命 傳諭 등인데, 이를 시간 순으로 배열하여 정리했다. 성격상 서유녕 서유경 그리고 서용보의 사환 활동을 살필 수 있는 일지임을 확인할 수 있는 내용이다. 각 권별로 수록된 내용을 구체적으로 살펴보면 다음과 같다.

卷一
王考
乙未
　十二月　二十日　「慶科試役後以試文雷同事自列疏」
丁酉
　六月　十七日　「海伯新除辭疏」
戊戌
　　　　　　　　「在海藩以三邑倅貶題誤書自列疏」
　十月　二十日　「辭都憲附陳討逆疏」
　十二月　十六日　「副摠管魚錫定自明疏」
　　　　　二十日　「因魚疏對章」·「宣川府使補外傳敎」
庚子
　二月　十五日　「移拜右尹傳敎」
　　　　十八日　「移拜摠戎使傳敎」
　四月　　　　　「以海州孫同伊殺獄反案事自列疏」
辛丑
　六月　　　　　「陳病乞遞摠戎使疏」
壬寅
　八月　二十八日　「北伯新除辭疏」
甲辰
　二月　初四日　「辭新資疏」
　八月　初五日　「辭正憲疏」
　閏三月　初一日　「陳病乞遞藥院提擧疏」
乙巳
　五月　初二日　「重拜摠戎使辭疏」
　　　　十一日　「再辭摠戎使並以禁將親嫌引義疏」
丙午
　七月　二十一日　「新除守禦使辭疏」

丁未
　四月　　初二日　「泮館以齋儒捲堂事草記」・「秋曹以捲堂發論儒生定配事草記」・「玉堂匡救聯箚」
　　　　　初三日　「泮館以他儒生勸入仍設食堂事草記」・「判樞金熤匡救箚」
　　　　　十六日　「守禦使中道付處事傳敎」
　　　　　十七日　「政院以泮僕來告進士辛者寧自首事啓辭」・「泮館以齋生等進參殿講別無可達事草記」・「秋曹以掌議沈象奎定配事草記」・「領相金致仁匡救箚」・「右相兪彦鎬匡救筵說」
　　　　　十九日　「泮長金喜疏」・「泮館以曾經齋任儒生自首査實事草記」・「豊川府付處特爲分揀放送事傳敎」
戊申
　三月　　初六日　「以將任親嫌乞遞摠戎使疏」

駱洞
丁酉
　六月　　十七日　「在開留因親嫌乞遞疏」
戊戌
　六月　　初四日　「懲討仍乞遞疏」
己亥
　二月　　二十九日　「辭都憲疏」
　三月　　二十四日　「乞寢墓所伐木之命事疏」
　四月　　初四日　「因沈墣擊錚事自明疏」
庚子
　二月　　　　　　「因李儒慶疏事乞遞都令疏」・「因尹正言得孚疏事自明疏」
癸卯
　七月　　初六日　「應旨陳勉並陳蒙養之方疏」
丙午
　四月　　十二日　「辭厲壇享官疏」
丁未
　五月　　十二日　「辭恩資疏」
戊申
　二月　　初十日　「進司圃署貢弊疏」
　五月　　十二日　「辭恩資疏」

卷2
心齋
戊戌
　十月　　十七日　「奉命時陳情覲親疏」
庚子
　八月　　二十七日　「以相避乞遞閣啣疏」
辛丑
　七月　　　　　　「因館規乞遞學校疏」
乙巳
　十一月　十七日　「以兩銓相避乞遞疏」

戊申

　　六月　　二十五日　「辭完伯新除疏」

乙酉

　　四月　　初七日　　「在完伯以緬事乞遞疏」

　　五月　　二十七日　「以親兵乞遞三銓疏」

辛亥

　　八月　　初六日　　「以苫塊餘喘乞遞左令疏」

　　九月　　十一日　　「以尹永禧事引義辭左令疏」

　　十一月　二十四日　「摠管望添入除拜」

　　　　　　二十五日　「古城斂使補外傳敎」

壬子

　　正月　　初三日　　「前職內擬傳敎」

　　　　　　初四日　　「古城論弊狀啓」

　　　　　　十一日　　「以左令引義聯疏」

癸丑

　　三月　　十六日　　「使事引義並引完伯時事疏」

甲寅

　　六月　　初四日　　「在畿伯辭直學疏」

　　九月　　三十日　　「畿伯自列疏」

乙卯

　　正月　　二十八日　「辭摠使籌堂疏」

　　八月　　初三日　　「使亞銓並乞遞摠使疏」

　　　　　　二十一日　「乞遞摠使疏」

丙辰

　　三月　　初八日　　「自引辭亞銓及籌司向方疏」

丁巳

　　正月　　十二日　　「因病辭籌堂疏」

己未

　　四月　　初八日　「辭陞擢並宮啣疏」

　　　　　　十九日　「辭諭善並請招徠儒臣聯箚」

　　八月　　二十七日　「辭長銓疏」

　　十月　　二十四日「因容文事自列乞遞長銓疏」

　　十一月　二十一日「在銓任以殷栗縣監事自列疏」

　　十二月　十九日　「在銓任以繕工監役事自列疏」

　　　　　　二十日　　「在銓任以李明淵陞擬事執藝聯疏」

庚寅

　　正月　　初一日　「吏判遞代」

卷三
辛酉

二十五日次對時 「諸大臣論奏並傳命召」·「引義乞收偕來疏」

二十六日 「別諭後附奏」·「登程後附奏還納命召」

二十七日 「享官批旨後附奏乞還收往迎之敎」·「入侍筵說」

二月　　初五日 「陳病乞遞本兼箚」

初六日 「封還呈辭傳敎」

初八日 「呈辭後上箚」

初九日 「封還呈辭卽爲入侍事傳敎」

　　　　「呈辭後附奏」

十一日 「呈辭後再箚」·「胥命仍納命召」

十二日 「諸大臣入侍時討邢同爲推鞫事承敎」

三月　　初九日勤講時 「筵奏」

四月　　初五日入診時 「廣留議薦筵奏」

五月　　初十日 「陳勉聯箚」

十四日 「論列箚」

十七日 「藥院自列箚」

二十五日入診時 「藥院湯劑議定並論迎勅節目等事筵奏」

六月　　初十日入診時 「請煩診候並請鍊主造成虞主埋安筵奏」

十五日入診時 「以孝元殿鍊事請並叙罷散人筵奏」·「請新恩分館筵奏」

七月　　初一日 「請寢孝元殿親享聯箚」

十五日入診時 「因勅行請停三道秋巡筵奏」

二十日 「陳病乞遞藥院箚」

八月　　十二日勸講時 「請禁科場亂雜筵奏」

九月　　初六日 「懲討筵說」

二十四日 「焚黃時給由馬」

二十九日勸講時 「因雷異丙免筵說」

十月　　初一日 「省楸乞遞藥院箚」

二十日 「引咎陳勉聯箚」

十二月　二十九日 「庭試設初試獻議」

三十日 「請寢親享聯箚」

壬戌

正月　　初十日 「藥院日次闕參自列箚」

二十日次對時 「請禁三法司出牌筵奏」·「首揆請罷壯營獻議」·「請推考玉堂聯箚」

二十八日召見入侍時 「請敎召儒賢筵奏」·「請收還壯營別庫還屬內司之敎筵奏」·「疹候問安筵說」

二月　　初十日次對時 「請以拜峯監牧官爲楊州監牧官筵奏」

十六日 「自引仍請譴罷持平聯箚」

二十九日入診時 「請錦伯催促辭朝完伯嚴飭肅命筵奏」

四月　　初五日入診及勸講時　「以秋曹文案見失事請罷判書拿問入直卽廳筵奏」‧「署經事筵奏」

五月　　初一日入診時　「筵說」

　　　　初二日　「入診筵說」兩次

　　　　初三日入診時　「筵說」

　　　　三十日入診時　「請大祝連續筵說」

六月　　初五日　「陳病乞遞藥院箚」

　　　　初十日　「陳病乞遞兼帶箚」

七月　　初八日　「乞免聯箚」

八月　　初四日　「請嘉禮擇日並通信使差送筵說」‧「璿源殿御眞標題及草圖書事筵奏」

　　　　初十日召見入侍時　「嘉禮擇日及節次筵說」‧「請草圖書權停事筵奏」‧「通信使事筵奏」‧「嘉禮儀節請
　　　　　　　　依肅廟辛亥年例事筵奏」‧「請停畿湖習操事筵說」

　　　　十三日　「嘉禮儀軌事筵說」‧「請後苑調馬事筵奏」

　　　　二十四日次對時　「請推考戶判事筵奏」‧「輦輿所排座子倚子事筵奏」‧「請月三官調馬筵奏」

九月　　初三日　「因戶判疏自引乞遞都提擧並中書箚」

　　　　十五日入診時　「請北道十邑卜定馬自各該邑依前貿納事筵奏」

　　　　二十五日次對時　「請飭秋曹捕廳捉得泮隷作拏者事筵奏」‧「請禁齋儒傅食之弊筵奏」

十月　　初五日　「因雷異陳勉仍自引乞遞聯箚」

　　　　初十日　「因臺疏自引聯箚」

　　　　二十二日　「嘉禮償典」

　　　　二十三日　「辭償典箚」

　　　　二十七日　「嘉禮後登對仍卜相筵說」

十一月　初二日入診時　「請藥房移直廚院並定廳號筵奏」‧「請討逆慶科依甲午例筵奏」

　　　　初四日　「入診筵說」

　　　　十三日　「請加設議藥同參筵奏」‧「疹候平復後辭償典疏」

　　　　二十二日　「陳病乞遞藥提箚」

　　　　二十七日　「請東朝收還傳敎仍進粟米飮箚」

十二月　初十日　「陳情乞遞諸司提擧箚」

卷四
心齋
癸亥

正月　　十七日進講時　「都政後論列吏判並玉堂臺臣筵說」‧「請遞藥提筵奏」

　　　　十九日進講時　「請罷吏判並臺諫推考玉堂筵奏」‧「請飭末下直守令不多日辭朝事筵奏」

　　　　二十九日次對時　「兩殿疹候平復後以廣慶之意論禁府放未放丹子事筵說」‧「濟州漂到異國人放送
　　　　　　　　事筵奏」‧「咨文傳致事筵奏」‧「請停各道習操事筵奏」

二月　　初十日次對時　「勅行將到事筵說」‧「增廣試官擇差事筵說」‧「德隣事筵說」‧「禁府疏放事筵說」‧「闕參

大臣推考事筵說」・「停啓擧行事筵說」・「疏放可否事筵說」・「吏判處義可否事筵說」・「因增廣
謁聖成均館財力劃給事筵奏」・「統營捄弊事筵奏」・「支勅事筵奏」・「忠孝旌褒事筵奏」・「懲討
請吏判削職事筵奏」・「禁科場亂雜並早呈之弊事筵奏」

二十日次對時 「關西陳弊事筵說」・「館泮遠接使差出事筵說」・「勅行時民弊申飭事筵說」・「除科弊事
筵說」・「請卜首相事筵說」・「疏放擧行事筵說」・「備堂還差事筵奏」・「判尹亞尹遞攻事筵奏」・
「請讀罷次對不參臺閣事筵奏」・「因呈辭捧入請推該承旨筵奏」・「請依北伯狀請事筵奏」・「請
依統使狀請事筵奏」・「請推御將事筵奏」・「備堂還差事筵奏」

二十五日入診時 「入診筵說」・「申飭吏行公事筵說」・「問禮官差下事筵奏」

閏二月　二十日次對時 「勅行遲速事筵說」・「小科後物議事筵說」・「大科秉公事筵說」・「迎勅事筵說」・「請停
郊送擧動事筵說」・「請依完伯所啓井邑所在宮畓息訟事筵說」・「因平閫啓古城鎭朔操還屬
防守將事筵奏」

三月　　初二日 「陳秉乞遞藥院並享官事箚」

二十日次對時 「大臣往役事筵說」・「各陵寢享官給馬盤纏稟定事筵說」・「卜相事筵說」・「論列大臣違
牌事與臺諫罷職以有風力人擬入事筵說」・「請許遞惠民提調事筵說」

二十三日次對時 「請昨年未行陞試使之設行事筵奏」・「北兵使忠淸水使並改差事筵奏」・「因開留海
伯狀啓金川兔山牙兵相換事筵奏」・「依沁留所啓留兵」・「庫水門捄弊成節目事筵奏」・「依惠堂
所啓內侍復戶定額給代事筵奏」・「依平閫所報撥站捄弊事筵奏」・「依泮長所啓謁聖時兵曹
木加劃事筵奏」

四月　　初五日進講時 「因平壤火災慰諭使下送事筵說」

初九日次對時 「因北關火災慰諭使差下並恤典事筵說」・「論領相遭慘駁事筵說」・「錦伯情病事筵說」・
「全羅道殿牌作變罪人處置事筵說」・「恤典依丁亥年例事筵說」・「承旨拔望將臣改籤事筵
說」・「臺啓速停事筵說」・「嘉禮後廟見禮擇日事筵說」・「慰諭使進前勅敎」

十一日 「試點自列箚」

二十五日次對時 「論西北恤典事筵說」・「御藥北茸蕩減事筵說」・「祭官盤纏自度支區劃事筵說」・「藥
院封進事筵說」・「前啣侍從差往陵享時給盤纏定式事筵說」・「實錄諸堂申飭仕進事筵奏」

壬戌

五月　　十一日次對時 「悶旱事筵說」・「北憂事筵說」・「邊禁事筵說」・「廟見禮稱慶當否獻議事筵說」・「備員
臺諫停啓事筵說」・「六鎭防守並營耗詳定事筵奏」

十六日進講時 「掖隸遊宴另加操飭事筵奏」・「請北道元別恤典依平壤例題給事筵奏」・「以淸瑢郡主
墓幕雜物自內司移文畿營事請次知內官拿處事筵奏」

卷五
心齋
癸亥

五月　　二十六日次對時 「北邑覓接提飭事筵說」・「請飭臺臣事筵說」・「請依北道繡奏信蔘當年條一斤停免
事筵奏」

　　　　二十八日 「自引乞收還禁堂疏批並及內司事箚」

六月　　初二日　「因臺疏引故相所奏論大同木麤細之弊事草記」

　　　　二十八日入侍時 「以營將中軍作窠違式請推兵判事筵奏」・「請宣薦二窠變通事筵奏」

七月　　十九日 「以相燁獄事請差送按覈使獻議」

　　　　三十日次對時 「停啓擧行事筵說」・「無實職獻官一例給盤纏定式事筵說」・「崔重圭家作拏兩漢照律
　　　　　　　　嚴懲事筵說」・「請依箕伯所啓被燒公廨營建時許劃加分耗及別備錢事筵奏」・「請新除陵官
　　　　　　　　受香時在外差送假官令入直實官入來受香事筵奏」・「請秋堂擬望勿拘曾經銓任人事筵奏」・
　　　　　　　　「請禁書院及疏廳侵徵邸吏弊事筵奏」・「以新兵判承牌時」・「院稟違例事請推當該承旨事
　　　　　　　　筵奏」・「請被竄四臺合有參量事筵奏」

八月　　初五日進講時 「行幸時條件筵說」・「因史參疏」自列疏

　　　　初十日 「請收還吏參竄配之命並陳病自列箚」

　　　　二十二日進講時 「請飭湖南道臣發巡事筵奏」・「以兩書院致祭事之不頒朝紙請推當該承旨事筵奏」

　　　　二十五日入診」 「請前縣監李英裕蕩滌福佾參致侑事筵奏」

九月　　初三日次對時 「因災異乞免筵說」・「遇災陳勉筵說」・「彼人犯越事筵說」・「請依北伯所啓會寧府開市
　　　　　　　　時牛馬料移劃事筵奏」・「請前修撰所啓文科初試並易除易書置之事筵奏」・「請未覆啓儒疏
　　　　　　　　並姑置之事筵奏」・「請邊地武侔及僉使十五朔後徑遞者許容履歷事筵奏」・「請正卿陞擢事
　　　　　　　　筵奏」・「請摠戎使罷職」・「西北兩邑作拏罪人別無可覈及還耗作錢詳定事草記」

　　　　初六日 「請依都憲疏表章三儒臣事草記」

　　　　初十日進講時 「請禁府三堂並許遞事筵奏」・「請飭秋判行公事筵奏」

　　　　十三日進講時 「請副使書狀坐罷仍任事筵奏」・「請前副使書狀並敍用還付事筵奏」

癸亥

九月　　十五日 「請實錄當相兼帶摠管許遞事筵奏」

　　　　十七日進講時 「請依箕伯所啓以獐子島彼人犯越被捉事入送賫咨官罷黜龍川府使彌串僉使拿問亦
　　　　　　　　推道帥臣及防禦使草記」・「請龍川府使彌串僉使拿出代擇差事筵奏」

　　　　二十三日進講時 「請故兪相遷葬時助葬依例擧行事筵奏」

　　　　二十五日次對時 「以兩殿春秋漸盛上下相慶事筵奏」・「中宮殿冠禮將行令禮判擧行事筵說」・「年分
　　　　　　　　事筵說」・「龍川事筵說」・「請都削職事筵奏」・「請依沁留所報延安白川除撥木停退條以均
　　　　　　　　廳魚鹽稅錢給代事筵奏」・「請惠堂還差事筵奏」・「請刑判所帶摠管許遞事筵奏」

　　　　二十九日次對時 「請依慶尙左水使所啓改造船材取用右道事筵奏」・「請以薪島漂流木運去事馳通
　　　　　　　　鳳城事筵奏」・「請咸興府被燒邑軫念事筵奏」

十月　　初五日 「陳病請譴箚」

　　　　十一日 「同福縣殿牌作變罪人獄事獻議」

　　　　十三日進講時 「獐子島孚帖事筵奏」・「請酒禁事筵奏」

　　　　十五日次對時 「各道年分事筵說」・「行酒禁勿擾民事筵說」・「請依嶺伯災實分等狀啓並諸條施行事
　　　　　　　　筵奏」・「請依司譯院所報使行公用銀事筵奏」・「請依摠使所啓支放條留庫貸用許施事筵說」

　　　　二十日進講時 「論列李敬臣疏」本事筵說」・「祝文讀御諱及陵祭享時刻不齊事筵說」・「因承旨所啓

請陵寢陳設圖式考較厘正事筵說」・「連山四囚斷案事獻議」

二十三日 「殺獄文案獻議」

二十五日進講時 「請許遞提調口傳差出事筵奏」

二十七日進講時 「因玉堂所陳請改戶判疏批中二字事筵說」

十一月初四日 「社稷樂器庫失火顚末筵說」・「論趙李兩事及請前啣臺疏勿禁事筵說」

初五日 「以戶參事請推戶曹堂上拿處卽聽事草記」

初七日進講時 「請依摠使所報北漢捧留耗中五升除給城民事筵奏」

初九日 「請依兵判疏社庫樂器改造待春擧行事草記」

初十日召見入侍時 「冬至日請大王大妃殿六旬稱慶元朝擧行事筵說」・「以大王大妃殿逾五旬惠敬宮滿七旬稱慶賓廳啓辭」

十二日 「以稱慶上號事勉回慈衷事筵說」・「大王大妃殿教內只許陳賀稱慶」

卷六

心齋

癸亥

十一月 十三日 「請依慈教只擧稱慶陳賀擧行事筵說」

二十日次對時 「三道接濟更飭事筵說」・「前持平疏中松田事筵說」・「邪學禁斷更飭事筵說」・「酒禁嚴飭事筵說」・「元朝陳賀退行擇日事筵說」・「諸臺不參事筵說」・「臺疏中酒禁事筵說」・「請依北伯所啓德源府公下以安邊府常平廳儲置移付事筵奏」・「請因謝恩使回咨撰出咨文二道定撥送灣傳致鳳城將事筵奏」

二十六日進講時 「以臘藥監製事請遞在外提調口傳差出事筵奏」・「請依畿伯所啓始興果川筆路橋梁物力令惠廳磨鍊上下事筵奏」・「以彼中諱名代寫事請撰出回咨傳給鳳城將事筵奏」・「請依統使所報支放公用條許貸事筵奏」

十二月 初八日次對時 「淑善翁主明年吉禮禁婚揀卑事筵說」・「酒禁連飭事筵說」・「戶兵判疏批請並體諒事筵說」・「請依開留所啓青石洞築城事筵奏」

十三日召見入侍時 「仁政殿回祿後上下警惕事筵說」・「因火災自引乞免筵說」・「御眞權奉于書香閣擧行事筵說」・「陳慰箋文與太廟慰安祭擧行筵說」・「景春殿移御後修掃之節以禁禦兩營軍擧行事筵奏」

二十日次對時 「因修省敦召儒賢事筵說」・「臺諫違牌事筵說」・「糴政捄弊事筵說」・「陳勉事筵奏」・「請儒賢招來諭書勿代撰事筵奏」・「請久任玉堂專意侍講事筵奏」・「請飭臺臣詣臺責劾事筵奏」・「請勿禁侍從前啣疏事筵奏」・「請諸道最難捧還上停捧事筵奏」・「請飭諸道材木斫運役民之弊事筵奏」・「請飭守令辭朝事筵奏」・「請洪道坤市場還屬繕工事筵奏」・「都政申飭事筵奏」

二十五日次對時 「上下交勉事筵說」・「請依海伯所報許劃支放之需事筵奏」・「請飭畿甸海西賑邑勒分之弊事筵奏」・「請實錄正堂差下事筵奏」・「因完伯狀啓請右水營松田及能櫓軍移屬珍島牧場竝置之事筵奏」

二十八日次對時 「因前啣臺臣治疏未呈引義不進」・「大王大妃殿教內次對姑待左相入來後爲之」・

　　　　　「自列仍請收還處分傳敎」・「撤簾時筵說」・「故布與進箋陳賀等節擇日舉行事筵奏」・「朝廷問安處所以仁政門爲之事筵說」・「陳賀處所以明政殿爲之事筵說」・「行閣營建事筵說」・「新燔瓦依舊瓦樣申飭事筵說」・「火賊譏捕事筵說」・「論酒禁利害事筵說」・「命吏兵判進前明日行都政事筵說」・「命禮判進前太廟親享等節目誦究除減事筵說」・「戶判以宮房結收事所奏」

　　二十九日　「自引乞遞本兼疏」

甲子

　正月　初一日　「李臺東萬彈劾洪金鄭三人請施屛裔」

　　　　初二日　「秋曹以悖通儒生三人未捉事草記」

　　　　初三日　「趙臺與通儒等拿來嚴問事傳敎」・「政院以左相尋草出城事啓辭」・「成均館以請捉李福三事草記」

　　　　初五日　「在廣州附奏」・「敎諭」・「成均館以促福三後洪李兩人拿囚事草記」・「金右相引義疏」

　　　　初七日　「秋曹啓目鄭金諸人嚴刑得情事依允仍下嚴敎」・「刑曹草記後通文原草封入事命下」

　　　　初八日　「金吾堂上請對時草供封入事命下」

　　　　初九日　「東朝諺敎別諭」・「在砥平附奏」

　　　　十一日　「義禁府啓目諸囚盤問事」

　　　　十三日　「在砥平附奏乞收偕來」兩次

　　　　十四日　「義禁府啓目李囚加刑得情事命下」・「義禁府啓目李囚更加嚴刑取招事命下」・「禁府啓目洪囚捧送晩事命下」

　　　　二十二日　「禁府啓目洪囚減死絶島定配事命下」・「又啓目李囚亦減死島配事命下」・「姜臺所論洪李兩罪人」兩次

　　　　二十四日　「乞遞疏」

　　　　二十六日　「秋曹啓目李金鄭洪四囚島配事命下」・「院啓請島配兩罪人洪李設鞫得情事」・「府啓請洪李兩罪人設鞫事」・「李囚四招」

　　　　二十八日　「在砥平附奏引義」・「傳諭」

　二月　初二日　「命右相請號賓啓舉行事筵奏」

　　　　初九日　「在砥平附奏引義」

　　　　十二日　「砥平縣獄胥命時附奏」

　　　　十八日　「胥命附奏」

　　　　二十四日　「胥命附奏還歸松楸」

　三月　初六日　「聞庭鞫有命進詣近京地之意入啓」・「附奏乞解本兼」・「在興仁門外附奏」・「依下敎來待啓入侍事命下」・「入侍引義筵說」・「出城俟勘勉副命下」・「在東部仁昌坊附奏俟勘」兩次

　　　　初七日　「在東部仁昌坊附奏」・「還入事傳諭後附奏」

　　　　十六日　「徑歸乞遞兼帶疏」

　　　　十七日　「在平邱驛附奏」

　　　　二十三日　「祿米輸送事命下」

　　　　二十六日　「在廣州斗峴里附奏」

二十七日 「召還偕來承旨傳敎」

二十八日 「在斗峴里附奏」

四月 十一日 「興領府事上來事傳諭」

十五日 「在斗峴里附奏」

八月 十一日 「陳病乞遞使喇並所帶諸任疏」

乙丑

正月 初八日 「陳病乞收常廩並遞兼帶疏」

閏六月 初四日 「辭賞典疏」

卷七

心齋

丙寅

正月 十二日 「以陳賀兼謝恩使自燕離發時狀啓」

二月 初七日 「使還入侍時問安仍乞由省掃筵說」

十九日 「幸行祗迎所駕前入侍時筵說」

二十日 「華城行宮入侍筵說」

二十一日「內醫都提調前望落點因左相肅命後還宮之命府獄外脊命」·「壯南軒入侍時筵說」·「傳敎
重拜左相」·「傳諭偕來」·「駕前肅謝仍承隨駕之命」

二十二日 「在江郊承還入之命」

二十三日 「在西部黑石里附奏陳病」

二十七日 「引義疏」

二十八日 「在黑石里附奏」

三月 初四日 「陳病狀並因臺疏中壯營撤罷事引義疏」

十八日 「引義再疏」

十九日 「金吾脊命仍納命召」

二十日 「脊命俟勘仍乞傳諭中二字收還」

二十九日次對時 「懲討事筵說」

四月 初五日 「移拜右相」

五月 初九日 「陳勉仍乞免聯箚」

十三日 「懲討聯箚」

十八日 「懲討聯箚」

二十日 「請寢設鞫傳旨爻周之命聯箚」

六月 十五日次對時 「悶旱事筵說」·「判金吾疏事筵說」·「副修撰疏事筵說」

十六日 「懲討筵箚」

二十五日次對時 「悶旱事筵說」·「請允三司事筵說」

七月 二十一日 「入診筵說」

二十五日入診時　「請差經筵官筵奏」

八月　　初八日朝講時　「請飭書狀官上來事筵奏」

十五日　「陳病乞遞本兼箚」

二十五日　「疏放獻議」

二十六日入診時　「請爪滿道臣差代事筵說」・「因禁府草記批旨自列筵說」

九月　　初八日　「因雷異陳勉自列乞遞箚」

初十日　「陳勉仍乞遞筵說」・「李臺鎭嵩因雷異規勉並附陳疏」

二十日　「陳情乞遞本兼箚」

二十二日　「兩李臺疏事筵說」・「出城尋鄉後傳諭」・「李臺渭達疏」・「兩李竄配事傳敎」・「禁府以兩李島配事草記」

二十三日　「在東部崇信坊附奏」

二十七日　「在陽根郡德谷店附奏」

十月　　十六日　「傳諭」

二十五日　「在砥平長壽洞附奏」

十二月　　初九日　「乞遞本兼事從縣道陳疏」

丁卯

二月　　初二日　「乞遞本兼仍請收還史官事從縣道上疏」

七月　　二十二日　「傳諭」

二十五日次對時　「李相所奏」・「在砥平附奏」

二十六日　「敦諭」

二十八日　「附奏」

二十九日　「許副傳諭」

八月　　初二日　「在砥平附奏」

十八日　「畿伯以領府事轉向廣州地事狀啓」

十二月　　十三日　「乞遞藥提事從縣道上疏」

戊辰

三月　　初二日　「乞遞諸司提舉事從縣道上疏」

十二月　　二十五日　「兩司合啓中尹趙兩人物故停啓」

己巳

三月　　二十二日　「拜陳賀兼謝恩使」

二十四日　「乞遞藥提並使役事從縣道上疏」

二十六日　「在廣州斗峴里附奏」

八月　　十五日　「還歸私次事從縣道上疏」

十九日　「許副僕提傳敎」

庚午

六月　　初十日　「刑判趙得永疏」

十六日 「砥平縣獄脣命」・「傳諭」

二十二日 「在砥平脣命附奏」

二十七日 「脣命所附奏」

七月　初一日 「脣命所附奏」・「大護軍趙得永疏」

初四日 「脣命所附奏」・「傳諭」

初七日 「脣命所附奏」

辛未

八月　二十九日次對時 「蒙遞使役」

十二月　二十六日 「在往十里附奏」兩次

「口傳下敎」兩次

二十七日 「在往十里附奏」三次

二十八日 「附奏」・「席藁脣命」兩次

二十九日 「附奏」兩次

三十日 「附奏」

壬申

正月　初三日 「傳諭」・「附奏後仍往廣州府獄外脣命」・「諸臺臣請加敦召聯箚」

初五日 「廣州府脣命附奏」

初七日 「附奏」

初八日 「附奏」

初九日 「附奏」

十二日 「附奏」

十三日 「附奏」

十四日 「附奏」

九月　十九日 「附奏乞遞藥院都提擧」

二十一日 「在平邱附奏」

二十二日 「附奏」

二十三日 「附奏」

二十四日 「附奏」

二十五日 「附奏」

二十六日 「附奏」

二十七日 「附奏」

二十八日 「附奏」・「許副藥院都提擧」

二十九日 「附奏」

十月　初四日 「在廣州斗峴里附奏」

卷八

心齋

己卯

正月　二十五日　「領相重卜」·「世子師單付」

二十六日　「傳諭」

二十九日　「在廣州斗峴里附奏」

二月　初四日　「附奏」·「傳諭」

初六日　「附奏」

十一日　「自列疏」

十五日　「附奏」

十八日　「自引陳病乞遞疏」

二十一日　「附奏」·「傳諭」

二十五日　「傳諭遣正卿」

三月　初一日　「附奏」

初三日　「附奏登筵脣命」·「在東部仁昌坊附奏」·「金吾脣命」

初四日　「入侍筵說」

十五日　「王世子冠禮初出房服色獻議」

二十一日　「冠禮陳賀後賞典判下」

二十三日　「辭賞典箚」·「因掃墳呈辭給由馬命下」

四月　初七日　「陳情病並因南營火災乞遞納符從縣道陳疏」

初九日　「在廣州附奏」

初十日　「拜內醫都提擧」

十二日　「附奏陳病」

十四日　「附奏」

閏四月　二十六日　「入侍筵說」

二十九日次對時　「四條捄弊筵說」·「春桂坊不拘地閥擇用事筵奏」·「以訓將懸病請推考事筵奏」·
「請遞御將所帶左捕將事筵奏」·「請依玉堂疏科制施行事筵奏」

五月　初五日入診時　「入診筵說」·「請祈雨祭事筵奏」·「韓淸城君祀孫定級事獻議」

十四日入診時　「請世子宮曾講待凉生取稟事筵奏」

二十五日次對時　「備堂減下與差下筵奏」·「請飭東伯無以參商之弊登聞事筵奏」·「請依嶺伯所啓
鄭文簡嗣祀位土之入籍沒者出給事筵奏」·「請依嶺伯所啓漆谷移邑施行事筵奏」

二十八日　「敎命篆文書寫官差下」

三十日入診時　「診候筵說」

六月　初二日請對時　「請華城掛書罪人設鞫事推鞫命下」

初十日次對時　「請依嶺伯所啓金海闕額軍保分排施行事筵奏」·「請依海伯所啓平山稅米太及詳
定依山郡例作錢施行事筵奏」·「請依前統使所啓都試時優等及加資人依施例特許邊將除
授施行事筵奏」·「請依前廣留所啓因寺刹修補空名帖成給姑置之事筵奏」

六月　初十日次對時 「請華留所啓因龍珠寺修葺兩條所請並姑置之事筵奏」·「請推兼弼善申飭肅命事筵奏」

二十七日 「陳御將親嫌請遞本營都提擧箚」

七月　初五日 「乞遞藥院都提擧箚」

初九日 「因兵曹草記」請訓將罷職事草記」

十九日 「請因錦伯所啓馬梁津漂到異國人給船領送事草記」

二十六日 「請內下帑錢丹繁定差員領送湖西事草記」

八月　初二日 「以忠淸道災邑存救事請推道臣與慰諭使事草記」

初九日 「請禁隷及司謁痛加鋤治事箚」

十八日 「元陵奉審形止及沿邜農形筵說」·「請寢掖隷一律減等酌處之命事箚」

二十三日 「請依海伯所啓兩邑年還若干石摠木麥事草記」

九月　初五日 「前朝直提學金若時褒贈獻議」

初十日次對時 「量田獻議」·「請依錦伯所啓延豊縣田稅大同依嶺南聞慶例並以詳定價代納許施事筵奏」·「金文簡公淨聖應從享獻議」·「金文敬公集文廟從享獻議」·「以虛錄守令擬律事請推承宣並嚴飭督捧事筵奏」·「請依嶺伯所啓順興府新舊逋限十年除耗分捧施行事筵奏」·「蔭官參下許任獻議」·「請依吏判所奏直將主簿之分敎官遷轉施行事筵奏」·「請行守令年限法並惠卽以年富力强人差出事筵奏」·「請本廳修補物力劃給事筵奏」

十三日 「世子嬪納采儀節

二十二日 「乞寢眞殿動賀之命聯箚」

二十三日 「因湖西慰諭使及錦伯所啓請以安興餉穀取用分付事草記」·「請依錦伯所啓公州等十邑及四十四邑軍布並許純錢訓局砲兵折半代錢施行事草記」

十月　初一日 「因雷異陳弊規勉仍乞遞聯箚」

十七日 「嘉禮賞典判下」

十八日 「辭賞典箚」

二十九日次對時 「請依錦伯所報報恩等六邑渰沒人身還布依公州十邑例蕩減事筵奏」·「請摠使與右捕將楸行許令佩符往來事筵奏」·「請沁留所啓吉祥牧場請罷置之事筵奏」·「請臺疏中請罷三南關東營將置之事筵奏」·「以趙彦國槐院分館事請削名並參圈諸人刊削事筵奏」·「請趙文正公致侑事筵奏」·「請都監儉金施一律並令度支上下事筵奏」

十二月　二十日次對時 「眞殿景慕宮動駕之命事筵說」·「請前檢閱陞六事筵奏」·「請前正言本生父年七十推恩事筵奏」·「請陞學嚴飭卽設事筵奏」·「請依慶尙左水使所啓三條痼弊亦令道臣商確狀聞後稟處事筵奏」·「請因錦伯疏中不足災所請以三千結加劃事筵奏」

十二月　二十八日 「進講丹子獻議」

十二月　初四日 「請依海伯所啓禁衛上番軍點送以虞侯替行事筵奏」·「請依完伯所啓本營內庫穀米捧耗條變通劃下施行事筵奏」·「請政府錄事朔數遷轉依前例事筵奏」·「請因泮長病遞差事筵奏」·「以刑議在家出牌事請罷職筵奏」·「覆奏量田事獻議」

十四日 「捲草官本職改差事草記」

二十日次對時 「請依開留所啓本營公費以加分耗各穀劃給施行事筵奏」·「請依錦伯所啓災邑救急
　　　　　　米限數萬包分劃於稍近諸邑分付擧行事筵奏」·「請慶科庭試文武科並待秋成更擇事筵奏」·
　　　　　　「請仍任定原縣監事筵奏」

二十八日 「以竹山府使違式備擬事請推政官改差府使草記」

二十九日 「以綏吉園受香違刻請拿問獻官差代並推吏堂事草記」·「陵寢眞殿展謁之命事聯箚」

庚辰

　正月　　初二日 「請各陵享官因風雨未趁時限之罪削職事草記」

　　　　十五日次對時 「請參下官登科十年出六事筵奏」·「請湖西十邑大同待秋收納事筵奏」·「請依慶尙
　　　　　　右兵使所啓本營都試沒技人許直赴施行事筵奏」·「因廣留所啓軍餉限七年分捧請以五年
　　　　　　準捧事筵奏」·「請依錦伯所啓以雙樹山城修築請空名帖施行事筵奏」·「請未下直守令催促
　　　　　　事筵奏」·「陳病辭免筵奏」

　　　　十六日 「陳病乞遞疏」

　　　　十九日 「因東伯習操狀啓政院出納之疎忽請推該承旨事草記」

　　　　二十六日 「乞遞再疏」

　二月　　初六日 「乞遞三疏」

　　　　十七日 「傳諭」·「附奏」

　　　　二十日入診時 「申懇乞遞筵說」·「請故鰲恩君議諡分付事筵說」

　三月　　初七日 「請故相棹楔之典獻議」

　五月　　初六日 「因嶺伯狀啓仍任淸道郡守事不審之該道臣請推事草記」

　　　　十六日 「陳病乞遞疏」

　　　　二十九日 「乞遞再疏」·「請沴長呈辭勿施捧納承旨並推事草記」·「請全羅右水使改差事草記」

　六月　　十五日 「乞遞三疏許副」

　九月　　初一日 「拜進愍兼進香使

　　　　初二日 「陳情乞遞使役箚許副」

辛巳

　三月　　二十二日 「遷陵獻議」

　四月　　十七日 「遷陵時成服及廟社告由獻議」

　　　　二十三日 「因山前講筵設行獻議」

3. 내용

1권에는 서유녕과 서유경이 올린 上疏 그리고 이들이 관련된 傳敎, 箚子 등이 年度 별로
日月 순으로 정리되어 실려 있다. 서유녕의 경우 글머리에 王考로, 서유경은 駱洞으로 표기하
고 있다. 주요한 글은 다음과 같다.

卷1
王考

乙未 十二月 二十日「慶科試役後以試文雷同事自列疏」

경과 정시에 합격한 趙羽逵·趙榮毅·崔守元이 작성한 글에 서로 같은 구절이 많이 있어 試官으로서 책임을 지고 있으므로 벌을 내려주기를 청하는 내용이다.

丁未 四月 十六日「守禦使中道付處事傳敎」

日次儒生의 殿講에 성균관의 유생들이 항명하여 참가하지 않은 사실을 두고 그 책임을 물어 掌議 심상규를 정배하고 행 부사직 徐有寧을 中道付處하라는 국왕의 명령이다.

丁未 四月 十七日「領相金致仁匡救箚」

영의정 金致仁이 太學儒生 沈象奎와 행 부사직 徐有寧에 대한 처벌이 지나치므로 이를 멈추어 줄 것을 청하는 차자이다. 서유녕이 아들을 제대로 가르치지 못한 잘못은 있지만 그의 아들의 죄를 그의 아버지에게 옮겨 시행하는 것은 적절하지 않다는 내용이다.

戊申 三月 初六日「以將任親嫌乞遞摠戎使疏」

摠戎使로 재직 중이던 徐有寧이 그의 형 徐有慶이 造紙署提調에 제수되었다는 이유로 본서의 例兼 제조를 遞職시켜 달라는 상소이다.

駱洞
丁酉 六月十七日「在開留因親嫌乞遞疏」

開城府留守로 재직중인 徐有慶이 동생 서유녕이 황해도(해서) 관찰사가 되자 형제가 일시에 유수와 지방관[藩任]의 중책을 맡는 것은 적절하지 않으므로 체직시켜 달라는 내용의 상소이다.

己亥 三月 二十四日「乞寢墓所伐木之命事疏」

도성 밖의 虎患을 이유로 大臣이 두 墓의 나무를 베어낼 것을 청하여 윤허를 받은 사실에 대하여, 비록 묘소 주위의 나무를 베어낸다고 하더라도 서울의 전역의 숲을 제거하지 못하여 장차 호랑이와 표범을 막을 수 없으니 나무를 제거하라는 명령을 거둘 것을 청하는 내용이다.

庚子 二月「因李儒慶疏事乞遞都令疏」

교리 李儒慶이 홍낙순을 공격하기 위한 삼사 합계에 빠진 뒤 그 행위를 변명하는 상소를 올리자, 서유경이 그를 비판하여 올린 상소이다.

庚子 二月 「因尹正言得孚疏事自明疏」
都承旨 徐有慶이 홍낙순을 탄핵하며 올린 계사에 대해 정언 尹得孚가 억지스러운 내용이 있다고 하여 상소를 올린 것에 대해 다시 반박하며 올린 상소문이다.

卷2 이하 권8까지는 모두 서용보와 관련된 글이다. 매 권마다 책머리에 心齋라 표기하고 있다. 주요한 글은 다음과 같다.
卷2에 실린 글이다.
辛亥 十一月 二十四日 「摠管望添入除拜」
도총관에 具庠 閔鍾縣을 추천하자 구상으로 하비하고, 부총관으로 서용보 李集斗 宋鎮 李東顯 李鎭復 李義弼 金履禧를 추천하자 서용보 이집두 송영으로 비하한다는 내용을 싣고 있다.

辛亥 十一月 二十五日 「古城僉使補外傳敎」
부총관 徐龍輔의 직명을 환수하고 古城鎭僉使에 보임하라는 명령이다. '근래 國綱을 무너 뜨리는 자들이 이들이니, 朝辭하지 말고 곧 騎撥하여 부임하되 그 날짜가 기한을 넘기면 帥臣이 곧바로 그 지방에 定配하고 狀聞하라'고 하였다.

壬子 正月 初四日 「古城論弊狀啓」
古城鎭 첨사를 壯勇營 自辟窠로 이속시키고 사소한 절목은 본도의 도신이 본영에 왕래하며 정하기를 청하는 상소이다.

己未 四月 十九日 「辭諭善並請招徠儒臣聯箚」
겸 좌유선 徐龍輔와 겸 우유선 李晩秀가 세자 시강원의 인원을 더 늘릴 것을 청하는 상소이다.

庚寅 八月 二十日 「請停止洪鳳漢奏稿刊印並以穀名厘正事筵說」
영의정 沈煥之, 좌의정 李時秀, 우의정 徐龍輔 등이 洪鳳漢의 奏稿를 內閣에서 監印하게 한 조처를 의리를 크게 해치는 일이라고 반대하는 내용이다. 이들은 홍봉한의 죄범은 故 執義 朴致隆의 상소, 草野臣 韓鑰의 상소, 고 宰臣 金龜柱의 상소, 鄭履煥의 상소, 전 府事 金觀柱의 상소에서 이미 자세히 제시된바 불충 무상한 사람인데 그의 奏稿를 간행하는 것은 '以

私害公의' 행위이므로 이를 중지해야 한다 하였다.

庚寅 十一月 二十九日「明義討逆筵說」

熙政堂에서 시원임대신과 금오당상 이조판서 등이 입시하여 여러 문제를 논의한 내용 가운데 하나로, 고 參判 金龜柱가 壬辰年에 상소를 올려 역적을 토죄하고 위태로운 宗社를 호위하였고 장차 실추될 綱紀를 부지시킨 공이 크므로 지금 흉역의 소굴을 쳐부수고 의리를 천명하는 때를 당하여 제사를 지내주고 충심을 褒獎하자는 내용을 담고 있다.

卷3에 실린 글이다.
辛酉 正月 初六日「褒贈獻議並請追律筵奏」

영의정 沈煥之 좌의정 李時秀 우의정 徐龍輔 등이 金峙默이 작년에 올린 소장이 凶疏이므로 영부사 李秉模가 진달한대로 왕법으로 처리하자는 내용 등이 실려 있다.

辛酉 二月 十二日「諸大臣入侍時討邪同爲推鞫事承敎」

시원임 대신들이 입시한 자리에서 정약종 등 천주교를 믿다가 잡힌 사람들의 공초에 나타난 일을 두고 벌이는 논의가 실려 있다. '不待時斬'의 형벌을 가해야 한다는 주장이 대세를 이룬다.

辛酉 四月 初五日 入診時「廣留議薦筵奏」

대왕대비와 함께 광주유수의 천거를 의논하는 내용이 실려 있다. 심환지가 대신에게 광주유수의 직임을 겸하게 하자고 제안하자 좌의정 李時秀, 우의정 徐龍輔, 수원유수 李晩秀, 예조판서 韓用龜, 지돈녕 金祖淳, 형조판서 趙鎭寬, 우참찬 徐邁修가 찬성하고 호조판서 李書九는 반대하였다.

辛酉 五月 十四日「論列箚」

尹行恁이 逆臣의 奏稿를 刊印하는 문제에 대해 公座에서 큰소리 친 것이나, 작년 섣달 26일 賓對하였을 때 역적 洪樂任을 옹호한 것, 宋文述의 凶疏 등이 나온 것으로 보아 그를 그냥 두면 화란을 양성하게 될 것이므로 南藩에 제수한 명을 거두고 형율을 시행하라는 내용이다.

辛酉 九月 初六日「懲討筵說」

領府事 李秉模, 영의정 沈煥之, 좌의정 이시수, 우의정 서용보 등이 '윤행임이 任時發·尹可基 등이 일으킨 역변의 근원이므로 처벌해야 한다.'고 연석에서 아뢴 내용이 실려 있다.

壬戌 正月 二十日「請禁三法司出牌筵奏」

한성부 사헌부 등 三法司가 風聞을 이유로 죄명을 억지로 만들고 무분별하게 白地出牌하는
폐단을 금단하여 예전의 정식을 엄수하게 하자는 내용이 실려 있다.

壬戌 正月 二十日「首揆請罷壯營獻議」

領議政 沈煥之가 정조대 만든 장용영을 혁파할 것을 발의하자 영부사 李秉模, 좌의정 이시
수, 우의정 서용보 등이 그 논의에 찬성하는 내용이다. 심환지는 정조가 이는 '일시적인 방편
으로 한 것이니 법으로 삼을 수 없다.'고 한 말을 혁파의 근거로 삼았다.

壬戌 正月 二十八日「請收還壯營別庫還屬內司之敎筵奏」

장용영의 내외 별고를 내탕에 환속하는 일에 대한 왕대비의 하교, 그리고 이를 반대하는
영의정 심환지, 좌의정 이시수, 우의정 서용보 등의 견해가 실려 있다. 심환지 등은 장영용의
곡식을 모조리 戶曹에 出給하는 것이 마땅하다고 하였으며, 왕대비는 이를 따랐다.

壬戌 十一月 初二日「請藥房移直廚院並定廳號筵奏」

약방 도제조인 서용보가, 홍역의 증후가 있을 때 행하는 고례를 따라, 廚院에 직숙을 옮기
고 약청을 설치하는 일을 거행하되 廳號는 大殿은 侍藥廳, 中宮殿은 議藥廳으로 부르자고 하
는 내용이 실려 있다.

卷4에 실린 글이다.

癸亥 正月 十九日「請罷吏判」

좌의정 徐龍輔가 이번 都政에 대해 불평하는 여론이 높으므로 그 책임을 물어 이조 판서
鄭大容을 파직하고, 지나치게 論劾한 집의 尹羽烈과 사간 朴瑞源은 파직, 전 수찬 李期憲, 전
교리 申龜朝는 推考하라는 내용이 실려 있다.

癸亥 正月 二十九日「兩殿疹候平復後以廣慶之意論禁府放未放丹子事筵說」

兩殿이 병에서 회복된 것을 기념하여, 極逆 및 邪學에 관계되지 않은 여러 죄인들을 모두
석방하자는 의견을 왕대비가 내고, 이에 여러 신하들이 의견을 개진하는 내용이 실려 있다.
서용보 등 대신들은 『明義錄』과 臺啓에 언급된 죄인들은 사면하지 말 것을 주장하였다.

卷5에 실린 글이다.

癸亥 五月二十六日「請依北道繡奏信蔘當年條一斤停免事筵奏」

좌의정 徐龍輔가, 함흥부 위유 어사 洪奭周가 계문한 것에 따라 함흥부에서 부담하는 신삼

당년조 1근은 정지하여 면제하도록 해달라는 내용이다.

癸亥 七月 三十日 次對時 「請被竄四臺合有參量事筵奏」
竄配한 臺臣 宋銓·朴瑞源·鄭景祚·金星甲을 방면하는 내용이 실려 있다.

癸亥 九月初三日 「因災異乞免筵說」·「遇災陳勉筵說」·「請邊地武倅及僉使十五朔後徑遞者許容履歷事筵奏」·「西北兩邑作拏罪人別無可覈及還耗作錢詳定事草記」
지금 講筵이 書筵에 미치지 못할 때가 많이 있으며, 자신을 돌이켜보며 修省함에 경연보다 나은 것이 없다는 내용, 邊地의 수령과 첨사들은 15朔이 지난 후 이력을 쓰도록 허락하자는 내용, 좌의정 서용보가 體貌에 관한 일로 인하여 營校를 推治하였는데 이인수가 직무를 폐해가며 그를 옹호하였다 하여 파직시킬 것을 청하는 내용 등이 실려 있다.

癸亥 十一月初四日 「論趙李兩事及請前啣臺疏勿禁事筵說」
조덕린은 追削하더라도 趙進道의 科名은 그대로 두자는 내용, 전함 대간의 말이라도 쓸 만하면 받아들이자는 내용 등이 들어 있다.

卷6에 실린 글이다.
癸亥 十二月 二十日 「因修省敦召儒賢事筵說」·「請勿禁侍從前啣疏事筵奏」「請諸道最難捧還上停捧事筵奏」
좌의정 서용보의 筵奏筵說로 교리 洪奭周, 수찬 金邁淳, 교리 申絢, 대교 李敎信은 經術과 文藝가 있으니, 모두 經筵에 久任시키라는 내용, 시종신과 전함이 자유롭게 상소하도록 하여 언로를 개방하라는 내용 등이 들어 있다.

癸亥 十二月 二十八日 「撤簾時筵說」·「故布與進箋陳賀等節擇日擧行事筵奏」
수렴 청정을 거두되, 庶政 외에 軍國에 관한 大政令과 刑賞에 관한 大處分, 그리고 의리에 크게 관계되는 등의 일은 우선 참여, 왕대비의 언교, 이 사실을 종묘에 고하고 백성들에게 반포해야 한다는 좌의정 서용보의 진언 등이 실려 있다.

癸亥 十二月 二十九日 「自引乞遞本兼疏」
탄핵을 받았으므로 본직과 兼帶하고 있던 여러 직임을 빨리 削奪하라는 명을 내려 달라는 좌의정 서영보의 상소이다.

卷7에 실린 글이다.

丙寅 二月 初七日「使還入侍時問安仍乞由省掃筵說」

북경에서 돌아온 세 사신을 소견하는 자리에서 정사 서용보와 문답한 내용이 실려 있다. 서용보는 敎匪가 이미 평정되었고, 邪獄을 엄중히 다스리며, 또 황제는 살이 많이 쪘고 골격은 작았으며 和氣가 있었음을, 政令은 대체로 勤儉하며, 紀律이 상당히 엄하여 사무가 지체되는 것이 없으니, 또한 부지런하다는 이야기를 순조에게 전했다.

丙寅 二月 二十一日「內醫都提調前望落點因左相肅命後還宮之命府獄外脣命」·「壯南軒入侍時筵說」·「傳敎重拜左相」·「傳諭偕來」·「駕前肅謝仍承隨駕之命」

좌의정 서용보가 부옥에서 대명하다가 肅命하라고 하유하자 마침내 숙배하는 내용, 영의정 李秉模, 판부사 서용보를 壯南軒에서 召見하는 내용, 판부사 金觀柱와 함께 路次에서 祗迎하는 서용보를 隨駕하도록 하유하는 내용 등이 실려 있다.

丙寅 五月 十三日「懲討聯箚」

金漢祿을 懲討하기를 청하는 영의정 이병모·좌의정 이시수·우의정 서용보가 올린 聯箚이다.

丙寅 五月 十八日「懲討聯箚」

김일주를 국문하기를 청하는 영의정 李秉模·좌의정 李時秀·우의정 徐龍輔·鰲恩君 李敬一이 올린 聯箚이다.

丙寅 五月 二十日「請寢設鞫傳旨爻周之命聯箚」

김일주에게 설국하는 전지를 지워버리라는 명을 停寢하라고 청하는 영의정 이병모·좌의정 이시수·우의정 서용보·오은군 이경일이 올린 연차이다.

丙寅 六月 十五日「判金吾疏事筵說」·「副修撰疏事筵說」

가뭄을 이기기 위해 기우제를 설행하자는 내용, 김한록의 일과 연관하여 김귀주를 처분해야 한다고 예조판서 李晚秀, 知事 徐榮輔, 병조판서 趙得永, 行護軍 李得濟·李仁秀, 예조참판 朴宗慶, 강화유수 尹序東, 부교리 任俊常이 번갈아 처분할 것을 청하는 내용이 실려 있다.

丙寅 六月 十六日「懲討筵箚」

김귀주의 일에 대하여 빨리 삼사에 윤허할 것을 청하는 영의정 이병모·좌의정 이시수·우의정 서용보가 올린 聯箚이다.

丙寅 九月 初十日「陳勉仍乞遞筵說」·「李臺鎭嵩因雷異規勉並附陳疏」

좌·우 의정을 성정각에서 소견하고 재이에 대한 대비책을 논의한 내용, 召對에서 『國朝寶鑑』을 進講한 것을 두고 서용보가 '요순을 본받고자 한다면 마땅히 조종을 본받아야 된다는 것이 바로 이를 이르는 것'임을 강조한 내용 등이 실려 있다.

丙寅 九月 二十二日「出城尋鄕後傳諭」·「李臺渭達疏」
徐有寧은 金龜柱를 성토하여 凶逆으로 단정하였지만 그 아들 우의정 서용보는 김귀주를 높이고 또 그의 아버지의 마음을 김귀주를 주토하는 것과는 반대로 드러냈음을 지적하는 장령 李渭達이 올린 상소문, 우의정 서용보가 속마음이 무너지듯 절박하다면서 도성 문을 빠져 나가며 命召牌를 바친 사실 등이 실려 있다.

庚午 六月 初十日「刑判趙得永疏」
형조판서 조득영의 상소문으로, 李書九, 金龜柱와 金漢祿·沈煥之·金達淳의 역적 행위에 대해 서용보는 죄를 의심하지 않았다고 하여 서용보를 공격하는 내용이 실려 있다.

庚午 六月 十六日「砥平縣獄胥命」·「傳諭」
'판부사 서용보가 망측한 일을 당하였다는 이유로 縣獄에 들어갔다.'는 내용의 경기 감사 權常愼의 보고, 이 일로 걱정 말고 안심하라고 서용보에게 내리는 국왕의 하교가 실려 있다.

壬申 正月 初五日「廣州府胥命附奏」
판중추부사 서용보가 府獄에서 待命함에 史官을 보내 돈독히 면려하는 내용이 실려 있다.

卷8에 실린 글이다.
己卯 正月 二十五日「領相重卜」
서용보를 영의정에, 김사목을 좌의정에 임명하는 내용이다.

己卯 二月 十一日「自列疏」
영의정 서용보의 사직 상소이다. "정조와 순조의 지극한 대우를 받아 처음에는 史官으로부터 1품까지 이르렀지만, 놀라운 일이 갑자기 발생하여 毒鋒이 연달아 가해졌고, 애써 모질고 패악하다는 말을 꾸미기까지 하여 나라를 배반하고 祖先을 망각한 죄과에 곧바로 몰아넣었으니, 지난 역사를 살펴보아도 사람을 해치는 것이 이와 같이 간교한 경우를 듣지 못하였다. 세상의 淸議를 가진 선비들 그 누가 즐거이 신과 어울릴 것이며, 신도 또한 무슨 마음으로 朝官의 반열에 낄 수 있겠는가?"하는 내용이 실려 있다.

己卯 三月 十五日「王世子冠禮初出房服色獻議」

영의정 서용보, 좌의정 金思穆, 우의정 南公轍이 왕세자 관례 때 입을 복식에 대해 헌의한 내용이다. 왕세자의 관례에서, 처음 방에서 나올 때에 도포를 착용한다면 전대의 예와 경신년의 特敎 및 중국의 士冠禮, 『오례의』에 기재된 時服의 글과 모두 어긋남이 없을 것이다는 내용이다.

己卯 六月 初二日「請華城掛書罪人設鞫事推鞫命下」

華城의 성문에 掛書 사건을 제대로 살피기 위해 鞫廳을 설치해야 한다는 영의정 서용보, 좌의정 김사목, 우의정 남공철의 요청을 담고 있다.

己卯 八月 初九日「請禁隸及司謁痛加鋤治事箚」

액정서의 하례 및 司謁 등이 범한 죄를 엄중히 처벌할 것을 요구하는 영의정 서용보가 올린 箚子이다. 포악한 행위를 도와주고 숨겨서 아뢴 해당 사알을 곧 유사로 하여금 一律로 처단하게 하고, 액정서의 하례로서 분장을 꾀한 자 및 합문 밖에서 통곡을 한 자는 일일이 색출하여 軍門에 내어 梟首하여, 여러 사람을 일깨우게 하자는 내용이다.

己卯 九月 初十日「量田獻議」

田政의 문란한 폐단을 상세히 진달하고 兩湖부터 양전을 시행하자는 護軍 李止淵의 상소에 대해 영의정 서용보 이하 여러 신하들이 의논한 뒤, 筵席에 나오지 못한 시임·원임 대신에게 문의하게 하여 다시 稟處하게 하자는 내용이 실려 있다. 蔭官 參下의 근무 일수를 계산하는 법에 있어서 參奉은 달 수가 차지 않았더라도 근무 일수를 따져 首位에 있으면 奉事로 승진이 되고, 直長에 있어서는 앞서의 근무 일수를 통틀어 계산하여 1천 3백 50일이 되어야 비로소 6품에 승진할 수 있도록 허용하는 법전의 규정을 준수하자는 내용 등이 실려 있다.

己卯 十月 二十九日「以趙彦國槐院分館事請削名並參圈諸人刊削事筵奏」

영의정 서용보가 趙彦國의 承文院 分館을 삭제하고, 승문원 博士 李敏會 등에게 모두 간삭의 율을 시행할 것을 청하는 내용이 실려 있다.

庚辰 正月 十五日「請湖西十邑大同待秋收納事筵奏」

湖西에 재해를 입은 열 고을의 大同米를 가을을 기다려서 받게 하여 재해를 입은 백성을 위로 하자고 하는 영의정 서용보의 요청이 실려 있다.

4. 가치

이 자료는 연세대 도서관에 소장된 유일본으로, 조선후기 정조·순조대 정치적으로 큰 역할을 했던 서용보와 그의 아버지가 관직 생활을 하는 동안 올린 상소, 경연에서의 筵說과 筵奏, 국왕의 명령 등을 시간 순으로 세세히 담고 있다. 개인의 움직임을 중심에 두는 자료임에도, 정조, 순조 연간의 중요한 정치적 현안과 그를 둘러싸고 벌어지는 당대 관인 유자들의 움직임, 그리고 그들의 발언을 생생하게 살펴 볼 수 있다. 그 생생함은 『조선왕조실록』이나 『승정원일기』 등에도 실려 있지 않은 내용을 풍부하게 담고 있는 데서도 확인할 수 있는데, 이 점에서 이 책은 이 시기 정치적 사안의 구체적인 실상을 정리하는데 중요한 사료가 된다. 첫 번째로 꼽을 수 있는 이 자료의 가치이다. 특히 이 자료는 서용보 개인의 사환 활동과 연관하여 순조 초년 시기에 자료가 집중되어 있다. 서용보가 남긴 문집이 없는 상황에서 정치 현안에 대한 그의 생각이나 대처 방안이 무엇이었던지, 이 시기 정국운영에서의 그의 위상이 어떠한지를 살피기에 귀중한 자료가 된다. 이 자료가 가진 두 번째 의의일 것이다. 전반적으로 18세기 후반 정조대에서 19세기 전반 순조대에 이르기까지의 정치사를 해명함에 매우 유익하게 활용할 수 있는 자료라 하겠다.

【정호훈】

叢話

李玄綺(1796~1846) 編.
　寫本. 1册(73張) : 27.5×17cm. 10行 21~23字.
　表題 : 叢話.

1. 편자

　李玄綺(1796~1846)의 字는 穉皓이고, 號는 綺里이다. 　이현기가 『총화』(이하 『綺里叢話』라 칭함)의 편자라는 사실은 최근의 한 연구성과1)에 의하여 가능해졌다. 『기리총화』에는 저자(편자)가 누구인지를 밝힐 수 있는 단서가 그 어느 야담집보다도 더 많이 나타나고 있다. 여러 이본에서 드러나는 그 내적 증거 가운데 그 편자를 확인하는 데에 결정적인 도움이 되는 정보를 제시하면 다음과 같다.

　　① 西華先祖가 石江公의 喪을 당해서 그 무덤 자리를 구하니 선영의 곁에 한 산이 매우 明麗하였다.(西華先祖丁石江公喪, 欲營藏脩之所. 先輩之側有一山, 極其明麗), … (중략) … 지금까지 全義李氏 가운데 文階로 관직을 대대로 이어오는 사람들은 오직 石江公의 후손들이니 外裔 또한 혁혁한 이들이 많다. 風水의 術이 혹 조금 부합됨이 있지 않은가.(至今全義之李, 以文階世襲組茀[紱]者, 唯石江公雲仍, 外裔亦多赫世. 風水之術, 或有少符耶.)(연민본 제24화 山神沮戲)
　　② 家君께서 金溝 고을 원으로 계실 적에 나는 그 관아에 남아 있었다.(家君宰金溝, 余留在公府) … (하략) …(동빈본 제41화 金衙諧謔)
　　③ 家君께서 三山郡에 고을 원으로 계실 때(家君苣任三山郡) … (하략) … (동빈본 제71화 文字禍福)
　　④ 내가 약관에 호남 땅을 유람하였는데 金溪로부터 장인의 咸羅 임소를 찾아가니 대개 하루의 거리였다.(余弱冠而遊湖南. 自金溪造氷翁於咸羅任所, 盖一日程也) … (하략) …(동빈본 제48화 竹器求鹽)
　　⑤ … (전략) … 이 때(1799년-필자주) 家君은 居喪中이셨다.(時家君丁天崩) … (하략) …(연대본 제60화 己未厄運)

　자료 ①을 통하여 『기리총화』의 편자가 全義李氏 石江公과 西華公의 후손이라는 사실이 드러나는 바, 여기서 石江은 李重基(1571~1624)의 호이고, 西華는 이중기의 차남 李行遠(1592~1648)의 호이었다. 한편 자료 ②와 ③을 통해서는 편자의 부친이 전라도 金溝縣令과 三山郡守를 했던 사실이 또한 드러나는 바, 여기서의 三山은 충청도 報恩의 고지명과 다름없다. 두 고을 『읍지』의 先生案을 통하여, 李亨會란 인물이 1822년 7월~1824년 6월까지 보은 군수를 하였고, 금구현령(『읍지』에는 재임연도가 나와 있지 않으나 『순조실록』 13년 4월15일조를 통해 1813년을 전후해서 그가 금구현령으로 재직했음을 확인할 수 있다)을 지냈던 사실도 확인되었는 바, 그의 본관이 바로 全義이며 石江公과 西華公의 후손인 것으로 드러났다.

---

1) 김영진, 「기리총화의 일고찰」, 『한국한문학연구 28집』, 한국한문학회, 2001.12.

검토 결과, 이형회에게는 玄緯와 玄綺라는 두 아들이 있었는데, 그 가운데 현기의 경우, ④에 서 나타나듯이 咸羅(전라도 咸悅의 고지명)현감을 지낸 인물을 장인으로 두고 있었던 것으로 드러난다. 바로 현기의 장인인 礪山 宋仁載가 1810년에 함라에 부임했다가 1812년 杆城郡守 로 옮겨간 것으로 확인된다는 점에서 위의 기술과 완전히 부합된다. 이런 몇 정보를 통하여 우리는 『기리총화』의 편자가 李玄綺라는 점을 확정하게 된다. 그러나 그 자신 小科도 하지 않았고, 관직을 한 기록도 없을 뿐만 아니라 문집이 있었다는 기록조차 남아있지 않아 그의 삶에 대한 더 이상의 추적은 거의 불가능한 것으로 여겨진다. 字는 稺皓이고, 호가 '綺里'였다 는 사실을 제외하고서는 ….

현기 자신이 소론 명문가에 속했던 가문의 구성원이었던 탓에『기리총화』에 나오는 사대부 일화의 인물들 가운데 소론 인물들이 다수를 차지하고 있다는 점은 극히 자연스러운 현상으로까지 이해된다.

한편『기리총화』의 편찬 연대 또한 몇 가지 내적 증거를 통하여 어느 정도 추정할 수 있다. 곧 저자가 약관을 좀 넘어선 1816~17년부터 시작하여 30세를 전후한 시기인 1825년경 비로소 편찬했던 것으로 추정되고 있다.

2. 구성

현재까지 확인된『기리총화』의 이본으로는 영남대 동빈문고본과 연민 이가원본, 그리고 본 해제의 대상이 된 연대본 등 3종이 있다. 이들 자료들에서 드러나는 이본적 관계 양상에 대 해서는 뒤에 따로 붙인 이본 대비표로 대신하고, 여기서는 다만 그 수록 화수만을 들어『기 리총화』의 원 모습을 재구해보고자 한다. 동빈문고본에는 총 83화가 수록되어 있어, 이본들 가운데서 양적으로 가장 풍부한 모습을 지니고 있다. 그러나 이 자료가 곧 원본에 해당하는 것은 아니다. 그것은 연민 이가원본과 연대본과의 대비적 검토만을 통해서도 익히 확인된다. 곧 연민 이가원본은 권 地만이 남아있는데 총 36화가, 한편 연대본에는 총 69화가 수록되어 있는 바, 동빈문고본과 연대본의 경우 총 63화가 중복되고(연대본을 기준으로 밝힌다면, 21 화「紫霞詩格」·25화「樂志反論」·53화「金生傳」·67화「措大咨癖」·68화「發咳暗號」·69화「風景 埋沒」등은 제외), 연대본과 연민본 또한 총 5화(위에 든 자료 가운데 21화 紫霞詩格을 제외 한 나머지 모두)가 중복된다는 사실, 나아가 연민본 가운데 이들 5화를 제외한 나머지 31화 전부가 동빈문고본에 수록되어 있지 않다는 점 등을 통하여 이 점 분명히 확인된다. 이런 점 에서 본다면, 비록 오늘날 남아 전하고 있지는 않지만 원본『기리총화』의 話數는 총 120화로 이루어졌을 것으로 추정된다. 이런 점에서 현전 3종의 이본들 모두 원본『기리총화』와는 일 정 정도 거리가 있는 이본임을 알 수 있다.

여기서는 연대본『기리총화』에 수록된 작품의 목차만을 제시한다.

「豚犬」・「海東奇異」・「好古」・「田舍翁」・「肖祖先形」・「木綿」・「無虫恙」・「物我莫辨」・「兩主燕謀」・「佛入中原」・「猩猩」・「牝牡雌雄」・「科目」・「破字甚神」・「聖賢夙就」・「善押强韻」・「尹藝詩」・「丁洪諧謔」・「蔡相詩調」・「詩卜榮枯」・「紫霞詩格」・「西坡詩」・「宋公謝箋」・「八文章」・「樂志反論」・「稗官移志」・「抱州異聞」・「豊原顯靈」・「李將軍顯靈」・「祭規」・「海恩雅量」・「艮齋恢度」・「古宰尙儉」・「老峯免禍」・「尤翁聰明」・「東岡際遇」・「素谷鐵腸」・「蔡相報恩」・「靑城良方」・「貝公神異」・「西崖癡叔」・「一門三忠」・「禹公治策」・「科獄」・「竹泉試眼」・「科場用私」・「給佐登第」・「東皐女怨」・「妖氛乖倫」・「淫婦悖言」・「曲背馬」・「安守旭小傳」・「金生傳」・「林敞幻術」・「玉河救火」・「華人慷慨」・「鬼火告異」・「金將賢母」・「誆賊良籌」・「己未厄運」・「乙亥舛運」・「江湖問答」・「黑白之論」・「奴主問答」・「魍魅禍福」・「驛爲兵象」・「措大奇癖」・「發冢暗號」・「風景埋沒」

3. 내용

『기리총화』는 우리 야담사의 전개과정에서 본다면, 비교적 이른 시기에 출현한 야담집임에 틀림없다. 그러나『기리총화』보다 선행하여 출현한 몇몇 야담집, 예컨대『天倪錄』・『蘭室漫筆(일명:雜記古談)』・『東稗洛誦』등에서 확인되는 면모와 비교해 보더라도『기리총화』의 그것은 분명 예사롭게 보이지 않는다. 곧『天倪錄』등에서 확인되는 것과는 달리『기리총화』에서는 지극히 이질적인 느낌마저 들 정도로 아주 짤막한 내용의 필기류(雜錄, 詩話, 笑話, 일화, 민담 등)에 속하는 자료들과 아울러 소화와 음담류, 그리고 일화류, 나아가 매우 잘 짜여진 구성 아래 이루어진, 한문소설로 치부해도 좋을 약 20편에 달하는 자료들까지 상당수 함께 섞여 있다는 점이 바로 그것이다. 이런 사실은 야담의 사적 전개 과정에서 본다면, 일견 이해하기 쉽지 않은 현상으로 여겨진다.

우선 필기류를 살펴보면, 특정한 어휘의 어원적 설명 - 1화「豚犬」・ 7화「無虫恙」・ 11화「猩猩」・12화「牝牡雌雄」등과 아울러 중국과 우리나라의 제반 사회상에 대한 간략한 서술 - 6화「木綿」・10화「佛入中原」・54화「林淸幻術」・55화「玉河救火」・56화「華人慷慨」・57화「鬼火告異」・58화「金將賢母」・ 59화「誆賊良籌」・60화「己未厄運」・61화「乙亥舛運」등-과 기타 아주 짤막한 여러 이야기 등과 같이 매우 다방면에 걸쳐 서술되고 있음을 볼 수 있다.

한편 이현기 자신은,

"나는 稗官을 매우 좋아하여 열람한 것이 많았는데 심지어 寢食을 폐하면서까지 읽기도 하였다. 그러다가 한참 후엔 이것들에 염증을 느끼게 되었으니 設意措辭가 온통 印板으로 찍어낸 듯 똑같아 그 첫 권만 보면 全帙을 이미 다 헤아릴 수 있으니 排舖에는 다시 新奇한 것이 없다. …"2)(「稗官移志」)

고 하면서 稗官에 지나칠 정도로 빠져들었던 경험이 있음을 밝힌 바 있다. 이때 稗官이란 용어는 소설류를 지칭하는 것으로 생각된다.

한편 笑話와 淫談에 드는 이야기로는, 4화 「田舍翁」·8화 「物我莫辨」·50화 「淫婦悖言」·64화 「奴主問答」·68화 「發咳暗號」·69화 「風景埋沒」 등이 있다. 이 부류에 속하는 이야기들의 유화 는 『고금소총』류의 책에서도 어렵지 않게 찾아진다. 8화 「物我莫辨」·50화 「淫婦悖言」·68화 「發咳暗號」 등이 그것이다.

일화의 주인공은 소론계에 속하는 사대부들이 그 대부분을 점유하고 있다.

『기리총화』 가운데 우리의 주목을 가장 많이 끄는 부분은 바로 한문단편소설이라 해도 좋 을 몇몇 자료들이라고 할 수 있다. 아직도 그 자신이 기대고 있는 전대문헌의 실체가 완벽히 밝혀지지 않은 『청구야담』이, 무려 15화에 달하는 자료를 『기리총화』에서 그대로 전재하고 있다는 점은 그 자체만으로도 매우 흥미로운 현상이라고 할 수 있다. 나아가 이들 작품에서 구현되는 작품 세계는 다른 야담집에서는 쉽게 볼 수 없었던 수준의 것이라는 점에서도 주목 할 필요가 있다고 하겠다. 그 제목만을 들어볼까 한다.

『기』「誤書祝辭」 → 『청』「峽氓誤讀他人祝」		『기』「梅畵發」 → 『청』「宰相戱抛梅畵足」	
『기』「沈家鬼怪」 → 『청』「饋飯卓見困鬼魅」		『기』「可憐」 → 『청』「托終身女俠捐生」	
『기』「金生賢母」 → 『청』「成勳業不忘糟糠」		『기』「賤婢識人」 → 『청』「擇夫壻慧婢識人」	
『기』「蔡生奇遇」 → 『청』「結芳緣二八娘子」		『기』「四六詩令」 → 『청』「成小會四六詩令」	
『기』「端川義妓」 → 『청』「金丞相窮途遇義妓」		『기』「山神沮戱」→ 『청』「假封瑩山神護吉地」	
『기』「豊原同學」 → 『청』「趙豊原柴門訪舊友」		『기』「金生傳」 → 『청』「綠林客誘致沈上舍」	
『기』「猾吏弄宰」 → 『청』「善欺騙猾胥弄痴倅」		『기』「措大咨嗇」 → 『청』「惜一扇措大咨癖」	
『기』「婢占福地」 → 『청』「占名穴童婢慧識」			

『기리총화』의 성격을 한마디로 쉽게 규정지을 수는 없으나, 다시 거칠게 정리한다면 작자 자신이 겪었던 경험담 뿐만 아니라, 우리나라와 중국의 여러 필기서(史書), 그밖에도 교유자 로부터의 傳聞이라든가 구전되던 전승물 등에 많이 빚지고 있는 것으로 확인된다. 그러나 이 보다 더욱 주목받아 마땅한 것은 작자 자신이 높은 문재를 과시하여 나름의 역량을 드러낸 한문단편소설에 있다고 하겠다.

---

2) "余酷嗜稗官, 多所閱覽, 至於忘寢廢食, 而久乃厭之. 設意措辭, 都是一印板來, 纔看第一卷, 已料得全帙, 排舖 更不新奇, …"

4. 가치

『기리총화』는 극히 최근에 알려진 자료임에도 야담사의 전개과정에서는 매우 주목받아 마땅한 자료집이라고 할 수 있다. 이점은 『기리총화』가 『청구이문』을 위시하여 『청구고담』, 그리고 『청구야담』 등의 야담집에 일정한 이상의 영향을 끼쳤던 야담집이라는 점에서 증명된다. 나아가 『기리총화』를 엮은 편자의 당색이 다른 대부분의 야담집 편자의 그것과는 달리 소론계라는 점도 주목받아 마땅한 것이라 하겠다. 이현기가 어떤 내, 외적인 요인에 의하여 『기리총화』라는 야담집을 엮게 된 것인지, 또한 야담사적 위상과 그 의미에 대한 깊이 있는 접근이 앞으로 요망된다 하겠다.

5. 기타

현재까지 알려진 「기리총화」의 이본은 연대본, 연민 이가원본, 영남대 동빈문고본 등 3종이 있다. 아울러 정문연본 「청구이문」과 숭실대 기독박물관본 「청구고담」의 경우, 「기리총화」와 밀접한 관련을 맺고 있는 자료집이라는 점에서 함께 제시해 두었는 바, 여기서 그 이본들의 관련 양상을 제시하면 다음과 같다.

『綺里叢話』 계 이본 대비표

화번	제목	연대본 총화 有題	연민본 卷地 有題	영남대본 有題	정문연본 청구이문 無題	숭실대 청구고담 無題	비고
1	豚犬	1		8	9	9	
2	海中奇異	2		17			
3	好古	3		18	18	5	
4	田舍翁	4		19	19		영:전가옹
5	肖祖先形	5		25	25		
6	木綿	6		29	29		
7	無□	7		30	30		
8	物我莫辨	8		32	32		
9	兩主燕謀	9		33	33		
10	佛入中原	10		34	34		
11	猩猩	11		31	31		
12	牝牡雌雄	12		35	35		
13	科目	13		36	36		
14	破字甚神	14		14	15		
15	聖賢夙就	15		16		4	
16	善押强韻	16		10	11		

화번	제목	연대본 총화 有題	연민본 卷地 有題	영남대본 有題	정문연본 청구이문 無題	숭실대 청구고담 無題	비고
17	尹塾詩	17		47	47		
18	丁洪諧謔	18		50	50		
19	蔡相詩調	19		56	56	6	
20	詩占榮枯	20		57	57	8	
21	紫霞詩格	21					
22	西坡詩	22		70	70		
23	宋公謝箋	23		64	64		
24	八文章	24		20	20		
25	樂地反論	25	35				
26	稗官移志	26		83			
27	抱川異聞	27		1	1		
28	豊原顯靈	28		38	38		
29	李將軍顯靈	29		45	45		
30	祭規	30		2	2		
31	海恩雅量	31		40	40		
32	艮齋恢度	32		43	43	22	숭실대:변이
33	古宰尙儉	33		46	46		
34	老峯免禍	34		49	49		
35	尤翁聰明	35		53	53		
36	東崗際遇	36		54	54		
37	素谷鐵腸	37		58	58		
38	蔡相報恩	38		39	39		
39	青城良方	39		37	37		
40	其公神異	40		69	69		
41	西崖癡叔	41		5			
42	一門三忠	42		51	51		
43	禹公治策	43		11	12		
44	科獄	44		3	3		영:약천박식
45	竹泉試眼	45		4	4		
46	科場用私	46		13	14		
47	給姪登第	47		55	55		
48	東皐女怨	48		72	72		
49	妬爲乖倫	49		59	59	7	
50	淫婦悖言	50		62	62		
51	曲背馬	51		6	7		
52	安守旭小傳	52		42	42		
53	金生傳	53	27				= 청구
54	林淸幻術	54		26	26		영:천리교
55	玉河救火	55		81	81		
56	華人慷慨	56		28	28		
57	鬼火告異	57		66	66		
58	金將賢母	58		67	67		
59	誑賊良籌	59		68	68		
60	己未厄運	60		15	16		

화번	제목	연대본 총화 有題	연민본 卷地 有題	영남대본 有題	정문연본 청구이문 無題	숭실대 청구고담 無題	비고
61	乙亥舛運	61		79	79		
62	江湖問答	62		80	80		
63	黑白之論	63		77	77		
64	奴主問答	64		76	76		
65	魑魅禍福	65		82	82		
66	驛爲兵象	66		52	52		
67	措大吝嗇	67	33				연민:조대인벽
68	發咳暗號	68	28				
69	風景埋沒	69	29				연민:간산매몰
70	誤書祝辭		1				= 청구
71	郵卒巧猾		2				
72	梅花發		3				= 청구
73	前輩去就		4				
74	靈城博物		5				
75	聖鑑如神		6				
76	經筵失措		7				
77	燕都灾異		8				
78	沈家鬼怪		9				= 청구
79	可憐		10				= 청구
80	趙相主文		11				
81	豊陵軍令		12				
82	金生賢婦		13				= 청구
83	賤婢識人		14				= 청구
84	婦人識鑑		15				
85	雲谷丹巖		16				
86	梧川先見		17				
87	申相少文		18				
88	簡交		19				
89	榮達前定		20				
90	蔡生奇遇		21				= 청구
91	四六詩令		22				= 청구
92	端川義妓		23				= 청구
93	山神沮戲		24				= 청구
94	豊原同學		25				= 청구
95	崔生傳		26				
96	九板之戲		30				
97	嗜酒善賈		31				
98	猾吏弄宰		32				
99	婢占福地		34				
100	貪色之戒		36				
101	夢寢巧符			7	8	10	
102	槐實			9	10		
103	冥府報應			12	13		
104	徐師氣像			21	21		

화번	제목	연대본 총화 有題	연민본 卷地 有題	영남대본 有題	정문연본 청구이문 無題	숭실대 청구고담 無題	비고
105	谷山亂民			22	22		
106	奇耦玄理			23	23		
107	讀書敬佛			24	24		
108	輕薄語			27	27		
109	金衙諧謔			41	41		
110	榮賊僧蹱			44	44		
111	竹器救鹽			48	48		
112	徐公機警			60	60		
113	具生誤着			61	61		
114	非背不手			63	63		
115	琶西詩格			65	65		
116	文字禍福			71	71		
117	偏戰乖常			73	73		
118	箕城志異			74	74		
119	頓悟三事			75	75		
120	避亂薄敗			78	78		
121	正廟屛風詩				5		
122	余先君 八歲				6		
123	肅廟時 我先祖				17		
124	周生傳				83		
125	趙翼永				84		

【정명기】

春坡堂日月錄

李星齡(1632~?) 著.

寫本. 全14卷 10册中一部缺(落卷：卷1-4, 13)：四周雙邊, 半郭
26×18cm. 有界, 10行 24字. 上黑魚尾；19×13.2cm.

印記：李文圭印.

1. 저자

李星齡(1632~ ?)의 本貫은 韓山, 字는 文翁, 號는 春坡이다. 조선후기 학자이며, 판서 基祚의 아들이다. 1652년(효종 3) 진사시에 합격하였으며, 뒤에 蔭補로 出仕하여 벼슬이 庶尹에 이르렀다. 그의 저서『春坡堂日月錄』이 전한다.

2. 구성

연세대 도서관에 소장되어 있는『春坡堂日月錄』은 일부 빠진 부분이 있는 판본으로서 그 구성은 다음과 같다.

春坡堂日月錄卷之五
「明宗大王實錄下」
「宣祖大王實錄一」

春坡堂日月錄卷之六
「宣祖大王實錄二」

春坡堂日月錄卷之七
「宣祖大王實錄三」

春坡堂日月錄卷之八
「宣祖大王實錄四」

春坡堂日月錄卷之九
「宣祖大王實錄五」

春坡堂日月錄卷之十
「宣祖大王實錄六」

春坡堂日月錄卷之十一
「宣祖大王實錄七」

「廢主光海君 上」

春坡堂日月錄卷之十二
「廢主光海君 下」
「仁祖大王實錄上」

春坡堂日月錄卷之十四
「仁祖大王實錄下」

3. 내용

우선 書名을 보자. 書名은 '春坡堂日月錄'이다. 여기에서 '春坡堂'은 著者인 李星齡 본인을 지칭하고, '日月錄'은 책의 형식을 설명해주는 말이다. 즉 '日月' 보다 엄격하게 말하면 '月日'에 따라 역사적인 사실을 기록[錄]한 책이란 의미다.[1] 그러나 이것은 저자의 목적일 뿐 책의 사실을 반영하지는 않는다. 많은 부분 '月' 안에 사건 혹은 史料를 기록하며 '日'은 기록하지 않고 있다. 그리고 어떤 경우에는 역사를 기록한 후 세필로 "날짜가 없으니 뒤에 그 차례를 살펴보겠다. 無日月, 後考次"라고 적는다든지 아니면 "전쟁 중의 잡다한 자료에서 인용한 것이니 날짜가 없다. 出於亂中雜錄, 而無日月"라고 적고 있다.

그리고 문집의 末尾에는 다음과 같이 말하고 있다.

이것은 卷末이다. 仁祖 말년부터 孝宗에 이르기까지는 감히 기록하지 않았으니 그것은 『春秋』가 定公과 哀公으로 마지막 편을 삼은 의미를 본받은 것이다.[2]

여기에서 여러 가지를 읽어 낼 수가 있다. 우선 '春秋定哀'의 의미를 살펴보자. 공자가 지었다고 전해지는『春秋』는 定公과 哀公으로 끝을 맺는다. 傳統說에 의하면,『춘추』의 이 두 편은 그 내용이 직설적으로 쓴 것이 아니라 微辭로 이루어져 있다고 한다. 왜냐하면 그것은 當時의 기록이기 때문에 時尙과 위배될까 해서라고 한다. 여기에서는 '避忌而不記'의 의미로 '春秋定哀之義'의 의미를 사용하는 듯하다. 이것을 통해 다음과 같은 사실을 알 수 있다.

---

1) 『춘파당일월록』의 목차에 등장하는 實錄은 王朝實錄을 그대로 가져 왔다는 의미가 아니라 이성령이 자료를 근거로 판단한 實錄을 말한다. 단 해제자가 보기에 당시 이성령이 볼 수 있었던 역사자료를 집성한 것으로 보인다. 집성에 있어 고증적 방법을 통해 '史實'을 걸러낸 것인지는 불분명하다.
2) 이것은 분명 앞부분이 있는 말이다. 그러나 연대 소장본의 바로 앞부분은 위 인용문과 이어지지 않는다. 아마도 落張이 있는 듯하다.

첫째, 작자는 仁祖 말기로부터 孝宗의 시기를 當時라고 여겼던 인물이다. 즉 대략 『春坡堂日月錄』의 성립시기를 알 수 있는 대목이다. 아마도 효종조 시기의 저작일 것이다. 李星齡의 生年이 仁祖 10년인 1632년임을 감안하면 더욱 분명하게 이 점을 알 수 있다.

둘째, 『춘파당일월록』은 이성령이 기본적으로 春秋之義를 모방하여 저술한 작품이란 것을 아울러 알 수 있다. 『春秋』는 編年體 역사서의 효시로 '以事繫日, 以日繫月, 以月繫時, 以時繫年'의 서술 방식을 취하고 있다. 그렇다면 '春坡堂日月錄'의 의미와 기본적인 범례는 분명하다. 이성령이 사건을 日月에 따라 기록한 역사서란 의미이다. 그리고 그것은 자기 나름대로 春秋之義를 취한 것이다.3)

이 원칙을 가지고 『春坡堂日月錄』을 보면 크게 여기에서 벗어나지 않음을 알 수 있다. 단 몇 가지 예외가 있다.

첫째, 적지 않은 경우 日月이 모두 기록되 있는 것이 아니라 月下에 '日'에 대한 표시 없이 史實 혹은 史料를 기술하고 있다.

둘째, 어떤 경우 史實 혹은 史料를 기록하고는 小註로 日月을 상고할 수 없다고 밝히고 있다.

셋째, 『春秋』에는 '微言大旨'가 있다고 한다. 그러나 이 '微言大旨'는 직접적으로 서술되는 것이 아니라 역사를 기술함에 은연중 들어 있다고 한다. 그런데 『春坡堂日月錄』의 일부에서는 '史評'이 직접적으로 들어 있다. 이 부분은 모두 『경연일기』의 율곡 견해를 그대로 '李珥曰'의 형태로 기록하고 있다.

이 세 가지는 위의 원칙에 위배되기는 하지만 의도적인 위배는 아니다. 첫째와 둘째는 사료에서 日月을 알 수 없는 경우 어쩔 수 없이 취해진 경우이고, 세 번째는 『경연일기』라는 史料를 취함에 같이 들어온 것이다. 즉 '李珥曰'도 형식적으로는 이성령의 사평이 아니라 사료이다.

즉 당시 사료의 특성상 어쩔 수 없이 원칙을 그대로 고수하지는 못했지만 기본적으로 '사건을 일월에 따라 기록한 역사서'이다.

본래 『春坡堂日月錄』은 조선 태조가 개국한 이래 1638년(인조 16)까지의 역사4)를 기록한 것이지만 연세대 소장본은 일부 결손이 있는 내용으로서 明宗大王・宣祖大王・廢主光海君・仁祖大王의 내용이다. 宣祖大王에 대한 기록이 가장 자세하다. 일반적으로 史實과 史料를 모두 기록하였고, 특히 東西黨爭과 관련된 부분과 전쟁과 관련된 부분, 그리고 외교와 관련된 부분은 상대적으로 자세히 기록하였다. 내용은 당시 전해 내려오는 여러 역사서에서 발췌한 것으로 巡營錄 등 공문서 등에서 인용한 부분도 적지 않으며 傳聞을 기록한 부분도 있어서 그 信史

---

3) 序跋 등이 없어 구체적인 凡例는 알 수 없다. 단 전체적으로 볼 때, 세세한 원칙은 없는 듯하다. 日月錄이란 대 원칙하에 각 사료의 특성에 의거하여 융통성 있게 역사를 기록한 듯하다.

4) 규장각에는 14권 14책의 필사본이 있다.

여부는 좀 더 고찰해 보아야 할 부분도 있다.

4. 가치

첫째, 과거 역사를 연구하는데 도움이 되는 자료이다. 특히 조선의 전기로부터 후기에 이르기까지 편년체로 정리가 되어 있는 일종의 부분 조선통사라 할 수 있다.

둘째, 雜錄에서의 인용이 있는데 이 부분은 현재 보기 힘든 사료인 경우가 많다. 이 부분은 후일 연구의 참고자료가 될 것이다.

셋째, 사실의 기록후 '疑…'라고 세필로 기록이 된 부분은 당시 확신할 수 없었던 기록들이다. 이 부분도 눈여겨 볼 필요가 있다. 기록 뒤에 세필로 기록된 내용은 모두 참고 가치가 있다고 보여진다.

넷째, 外交 및 당시 국제관계에 대한 기록이 적지 않다. 이 부분은 다른 역사서에서 쉽게 보기 힘든 부분으로 비교적 참고 가치가 높다고 생각된다.

다섯째, '傳聞'을 기록한 것이 있는데, 어떤 전문은 다른 역사 기록에 나오지 않는 듯하다. 이런 부분은 그 사실여부가 의심되기는 하지만 참고의 가치가 있다.

【서대원】

稗史

權守敬 編.

　寫本. 1册(172張) : 27×15.5cm. 10行 29字 內外.

1. 편자

權守敬의 本貫은 安東이다. 冲齋 權橃의 후손으로 경상도 지방에 거주하고 있었던 儒生으로 추정된다. 생몰연대는 정확하게 알 수 없으나, 이 책에 기록된 내용으로 미루어 18세기 중반에서 19세기 전반에 걸쳐서 생존했던 것으로 보인다.

2. 구성

『패사』에는 서문은 없고 발문이 있다. 그 내용을 보면 이 책이 기록된 시기와 발문이 쓰인 시기 사이에는 40년 정도의 간격이 있다.

이 책의 발문에 따르면, 편자인 권수경의 아버지가 李惟應의 집에서 荷潭 金時讓이 쓴 책을 보고 빌려와서 자기에게 베껴서 쓰게 한 뒤 이를 무척 아꼈는데, 三從弟가 빌려가서 잃어버렸다고 하였다. 아버지는 이 책이 필경에는 돌아올 것이라고 믿었는데, 그 후 아버지가 1885년에 돌아가신 뒤에 다시 찾게 된 후일담을 적었다. 따라서 편자는 권수경 父子라고 생각해도 무방하다. 이 책이 기록된 연대는 발문을 쓸 당시(1907년 3월)보다 훨씬 앞선 '歲丁卯孟夏上澣書'이며, 이는 1867년(고종 4) 4월이다.

발문에서 보았듯이, 이 책을 만든 주된 의도는 김시양의 책을 집안에 보존하고자 한 것이다. 따라서 이 책의 구성은 김시양의 『雪竇謏聞』·『荷潭野乘』·『紫海筆談』·『荷潭破寂』이 많은 분량을 차지하였고, 나머지는 부록의 형식으로 御製祭文, 자신의 조상인 권발의 문집에서 발췌한 시문, 安東의 인물에 대한 글 등이 실렸다.

그 목차를 살펴보면 다음과 같다.

「柳東巖長源常變通攷引用書目」

「名分說」: 李簠

「鏡光書院三賢請 贈疏」: 李簠

「六先生遺集序」

「金德彦碁三百解」: 金德彦

「冲齋集諸公詩篇」: 李耔 외 5인

「祭文忠公圃隱鄭先生故里碑前文」: 權橃

「辛酉辨誣奏文」: 哲宗

「純廟朝御製別奠祭文」: 純祖

「憲宗朝綏陵遷奉時 御製祭文」: 憲宗

「朝鮮國御寶合六」

「中原進上物目・胡國講和時物種・北京朝貢時物目」

「鄕飮酒禮詩」: 尹魯東

「癸巳道淵書院答通」: 宋弘直

「溪山書院刱建時九龍坊權昌銖通文」: 權昌銖

「晋州亦建金判書書院時鄭奎元通文」: 鄭奎元

「諸公詩篇」李安訥 外

「皇南殿碑閣上樑文」: 李德鉉

3. 내용

권수경 父子가 김시양의 저술에 지극한 관심을 갖고 『雪豅謏聞』・『荷潭野乘』・『紫海筆談』・『荷潭破寂』을 베끼고 愛玩한 것은 金時讓의 생애에서 어느 정도 설명된다.

金時讓(1581~1643)의 本貫은 安東, 字는 子仲, 號는 荷潭이다. 문과방목에는 時言으로 되어 있는데, 행장에 의하면 중년에 避嫌해야할 이름이 있어 改名하였다고 한다. 증조부는 彦默으로 이조참판에 추증되었다. 조부는 進士를 지낸 錫인데 지조가 있고 문장으로 빛났으나 己卯進士로 손위 처남이었던 奇遵의 사화에 연좌되어 은둔하면서 벼슬길에 나서지 않았다. 부친은 仁甲으로 임진왜란 때에 원주성에서 순절한 悌甲의 아우로 比安縣監을 지내고 좌찬성에 증직되었으며, 어머니는 남양 홍씨 以坤의 딸이다. 그 슬하에는 6남3녀를 두었는데, 김시언은 6남으로 태어났으며 어려서부터 영특하여 주위의 기대를 모았다.

25세인 1605년(선조 38)에 庭試에 급제하여 승문원에 들어갔는데, 이 때 李元翼, 沈喜壽, 李恒福 세정승이 國器로 기대하였다. 그 이후에 承政院注書 兼 春秋館記事官, 禮曹佐郎 등을 거쳤으며 30세인 1610년(광해군 2)에는 명나라에 서장관으로 다녀왔다. 이 때 『見聞錄』에서

關外의 형세를 논하였는데, 내용은 "遼陽에서 山海關으로 통하는 길이 북으로 오랑캐 경계와 가깝지만 동으로는 해안과 가까우나 모두 발호하는 오랑캐가 있으므로, 이 길은 틀림없이 장차 막혀서 명나라와는 통할 수 없을 것이므로 바닷길을 버리지 말 것"을 아뢰었다.

이듬해인 1612년에 全羅道都事로 나가서 鄕試를 관장했는데 이때 시험문제가 임금을 비난한 것이라고 하여 국문을 당하게 되었다. 당시 이항복의 平反에 힘입어 사형을 감면받고 함경도 종성에 유배를 떠났다. 그런 과정에서도 김시양은 평상시와 다름없이 태연한 자세를 견지하여 사람들의 감탄을 자아내게 하였다.

1618년(광해군 10)에 寧海로 移配되어 귀양이 풀릴 때까지 그 기간이 12년(종성7년, 영해 5년)이 되었지만 조금도 실의에 빠지지 않고 史書를 읽어서 먼 옛날 이래의 治亂, 是非, 得失을 훤히 꿰뚫었다고 한다. 六鎭은 변방이라 오랫동안 훈도를 받지 못한 곳이었는데, 멀고 가까운 곳에서 배우고자 찾아오는 이들이 계속 이어져서 조정에 登第한 사람들이 생기게 되었다. 43세인 1623년에 인조반정이 일어난 후 유배에서 풀려 예조와 병조의 정랑이 되었다가 홍문관으로 올라갔다. 부수찬을 거쳐서 修撰官이 되었고 校理로서 암행어사가 되어 관북지방을 안찰하다가 巡撫使를 겸하였다. 44세인 1624년 이괄이 반란을 일으키자 李元翼의 종사관이 되어 李時發과 함께 반란을 진압하였다.

53세인 1633년(인조 11)에 형조판서가 되었고 그 이후 한성판윤, 병조판서 겸 도원수, 강화도 유수 등에 임명되었고 56세에 김상헌, 이안눌, 김덕함, 성하종과 함께 청백리에 녹선되었다. 54세 이후에는 병으로 인해 벼슬을 사직하고 고향으로 돌아가는 일이 여러 번 있었다.

58세인 1687년(인조 16) 선조실록을 개수하면서 판중추부사에 춘추관사를 겸하게 하였으나 병 때문에 참여하지 못하였고 63세인 인조 21년(1643) 충주 荷潭里의 私第에서 별세하여 괴산군 괴산읍에 안장하였다. 이 때 葬事는 官費로 거행되었다.

그는 자손들에게 시호를 청하지 말 것을 유언하였는데, 숙종 16년에 우의정 김덕원이 시호를 내릴 것을 청하여 다음 해에 忠翼이라는 시호를 받았다.

그가 유배되어 있을 당시에 광해군이 토목사업을 크게 일으켜서 나라의 비용이 다 없어지자 유배된 사람들에게 銀을 바치면 속죄를 시켜주겠다고 한 적이 있었다. 그러자 京師의 친구들이 은화를 모아 구원하려고 하자, 김시양이 그 말을 듣고 급히 글을 보내 만류하였다. 四道都元帥가 되었을 때는 청나라 사신의 과잉요구에 '국교를 끊는다'는 임금의 명을 받고 회답하러 가는 回答使를 사사로이 의주에 머물게 하고 부원수 정충신과 연명하여 상소를 올렸다. 국교를 끊으면 바로 전쟁이 일어날 것이니, 그들의 뜻을 들어주자는 내용이었다. 이 때문에 인조의 노여움을 사서 영월로 귀양 갔지만 곧 그의 말을 옳게 여긴 인조의 명에 의해서 곧 풀려나기도 하였다. 이러한 사실에서 보면, 김시양은 一身의 安危보다는 大義에 충실하였고 또한 현실적인 감각도 아울러 겸비한 인물이었던 것으로 보인다. 뒷날 많은 선비들이 野史類를 지으면서 김시양의 글을 많이 인용한 것은 그의 객관적이며 엄정한 삶의 태도 때문인 것으로 보인다.

앞서 구성에서 보았듯이 『稗史』는 김시양의 글을 싣는 것을 주목적으로 하여 네 편의 글이 실려 있다. 그 중에 『雪堅謏聞』은 小註에서 김시양이 쓴 것이라고 하였으나 아직까지 그의 문집[1]이나 여타의 책에서 이러한 제목의 글이 실렸거나 거론된 바는 없다. 따라서 기존에 알려져 있던 『荷潭野乘』・『紫海筆談』・『荷潭破寂』보다 내용을 좀 더 자세히 다루고자 한다.

1) 『雪堅謏聞』

편자가 『雪堅謏聞』을 맨 앞에 놓은 것은 조상인 권발[2]이 기묘사화에 연루되었고 정미사화에 목숨을 잃게 된 까닭에서 비롯된 것으로 보인다. 이 책은 國朝士禍目錄이라 附記하고 연대별로 다섯 차례의 사화를 열거했는데, 포폄의 성격이 강하게 나타난다. 개략적으로 다섯 차례에 걸친 사화를 설명하고 이를 일으킨 장본인들과 희생된 義士・諸賢의 이름을 거론하였다. 특히 본격적으로 사림이 등장하기 이전인, 수양대군의 찬탈과정에서 노산군에게 충성을 다하던 신하들의 죽음까지 포함하였다. 또한 이극돈을 무오사화를 일으킨 장본인이면서 28현 중에 넣기도 하였다. 그가 김일손의 사초를 보고 즉시 보고하지 않은 죄로 잠시 파직되었던 일이 있긴 하지만 사화를 일으킨 인물이면서 존숭될 인물로 넣은 점은 불합리하다. 내용을 살펴보면, 크게 두 부분으로 나눌 수 있다.

(1) 다섯 번의 士禍를 연대별로 나열하고 포폄의 대상을 상세히 밝혔다.

첫 번째로는 수양대군이 계유정난을 일으켰을 때 여러 신하들이 목숨을 잃은 일과 수양대군이 병자년에 왕위에 오른 후에 노산군의 복위를 꾀하다가 목숨을 잃게 된 여러 신하들의 일을 적었다. 계유정난의 禍는 權擥, 韓明澮, 鄭麟趾의 책임이라 하였고 義士 16인으로 金宗瑞, 皇甫仁, 趙克寬, 許詡, 鄭苯, 安平大君(以上 癸酉) 成三問, 李塏, 柳成源, 河緯地, 兪應孚, 朴彭年, 錦城大君, 李甫麟, 李澄玉, 金時習(以上 丙子)을 거론하였다.

두 번째는 1498년(연산군 4)에 일어난 戊午士禍의 발단과 과정을 기술하였다. 이극돈이 史局을 열고 김일손의 史草에 자신의 악행과 조종의 일이 적혀있음을 보고 자신의 원한을 갚고자 어세겸에게 말하였으나 응하지 않자 유자광에게 고하였다. 그러자 유자광이 尹弼商, 盧思

---

1) 김시양의 문집으로는 1670년(현종 11)경에 차남인 徵가 편집하여 제작한 것으로 추정하는 『忠翼公荷潭先生遺稿』 8권이 있으며, 친필 『荷潭雜記』가 국립중앙도서관에 보관되어 있다. 이밖에도 후손들이 간행한 국역본 『하담김시양문집』이 있다.

2) 權橃(1478~1568): 1507년 문과에 급제하여 도승지 예조참판을 지냈고 삼척부사로 있다가 기묘사화에 연루되어 파직 당했다. 다시 1533년 밀양부사로 복직되어 경상도 관찰사, 형조참판, 한성부판윤을 지냈으며 의금부 판사를 겸했다. 衛社功臣에 올랐으나 정순붕의 반대로 삭훈되었고 1547년 양재역 벽서사건에 연루되어 구례로 유배된 후 삭주로 이배되어 배소에서 죽었다.

愼, 韓致亨 등과 함께 모의하여 점필재는 부관참시를, 김일손은 사형을 당하였다. 諸賢 28인으로 金宗直, 金馹孫, 鄭汝昌, 鄭希良, 權景裕, 李穆, 權五福, 許磐, 康謙, 表沿沫, 洪瀚, 茂豊副正, 姜景敍, 鄭承祖, 李宗準, 任熙載, 李繼孟, 姜渾, 李克墩(以上 戊午) 金宏弼, 曺偉, 康伯珍, 李龜, 趙之瑞, 李守恭, 李冑, 朴漢柱, 崔溥(以上 甲子)를 거론하였고, 二兇으로 柳子光, 李克墩을, 三奸으로 尹弼商, 盧思愼, 韓致亨을 지목하였으며, 갑자년에 연산군이 발광하여 김굉필 등 아홉 사람에게 가죄하였다고 하였다.

세 번째는 1519년(중종 14)에 일어난 己卯士禍가 일어나게 된 과정을 서술하였다. 조광조가 至治를 이루기 위하여 諸賢들을 조정에 참여시켰는데, 그 과정에서 밀려난 인물들이 원한을 갖고 밤에 神武門으로 들어가 "木子將軍釗 走肖大夫筆"이라고 쓰인 一葉虫書를 몰래 고하니 조정암은 사사되고 당시의 淸流들에게도 그 여파가 미쳐간 일이다.

諸賢 26인으로는 趙光祖, 金淨, 成世昌, 金絿, 尹自任, 朴世熹, 孔瑞麟, 奇遵, 安挺, 李構, 沈達源, 鄭光弼, 安瑭, 李長坤, 崇善副正, 申命仁, 李若氷, 李君水, 成守宗, 金大有, 申潛, 李希閔, 安處謙, 安處謹, 李允儉(以上 己卯), 李正叔, 權磌, 韓忠孝, 韓忠健, 奉天祥(以上 辛巳)의 이름을 거론하였고, 一兇으로는 南袞, 二奸으로 沈貞, 洪景舟, 辛巳年에는 安處謙이 임금 측근의 악행을 제거하려고 하다가 宋祀連이 그 일을 告變하였다.,

네 번째는 明宗의 元年인 乙巳년(1545)의 사화로 大尹과 小尹의 대립과 알력에서 비롯된 것이다. 윤원형은 윤임이 인종의 승하시에 계림군으로 왕위를 잇게 하려 한다고 무고하여 많은 사림들이 죽음을 당하였다. 또한 정미년(1547)에 鄭彦慤이 전라도 양재역에서 壁書를 발견하였다고 하여 송인수 등 24인을 죽이거나 유배시켰다.

제현 74인으로는 柳灌, 柳仁淑, 郭珣, 白仁傑, 盧守愼, 丁熿, 權機, 李彦迪, 朴光佑, 李霖震, 李若海, 羅湜, 成世昌, 李滉, 安名世, 沈苓, 具壽聃, 鄭滋, 金鑛, 尹潔浚, 韓淑澍, 桂林君, 鳳城君 등등이다. 二兇으로는 尹元衡, 李芑, 三奸으로는 鄭順朋, 林百齡, 鄭彦慤이며 二邪로는 金明胤, 安世遇 등을 거론하였다.

다섯 번째는 己酉士禍(명종 4)로 李洪男의 父인 李若氷이 정미사화에 죽임을 당하자 洪男의 아우 洪胤이 원통한 죽음을 분노하여 怨言을 말하자 형제 사이에 틈이 벌어지고 급기야는 을사년과 정미년에 포함되지 않았던 사람들까지 그 화가 파급되었다. 三凶으로 李洪男, 李芑, 尹元衡을 지목하고 諸賢 9인으로 柳貞, 李潤慶, 康惟善, 宋純, 朴民獻, 李瀣, 李致, 柳昌門, 崔盖國을 거론하였다.

(2) 각 사화에 연루되었던 인물들의 생애에서 특징적인 것을 간략하게 적었다.

첫 번째 癸酉錄에는 노산군을 시작으로 총 13인의 傳을 적고 끝으로 수양대군을 공신으로 봉하는 교서 「首陽大君封功臣敎書」를 실었다. 小注에는 계유년에 김종서 등이 죽임을 당한 뒤에 백관이 노산군에게 세조를 주공에 비하면서 그 공을 기릴 것을 청하였는데, 집현전 학사들에게 起草를 하게 하자 모두 도망갔고 유성원이 옆에 있다가 기초를 하였는데, 집에 돌아와 통곡하였다고 하였다.

두 번째 戊午錄에는 유자광을 비롯하여 21인의 삶을 언급하였다.

세 번째 己卯錄에는 虫書士禍라고 하며 조광조를 위시하여 19인의 삶 중에서 특기할만한 사항을 간략하게 실었다. 특히 조광조에겐 文正이라는 시호로 불러 각별한 존경의 뜻을 표하였다.

네 번째는 乙巳錄으로 大小尹士禍라고 하고 그 과정을 다시 한 번 자세히 기술하고 39인의 생애를 적었다.

다섯째는 丁未錄으로 壁書士禍라고 하며 그 과정을 다시 기술하고 16인의 생애를 적었다.

여섯째는 己酉錄으로 洪男告變士禍라 하고 과정을 다시 기술하고 8인의 생애를 적었다.

2) 『荷潭野乘』

小註에 다시 涪溪記聞이라고 적었는데, 涪溪는 종성의 별호로 김시양이 1612년(광해 4)에 귀양가서 7년간 머물던 곳이다. 모두 101則의 내용이 들어있으며 『대동야승』에 실린 내용과 대동소이하다. 내용은 인물들의 언행이나 일화를 기록하면서 인물에 대한 평가를 내렸다. 그 과정에서 세상의 통념과는 다른 자신만의 견해를 밝힌 부분이 있다.

3) 『紫海筆談』

紫海는 寧海의 別號로 공이 1618년(광해 무오년)에 종성에서 이배 되었던 곳이다. 주로 임진왜란 때의 일을 많이 기술하고 있으며 사건 자체에 중점을 두고 기술하였다. 모두 46칙의 내용이 수록되어 있는데,『대동야승』 권71에 실린 『자해필담』의 내용과는 大同小異하다.

4) 『荷潭破寂』

『자해필담』보다 뒤에 쓰여진 것으로 '심심풀이로 적은 글'이라는 제목과는 달리 역사적 사실의 이면사를 예리하고 엄정한 태도로 기술하고 있다. 그 내용은 선조 때부터 인조 때까지로 임진왜란·병자호란·정묘호란 당시의 여러 逆獄, 李适의 난 등 변란에 관련된 기록 및 時政에 관하여 기술한 것이 많다. 『대동야승』에도 수록되어 있다.

5) 附錄

『宣廟中興志』

작자미상으로 1587년(선조 20) 9월부터 1607년까지의 20여 년 동안 일본과의 사신 왕래와 임진왜란 및 그 뒤처리 등에 관한 사실을 기록한 책인데, 여기서는 그 내용을 간략하게 적었다.

「司憲府掌職」

나라에서 주관하는 제사(정월부터 십이월까지 열두 달 동안)의 종류와 날짜, 그리고 사헌부에서 차출되는 祭官의 조건을 적었다 .

「禁制條目」

사회질서를 확립하고 치안을 유지하기 위하여 백성의 행위에 규제를 가하는 條項과 細目의 내용을 적었다.

「九族」

九族이 '高祖父母·曾祖父母·祖父母·父母·本人·아들·孫子·曾孫·玄孫 등 9대에 걸친 親族'이라는 규정을 옛 문헌을 참고하여 밝혔다.

「柳東巖長源常變通攷引用書目」

유장원3)이 쓴 『常變通攷』는 朱子家禮의 체재에 준하여 常禮·變例에 관한 諸說을 참조하여 편찬한 책이다. 여기에는 그가 인용했던 中國書目과 東國書目이 나열되어 있다.

「名分說」

景玉 李簠는 퇴계의 族子로 그의 문집 『景玉遺集』에 실려 있는 글이다. 名分의 폐단은 民志가 안정되지 못한 데서 비롯되며 민지가 안정되지 못한 것은 敎化가 잘 이루어지지 않은데서 비롯된 것이므로 이를 시정하기 위해서는 위정자들의 의지가 필요하다고 하였다. 따라서 지방관들은 명분을 바로잡는 것을 가장 중요시해야 하며 鄕約을 거행하는 것을 久遠之計로 삼으면 民志를 안정시킬 수 있다고 하였다.

「鏡光書院三賢請贈疏」

경광서원은 안동 금계리에 있는 서원이다. 1662년(현종 3)에는 경광정사였으나 1686년(숙종12)에 서원으로 승격되면서 裵尙志와 李宗準, 張興孝를 함께 祭享하였는데, 이 때에 쓴 상소문이다. 내용에 따르면 裵尙志4)는 고려말에 조정이 문란하여 벼슬을 버리고 안동으로 물러가 여생을 절의로 마친 인물이다. 또한 李宗準5)은 김종직의 문인으로 서장관으로 연경에 갔을 때 詩文書畵로 獨步하여 중국 사람들이 三絶이라 할 만큼 재주가 뛰어났으며 文才로 補益함이 많았는데, 무오사화로 목숨을 잃게 된 인물이다. 張興孝6)은 처음에는 김성일, 유성룡 선

---

3) 柳長源: 본관은 전주, 자는 叔遠, 호는 東巖, 1763년(영조 39) 사마시에 합격함. 제자백가에 정통하였고 李象靖의 문하에 들어가 공부하였고 저술에 힘써서 『四書小註考疑』, 『四書纂註增補』, 『湖書類編』, 『周天算法』등을 남겼다.
4) 裵尙志(1354~1413): 본관은 흥해, 자는 부전, 호는 柏竹堂.
5) 李宗準(? ~1499): 본관은 慶州, 자는 仲鈞, 호는 慵齋.
6) 張興孝(1564~1633): 본관은 安東, 자는 行源, 호는 敬堂.

생을 사사하고 뒤에 정구의 문하에서 학문을 닦았다. 관계진출을 단념하고 후진양성에 전념하여 제자를 많이 배출한 인물이다.

「六先生遺集序」

『六先生遺集』은 의성 김씨인 淸溪 金璡[7])과 다섯 아들 藥峰 金克一,[8]) 龜峰 金守一,[9]) 雲巖 金明一,[10]) 鶴峰 金誠一,[11]) 南岳 金復一[12])의 시문을 모은 것이다. 後人들은 청계 김진의 산소가 있는 景山에 廟宇를 짓고 영정을 봉안하고 그의 다섯 아들을 배향하였고 묘호를 景德祠로 하였다. 수십 년이 흐른 뒤에 景山精舍에 있던 유생들은 이 여섯 분의 글들이 兵燹에 흩어져 없어지는 것을 아쉬워하고 그 분들의 글을 모아 후학들에게 가르침을 줄 수 있는 기회를 만들고자 발의한 것이 이 책이 만들어진 동기다. 특히 학봉의 시문은 이미 간행된 지 육십여 년이 지났는데, 그 외의 다섯 분들의 시문은 보존되지 못하고 점점 없어지는 것을 안타까워하여 평하기를, 청계선생의 시는 '雄豪雅健'하고 약봉은 '淸婉警拔'하고 구봉은 '雰霈頓挫' 운암은 '溫潤精華'하여 학봉집과 더불어 세상에 전할 만하다고 하였다.

「金德彦碁三百解」

金道赫[13])의 『碁三百註解』로 천체의 운행도수와 역수의 원리를 적은 내용이다.

「冲齋集諸公詩篇」

충재 권벌과 같은 시대의 인물, 후대에 그를 추모하는 학덕 높은 이들의 시들을 『충재집』에서 뽑아 실었다. 작자는 李耔, 金安國, 盧守愼, 李退溪, 權擘, 具鳳齡 등이다.

「祭文忠公圃隱鄭先生故里碑前文」

정덕 을해 사월 이십일에 충재선생이 영천원님으로 비를 무릅쓰고 가서 碑 앞에서 제사를 지낼 때에 쓴 글이다. 이 碑는 永川 舊宅旌門 아래에 있던 것으로 1425년 태수 鄭宥가 세운 것인데 세월이 흘러 頹仆되었다. 그 후에 1487년 孫順孝가 밭두둑에 있던 것을 찾아 다시 세

---

7) 金璡(1500~1580): 義城金氏 川前派를 개창한 인물로서 일생을 자제교육과 사회교화에 전념함.

8) 金克一(1522~1585): 자는 伯純, 소수서원에서 공부하다가 퇴계의 문하에 들어갔으며, 밀양부사, 사헌부 장령 등을 지냄.

9) 金守一(1528~1583): 자는 敬純, 퇴계선생에게 수학하고 1555년(명종 10)에 사마시에 급제하고 43세 때에 科試次 동생 明一, 復一과 성균관에 유학 중에 명일이 위독하여 복일만 남아서 應擧케 하고 귀향하던 도중에 명일이 별세하니 그 뒤로 과거를 단념하고 후진양성에 힘을 다하였다. 뒤에 遺逸로 察訪에 제수 되었다.

10) 金明一(1534~1570): 자는 彦純, 글재주가 뛰어나 1564년 성일, 복일과 함께 진사회시에 동방급제하였고 1569년 회시를 보러 상경하였다가 병으로 포기하고 귀향하던 도중에 세상을 마쳤다.

11) 金誠一(1538~1593): 자는 士純, 시호는 文忠,. 1567년(명종 22) 증광향시에 합격하고 6월에 문과에 급제하였다. 퇴계의 문하에서 공부하였고 퇴계가 역대 성현의 심법의 旨訣을 손수 써서 주었을 만큼 앞날을 기대하였던 인물이다. 1593년 戰陣에서 과로하여 세상을 떠났다.

12) 金復一(1541~1591): 자는 季純, 1564년 사마시에 합격하였고 1570년 문과에 급제하여 호조정랑, 전라도 어사, 창원부사를 지냈다.

13) 金道赫(1794~1839): 본관은 광산이며 자가 德彦, 호는 巖塘. 鄭必奎의 문인으로 학문에만 전념하였고 天文躔次ㆍ易策衍數ㆍ算學句股ㆍ史家軌範 등에 정통하였다.

운 것이다.

「辛酉辨誣奏文」

恩彦君[14]은 철종의 조부로, 辛酉년(1801)에 카톨릭 신자였던 아내와 며느리가 순교하자 그 해에 사사되었으나 손자였던 元範이 철종으로 즉위하자 신원되었다. 그 과정에서 나온 글로, 철종이 祖父 恩彦君의 억울함을 밝힌 글이다.

「純廟朝御製別奠祭文」

순조가 아들 효명세자를 잃었을 때 쓴 제문으로, 자식을 잃은 아버지의 슬픔이 구구절절 배어있다.

「憲宗朝綏陵遷奉時御製祭文」

순조의 원자이며 헌종의 아버지인 효명세자(翼宗으로 추존)의 무덤이 수릉이다. 처음에는 懿陵의 왼쪽 언덕에 안장하였는데, 풍수지리상의 이유 때문에 헌종 12년(1846) 양주 용마봉으로 이장하였다. 이 글은 헌종이 20세가 된 해에 쓴 글이다. 내용에는 4살 되던 해에 효명세자가 돌아가시니 그 天顔과 玉音도 기억할 수 없는 天下至哀之人으로 순조의 지극한 사랑으로 자랐으며 8세의 나이로 즉위하면서 더욱 더 깊어지는 슬픔을 형용하였다.

「朝鮮國御寶合六」

국가문서에 사용하던 國璽 여섯 개(大寶·施命之寶·以德寶·論書之寶·科學之寶·寅賜之寶·昭信之寶)를 적고 용도를 간략하게 적었다.

「中原進上物目·胡國講和時物種·北京朝貢時物目」

中原進上物目에는 胡桃 외에 아홉 가지 품목의 종류와 수량을 적었고, 胡國講和時物種에는 人蔘을 제외한 아홉 가지 품목의 종류와 수량을 적었으며, 北京朝貢時物目에는 大中小壯紙 외에 열다섯 가지의 품목과 수량, 産出地를 적었다.

「鄕飮酒禮詩」

尹魯東[15]이 丁丑年(1817) 10월13일에 지은 鄕飮酒禮 때에 지은 시이다.

「癸巳道淵書院答通」

도연서원은 경상남도 고성에 있으며, 이 글은 1833년에 宋弘直이 지은 회답내용이다.

「溪山書院刱建時九龍坊權昌銖通文」

建院立祠는 儒林의 重論이며 大事로서, 道學이나 文章, 또는 忠孝節義나 勳勞事業의 공으로 尊慕되고 崇奉되는 인물을 제향하게 되는데, 권세를 앞세워서 이에 부적합한 인물을 내세우려는 시도를 비난하는 내용을 담고 있다. 계산서원은 전북 고창에 있으며 1881년에 세워졌는데, 이 글이 1855년에 쓰인 것으로 보아 서원을 세우기 전, 祭享할 대상을 선정하는 과정에서 권창수가 자신의 견해를 밝힌 것으로 추정된다.

---

14) 恩彦君(1755~1801): 莊獻世子의 서자. 정조의 명으로 강화도로 이주하였다.
15) 尹魯東(1753~ ?) 본관은 海平, 자는 성첨, 1790년에 증광시에 급제. 서울 거주.

「晉州亦建金判書書院時鄭奎元通文」

1862년 경에 쓰인 것으로 추정되는 글로 위의 글처럼 溪山 金尙書가 제향하기에 부적합한 인물임을 주장한 글이다.

「諸公詩篇」

李安訥, 李達, 宋翼弼, 崔岦, 金尙憲 등의 詩篇 등을 수록하였다. 수록기준은 편자의 기호에 따른 것으로 보인다.

「皇南殿碑閣上樑文」

황남전은 신라 마지막 임금 敬順王의 덕을 기리기 위해 경주에 지은 사당으로, 원래의 이름은 崇惠殿이다. 경순왕의 영정을 모시고 제향해오다가 임진왜란 때에 사당이 소실되었고 1794년(정조 18)에 지금의 자리에 옮겨서 지었다. 이 글은 경주부윤으로 있던 李德鉉이 1817년 황남전의 비각을 지을 때에 쓴 상량문이다.

4. 가치

이 책의 편찬 의도는 필사자가 김시양의 저술을 보존하고자 한 것이었다. 김시양의 저술을 쉽게 접할 수 있는 현 시점에서는 기존에 알려지지 않았던 자료인 『雪墅謏聞』을 제외하고는 자료적인 의미가 그다지 크지 않다. 그보다는 편자가 선비로서의 삶을 늘 고민했다는 점에서 그 의미를 찾아야 할 것이다.

이밖에도 부록 형식으로 담긴 단편적인 글들을 통해서, 지방 유생들의 관심사를 살펴본다거나 서원을 둘러싼 유생들의 활동 등 다양한 내용을 一瞥할 수 있는 기회를 얻게 된다.

【최우영】

平澤縣三正士實記

著者 未詳.

原稿本. 4卷：30×18.5cm. 11行 22字.

○稷山幼學柳鎮五申大基張志巘申極模姜東煥○

梁玉山

姜大喆

清州幼學金元國趙□金得一尹植趙德圭申景模

旺悅進士李必壽○木川幼學安景黙柳得源李佑

祥安□赫權禠南漢皓○洪州幼學鄭時斗李得琄甲

行孝尹永厚金載衡○德山幼學李商奎李海宇趙泓

李儒訥鄭淳五吳彦弘李憲述○平澤幼學蔡弘性尹

葦墓林煥中李鎮英李錫昌梁馬達趙相壁

之儒生自 朝家宣有示意之舉令本道量施恤典隨合

事宜惶恐敢 達

刑曹因李洛京擊錚 啓下文案

甲子八月二十九日華城府 勳駕時李瑅之子洛京擊

1. 저자

著者 未詳.

이 책의 저본은 저자미상의 『平澤壬子獄顚末』이다. 1849년 가을 姜勉會가 轉寫되어 오던 『平澤壬子獄顚末』의 이본들을 모으고 바로 잡아 『平澤縣三正士實記』로 이름을 바꾸고 總敍를 붙였다. 그 뒤 여러 사람들이 새로이 얻은 내용을 보충하였는데 편차와 범례가 정밀하고 상세하지 못하여 1896년 趙常本의 현손인 趙麟元이 구본인 『平澤縣三正士實記』에 수정을 가한 것이 본 『평택현삼정사실기』 重校本이다.

특기할 만한 것은 평택현 출신이 아닌 鄭尙勳과 관련된 기록이 함께 실려 있다는 점이다. 정상훈은 삼정사의 通論文을 읽고 通文을 발하였다가 연루되어 화를 입었던 사람이다. 그 때문에 본 실기가 평택현 출신의 삼정사를 대상으로 한 것이기는 하지만, 그 정신과 의기는 삼정사와 다르지 않으므로 그와 관련된 기록은 한 칸을 내려서 기록하고 있다.

2. 구성

모두 4권으로 구성되어 있다. 책 머리에는 1837년 通仕朗 前行義禁府都事全義 李根中의 「重校平澤縣三正士實記序」와 1849년 姜勉會가 쓴 「平澤縣三正士實記總敍」가, 책 끝에는 삼정사 가운데 한 사람인 趙常本의 현손 趙麟元이 1896년에 쓴 「平澤縣三正士實記重校凡例」가 실려 있다. 1권은 原集으로 사실을 기록한 것이 대부분이고, 나머지 3권은 부록이다.

이를 구체적으로 살펴보면 다음과 같다.

권1

「平澤縣地界」·「三正士履歷」·「李承薰被斥源因」·「三正士通論太學文(附:鄭公尙勳發通文事)」·「邪黨反噬之謀」·「李致薰誣啓」·「金熙采爲按覈使」·「覈庭記事一」·「問目」(同日趙公供辭)(同日權公供辭)(同日鄭公供辭)(附:鄭公尙勳問目及供辭)·「覈庭記事二」·(趙公再供辭)·「覈庭記事三」·「監司反坐」·「趙公方發匪所行書寄同志文」·「趙公南遷雜詩十六篇」·「餞別趙公詩二篇」·「鄭公彦宅卒於謫」·「趙公蒙有還」·「辛酉邪黨之獄」·「承薰正刑時事」·「邪黨鋤治」·「權公蒙恩賜」·「趙公韜晦終身」·「己亥以後士論」·

권2 : 附錄

「本縣齋任姜寅煥等通論鄕中文」·「姜寅煥等通論太學文」·「太學儒生通論錦營」·「忠淸儒生金元國等通論太學文」·「金元國等呈大司成金近淳書闕無傳」·「大司成因金元國等呈書行□錦營文闕無傳」·「大司諫兪漢寧上疏略」·「兩司聯名箚子略」·「道內儒生金光訥等呈監司文」·「金光訥等再呈監司文」·「金光

訥等三呈監司文」·「會査官牒報」·「會査官再度牒報」·「道內儒生蔡弘性等呈御史文」·「京畿道龍仁幼學權植仁呈忠淸道御史文」·「權植仁再呈御史文」·「諸罪人侤音」

권3 : 附錄

「御史申龜朝別單書啓」·「議政府回啓」·「刑曹因李洛京擊錚啓下文案」·「義禁府因承薰子及孫伏法啓下文案」·「己亥次對時大臣李筵奏」·「同年十二月都目政事」·「道內儒生姜吉會等呈監司文」·「姜吉會等再呈監司文」·「姜吉會等請一體褒贈啓」·「啓辭下吏曹後該曹書吏告目」·「本道監司査實狀」·「姜吉會等呈議政府書」·「列邑校院儒生以追配三正士於本縣褒義祠事通諭本縣鄕校及本祠儒生文」(第一公州鄕校, 第二公州孔巖書院, 第三天安鄕校, 第四溫陽鄕校, 第五牙山鄕校, 第六新昌鄕校, 第七稷山鄕校, 第八鎭岑集成祠, 第九文義鄕校, 第十懷德鄕校, 第十一公州崇賢書院, 第十二燕岐鄕校, 第十三全義鄕校)·「本縣鄕校及褒義祠儒生回諭列邑校院文」·「校儒鄭龍和等通諭鄕中文」·「鄭龍和等再通鄕中文」

권4 : 附錄

「平澤縣鄕賢祠營建記」·「公州趙正敎呈監司文」·「本校儒生抵礪山竹林書院儒生書」·「竹林書院儒生答平澤校儒書」·「竹林書院齋任通諭列邑校院文」·「列邑儒生宋在岳登呈本縣縣監文」·「三正士位版奉安時祭文」·「辛酉以後道內多士通錄」·「宰臣擬奏」·「擬呈大院君書」·「成均進士遯齋趙公墓表」

3. 내용

사건은 1791년 平澤縣監으로 부임한 李承薰이 관례에 따라 삼일 이내에 공자의 사당인 文廟에 참배하지 않고 천주교를 신봉하자, 이를 근거로 趙常本·權瑋·鄭彦宅 등 세 사람이 이승훈을 斯文亂賊으로 규정하여 성토하는 내용의 通文을 각처 유림과 太學에 발송함으로써 시작된다. 그 점에서 본「실기」의 중심 배경은 이승훈의 西敎와 관련한 이력이다.

이승훈은 1785년 김범우의 집에서 종교집회를 가지던 중 형조의 관헌에게 적발된 乙巳秋曹摘發事件에 연루되어 배교하였으나, 1787년 정약용과 伴村에서 천주교 교리를 강술하는 등 교회활동을 영도하였다. 1790년 북경에 밀파되었던 尹有一이 돌아와 가성직제도와 조상제사를 금지한 북경 주교의 명을 전하자, 補儒論的인 이해에서 출발한 그의 신앙은 유교적 예속과 천주교회법의 상치라는 현실에 직면하게 되어 고민하던 끝에 다시금 교회를 떠나게 되었다.

권1은 평택현의 地界와 三正士의 履歷을 소개하는 것으로부터 시작해서 삼정사의 행적과 관련된 내용을 시간 순서에 따라 기술하고 있다.

「三正士履歷」

삼정사는 평택현 출신의 趙常本, 權瑋, 鄭彦宅 등 세 사람이다. 조상본(1757~1805)의 본관은 漢陽이고, 자는 善汝이며, 호는 遯齋로 平澤에서 출생하였다. 조광조의 9세손으로 초명은 吉人이다. 부친은 奉常寺正을 지낸 思忠이며, 모친은 宜寧南氏 통덕랑 鼎禹의 딸이다. 權瑋(1727~1792)의 호는 敬守軒, 본관은 안동으로 權順長의 현손이다. 鄭彦宅(? ~1793)의 본관은 光州로 부제학을 지낸 鄭士偉의 5세손이다.

「李承薰被斥源因」

이승훈이 1783년 冬至使의 書壯官으로 떠나는 아버지 李東旭을 따라 북경에 들어가 서양인 주문모에게 천주교 교리를 배우고 그와 함께 귀국하여 西敎 전파의 首倡이 되었음을 밝히고 1791년 4월에 평택현감으로 부임하여 9월에 문묘에 배례하지 않고 남몰래 천주교 의식을 거행하고 11월에 진산사건에도 연루된 것이 밝혀져 구금되었으나 同黨 집정자에 의해 풀려났다. 이것이 이승훈 고발의 원인이었다고 기술하고 있다.

「三正士通諭太學文」附: 鄭公尙勳發通文事

1791년 11월 趙常本과 權瑋, 鄭彦宅 등 세 사람은 李承薰의 죄상을 태학에 적어 보낸다. 이승훈이 평택현감으로 부임한 뒤 3일 이내에 관례적으로 행해오던 문묘에 배례하는 절차를 脚病을 이유로 거부한 것을 無父·無君으로 규정하고, 이로부터 喪禮 때 사용하는 衣衾을 종이로 만들어 사용하는 사악한 무리와 신주를 묻고 제사를 폐지하는 변괴 등이 나오게 되었다고 분석한다. 천주교는 유학사상 이단으로 배척되었던 楊·墨·老·佛의 무리보다 공허한 사상이며 그 폐해는 그 어떤 이단의 무리보다 심하다고 진단한다. 이러한 사실을 上奏하여 이단을 물리치고 正學을 보위하는 일에 太學에서도 적극적으로 참여해 줄 것을 요청하고 있다.

부록으로 실린 「鄭公尙勳發通文事」는 서울의 유생 정상훈이 삼정사의 通諭文을 읽고 通文을 발한 사실을 기록한 것이다. 정상훈은 평택현감인 趙基泓으로부터 이승훈이 성묘에 배알하지 않은 일을 전해 들었는데 연이어 삼정사의 통문을 보게 되자, 陞補試를 볼 때 대사성을 만나 면전에서 이승훈을 처벌하는 통문을 발할 것을 요청하였다고 한다.

「邪黨反噬之謀」

삼정사의 通文이 太學에 전해진 뒤 이승훈 측의 대응을 삼정사측의 시선으로 분석한 글이다. 이승훈은 상황이 급박하게 돌아가자 뇌물로 평택현 향교 유생인 李璂 형제와 하급관리였던 李貞吉 등을 매수하고, 그들에게 자신이 향교에 배례하였다고 僞證하도록 하였다. 이는 사안의 초점이 '향교에 배알을 했는지의 여부'와 '향교를 개수할 때 고을의 전례가 예로부터 그러한 예를 거행했는지의 여부'에 있었기 때문이다. 이와 함께 동생 이치훈에게는 1792년 2월

정조가 수원에 행차했을 때 상소를 올리게 하여 사태를 이승훈에 대한 무고사건으로 몰아갔다고 주장한다.

「李致薰誣啓」

1792년 이치훈이 정조에게 올린 상소이다. 이치훈은 '태학생들이 권위와 동모하여 자기 형인 이승훈을 무함한 일을 신원해 줄 것[1]'을 요청하고 있다. 이치훈에 따르면, 이승훈은 부임한 바로 다음날인 7월 5일 公事로 巡營을 나갔다가 7일 돌아오는 길에 落傷을 입어 왼쪽 발을 펴거나 굽힐 수 없었다. 數朔이 되도록 차도가 없자 성묘에 배알하는 일정을 미루어 오다가 9월 6일 향교에 물이 샌다는 연락을 받고는 奉審을 하였다. 봉심을 하고 돌아와 치료를 하던 중 약간 차도가 있자 15일에 성묘를 배알하였다는 것이다.

「金熙采爲按覈使」

이치훈의 상소에 대하여 刑曹에서는 '士林의 논의가 조정에까지 미쳐 번거롭게 하는 경우는 본래 없었으니 그대로 내버려 두도록 할 것'을 回啓하였으나 정조는 '범법한 자를 심리하지 않고 그대로 둘 수는 없다'고 하면서 '엄격히 조사할 것[2]'을 명령한다. 이에 따라 1792년 2월 28일 金熙采를 平澤 按覈御使로 삼아 이승훈과 천주교 문제를 조사하게 하였다. 본 「실기」에서는 이를 '이승훈이 집정대신의 자리에 있는 그의 黨與[채제공을 가리킴]들을 움직여 자신의 再從妹婿인 김희채를 안핵어사로 삼아 문제의 본질을 호도하였다'고 평가하고 있다.

「覈庭記事一·二·三」

1792년 3월 1일 안핵어사로 파견된 김희채가 평택에 도착하여 통문을 발의한 삼정사를 조사한 내용을 기록한 것이다. 본 「실기」에서는 김희채가 妻黨을 보호하기 위하여 의도적으로 삼정사를 함정에 몰아넣었고, 그 과정에서 參覈官인 천안 군수 이서영의 저지를 받기도 하였다고 기록하고 있다.

「同日趙公供辭」는 조상본의 진술서이다. 조상본은 '성묘에 배알하지 않는 것은 사문난적이고 만고의 변괴이므로 통문을 발하여 그 죄를 성토하고 태학생들과 함께 소를 올려 토죄하고자 한 것은 邪學을 발본색원하려는 의도에서였다'고 진술한다. 아울러 그는 新儒鄕과 舊儒鄕 사이의 갈등으로 문제를 호도한 것은 이치훈의 상소로부터 시작된 모함이라고 지적한다. 「同日權公供辭」는 권위의 진술서이다. 권위 또한 '병을 핑계로 성묘에 배알하지 않은 것은 만고에 없던 변괴이므로 그 죄을 성토하는 것은 당당한 일'이라고 진술한다. 「同日鄭公供辭」에서 정언택은 '지금 비록 禍難의 기색이 내 자신에게 미쳤지만 어찌 진심을 어기고 구차하게 모

---

1) 『正祖實錄』卷34, 正祖 16年 2月 28日 丁卯(46책 278쪽)
2) 『正祖實錄』卷34, 正祖 16年 2月 28日 丁卯(46책 278쪽)

면하려 하겠는가'하고 자신의 심정을 토로한다.

「辛酉邪黨之獄」·「承薰正刑時事」

1791년 전라도 珍山에서 尹持忠·權尙然의 廢祭焚主로 인한 진산사건이 일어나자 權日身과 함께 체포되어 향교에 배례하지 않았던 사실과 1787년의 伴會事件이 문제되어 투옥되었지만, 관직만을 삭탈당하고 곧 방면되었다. 이승훈은 1795년 周文謨 신부를 체포하려다 실패한 乙卯失捕事件이 일어나 성직자영입운동에 관계했던 혐의로 다시 체포되어 충청남도 예산으로 유배되었다가 얼마 뒤 풀려났다. 그러나 순조가 즉위한 1801년 이가환·정약종·洪樂民 등과 함께 체포되어 4월 8일 서대문 밖 형장에서 대역죄로 참수되었다.「辛酉邪黨之獄」·「承薰正刑時事」는 이 과정을 기술한 것이다. 당시 임자년 옥사로 화를 입었던 집안의 子姪들은 의금부 문 밖에서 기다리며 '이제서야 큰 원수를 갚게 되었다'고 말하였다.

「邪黨鋤治」

이승훈이 참수된 뒤 임자년 옥사에서 이승훈을 편들었던 李瓚, 李貞吉, 趙卜起, 金命全 등이 차례로 처벌 받은 사실을 기록하고 있다.

「己亥以後士論」

1839년 권위에게 사헌부 지평의 특증이 내린 뒤 사림들의 여론을 기록한 글이다. 평택의 유생인 姜吉會는 '삼정사가 사악한 무리를 몰아내다 화를 입은 것은 동일한데도 대신들의 筵奏는 권위만을 거론하고 조상본과 정언택에 대해서는 언급하지 않았음'을 지적하면서 이에 대한 공정한 처리가 이루어져야 함을 역설하고 있다.

권2에는 안핵어사인 김희채가 파견되어 이승훈 사건의 처리가 종결된 후, 일처리가 부당하게 진행되었음을 각계에 탄원하는 글들로 이루어져 있다. 1792년 3월 14일 안핵어사인 김희채가 조사 결과를 보고하면서 '이승훈이 공자의 사당을 참배할 때 배례하는 절차를 의식대로 행한 것은 재실의 선비들과 향교의 생도들이 동참하여 함께 목격하였다'고 하고, 문제의 본질이 '新儒鄕과 舊儒鄕의 갈등'에 있었다고 분석하면서, '권위는 심문하는 과정에서 사망하였고, 조상본과 정언택은 남을 모함한 죄로 법률에 의해 귀향 보내도록 조치하였다'[3]고 보고하였기 때문이다.

「本縣齋任姜寅煥等通諭鄕中文」·「姜寅煥等通諭太學文」·「太學儒生通諭錦營」·「忠淸儒生金元國等 通諭太學文」·「金元國等呈大司成金近淳書闕無傳」·「大司成因金元國等呈書行□錦營文闕無傳」

---

3) 『正祖實錄』卷34, 正祖 16年 3月 14日 癸未(46책 280쪽)

1801년 12월에서 1802년 1월까지 평택현 齋任 姜寅煥, 충청유생 김원국 등이 이수와 이정길 등 이승훈을 비호했던 사람들을 토죄하기 위해 태학과 대사성에게 보낸 글을 모아 놓고 있다.

「大司諫兪漢寧上疏略」

대사간인 유한령이 안핵어사인 김희채가 이승훈의 일을 처리하면서 잘못한 일을 지적하고 처벌할 것을 요청하는 내용이다. 「소」에서 유한령은 '金熙采는 李東郁의 從婿로서 자신이 안핵사가 되었을 때 李承薰의 죄상을 엄폐하였고, 聖廟에 배알하지 않은 일은 온 세상에서 분개하고 한탄한 지 오래 되었으니, 김희채에게 屛裔의 刑[먼 지방으로 추방하는 형벌]을 내리고 사주받은 포장은 現告를 받아들여서 島配하는 형을 시행토록 할 것'을 요청하고 있다.

「兩司聯名箚子略」

양사에서 안핵어사인 김희채의 일처리가 사적인 동기에서 비롯된 것임을 문제 삼아 처벌할 것을 요청한 차자이다. 「차자」는 '김희채는 이동욱의 종서인데도 채제공이 이 사람을 어사로 파견하여 평택의 사건을 엄폐하였다. 이 일로 바른 선비들의 원한과 피가 땅을 적시고 사악한 무리들의 기세가 불꽃처럼 타올라 하늘을 덮었다'고 기록하고 있다.

「道內儒生金光訥等呈監司文」·「金光訥等再呈監司文」·「金光訥等三呈監司文」

1802년 2월 3일, 4일, 8일에 儒生의 聯名으로 監司인 윤광안에게 보낸 글이다. 임자옥사의 원흉인 이승훈은 이미 1801년 참형을 당했으나, 또 다른 원흉인 李璜와 李貞吉에 대한 처벌이 내려지고 있지 않아 '刑政이 바르게 시행되지 않고 사림들은 그것을 부끄럽게 여기고 있다'고 지적하면서, 그들의 죄상을 하나하나 거론하고 있다.

「道內儒生蔡弘性等呈御史文」·「京畿道龍仁幼學權植仁呈忠淸道御史文」·「權植仁再呈御史文」

1802년 5월 13일 평택 유학 채홍성 등이 유생 50인의 연명을 받아 암행어사인 申龜朝가 아산에 출도했을 때 올린 글이다. 권식인의 글 또한 암행어사인 신귀조가 충청도에 출도했을 때 올린 것이지만 일자는 분명하지 않다.

「諸罪人佬音」

신귀조가 아산에 출도하여 임술년 옥사에 관련된 여러 죄인에게 엄한 형벌을 내리고 이수와 이정길을 투옥한 시말을 기록하고 있다. 1802년 5월 15일 이수와 이정길이, 5월 19일 조복기가, 같은 날 許翰과 趙師觀 李瑜 등이 법에 따라 처리되었다.

권3에는 사학죄인들이 처벌 된 후 사건 때문에 억울하게 처벌을 받았던 삼정사를 신원할
것과 포상이 공평하게 이루어지지 않았음을 지적하고 바로 잡아 줄 것을 요청하는 글들로 구
성되어 있다.

「御史申龜朝別單書啓」

어사 申龜朝는 奏本에 첨부한 보고서에서, 이승훈의 일을 통문했다 유배 가 억울하게 죽은
權瑋를 伸寃해 줄 것을 요청하고 있다.

「議政府回啓」

신귀조의 書啓를 접수하고 이에 대해 의정부에서 회답한 내용이다. 당시 안핵사로 조사를
담당했던 김희채가 公議에 의해 처벌을 받았으니 權瑋를 신원하는 것이 마땅하며, 이는 본도
에서 판단하여 포상하는 것이 좋겠다는 처리내용을 통보하고 있다.

「義禁府因承薰子及孫伏法啓下文案」

1808년 4월 8일 이승훈의 아들 李身達와 손자 李在誼 그리고 권철신의 손자인 權複을 서
소문 밖에서 참형에 처할 때 임금의 재가를 받은 문안이다.

「己亥次對時大臣李筵奏」

1839년 10월 1일 右議政 李止淵이 권위의 신원을 요청한 글이다. 왕조실록에는 9월 30일
조목에 기록되어 있다. 이지연은 '그 당시 안핵어사인 김희채는 이승훈의 姻戚이 되는 黨類였
던 까닭에, 부탁을 받고 죄를 얽어 심문하는 자리에서 打殺하여 입을 막았다'고 지적하고 억
울하게 죽은 권위에게 포상할 것을 요청한다. 이에 대해 대왕대비는 '상당한 관직을 포증하도
록 조치할 것'[4]을 지시하였다.

「同年十二月都目政事」

1839년 12월 권위에게 사헌부 지평을 特贈하는 都目政事이다.

「道內儒生姜吉會等呈監司文」·「姜吉會等再呈監司文」·「姜吉會等請一體褒贈啓」

1844년 2월 17일과 1844년 10월 8일, 1845년 3월 등 3차에 걸쳐 평택 유학 강길회와
諸邑 유생들이 연명하여 감사인 姜時永에게 올린 글이다. 1839년 권위에게는 사헌부 지평을
특증하는 신원조치가 내려졌으나, 조상본과 정언택의 경우는 그에 상응하는 조치가 없었음을
지적하고 바로 잡아 줄 것을 요청한 내용이다.

---

4) 『憲宗實錄』卷6, 憲宗 5年 9月 30日 壬戌(48책 468쪽)

권4에는 삼정사를 모실 사당인 향현사를 건립하기 위해 평택의 유생들이 발의를 하고 추진한 과정을 기록하고 있다.

「平澤縣鄕賢祠營建記」

1849년 3월 雲谷祠는 단간이어서 三正士 三位를 봉안하는 것이 어려우므로 조금 넓히기로 결정하고 起工을 한 뒤 논의의 시말을 姜敏會가 기록한 글이다.

「公州趙正敎呈監司文」

조상본의 손자인 조정교가 1849년 8월 18일 감사에게 올린 글이다. 당시 조정교는 공주의 유성에 거처하면서 돌아가신 아버지의 상제를 지키고 있었다. 운곡사를 증축하여 삼정사를 모시기로 하고 착공하였으나 공사비용을 감당하지 못해 어려운 처지에 있음을 감사에게 보고하고 지원을 요청한 글이다.

「本校儒生抵礪山竹林書院儒生書」·「竹林書院儒生答平澤校儒書」·「竹林書院齋任通諭列邑校院文」·「列邑儒生宋在岳登呈本縣縣監文」

1859년 7월 평택현 향교에서 조상본의 9대조인 조광조를 모신 전라도 여산의 죽림서원에 褒義祠 건립이 비용 때문에 어려움을 겪고 있음을 알리고 도움을 요청한 글과 그에 대한 답신, 그리고 전라도 유생에게 보낸 죽림서원의 통문이다.

4. 가치

삼정사의 문집으로는 조상본의 시문집인 『遯齋遺稿』 2권 1책만이 연세대학교에 소장되어 있을 뿐, 권위와 정언택의 것은 남아 있는 것이 없는 듯하다. 아울러 『둔재유고』에는 「通諭太學文」·「霰庭納供文」·「書寄同志文」·「呈京畿監營文」 등 본 사건과 관련된 단편적인 기록이 실려 있는 것으로 확인된다. 따라서 본 『실기』는 삼정사의 행적과 이력 그리고 신유년 통유 사건의 전모를 확인할 수 있는 유일한 자료로 평가된다.

본 『실기』는 권1의 사실적 기록을 제외하고, 서교에 대한 유림 측의 조직적인 대응과 유림 측의 확고한 시각을 중심으로 관련 기사를 모아놓고 있다. 三正士의 通諭로 발단한 본 사건의 전개과정에서 보이는 서교에 대한 태도와 같은 해에 발생했던 신해사옥에서 개진된 천주교 배척의 논리는 대부분 동일한 것이다. 바로 그 점에서 본 『실기』는 당시 천주교 배척이 수렴청정을 하던 김대비와 그에 동조하던 일부 그룹에 의해서 주도된 것이 아닌 유림 측의 광범위한 지지와 동조 하에 이루어진 것임을 확인할 수 있게 해주는 귀중한 자료로 평가된다. 아울러 역설적이긴 하지만 본 『실기』는 초기 천주교의 전교 활동과 신앙생활의 일단을 파악하는데 있어서도 중요한 자료로 생각된다.

【장동우】

閒居襍記

鄭道應(1618~1667) 著.

寫本. 1册(57張) : 32×20cm. 12行 24字.

* [鄭]在崗 手謄.

1. 저자

鄭道應(1618~1667)의 本貫은 晉州, 字는 鳳輝, 號는 無忝이며, 鄭經世(1563~1633)의 손자이다. 정도응의 가계를 도표로 나타내면 다음과 같다.[1]

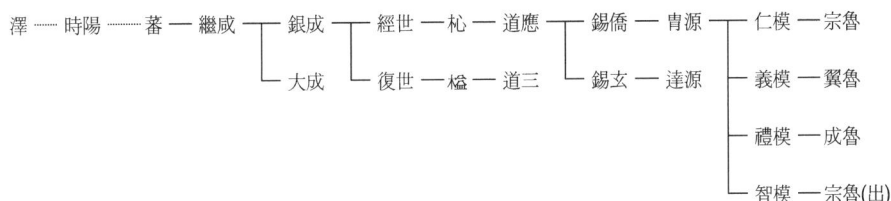

1648년(인조 26)에 左議政 李景奭은 鄭道應이 나이가 어리지만 才行이 있어 쓸 만하다고 천거하였다.[2] 이듬해 大君師傅가 되었고,[3] 이어 咨議에 제수되었다.[4] 1657년(효종 8) 다시 咨議에 제수되었으나,[5] 이듬해 사직하고 향리로 돌아갔다.[6] 이후에도 다시 咨議에 제수되었다.[7] 저서로는 문집인 『無忝齋先生文集』 이외에 편저인 『昭代名臣行蹟』·『昭代粹言』 등이 있다.[8]

<年譜[9])>를 간략히 정리하면 다음과 같다.

1618년(광해군 10) 12월 6일, 尙州 栗里에서 출생하였다. 8세 되던 1625년(인조 3) 3월에 부친상을 당하였고, 12세 되던 1629년(인조 7), 知縣 盧峻命에게 수업하였다. 1633년(인조 11) 6월, 祖父 鄭經世의 喪을 당하자, 宋浚吉에게 편지를 올려 墓祭에 대해 논의하였다. 1635년(인조 13) 6월, 蒼石 李埈의 喪에 곡하였고, 10월, 조모 眞城 李氏의 喪을 치뤘다. 1637년(인조 15), 朱書 독서를 하였고, 그 해 12월, 宋浚吉에게 편지를 올려 吉祭에 대해 논의하였다. 1638년(인조 16), 21세의 나이로 西厓 柳成龍의 손녀이자, 修巖 柳袗의 딸인 豐山

1) 家系는 鄭經世와 鄭宗魯의 행장 및 『萬姓大同譜』를 비교해 볼 때 약간의 차이가 발견된다. 『萬姓大同譜』에는 진주 정씨의 시조가 '藝'로, 鄭道應의 아들이 '錫脩'로 기재되어 있다[『萬姓大同譜』 上, 明文堂, 1983, 516쪽].
2) 『仁祖實錄』 卷49, 仁祖 26年 10月 13日 甲辰(35책 337쪽).
3) 『仁祖實錄』 卷50, 仁祖 27年 4月 11日 己亥(35책 349쪽).
4) 『孝宗實錄』 卷1, 卽位年 7月 18日 乙亥(35책 381쪽).
5) 『孝宗實錄』 卷18, 孝宗 8年 6月 13日 甲申(36책 100쪽).
6) 『孝宗實錄』 卷20, 孝宗 9年 1月 3日 庚子(36책 135쪽).
7) 『孝宗實錄』 卷20, 孝宗 9年 11月 16日 己酉(36책 160쪽).
8) 蔡弘遠 等著(姜周鎭 譯編), 『嶺南人物考』, 探求堂, 1967 ; 『尙州邑誌』 참조.
9) 『無忝齋先生文集』 卷4, 附錄, 年譜 참조.

柳氏와 혼인하였다. 1648년(인조 26) 12월, 遺逸로 천거되어 內侍府 敎官을 제수받았고, 1657년(효종 8) 4월, 世子翊衛司 副率에 임명되었다. 그 해 8월, 侍講院 諮議에 임명되었고, 9월에 병을 핑계로 교체를 원하는 상소를 올렸으나 不許되었다. 12월, 도성 밖에 나가 두창을 이유로 교체를 원하는 상소를 올렸으나 역시 윤허를 얻지 못했다. 1658년(효종 9) 정월에 다시 사직소를 올려 윤허를 받고 귀향하였다. 11월, 다시 侍講院 諮議에 임명되었다. 1659년(효종 10) 2월에 謝恩肅拜하였다. 3월에 赴任하였다가 11월에 棄官하고 귀향하였다. 1660년(현종 1), 『昭代名臣行蹟』·『昭代粹語』을 완성하였다. 1662년과 1663년 두 차례 工曹佐郎에 제수되었다. 동년 6월, 昌寧縣監에 제수되어 7월에 赴任하였다. 1665년(현종 6) 9월, 말미를 얻어 還鄕하였다. 1667년(현종 8) 정월에 棄官하고 귀향하였다. 그 해 4월, 栗里의 外寢에서 별세하였다.

정도응의 문집인 『無忝齋先生文集』은 木板本으로 1911년에 간행된 4권 2책이다. 半郭은 18.3×16.7cm, 10行 20字이다. 서문은 李中銑이, 발문은 7대손인 鄭喆愚가 작성하였다. 국립중앙도서관(古3648-70-179-1, 2)과 장서각(D3B 1249)에 소장되어 있다. 卷1에는 시문이, 卷2에는 上疏文과 편지, 祭文과 墓誌, 行錄이 수록되어 있다. 卷3은 전체가 閒居雜記이고, 卷4에는 부록으로 정도응의 年譜·行狀·墓誌와 輓詞·祭文 등이 수록되어 있다.

정도응의 저서 가운데 유명한 것은 『昭代粹言』이다. 『소대수언』은 규장각(奎12444), 장서각(K3-648) 등에 소장되어 있다. 우리나라 野史類의 여러 책을 모은 筆寫本으로, 여기에 수록된 책이름 및 내용은 다음과 같다.

卷1~4 : 『海東野言』(許篈 編)
卷5 : 『癸未記事』
卷6 : 『時政錄』(禹性傳)
卷7~8 : 『東閣雜記』(李廷馨)
卷9 : 『丙子錄』
卷10 : 『亂離日記』
卷11 : 『涪溪記聞』(金時讓)
卷12 : 『荷潭破寂錄』(金時讓)

『海東野言』은 徐居正(1420~1488)의 『筆苑雜記』, 成俔(1439~1504)의 『慵齋叢話』, 魚叔權의 『稗官雜記』 등 주요 야사 11종을 연대순으로 발췌·정리한 것이다. 태조대부터 명종대까지를 다루었다. 『癸未記事』에는 1583년(선조 16) 1년간의 時政이 날짜순으로 기록되어 있는데, 東西分黨 초기의 기록이 망라되어 있다. 『東閣雜記』는 국가의 정치와 명신의 행적만을 다룬 野史이다. 태조의 창업으로부터 세종의 문치, 수양대군의 찬위, 사육신, 사화, 임진왜란 등의 전말을 다루었다. 『丙子錄』은 1636년(인조 14) 丙子胡亂과 그 뒤 1642년까지의 政局事情을 수록하였다. 亂離日記와 江都錄이 부기되어 있다. 『涪溪記聞』·『紫溪筆談(紫海筆談)』은 金時讓이 광해군 때 귀양살이하면서 쓴 것으로 일종의 인물평론집이라고 할 수 있다. 涪溪는 鍾城, 紫溪는 寧海의 別號이다. 官人·達士·樂人들의 기담과 인물의 언행·생활·일화를 소개하고 평가하였다. 역사사건을 고증한 것이 많으며 증거 자료를 첨부하기도 하였다. 『荷潭破寂錄』은 金時讓이 忠州에 寓居할 때 광해군대부터 인조대에 걸친 야사를 모은 것으로, 임진왜란, 병자호란, 이괄의 난, 폐모사건, 인조반정 등을 주로 다루었다. 이 가운데 『丙子錄』을 제외한 모든 책들은 『大東野乘』에 수록되어 있다.[10]

이외에 鄭道應의 편저로 『昭代名臣行蹟』 8책이 있다. 국립중앙도서관 장본(古2510-98-18)으로, 鉛活字本이며, 前集 3冊(1~3책), 後集 2冊(4~5책), 外集 2冊(6~7책), 別集 1冊(8책)으로 구성되어 있다. 半郭은 21.3×15.9cm이고, 12行 24字이다. 이 책은 연세대학교 중앙도서관에도 소장되어 있는데(고서(III) / 4145 / 0-1~5), 後集 4卷 2冊, 別集 2卷 1冊, 外集 4卷 2冊으로 구성되어 있으며, 半郭은 21.1×15.2cm이고, 12行 24字이다. 전집 3책이 생략되어 있는 것으로 보아 국립중앙도서관 장본의 일부임을 알 수 있다. 이는 朝鮮初부터 仁祖朝에 이르기까지의 名賢들의 行蹟을 수록한 것이다. 발문에 "上之二十三年癸未(순조 23, 1823)孟秋下澣 五代孫[鄭]象履謹書"와 "歲壬子(1912)仲春上澣 七代孫進士[鄭]喆愚謹識"라는 기록이 있는 것으로 보아 1912년에 鄭喆愚에 의해 편찬된 것으로 보인다.

2. 구성

『閒居謾記』의 말미에 "10世孫 在�이 손을 씻고 謄草하여 삼가 石室에 보관하여 소중한 자료로서 후세에 전하고자 한다(十世孫在㟰, 盥手謄草, 敬藏于石室, 以寶傳世. 洛雲居士寶藏.)"라고 기록되어 있는 것으로 보아, 정도응의 10세손인 鄭在㟰이 필사한 것으로 추정된다. 목차나 서문, 발문도 없으므로 작성 경위나 의도를 파악하기는 어렵다.

『閒居謾記』의 첫장에 "甲辰暯[暮]春下絃[弦]獲麟"이란 글이 보이는데, 이는 갑진년 음력 3월 22~23일경에 집필을 마쳤다는 뜻으로 해석된다.

3. 내용

---

10) 『국역 대동야승』 1~18, 민족문화추진회, 1973 참조.

정도응은 家學의 전통 속에서 經史와 性理學을 전수받았지만 개인적으로 힘을 쏟은 분야는 이른바 '國朝古史'였다. 그것은 宋代에 출간된 『名臣錄』을 모방하여 『昭代粹語(言)』·『昭代名臣行蹟』 등을 편찬하는 것으로 현실화되었다.[11] 『閒居襍記』 역시 그 연장선상에 있는 저술이라 할 수 있다. 이는 정도응이 자신의 견문을 기록한 것인데, 그 내용은 다음과 같은 몇 가지 범주로 나누어 볼 수 있다. 첫째, 자기 집안의 사적을 기록한 부분이다. 6대조 修義公(鄭蕃 : 1449~1521)으로부터 자신의 숙부 鄭檜에 이르기까지 내용이 다양한데, 특히 조부 鄭經世와 부친 鄭杺의 인품과 행실 및 학문을 찬양한 내용이 많다. 조상들의 아름다운 언행을 기록한 일종의 言行錄이라고 할 수 있을 것이다. 한 조목을 예시하면 다음과 같다.

> 先祖[鄭經世]께서 교유한 사람으로는 선배로는 李恒福·李元翼·李德馨·沈喜壽·李好閔·尹國馨 등이 있고, 조정의 신료로는 李尙毅·韓浚謙·吳億齡·申欽·李廷龜·鄭曄·吳允謙·申湜 등이 있으며, 학문으로는 李埈 형제와 金長生·李睟光·韓百謙 등이 있다.

이와 같은 『閒居襍記』의 내용은 1821년 후손 鄭象履 등이 정경세의 『愚伏集』別集을 편찬할 때 참고자료로서 활용되었다. 특히 別集 卷8에 수록된 附錄, 言行錄에는 『閒居襍記』의 내용이 곳곳에 인용되어 있다. 거기에서는 정도응에 대해 "公의 諱는 道應이며, 字는 鳳輝이다. 선생[鄭經世를 지칭함-인용자]의 손자로 뜻을 돈독히 하고 힘써 실천하여 家學을 잘 계승하였다. 遺逸로 천거되어 관직이 侍講院 諮議에 이르렀다. 遺集과 편집한 『閒居雜記』·『昭代粹語』·『昭代名臣行蹟』 등의 책이 있다"[12]고 소개하였다.

둘째, 정도응의 집안과 관계를 맺고 있던 嶺南 지역 인물들에 대해서 기록하고 있다. 유성룡의 아들 柳袽과 柳袗(號 修巖), 특히 자신의 장인인 柳袗에 대한 비교적 많은 기록을 남기고 있으며, 이외에도 정경세의 이모부인 南應哲, 정경세의 동문 친구인 金兌, 정경세가 漢城試의 知貢擧일 때 선발했던 李元圭 등 정경세와 친교를 맺었던 인물들의 인품과 행실에 대한 내용이 많다. 대표적인 인물이 李㙉과 李埈 형제이다.

> 先祖[鄭經世]와 月㵎[李㙉]·蒼石[李埈] 양 선생은 뜻이 같고 道가 합치되어 처음부터 끝까지 서로 막힘이 없이 사이가 가까웠다. 매번 수일 간격으로 반드시 왕래하면서 道義를 연마하고 古今의 문제를 헤아려 생각하였다. 문득 만나기만 하면 돌아가기를 잊었다. 일찍이 말씀하시기를 "나와 두 사람은 姓이 다른 형제다"라고 하셨다.

---

11) 鄭喆愚, 『無忝齋先生文集』識, 「跋文」, 1ㄱ. "於乎, 偉哉. 府君於經史性理, 靡不貫穿, 而尤用力於國朝古史, 遂纂昭代粹語十三冊及名臣行蹟八冊, 以倣有宋名臣錄, 其好古樂善之美, 卽此可想."

12) 『愚伏集』別集, 卷8, 附錄, 言行錄, 2ㄱ(68책 534쪽-『韓國文集叢刊』, 民族文化推進會의 책수와 쪽수, 이하 같음). "公諱道應, 字鳳輝, 先生之孫, 篤志力行, 克承家學, 擧遺逸, 官侍講院諮議. 有遺集及所編閒居雜記·昭代粹語·昭代名臣行蹟等冊."

이준은 일찍이 임진왜란의 와중이었던 1593년(선조 26)에 형 이전을 따라 피난을 가다가 瘴亂[瘴亂]에 걸려 죽을 지경에 이르렀다. 이때 형 이전은 이준을 업고 白華山으로 피신하였는데, 도중에서 왜군을 만나 위기에 처하였다. 이 위기 상황 속에서 이전은 이준을 버리지 않고 끝까지 보호하여 결국은 두 형제가 모두 생명을 보전할 수 있었다. 뒤에 이준은 이때의 사실을 기록하여 兄弟急難圖를 남기고(1609년),[13] 주변 인사들에게 題辭를 요청하였다.[14] 이에 응해서 李好閔(1553~1634), 車天輅(1556~1615), 韓浚謙(1557~1627), 全湜(1563~1642), 崔睍(1563~1640), 李春元(1571~1634), 趙希逸(1575~1638), 趙絅(1586~1669), 張維(1587~1638), 鄭百昌(1588~1635), 李景奭(1595~1671), 洪汝河(1620~1674) 등이 각종 題辭를 남겼고,[15] 鄭經世 역시 글을 지어 이 사실을 찬양하였다.[16] 정도응은 이러한 전말을 다음과 같이 『한거잡기』에 기록하고 있다.

> 壬辰의 난리에 月澗公 형제는 白華山에서 避亂하고 있었다. 하루는 賊兵을 만났는데 蒼石[李埈]이 병이 깊어 움직일 수 없었다. 月澗[李㙉]이 마침내 蒼石을 등에 업고 산을 오르는데, 賊兵이 칼을 빼어들고 앞을 가로막았다. 月澗公이 하늘을 향해 울부짖기를 "원컨대 우리 아우를 살려주시오"하면서, 이에 활을 당겨 賊兵을 마주하였다. 격분하여 성내기를 그치지 아니하자 적병이 당황하여 물러감에 마침내 목숨을 보전할 수 있었다. 사람들이 이르기를 至誠이 도운 바라고 하였다. 뒤에 蒼石이 그 일을 서술하여 急難圖를 작성하였다. 한때의 名公과 大人들이 모두 序와 詩를 지어 그 사실을 찬미하였다.

셋째, 역대 인물들의 사적에 대한 기록으로 일종의 일화들이다. 예컨대 成宗朝에 서울에 거주하던 이른바 '城市之大隱'과 같은 隱者의 이야기, 金自點의 再從子로서 의리명분론을 고수함으로써 김자점의 역모 사건 이후에도 화를 면했던 金鍒의 이야기, 인조조에 있었던 洛陽紅(모란의 일종)에 얽힌 일화, 宣祖와 河原君 사이에 벌어졌던 에피소드, 光海朝와 仁祖朝에 걸쳐 활동했던 金坽, 書畵에 뛰어났던 曹友仁(1561~1625, 호 梅湖 · 峴南 · 怡齋) 등의 일화가 수록되어 있다.

---

13) 『蒼石集』 卷13, 「兄弟急難圖序」, 21ㄱ~22ㄴ(64책 464쪽).
14) 『蒼石集』 續集, 卷1, 「求題急難圖」, 14ㄱ~ㄴ(64, 594쪽).
15) 『五峯集』 卷8, 「題叔平兄弟急難圖後」, 12ㄴ(59책 439쪽);『五山集』 續集, 卷1, 「題李蒼石埈兄弟急難圖」, 14ㄴ~15ㄱ(61책 478~479쪽);『柳川遺稿』, 「次柳西坰根韻題急難圖爲李叔平埈作」, 2ㄱ(62책 485쪽);『沙西集』 卷7, 「題李叔載㙉急難圖後」, 2ㄱ~ㄴ(67책 107쪽);『訒齋集』 卷1, 「題李叔平急難圖後」, 9ㄴ~10ㄱ(67책 172쪽);『九畹集』 卷2, 「題李叔平埈兄弟急難圖古詩」, 21ㄴ~22ㄱ(79책 166쪽);『竹陰集』 卷10, 「題李輔德叔平埈兄弟急難圖」, 17ㄴ~18ㄱ(83책 244쪽);『龍洲遺稿』 卷12, 「題急難圖後」, 11ㄱ~12ㄴ(90책 204쪽);『谿谷集』 卷28, 「題李學士兄弟急難圖」, 8ㄱ~ㄴ(92책 452쪽);『玄谷集』 詩集, 卷5, 「奉題急難圖帖」, 26ㄱ~ㄴ(93책 468쪽);『白軒集』 卷13, 「題蒼石伯氏急難圖」, 10ㄴ(95책 553쪽);『木齋集』 卷1, 「急難圖引」, 16ㄱ~17ㄱ(124책 338~339쪽).
16) 『愚伏集』 卷15, 「書急難圖後」, 33ㄱ~34ㄱ(68책 284쪽).

대체적으로는 영남 지역의 남인들과 관련된 내용이 많다. 예컨대 정여립 옥사에서 곤욕을 치른 申湜에 대한 기사, 鄭逑의 문인이었던 趙翊(1556~1613, 호 可畦)과 趙靖(1555~1636, 호 黔澗) 형제, 淸南의 영수가 되는 許穆, '己丑獄事(鄭汝立逆獄事件)'의 피화인인 崔永慶(1529~1590, 호 守愚堂), 神仙의 풍모를 보였던 郭再祐(1552~1617, 호 忘憂堂) 등이 그 대표적 인물이다.

넷째, 詩話의 일종으로 볼 수 있는 내용들이다. 예를 들면 다음과 같은 기사가 이런 경우에 해당한다.

庶孽 林苞란 사람은 開寧 사람으로 某官 霽光[17]의 아들이요, 忠臣 李塏의 외손이다. 총명하고 민첩하기가 일반 사람들과 매우 달랐다. 한 번 보면 문득 외웠고, 천하의 여러 책들을 섭렵하지 않은 것이 없었다. 『剪燈新語』에 주해를 붙였고, 호를 垂胡子라고 했다. …… 使行할 때면 매번 學官으로 따라가서 贊益한 바가 많았다. 후에 光國原從功臣의 錄勳에 참여하였고, 관직은 同知中樞에 이르렀다. 일찍이 安南 使臣을 玉河館에서 만났을 때 律詩 하나를 기증하였는데 다음과 같았다.

해외 각 지역 들어만 보다가
부평초처럼 흘러 흘러 다행히 華北을 유람하네.
乾坤은 華夷의 구별이 아니니,
肝膽을 楚越처럼 나눌 필요 있나요
통역관에게 번거롭게 말을 많이 하라 않으시고
붓을 들고 자세히 글을 논하라 하시네.
고국에 돌아오니 마침 꾀꼬리 우는 시절,
여기저기 바람불고 안개 피어오르니 그대를 생각합니다.

安南 사신이 크게 기이하게 여겼다.

한편 金尙憲(1570~1652)이 전란을 겪고 나서 지은 다음과 같은 시를 소개하면서 정도응은 당시 김상헌의 심사를 헤아릴 수 있다고 하였다.[18]

---

17) 林霽光은 燕山君·中宗年間에 古阜郡守, 成均館直講 등의 관직을 역임하였다[『燕山君日記』卷61, 燕山君 12年 1月 21日 辛亥(14책, 37쪽) ; 『中宗實錄』卷20, 中宗 9年 9月 28日 丁亥(15책, 30쪽) ; 『中宗實錄』卷34, 中宗 13年 10月 1日 丁卯(15책, 483쪽)].

18) 『淸陰集』에는 寄玄翁金浦寓居라는 제목으로 수록되어 있는데 약간의 차이가 있다[『淸陰集』卷2, 「寄玄翁金浦寓居」, 七言絶句, 12ㄱ(77책, 27쪽). "花落無言鳥自啼 / 看花聽鳥白頭低 / 三春只得昏昏睡 / 睡不分明夢亦迷"].

花自無心鳥自啼　　꽃도 새도 무심히 피고 우네,
看花聽鳥白頭低　　꽃 보고 새 소리 듣노라니 머리가 절로 내려간다.
三春剩得昏昏睡　　긴긴 봄 지치도록 흐리멍텅 잠만 자니
睡不分明夢亦迷　　잠도 분명치 않아 꿈도 昏迷하다네.

이밖에도 『閒居襍記』에는 당대의 정치적 상황과 관련한 많은 내용이 수록되어 있다. 때문에 이 책은 일종의 野史類로 볼 수도 있다. 정도응은 일찍이 『昭代名臣行蹟』·『昭代粹言』과 같은 야사류의 저작을 남겼다. 그것은 자신의 전대에 이룩된 내용을 바탕으로 편집한 것이었다. 『한거잡기』는 이러한 야사류와 밀접한 관련을 갖는 저술이라 할 수 있다. 다만 『한거잡기』가 정도응 자신의 시대, 그리고 자신과 지근 거리에 있는 인물들의 행적을 중점적으로 다루고 있다는 점에서 『昭代名臣行蹟』과 『昭代粹言』을 계승하는 위치에 있는 저술이 아닌가 추정해 볼 수 있다. 특히 문집인 『無忝齋先生文集』의 卷3에 수록되어 있는 閒居雜記와 비교할 때 연세대 소장본 『閒居襍記』는 분량에서 많은 차이가 난다. 연세대 소장본이 대략 227개 조목으로 구성되어 있는 반면, 문집에 수록된 것은 118개 조목이다. 양쪽에 수록된 같은 기사를 비교해 보면 그 차이를 보다 분명하게 알 수 있다.

先祖[鄭經世]는 久菴[韓百謙]·柳川[韓浚謙] 형제 두 분과 道義로써 사귀었다. 戊午年間에 柳川이 先祖에게 편지를 보내 久菴의 墓碣을 저술해주기를 청하였다. 그 편지에 대략 이르기를……(『閒居襍記』)

先祖는 韓久菴·柳川과 道義로써 사귀었다. 戊午年間에 柳川이 先祖에게 편지를 보내 구암의 묘갈을 저술해주기를 청하였는데, 대략 이르기를……(『無忝齋先生文集』卷3 閒居雜記』, 40ㄱ)

이는 문집의 「閒居雜記」가 바로 연세대 소장본의 일부를 발췌해서 재정리하여 간행한 것임을 말해준다.

4. 가치

연세대 소장본 『閒居襍記』는 17세기 조선의 정계와 학계를 주도했던 인물들의 많은 사적을 수록하고 있다는 점에서 당대 지성계의 분위기를 파악할 수 있는 귀중한 자료로서 일단 주목된다. 아울러 저자 정도응의 가계와 직·간접적인 관련을 맺고 있는 주변 인물들의 행적이

풍부하게 수록되어 있다는 점에서 정도응 개인의 학문과 사상, 정치적 입장을 연구하는 방증
자료로서 활용될 수 있을 것으로 판단된다. 한편 『閒居襍記』가 宋代의 『名臣錄』을 모방하여
편찬된 『昭代粹語』·『昭代名臣行蹟』의 연장선상에 위치하는 저술이라는 점을 고려할 때 우리
나라 野史類 연구에서도 새롭게 주목해 볼 수 있는 자료라고 하겠다.

【구만옥】

寒圃齋使行日記

李健命(1663~1722) 著.
寫本. 不分卷 1册(78張) : 29×21.5cm. 12行 22字.

1. 저자

李健命(1663~1722)의 本貫은 全州, 字는 仲剛, 號는 寒圃齋·霽月齋이다. 전주이씨 密城君派에 속하며 영의정 敬興의 손자, 이조판서 敏叙의 아들이다. 觀命과는 형제, 頤命과는 종제 간이다. 종형 이명과 함께 老論四大臣의 한 사람으로 일컬어진다. 1684년(숙종 10)에 진사시에 합격, 2년 뒤에 알성문과에 합격하여, 승문원 권지부정자·시강원 설서·이조 좌랑·沃溝縣監 등을 거쳤다. 1698년(숙종 24) 6월에 謝恩使 書狀官이 되어 燕京에 다녀왔으며, 忠州 牧使·이조 참판·대사성·대사헌·한성부 판윤·형조판서·이조판서·호조판서·병조판서를 두루 역임하였다.

1717년(숙종 43)에 遠接使로서 義州에 다녀왔으며, 다음해에 예조판서가 되어 판의금부사를 겸하였다. 그의 종형 李頤命이 숙종의 뒤를 이을 후계자 문제로 숙종과 단독 면대하였던 丁酉獨對 직후, 특별히 우의정으로 발탁되어 왕자 延礽君(延成君으로도 표기)의 보호를 부탁받았다. 1720년 6월, 숙종이 승하하자 摠護使를 지냈고, 좌의정이 되었다. 金昌集·이이명·趙泰采와 함께 노론의 영수로서 연잉군의 왕세자 책봉에 진력하였으나, 이로 인하여 반대파인 소론의 미움을 받았다. 1721년(경종 1)에 영의정 金昌集을 대신하여 청나라에 冊封奏請使로 가서 이듬해 3월에 책봉승인을 받아 돌아오는 도중에, 睦虎龍의 上書로 인해 체포되어 전라도 興陽의 羅老島에 유배되었다. 주청사로 청나라에 가서 세제 책봉을 요청하는 명분으로 경종이 병이 없음에도 불구하고 痿症이 있다고 발설한 것이 문제가 되어, 소론의 맹렬한 탄핵을 받았다. 결국 그해 8월 19일에 謫所에서 賜死되고, 두 아들마저 獄死당하고, 가산이 적몰되었다.

1725년(영조 1)에 老論四大臣을 復官하고, 致祭함에 따라 신원 회복되었으며, '忠愍'이라는 시호를 받았다. 과천의 四忠書院·나주의 西河祠에 제향되었다. 이건명은 재상으로 있을 때 민생에 깊은 관심을 보였고, 특히 당시의 현안이던 良役 문제에 대해 군포 2필을 1필로 감하자는 減疋論과, 수령이 私用으로 쓰고 있는 田結雜役價를 전용하여 감필에 따른 부족한 재정을 보충하자는 結役轉用策을 주장하여, 뒷날 영조 때의 균역법 제정에 영향을 주었다. 1758년 영조 34년에 손자 李復祥이 洪鳳漢의 도움으로 문집을 간행하여 『한포재집』10권이 전한다. 그리고 문집과는 별도로 『한포재사행일기』1책이 전한다.

2. 구성

『寒圃齋使行日記』는 저자 이건명이 奏請 兼 冬至使의 正使로서 1721년(경종 1) 10월 27일부터 1722년 7월 3일까지 사행 기록을 날짜별로 기록해둔 것이다.

책의 첫머리에는 從七世孫 重明이 쓴 從七世祖寒圃齋使行日記序가 있고, 그 다음은 사행의 주요구성원 명단이 제시되어 있다. 본 사행의 주요 구성원은 다음과 같다.

> 正使: 李健命, 副使: 尹陽來, 書狀官: 兪拓基
> 正使軍官: 李載恒·盧泰相·李彦之·元夢良
> 副使軍官: 張文翼·崔漢輔·李德基
> 書狀官軍官: 李春芳
> 譯官: 韓典五·金文秀·李樞·崔壽渲·李碩材·韓斗綱·金是瑜·李海

그 다음에 "辛丑十月二十七日甲申"을 첫 구절로 사행일기가 시작되는데, 사행일기는 1721 년 10월 27일부터 1722년 7월 3일까지의 연행과정을 날짜별로 기록하고 있다. 1722년 1월 5일에 청나라 강희제가 古稀를 맞아 乾淸宮에 老臣下들을 초대해 잔치를 베푼 것에 대해 상세히 기록하고 있다. 3월 9일자 말미에 청나라 황제에 올리는 朝鮮國王의 呑文과 저자가 압록강을 건너와 임금에게 올리는 狀啓를 附記해 두고 있다.

그리고 3월 10일부터 4월 7일까지의 기록은 없는데, 바로 이 무렵이 조정에서 본 사행 三使에 대한 논죄와 탄핵이 한창 진행되던 시기이다. 일반적으로 사행기록에서, 공식적 수행 업무를 완성한 다음에는 귀로의 여정에 대해서는 매우 간략히 기록하거나, 아예 기록하지 않는 경우도 많다는 것을 감안하면 특별한 것은 아니다. 다만, 이 경우에는 국내에 정치적 정황이 복잡하게 얽히던 시점이고 당사자가 그 핵심에 연루되어 있는 경우라서, 귀로의 기록이 생략된 것이 조금 더 주목되는 것이다.

4월 8일부터 7월 3일까지는 '南遷日記'라 하여 별도의 소제목을 붙여 날짜별로 기록했는데, 전라도 興陽 羅老島로 귀양간 시기의 기록이다. 제일 끝부분은 臨終詩로 맺고 있다.

3. 내용

본 사행은 景宗의 건강이 좋지 못하고 後嗣가 없는 상태에서, 延成君(英祖)을 王世弟로 책봉하고 그 인준을 받기 위한 것이 목적이었던 만큼 현실적으로 분명하고 절박한 목적을 지니고 있었다. 당시 좌의정이었던 이건명이 영의정 김창집을 대신하여 정사의 직책을 맡은 것 역시 목적의 중차대함 때문이었다. 그 사행 노정과 사행일기의 주요내용을 짚어보면, 사행 노정은 크게 세 부분으로 구분된다. 도성에서 압록강 도강이전까지, 도강 이후 북경까지, 그리고 귀로의 노정이다. 그 주요 사안은 연성군을 세제로 책봉한 것에 대해 승인을 받은 것, 그 과정에서 경종이 痿症 때문에 後嗣가 없어 동생인 연성군을 세제로 책봉해야 한다고 말한 것이 문제가 되어 죽음에 이르게 된 것, 두 가지 사항으로 압축된다. 이 핵심적 사건 외에도 柵門에 대한 기록, 중국의 곳곳마다 사람과 물산의 번성함에 대해 감탄하며 묘사한 대목, 그리고 康熙帝의 古稀宴에 대한 기록, 자신의 공로가 도리어 논죄된 이후 죽음에 임하는 자세 등이 주목된다.

먼저 노정을 살펴보면, 1721년 10월 27일부터 11월 25일까지는 서울에서 의주로 가면서 숙소에 도착할 때마다 지역이나 원·인근 수령들을 접견한 내용이 간략하게 기록되어 있다. 高陽- 坡州- 長湍- 松京- 金川- 平山- 葱秀- 瑞興- 劍水- 鳳山- 黃州- 中和- 平壤- 順安- 肅川- 安州- 嘉山- 納淸亭- 定州- 郭山- 宣川- 鐵山- 龍川- 義州에 이르는 동안, 각 지역의 수령들을 만나지만, 누구누구를 만나보았다는 정도의 사무적인 기록 외에 별다른 기록이 없다. 사실만 간결하고 건조하게 나열된 기록은, 문서기록 문체에서 이미 기록자가 기록의 책임을 의식하고 있음을 느낄 수 있게 한다.

그리고 11월 26일에 압록강을 건너 12월 28일에 皇城에 도착한 여정은 다음과 같다. 鴨綠江- 中江- 三江- 九連城- 細浦- 柳田- 湯站- 葱首- 沙屯- 孔岩- 小龍山- 柵門- 安市城- 陣坪- 鳳坪- 舊柵門- 鳳凰城- 三叉河- 四台子- 麻姑嶺- 松站- 少長嶺- 瓮北河- 大長嶺- 八渡河- 獐項- 通遠堡- 石隅- 分水嶺- 蓮山關- 會寧嶺- 大高嶺- 甜水站- 靑石嶺- 狼子山- 王祥嶺- 石門嶺- 冷井- 阿彌庄- 遼東城- 永安寺- 新遼東城- 接官廳- 爛泥堡- 烟臺河- 山腰舖- 五里堡- 十里堡- 板橋堡- 長盛店- 沙河堡- 暴交哇- 火燒橋- 氈匠館- 白塔舖- 一所臺- 紅花舖- 渾河- 瀋陽- 萬壽寺- 願堂寺- 方士村- 狀元橋- 永安橋- 雙家子- 大方身- 磨刀橋- 神農店- 孤家子- 周流河- 巨流河- 巨流河堡- 西店子- 五道河- 四方臺- 郭家屯- 新民屯- 小黃旗堡- 大黃旗堡- 蘆河口- 石獅子- 古城子- 白旗堡- 一板門- 二道井- 寂隱寺- 新店- 土井子- 烟臺- 小黑山- 羊腸河- 中安堡- 于家垈- 舊店里- 二臺子- 樺子店- 大于家子新店- 新廣廳- 興隆店- 雙河館- 壯鎭堡- 常興店- 三臺子- 二臺子- 三臺子- 四臺子- 五臺子- 六臺子- 十三山- 醫巫閭- 三臺子- 大凌河- 大凌河堡- 四同碑- 小凌河- 小凌河橋- 松山堡- 杏山堡- 十里河店- 高橋舖- 塔山店- 朱柳河- 罹店- 二臺子- 連山驛- 五里河- 雙石城- 永寧寺- 寧遠衛- 靑墩臺- 曹庄驛- 七里坡- 五里橋- 沙河所- 乾溝臺- 烟臺河- 半拉店- 望海店- 曲尺河- 三里橋- 東關驛- 二臺子- 三臺子- 六渡河橋- 中後所- 一臺子- 二臺子- 三臺子- 沙河站- 葉家墳- 口魚河屯- 口魚河橋- 兩水河- 前屯衛- 王家臺- 王濟溝- 高嶺驛- 松嶺溝- 小松嶺溝- 中前所- 大石橋- 兩水湖- 老鷄屯- 王家庄- 八里堡- 普賢寺- 山海關- 深河- 紅瓦店- 大理營- 王家嶺- 鳳凰店- 望海店- 深河堡- 綱子店- 楡關- 榮家庄- 白石舖 - 下白石舖- 吳官嶺- 撫寧縣- 羊河- 五里舖- 蘆峯口- 茶棚菴- 背陰舖- 雙望舖- 腰站- 部落嶺- 十八里舖- 漏驛園- 永平府- 靑龍河- 灤河- 淸聖廟- 沙河驛- 三官廟- 馬店舖- 新坪庄- 扛牛橋- 靑龍橋- 榛子店- 鐵城坎- 小鈴河- 板橋- 豊潤城- 趙家庄- 蔣家庄- 渙沙橋- 盧家庄- 高麗堡- 草里庄- 軟鷄堡- 茶棚庵- 沙流河- 兩水橋- 兩家店- 十五里屯- 東八

里堡- 龍池菴- 玉田城- 西八里堡- 彩亭橋- 大枯樹店- 小枯樹店- 蜂山店- 螺山店- 別山店- 二里店- 現橋- 小橋- 坊漁陽橋- 薊州- 臥佛寺- 五里橋- 邦均店- 白澗店- 女觀寺- 公樂店- 仮家嶺- 滹沱河- 三河縣- 棗林店- 白浮圖- 牝店- 皇親店- 夏店- 柳河屯- 烟郊舖- 三家庄- 鄧家庄- 胡家庄- 習家庄- 白河- 通州- 八里橋- 永通橋- 楊家閘- 管家庄- 三間房- 定府庄- 大王庄- 太平庄- 十里堡- 八里庄- 東岳廟- 朝陽門- 玉河館- 十方院.

옥하관 십방원에 도착한 다음날인 12월 29일부터 1722년 3월 9일까지는 줄곧 十方院에 머물며 세제 책봉 승인을 받기 위해 노력했고, 3월 9일부터 4월 7일까지의 기록은 생략된 채, 1722년 4월 8일 압록강을 건너와 유배지인 羅老島에 도착해서 7월 3일까지 지낸 기록과 임종을 읊은 시가 있다. 압록강을 건너 나로도까지의 여정은, 龍川- 郭山- 嘉山- 安州- 肅川 - 順安- 平壤- 黃州- 鳳山- 劍水- 瑞興- 葱秀- 平山- 金川- 碧蹄- 城山- 露梁- 果川- 稷山- 天安- 錦江- 扶餘- 樊樹- 南原- 谷城- 順天- 樂安- 楞加寺- 羅老島에 이르는 것으로 되어 있다.

『한포재사행일기』의 핵심 내용을 몇 가지로 간추려 정리해보면 다음과 같다.

1) 연성군 책봉 승인: 1721년 12월 29일에 三使가 十方院에 모여 表咨文에 대해 상의하여 예부에 올림. 1722년 1월 18일에 표자문이 내각으로부터 황제('淸主'라고도 표현)가 머물고 있는 창춘원으로 보내져 내일 入奏될 것이라는 소식을 들음. 그리고 그날부터 황제의 승인이 날 때까지 청나라 예부관리들이 周旋費의 명목으로 순은 2만냥이 필요하다고 요구함. 그리고 다시 표자문의 심의 과정에서 5천금이 필요하다는 요구를 해옴. 20일, 淸主가 奏本에 대해 太學士 馬齊 등에게 물어본 다음, 태학사들로 하여금 朝鮮의 使臣들을 모아 놓고 국왕의 病證을 상세히 물어서 奏聞하게 함. 1월 21일, 淸主가 南垓子에 간 뒤에 提督이 와서 , '사신은 내일 아침 午門 밖에 모이도록 하라.' 하여, 23일 새벽에 三使가 譯官 3인을 데리고 갔음. 조금 늦게 閣老 松柱 이하 內閣의 學士와 禮部의 尙書·侍郎 이하 모두 11인이 午門 밖에 벌여 앉았다. 나에게 內旨를 써서 주면서 묻기를, '국왕은 몇 살이고 무슨 병증에 걸렸고 병세는 어떠한가, 後嗣를 이을 길이 어찌하여 끊어졌는가, 본래부터 生育을 하지 못했는가, 아니면 낳았는데도 기르지 못한 것인가, 무슨 醫藥을 쓰고 있는가, 왕의 아우는 연성군 한 사람뿐인가, 아니면 여러 명의 아우가 있는가, 연성군은 몇 살이고 국왕과 어머니가 같은가?'를 물었다. 나는 써서 답하기를, '국왕은 금년에 35세이다. 병증에 대한 형세는 이미 奏本에 기재되어 있으므로 陪臣으로서는 감히 덧붙여 진달할 것이 없다. 국왕은 어려서부터 병이 많았고 痿症이 있어 오랫동안 병을 치료하면서 널리 後嗣를 이을 수 있게 하는 약을 시험하여 보았으나, 끝내 效驗이 없었다. 그리하여 前後의 두 王妃와 左右의 媵妾들 가운데 하나도 잉태한 사람이 없으니, 여기에서 嗣續의 기대가 끊긴 실상을 알 수가 있다. 국왕의 친아우는 원래

연성군과 延齡君 이헌이 있었는데, 연령군은 이미 기해년 겨울에 병으로 作故했고, 지금은 연성군 한 사람뿐인데 나이는 29세이다. 국왕과는 어머니를 달리한 아우이다. 국왕은 자신의 질병이 깊어져서 고질이 되는 것을 걱정하고 대를 이을 後嗣가 없는 것을 안타깝게 여긴 나머지 이에 先祖 때 아우를 冊封했던 舊規를 거행하였다. 우러러 大國이 小國을 사랑하는 지극한 덕을 믿고 진심으로 간청하는 사연을 갖추 진달하면서 恩典을 받기 바란다. 이런 情狀을 보아 의당 긍휼히 여김을 받아야 할 터인데, 이제 특별히 문의하는 것은 실로 곡진히 생각해 주는 데에서 나온 조처라고 생각되니, 陪臣들은 황공하고 감격스러워 주달할 바를 모르겠다.'라고 답하였다. 閣臣이 또 묻기를, '연성군은 누구의 소생이고 그의 어머니는 살아 있는가?' 하므로, '연성군은 先王의 後宮인 崔氏의 소생인데. 최씨는 이미 무술년에 병으로 卒逝하였다.'고 답함. 그 이후 청나라 내각에서는 다시 九卿會議가 열리고 그 결과를 알지 못해 답답해하던 중, 2월 5일에 예부에서 序班이 주문과 예물을 황제가 있는 곳으로 보냈다고 통고해오면서 천은 5천냥을 다시 요구. 2월 13일에 예부제독이 연성군을 世弟로 봉하는 것으로 결론지었다는 말을 했으나, 16일에 『淸會典』의 '왕비가 50세가 되도록 자식이 없으면 庶長子를 왕세자로 삼는다'는 구절을 이유로 주문의 인준이 어렵다는 내용을 序班이 보내왔으므로 무척 우려스러운 상황이 전개, 21일에는 景宗도 적자가 아니면서 세자로 책봉되었으므로 연성군의 왕세제책봉은 왕비가 50세가 되도록 자식이 없는 경우에나 가능한 일이니, 인준이 불가하다는 소식을 들음, 23일에 내일은 황제가 각신을 인견하는 날이니 오늘 제 閣老들을 주선한다면 인준이 가능할 수도 있다는 말에 희망을 품고 주선함. 24일에 淸主가 太學士를 인견하고 말하기를, '朝鮮의 奏本을 예부에서 방색하니 어찌하면 좋은가?' 하니, 태학사 馬齊가 답하기를, '外國의 간절한 정상이 이와 같이 긴박하니, 처분을 내리기에 달려 있다.'고 하였는데, 淸主가 즉시 특별히 準許한다는 명을 내려 인준을 받고, 25일에 정식으로 통고를 받음. 결국 2만냥 외에 6천냥의 천은을 더 사용함.

2) 귀로에서 곧장 유배됨: 1722년 4월 8일에 압록강을 건너 의주에 도착. 4월 19일에 임진 나루에서부터 정국의 형세를 자세히 알게 됨. 벗과 인척들이 유배되고 곤장에 맞아 죽은 소식을 듣고 눈물을 뿌림. 그 이후로 시시각각 달라지는 정세를 접하면서 유배지로 가는 도중, 주변의 가까운 인물들이 하나씩 논죄되는 소식을 들음. 유배 도중에 인근 수령 賓客과 친구들이 찾아와 보고 서로 눈물을 흘렸으나, 이건명은 매우 간단하게 사실만을 기술하고 있고, 친인척의 흉한 소식에 대해서만 통곡의 심정을 언급했다. 제일 마지막에 기록된 임종시는 다음과 같다.

許國丹心在　　나라에 몸 바친 붉은 마음이 있을 뿐
死生任彼蒼　　죽고 사는 일은 저 푸른 하늘에 맡기었다

孤臣今日恨   외로운 신하 오늘의 한스러움은
無面拜先王   선왕을 뵈올 낯이 없음일세.

3) 기타: (1) 柵門 (2) 康熙帝의 古稀宴

(1) 柵門: 책문과 구책문, 안시성의 위치에 관한 기록은 당시의 국경개념이나 고구려 역사 연구에 필요한 대목이므로 사소한 것이라도 주목하여 소개해둔다.

"11월 28일: 을묘. 맑음. 날이 밝기 전에 출발하여 사둔 공암 소룡산을 지나 책문 밖에서 아침밥을 먹었다. 이른 바 책문은 소룡산 남쪽 기슭 석봉 아래에 있었는데, 대목을 쪼개어 둘러 줄지어 심고 나무를 가로로 엮어서 울타리 같이 해둔 것으로 남에서부터 북에 이르는데 뻗치어 둘러 싼 것이 45리 정도였고, 중간에 하나의 큰 문을 설치했다. 굳게 닫힌 문안에는 뭇 오랑캐들이 책목 위를 따라 원역 및 역인배들을 소리쳐 불러서 서로 더불어 얘기했다.

늦은 식사 후 鳳城將이 나올 것이라고 얘기했는데, 이윽고 문을 열더니 여러 호인들이 나와서 둘러 서서 삼사의 장막 앞에서 시끄럽게 떠들며 귀가 흔들리게 해 괴롭고 괴로웠다. 문을 연 지 오래 되었는데 짐들이 아직 도착하지 않아서 들어가지 못하였으므로 삼고별장들을 잡아다가 각기 곤장 5대를 치니 여러 오랑캐들이 모여서서 놀라서 보다가 그 중 세 명의 오랑캐가 앞으로 나와서 중지할 것을 청했으나 물리치고 들어주지 않았다. 역관이 와서 말하기를 봉성장이 이미 보단을 받았고, 아문에 도착했으며, 卜物 또한 바야흐로 운반해 들어왔으니 비록 운반을 마치지는 못했더라도 들여보낼만 하다고 하였다. 까닭에 입책 장계를 써서 보내고, 겸하여 가신을 부쳤다. 마부와 말, 差員, 天水僉使 및 護行別將, 搶軍輩들이 인사하고 돌아갔고, 삼사가 차례로 책문에 들어왔다. 봉성장이 앉은 곳은 정문 안의 길 곁에 있었는데 가마를 타고 곧장 지나갈 수가 없어서 인부를 시켜 떠메고 아문을 지나서 비로소 이에 말을 타고 안시성 진평 구 책문 봉황산을 지났다."

(2) 康熙帝의 古稀宴 : 1722년 1월 1일에 부사– 서장관과 함께 朝賀하기 위해 太和殿에 들어갔으나 황제가 다리에 병이 있어 불참하였고 天壇 배례도 皇子가 대신 하였는데, 1월 5일에는 황제 康熙帝가 60세부터 80세 이상인 사람을 건청궁에 불러 연회를 베풀었다. 연회를 마치자 東煖閣으로 가서 太學士 九卿 翰林 科道 관원들을 나아오게 하여 각기 모직 방석을 하사하고 강희제 재위 61년을 회고하며 신하들과 시를 주고 받았으며 老大臣들을 잘 부축하여 돌아가게 하고 侍衛들에게 자신을 부축하게 하여 자리를 파했다는 내용이다. 강희제가 회고한 말은 대체로 자신의 근면 성실함과 치세의 성과에 대한 것이며 불교나 신선 사상, 주색잡기 등에 빠지지 않고 그 세 가지를 완전히 단절한 채 61년을 지내온 과정과, 여러 가지 난관을 극복해온 젊은 시절에 관한 회고이다. 끝으로 御製詩를 기록해두었는데 이러하다.

百里山川積素姸	백리 산천이 흰 적삼처럼 고운데
古稀白髮會瓊筵	고희를 맞아 백발로 옥구슬 자리에 모였네
還須尙齒勿尊爵	모름지기 나이를 숭상하노니 작위 높다 하지 말라
且向長眉拜瑞年	장차 눈썹 긴 사람을 향하여 상서로운 해라 절을 하리
莫訝君臣同壯健	군신이 똑같이 건장하다 놀라지 말라
願將億兆共昌延	억조 세월 함께 창성하여 나가기를 바라노라
萬機惟我無休息	만 가지 일이 오직 나에게 휴식이 없게 하니
日暮七旬未歇肩	해는 저물어 칠순인데 어깨를 쉴 수 없도다

4. 가치

왕조실록 경종 1년 10월 25일조[1])에는 주청정사 이건명과 부사 윤양래가 임금을 뵙고 하직할 때, 이건명이 "사신의 행차에서 정한 바, '7만 냥의 銀을 얻어 2만냥을 한도로 뇌물을 취해 쓰는 것'은 이미 품지하였습니다. 그러나 羅瞻이 뇌물을 요구하는 것에는 반드시 만족함이 없을 것이니, 일이 혹 순조롭지 않을 경우 청컨대 2만냥 외에 형세를 보아가며 더 쓰도록 하소서" 했으므로, 임금이 허락했다는 기사가 있다.

본 사행은 주청 정사에게 정해진 뇌물 액수 2만냥 외에 더 준비가 필요했을 만큼 그 시점에서 꼭 관철시켜야 할 중요한 목적을 띤 사행이었다. 경종 임금의 후사를 어떻게 정하느냐에 따라 조선조 후기의 권력 향방이 달라지는 문제였던 것이다. 장기적으로 보면 노론 집권층의 승리로 돌아갔지만, 그 당시에 노론 4대신과 김일경-睦虎龍을 중심으로 한 소론의 심각한 갈등으로, 엄청난 화를 불러일으킨 사건이기도 하다. 한포재 사행일기는 바로 그 중요한 사건의 핵심 추동자이면서, 그 중요한 문제를 성공적으로 수행하고도, 그 禍를 피할 수 없었던 이건명 자신의 기록이라는 데에 중요한 가치가 있다. 당시 청국과 조선의 중앙정세 뿐만 아니라, 권력과 명분, 그리고 권력자를 둘러싼 언어 표현의 재앙이라는 것이 어떤 것인지를 생생히 보여주는 자료이기도 하다. '痿症' '媵妾' 이 두 단어가 결국 政敵들에게 빌미를 주었기 때문이다.

본 사행일기 외에도 『한포재집』에 이 사건과 관련된 중요한 대목들에 관한 시문이 전하고 있어 좋은 참고가 된다. 권1-2 시편에, 1698년 謝恩使 書狀官으로 갔을 때의 시, 그 이후 관직 생활, 1705년경 伯氏 李觀命의 永柔 任所 방문, 1717년 遠接使로 義州行, 1721년 冊封奏請使, 1722년 羅老島 유배 시절에 지은 시들이 있어 함께 참고할 수 있다. 그리고 1721년 丁酉年 節目에 따라 王世弟의 聽政을 시행토록 청한 聯名 차자가 실려 있는데, 특히 聯名 차

---

1) 『景宗實錄』卷5, 景宗 1年 10月 25日 壬午(41책 182쪽).

자는 少論이 老論 四大臣의 罪案을 삼아 결국 獄死까지 일으키게 만든 것이다. 1721년 8월에 王世弟의 책봉이 끝난 뒤 柳鳳輝가 상소하여 이를 비난하였을 때 다른 대신, 삼사와 함께 閤門에 나아가 그의 鞫問을 청한 계사 등도 수록되어 있다.

【이지양】

海西監營日記

吳命峻(1662~?) 著.
寫本. 1冊(75張) : 31×25cm. 12行 22字.
表題 : 海營日記.

1. 저자

吳命峻(1662~ ?)[1]의 本貫은 海州, 字는 保卿이다. 兵曹判書 吳道一(1645~1703)의 從孫으로 吳遂良의 아들이며, 右議政 吳命恒(1673~1728)의 형이다. 아내는 崔尙一의 딸이고, 아들은 承旨 吳彦胄(1688~1741)이다.

그는 조선후기 문신으로 문장과 글씨가 뛰어났고 경사에도 조예가 깊었다. 그는 1684년(숙종 10)에 진사에 합격하고 1694년(숙종 20)에 謁聖文科에 장원으로 급제하였다. 그후 그는 40여년간 수많은 벼슬을 거쳤다. 그는 선후로 兵曹佐郎, 正言, 持平, 修撰, 副修撰, 校理, 副校理, 文學, 司書, 應敎, 承旨, 大司諫, 刑曹參判, 黃海道 觀察使, 都承旨, 刑曹判書, 參贊, 左參贊, 大司憲 등의 관직에 임명되었다. 그는 비록 임금의 총애를 받았지만 권력의 핵심에서 불합리한 制度와 世道에 대하여 비판하는 直諫을 잘하여 當代의 관원으로부터 자주 오해와 비난을 받기도 하였다. 이리하여 후기에는 官爵을 削黜당하여 流配되기도 하였으나 그가 세상을 하직한후 명예를 회복하였다.

1700년(숙종 26) 1월 오명준은 修撰으로 숙종에게 "날마다 새롭게 하며(日新), 뜻을 세우며(立志), 마음을 바르게 하며(正心), 와서 간하게 하며(來諫), 검소함을 숭상하는(崇儉)" 다섯 가지 箴을 올리니, 임금은 아름답게 여겨 받아들이고 그를 총애하기 시작하였다. 그후 1706년(숙종 25)에 그가 關東 監賑御史로 있을 때 關東饑民圖를 임금에게 올려 바쳤는데, 임금은 이것을 칭찬하여 권하는 뜻으로 虎皮를 하사하였다. 그러나 벼슬길에 들어서 서 직간을 잘하였기에 다른 관원들의 비난과 조소를 자주 샀다. 1695년(숙종 21) 2월에 그는 정언으로 임명된후 金時傑이 宮禁에 攀連하였다는 상소를 올려 바쳤는데, 이로 인해 김시걸이 공무를 집행할수 없게 되었고, 오명준은 다른 관리들의 조소를 받게 되었다. 그리고 1724년(영조 즉위년) 12월에 오명준은 大司憲으로 領議政 李光佐를 비난하는 상소를 올렸다가 관작이 削奪되어 門外出送을 당하였다. 그후 또 瑞山으로 유배되었다. 그러나 1725년(영조 1년) 3월에 조정에서는 그를 서산 유배지에서 석방하라고 명하였고, 또 그가 세상을 하직 한후 1727년(영조 3년) 4월에는 그를 門黜한 벌을 해제하도록 명하였다.

肅宗朝 후기 황해도 지방에는 자연재해(지진, 우박, 蟲災 등)가 빈발하여 백성들이 곤궁에

---

1) '海西'는 조선시대 황해도를 일컫는 말이다. "監營"은 조선시대 각 도 관찰사가 거처하는 관청을 말한다. 『海西監營日記』의 첫 장에 기록되어 있는 각급 관리 즉 說書 呂必禧, 注書 沈尙鼎, 掌令 尹會, 淸風 柳重茂, 察訪 柳綎, 持平 黃龜河, 江華 趙泰老, 參議 李東馣, 參議 尹星駿, 監司 尹德駿, 參議 宋徵殷, 參議 李大成, 參議 南就明, 佐郎 梁迁虎, 承旨 金演, 正言 尹聖時, 參判 尹趾仁 등이 모두 숙종시대의 관원이므로 이 책의 저자는 숙종시대의 관원이라는 것을 알수 있다. 그리고 『숙종실록』에는 숙종 38년(壬辰年 1712년) 7월 21일에 吳命峻이 黃海道觀察使로 임명되었고, 8월 11일 숙종이 오명준을 인견하였다는 기록이 있다. 이것은 『海西監營日記』의 첫 장에 기록되어 있는 "壬辰 七月二十一日 政以副司直 本職除授 同月二十九日 謝庸拜 八月十一日 辭朝留待引見"의 내용과 일치한다. 이상의 내용을 종합적으로 분석하여 보면 『海西監營日記』의 저자가 吳命峻이라는 것을 알수 있다.

처하여 있었다. 이러한 정세하에 숙종은 황해도 지방에 대한 관리를 강화하고 백성들을 재해에서 구제하기 위하여 인재를 물색하는 가운데 오명준을 황해도 관찰사로 임명하였다. 이리하여 오명준은 1712년에 황해도 관찰사로 임명되어 1년 넘게 황해도에서 관찰사의 직무를 수행하였다. 본 일기는 이러한 직무수행 과정을 기록한 것이다.

2. 구성

『海西監營日記』는 조선후기 숙종 때의 문신 吳命峻이 1712년 7월 21일 黃海道觀察使로 임명되어 8월 11일에 京城에서 출발할 때부터 觀察使의 임무를 마치고 京城에 돌아온 날인 1713년 9월 9일까지 411일간의 관찰사 임명기간에 공무를 처리한 내용을 기록한 日記이다. 본 일기는 모두 75장으로 되어 있다. 일기의 첫 번째 장은 권수제 '海西監營日記'로 되어 있는데, 1712년 7월 21일, 7월 29일의 내용을 간략하게 기록하고, 8월 11일에 만났던 관원들을 기록하고 있다.

일기는 8월 12일부터 날짜가 바뀌어 질 때마다 줄을 바꾸어 본격적으로 기록하였다. 뿐만 아니라 當日의 일기를 기록할 때 첫 번째 글자는 한 자씩 올려 기록하였다. 이러한 형식은 일기를 살펴보기 편리하게 하기 위하여 취한 방식으로 생각된다. 그리고 當日의 일기를 기록함에 있어서 일반적으로 첫부분은 當日의 날씨 변화를 기록하고, 이어 하루 동안 공무를 처리한 내용을 기록하였으며, 마지막에는 저녁 무렵 활쏘기 하는 내용과 風向을 기록하였다.

3. 내용

『海西監營日記』는 吳命峻이 관찰사로 임명되어서 黃海道로 떠날 때인 1712년 8월 11일부터 1713년 9월 9일까지 매일 날씨상황, 만났던 관원, 狀啓處理 내용 등을 기록하고 있다. 이러한 내용들을 분류하면 아래와 같은 몇 가지가 있다.

1) 天氣·天災地變
일기는 매일과 같이 當日의 날씨변화를 기록하고 있으며, 또 地震, 月食과 같은 천재지변도 기록하고 있다.

예를 들면 구체적인 날씨변화는 다음과 같다. 낮의 날씨는 1712년(壬辰) 8월 12일부터 16일까지 맑음, 17일 아침에는 흐렸다가 다시 맑음, 18일부터 20일까지 맑음, 21일 아침에는 맑았다가 저녁은 흐림, 22일부터 27일까지 맑음, 28일 아침에는 흐렸다가 저녁에는 맑음, 29일은 흐렸다. 그리고 저녁의 날씨는 8월 11부터 8월 20일까지 작은 서풍이 불었고, 8월 21일 작은 남풍이 불었으며, 8월 22일부터 26일까지 작은 서풍이 불었고 8월 27일 亥時부터 비가 내리기 시작하여 밤새 그치지 않았고 동풍이 불었다. 8월 28일 저녁에는 큰 서풍이 불고 8월 29일 저녁에는 서북풍이 불었다. 이것은 일기에 기록되어 있는 1712년 8월달의 날씨 변화이다.

地震에 관한 내용은 다음과 같다. 1713년 2월 23일의 일기에는 "道內 海州 등 十三邑에서는 今月 12日 亥時에 地震이 西北間에서부터 시작하여 집을 흔들면서 門樞에서 소리가 났는데 남쪽으로 가면서 차츰 멎었다. 그러나 아침 식사를 할 즈음 다시 지진이 일어났다"고 기록하고 있다.

月食에 관한 내용은 다음과 같다. 1713년 5월 25일의 일기에는 察訪이 問安하고 "今 5월 17일 月食圖畵"를 적은 啓本을 올려 바쳤다고 기록하고 있다.

2) 觀察使 到任 · 離任

일기에는 吳命峻이 1712년 7월 21일에 황해도 관찰사로 임명되어 7월 29일에 임금의 부탁을 받아 8월 11일에 경성의 각급 관원들과 작별하고 떠나 8월 19일에 해주에 도착하여 관찰사로 도임되는 과정을 기록하고 있다. 그리고 1713년 9월 7일 신임 관찰사와 만나서 공무를 인계하여 주고 9일에 경성에 도착하여 自宅으로 돌아가는 과정을 기록하고 있다.

1712년 8월 11일 아침부터 임금을 기다려서 引見을 받았는데, 長箭 · 黑角弓 · 煎藥 등 4종의 물품을 하사받았다. 未時에 諭書의 가르침을 받고 경기도 감영에 도착하였다. 이곳에서 說書 呂必禧, 注書 沈尙鼎 등 각급 관원들과 차례로 拜別하였다. 8월 12일 아침에 韓山 尹行敎 · 僉知 吳命老 · 持平 鄭揩 · 舍人 朴鳳岭 · 兵使 李森 등 관원과 차례로 작별하고 高陽에 가서 점심 식사를 하였다. 이곳에서 鼎善 具萬理와 담화를 나누고 午時에 출발하여 坡州 客舍까지 갔다. 8월 13일 파주에서 출발하여 長湍을 거쳐서 開城府에 도착하였다. 經歷이 거처에 와서 問安하였다. 8월 14일 이날은 인현왕후의 國忌이어서 開城府에 머물었다. 8월 15일 아침 식사후 花谷書院의 廟를 배알하였다. 初昏에는 南大門樓에서 經歷과 담화를 나누었다. 8월 16일 새벽에 松都(開城府)에서 출발하여 巳時에 古金川 酒幕에 도착하여 舊使(舊 황해도 관찰사 權瑍)에게 兵部印信을 傳授하였다. 午時에 金川에서 五里 떨어진 곳에 幕을 치고 郊迎處에서 관복을 갈아 입었다. 이곳에서 영접나온 守令 · 邊將 · 察訪 · 檢律 · 審藥 등 관원들과 만나서 가마를 타고 客舍에 도착하였다. 客舍에는 白川郡守 李明升 · 新溪縣令 鄭治 · 兌山縣監 方震說 · 瑞興縣監 李眞望 · 白峙僉使 孫時英 · 金郊察訪 陳斗柄 · 靑丹察訪 丁福謙 · 檢律 宋益俊 · 審藥 金享考 등이 영접나와 있었다. 그들의 인사를 받은 후 공무를 처리하였다. 그후 營吏 · 啓書 · 都訓로 하여금 길을 인도하여 宿所까지 배동하게 하였다. 8월 17일. 辰時에 출발하여 巳時에 古江陰에 도착하여 점심 식사를 하고 午時에 출발하여 申時에 白川 客舍에 도착하였다. 8월 18일 辰時에 白川郡에서 출발하여 未時에 延安에 도착하였다. 그러나 彰孝大王의 國忌이어서 開坐를 하지 못하고 報狀을 議送하였다. 靑丹察訪이 먼저 本府에 도착하여 公狀을 받들고 問安하였다. 8월 19일 辰時에 출발하여 午時에 靑丹 院舍에 도착하여 점심 식사를 하였다. 康翎縣監 韓載萬이 나와 기다리고 있었는데 그는 公狀을 올려 바쳤다. 未時에 출발하여 申時에 海州城에 도착하여 旗鼓官을 만나서 사무를 처리하였다. 이상과 같이 부임 도중 각 지방에서 각급 관원들을 만나면서 관찰사 오명준은 해주의 감영에 도착하였다.

吳命峻이 관찰사를 離任하는 경과는 아래와 같이 기록하고 있다.

1713년 9월 3일 巳時에 監營에서 출발하여 申時에 大公里 閭舍에 도착하자 海州判官이 영접나왔다. 未時에 閭舍에서 출발하여 戌時 滅汗里에 도착하여 유숙하였다. 9월 4일 날이 밝자 출발하여 辰時에 溫井合舍에 도착하였다. 이곳에서 靑丹察訪의 문안을 받고 아침 식사를 한 후 巳時에 출발하여 未時에 古江陰閭舍에 도착하였다. 金川郡守·金郊察訪이 나와서 영접하고 公狀을 올려 바쳤다. 신시에 출발하여 酉時에 金川 映水樓에 도착하여 유숙하였다. 9월 5일 이날은 大興山城·泛槎亭 등을 관람하고 城中의 觀菴寺에서 유숙하였다. 9월 6일 날이 밝자 출발하여 旱川 閭舍에 도착하여 아침 식사를 하고 巳時에 출발하여 未時에 金川 暎水樓에 도착하였다. 이곳에서 金川郡守·三驛察訪의 문안을 받고 暎水樓를 관람하였다. 9월 7일 날이 밝자 출발하여 卯時에 古金川外 酒幕 閭舍에 도착하였다. 辰時에 新使(새로 부임된 황해도 관찰사 尹世綏)가 왔기에 戎服으로 영접하여 공무를 인계하여 주었다. 巳時에 출발하여 申時 開城府 閭舍에 도착하였는데 留守·經歷 등이 와서 영접하였다. 9월 8일 아침 식사 후 未時에 長湍에 도착하여 점심 식사를 하였다. 申時에 출발하여 酉時에 坡州에 도착하여 유숙하였다. 9월 9일 날이 밝자 출발하여 高陽 鄕所에 도착하였는데 堂下處에 郡守가 와서 入謁하였다. 午時에 출발하여 申時에 京城에 도착하였다. 待漏廳에 가서 裨將 成後孟으로 하여금 대신하여 密符를 政院에 납부하게 하고 本宅으로 돌아왔다.

3) 尊禮

일기에서는 王 혹은 王后의 國忌日을 상세하게 기록하고 있으며 또 이날에는 특별히 예를 지켜서 아침 식사를 서서 하거나 하지 않았다고 기록하고 있다. 그리고 매달 초하루 날에는 朔賀禮를, 보름날에는 望賀禮를 치렀다고 기록하고 있다. 이와 같은 내용은 다음의 기록에서 찾아 볼수 있다.

王 혹은 王后의 國忌는 아래와 같다. 1712년 8월 14일 仁顯王后, 8월 22일 貞顯王后, 8월 26일 壯烈王后, 9월 23일 神懿王后, 10월 26일 仁敬王后 金氏, 12월 5일 明聖王后 金氏, 12월 9일 仁烈王后 韓氏, 12월 24일 成宗康精大王, 1713년 2월 1일 宣祖大王, 2월 16일 世宗莊憲大王, 2월 24일 仁宣王后 張氏, 3월 30일 貞熹王后 尹氏, 4월 15일 恭惠王后 韓氏, 5월

4일 孝宗大王, 5월 8일 仁祖大王, 5월 10일 太宗大王, 7월 10일 元敬王后 閔氏, 8월 13일 神德王后 康氏, 8월 14일 仁顯王后, 8월 18일 顯宗大王, 8월 22일 貞顯王后 尹氏, 8월 26일 莊烈王后 趙氏, 9월 8일 世祖惠莊大王 國忌 등이다. 이상과 같은 날의 아침에는 저자가 식사를 하지 않거나 서서 하였다.

오명준이 관찰사로 부임하여 황해도에 있는 동안 특별한 사연을 제외하고 매달 초하루와 보름날에는 朔賀禮와 望賀禮를 치렀다. 1712년 8월 15일에는 誕日陳賀禮, 9월 1일에는 朔賀禮, 9월 15일에는 望賀禮, 10월 15일에는 望賀禮, 11월 1일에는 朔賀禮, 11월 15일에는 望賀禮, 12월 1일에는 朔賀禮, 1713년 1월 1일에는 朔賀禮, 1월 15일에는 正朝賀禮, 2월 1일에는 朔賀禮, 2월 15일에는 望賀禮, 3월 1일에는 朔賀禮, 4월 1일에는 朔賀禮, 5월 1일에는 朔賀禮, 5월 15일에는 望賀禮, 閏 5월 1일에는 朔賀禮, 7월 1일에는 朔賀禮, 7월 15일에는 望賀禮를 치렀다. 그러나 1713년 8월 1일의 朔賀禮權, 8월 1일의 望賀禮權, 9월 1일의 朔賀禮權이 정지되었다. 그리고 1713년 3월 15일 · 閏 5월 15일 · 6월 15일은 출장 중, 4월 15일은 공혜왕후의 國忌이어서 望賀禮를 치르지 못하였다.

4) 公務處理

일기 가운데 기록의 비중을 가장 많이 차지하는 부분은 날마다 거듭되는 공무를 처리하는 내용이다. 이러한 내용은 매일 반복되는 일도 있거니와 새로운 관원들이 제기하는 일도 있다. 아래에 매일 반복되는 되는 내용과 새로운 내용을 구체적인 사례로 살펴보겠다.

일기에 기록되어 있는 매일 반복되는 공무처리의 내용은 하급관원이 바친 公狀, 報狀을 議送, 題給 혹은 封送하는 것이다. 1712년 8월 21일 鄕校에 갔다가 宣化堂에 돌아온 저자는 "報狀을 議送, 題給"하였다. 8월 23일 "宣化堂에 앉아서 報狀을 議送, 題給하고 殷栗(縣)에서 올려바친 3년 定配刑을 받은 죄인 私奴 士世가 到配하는 事, 松禾에서 올려바친 3년 定配刑을 받은 죄인 末叱順이 到配하는 事, 殷栗縣에 留庫穀物을 反庫開坐하는 事를 적은 啓本을 封送하였다." 9월 20일 "猇獏察訪이 馳進하여 公狀을 올려바치며 入謁하였는데 報狀을 議送, 題給하였다." 9월 21일 "靑丹察訪이 問安入謁하고, 猇獏察訪이 入謁하여 아래에 서 있었다. 도내의 災實分等의 報狀을 議送, 題給하였다." 9월 22일 "鳳山郡守 李東益이 馳進하였기에 兵裨로 하여금 대신 영접하게 하고 예절로 公私禮를 하게 하였다. 그는 (봉산군수) 공장을 올려바치며 入謁하고 아래에 서 있었다. 報狀을 議送, 題給하였다." 9월 23일 "判官, 察訪 차례로 問安入謁하고 報狀을 議送, 題給하였다." 12월 17일 "식사 후 宣化堂을 나와서 報狀을 議送, 題給하였다." 12월 18일 "식시 후 宣化堂을 나와서 報狀을 議送, 題給하였다." 12월 19일 "식사 후 宣化堂을 나와서 報狀을 議送, 題給하였다. 豊川 府使는 正朝陪箋差使員 實差로 馳進하여 公狀을 올려바치며 入謁하였다." 이상과 같이 반복되는 공무처리를 하는 내용이 일기에 많이 기록되어 있으며 심지어는 출장 중에도 공무를 처리하는 내용을 기록하고 있다.

5) 巡審

관찰사의 중요한 직무중의 하나는 관할 道內의 각급 관원을 심사하여 임금에게 심사문을 올려 바치는 것이다. 이러한 직무를 수행하기 위하여 관찰사가 관할 도내의 각 지방을 巡審하였다. 황해도 관찰사 오명준은 황해도 내의 각 지방의 관원들의 政事處理를 심사하기 위하여 巡審을 여러번 단행하였다. 그리고 중앙의 관원을 영접하기 위하여 外出을 하기도 하였다. 아래에 일기에 기록되어 있는 巡審과 출장의 경로를 살펴보겠다.

各邑을 巡審하기 위하여 1712년 9월 7일부터 9월 20일까지 外出을 단행하였다. 그 경로는 다음과 같다. 9월 7일 監營 → 楸井 → 大公里閭舍 → 8일 滅汗里 → 溫井 → 9일 → 高枝村 → 10일 金川 曲洞 → 11일 葛縣 → 新溪縣 → 12일 劍勿院 → 谷山府 → 14일 旧葱嶺 → 15일 新塘 → 瑞興縣 → 16일 劍水 → 鳳山 → 17일 黃州 → 18일 正方山城 → 鳳山 草丘閭舍 → 19일 長壽山城 → 20일 立岩 → 監營으로 돌아왔다.

1712년 9월 26일부터 10월 11일까지 巡審한 경로는 다음과 같다. 9월 26일 監營 → 首陽山城 → 27일 大慈院 → 28일 信川 → 文化縣 → 29일 月精寺, 貝葉寺, 上尋溪 → 30일 安岳郡 → 10월 1일 安岳郡에 留宿 → 2일 長連 → 3일 殷栗縣 → 4일 許沙鎭 → 5일 松禾縣 → 6일 長淵府 → 7일 龍井 → 金沙寺 → 8일 舊鎭 → 浦頭閭舍 → 9일 海州西別倉 → 所江鎭 → 10일 瓮津縣 → 康翎縣 → 11일 海州 新倉 → 監營으로 돌아왔다.

1713년 3월 11일부터 3월 26일 순심한 경로는 다음과 같다. 3월 11일 監營 → 海州新昌 → 康翎 (12일 留宿) → 13일 瓮津 → 海州西別倉 → 14일 長淵地浦頭 → 五義浦舊鎭 → 15일 五義浦新鎭 → 助泥浦鎭 → 金沙寺 → 16일 長淵府 → 松禾縣 → 17일 豊川 → 殷栗縣 → 18일 長連縣 → 安岳郡 → 19일 載寧郡 → 鳳山五里浦 → 20일 黃州 → 21일, 22일 黃州에 留宿 → 23일 黃州東 50里 떨어진 深源寺 → 24일 黃州 → 25일 蒜山鎭 → 五里浦 → 26일 載寧牛毛谷 → 海州皮梧琴閭舍 → 監營으로 돌아왔다.

1713년 4월 4일부터 11일까지 山邑巡審을 단행한 경로는 다음과 같다. 4월 4일 監營 → 公須院 → 滅汗里閭舍 → 5일 古之村閭舍 → 平山府 → 6일 歧灘閭舍 → 新溪縣 → 7일 檢勿院 → 谷山縣 → 8일 罷葱嶺 → 遂安 → 9일 罷新塘 → 10일 甘陽村閭舍 → 畓巨村閭舍 → 11일 入岩村閭舍 → 監營으로 돌아왔다.

1713년 5월 6일부터 12일까지 巡審한 경로는 다음과 같다. 5월 6일 監營 → 靑丹院 → 延安府 → 7일 白川 → 8일 金川助邑浦 → 江陰閭舍 → 金川映水屏川 → 映水樓 → 9일 助邑浦 → 滅汗里 → 10일 海州公須院 → 東亭子 → 監營으로 돌아왔다.

謝恩使를 영접하기 위하여 1712년 11월 4일부터 8일까지 外出한 경로는 다음과 같다. 11월 4일 監營 → 大公里 銀杏村閭舍 → 5일 平山 滅汗里 → 金川 古江陰 → 金川 映水閣 →

6일 伺候廳에서 謝恩正使을 迎接 → 7일 古江陰 → 滅汙里 → 8일 海州 大公里 → 監營으로 돌아왔다.

支勅事로 1713년 閏 5월 11일부터 25일까지 外出한 경로는 다음과 같다. 윤 5월 11일 監營 → 載寧縣等洞 → 載寧縣養賢村 → 12일 鳳山沙里院 → 鳳山待鳳軒 → 13일, 14일, 15일, 16일, 17일, 18일 黃州에 留宿 → 19일 鳳山朝陽閣 → 20일 劍水站 → 瑞興邑 → 21일 葱水站 → 22일 金川 → 23일 平山溫井 → 平山滅汙里 → 24일 海州公須院 → 鵲川 → 25일 監營으로 돌아왔다.

支勅事로 1713년 6월 6일부터 16일까지 外出한 경로는 다음과 같다. 6일 監營 → 來城閭舍 → 7일 延安地檢山 → 本府君子亭 → 8일 白川外東軒 → 9일 江陰愼進士宅 → 映水樓 (10일 留宿)→ 11일 金川 → 平山 → 12일 葱秀站 → 瑞興縣 → 13일 劍水站 → 鳳山 → 14일 黃州兵營 → 15일 沙里院 → 梧里浦 → 載寧 養賢村閭舍 → 16일 載寧 凉峴閭舍 → 海州 密峴閭舍 → 監營으로 돌아왔다.

이상과 같이 巡審을 五次, 謝恩使 영접을 一次, 支勅事로 二次로 外出을 단행하였다.

6) 土産品進上

황해도에서 進上하는 물품은 주요하게 약품, 물고기 등 품종들이 망라된다. 일기에는 이러한 물품을 進上하였다는 내용을 구체적으로 다음과 같이 기록하고 있다.

1712년 10월 28일에 11월에는 藥材를 進上封進, 11월 20일에 12월에는 墨을 進上封送, 1713년 2월 26일에 3월에는 藥材를 進上封進, 1713년 5월 19일에 閏 5月朔에는 墨을 進上封進하게 하였다.

1713년 3월 27일 生鰒 30상자를 進上封送하고, 1713년 4월 3일 進上할 生鰒 40상자를 봉송하고 陳賀方物로 進上할 鳥銃 등 三種 封進하였으며, 5월 1일 進上할 藥材를 봉송하고, 8월 20일에 藥材를 進上하고, 9월에는 墨을 진상하고 또 松茸로 白淸을 대신하여 진상하게 하였다.

이상과 같이 거의 매달마다 경성으로 약재, 물고기 등 물품을 進上封送하였다.

7) 定配罪人

정배죄인에 대한 기록이 일기에 많이 나타나는데, 주로 정배죄인이 정배지에 도착한 기록과 정배자가 만기되어 풀려나는 기록 등이 있다.

예를 들면 1712년 10월 13일 鳳山縣에 정배죄인 表義元, 白翎縣에 정배죄인 김중원, 遂安郡에 정배죄인 金義 등이 도착하였다. 10월 19일 黃州牧使가 정배죄인 洪堯績의 가족을 풀어주었다. 11월 21일 金川에 정배죄인 李有伯, 白翎에 정배죄인 私奴 末叱石 등이 到配하였다. 11월 30일 豊川에 정배죄인 文國太, 徒刑 3年을 받은 정배죄인 金光輝, 海州에 徒刑 3년을 받은 정배죄인 鄭大九 등이 도착하였다. 1713년 1월 9일 安岳의 정배죄인 黃克中을 풀어주었다. 平山, 長連 등 읍에서는 徒刑 3년을 받은 정배죄인 金世興 등이 도착하였다. 1713년 5월 2일 長淵府에 정배죄인 金順男이 도착하였다. 5월 13일 金川에 정배죄인 郭起, 해주 등 읍에 정배죄인 奴日屎 등이 도착하였다. 7월 28일 遂安에서는 정배죄인 洪二建 등을 풀어주었다.

8) 白日場

白日場은 조선시대에 지방 유생들을 모아 詩文으로 시험을 치르게 함으로써 문학을 장려한 지방문교 진흥정책의 하나이다. 일기에서는 이러한 지방정책을 집행하는 내용을 비교적 상세하게 기록하고 있다.

1712년 10월 27일 白日場을 設行하였는데 入門하여 시험에 참가하는 儒生이 99명이나 되었다. 參試官은 殷栗縣監으로 收卷官은 靑丹察訪으로 官差를 정하였다. 시험성적은 저녁에 어두워진 후 出榜하였다. 營, 本州(海州)의 將校 등 中軍들에게도 試射로 柳葉箭을 치르게 하였다. 10월 28일 白日場에 入格한 儒生 가운데서 首賦에 당선된 사람이 해주 유학 李必壽이었는데, 그에게 "白紙 壹百卷・黃白筆 二十柄・眞墨 二同・陳圖, 蘭亭 各二件・正草紙 一張"을 상으로 주었다.

1713년 1월 29일 白日場을 設行하였는데 入門한 유생들이 304명이나 되었다. 그러나 收卷한 것은 24장 6丈밖에 되지 않았다. 武士 白日場에서 居首한 金懿須에게 "三升 二十五疋・鎭木 十疋"을 상으로 주었다. 1월 30일 白日場 儒生 四都會에 入格한 유생은 40명인데 그중에서 해주 유생이 16명, 평산 유생이 3명이 있었다. 鍾을 쳐서 宴을 베풀어 주고, 또 居首한 해주 유생 趙相龍에게 "白紙 一百卷・黃白筆 二十柄・眞墨 二同・中硯 一面"을 상으로 주었다.

1713년 4월 26일 유생 白日場에서 靑丹察訪을 參試官으로 정하고 帳을 客舍에 설치하였다. 申時에 試卷을 收聚하여 監營으로 入納하였다. 5월 1일 各邑 유생 白日場試卷을 모두 聚하게 하여 出榜하였다. 首賦에 당선된 유생은 黃州의 崔芝이어서 그에게 "白紙 一百卷・黃白筆 二十柄・眞墨 二同・蘭亭 筆陣圖 各 一件"을 상으로 주었다. 5월 3일 白日場에 參榜한 儒生들을 鍾을 쳐서 聚會하게 하여 상을 주었다. 5월 4일 각읍 武士 白日場 畵紙를 모두 聚하게 하여 邊四의 첫 번째로 당선된 平山 金二見에게 "鎭木 三疋・小帽子 十立・箭竹 五十箇"를 상으로 주었다. 5월 5일 白日場에 參榜한 武士들을 鍾을 쳐서 聚會하게 하여 상을 주었다.

6월 21일 白日場에서 都事, 金川郡守, 靑丹察訪을 試官과 受取官으로 정하였다. 入門한 유생이 455명이나 되었다. 그리고 武士 白日場에서는 中軍을 試射로, 將校를 射侯로 정하였다. 6월 22일 白日場 武士 가운데서 邊三을 맞힌 居魁한 사람에게 "三升 五疋・贖木 十疋・小帽子 十立・箭竹 五十箇"를 상으로 주었다. 居首한 儒生 載寧 李珏에게 "紙 一卷・白紙 二卷・黃白筆 一柄・眞墨 三丁・蘭丁 一件"을 상으로 주었다.

9) 民生管理

일기에는 황해도 지방의 백성들의 질고를 헤아려 饑民을 구휼하여 糧食을 나누어 주고 또 이러한 구휼정책을 잘 집행하는 관원을 장려한 기록도 있다. 그 구체적인 사례는 아래와 같다.

1712년 12월 16일 해주의 감영 이하 大邑에서는 凋殘이 날로 심하여 점차 수확을 거둘수 없을 지경에 이르렀다. 이리하여 本州 각 衙門의 穀物은 물론 京倉 江都과 平壤의 穀物도 移轉하게 하였는데 10년을 기한으로 復蘇할 기간 劃給하게 하였다. 1713년 1월 6일 賑廳의 米 一萬石을 팔아 補賑하게 하였고, 2월 26일 연해 각 읍에서는 봄에 궁핍함이 더욱 심하여 饑民이 날로 증가하여 결코 接濟救活할 희망이 보이지 않기에 곡물 一萬餘石을 나누어 주게 하였다. 3월 2일 海州 各邑의 곡창을 열어 기민들에게 곡물을 나누어 주게 하였고, 3월 4일 海州의 饑民 178호 가운데 大戶에게 米 四斗, 中戶에게 三斗, 小戶에게 二斗, 殘獨戶에게 各 一斗, 營屬 108명에게 各 米 一斗씩 白米 三十一石 三斗를 四所에 나누어 주게 하였다. 3월 7일 海州의 追入된 饑民 三十戶에게 前日과 마찬가지로 白米 三石 十四斗를 나누어 주었고, 3월 9일 또 海州의 追入된 饑民 四十五戶에게 前日과 마찬가지로 白米 六石 四斗를 나누어 주었다. 그리고 4월 23일 白翎 前僉使 趙囲春이 私備한 五百餘石의 곡물을 어느 島의 백성들에게 무료로 나누어 주었는데, 그에게 賞을 내려 주었다.

10) 4次 辭職書 上疏

황해도에서 관찰사로 임직하고 있는 동안 오명준은 4차례나 辭職書를 상소하였다. 그러나 왕은 관찰사의 사직을 허락하지 않았다. 그가 사직서를 상소한 구체적인 시간은 아래와 같다.

1713년 4월 14일 관찰사 오명준은 "辭職上疏를 上送"하였다. 그러나 4월 17일 "辭職上疏 陪持가 내려왔는데 旨內에 군이 사직하지 말고 직무를 수행하라는 回諭가 있었다." 그후 閏5월 25일 "辭職上疏之故"로 다만 報狀書目만 제출하고 文章에 관련된 사항은 假都事 海州判官으로 하여금 成貼하여 보내게 하였다. 5월 26일 "卿은 군이 사직하지 말고 빠른 시일내에 직무를 수행하라"는 回諭가 내려왔다. 그리하여 6월 17일에 "辭職再度上疏"하였다. 그러나 6월 21일 辭職上疏의 回諭에는 "卿은 군이 사양하시 말라"고 하였다. 그후 제4차로 7월 3일 辭職上疏를 上送하였다. 이리하여 7월 17일의 일기에는 4차례나 "辭職上疏"를 처리하였다고 기록하고 있다.

사직서를 상소한 이튿날 즉 1713년 4월 15일 일기에서는 관찰사가 "사직하여 (선화당에) 앉지 않았다", "報狀・書目만 假都事가 成貼하여 封送"하게 하였다고 기록하고 있다. 이러한 내용은 4월 15일부터 일기의 마지막까지 관찰사가 外出하는 날을 제외하고 매일 기록하고 있다.

11) 日常活動

　관찰사의 활쏘기를 매일 기록하고 있다. 출장하는 날을 제외하고 거의 매일 저녁에 將校
혹은 기타 관원들과 활쏘기를 하였다.

　구체적으로 관찰사가 활쏘기를 한 기록을 살펴보겠다.　8월 21일 戌時에 처음 柏林亭에
도착하여 불을 지펴놓고 軍官 吳道規와 친히 射侯를 五巡한 후 내실로 들어갔고, 8월 22일
申時末에 柏林亭에 도착하여 入直한 將校와 같이 射侯를 十巡한 후 宣化堂에 앉아 있다가 酉
時에 내실로 들어갔다. 8월 23일 申時末에 백림정에 도착하여 入直한 將校와 같이 射侯를 十
巡한 후 선화당에 앉아 있다가 酉時에 내실로 들어갔고, 8월 25일 申時末에 백림정에 도착하
여 入直한 將校와 같이 射侯를 十巡한 후 선화당에 돌아와 信川郡守 李厦成이 馳進하여 兵裨
로 하여금 대신 영접하게 하였다. 1713년 7월 1일 선화당에서 나와　報狀, 書目과 關文만 假
都事가 成貼하여 封送하게 하고 將校와 같이 射侯하고 酉時에 내실로 들어갔다. 7월 2일 將
校와 같이 射侯를 하고 酉時에 내실로 들어갔다. 戌時부터 비바람이 몰아치다가 丑時에 그치
고 동풍이 불었다. 7월 3일 報狀, 書目과 關文만 假都事가 成貼하여 封送하게 하고 將校와
같이 射侯하고 酉時에 내실로 들어갔다. 午時부터 밤새 바람이 크게 불었다.

　이러한 기록은 관찰사가 巡審 등 공무로 外出한 期間을 제외하고 매일의 일기에 기록되어
있다.

4. 가치

　『海西監營日記』는 관찰사로 임명되어 황해도에서 1년 넘게 활동한 吳命峻이 조선후기 황
해도 지방의 자연상황, 행정, 사회현실을 적은 역사적 기록이다. 일기는 오명준이 황해도 관
찰사로 임명된후 황해도 감영으로 가는 과정과 황해도에서 각종 일상공무를 처리하는 사실을
상세히 기록하고 있으며, 또 그가 4차례나 사직서를 上送한 사실과 그의 애호 등을 기록하고
있다. 그리고 일기를 기록하는 첫날부터 마지막 날까지의 날씨를 자세히 기록하고 또 지진,
월식 등 천재지변을 기록하고 있어서 당시의 자연환경을 연구하는데도 일정한 가치가 있다.
일기 가운데 당시 황해도 지방의 각급 관원들의 직함과 성함이 기록되어 있고 각종 事件, 饑
民救恤, 白日場, 巡審 등에 대한 기록이 있어 당시 황해도 지방의 사회현실을 이해하고 연구
하는데 있어 상당한 가치가 있다고 생각된다.

【이종수】

海西日記

著者 未詳.

寫本. 1册(159張)：四周雙邊, 半郭 31×21.5cm. 有界,
10行 20字. 上下內向黑魚尾；23.5×17cm.

海西日記

己卯八月十六日 政以上護軍本職 除授十九日謝 恩

肅拜九月初二日下直肅拜受 教諭書新門外宿卯

正郎金獻納申校理林修撰成持平沈主簿

一日晴餞容相續終沓未時起馬到弘濟院輿

李僉正沈進士坐帳幕受餞○申時起馬

子弟林監役李進士韓叅奉一行酉時到高陽館下

慶○軍官司果崔以发自京陪行○軍官前宣傳

官李敏行来現陪行、

初四日晴○林監後李進士韓叅奉落後○日出起

1. 저자

著者 未詳.

1639년(인조 17) 8월 16일 황해감사 林壏(1596~1652)을 따라 上護軍으로 海州에 부임한 武人으로, 이름은 알 수 없다.

2. 구성

『海西日記』는 일반적인 의미의 일기라기보다는 中央에서 黃海道에 派遣된 武官의 勤務日誌이다. 첫 번째 기록은 1639년(인조 17, 己卯) 8月 16日 上護軍[2]으로 제수된 날부터 시작되어 9월 2일에 교유서를 받은 이후로는 하루도 빠짐없이 적어나갔다. 마지막 기록은 1640년(인조 18, 庚辰) 9월9일로 병조에 입직한 내용으로 끝마무리하고 있다.

每日의 일을 時間의 흐름에 따라 기입하였는데, 기입된 조항은 일정하지 않다. 대략 기입된 조항의 성격을 알아보면 다음과 같다.

1) 모월모일 · 날씨 · 현재 머물고 있는 곳

날씨는 비교적 상세하게 기입하였다. 예를 들면 간단히 '맑음'으로 적기도 했지만, '오전에 두세 차례 소나기가 오다가 오후에는 개었다.' '아침에는 흐리다가 낮에는 개었고 저녁에는 비가 왔다.' 등으로 날씨의 변화를 적었다. 또 현재 머물고 있는 地名을 적었고 하루에 여러 곳을 이동한 경우에도 그 장소를 자세히 적었다.

2) 行公이나 國忌日이거나 氣不平하여 不坐한 일

3) 公事를 題送한 일이나 狀啓를 올린 일, 또는 教諭書를 받은 일

4) 外部로 나가서 수행한 일

5) 官員이나 지역주민들을 접견한 일

주로 황해도 지방의 각 지역의 牧使나 察訪들을 접견한 일을 적었고 때로 사신 행렬이 지나가면서 만난 인물을 적었다.

6) 日晡罷仕 또는 日暮罷仕

마지막에 적기도 하고 적지 않은 곳도 있다. 罷仕后에도 관원을 접견한 일 등이 적혀있다.

이밖에도 개인적인 술회나 감정은 전혀 수록하지 않았지만, 前夫人의 忌祭 같은 家庭事를

---

2) 上護軍: 조선시대 중앙군의 최고 지휘관.

기입한 곳이나 客舍의 온돌에 틈이 있어 아궁이의 불길이 올라왔다는 기록도 있다.

3. 내용

이 책의 첫번째 기록은 1639년 8월 16일 政事에서 상호군을 제수 받은 일로 시작된다. 8월 19일에 사은숙배를 올렸고 9월 2일에 교유서를 받고 하직인사를 올리고 난 뒤에 황해도로 떠나는 여정부터 하루도 빠짐없이 일지를 적어나갔다.

海西는 중국으로 가는 길목인 만큼, 청나라에서 보내온 勅使나 그들을 맞는 원접사, 청나라 瀋陽으로 가는 謝恩使, 瀋陽에서 오고 가는 세자, 元孫, 대군의 행차에 대한 제반 기록들이 간략하게 서술되었다. 1년 동안의 기록 중에서 몇 가지 내용을 뽑아보면 다음과 같다.

9월: 漢陽-金郊-延安-海州-載寧-栗串津-載寧-海州를 오고 감.

　　驛馬의 폐단에 대해서 조사하다.

　　南江에서 戰船을 타고 물길의 정도를 살피다. .

10월: 海州-黃州-安岳- 海州를 오고 감.

　　接伴使 鄭太和 일행이 지나가다.

　　勅使 일행에 대비하여 강원도 驛馬를 재촉하다.

11월: 海州-載寧-栗串津-黃州-平山-海州-平山를 오고 감.

　　首陽山城[3]巡審事를 分付하다.

　　軍器弓箭을 點視하다.

　　遠接使 정태화와 談話하다.

　　勅使가 황주에 도착하니 迎慰宴에 문제가 없도록 일을 행한 狀啓를 올리다

　　謝恩使 최명길 일행이 지나가다.

12월: 平山- 金郊-劍水站-黃州-鵲川院-海州

　　勅使 일행의 움직임을 보고하다.

　　平壤 餞慰使와 黃州 餞慰使가 한양으로부터 온 사실을 기록하다.

<1640년>

1월: 海州-平山-鵲川院-海州

　　사은사 일행이 돌아오다.

　　황해도 내 인가에 불이 난 사실 등을 보고하다.

윤1월: 海州-平山-金郊-黃州-海州

---

3) 首陽山城: 해주의 鎭山인 수양산에 쌓은 산성으로 황해도 3대 산성 가운데 하나.

　　　　원접사 일행이 지나가다.

　　　　元孫과 大君 行次의 움직임을 보고하다.

2월: 海州-長淵-豊川-安岳-正方-黃州

　　　심양에서 일시 귀국하여 황해도를 지나가는 세자의 행차에 관련된 사항을 기록하다.

3월: 黃州 -吾助站-海州-平山

　　　세자를 모시고 온 淸將을 접대한 사실을 기록하다.

　　　延安府使, 安岳郡守, 황주판관 등이 己卯年 겨울 三朔에 月課를 짓지 않은 이유를 推問
　　　考察한 사실 등을 封送하다.

4월: 平山-金郊站-鳳山-海州

　　　청나라 심양으로 돌아가는 세자의 행차와 관련된 사항을 기록하다.

　　　임경업과 관련된 사항을 기록하다.

5월: 海州-姑母潭帳幕-新溪地 笥岩帳幕-遂安-造山院 川邊帳幕-鳳山-海州

　　　病으로 辭職하겠다는 뜻에 대해서 辭職하지 말고 調理하며 察職하라는 有旨를 받다.

　　　營吏에게 啓草를 제술한 것에 대해서 무명 피류과 종이 묶음을 상으로 주다.

　　　豆應兀嶺을 넘어가는데, 매우 높고 험준했을 뿐 아니라 날씨도 더워서 人馬가 모두 피
　　　곤하였다는 것을 기록하였다.

6월: 海州

　　　가뭄이 점점 심해져서 祈雨祭를 지낸 일을 기록하다.

　　　기우제 이후에 비가 내려서 執事 以下에게 賞給을 내리다.

7월: 海州-黃州-正方-安岳-海州

　　　봉림대군의 행차와 관련된 사항이 기록되다.

　　　원손의 행차에 관한 사항이 기록되다.

8월: 海州

　　　罪人들을 正方山城에 到配된 일에 관해서 기록하다.

　　　災害를 입은 곳에는 例에 따라 分給하여 民願을 편안히 하라는 有旨를 받았다는 기록
　　　을 하였다.

　　　都事, 牧使, 郡守 察訪 등 여러 관원과 활쏘기 한 것을 기록하다.

9월: 海州-延安-白川-開城府-長淵-坡平館-漢陽

　　　초하루 卯時에 떠나려니 州城 내의 大小人員이 街路에 무리지어 모여서 拜叩하며 작별
　　　한 일을 기록하다.

　　　延安에 이르러 謫居하는 閔判書를 만난 일을 비롯하여 서울로 올라가는 길에 작별인사
　　　를 하는 사람들을 모두 적었다.

마지막 날의 기록은 다음과 같다.

庚辰년 9月 9日 맑음. 아침에 군수가 入謁하다. 아침밥을 먹고 文學과 이별한 뒤에 말을 타고 가다가 弘濟院터에서 잠시 내려서 쉬다. 전에 中軍을 지낸 林恒壽, 軍官 林基出이 기다리고 있다가 入謁하다. 午時에 慕華館 德明洞 松亭에 내려서 쉬다. 司衛將인 僉知 金慶恒과 佐郎 沈穧이 잇달아 와서 相敍하다. 兵曹下人과 備局吏 龍友龜 등이 나와서 기다리고 있다가 現謁하다. 未時가량 곧장 闕門에 가서 肅拜를 올리고 난 뒤에 兵曹에 入直하다.

4. 가치

이 책은 兵曹 正3品 堂下官이 지방에 파견되어 1년간 수행한 일의 성격을 파악하고 특히 병자호란 이후 황해도 지방에서 군사적으로 담당한 일 등을 참고하는 데에 도움을 주는 자료이다.

【최우영】

海游錄

申維翰(1681~1752) 著.
　　寫本. 3卷 2册：27.5×18.5cm. 10行 25字.
　　寫本. 2卷 1册 (第1-2)：34×22cm. 12行 32字.
　　(이상 2종)

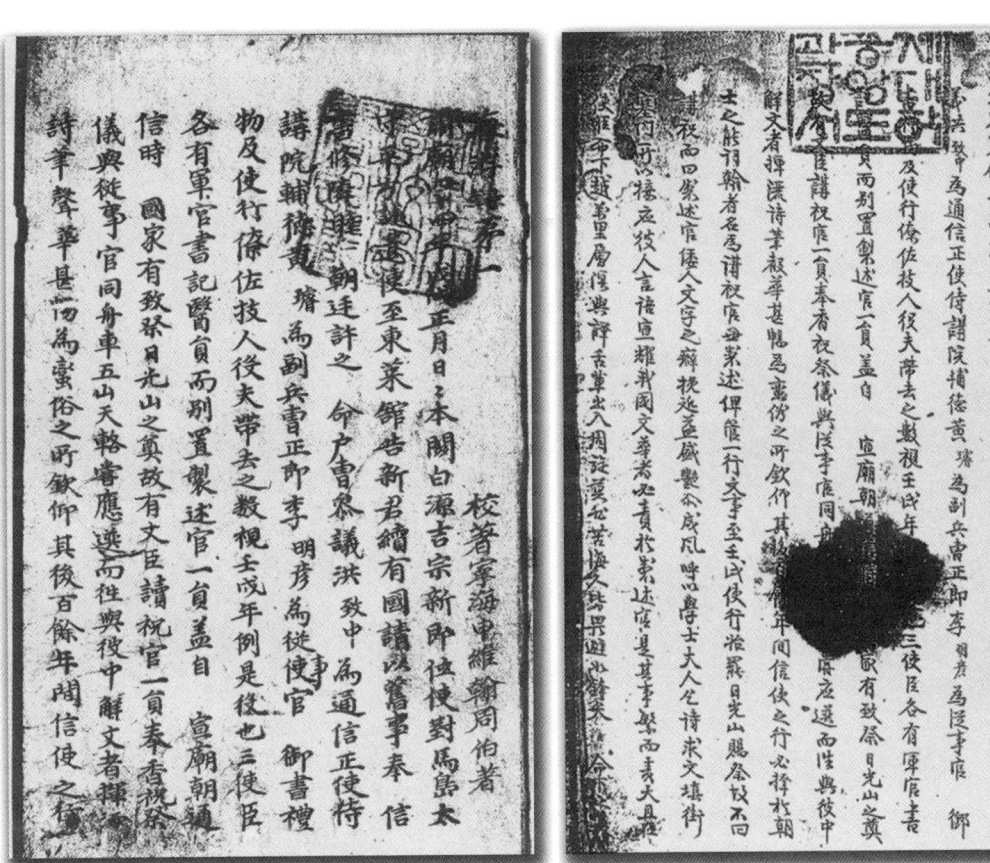

1. 저자

申維翰(1681~1752)의 本貫은 寧海, 字는 周伯, 號는 靑泉이다. 아버지는 申泰來이고 후에 백부 申泰始에게 출계하였다. 그의 생애는 문집인 『靑泉集』의 연보와 행장에 자세히 기록되어 있다.

신유한은 1681년 밀양 죽원리에서 태어났다. 어머니 김해 김씨는 경사에 박학한 사람으로 어린 신유한에게 많은 영향을 주어 네 살 때 어머니에게 琵琶行을 배웠다는 기록이 나온다. 1698년 金鼎重의 딸과 혼례를 올렸다. 어릴 때부터 문장에 두각을 나타냈던 신유한은 1705년 사마시에 합격한 후 서울의 성균관에서 공부하게 되었다. 많은 공경사우가 그와 사귀기를 원했으나 권문세가와 영합하는 것을 좋아하지 않았기 때문에 도리어 거리낌을 받는 경우가 많았다.

1708년, 1709년 부모님이 연달아 돌아가셔 1711년에 상을 벗었다. 이후 서울에서 노닐었는데, 이때 崔成大와 만나 평생의 지기로 지내게 되었다. 이듬해 증광시에 갑과로 합격하였고 '間世奇才'라는 평가를 들었으나 서자 출신이기 때문에 제대로 분관을 받을 수 없었으므로 고령 양전리로 낙향하였다. 이때부터 金昌翕과 교유하기 시작하였다. 1717년 비로소 직임을 받아 秘書著作郞에 제수되었다.

1719년 제술관으로서 일본 사행에 참여하여 이듬해 1월 24일 복명하였다. 정사였던 洪致中이 사행 도중 시를 애걸하는 일본인에게 시를 지어주고 상금을 받았던 전례를 물리친 신유한의 행위를 경연석상에서 전하였고, 이를 계기로 분관을 받아 승문원 부정자에 배수되었다가 다시 성균관 전적으로 승급하였다.

1722년 무장현감에 제수되어 외직으로 나갔다. 1727년 평해군수로 부임하였다. 1728년 무신란 때 영로를 맡아 반란군을 막기도 하였다. 이후 고향에 돌아가 생모의 환후를 돌보았는데, 1733년 생모가 돌아가시자 복을 입었다. 이후 그는 '나라의 은혜를 지나치게 탐한 지 20년이 되었다. 이제 부모 봉양도 마쳤으니 분수에 족하다'라며 마지못한 경우가 아니면 벼슬에 나아가지 않았다.

1748년 완전히 벼슬길에서 떠나 6월에 영천으로 낙향했다. 이곳 고화동에 景雲齋를 짓고 자신을 伽倻樵叟라고 호를 하여 벼슬에 나아가지 않을 뜻을 분명히 드러냈다. 문재가 있어도 通淸의 길이 막힌 것을 조정에서 안타까워하여 이조판서 남태제의 건의로 특별히 奉常寺正을 제수하였으나, 후학을 키우는 것을 자기 임무로 삼았다며 이 역시 나아가지 않은 채 저술에 힘썼다.

1752년 6월 9일 오시에 경운재에서 72세의 나이로 숨을 거두었다. 이날 아침 신유한은 병석에서 일어나 머리를 감고 옷을 갈아입은 후 가족들을 불러 '내 평생 시서를 읽고 문장을 업으로 삼았지만 북쪽 중국에서 노닐며 사마씨 옛터의 장관을 구경하지 못했으니 이것이 운명인가 보다. 운명인가 보다.'라고 하였을 뿐 다른 가계에 관한 일은 전혀 언급하지 않은 채 곧 운명하였다.

2. 구성

연세대 소장 『해유록』은 2종의 필사본이 있다. 하나는 3권 2책이고 다른 하나는 2권 1책으로 구성되어 있다.

먼저 2책의 『해유록』을 보면, 上·下로 구분이 되어있고 상권은 第一과 第二가, 하권에는 第三이 실려 있다. 第一에는 1718년 1월 제술관으로 임명된 경위를 밝히고 辭朝하고 서울을 떠난 날인 1719년 4월 11일부터 藍島에서 머물던 때인 8월 9일까지의 일기가, 第二에는 남도를 떠난 8월 10일부터 品川에 도착한 9월 26일까지의 일기와 간단한 「己亥信使座目」이 실려 있다. 하권의 第三에는 江戶에 도착한 9월 27일부터 서울에서 復命한 1월 24일까지의 일기가 실려 있다.

다음으로 1책의 『해유록』을 보면 第一과 第二로 구분되어 있다. 第一은 2책의 『해유록』과 같은 내용이 실려 있으나 第二에는 8월 10일자 일기부터 복명한 날까지의 기록과 「日本封域」과 「總論」이 실려 있다.

국립중앙도서관 소장 『海行摠載』의 4·5·6책에 신유한의 『海游錄』이 실려 있다. 이 『해유록』은 상·중·하로 구분되어 있는데, 상권은 9월 9일까지, 중권은 11월 14일까지의 일기가 실려 있고, 하권은 나머지 일기와 함께 「聞見雜錄」과 「使行水陸路程記」가 실려 있다.

연세대 소장본들의 일기부분은 국립중앙도서관소장본과 책 구분이 다를 뿐 내용은 대동소이하다. 연세대의 2책 『해유록』은 「聞見雜錄」과 「使行水陸路程記」가 빠진 채 일기만이 실려 있고, 1책 『해유록』은 「聞見雜錄」이 부분적으로 발췌되어 「日本封域」과 「總論」으로 실려 있다.

3. 내용

1) 『海游錄』

1719년 德川吉宗의 8대 장군직 습직을 축하하기 위한 제9차 통신사행의 가장 큰 특징은 舊禮로 돌아간 점이다. 1711년 8차 통신사행에서는 일본쪽 新井白石에 의해 대대적인 빙례 개정이 있었기 때문에 출발 전부터 양국 사이에서는 마찰이 끊이지 않았고 江戶에서조차 회

답서의 '犯諱' 문제로 갈등이 증폭되었다. 그러나 이후 신정백석이 실각하고 그의 빙례개정이 太學頭를 세습하는 林家 사람들을 중심으로 비판을 받으며 빠르게 개혁이 되었다. 9차 사행에서는 거의 구체제로 돌아가게 되었고 다만 화평·간소라는 방침만이 기본적으로 계승되었다. 신유한은 9차 사행의 제술관으로 임명되어 일본으로 떠났다. 외교적인 마찰이 없는 상태에서 양국 문인들의 교류는 우호적인 분위기 속에서 사행 내내 왕성하게 이루어졌다. 이 사행은 청나라 成祖에게도 알려져 조선이 일본에 사신을 다녀오면 그중 명철한 인물을 뽑아 年貢 때 보내라는 지시가 내려졌을 정도로 일본에 대한 관찰도 세밀하게 이루어졌다.

『해유록』의 여정을 살펴보면, 1719년 4월 11일 辭朝하고 서울을 떠나 용인, 죽산, 숭선, 충주, 안보, 문경 등에서 숙박하고 21일에는 경상도 고령의 집에 도착하여 며칠 머물다가 행장을 꾸려 5월 7일 다시 출발하였다. 13일 부산에 도착했고 6월 6일에 부산 영가대에서 해신제를 지냈으나, 순풍을 기다리느라 6월 20일에야 항해를 시작했다. 27일 대마도 부중에 도착해 머물면서 대마번의 연회를 받고 대마번의 인사들과 시문을 주고받았다. 7월 19일 다시 출발하여 남도에 도착했고 8월 1일에 남도에 입항해 福岡藩의 지공을 받았다. 이때 바람이 매우 심하여 이례적으로 18일간이나 머물러야 했다. 복강번은 긴 시간 사행을 지공하느라 재정상 예기치 않은 지출을 감내해야 했지만 객사에 몰려드는 문인들에게 조선 문사의 창수를 해줌으로써 문화교류에는 긍정적인 영향을 미쳤다. 이때 신유한이 '글씨를 청하는 종이가 책상 위에 쌓여 써주고 나면 다시 섶처럼 모여들었다'라고 할 정도로 많은 일본 문사들이 모여들었다. 8월 18일 赤間關에 도착해 長州藩의 접대를 받았다. 종래의 여정과 마찬가지로 25일 5일간 머무르던 적간관을 출발하여 周防州의 上關에 들었고, 27일에는 安藝州 蒲刈, 28일에는 備後州의 韜浦, 9월 1일 備前州 牛窓에 들어갔다. 9월 4일 大坂城에 도착했는데, 이곳이 비로소 해로가 끝나는 지점이었다. 조선의 배와 일부 원역을 잔류시키고 사신 일행은 9월 10일 일본쪽에서 준비한 금누선으로 갈아타고 출발하여 11일에 淀浦에 도착, 하선하여 다시 가마로 갈아타고 京都로 들어갔다. 육로 곳곳을 거치면서 24일 관문인 箱根嶺을 넘었고 27일 江戶에 들어갔다. 10월 1일 국서를 전달하는 빙례의식을 마치고 11일 회답국서를 받았다. 강호에 체재하는 도중 수많은 문인들의 방문을 받아 학문적 문답과 시문 창수가 이루어졌는데, 특히 빙례의식을 마친 뒤로는 더욱 많아져 신유한이 밥 먹을 시간조차 없을 정도로 괴로웠다고 토로하였었다. 15일 귀로에 올라 11월 15일 대판으로 돌아왔고 12월8일 적간관을 거쳐 20일 대마도에 도착했다. 28일에는 강호 체재중에 밀무역을 하다 적발된 역관 권홍식이 귀국 후 참수당할 것을 두려워하여 자살하였다. 1월 7일 부산에 닿았다. 11일 고향집이 있는 고령을 들러 24일 서울에 도착해 복명하였다.

신유한은 제술관의 임무를 '왜인들의 문자벽이 근래 더욱 왕성하여 부러워하고 사모하는 것이 유행이 되었고 학사대인이라 부르며 시문을 구걸하느라 거리와 문을 메우는데, 그들의 말에 응대하여 우리나라의 문화를 널리 빛내는 것은 반드시 제술관에게 책임을 지우니 그 일이 번잡하고 책임이 크다'라고 표현하여 자신의 일이 일본인과 문자 수창을 통한 문화 선양에 있음을 분명히 하였다.

문화선진국 조선의 문사로서의 자긍심은 『해유록』 전편을 관통하고 있는 그의 기본적인 태도이다. 6월 30일의 일기를 보면 사적으로 대마도 태수와 만나 글을 지어주고 선물을 받는 관행에 대해 신유한은 이의를 제기한다. 글자도 제대로 모르는 태수와 만나 글을 지어주고 돈을 받는 것은 글을 파는 것이나 마찬가지라고 보았기 때문이다. 반면 雨森東의 17세 된 아들 權允에게는 재주를 기특하게 여겨 흔쾌히 차운시를 지어준다. 10월 25일의 일기를 보면 구름 같이 쌓인 종이에 시를 써주느라 잠도 자지 못할 지경이면서도 청하는 시에 성실히 임하는 것은 이런 자존심의 일면을 보여준다.

시는 일본을 엿보는 하나의 통로로도 이용이 된다. 8월 18일자 일기에 적간관에서 우삼동·松浦義· 湛長老가 지은 시를 실었는데, 源賴朝의 핍박을 받아 물에 빠져 죽은 安德天皇에 관한 것으로 일본인들이 천황과 덕천막부에 대해 가진 견해를 분석하였다. 뿐만 아니라 신유한은 사행 도중 일본인 문사와 만나면서 그들의 글을 통해 일본의 문화수준을 가늠하는 잣대로 사용하는 동시에 우리 문화의 우수성을 확인하는 증거로 본다.

일본의 이국적인 풍물은 시인인 그에게 풍부한 소재로서 작용한다. 일기 중간 중간에는 일본의 풍속이나 경치를 읊은 시가 삽입되었으며 지나는 곳마다 중요한 명승지에 대해서는 대마도나 富士山처럼 장편으로 읊은 시가 실려 있기도 하다. 특히 9월 9일 일기에 실린 「浪華女兒曲」과 「男娼詞」는 대판의 창녀와 남창의 말과 행동을 묘사한 것으로 風謠를 채집하는 군자의 입장을 취하고 있으나 이국의 풍정을 시인이 얼마나 호기심 어린 눈으로 관찰하고 있는지 보여준다. 「牛窓卽事」의 '나루 건너 고기잡이 노래로 노 젓는 소리 들리고 물가 둘러 아가씨 소리는 돈 구하는 것인 줄 알겠구나(隔浦漁歌聞盪槳, 遶渚娘語識求錢)'처럼 지방의 풍경을 생생한 언어로 들려준다. 이것은 임진왜란의 원한과 연관시켜 일본을 바라보는 다른 문사들의 태도와는 상당히 다른 것이다.

신유한은 사신이 아니라 제술관이었기 때문에 그의 관심도 정치적인 문제가 아니라 문화교류 쪽에 맞추어져 있다. 문화적인 우월감을 가지고 일본을 야만시하는 경향을 기본적으로 지니고 있지만, 호기심 어린 관찰자의 입장에서 겪은 일본의 아름다운 경치·번화한 문물·청결한 거리 등의 경험을 『해유록』에 묘사하면서 은연중 내면의 갈등을 내비치기도 한다. 그렇기 때문에 『해유록』은 당시 일본의 문물을 간접적이기는 하지만 생동감 있게 전해주는 귀중한 자료라 하겠다.

2) 「日本封域」과 「總論」

1책 『해유록』에 실린 「日本封域」과 「總論」은 『해유록』의 부록인 「聞見雜錄」을 발췌해 놓은 것이다. 「문견잡록」은 신유한이 여행 중 보고들은 일본의 지리·제도·풍속 등을 망라하여 정리해 놓은 것으로 많은 부분은 당시 호행원이었던 雨森東과의 필담에 의지한 것이다.

「日本封域」에 발췌된 내용은 주로 지리에 관련된 것이다. 일본에는 8도 66주 634군이 있다는 것을 시작으로 속해있는 지명과 거리를 나열하였으며, 특히 陸奧의 뱃길과 관련된 豊臣秀吉의 고사를 소개하고 玄股國 사람으로 추정되는 표류인의 소문에 대해 언급하였다. 이어 육오주를 비롯한 각 주의 특산물을 나열하고 어류·채소·과일 가운데 예를 들어 우리나라와의 同異와 무역품까지 언급하였다. 田制와 兵制에 관련된 부분도 발췌되어 있다. 농토와 가옥에 세금 매기는 법과 역을 징발하는 방법을 설명하고 병제에 관해서는 연금이 25석이라는 간단한 내용만이 발췌되어 있다. 이어 四民의 구분에 대해 설명이 나오고 그 순서에 대해 언급하였다.

그 다음 발췌된 내용은 관혼상제에 관한 것이다. 일본 남자들의 머리 모양과 성인례를 하는 방법, 결혼하지 않은 여자와 결혼한 여자의 머리모양과 복식, 사람이 죽은 후 장사지내고 묘를 만드는 법에 대하여 설명이 되어 있는데, 이 중간에 「문견잡록」 뒷부분에 나오는 일본 남녀 비율과 동성끼리의 결혼이나 혼욕 풍속에 관한 기사가 삽입되어 있다. 마지막으로 일본어의 음과 문자에 관련된 내용이 부분적으로 발췌되어 있다.

「總論」은 「문견잡록」의 마지막 부분을 그대로 옮겨놓은 것이다. 앞부분은 신유한이 일본인들에 대해 대략 평한 것으로 대체로 사람됨이 '精悍緊捷'한데 지배층이 대대로 녹을 먹는 부유한 생활에 젖어있어 평신수길이나 加藤淸正 같은 인물이 없다면 다시 침략할 일은 없을 것이라고 하면서, 교활한 대마도의 태도를 경계해야 할 것이라고 말하고 있다. 뒷부분은 사신의 여행 일정을 간략하게 언급하고 떠나기 전 영가대에서 한 장부로부터 '酉' 자를 받는 꿈을 꾸었는데, 신유일에 발선하여 계유일에 대판에서 육지에 올랐고 다시 부산에 도착한 날도 계유일이었으니 이 역시 하나의 신기한 일이라는 말로 글을 맺었다.

이상으로 볼 때 「일본봉역」과 「총론」은 「문견잡록」 가운데 우삼동과의 긴 필담이나 개인적인 평가가 들어가 있는 내용은 빠진 채 매우 일반적인 일본에 관한 내용만 부분적으로 발췌한 것이다. 제목은 내용에 따라 필사자가 임의대로 붙인 것으로 보인다.

4. 가치

연세대 소장본 1책 『해유록』과 2책 『해유록』의 제1권은 분권 상태가 일치한다. 1책이 두 권으로 구성되어 있는 것은 필사하는 과정에서 3권의 표기를 빠뜨리거나 생략한 것으로 보인다. 1책 『해유록』은 뒤쪽으로 갈수록 지면을 아끼기 위하여 날짜를 표기하는 부분이 다른 일기의 끝에 연이어 기재된 경향이 심해지는데, 적어도 2책 『해유록』의 제2권과 제3권의 분기

점인 9월 27일 일기의 날짜는 윗부분에 제대로 표기된 것을 볼 수 있다.

이 두 종의 『해유록』 선행본은 3권으로 구성되어 있고 뒤에 「문견잡록」이 부록으로 실려 있던 책이었음을 짐작할 수 있다. 아울러 분권상태로 미루어 보아 국립중앙도서관소장의 『해유록』과는 다른 계통이었음을 추정할 수 있다.

여정과 분권 상태를 대비해 보면, 연세대소장본은 1권이 서울에서 남도, 2권이 남도에서 강호, 3권이 강호에서 서울까지로 구성되어 있고, 국립중앙도서관 소장본은 상권이 서울에서 대판, 중권이 대판에서 강호를 갔다가 다시 대판을 출발하여 병고 전의 해상, 하권이 병고에서 서울까지이다. 구성상 연세대 소장본은 3권이 각기 적당한 비율로 배분되어 있는 반면, 국립중앙도서관 소장본은 하권에 「문견잡록」이 합해져 상·중권과 비율을 맞추고 있다. 따라서 연세대 소장본의 선행본은 『해유록』 자체가 분권된 것에 「문견잡록」이 부록으로 뒤에 붙은 형태였고, 국립중앙도서관 소장본은 「문견잡록」까지 포함된 『해유록』을 세 권으로 분권한 것으로 볼 수 있다. 이는 연세대 소장본의 선행본이 『해행총재』의 일부분이 아닌 독립된 형태의 『해유록』으로 작성되었음을 알려준다.

연세대 소장본은 홍계희가 『해행총재』를 엮기 전 신유한의 『해유록』이 어떻게 유통되었는지 알려주는 자료로 활용될 수 있으리라 본다.

【구지현】

海行摠載

趙曮(1719~1777) 著.

寫本. 5卷 5册：31×20.5cm. 10行 20字.

海行摠載

日記

上之即位三十九年癸未八月初三日丁亥朝陰晚

晴平明辭 朝次良才驛

香祗迎罷後 上御崇賢門 命通信三使臣入

侍正使臣趙 副使臣李仁培從事官臣金相翊

以次進前 上親誦 二陵松栢之句鳴咽舍涕

以寫感慨之意 親書好往好來四字各給三使

以慰行人之心（筵話在下）思先之孝體下之念令人自

切感動而欽歎也又 命面給三使臣虎皮弓矢

1. 저자

趙曮(1719~1777)[1]의 本貫은 豊壤, 字는 明瑞, 號는 永湖이다. 연산군 때 무오사화에 휩쓸려 좌천되었던 趙益貞(1436~1498)의 후손이다. 조익정은 金宗直의 학통을 계승한 문인이었고, 그의 후손들은 李珥·成渾의 기호학파와 사우관계를 맺었으며, 趙涑에 와서는 인조반정에 참여하였고 조엄의 아버지 趙尚絅은 金昌協 문하에 출입하면서 학문적 전통을 지속시켜 나갔다. 19세기 풍양조씨의 세도정치 기틀을 마련했던 趙萬永·趙寅永 형제는 조엄의 직계손자이고, 헌종의 모후였던 神貞王后가 그의 증손녀이다. 1719년 3월 17일 亥時 조엄은 서울 雙里洞에서 태어났다. 그 전날 그의 아버지가 두 마리 백룡이 대들보를 감는 꿈을 꾸었는데, 다음날 아우 趙曒과 쌍둥이로 태어났고, 그 이튿날 조상경이 수찬에 제수되어 이 두 글자를 나누어 형제의 小字를 지어주었다고 한다. 1738년 생원시에 3등으로 합격하였다. 1740년 館學儒生을 주도하여 宋時烈·宋俊吉을 효종의 묘정에 배향하기를 청하는 상소를 올렸으나 영조가 윤허하지 않았다. 1746년 부친상을 당해 1748년 복을 벗었다. 이때 음직으로 내시교관에 임명되었으나 相避하여 체임되었다가 1749년 翊衛司 侍直에 임명되었다. 1752년 9월 정시문과에 을과로 합격하였다. 1753년 五衛 司果에 배속되었다가 병조정랑에 임명되었고, 사간원 정언, 이조좌랑, 侍講院 司書에 임명되었으나 나가지 않아 파면되었다. 1754년 2월 永平縣令으로 나갔다가 8월 홍문관 교리 겸 세자시강원 사서에 임명되었다. 1755년 사헌부 지평에 임명되었다. 1756년 암행어사로서 호서지방을 廉察하여 불법을 저지른 수령들을 축출하고 道臣을 논죄하였다. 10월 北評使에 임명되어 함경도에 가서 옥사를 다스리고 창곡을 조사하였다. 1757년 4월 홍문관 교리에 임명되었다. 7월 동래에 倭差가 돌아가지 않은 일로 동래부사가 정배되자 조엄이 대임으로 동래부사에 임명되었다. 1758년 경상감사에 임명되었다. 이때 영남지방의 세곡 수송의 폐단을 없애기 위해 3개소의 조창을 신설하고 배를 건조하여 전함의 제도를 따 운영하고 역졸을 선발하여 먹을 것을 풍부하게 해주었다. 1763년 정월 호조참의에 임명되었고 3월 홍문관 부제학으로 옮겼다. 8월 급작스럽게 통신정사에 임명되어 10월에 부산에 도착, 배를 타고 일본으로 건너갔다. 내정되었던 인물들이 통신사의 임무를 기피하여 정배되자, 조엄이 동래부사와 경상감사를 역임하여 일본의 사정에 밝았기 때문에 임명된 것이었다. 1764년 7월 일본에서 돌아와 복명하였다. 4월에 사행일원인 최천종이 일본인에게 피살되는 사건이 일어나 오사카에서 한동안 지체되어 귀국이 늦어졌다. 이때 고구마의 종자를 가지고 돌아와 제주에 보내 키우도록 하였다. 1766년 5월 홍문관 부제학에 임명되었다. 화완옹주의 아들 鄭厚謙이 홍문관 녹권에 들려고 하자 소명을 어기고 취임시키지 않아 영조의 노여

---

1) 趙曮은 현전하는 문집이나 연보가 없어 자세한 문학 활동이나 생애를 알 수는 없지만, 손자 조인영의 『雲石遺稿』에 실린 「王考吏曹判書贈左贊成永湖府君家諓」과 왕조실록의 기사를 통해 어느 정도 생애를 구성해 볼 수 있다.

움을 사서 삼수에 귀양을 갔다. 열흘 만에 방환하라는 명이 내려 동지중추부사·공조참판·승문
원제조에 임명되었다. 1767년 정월 동지춘추관사로서 강화 사고에 갔다가 복명이 지연되어
통진에 귀양을 갔다. 2월에 다시 이조참판에 임명되었고 호조참판·성균관 대사성·이조참판·사
간원·대사간·한성부 우윤을 역임하였다. 1770년 평안감사에 임명되었다. 적체된 公債를 일시
에 30만 냥 정도 거두어들여 성실한 정치를 하였다고 하여 평안감사에 유임되었으나 토호세
력의 반발로 인해 배척하는 상소가 올라오기도 하였다. 1771년 이조판서에 임명되었고 이후
공조판서·홍문관 부제학·형조판서·의정부의 우참찬 등 여러 요직을 역임하였다. 1776년 평안
도 위원군으로 귀양 갔다. 평안감사 시절 공채를 심하게 거두어들인 일과 벽파인 윤양후·정후
겸과 결탁했다는 무고가 문제되었기 때문이었다. 1777년 다시 김해로 유배되었다가 9월 11
일 배소에서 죽었다. 죽은 후 귀양을 풀어주는 특명이 내려 양근의 용진에 가매장되었다.
1782년 직첩을 환급받았다. 1783년 9월 원주 경장리 작대동에 예장되었다. 1802년 장남 趙
鎭寬이 1품계에 오르면서 숭정대부 의정부 좌찬성에 추증되었고 1814년 文翼이라는 시호가
내려졌다.

2. 구성

『海行摠載』는 5권 5책으로 이루어져 있다.

1권에서 3권은 통신사행 동안의 일기가 기재되어 있다. 성대중이 쓴 서문과 함께 영조 39
년인 1763년 8월 3일 辭朝한 날로 시작하여 12월 30일 일본의 赤間關에서 머물고 있었던
날까지의 일기가 1권에, 1764년 1월 1일부터 3월 30일 大垣에서 묵은 날까지의 일기가 2권
에, 4월 1일부터 7월 8일 서울 경희궁에 나아가 복명한 날까지의 일기가 3권에 실려 있다.

4권에는 「酬唱錄」·「各處書契」·「各處私禮單」·「馬島留館時各處私禮單」·「還到馬島後私禮單及帖
給秩」·「各處回書及公禮單」·「各處私禮回禮單」·「各物種分派秩」·「雜物分派記」가 실려 있다. 「수창
록」에는 조엄의 시가 166수, 제술관 南玉의 시가 23수, 서기인 成大中, 元重擧, 金仁謙의 시
가 각각 22수, 21수, 19수, 명무군관 李海文의 시가 10수, 반인 洪善甫의 시가 16수, 부사
李仁培와 종사관 金相翊의 시가 각각 7수 실려 있으며, 李瑞彤, 申景祖, 鄭大受의 시가 1수
씩, 이전 통신사였던 洪純甫, 金世濂, 南龍翼의 시가 원운으로 사용되어 1수씩, 聯句가 3수
실려있다. 대부분이 조엄의 시와 주변의 인물들이 그것에 차화운한 시이거나 조엄이 차화운
한 원운시로 총 400수이다. 그 외에는 사행 도중 일본인들과 주고받은 서계와 예단의 목록이
다.

5권에는 「與彼人往復文字」·「狀啓」·「筵話」·「祭文」·「禁制條」·「約束條」·「日供」·「三使一行錄」·「路
程記」·「日本信使行次諸船軍令」·「列船圖」와 부산에서 일본까지의 방향이 실려 있다. 「여피인왕

복문자」는 사행 도중 만난 일본 관원들과 주고받은 필담과 시를 묶어놓은 것이고, 「장계」는 조정에 보내는 글로 모두 조엄이 보낸 것이다. 「연화」는 경연 석상에서 있었던 통신사와 관련된 대화를 기록한 것으로 1763년 8월 3일, 1764년 1월 29일, 6월 7일, 6월 26일, 6월 27일, 7월 5일에 영조와 신하들 사이에 있었던 대화가 실려 있다. 「제문」에는 남옥이 쓴 「祭海神文」·「在岐島時祭船神文」 2편과 성대중이 쓴 제목 누락의 제문과 「斬傳藏後祭崔天宗文」 등 총 5편의 제문이 실려 있다. 나머지는 사행 도중 금지 조약과 일본인에게서 지급받은 일공, 사행인원, 일본까지의 거리, 군령 등이다.

연세대 본 『해행총재』가 5책으로 이루어져 있는 것에 비해 국립도서관 본 『해행총재』는 총 28책으로 이루어져있다. 申叔舟의 『海東諸國記』를 비롯해서 조선 시대 일본으로 사신을 떠났던 사람들의 기록이 묶여있고, 조엄의 『해사일기』는 24책에서 28책에 차례로 들어가 있다. 필체는 다르지만 목록과 줄·행 역시 연세대 본과 정확히 일치한다. 다만 내용상 국립중앙도서관 본에 「船上旗幟擺列圖」와 「船上兵官列立圖」가 끝에 더 첨가되어 있을 뿐이다.

3. 내용

1) 1권~3권 : 『海槎日記』

『해행총재』의 1권에서 3권까지는 조엄이 일본 사행동안 기록한 일기인 『해사일기』이다. 사행 당시 정사 소속의 서기였던 성대중의 서문에 따르면 조엄은 사행 도중 손수 4권의 일기를 엮어 상자에 보관하였다고 한다. 성대중이 서문을 쓴 해가 1800년인 것으로 보아, 조엄은 이때 비로소 보관해온 일기를 다 정리하여 책으로 묶은 것으로 보인다.

1763년 10월 6일 외국 땅인 佐須奈浦에 처음 도착해 쓴 일기에 조엄은 이전 사행록들을 체임자인 서명응에게서 받아 벌써 대략 살펴보았다고 적고 있다. 그리고 이 책들이 통신사로 갈 때 지침서가 되기에 충분하다고 말한다. 이는 조엄의 『해사일기』 역시 이전 사행록을 본 보기로 하여 씌어졌고 이후 통신사를 위한 지침서로서의 활용을 목적으로 하고 있음을 알려준다. 따라서 조엄은 선행 기록과 겹치더라도 자신이 눈과 귀로 보고 들은 것과 자신의 소견을 기록하겠다고 말하고 있다.

『해사일기』의 여정을 보면, 8월 3일 서울을 출발하여 22일 부산에 도착하였다. 10월 5일까지 적당한 바람을 기다리느라 부산에 머물렀기 때문에 일정이 다소 늦어졌다. 6일 발선해서 치목이 부러지는 위험한 뱃길을 지나 좌수내포에 도착하였고, 대마도의 각 항구를 돌아 27일에 대마도 부중에 들어갔다. 여기에서 대마도인들의 호행을 받으며 11월 13일 출발해

각 섬들을 거쳐 12월 27일 赤間關에 도착했다. 험한 뱃길은 1764년 1월 20일 대판성에 도착하면서 끝났다. 배를 지켜야 하는 일부 선원들을 남겨둔 채 26일 일본의 금루선으로 갈아타고 이튿날 淀浦에서 하선하여 육로 여행을 시작했다. 2월 16일 江戸에 도착해서 27일 관백에게 국서를 전하는 의식을 치렀다. 3월 11일 귀로에 올라 4월 5일 조선의 배가 기다리고 있는 대판성으로 돌아왔다. 7일에 도훈도 최천종이 왜인에게 살해당하자 이 사건을 처리하느라 한 달여간 지체하였고 5월 2일 죄인을 처형한 후 6일 대판성을 떠났다. 6월 13일 대마도에 닿았다가 22일 부산에 도착했고, 7월 8일 서울 경희궁에 나아가 복명하였다.

위의 기간동안 조엄은 매우 엄격한 통솔자의 모습을 보여준다. 부산을 출발하기 전인 10월 1일 원역을 효유하고 '禁制條'와 '約束條'를 정해 사행일원에게 알렸는데, 사사로운 무역 행위와 국가 사정을 누설하는 일을 금하는 것 뿐 아니라 일본인에게 충신과 성심으로 대하고 제공하는 물품을 조심스럽게 다루라는 내용까지 포함된 것이었다. 이런 태도는 忠信과 篤敬으로 蠻貊의 땅에서 행한다는 공자의 가르침에서 기인한다.

또한 牧民官으로서의 모습을 보여준다. 좌수내포에서 맛을 본 고구마에서 구황작물로서의 가능성을 포착하고 먼저 부산으로 종자를 보내고 돌아올 때도 종자를 가지고 왔는데 동래와 제주에서 시험재배 하려는 의지를 보인다. 특히 기술 문명에 대해 관심을 드러내는데, 정포에서 본 水車나 森山에서 본 물레방아의 모습을 지나치지 않고 모형을 그리도록 한다. 이는 농사에 도움이 될 수 있으리라는 기대 때문이었다.

조엄은 사신으로서 행하는 모든 의례 뿐 아니라 지나는 지역의 지형과 내력, 일본의 지도층에 있는 사람들에 대한 평가까지 매우 충실하게 기록하였다. 관백이 아들을 낳았다고 알리러 가는 일본의 배를 보고 10년 안에 통신사를 청하리라 예상하는 10월 26일자 일기를 보더라도 국가와 관련된 일은 작은 것도 놓치지 않으려는 모습을 볼 수 있다. 1763년 사행기록 가운데 공적인 부분에 있어서는 가장 자세한 일기라 할 수 있다.

2) 4권

(1) 酬唱錄

「수창록」의 시 400수는 조엄의 시를 중심으로 편집되어, 다른 사람의 시는 한 칸 아래에 기록되어 있다. 정확하게 날짜를 기록한 것은 아니지만 시간의 순서에 따라 시가 실려 있다. 따라서 시기상 조선에 있을 때와 일본에 있을 때로 나누어 살펴볼 수 있다.

서울을 출발해서 탄금대·조령·동래 등을 거쳐 부산에 머물면서 지은 조엄의 시가 9수이고 네 문사인 남옥·성대중·원중거·김인겸을 비롯해서 사행단의 이해문·홍선보와 부사·종사관 등이 때에 따라 차운하였다. 전 현감 이서표, 예천 수령 申景祖, 경상감사 鄭大受의 시는 부산에 있을 때 만나 차운한 것으로 이별시이다.

　조선에서 지은 시는 모두 일본으로 출발하기 전에 쓴 것이다. 내용은 통신사의 임무를 잘 수행하리라는 포부와 고국을 떠나는 것에 대한 시름이다. 대표적으로 「示意」를 보면, 조엄은 '삼백편 시도 아직 외우지 못했는데 덕을 펴 오랑캐를 부드럽게 만드는 일 같은 것이라(三百 葩詩曾未誦, 若爲敷德遠夷柔)'라고 하여 사신의 임무가 막중함을 드러내고, 성대중은 '붉은 사신 깃발은 가을에 장대한 여행을 읊어야 하니 장부가 어찌 집 떠나는 근심을 하랴(絳節將秋 賦壯遊, 丈夫寧作出門愁)'라고 하여 앞길에 대한 기대를 보인다. 남옥은 '완우처럼 글을 맡으니 재주가 부끄럽다(阮瑀掌書慚技藝)'라고 하여 제술관의 역할에 대한 근심을 드러내고, 원중거는 '은후는 집 떠나는 근심을 보이지 않았네(殷侯不見出門愁)'라고 하여 앞으로 문사로서 행할 포부를 드러낸다. 김인겸, 이해문, 홍선보 역시 이와 비슷한 정서를 보이는 시로 차운하였다.

　통신사행으로 떠나는 의식 일면에는 임진왜란을 일으킨 일본에 대한 원한이 함께 한다. 특히 조령은 신립이 패한 곳이기 때문에 이곳에서 지은 시에는 신의를 쌓기 위해 가는 사신의 입장에서 모순된 감정을 드러낸다. 예로 1747년 통신정사였던 洪啓禧의 현판시에 차운한 시에는 천혜의 험관이 뚫렸던 안타까움을 모든 사람이 읊고 있는 점을 볼 수 있다.

　일본을 여행할 때 지은 시들은 몇 수를 제외하고는 네 문사의 차화운시가 거의 없이 조엄 혼자 지은 것들이다. 차운시를 구하는 일본 문사들과 바쁘게 만나야 했던 문사들에게 시간적인 여유가 없었기 때문으로 보인다.

　이 시기 지은 시들의 소재는 대부분 일본 산천과 도시의 풍경이다. 그러나 역시 모순되는 감정이 드러나는데, 아름다운 산천과 번화한 도시에 대한 찬탄의 이면에는 여전히 이적시하는 의식이 잠재되어있다. 조엄은 대판성의 화려함에 대해서 '번화한 건 대판성이지만 예의는 조선국일세(繁華大坂城, 禮義朝鮮國)'이라는 말로 정리하고 富士山의 웅장함에 대해서도 '어진 하늘은 오랑캐라고 버리지 않으시는구나(仁天不以蠻荒棄)'이라고 하여 의식 한 켠에 우월성을 견지하고 있다. 강호에서 국서를 전달할 때도 '임진년을 추억하니 눈물이 흐르려는구나(追憶 辰年淚欲瀾)'라고 하고, 염운한 시에서도 '와신상담하시는 임금님은 복수를 생각하시리(越膽龍 樓思報復)'이라고 하여 일본에 대한 원한을 계속 드러낸다. 이러한 태도가 이전 사신들의 시에 비해 약화되었다고는 해도 신의와 원한이라는 양면적인 감정은 「수창록」의 시에 일관되게 나타난다.

　조엄은 『해사일기』에서 공적인 입장에서 객관적으로 서술하려는 태도를 보인다. 그러나 조선의 문사들과 창수한 이 수창록의 시는 작가 개인의 주관적 감정과 의식이 훨씬 선명하게 드러난다. 따라서 일기와 시를 같이 볼 때 개인 조엄의 의식세계를 더 정확하게 파악할 수 있을 것이다.

　(2) 각종 書契 및 예단

서계는 총 7통의 편지가 실려 있다. 조선국왕이 관백에게 보내는 서계, 예조참판이 집정 · 近侍에게 보내는 서계와 각각의 별폭 목록, 예조참의가 대마도 태수에게 보내는 서계와 각각의 별폭 목록, 예조좌랑이 相國寺 장로·대마도의 以酊菴 주지·萬松院에게 보내는 서계와 각각의 별폭 목록이다.

예단 목록은 일본 막부의 관백 이하 각 관원 및 관사의 책임자와 대마도의 각 관원 및 관사 책임자에게 보낸 예물의 목록이 상세히 기록되어 있다.

이것에 대해 일본 쪽에서 각 서계에 회답한 답장과 답례품으로 준 예물의 목록이 이어서 실려 있다.

마지막에 물품을 등급별로 나누어준 목록이 나와 있다.

3) 5권

(1) 與彼人往復文字

사행 도중 조엄이 일본측 인물들과 주고 받은 편지와 필담, 창화시가 실려 있다.

「東武愼風濤書」은 조선인들이 배를 탈 때 날씨를 살피고 풍파에 신중히 하여 항해 할 것을 강호의 막부에서 대마도에 분부했음을 대마도에 있을 때 대마도주가 알리는 글이다.

「藍島以副船曳船事與馬州守筆談」과 「回答」은 대마도 태수가 남도에 도착할 때 미처 예선을 보내지 못하여 부기선이 상한 것을 사과하고 곧 수리해 대판성으로 뒤따라 보내겠다고 한 것과 이에 대해 조엄이 앞길에 힘써 줄 것과 부기선의 수리를 부탁하는 내용의 필담이다.

「却酒筆談」과 「回答」은 조엄이 조선의 조정에서 술을 금하므로 앞으로 술을 권하는 일을 그만두고 대신 차를 사용해줄 것을 대마도주에게 부탁하는 내용의 필담과, 막부에서 여행 도중 향응에서 술을 권하지 말 것이며 에도에 도착한 후의 술잔 청하는 일에 대해서 다시 논의하자는 기별이 왔다고 도주가 대답한 것이다.

「東武執政以副船事致關白慰問之語」은 室津에 있을 때 대마도주가 남도에 도착할 때 부기선이 상한 일을 관백이 듣고 막부의 집정을 보내 위문하도록 하여 곧 객관에 올 것이니 사례하는 것이 좋겠다고 알리는 말이다.

「東武以使行到坂城慰問之語」는 大垣에 있을 때 대마도주가 막부에서 대판성에 도착하느라 수고했다고 위문하라는 분부가 있었음을 알리는 말이다.

「以國書前犯馬倭人査治事島主仟語」와 「國書前犯馬倭人査出縛送馬島事島主仟語」는 2월 3일 州股에 있을 때 국서의 행차 앞을 대마도인이 말을 타고 지나 조엄이 差倭를 문책하였는데, 대마도주가 앞길에서 전해 듣고 두 사람을 찾아내 죄를 주겠다고 한 말과 찾아내 대마도로 압송했다는 말을 사람을 시켜 같은 날 연이어 전한 것이다.

「傳命翌日島主以無事行禮來致謝語」는 관백에게 국서를 전달하는 의식이 끝난 다음날 대마도주가 무사히 예식이 끝난 것에 감사하고 전당을 관광하는 일은 허락받지 못했음을 알리는 말이다.

「與林太學頭父子筆談」·「初答祭酒」·「答小林」·「再答祭酒」·「三答」은 2월 25일 林羅山의 고손인 태학두 林信言이 아들 林信愛와 찾아와 자신이 문서를 담당하고 있음을 알리는 말과 이에 대해 부자에게 각각 조엄이 응수한 말이다. 이때 임신언 부자는 조엄에게 화운시를 구하였는데, 조엄은 성대중과 남옥에게 대작하도록 하였고 그것이 뒤이어 나오는 「和送太學頭詩」·「和送秘書監詩」·「和送信言詩」이다.

「林信言送行序一篇」은 태학두 임신언이 조엄 일행이 강호를 떠날 때 송별하여 지어준 글이다.

「和以酊僧詩」는 대마도 이정암의 승려가 지은 시에 화운한 것으로 성대중이 대작하였다.

「水戶州太守源宗翰副啓一通」·「日本國宗室參政從三位兼行在近衛權中將水戶侯源公座下」는 수호주 태수 원종한이 병 때문에 연회에 참석하지 못하여 만나지 못한 것을 섭섭하게 여기며 예물을 받아주기를 바란다고 조엄에게 보낸 글과 조엄이 감사의 말을 전한 답장이다.

「別對馬太守書」은 조엄이 귀국하면서 대마도 태수에게 호행해준 감사의 말을 전하는 편지이다.

「崔天宗被刺後錄示差倭書」·「島主來傳江戶行査刑官將來之語」·「島主以天宗事伻語」·「回答兩長老來傳之語」·「兩長老書」·「答兩長老書」·「兩長老與首譯筆談」·「與兩長老書」·「與長老書」는 최천종을 살해한 일본인 鈴木傳藏을 조사하고 처형하기까지의 과정 중에 조엄과 대마도 호행인원들 사이에 오간 말과 글이다. 두 장로는 대마도 이정암과 만송원의 장로를 가리킨다.

(2) 狀啓

조엄이 사행 도중 조정에 일정을 알리는 장계를 모아 놓은 것이다. 시간 순서대로 실려 있는데 15편의 장계가 실려 있다. 동래부에 닿았음을 알리는 1763년 9월 1일자 장계부터 부산에 무사히 도착했음을 알리는 이듬해 6월 22일자 장계까지이다. 중간에 5월 6일자 장계가 세 편인 것은 최천종 피살 사건과 관련하여 급하게 돌아가는 상황을 연달아 알렸기 때문이다.

(3) 筵話

영조가 경연 석상에서 통신사와 관련하여 나눈 담화를 모아놓은 것이다. 1763년 8월 3일 기록은 삼사신이 출발 당일 사신으로 임명된 것에 대해 사은숙배하고 경연 석상에 들어가 영조를 만나 나눈 대화를 기록한 것이다. 영조는 이들에게 '잘 갔다가 잘 돌아오라(好往好來)'는 넉 자의 글자를 써주었고 조엄은 '원통함을 참으며 품고 있으나 절박하여 부득이하게 한다(忍痛含寃迫不得已)'라는 여덟 글자로써 대답하였다.

나머지 15번의 담화는 모두 1764년에 있었던 경연 기록이고 하나는 날짜 미상이다. 통신사가 사행 도중 술을 거절한 것에 대해 칭찬하거나 도중 상을 당했는데도 국무를 수행한 사람의 집안에 調用할 것을 명하고 항해 도중 죽은 사람을 불쌍히 여겨 恤典을 적용하는 등 영조의 반응을 생생하게 볼 수 있다. 통신사의 임무를 무사히 마친 일행의 노고를 치하하면서도 최천종 피살 사건의 책임을 물어 일단 삭직하였다가 다시 서용하는 과정도 차례로 나온다. 사신 일행을 불러 들여 일본 사정에 대해 상세히 묻는 영조의 모습에서 당시 일본과의 관계에 얼마나 큰 관심을 가지고 있었는지도 엿볼 수 있다.

(4) 祭文

남옥이 지은 제문은 「祭海神文」과 「在岐島時祭船神文」 2편인데, 첫 번째는 1763년 9월 8일 부산에서 삼사신이 해신에게 지낸 제문으로 전로의 뱃길이 평안할 것을 기원하는 내용이고, 뒤의 두 편은 치목이 부러지고 풍랑을 만난 일 때문에 11월 16일 일기선장 김용화와 일복선장 박중삼이 선신에게 지내는 제사의 제문이다.

성대중이 지은 제문은 제목 미상과 「斬傳藏後祭崔天宗文」인데, 앞의 것은 1764년 4월 11일 조엄이 최천종의 영구를 보내면서 그의 넋을 위로하기 위해 제사를 지낼 때 쓴 제문이고 뒤의 것은 5월 5일 최천종의 살해범인 영목전장의 처형식이 있은 후 조엄이 최천종의 넋을 위로하는 제사를 지낼 때 쓴 제문이다.

(5) 기타

사행도중 원역들이 하지 말아야 할 것과 해야 할 것의 조목을 적어 놓은 「禁制條」 8조와 「約束條」 17조, 사행 도중 일본쪽에서 지급받은 물건의 목록을 등급별로 기록한 「日供」이 실려 있고, 사행원의 직위와 인명을 기록한 「三使一行錄」이 이어서 나오는데, 순서는 직위에 따랐고 급창 이하 격군은 인원수만 적혀 있다. 그 뒤에는 대마도에서 강호까지 지나간 곳과 각각의 거리를 적은 「路程記」와 각 선의 등 색깔을 지정한 「燈火制」와 항해 시 화전과 호포 쏘는 법에 대한 「夜行相應令」·「擧碇下碇令」의 명령을 묶어놓은 「日本信使行次諸般軍令」이 실려 있다. 마지막에는 항해 중 여섯 척 사행선의 위치를 표시한 「列船圖」와 항해 방위가 나온다.

4. 가치

德川家治의 장군 습직을 축하하기 위해 파견된 1763년 11차 통신사 일기 가운데 연구 텍스트로 가장 많이 활용되는 것이 조엄의 『해사일기』이다.

　『해사일기』의 기록에 따르면, 1748년 10차 통신사행의 정사였던 홍계희가 일본 사행에 관련된 기록을 수집하여 최초로 『해행총재』라는 이름을 붙였고, 이것을 11차 사행의 정사로 임명되었던 서명응이 61편을 정리해 번등하고 『息波錄』이라 이름을 붙였다. 그 후 발행에 임박해서 뜻하지 않게 정사가 교체되면서 새로 정사가 된 조엄이 이 책을 넘겨받아 지니고 사행의 참고 자료로 삼았다. 조엄은 돌아온 후 자신의 사행일기를 여기에 추가해서 새로 『해행총재』를 집대성했다. 이후 1914년 조선고서간행회에서 8종의 사행록을 빼고 북해도 표류기인 李志恒의 『漂舟錄』을 추가해 간행했는데, 1970년대 민족문화추진회에서 국역하여 간행하는 과정에서 다시 11종을 첨가하여 현재 연구텍스트로 이용되고 있다.

　그런데 연세대 소장의 『해행총재』에는 오로지 조엄의 『해사일기』만이 실려 있다. 각 권의 권수제도 모두 『해행총재』로 통일되어 있고 성대중의 서문에만 '해사일기'라는 명칭이 붙어있을 뿐이어서, '해사일기'는 일기를 가리키고 이것과 수창록, 서계·예단 등의 목록을 아울러 『해행총재』라는 이름을 붙인 듯한 인상을 준다.

　『해행총재』 소재의 사행록이 개별적으로 묶여진 경우는 거의 보이지 않는 상황에서 연세대본은 유독 조엄의 『해사일기』를 개별적으로 묶었다. 국립중앙도서관본 『해행총재』의 마지막 다섯 권과 거의 정확하게 일치하고 있으므로 연세대본은 『해행총재』의 일부분에 불과하다. 그런데도 표제는 '해사일기'가 아니라 '해행총재'이다.

　연세대본과 국립중앙도서관본의 필사 선후관계를 연구한다면, 『해행총재』의 성립 과정을 추적할 수 있는 실마리를 제공할 수 있을 것이다.

【구지현】

休窩雜纂

任有後(1601~1673) 著.
草稿本. 3册 : 29×21cm. 14行 23字.

1. 저자

任有後(1601~1673)의 本貫은 豊川, 字는 孝伯, 號는 萬休, 諡號는 貞僖, 홍문관 교리 守正의 아들이다. 王朝實錄에는 1664년(현종 5) 1월 26일 그가 同副承旨를 除授받은 다음 날 辭職하는 상소를 올리고, 사직하지 말라는 임금의 명이 내렸으나 力辭하여 遞職되었다는 기록이후에 史官의 評을 싣고 있다.

> 임유후는 志行이 남다르고 문장이 뛰어났다. 젊어서 집안에 변고가 있어 모친을 모시고 멀리 떠나 바닷가에서 살면서 수십 년 동안 세상에 나오지 않았다. 재상 가운데 그를 아는 자가 孝友와 文藝로 자주 조정에 힘써 천거하여 전후로 관직을 역임하더니 이때에 이르러 비로소 청현직에 올랐다. 그 사람은 奇士로서 그의 지극한 행실과 굳은 절개는 다른 이들이 미치지 못했다. 그 뒤에 누차 성균관과 사간원에 擬望되었다.(顯宗改修實錄』卷10, 顯宗 5年 1月 26日 己丑(37책 363쪽))

'집안의 변고'란 동생 任之後가 모반에 가담했던 일을 가리킨다. 그는 그 때문에 동생과 인연을 끊고 30년대 초중반을 멀리 울진으로 내려가 지낸다. 그렇게 7,8년을 외지에서 지내고 37세가 되어서야 外職으로 벼슬길에 다시 나아간다. 이후 48세 때에 형조정랑으로 제수되었으나 곧 병으로 改差되었고 53세 때 사간원 掌令, 동부승지에 제수되고, 63세 때 동부승지, 예조참의로 제수되었으나 오래 직무를 수행한 것 같지는 않다. 이러한 淸顯職에 잠시 머문 것을 제외하면 70세가 되기까지 대부분 외직에 머물렀다. 1664년(현종 5, 64세)에 의금부에 수감되기도 하였지만 그에게 큰 영향을 주지는 않은 것 같다. 그보다는 동생이 역모에 가담했던 집안의 변고가 그의 신상에 계속 따라다니는 큰 누가 되었다. 1670년 윤지선의 啓辭에서 그러한 사정을 알 수 있다.

> 병조참판 임유후는 비록 글재주가 있으나, 일찍이 집안의 변괴를 만나 크게 신상에 누가 되었으며 조정에 나와서도 이력이 없습니다. 병조참판에 제수되었으니 벌써 분수에 매우 지나친 것인데, 성균관과 사간원의 장관에 擬望되기까지 하였으니, 사람들이 놀랍게 여깁니다. 체직시키고 이조의 해당 관리를 아울러 推考하도록 명하소서.(『顯宗改修實錄』卷22, 顯宗 11年 4月 25日 辛亥(38책 20쪽))

윤지선의 계에 대해 현종은 이조 관원만 추고하는 것으로 마무리하였고, 얼마 후(5월 1일) 부제학 李敏迪 등이 箚子를 올려, 임유후에 대해 경솔히 論劾하여 불명예를 입게 한 책임을 물어 윤지선을 遞職시키기를 청한다. 이에 윤지선이 체직됨으로써 임유후의 명예는 어느 정도 회복되는 듯하다. 그러나 여론은 여전히 그를 못마땅하게 여기는 경향이 있었고, 이 때문에 72세라는 나이에 外職을 자청하여 나간다. 그리고 그곳에서 생을 마감한다. 그의 卒記는 다음과 같다.

> 판서 任國老(1537~1604)의 손자이고 교리 任守正의 아들이다. 국노는 李山海에게 偏黨한 까닭에 士論에 천시를 당했고, 유후의 숙부인 任就正은 광해군 때 권세가 李爾瞻과 막상막하였다. 아들들이 모두 借述하여 과거에 급제하였는데 유후는 홀로 그의 族兄인 故 持平 任叔英(1576~1623)을 좇아 수학하여 古文을 지었고, 文名이 자자하여 동문생인 李海昌과 姜與載 등이 모두 추앙하였다. 인조 초기에 벼슬길에 올라 承文院에 임명되었다. 1628년에 아우 任之後가 逆徒를 따라 동모하다가 유후와 그의 형 任德後에게 혼나고서 반역 사실을 고발하였는데, 임유후 또한 賊臣 朴東起가 끌어들이는 바람에 체포되었으나 석방되었다. 이로부터 嶺東을 넘어 울진의 산속에 살면서 고을 사람들을 가르쳤다. 시일이 한참 지난 후 조정 의논이 조금씩 그를 수용하여, 간간히 察訪·都事 등에 제수하였다. 故 재상 李敬興는 그가 家行이 있다는 말을 듣고 조정에 힘껏 추천하였으며(1653년) 宰臣 金益熙 또한 힘써 추천하였다. 그 결과 臺省에 발을 디딜 수 있게 되었고 뒤에는 변방 수령으로서 資級이 승진되어 누차 州府를 맡았으며 그리하여 재상 반열에 오르게 되었다. 이경여의 아들 李敏迪 등이 요직에 거하면서 더욱 顯用하였으나 사람들은 끝내 그를 흡족하게 여기지 않았다. 臺官 중에 탄핵을 하는 자가 있었고, 도승지에 除拜되자 同列 중에는 引入하고 出仕하지 않는 자까지 있었다. 이에 유후는 처지가 곤란해서 감히 조정에 있지 못하고, 外職을 힘써 구하여 떠났는데 그로부터 1년을 살다가 임지에서 졸하였다.(『顯宗改修實錄』卷26, 顯宗 13年 7月 23日 丙申(38책 121쪽))

생전에 집안의 변고로 주로 外職에 머물러야 했던 임유후는, 死後 1708년(숙종 34)에 효행으로 旌閭되고, 1781년(정조 5)에 시호를 받는 영광을 누린다. 卒記에는 나오지 않지만 숙종조 『승정원일기』 기록에 임유후의 死因에 대한 언급이 있다.

> 나이 73세가 되어서 부모 기일이 되자 곡읍을 과도하게 한 나머지 병이 들어 죽었습니다. 이와 같은 효행은 묻혀둘 수 없으니 정표하는 것이 마땅합니다.(『承政院日記』肅宗 33年 11月 7日)

이상의 기록으로 보아 임유후는 효행으로 관직에 추천되었고, 효행 때문에 死後에 旌表되고 贈職되는 영광을 누렸으니, 그의 인품은 '孝'로 대변될 수 있을 것이다.

2. 구성

『休窩雜簒』의 題名은 저자 任有後의 號인 '萬休'의 '休'와 거처를 뜻하는 '窩', 여러 가지를 기록한 것이라는 의미의 '雜簒'으로 이루어져 있다. 전체 3책이며, 상·중·하로 구분되어 있다. 전체적인 구성은 편년체 방식을 취하여 조정에서 벌어지는 주요 사건들을 시간순서에 따라 기술하는 한편 逸話를 보충하는 방식을 취한다. 예를 들면, 집현전을 설치할 때 남쪽에 있던 버드나무와 관련한 일화가 그렇다. 그 나무가 1453년 단종 1년에 시들자 柳誠源이 화를 당하리라고 혹자가 장난삼아 말했는데 결국 그렇게 되었다는 것이다.(40면)

위 구성과 관련하여 이 글의 체제상에 보이는 특징은, 주요 사건을 먼저 서술하고 그 배경이나 인물의 행적, 관련 사건 등을 한 칸 내려서 서술한다는 점이다. 예를 들면 宣祖가 鄭仁弘을 대사헌으로 부르는 비망기(541면)를 기술한 다음, 정인홍에 관련된 일화를 한 칸 내려서 기술하는(542면) 방식이다. 1601년 李貴가 體察使로서 정인홍의 작폐를 비판한 것을 보면, 정인홍이 의병을 해산시키지 않았으며 소속 牛馬 등을 자기 집에 두었다고 하였다. 이러한 일화를 보충한 것은 정인홍의 인물됨에 대하여 직접 언급하지 않고도 독자가 평가할 수 있도록 한 것이다. 물론 이러한 일화를 선택하여 附記하였다는 점 자체에 편찬자의 견해가 개입된 것이기는 하다.

편찬자 임유후의 견해가 직접 노출되는 경우가 간혹 보이기도 한다. 1449년 명나라 天順 황제가 北虜에게 죽음을 당하였을 때 河緯地가 애통한 일을 기술한 다음, 1618년 奴賊이 요동을 함락하자 任叔英이 한탄했다는 일을 附記하고나서 임유후 자신의 평을 덧붙였다. "열사의 志行은 전후에 동일하구나.(烈士志行, 前後一揆. 44면)"라는 감탄을 덧붙인 것이다. 그리고 명나라가 우리에게 군사를 요청하고 청나라와 싸우다가 패한 일 등을 기록한 후 이에 대한 자신의 직접적인 평가를 덧붙였다.

하루 전에 小弄耳가 咸鏡道에서 와서 滿住에게 말하기를, "會寧府使가 말하기를, 우리 나라가 명나라의 강압에 따라 군대를 보냈으나 명나라 후위에 머물 테니 이러한 사정을 알아 달라고 하였습니다."고 하였다. 조정의 명령이 이와 같으니 강홍립 등이 기꺼이 싸웠겠는가? 누루하치와 撫順에서 싸울 때에 명나라 군대가 속히 전진하여 적진을 공격하였다면 어찌 深河의 패배가 있었겠는가? 강홍립이 양식이 떨어졌다고 핑계를 대며 여러 날 지체하고 군대 시일을 누설하였고 都督이 이 때문에 지체하여 기회를 잃었으니, 애통하도다. 사람들은 명나라 군대가 경솔하게 전진하였다고 비판하지만, 강홍립의 장계를 살펴보면, 실제는 都督이 강홍립에게 이끌려 신속히 전진하지 못한 것이 과실이다. 우리나라가 군대를 보낸 것이 처음부터 함께 원수를 갚겠다는 것이 아니었으니, 이백 년 동안 事大한 정성이 강홍립이 출정한 날에 이미 소진된 것이로다. 아! (하권 639면)

漢兵이 경솔히 진군하여 패배한 것이 아니라 강홍립이 지체하여 이 때문에 시기가 늦어진 것이라는 평가다. 편찬자의 직접적인 견해가 도출된 위 사례들은 공통적으로 事大的 입장을 두드러지게 표출하고 있다.

위에 언급한 특징들 이외에 세조 때는 연도별 기술이 적고 인물 중심이 많다든지, 전체적으로 보아 宣祖 때 특히 1583년 李珥와 관련한 기록이 많다는 특징들이 지적될 수 있다. 분량이 6면 이상을 차지하는 항목들을 모아보면 다음과 같다.

① 김종서의 回啓-두만강을 경계로 하고 慶源 중시, 四鎭 운영(79-87)
② 이이가 대사간을 사직하며 올린 상소-東西 分黨에 대한 대처(259-266)
③ 병조판서 이이의 封事-朋黨, 나라 방비(295-303)
④ 우찬성 이이의 상소-정치 개혁(303-311)
⑤ 성혼의 상소-대사간 宋應漑 등이 이이를 탄핵함에 대해 이이를 옹호함(327-333)
⑥ 이이 등을 탄핵하는 兩司의 合啓(335-342)
⑦ 1586년 公州提督 趙憲의 상소-이이와 성혼 옹호(405-410)
⑧ 조헌의 1589년 첫 번째 상소-朝臣 비판(420-432).
⑨ 조헌의 1589년 4월의 상소-時政을 논함(438-448)
⑩ 李恒福이 기록한 崔永慶 사건의 전말(559-565)
⑪ 예조판서 李爾瞻이 명나라를 돕자고 올린 箚子(631-637)

『휴와잡찬』 전체 658면 가운데 宣祖 때의 기록이 228면에서 601면까지 즉 374면으로 절반 이상의 분량을 차지하고 있다. 이 가운데 특히 朋黨에 관한 기록이 많은 부분을 차지하며 朋黨의 상황을 타개하려 한 李珥의 모습이 그 중심에 있다. 이이가 등장하는 부분을 보자면, 붕당과 관련한 이이의 대화가 소개되는 235면에서부터 이이가 죽은 후 이이의 조카인 李景震이 올린 상소, 이와 관련하여 李貴가 올린 回啓가 나오는 415면까지 즉 180면을 차지하여 宣祖 때의 절반 정도를 차지하는 것이다. 위에서 6면 이상을 차지하는 항목들도 대개 이이와 관련한 것들임을 알 수 있다.

한편 『휴와잡찬』이 완성된 글이 아니라 脫稿 이전의 상태였음을 짐작하게 하는 점들이 있다. 전체적으로 편년체 서술방식을 택하면서 세종 때의 경우 전쟁 기록은 나중에 따로 모아서 서술함으로써 서술방식의 일관성이 결여되었다든지, 599면과 600면은 전후 다른 면들과 구분되어 나중에 기입된 듯하다는 점 등이 그렇다.

3. 내용

『휴와잡찬』의 세부 내용을 간추려서 아래에 제시한다. '< >'로 묶은 것은 내용이 달라짐에 따라 필자가 임의로 붙인 것이다. 처음에 면수를 밝히고 연도가 드러난 경우 적시한 후에 내용을 간추려서 기술하는 방식을 취한다.

1) 休窩雜纂 野談 上

<태조>

1면. 1343년. 李太祖 출생, 활쏘기 명수로서 다섯 사슴을 활로 쏘아 지금도 '五鹿郊'로 불림. 태종에게는 儒術에 힘쓰라고 권하여, 급제하자 잔치함.

3. 태조의 웅대한 뜻이 드러난 시, 인후한 성품.

4. 태조가 潛邸일 때 승려가 異書를 바침. '木子乘猪下 復正三韓境'

5. 태조 개국. 趙胖이 奏聞使로 明에 다녀옴.

1394년. 한양에 궁궐을 세움.

6. 명나라 高皇帝가, 女眞을 꾀어 압록강을 넘게 했다고 手詔하여 질책한 데 대해 上表.

명나라는 조선의 貢을 받지 않고, 親男을 보내라고 함.

7. 태종이 가서 상세히 해명하고 통로를 허락받음.

태조가 즉위하여 御諱를 바꿈. 정도전이 表德을 지어 올림.

8. 1397년. 정도전을 東北面 都宣問使로 제수. 정도전에게 하사한 편지.

9. 趙浚을 비방한 金扶 등에게 태조가 벌을 내림.

10. 1395년. 태조가 李穡을 불러 친구로 대함.

다음해 이색이 배를 타고 가다 빠져 죽음-세상의 의심. 고려의 자손들이 배 안에서 죽은 경우가 많은데, 정도전과 조준이 꾸민 것.

河崙을 충청도 관찰사로 除授. 태종(당시 靖安君)에게 위험을 알리고 李叔蕃을 천거하여 靖難을 대비하게 함.

11. 태조의 세자 책봉을 둘러싼 분열.

15. 1398년. 定社 論功에 知中樞 朴苞가 공이 많은데 아래에 처했다고 원망하다가 芳幹과 모반함.

<태종>

17. 태종이 定社 후에 주위의 청을 뿌리치고 세자를 恭靖(定宗의 시호)에게 사양함.

18. 정도전의 난.

태조가 왕자들의 병사들을 혁파함에 따라 元敬王后가 태종에게 馬兵을 대어줌.

19. 태조가 동학인 吉再를 불렀으나 사양함.

20. 徐甄이 金震陽의 黨에 얽혀 물러나서는 고려를 그리는 시를 지음. 臺諫이 죄를 청하자 태종은 가상하다고 칭찬함. 선조 때 許篈의 계에 따라 대사간을 추증함.

20. 1407년. 세자 禔가 중국에 다녀옴.

21. 元天錫을 태종이 방문, 원천석의 啓沃(아룀)이 많음.

1409년. 議政府 등에서 閔無咎 등의 죄를 청하여 유배함.

副司直 朴和가 일본에 사신으로 가서 억류되었다가 다음 해 돌아옴.

22. 강원도 대나무에 열매가 열려서 술로 담가서 먹고, 흙으로 떡을 만들어 먹음. 1594년에도 흉년이 들어 흙을 쌀에 섞어 먹어서 굶주림을 면함.

朴錫命이 젊을 때 태종과 같이 자다가 꿈에 황룡을 봄.

23. 孟思誠과 朴安身이 平壤君 趙大臨을 鞠問하면서 啓를 올리지 않아서 태종의 노여움을 사 죽을 뻔했는데 박안신은 태연히 시를 지음.

24. 1418년 무술. 세자 禔가 과실이 많아 폐위하고 세종을 세자로 정함. 黃喜가 반대하여 유배 갔는데, 태종이 다시 부름.

25. 8월 태종이 세종에게 禪位.

兵曹의 실수에 따라 參判 姜尙仁 등 처벌. 세종의 장인인 沈溫은 自盡. 신하들이 세종의 妃인 恭妃의 폐위를 청했으나 세종이 두둔. 모친 安氏는 노비로 됨.

<세종>

27. 좌의정 柳廷顯이 졸함. 세종이 백관을 이끌고 擧哀.

태종의 비 元敬王后 喪에 태종이 백성의 노고를 염려하여 全石을 쓰지 말고 方石을 합성하라고 했는데 세종이 효심 때문에 全石을 쓰자 태종이 가서 부숴버림.

28. 1422년. 靑山현감 卓祉가 君喪을 親喪보다 가볍게 하여 능지처참함.

1427년. 문무과 重試에 新試 恩榮을 내리고 예조에서 잔치를 베풂.

우의정 황희가 모친상을 당했는데 세종이 명하길, 나이 60이 넘었으므로 3년상이 끝나지 않았으나 육식을 하도록 함.

29. 1429년. 天使 李翔 등이 皇勅으로 唱歌婢 등을 뽑아서 가야금 등을 상으로 줌.

우의정 柳寬이 3월 3일과 9월 9일을 令節로 삼기를 청함.

30. 1431년. 讓寧大君의 첩 件里가 紫的(자줏빛)으로 말고삐를 삼아 말 타고 나갔다가 사헌부 禁吏에게 걸림. 件里가 대사헌 吳陞의 妓妾을 통해 풀어달라고 하자, 오승이 금리에게 보고하지 말라고 했는데, 執義 이하가 오승의 죄를 청하여 파직.

1432년. 세종이 친히 養老를 행하여 勤政殿에서 잔치. 다음날 중전이 老婦들을 모아 思政殿에서 잔치함.

31. 1433년. 도성 안에 태조와 태종의 위패를 봉안한 文昭殿을 세움.

32. 1429년. 울진현에 琉玖人 60명 표류, 射殺.

美號를 가하지 않고 다만 왕비, 세자빈으로 칭하기로 함.

33. 1436년. 국초에 都評議가 정치를 총괄, 의정부로 고침.

명나라 宣宗황제가 耕牛 1만 두를 보내서 絹布로 무역하라고 하자 따름.

34. 視學과 試取 논의.

1436년. 講武를 흉년 때문에 정지함.

35. 양녕대군의 비윤리적 행위로 탄핵, 세종이 옹호.

36. 양녕대군의 인품-해학을 잘하고 황음무도하나 대범함.

37. 의금부 도제조 柳廷顯의 계-사헌부에서 명을 받지 않았는데 의금부 鎭撫都事를 불러 持平 이상이 모두 交椅에 앉아 聽言 取詞하는 관행의 불편함 시정.

38. 훈민정음 창제.

1438년. 甘露가 내림.

1443년. 申叔舟가 일본 통신사로 다녀옴. 오는 길에 풍랑을 만나, 船人들이 임산부가 빌미라고 빠뜨리려 하자 신숙주가 사람 죽이면서까지 살고 싶지는 않다고 함. 풍랑이 멎음.

39. 1449년. 北虜가 북경 침입. 鄭陟을 명나라에 사신으로 보냄. 정척은 두려워하지 않고 가서 새로 즉위한 황제에게 禮賀함.

세종이 雅樂 제정, 朴堧이 도움. 자격루 등 제작에는 蔣英實이 도움.

40. 『資治通鑑』 주석과 句讀.

文治에 힘씀. 집현전 설치. 남쪽에 버드나무. 계유년에 시들자 柳誠源이 화를 당하리라고 혹자가 장난삼아 말했는데 그렇게 됨.

41. 賜暇讀書.

42. 대제학 박연을 慣習都監 提調로 삼음.

尺式 확정.

43. 地理說者가 궁성 북쪽에 담장과 문을 만들어야 한다고 하자, 魚孝瞻이 상소하여 반대함. 그는 뜰에 부모를 장례하는 등 풍수설을 따르지 않음.

44. 1449년. 명나라 天順皇帝가 北虜에게 죽음. 河緯地가 애통해 함. 1618년 奴賊이 요동 함락하자 任叔英이 한탄함.

45. 李叔蕃이 유배되어 있는데, 「용비어천가」를 지을 때 先朝의 일을 잘 안다고 해서 불러서 참여시킨 후 완성되자 다시 유배 보냄. 선왕의 처리를 아들이 바꿀 수 없다고 함.

46. 詔使 倪謙이 安平大君의 필체를 높이 평가.

안평대군 소개. 成侃이 안평대군과 왕래하자 모친이 충고함. 얼마 후 안평대군 敗死.

47. 崔致雲을 세종이 중히 여겨 자주 불러서 국사를 논의함. 술을 너무 많이 마셔서 御札로 경계함.

48. 尹淮와 南秀文 등이 과음하자, 세종이 3잔만 마시라고 함.

49. 세종 평가. 학문에 힘써 『高麗史』, 『治平要覽』, 『五禮儀』 등 간행.

1419년. 왜구가 庇仁縣에 침입. 227척으로 대마도를 보복 공격.

52. 1432년. 11월 野人 400여 騎가 침입, 대책 논의. 1433년 토벌 계획.

54. 崔閏德을 평안도 都節制使로 임명.

56. 野人에게 죄를 성토하는 榜文을 보냄.

59. 최윤덕이 江界에 군사를 모아 진격, 婆猪 지역 평정.

63. 야인의 복수에 대비하여 최윤덕을 都按撫察理使로 임명. 柵을 설치.

野人의 書-사로잡힌 妻孥를 돌려보내달라고 함.

64. 야인이 와서 화평을 허락한다는 교지를 받아감.

10월 兀狄哈이 斡木河를 공격. 도망한 凡察 등이 慶源으로 피하겠다고 청하였으나 거절. 이때에 경원을 蘇多老로 옮겨 옛 강토를 회복하자는 논의. 寧北鎭을 斡木河로 옮김.

67. 金宗瑞를 咸吉道 節制使로 임명. 鎭의 설치를 위하여 충청도 강원도, 경상도의 백성을 모집.

68. 斡木河에 會寧府를 두고 會叱家의 땅에 본부를 옮겨 경원부로 부름.

69. 1435 을묘. 兀良哈이 2700여 기로 閭延 침입.

71. 1436 병진. 兀良哈이 500여 기로 침입.

야인들의 잦은 침입에 대한 대책 논의.

72. 참판 河演의 견해에 따라, 자주 왕래하는 야인에게 귀중한 물건들을 주어 商販하게 하여 자신도 모르게 간첩 노릇을 하도록 계획함.

74. 1437년. 야인으로부터 백성을 보호하지 못해서 경원부사 宋希美 등을 의금부에 내려 처벌함.

75. 김종서에게 御札로 密諭-慶源 방비에 대한 우려. 四鎭을 세울 필요가 있는지 물음.

79. 김종서의 回啓.

87. 김종서에게 四鎭의 설치를 명함.

88. 황해도에 疫癘 발생. 친히 제문 지어 제사 지내게 함.

<문종>

89. 문종이 세자로 있을 때 지은 橘에 관한 詩.

문종이 王崇禮를 崇義殿使로 임명. 고려 왕조를 제사지내게 함.

90. 문종 즉위.

顯德왕후가 魯山君을 낳고 죽음.

사대부처럼 神道碑를 세워서는 안 된다고 하여 문종의 능인 顯陵부터 비를 세우지 않음.

<세조>

91. 權擥의 별명 寒美郞-세조가 대군시절에 찾아와서는 늦게까지 돌아가지 않아서 식사가 매번 늦어졌기 때문.

韓明澮가 權擥과 死交. 靖難 도모. 무사 洪達孫 등 천거.

92. 1453년. 김종서는 당시 '大虎'로 지목되어, 세조가 먼저 제거함.

95. 1455년. 讓位.

朴彭年이 자살하려는 것을 成三問이 말리면서 復王을 꾀함.

96. 1456년. 金礩이 배반, 아버지 金昌孫에게 누설.

98. 申叔舟의 부인이 목을 매려 함. 신숙주는 성삼문과 매번 同生同死를 말함.

99. 단종이 寧越로 가면서 지은 哀歌.

우의정 鄭苯 賜死

100. 세조의 활 솜씨.

세조가 謝恩使로 중국에 갈 때 徐巨正이 따라감. 모친의 부고를 알리지 않았는데 서거정이 꿈을 꿈.

101. 세조의 吉禮. 처음엔 貞熹왕후의 형으로 정했다가 監察 閔氏가 왕후의 비범함을 살피고 바꿈.

102. 신숙주를 영의정, 具致寬을 우의정으로 除授. 세조가 불러서 술 마심.

103. 李澄玉의 반란. '大金皇帝'라고 자칭함.

104. 1460년. 六鎭 藩胡의 난. 신숙주가 元帥로 출정. 적의 야습 때 태연히 시를 읊음.

태종 때 武科를 처음 설치함.

105. 세조가 좋아하지 않던 卑官이 재상이 됨. 貴賤은 운명이라고 함.

黃致身은 점쟁이 말대로 정승이 됨.

106. 李施愛의 반란.

109. 魚有沼가 建州 야인을 평정. 중국까지 명성이 알려짐.

南怡가 어유소와 함께 공로 세움. 柳子光이 모함.

111. 세조가 친히 策文하여 인재 선발, '登俊'이라 부름. 徐居正이 3등.

세종이 불교 애호. 俊和尙이 유명. 1457년 대장경 15권 간행을 명령하여. 다음해 완성.

112. 고려 습속인 불교 의례 轉經法 시행.

우리 학자들의 語音이 바르지 않고 句讀가 명확하지 않음을 세조가 개탄하여 학자를 모아서 검토하게 함.

113. 세조의 養士.

1457년. 德宗이 동궁 시절에 薨逝함.

<예종>

『세조실록』을 편수할 때 閔粹가 史草를 塗擦하다가 親鞫을 당함.

114. 성문 개폐 시간을 조정.

睿宗이 스스로 '睿宗'이라 쓰고 謚하도록 함.

<성종>

115. 성종 즉위.

密符를 만들어 重臣들에게 주어 機變을 막게 함.

1479년. 중국이 建州 야인을 칠 때 협공하여 야인을 물리침.

116. 魚世謙이 奏聞使로 야인의 俘馘을 명나라에 바침.

117. 王大妃를 위해 매일 曲宴을 엶.

집현전을 이어 弘文館을 부설함.

118. 讀書堂의 변천.

119. 성종이 창경궁에서 잔치하며 신하들에게 시를 짓게 함.

120. 儒臣 우대-曺偉, 兪好仁, 成希顔.

121. 丁克仁이 「不憂軒曲」을 지음.

함경도 유생 朴元岭이 글씨를 잘 써서 상소를 대필함. 賜酒.

122. 文宗과 成宗의 楷法이 정묘함.

法席, 七七齋, 食齋 등을 성종이 배척하여 불교 쇠퇴.

尊經閣 등을 만들어 인물 배출.

123. 1493년. 성균관에 가서 拜謁. 팔도 유생 만여 명이 운집하여 잔치에 참여함.

활자: 1403년 태종 鑄字 丁亥字(『左氏傳』 글자). 세종 庚子字, 甲寅字(『爲善陰騭』 글자). 『綱目』 大字로 鉛활자 만듦. 문종 壬申字(안평대군 글자). 세조 乙亥字(姜希顔의 글자). 乙酉字(『圓覺經』을 인간하기 위함). 성종 辛卯字(王荆公과 歐陽公의 문집 글자) 癸丑字(新版『綱目』 글자)

125. 1473년. 경상도에서 白雉를 드렸는데 받지 않음.

1483년. 光陵에 親祭. 1485년. 1486년. 下三道에 기근이 들자 重臣을 명하여 진휼하게 함.

127. 上番 군사에게 御札-外方 일들을 진술하라고 함.

128. 月山大君과의 우애.

129. 1483년. 경상도 寧海에서 地火 발생.

1484년. 金良琠의 謚을 '恭肅'으로 바꿈.

130. 金訢이 외증조 成槪가 쓴 魏徵의 「十漸疏」와 箚子를 올림.

廢妃 尹氏 賜死.

131. 1488년. 세자의 親迎禮.

孫舜孝가 연산군의 성품을 알아봄.

132. 權景祐의 강직한 성품, 任士洪을 탄핵함.

<연산군>

132. 1504년. 尹氏 폐위에 참여한 尹弼商, 韓致亨 등을 극형에 처함.

133. 金馹孫의 史草.

柳子光이 金宗直의 「弔義帝文」을 문제 삼음. 김종직의 글을 모두 불태우고 剖棺斬屍함.

137. 연산군의 음탕함과 사치. 사대부 부인들을 강제로 사통함.

138. 도성을 改築함.

우의정 姜龜孫이 연산군을 폐위할 계획을 세웠다가 병으로 죽음.

139. 成希顔이 反正 주도.

142. 경연 參贊官 柳崇祖의 차자-연산군 장례의 격식에 대해.

143. 1507년. 서얼 朴畊의 옥사에 연루된 유생 趙光輔가 유자광 등을 꾸짖음.

144. 柳子光의 행적.

자기와 닮은 노비를 후하게 장례 지내고, 자기 죽은 후 물으면 노비 묘를 자기 묘라고 속이게 하여 무덤이 훼손되지 않음.

<중종>

146. 중종 즉위

부인 愼氏(愼守勤의 딸)를 내보냄.

1508년. 승정원과 예문관에 붓과 먹을 내려 자신의 과오를 간하게 함.

147. 세조 때 폐위된 문종의 비 顯德王后를 安山에 묻음. 昭陵에서 顯陵으로 이장.

148. 1516년. 燕山君과 魯山君의 祭文을 지음.

149. 중종의 繼妃 章敬王后가 죽음.

순창군수 金淨과 담양부사 朴祥의 상소-죄 없이 폐위 당한 愼氏 복위를 청함.

150. 노산군과 연산군의 立後를 청하는 한산군수 李若氷의 상소. 兩司에서 반대.

151. 1518년. 三司 등에서 昭格署 폐지를 건의하여 폐지함.

1525년. 慈殿의 未寧에 따라 다시 건립.

152. 1519년. 臺諫이 女樂의 폐지를 건의하나 따르지 않음.

153. 『性理大全』進講을 위해 講官을 선발.

정부와 禮曹에서 賢良科 시행을 건의.

155. 입시가 끝나고 나올 때 史官이 먼저 나가면 불편하므로 首座부터 나가기로 함.

155. 1518년. 文定王后 大婚 冊禮 시에 올린 조광조의 계-外命婦 가운데 연산군과 관계한

부인들은 참석시키지 말 것을 건의.

156. 文昭殿의 仕版 상실. 鞫問. 推官 鄭光弼이 현명하게 처리.

큰 지진.

1519년. 승지와 사관이 들어가서 入啓하고, 작은 일은 承傳色과 內臣이 출납하도록 함.

157. 성균관에 酒饌을 내리고 製述하게 함.

158. 성균관에 가서 文廟에 酌獻하고, 명륜당에 가서 『周易』 등을 講하고 文意를 논란하게 함.

1519년. 10월 대사헌 조광조 등이 중종반정 때 錄功이 지나쳤으니 시정할 것을 청함.

11월 15일 밤에 密敎. 조광조 등 8인을 가둠. 鄭光弼이 변론.

163. 태학생 李若氷 등이 조광조의 無罪를 밝히는 상소. 궐내에 들어와 통곡함.

164. 柳雲이 조광조 대신 대사헌에 제수. 그러나 就職하지 않고 사직하며 조광조 변론.

166. 安瑭 등의 죄를 청하는 合司. 정광필 등이 변론하다가 체직. 安瑭 등 파직.

168. 조광조 賜死.

1520년. 金湜이 配所에서 도망하여 南袞 등을 제거하려 한다고 李信이 고함.

169. 金湜 賜死. 詞를 지음.

170. 참판 金世弼이 경연에서 조광조를 변호하다가 하옥됨.

南袞의 '走肖爲王' 계략. 글을 잘했는데 모두 없애버림-자기 악명이 그 때문에 드러날까 걱정해서.

173. 韓忠이 대신들을 비판. 申用漑가 꾸짖자 정광필이 만류함.

175. 李延慶은 조광조를 등용하려고 할 때 신중을 기할 것을 건의.

賢良科 폐지.

177. 李沆이 사림에 해를 끼침.

178. 成守琮과 成守琛 형제. 才行이 뛰어남. 李沆이 성수종의 對策이 문리가 통하지 않는다고 모함함.

179. 1532년. 東宮 근처에서 쥐를 불태워 저주한 것이 발견됨. 金安老가 獄事를 맡아서 개인적 원한을 관련시킴.

181. 정광필의 도량과 행적.

183. 1535년. 이조좌랑 洪暹이 金安老와 결탁한 許沆의 모함으로 유배, 杖瘡이 터져서 피가 옷을 적심.

184. 金安老의 간사한 성품. 賜死.

185. 참찬 趙元紀와 참판 宋欽의 淸節, 표상함.

186. 122세의 노파가 있어서 임금이 의식을 내려줌.

1544년. 중국에서 北虜의 침입 때문에 군대를 청함. 西關을 위해 柳灌을 평안감사로 보냄.

187. 중종의 潛邸 시에 甑山 訓導로 발령이 늦어지는 이를 위해 편지를 써줌. 나중에 편지를 보고 제수함.

<인종>
188. 영의정 尹殷輔 죽음.
1545년. 赦文에 관한 논의
189. 尹元衡과 尹任. 大·小尹으로 칭함.
인종 승하. 慶原大君에게 전위.
191. 조광조의 爵秩을 돌이킴.
192. 인종의 인품. 우애
서모 박씨와 아들 嵋는 殪死. 두 딸은 得罪.

<명종>
193. 1545년. 명종이 어려서 慈殿이 聽斷함.
尹任, 柳灌, 柳仁淑 등의 죄를 물으라고 밀지를 윤원형에게 보냄.
194. 좌찬성 李彦迪이 사림을 보호하다 유배 감.
197. 경기감사 金明胤이 瑠가 흉모에 가담했다고 고발하여 瑠 처벌.
198. 진사 安世遇가 윤임의 婢子를 잡고서 錄勳됨.
199. 우의정 李芑가 賢良科 폐지를 건의하여 폐지함.
200. 李芑의 행적. 대사헌 이언적의 추천으로 淸顯職에 올랐는데 후에 그를 탄핵하여 유배 가게 함.
201. 尹任 등이 극형을 받음.
202. 鄭球의 아들 鄭希登의 高義.
205. 나라를 비방했다는 병조좌랑 尹春年의 상소에 따라 尹元老 賜死.
206. 豊德 사람 陳復昌이 동향인 鄭興宗을 고발하여 극형을 당하게 함.
許磁가 陳復昌을 탄핵하다가 윤원형의 탄핵을 받아 귀양 가서 죽음.
1547 정미. 부제학 鄭彦愨이 양재역 壁書를 가져와서 李若水 등 賜死. 이언적 등 유배.
208. 부제학 鄭彦愨의 계에 따라 林亨秀 賜死. 정언각은 후에 落馬하여 죽음.
209. 史官 安名世가 을사일기를 直敍했다가 처벌됨.

2) 休窩雜纂 野談 中

211. 1546년. 인종의 別廟에 대한 논의. 선조 때 文昭殿으로 옮김.

213. 1549년. 공신들에게 賜宴.

214. 1551년. 禪科 설치. 文定王后가 불교 숭배.

1565년에 문정왕후 승하하자 禪科 철폐.

普雨가 檜巖寺에서 無遮大會 열려다가 臺諫 등의 탄핵으로 제주에 유배. 죽음.

215. 舍人 鄭惟吉 등의 告變. 이약빙의 아들 李洪男 등 처형.

216. 黃憲이 南袞에게 발탁되어 벼슬. 金安老를 탄핵하고 과도하게 黨人들을 죄 주려다가 윤원형의 사주를 받은 陳復昌의 상소에 따라 처벌.

217. 陳復昌은 윤원형에게 붙어서 자주 大獄을 일으킴. 후에 윤원형의 미움을 사서 유배. 죽음.

218. 李洪男이 사간 李無疆을 사주하여 명망 있던 李澄를 유배시킴. 전에 李澄가 李芑를 탄핵, 이때 이기가 처형을 주장함.

219. 順懷世子 요절.

220. 李樑은 國舅 沈鋼의 婦弟. 명종이 윤원형을 견제하려고 발탁. 奇大升과 尹根壽 등이 따르지 않자 이량을 좇는 무리들이 탄핵. 이량의 甥 沈義謙이 주도하여 이량과 그 무리들을 탄핵하여 파직.

221. 명종이 명륜당에 가서 諸生들에게 手筆로 논함.

222. 승지 許曄이 夜對에서 조광조와 具壽聃을 변호. 兩司에서 탄핵하여 遞職.

223. 成守琛이 벼슬을 안 하고 逸民으로 지냄.

명종 말년에 明經과 行修 선비 등용. 李恒을 林川군수로, 曺植은 사후에 대사간 추증.

224. 金麟厚의 행적. 신동. 「離騷經」 읽은 후 題詩.

<선조>

225. 1567년 명종의 患候. 內殿이 선조를 후계자로 지명. 영의정 李浚慶이 일을 잘 처리함.

227. 명나라 翰林檢討 許國 등이 登極詔書를 반포하러 옴. 침착하게 弔禮를 행하여 칭송이 자자함.

228. 을사사화 때의 죄인들을 모두 석방함. 盧守愼, 유희춘 등 擢用. 을사사화를 주도한 남곤의 관작을 追奪. 조광조는 영의정 추증.

229. 李滉의 언행. 선조가 인견하여 정치에 대해 물음. 자신의 墓表銘을 지음.

232. 土亭 李之菡의 기이한 행적.

234. 1575년. 金孝元과 심의겸이 반목.

노비가 주인을 살해한 사건의 委官 朴淳을 사간원 許曄과 김효원이 탄핵. 鄭澈이 허엽 등을 탄핵하려고 했지만 玉堂의 李珥는 중립을 지킴. 兩司 遞職.

237. 허엽의 아들 許篈이 이조좌랑일 때, 참판 朴謹元이 金繼輝와 李後白을 지방으로 발령

함.

238. 이이가 노수신과 의논, 김효원과 심의겸을 외직으로 보내자고 하여 그렇게 함.

245. 이이가 노수신 등을 만나 時論에 대해 의논함.

247. 이이가 떠나자 김우옹 등 다른 淸名한 선비들도 귀향함.

248. 1578년. 이이를 대사간으로 부름. 이이는 사직. 임금과 동료들이 만류함.

252. 진도군수 李銖가 三尹(尹斗壽, 尹根壽, 尹晛)에게 뇌물을 주었다는 소문을 金誠一이 듣고 임금께 아룀. 허엽과 대간에서 탄핵, 三尹 파직.

255. 1579년. 사헌부 상소-심의겸은 소인이고 金繼輝와 鄭澈은 私黨이라고 비판.

李潑과 김우옹은 사헌부 논의가 지나치다고 箚子 올림.

지중추부사 白仁傑이 임금께 소회를 아룀. 서인을 편들었다고 동인이 비판. 三司와 승정원에서 논박.

259. 이이가 대사간을 사직하며 상소.

266. 許晉이 經席에서 계를 올려 이이의 상소를 비판함-심의겸과 정철을 옹호했다고.

선조가 허진의 말을 옳게 여기고 승지로 除授. 사헌부에서 허진을 아부한다고 탄핵함.

271. 김효원을 사간에 임명하는 데 대해 임금이 동서 분당 때문에 반대.

276. 정철을 이이가 옹호한다고 정언 尹承勳 등이 비판하자, 사헌부가 避嫌함.

281. 옥당에서 윤승훈과 이이의 遞職을 청함. 임금이 이이의 체직을 허락하지 않음.

285. 임금이 朴淳에게 정철에 대한 평가를 내림.

정인홍이 곧은 기운만 있고 容量이 없어서 士論을 잃고 귀향.

289. 1583년. 李濟臣의 馳啓.

藩胡 尼湯介가 慶源 침입. 부사 金鑽 패배. 鍾城까지 포위. 穩城부사 申砬이 전공을 세움.

291. 북병사 이제신이 문인이라고 비변사 등에서 교체를 요구하여 교체함.

295. 병조판서 이이의 封事-朋黨과 방비에 대해.

303. 1582년. 우찬성 이이의 상소-政事 개혁.

311. 慶安令 李瑤가 柳成龍 등 동인을 비판함.

312. 전라감사 金命元이 사직하며 심의겸 추천함. 事體에 맞지 않다고 拿來함.

313. 변방 일로 임금이 병조당상을 불렀으나 이이가 병 때문에 승정원에 가지 못하자, 兩司에서 탄핵. 이이가 연일 請罪하나 慰諭함.

316. 대사간 宋應漑 등이 이이를 탄핵. 대사헌 李墍 등이 이이를 탄핵. 부제학 權德輿 등도 이이를 탄핵.

318. 비망기-이이를 옹호.

321. 대사간 송응개가 이이를 탄핵.

324. 위 사건에 대한 이전의 과정 서술. 좌의정 金貴榮에 대해 선조가 士類에 아부한다고

책망.(이이의 賢邪에 대해 묻자 김귀영이 모르겠다고 함)

327. 성혼의 상소-이이를 옹호함. 선조가 嘉納함.

333. 헌납 柳永慶 등의 계-이이, 박순, 성혼은 심의겸의 무리라는 주장.

335. 兩司의 합계-이이와 박순, 성혼의 탄핵을 청함.

342. 金鑽를 천거한 죄로 金誠一을 나주목사로 除授. 김효원은 安岳군수, 송응개도 외직으로 보냄.

345. 선조가 승정원 질책-言路를 막는다고. 승정원 待罪. 兩司 避嫌.

347. 대사성 김우옹의 상소-이이가 뜻은 크나 편협하여 士類의 의심을 샀고 慶安令이 유성룡 등을 비판하자 더욱 이이를 의심하게 되고 성혼의 상소는 사류를 헤아리지 않았다고 진술.

351. 진사 柳拱辰 등 461명이 상소하여 이이와 성혼을 옹호함.

354. 비답-대학은 공론의 장. 諸生을 悖亂하다고 지목한 승정원이 잘못이라고 함.

356. 幼學 申石業의 상소-이이와 성혼 옹호.

357. 평안도 순무사 金晬가 申石業의 상소에 거론되었다고 遞職을 청하나 불허함.

당시 성혼과 이이를 위한 상소가 줄을 이음.

362. 二品 이상을 불러 심의겸과 김효원의 遠竄을 묻자, 반대함. 박근원, 송응개, 허봉 등의 遠竄도 반대함. 정철 혼자 찬성함.

367. 우의정 鄭芝衍이 죽은 후 家人들이 遺啓를 올림-이이가 재주 있으나 자기 견해를 고집하므로 분란이 날 것임.

비망기-啓辭에 두서가 없으니 그냥 두라고 함.

371. 사간원의 계-東西 角立은 정철이 부추긴 것이라고 탄핵함.

비답-그렇지 않다고 함.

374. 이이를 이조판서로 제수함.

376. 사헌부의 계-韓戭의 停刑을 청함. 不允.

379. 성혼의 사직상소. 인견. 蒙准상소라고 하여 납입하지 않는 예를 없애기를 청함. 대신들과 논의. 定例.

381. 1584년. 李珥 卒逝.

李山海를 이조판서로 除授. 이조참판 성혼 辭職. 不許.

382. 대사헌 정철이 辭職. 불허.

전교-沈喜壽에 대해 승정원에 물음.

383. 승정원의 回啓-이이의 誠心과 가족의 無依를 보고 恩敎를 청한 건데 말이 경솔했다고

384. 영의정 박순의 계-이이의 追贈을 청함.

1585년. 태학생 李景禮 등의 상소-五賢의 從祀를 청함.

385. 상소의 비답에 대해 승정원에서 未安하다는 뜻을 入啓함. 批答-鳳城君을 죽이자고 할 때 李彦迪이 따랐다.

388. 의주목사 徐益 상소-경연에서 鄭汝立이 이이와 박순, 정철 등을 비판한 것에 대해 비판.

395. 헌납 金權 避嫌-서익을 탄핵하는 동료들과 뜻이 다름. 정여립 비판.

396. 이이의 조카 李景震이 상소하여 정여립 비판.

397. 대사간 崔滉의 계-이양중 등이 정여립을 비호한다고 비판함.

399. 비망기-송응개와 허봉 석방.

성균박사 鄭渫이 상소하여 時事를 논함.

403. 성혼의 상소. 심의겸과 결탁했다는 대간의 탄핵에 대한 自劾.

404. 생원 李貴 상소-이이와 성혼 옹호.

405. 1586년. 公州提督 趙憲의 상소-이이와 성혼 옹호.

3) 休窩雜纂 野談 下

411. 1586년. 慶興에 屯田 설치

1587년. 병마절도사 李鎰이 藩胡 토벌. 왜구가 전라도 침입.

412. 이이 조카 李景震의 상소.

414. 이경진의 상소에 관련한 李貴의 回啓. 이이가 심의겸과 체결했다는 비판의 부당함 역설. 李山海는 이이의 본심을 알면서 옹호하지 않는다고 비판.

416. 1588년. 사은사 俞泓이 돌아옴. 主事 馬維銘의 贈詩.

태조가 李仁任의 후손이고 네 왕을 죽이고 등극했다는 중국 기록을 바로잡은 『大明會典』 1권을 가져옴.

418. 1588년. 關白 平秀吉이 簒立하여 통신사를 요구함.

<趙憲의 상소>

419. 公州提督 趙憲이 沃川에서 도보로 서울로 와서 상소-일본과 和議 반대.

사헌부 등에서 조헌의 죄를 청함.

420. 조헌의 첫 번째 상소-朝臣들 비판. 감사가 격식에 맞지 않다고 받지 않음.

437. 조헌의 다섯 번째 상소.

438. 1589년. 호남 해변의 沙火同이란 자가 일본 五島에 표류. 왜구를 유인하여 우리 해안을 노략질함. 秀吉이 五島에 명하여 사화동과 해당 왜구들을 잡아서 獻俘함.

4월 조헌이 다시 상소-시정을 논하고 관리 비판.

448. 조헌 유배.

조헌에 대한 평가-忠言을 하였는데, 선조가 받아들이지 못하여 안타까움.

449. 1589년 10월. 鄭汝立의 謀逆.

453. 유성룡 상소-辨誣 自劾. 역모에 가담했다고 의심받았는데 선조가 무마함.

<정여립 모반의 파장>

460. 1590년. 推鞫신하들에 대한 錄勳.

정여립 등을 추천했던 盧守愼을 공론에 따라 처리하라는 명.

465. 領敦寧府事 정철 파직, 유배-조정을 어지럽혔다고.

466. 정철과 관련 우찬성 尹根壽 등 삭탈관작, 門外出送.

468. 1614 갑인. 李貴의 推緘-정철이 己丑獄事(정여립 관련)를 담당. 정철이 鄭彦信 등을 구하려 하였으나 미치지 못함. 역적들과 관련이 없는 사람이라도 '東人'으로 지목 당하면 모두 의심을 받음.

470. 진사 白振民이 처음에 사실을 모른 채, 정여립이 무고를 당한 것이라고 관학생들과 상소를 올리려 했다가 사실을 알고 그쳤는데, 이 일로 杖下에 죽음.

<임진왜란>

471. 통신사 黃允吉과 金誠一 등이 일본 소식을 살피고 와서 聖節使 金應南에게 중국에 보고하게 함.

472. 1592년. 왜구 平秀吉이 平秀家 등을 보내 침입.

473. 車駕 出城.

474. 平秀家가 종묘에 거처했다가 괴이한 일들이 일어나서 小公主 家로 옮기고 종묘를 불지름.

475. 備局 有司堂上인 李恒福이 중국에 병사 요청을 건의함. 李德馨이 동의. 요동에 가서 청원.

478. 臨津을 잃고 鍾城으로 향하려다가 이항복의 견해에 따라 義州로 바꿈.

479. 중국의 파병 논의. 병부상서 石星이 구완 주장.

481. 천자의 칙서.

482. 의주에 이른 선조의 애통하는 교서. 高敬命의 檄文.

485. 玄風 郭再祐, 전라감사 權慄의 승전. 진주목사 金時敏, 전라우수사 이순신의 활약.

486. 밀양부사 朴晉의 諜報-영남 소식을 알게 됨.

487. 李如宋 등 파병.

488. 1593년. 이여송이 평양 회복. 왜군에게 도주로를 터줌.

489. 한양 회복. 沈惟敬이 적장 行長과 和約.

491. 진주성 함락. 金千鎰 사망.

492. 선조가 한양으로 돌아옴.

493. 유성룡이 도감을 설치하여 훈련을 담당하도록 청함.

유성룡이 전에 서울에 五營과 屯田의 설치를 주장했으나 시행되지 못함에 대해 識者들이 한탄함.

494. 왜장 小西飛가 關白의 항서를 가지고 중국에 갔으나 황제가 믿지 않음.

황제의 칙서-조선을 위로함.

496. 중국 給事中 魏學堂이 조선의 분할을 주장. 병부상서 石星이 반대.

經略 宋應昌이 魏學堂의 題本을 尹根壽에게 보여주며 왕에게 알리라고 함.

영의정 유성룡이 妄論이라고 의연하게 대처함.

498. 遊擊 戚金이 왕의 傳位에 대해 유성룡과 필답. 유성룡이 반대하자 유격이 불태움.

502. 1594년. 황제의 箚付-句踐의 고사를 인용하면서 왜국의 封을 청하면 왜군이 물러갈 것이라고 함.

유성룡이 그렇게 할 수밖에 없다는 차자를 올림.

중국이 小西飛를 불러서 다시는 조선을 침략하지 않을 것을 맹세하게 하고, 關白을 일본 국왕으로 봉함.

510. 1595년. 禮部에서 戰亡 장사 致祭를 청함.

天使가 일본 국왕을 책봉하는 冊寶와 金帛을 가지고 倭營으로 감.

明使와 왜노 간에 옥신각신. 왜구가 철수를 약속하고 지키지 않음.

接伴官 黃愼의 늠름한 모습. 일본 가는 배에서 풍랑을 만났을 때 동요하지 않고, 왜구가 약속을 어겼을 때 미리 예상하고 의연히 대처함.

512. 1597년. 왜구가 다시 西生浦에 와서 舊壘를 정비함. 右僉都御使 楊鎬가 군사를 이끌고 옴. 이순신을 대신한 元均의 패배. 楊鎬가 부하들 보내 왜구 격파.

513. 세자가 피난가려는 것을 李貴가 부당하다고 간언. 이순신이 12척으로 승전.

514. 經理 楊鎬가 경주에 도달하여 島山에서 淸政을 공격함.

1598년. 楊鎬 군대가 겨울철 추위 때문에 피해 입음. 양호 파면.

515. 유성룡이 일을 맡지 않아서 이항복과 李廷龜 등을 보내 양호에 대해 변호하게 함.

萬世德이 楊鎬를 대신하여 옴.

516. 이순신 사망. 平秀吉 죽자 왜군 철수.

517. 1599년. 監軍御史 陳爻 죽음.

518. 유성룡의 직첩 환급.

519. 1600년. 萬世德이 철수하려고 하자 머물러 달라고 요청함.

520. 1601년. 대마도 왜구 平義智가 和好 요청. 조정에서 거부.

懿仁王后 사망. 황제가 왕과 仁穆大妃에게 誥命과 冕服, 冠服을 내림.

<최영경 伸寃>

521. 陝川 생원 文景虎 등의 상소-崔永慶을 정여립 모반 사건과 연루시켜 죽게 한 정철과
성혼 비판.

524. 鄭仁弘이 성혼과 정철을 모해하고자 문객을 시켜서 상소를 올리게 한 것.

528. 비답-영남 인심은 그럴 만도 하다. 둘 다 인정. 황신의 出仕.

532. 비망기-이조 비판, 이조 판서 沈喜壽 등을 遞差함.

대사헌 奇自獻의 계-賊招는 崔三峯이 아니라 吉三峯. 당시 인사 중에 적과 한두 번 왕래
안 한 이가 없다. 당시 用事者들 비판.

534. 지평 尹義立의 계-최영경을 구하지 않은 책임은 성혼에게 있다.

535. 1602년. 비답-정철과 성혼이 결탁했는데 성혼을 直斥하지 못하니 안타깝다.

538. 대사간 鄭光績의 箚子-옛 일이지만 시비를 가리기를 청함.

539. 비답-정광적의 차자를 받아들임.

비답-李海壽는 정철의 심복. 최영경을 죽이는 데 일조. 다른 諫院 5인도 정철의 사람인지
물음.

541. 대사간 정광적 등의 계-당시 諫官은 모두 정철의 奸黨. 삭탈을 청함. 依啓.

비망기-鄭仁弘을 대사헌으로 부름.

544. 대사간 權憘 등의 계-임진왜란 때 大駕가 門間를 지나가는데도 성혼은 나와 보지 않
았다고 비판.

546. 비답-시비는 가려졌으니 삭탈을 할 필요는 없다.

547. 傳旨-성혼 비판. 삭탈관작.

548. 善山 유생 金羣 상소-문경호의 상소에 아버지 宗儒가 거론된 것에 대해 변명함. 상소
가 거짓임을 주장.

550. 비답-변호하지 마라. 성혼이 임란 때 乞和한 것도 비판.

553. 비답-적에게 항복을 청하는 것은 楊墨의 무리. 조정의 시비에 간여하지 마라.

554. 이효원의 계-이성록 등의 罷職不敍를 청함.

555. 비답-依啓. 梁千頃의 進告에 따른 監兵使의 狀啓에 대해 이성록 등이 풍문에 의한 것
처럼 보고하여 성혼과 정철을 두둔. 이들에 대해 옥당에서 出仕를 청했기에 조정에 公議가
사라짐을 알았다.

556. 사헌부의 계-이성록 등의 삭탈관작, 옥당 관원의 파직을 청함. 依允.

정인홍이 대사헌으로 들어와서 당시 대간들의 中道付處를 청함.

559. 당시 정인홍이 主論. 충주 李德亨의 상소-洪汝諄(1594년 최영경 伸寃에 공이 있음)의 伸寃을 청함.

565. 좌의정 이항복이 성혼을 구하는 箚子.

567. 1604년. 조정에서 승려 松雲(惟正)을 보내 상황을 탐색하고 잡혀간 男婦 1300여명을 刷還.

1605년. 대마도에서 橘智正을 보내 화해를 청함.

1606년. 家康이 通好.

<광해군을 세자로 책봉>

568. 傳攝의 교서. 광해군 箚辭.

1608년. 前참판 정인홍의 상소-영의정 柳永慶 탄핵. 광해군의 세자 책봉에 대해 유영경이 반대했다고.

578. 遺敎. 승하. 영의정 유영경 등 七臣에게 전함. 정인홍이 得志하여 유영경 등을 誣告함.

<선조에 대한 평가>

579. 초기 정치는 훌륭하다. 乙巳 遺賢들을 탁용. 40년 동안 큰 刑獄은 없다.

584. 대원군에게 친히 제사지내려 하자 옥당에서 반대. 鞫問하려 하자 대신들이 구하여 그침.

592. 왕명에 따라 金宇顒이 사부 曺植에게 배운 것을 六箴으로 써서 바침.

593. 漢文帝가 왜 賈誼를 쓰지 않았는지 이이에게 물음. 성혼의 인물됨에 대해 이이에게 물음.

596. 御製詩-愁鬱. 이이가 비판.

<광해군>

601. 선조가 陪臣을 보내 여러 번 세자 책봉을 청함

1609년. 황제가 太監 劉用을 보내 왕으로 봉함.

603. 광해군 초년. 李元翼, 이덕형, 이항복 三公을 정인홍과 이이첨이 시기함.

1612년. 倫紀 무너짐. 이덕형이 請對하여 極言을 하려고 하자 이항복이 차자를 올리는 것이 낫다고 하여 차자를 지었으나 다음 날 削黜당하고, 울분 때문에 병이 들어 죽음.

604. 1611년. 정인홍의 斥賢. 태학 유생이 靑衿錄에서 삭제. 광해군이 주모자를 벌하려 하자 좌의정 이항복이 차자를 올려 말림.

607. 殿試 진사 任叔英의 對策-時政에 대한 직언.

權韠의 시. 유배. 고문 때문에 都門을 나서자마자 죽음.

1613 계축. 大妃를 가둠. 이이첨의 誣獄.

1608년(광해군 즉위)부터 大獄이 매년 일어남.

608. 李貴의 推纖에 있는 窣說 소개. 동인과 서인 당쟁. 정인홍과 朴梓가 李元翼 등을 모함.

613. 1614년. 吳謙의 아들 吳彦寬이 승려가 되어, 金自兼의 처 과부 이씨와 羅廷彦의 첩과 함께 달아났다가 붙잡혀서 매 맞고 죽음. 이씨는 여승이 되어 慈壽宮에 머물렀는데 生佛이라고 존경.

615. 1615년. 妖僧 性智가 풍수설로 광해군을 현혹, 仁慶宮과 慶德宮을 짓게 함. 인왕산 아래 인가 철거. 국고가 고갈되어 포기함.

1617년. 이이첨이 사주하여 대비의 폐위를 주장. 이항복 등이 반대하였다가 유배 감.

617. 정인홍이 陜川에 머물며 朝權을 잡고, 이이첨이 10여 년 권력을 누림.

618. 科場의 用私. 賣文.

<淸 등장>

621. 1618년. 명나라에서 建州 奴兒哈赤을 치려고 원병을 청하는 칙서.

625. 1619년. 도원수 姜弘立과 부원수 金景瑞 등 5천 명 파견. 강홍립이 金에 역관을 몰래 보내서, 어쩔 수 없이 進兵한 것이라고 전함.

喬遊擊의 지휘로 청과 전투. 左營將 金應河 전사, 강홍립 투항.

628. 胡書-명나라를 돕지 말 것.

629. 이에 대한 논의. 광해군은 朴燁의 뜻으로 좋은 말로 답변하기로 함.

631. 예조판서 이이첨은 명을 돕자는 箚子 올림.

637. 비답-明은 自守할 힘이 없고 우리도 국력이 약하다. 邊將의 답서는 國書와 다르다.

638. 임유후의 평가漢兵이 경솔히 진군하여 패배한 것이 아니라 홍립이 지체하였고 이 때문에 시기가 늦어진 것이다.

640. 1621년. 청이 심양과 요동 함락. 황제의 등극에 따른 조서를 반포하러 왔던 詔使가 海路로 돌아감.

강홍립의 장계-요동 함락 등 정황에 대한 보고.

後金國 汗의 致書-漢人을 받아들이지 말고 돌려보내라고 함.

641. 毛文龍이 椵島로 들어감.

모문룡이 鎭江을 취하자 淸이 우리에게 恐喝. 광해군 답서.

<이이첨의 몰락>

642. 이이첨이 척화를 주장하다가 광해군에게 거절당하자 권력을 다투던 무리들이 이이첨 비판.

643. 이이첨이 遠接使로 나가기 전 箚子 올림. 咀呪獄事를 논하고 遞職을 청함. 원접사 직임은 수행하게 하고 예관 등의 직임은 遞差.

644. 관학유생들의 상소-이이첨 처벌을 청함.

습司-이이첨이 중국에 飛語를 퍼뜨렸다는 등 죄 12가지 나열.

646. 1622년. 비망기-이이첨에 대한 비판을 그치라.

650 동부승지 韓孝仲의 계-승려 性智(仁慶宮에 거하면서 誦經 禮佛)가 東宮 대문에 출입하는 것을 보고 비판. 토목 공사 비판. 遞差.

<광해군 평가>

652. 초기에 이원익이 失德에 대해 泣諫. 그러나 경연 폐지.

653. 말년에 점쟁이가 재앙 피하려면 무당을 신봉하고 佛事를 넓혀야 한다고 하자 內願堂을 명산에 두루 지음.

金尙宮의 속임수-연경에서 가져온 火浣錦을 훔침.

許筠과 동모한 元悰이 뇌물 주고 살아남.

655. 1623년. 명나라 推官 孟養志가 칙지를 갖고 왔으나 광해군이 병을 핑계로 만나지 않음.

인조반정.

656. 貞懿왕대비의 교서.

4. 가치

『휴와잡찬』의 副題는 '野談'이라고 하였다. 여기서 말한 '야담'은 현재 국문학계에서 사용되는 개념과는 다르다. 요즘으로 말하면 '야담'이 아니라 '野史'에 가깝다. '야담'이란 대개 한 인물의 逸話나 笑話 등 짤막한 이야기들을 가리킨다. 이에 비하여 '야사'는 역사적인 사건과 자료에 대해 개인이 취사선택하여 기록하였다는 의미를 지닌다. 『休窩雜纂』은 개인의 일화를 다룬 경우도 있으나 그것은 부차적인 부분이고 대체로는 역사적인 관심거리 등을 史料에 근거하여 기술하고 있다. 내용은 조선 건국부터 인조반정 때까지의 역사적 사건과 인물들에 대한 기록이다. 그다지 많지 않은 분량 속에 조선 초기와 중기의 사건들을 통시적으로 기록함으로써 역사적 맥락을 파악할 수 있게 하였다.

【이대형】

해제(가나다순)

고운기 : 연세대 국학연구원 연구교수
구만옥 : 경희대 사학과 교수
구지현 : 연세대 국문과 강사
금지아 : 연세대 국학연구원 연구교수
김선경 : 연세대 국학연구원 연구교수
김영봉 : 연세대 국학연구원 연구교수
김영진 : 계명대 한문교육과 교수
김용흠 : 연세대 국학연구원 연구교수
김준형 : 연세대 국학연구원 박사후 연수과정
김현미 : 이화여대 국문과 강사
박현규 : 순천향대 중문과 교수
부유섭 : 홍익대 국문과 강사
서대원 : 원광대 인문학연구소 연구교수
원재린 : 연세대 국학연구원 연구교수
이대형 : 연세대 국문과 강사
이승수 : 한양대 한국학연구소 연구교수
이종수 : 연세대 사학과 석박사 통합과정
이지양 : 성균관대 동아시아학술원 BK21 박사후연구원
이현식 : 서남대학교 국문과 교수
장동우 : 연세대 국학연구원 연구교수
전송열 : 연세대 국문과 강사
정명기 : 원광대 국어교육과 교수
정호훈 : 연세대 국학연구원 연구교수
최우영 : 한국산업기술대 교양학과 강사
허경진 : 연세대 국문과 교수
홍성찬 : 연세대 경제학과 교수
황병기 : 연세대 국학연구원 연구교수

교열(가나다순)

도현철 : 연세대 사학과 교수
신승운 : 성균관대 문헌정보학과 교수
이광호 : 연세대 철학과 교수
허경진 : 연세대 국문과 교수

연세국학총서 51
고서해제 4

**연세대학교 중앙도서관 소장
고서해제 Ⅳ**

연세대학교 국학연구원 편

2005년 10월 13일 초판 1쇄 인쇄
2005년 10월 18일 초판 1쇄 발행

펴낸이/ 이정옥
펴낸곳/ 평민사

주소/ 서울시 서대문구 남가좌2동 370-40
전화/ 02)375-8571(영업) · 02)375-8572(편집)
fax/ 02)375-8573
e-mail/ pms1976@korea.com
home-page/ www.pyungminsa.co.kr
등록번호/ 제10-328호

값/ 40,000원

ISBN 89-7115-452-7 04020
ISBN 89-7115-436-5 (set)

* 잘못 만들어진 책은 바꾸어 드립니다.